■2025年度高等学校受験用

開成高等学校

収録内容一覧

★この問題集は以下の収録内容となっています。また、編集の都合上、解説、解答用紙を省略させていただいている場合もございますのでご了承ください。

（○印は収録、一印は未収録）

入試問題と解説・解答の収録内容		解答用紙
2024年度	英語・数学・社会・理科・国語	○
2023年度	英語・数学・社会・理科・国語	○
2022年度	英語・数学・社会・理科・国語	○
2021年度	英語・数学・社会・理科・国語	○
2020年度	英語・数学・社会・理科・国語	○
2019年度	英語・数学・社会・理科・国語	○

★当問題集のバックナンバーは在庫がございません。あらかじめご了承ください。

リスニングテストの音声は、下記のIDとアクセスコードにより当社ホームページで聴くことができます。
（当社による録音です）
ユーザー名：koe　アクセスコード（パスワード）：95082　使用期限：2025年3月末日

※ユーザー名・アクセスコードの使用期限以降は音声が予告なく削除される場合がございます。あらかじめご了承ください。

●凡例●

【英語】

≪解答≫

〔　〕　①別解

②置き換え可能な語句（なお下線は置き換える箇所が2語以上の場合）

(例) <u>I am</u>〔I'm〕glad〔happy〕to ~

(　)　省略可能な言葉

≪解説≫

1，2…　本文の段落（ただし本文が会話文の場合は話者の1つの発言）

〔　〕　置き換え可能な語句（なお〔　〕の前の下線は置き換える箇所が 2 語以上の場合）

(　)　①省略が可能な言葉

(例)「(数が) いくつかの」

②単語・代名詞の意味

(例)「彼（＝警察官）が叫んだ」

③言い換え可能な言葉

(例)「いやなにおいがするなべにはふたをするべきだ（＝くさいものにはふたをしろ）」

//　訳文と解説の区切り

cf.　比較・参照

≒　ほぼ同じ意味

【数学】

≪解答≫

〔　〕　別解

≪解説≫

(　)　補足的指示

(例)（右図1参照）など

〔　〕　①公式の文字部分

(例)〔長方形の面積〕＝〔縦〕×〔横〕

②面積・体積を表す場合

(例)〔立方体 ABCDEFGH〕

∴　ゆえに

≒　約、およそ

【社会】

≪解答≫

〔　〕　別解

(　)　省略可能な語

____　使用を指示された語句

≪解説≫

〔　〕　別称・略称

(例) 政府開発援助〔ODA〕

(　)　①年号

(例) 壬申の乱が起きた（672 年)。

②意味・補足的説明

(例) 資本収支（海外への投資など）

【理科】

≪解答≫

〔　〕　別解

(　)　省略可能な語

____　使用を指示された語句

≪解説≫

〔　〕　公式の文字部分

(　)　①単位

②補足的説明

③同義・言い換え可能な言葉

(例) カエルの子（オタマジャクシ）

≒　約、およそ

【国語】

≪解答≫

〔　〕　別解

(　)　省略してもよい言葉

____　使用を指示された語句

≪解説≫

〈　〉　課題文中の空所部分（現代語訳・通釈・書き下し文）

(　)　①引用文の指示語の内容

(例)「それ（＝過去の経験）が ～」

②選択肢の正誤を示す場合

(例)（ア，ウ…×）

③現代語訳で主語などを補った部分

(例)（女は）出てきた。

／　漢詩の書き下し文・現代語訳の改行部分

開成高等学校

所在地	〒116-0013 東京都荒川区西日暮里4-2-4
電　話	03-3822-0741
ホームページ	https://kaiseigakuen.jp
交通案内	JR山手線/地下鉄千代田線/日暮里・舎人ライナー　西日暮里駅1分

普通科　男子

くわしい情報はホームページへ

応募状況

年度	募集数	受験数	合格数	倍率
2024	100名	545名	180名	3.0倍
2023	100名	555名	189名	2.9倍
2022	100名	550名	185名	3.0倍
2021	100名	484名	185名	2.6倍
2020	100名	513名	185名	2.8倍

試験科目　（参考用：2024年度入試）

国語(50分・100点満点)，数学(60分・100点満点)，英語(50分・100点満点)，理科(40分・50点満点)，社会(40分・50点満点)

教育理念

開成の校名は，易経の「開物成務」という語からきている。このことばは，「人間性を開拓啓発し，人としての務めを成す」という意味である。

ペンケンと通称している校章は，*"The pen is mightier than the sword."*(ペンは剣よりも強し)を図案化したものである。「どんな力にも屈することのない学問・言論の優位を信じる」開成の精神である。

これらの建学の精神を支えてきたのは「質実剛健」と「自由」の学風である。「質実剛健」とは「外見を飾ることなく内面が充実していて，たくましくゆるぎようがない様子」を表す。また，開成の「自由」とは「自主」と「自律」を礎に，みずから開拓し，育んでいく積極的な「自由」を指している。開成が私学として独自の学風を維持するために育んできた考え方である。

施設・環境

喧噪な都会にありながら，まだ静けさの残る勉学には格好の場所に本校は位置する。

150周年記念事業として，高校校舎の全面建て替えが行われた。生徒が自主的に活動できる場を増やすとともに，使いやすさや生活空間としての快適さに配慮した新校舎が完成。運動施設についても，第2グラウンドを人工芝化し，大体育館を拡充するなどした。

その他，千葉県館山市には校外施設を所有している。

進路状況

ほぼ全員が進学する。なかでも東京大学をはじめとする難関大学への進学率が高い。また，海外の大学にも多数合格者を出している。

2023年・おもな大学合格者数

（現役のみ・2023年5月判明分）

東京大118名，京都大6名，一橋大5名，東京工業大3名，東京医科歯科大8名，電気通信大2名，東京外国語大1名，筑波大6名，千葉大12名，横浜国立大4名，群馬大1名，山梨大1名，北海道大3名，東北大6名，山形大1名，金沢大1名，宮崎大1名，防衛医科大10名，早稲田大105名，慶應義塾大90名，国際基督教大1名，上智大13名，東京理科大31名，明治大8名，中央大7名，法政大1名，立教大1名，東京慈恵会医科大3名，日本医科大6名，順天堂大9名，東京医科大1名，昭和大1名，海外の大学9名など。

編集部注―本書の内容は2024年3月現在のものであり，変更されている場合があります。正確な情報は，学校のホームページ等で必ずご確認ください。

出題傾向と今後への対策　英語

出題内容

	2024	2023	2022
大問数	6	6	5
小問数	42	50	42
リスニング	○	○	○

◎大問5～8題，小問数40～55問程度の出題。大問構成は年によって変化するが，長文読解問題2～3題，文法問題1～2題，作文問題0～2題，単語関連の問題1～2題，放送問題1題などである。放送問題は試験開始後約20分経過してから約10～15分間で実施。

2024年度の出題状況

1 長文読解総合―物語

2 長文読解総合―エッセー

3 単語の定義

4 対話文完成―適語補充

5 書き換え―適語補充

6 放送問題

解答形式

2024年度	記　述／マーク／併　用

出題傾向

どれも難易度が高い良問ばかりで，小問数が多いため，制限時間内にそれらをこなすスピードと高度な読解能力が要求される。長文読解の文章は，物語，説明文，エッセーが多い。長文の長さは，少なくとも1題は長めである。英作文は，適語補充や部分記述，整序結合式で，自由作文は見られない。文法問題は書き換えや適語補充形式が見られる。

今後への対策

中学の学習範囲にこだわらず，高校生向けの単語・熟語集を使って数多くの単語・熟語を覚えよう。長文読解は，数多くの英文を読み，速読で内容を正確に把握できるようにしよう。リスニングは，本校に限らず他校の問題も数多く解いてみるとよいだろう。出題パターンは毎年変わるので数年分の過去問を解こう。

英語出題分野一覧表

分野			2022	2023	2024	2025 予想※
音声	放送問題		★	★	★	◎
	単語の発音・アクセント					
	文の区切り・強勢・抑揚					
語彙・文法	単語の意味・綴り・関連知識			●	●	◎
	適語(句)選択・補充		●	●		◎
	書き換え・同意文完成			●	■	◎
	語形変化			●		△
	用法選択			●		△
	正誤問題・誤文訂正			●		△
	その他					
作文	整序結合		■	●	●	◎
	日本語英訳	適語(句)・適文選択				
		部分・完全記述				
	条件作文					
	テーマ作文					
会話文	適文選択					
	適語(句)選択・補充				●	△
	その他					
長文読解	内容把握	主題・表題				
		内容真偽	●	●		◎
		内容一致・要約文完成				
		文脈・要旨把握	●			◎
		英問英答				
	適語(句)選択・補充		●	■	●	◎
	適文選択・補充		●		●	◎
	文(章)整序					
	英文・語句解釈(指示語など)		■	■	●	◎
	その他					

●印：1～5問出題，■印：6～10問出題，★印：11問以上出題。
※予想欄　◎印：出題されると思われるもの。　△印：出題されるかもしれないもの。

出題傾向と今後への対策 数学

出題内容

2024年度 ~~作~~ 証 ~~グ~~

大問３題，18問の出題。1は小問集合で，関数と平面図形。関数は，放物線と直線に関するもの。平面図形は，鋭角三角形の３本の垂線が１点で交わることを示す証明問題。2は特殊・新傾向問題で，問題で定義された拡張４の倍数の個数を求めるもの。3は空間図形で，正四面体について問うもの。正四面体の４つの頂点を通る球や，頂点のところの正四面体を切り落としてできる立体などについて問われている。

2023年度 ~~作~~ 証 ~~グ~~

大問４題，11問の出題。1は数字のカードを利用した場合の数に関する問題３問。2は平面図形で，直角三角形について問うもの。三角形の面積の公式を利用して辺の比が等しいことを示す証明問題もある。3は数の性質に関する問題。条件を満たす数の組を，空欄に数や式，不等号を当てはめながら求めていくもの。理由を解答する問題もある。4は空間図形で，対角線が平面に垂直になっている立方体について問うもの。

作…作図問題　証…証明問題　グ…グラフ作成問題

解答形式

2024年度	記　述／マーク／併　用

出題傾向

大問３～５題のうち，図形(関数との融合題も含める)が２題出題されることが多く，図形の比重が大きい。五角形や四面体など扱いにくい図形の出題が目立つ。また，関数では，座標平面上で円や特別な直角三角形など図形を扱うものや，２つの数量の関係をとらえるものがよく出題されている。計算が複雑になるものも例年いくつかある。

今後への対策

図形，関数は，発展的な問題を数多く解き，いろいろな考え方やものの見方などを身につけるようにしよう。また，問題を解く際は，解けなかったらすぐに答えを見たりせず，ある程度時間をかけ，じっくり考えるようにしよう。場合の数・確率では，場合分けの仕方や計算の仕方など，きちんとマスターすること。複雑な計算もスムーズにできるように。

◆◆◆◆◆ 数学出題分野一覧表 ◆◆◆◆◆

分野	年度	2022	2023	2024	2025 予想※
数と式	計算，因数分解	★			△
	数の性質，数の表し方		■		△
	文字式の利用，等式変形				
	方程式の解法，解の利用	●			△
	方程式の応用				
関　数	比例・反比例，一次関数				
	関数$y=ax^2$とその他の関数			★	△
	関数の利用，図形の移動と関数				
図　形	(平面) 計　量		■		△
	(平面) 証明，作図	■	●	■	◎
	(平面) その他	●			
	(空間) 計　量	★	★	★	◎
	(空間) 頂点・辺・面，展開図			●	△
	(空間) その他	●			
データの活用	場合の数，確率		★		△
	データの分析・活用，標本調査				
その他	不 等 式				
	特殊・新傾向問題など	■		★	
	融合問題				

●印：１問出題，■印：２問出題，★印：３問以上出題。
※予想欄　◎印：出題されると思われるもの。　△印：出題されるかもしれないもの。

出題傾向と今後への対策 社会

論…論述問題

出題内容

2024年度

論 地理・ウクライナとNATOを題材とした，資料の読み取り，歴史に関連した地理等に関する問題。

歴史・将棋を題材とした，古代から近代までの日本と世界の政治，社会，文化等に関する問題。

論 公民・社会的企業を題材とした，経済，政治，地方自治，憲法，福祉等に関する問題。

2023年度

論 地理・日本と世界の湖沼を題材とした，資料の読み取り，歴史に関連した地理，環境等に関する問題。

論 歴史・三浦半島を題材とした，古代から現代までの日本と世界の政治，経済，文化等に関する問題。

公民・2022年の出来事を題材とした，国際政治，人権，雇用，環境等に関する問題。

2022年度

論 地理・ヨーロッパの自然環境，様々な地図の読み取り，気候変動，再生可能エネルギー等に関する問題。

歴史・東北や北海道に関する年表を題材とした，古代から現代までの日本と世界の政治，経済，外交，産業，戦争等に関する問題。

論 公民・2021年の出来事を題材とした，政治，人権の歴史，福祉等に関する問題。

解答形式

2024年度	記　述／マーク／併　用

出題傾向

地理・歴史・公民が各１題ずつ出題されることが多いが，各分野にとらわれない内容になっている。解答形式は記述と選択の混合。論述問題が出されることもある。

三分野ともに，国際的な視点に立った出題が目立つ。世界地図や世界史からの出題，最近の国際情勢に関する出題，外交や条約の問題などが多い。

今後への対策

言葉を覚えるだけでなく，常に「原因・意義・影響」を意識して奥行きのある学習を心がけよう。

かなり細かい事項まで問われるので，資料などを確認しておく。高校生向けの参考書を併用するのもよいだろう。新聞で大きく取り上げられた事項については，情報を整理してまとめておくとよい。

◆◆◆◆◆ 社会出題分野一覧表 ◆◆◆◆◆

分野＼年度		2022	2023	2024	2025 予想※
地理的分野	地形図	○			△
	アジア				△
	アフリカ				△
	オセアニア				△
	ヨーロッパ・ロシア	地	地	地　人	◎
	北アメリカ				△
	中・南アメリカ	地			△
	世界全般	地　人	地　人	産	◎
	九州・四国		産人総		△
	中国・近畿				△
	中部・関東		地産人		△
	東北・北海道	地	地		◎
	日本全般	人	地　人		◎
歴史的分野	旧石器〜平安	●	●	●	◎
	鎌倉	●	●	●	◎
	室町〜安土桃山	●	●	●	◎
	江戸	●	●	●	◎
	明治	●	●		◎
	大正〜第二次世界大戦終結	●		●	◎
	第二次世界大戦後	●	●		◎
公民的分野	生活と文化	●			◎
	人権と憲法	●	●	●	◎
	政治	●	●	●	◎
	経済		●	●	◎
	労働と福祉	●	●	●	◎
	国際社会と環境問題	●	●	●	◎
時事問題		●	●	●	◎

※予想欄　◎印：出題されると思われるもの。　△印：出題されるかもしれないもの。
地理的分野については，各地域ごとに出題内容を以下の記号で分類しました。
地…地形・気候・時差，　産…産業・貿易・交通，　人…人口・文化・歴史・環境，　総…総合

出題傾向と今後への対策 理科

出題内容

2024年度 記

1 硫酸と水酸化バリウム水溶液の中和に関する問題。化学式や生じる塩，水溶液中のイオンの数の変化，水溶液の濃度などについて，知識や思考力が問われた。 2 発生について，細胞分裂や有性生殖と無性生殖，遺伝の規則性などに関する問題。基本的な知識が問われた。 3 太陽系の惑星に関する問題。金星の見え方や天動説などについて，正確な知識と科学的な思考力が問われた。 4 電流と回路に関する問題。応用力が問われた。

2023年度 記

1 炭酸水素ナトリウムの熱分解に関する問題。生じる物質や化学反応式について，知識や思考力が問われた。 2 火山と天体の動きに関する問題。鉱物の特徴や火山灰層の分布，金星や月の見え方について，正確な知識と科学的な思考力が問われた。 3 圧力に関する問題。大気圧や水圧について，基本的な知識と応用力が問われた。 4 ヒトの循環系に関する問題。体液の循環や血管などについて，正確な知識が問われた。

	2024	2023	2022
大問数	4	4	4
作図問題	0	0	0

作 …作図・グラフ作成問題　記 …文章記述問題

解答形式

2024年度	記　述／マーク／併　用

出題傾向

化学分野からは，化学変化に関する問題がよく取り上げられているが，他の分野からは，続けて同じ単元からの出題はあまり見られず，偏りはない。また，例年，計算問題中心の大問が含まれる。

実験・観察を題材に，基礎的な知識から応用力・考察力を問う問題となっている。

今後への対策

まずは正確な知識をマスターすること。特に，教科書を中心に，実験・観察の手順や結果・考察については，1度，自分でまとめておきたい。

次は，問題集を用いて，文章記述問題や応用問題に対応できる力をつけよう。

最後に，本校や国立校の過去問題で，実践的な練習をしておくこと。

◆◆◆◆◆ 理科出題分野一覧表 ◆◆◆◆◆

分野	年度	2022	2023	2024	2025予想※
身近な物理現象	光と音				◎
	力のはたらき（力のつり合い）				◎
物質のすがた	気体の発生と性質				△
	物質の性質と状態変化				△
	水溶液			●	◎
電流とその利用	電流と回路	●		●	◎
	電流と磁界（電流の正体）	●			◎
化学変化と原子・分子	いろいろな化学変化（化学反応式）		●		◎
	化学変化と物質の質量		●		◎
運動とエネルギー	力の合成と分解（浮力・水圧）				◎
	物体の運動				△
	仕事とエネルギー				◎
化学変化とイオン	水溶液とイオン（電池）				◎
	酸・アルカリとイオン	●		●	◎
生物の世界	植物のなかま				◎
	動物のなかま				◎
大地の変化	火山・地震	●	●		◎
	地層・大地の変動（自然の恵み）				◎
生物の体のつくりとはたらき	生物をつくる細胞				△
	植物の体のつくりとはたらき				◎
	動物の体のつくりとはたらき		●		◎
気象と天気の変化	気象観察・気圧と風（圧力）	●	●		◎
	天気の変化・日本の気象				◎
生命・自然界のつながり	生物の成長とふえ方			●	◎
	遺伝の規則性と遺伝子（進化）	●		●	◎
	生物どうしのつながり				△
地球と宇宙	天体の動き		●	●	◎
	宇宙の中の地球	●			◎
自然環境・科学技術と人間					△
総合	実験の操作と実験器具の使い方		●	●	◎

※予想欄　◎印：出題されると思われるもの。　△印：出題されるかもしれないもの。
分野のカッコ内は主な小項目

出題傾向と今後への対策 国語

出題内容

2024年度

論説文　小説　漢詩

課題文

一 國分功一郎『目的への抵抗』
二 岩城けい『M』
三 広瀬淡窓『遠思楼詩鈔』

2023年度

論説文　随筆　古文

課題文

一 宮野真生子「ほんとうに，急に具合が悪くなる」
二 正宗白鳥「吉日」
三『今昔物語集』

2022年度

小説　論説文　古文

課題文

一 くどうれいん『氷柱の声』
二 内田　樹『武道論』
三 与謝蕪村『新花摘』

解答形式

2024年度	記述／マーク／併用

出題傾向

現代文は，原則として論理的文章と文学的文章が1題ずつ出される。課題文の内容は難解ではないが，設問は高度である。

古文は，さまざまなジャンル・時代の作品から出されている。また，漢文・漢詩が出されることもある。

設問は，ほとんどが内容理解に関するものである。

今後への対策

論説文・随筆・小説全てに関し，長い文章をしっかり読みこなす力が必要なので，読書と高度な問題集による訓練が必要である。また，日頃から読んだものについて，文章にまとめる練習をしておくこと。

古典も，知識だけでなく，内容を読み取る力を問題集で養っておくこと。

◆◆◆◆◆ 国語出題分野一覧表 ◆◆◆◆◆

分野		年度	2022	2023	2024	2025予想※
現代文	論説文 説明文	主題・要旨				
		文脈・接続語・指示語・段落関係		●		△
		文章内容	●	●	●	◎
		表現				
	随筆 日記 手紙	主題・要旨				
		文脈・接続語・指示語・段落関係				
		文章内容		●		△
		表現				
		心情				
	小説	主題・要旨				
		文脈・接続語・指示語・段落関係				
		文章内容			●	△
		表現				
		心情	●		●	◎
		状況・情景				
韻文	詩	内容理解				
		形式・技法				
	俳句 和歌 短歌	内容理解				
		技法				
古典	古文	古語・内容理解・現代語訳	●	●		◎
		古典の知識・古典文法				
	漢文	(漢詩を含む)			●	△
国語の知識	漢字 語句	漢字	●	●	●	◎
		語句・四字熟語				
		慣用句・ことわざ・故事成語				
		熟語の構成・漢字の知識				
	文法	品詞				
		ことばの単位・文の組み立て				
		敬語・表現技法				
	文学史					
作文・文章の構成・資料						
その他						

※予想欄　◎印：出題されると思われるもの。　△印：出題されるかもしれないもの。

2024年度 開成高等学校

【英　語】（50分）〈満点：100点〉

注意　1．試験開始後約20分経過してから，聴き取り問題(約15分間)を実施します。

2．本文中の＊のついた語(句)には，本文の後に(注)がついています。

3．短縮形は１語と数えるものとします。[例：I am（２語）　I'm（１語)]

■リスニングテストの音声は，当社ホームページで聴くことができます。(当社による録音です)

再生に必要なIDとアクセスコードは「収録内容一覧」のページに掲載しています。

1　次の英文を読み，後の問いに答えなさい。

It's a shop I must have walked past a million times before, but have hardly noticed until now, and have never thought to enter. An ordinary looking, little, brown brick building, crammed between a hair salon and a furniture store, with a tiny window display offering a variety of (1)forgettable items that are of no interest to me. But I have some extra time on my hands today and decide to take a quick look.

The interior is cool and dark, and it takes a moment for my eyes to adjust. A very strong rose *scent hangs thickly in the air ; nearly enough to turn me away. (2)Instead I continue further into the store, eyes looking quickly over the shelves for anything interesting. Indeed, there are a great variety of items — and yet not a single thing appeals to me.

"Can I help you ?"

I look up to see an elderly woman behind a counter. She looks vaguely surprised. "When did she last see a customer enter her shop ?" I wonder.

"Just looking," I reply.

I walk around the whole shop and confirm that there is indeed nothing here that I wish to purchase. (3)I wonder [business / does / how / in / manages / old / stay / the / to / woman]. I head towards the door, but pause when I notice one interesting item. A large old book, displayed on a wooden stand.

There is no visible title on the worn leather cover, and it is held shut with a thick metal *clasp. After taking a closer look, I see that a combination lock is fixed to the clasp.

The numbers read : 02-11-32.

I try the *latch with the current combination, but it does not open. I am now even more curious to discover what lies between the book's pages. "What is this book about ?" I ask the old woman, who has been staring at me quietly the whole time. "Do you know the combination ?"

"I do," the woman replies, but adds (　4　) more.

I feel frustrated by her response, and decide that I've had enough of this place. I turn to leave and am almost out the door, when I hear the woman say, "Try your birthday."

(5)I give her an odd look as I walk back over to the book. She's crazy, I think. And yet, I am compelled. With my finger I move the numbers into place so that they now show my birth month, day, and year.

(6), the latch clicks open. I pull back the heavy cover and quickly look through the pages. "This can't be right," I whisper in shock as I realize the book is a history . . . about me !

I look up to question the woman, but she is gone and the shop suddenly seems different, brighter. The shelves are now stocked with all my favorite things. I wander through the aisles again — how did I miss this before ? And this ? I would buy any of these items, gladly !

Gone is the scent of rose, replaced with my own favorite scent.

＊＊＊

I sit behind the counter and wait for a customer to come in and buy something, but they all walk past the window as though the place were not (7). The few that do enter seem uninterested in what I have to sell, or complain that the scent in the air is too strong.

Until one day, a young woman takes an interest in the book. "It won't open," she notes, *smacking on her gum.

"[(8)]," I say.

（注） scent 香り　clasp 留め金　latch 掛け金　smack on gum ガムをくちゃくちゃかむ

問1　下線部(1)が表す内容を次のように言い換えたとき，空所に入る語を答えなさい。

forgettable items (　　) which I (　　) not (　　)

問2　下線部(2)が表す具体的な内容を次のように言い換えたとき，空所に入る語を答えなさい。

Instead of (　　) the store,

問3　下線部(3)の[　]内の語を並べ替え，最も適切な表現を完成させなさい。ただし，語群には，不要な語が1語含まれている。

問4　空所（4）に入る最も適切なものを1つ選び，記号で答えなさい。

ア anything　イ everything　ウ nothing　エ something

問5　下線部(5)を和訳しなさい。

問6　空所[(6)]に入る最も適切なものを1つ選び，記号で答えなさい。

ア Hopefully　イ To my surprise　ウ Unfortunately　エ What's more

問7　空所（7）に入る最も適切な7文字の1語を，本文中の14行目以降から抜き出して答えなさい。

問8　空所[(8)]に入る最も適切な英語表現を本文中から抜き出して答えなさい。

2　次の英文を読み，後の問いに答えなさい。

The sudden popularity of tennis in the United States has produced all sorts of new ideas in the game. One of the most exciting is called Mother's Tennis. It differs from regular tennis in that it requires not only four players, but also a number of children, several dogs, and sometimes a very angry husband.

The game is played on a regular court with two players on each side. But the thrill comes not from hitting the ball back and forth, but from [(1)].

I was introduced to Mother's Tennis at *Martha's Vineyard last summer, and (2)this is how it went.

One of the mothers was about to serve the ball when her seven-year-old child ran up to the fence and shouted, "Mommy, Johnny has climbed on the roof and he's crying because he can't get down."

"Well, tell him to stay up there until I finish the set," she said.

"[(3)]"

"Tell him to hang onto the top of the roof."

A few minutes later during a heated play a large black dog walked across the court. The rules of Mother's Tennis say play must be stopped when a dog comes on the court.

We all stopped while one of the mothers shouted at the dog, “Parkinson, go home.”

Parkinson sat down next to the net and stared at all of us.

A mother, the owner of the dog, shouted to her daughter, “Polly, take Parkinson home.”

“I can't,” the daughter shouted back. “I have to take a sailing lesson.”

The mother took Parkinson roughly by the back of his neck and said to the rest of us, “[(4)]”

Fifteen minutes later she returned, and play started again.

For three minutes. Then another child appeared at the fence. “Mom, Dad wants to know where his swimming suit is,” (A)she said.

“It's hanging outside where (B)he left it to dry.”

“He says it isn't there now.”

“Well, tell him to look in the laundry room.”

“(C)You better tell him. He's very angry. He had to make his own breakfast, and he cut his finger opening a grapefruit.”

“(D)I'll be home in a half hour.”

We just got through one game when a lady appeared and shouted, “Sally, do you have a list of the sponsors for the charity event next week ? I need it right away.”

“The list is in my car. [(5)]” Sally went to her car while the rest of us kept swinging our rackets in the air to keep warm.

The match was about to start again when Lucy's three-year-old son walked out on the court and stopped on a line.

“Peter, don't stay on the line,” Lucy shouted. “Go over there by the bench.”

Peter just sat (6)there, scratching himself.

Lucy was becoming angry. “Peter, if you don't get off the court, I'm not going to give you lunch.”

Peter *pursed his lips and then started to cry.

Lucy jumped to catch him, but he escaped and ran to the other side of the net.

He was finally caught by one of the other mothers and was pulled, crying and kicking, off the court. He didn't stop screaming for the rest of the morning.

During the set one husband showed up looking for his car keys, and two more dogs appeared on the court.

It was a typical Mother's Tennis match, and was (7)[all / any / different / from / I / no / played / summer]. The beauty of Mother's Tennis and where it differs from regular tennis is that no one keeps score. Who can remember ?

（注） Martha's Vineyard　マサチューセッツ州のリゾート地　　purse one's lips　口をすぼめる

問１　空所 [(1)] に入る最も適切な英語表現を１つ選び，記号で答えなさい。

ア　the unexpected problems of children and dogs entering the court during play

イ　the unexpected fights between children and husbands by the court during play

ウ　the unexpected equipment given to dogs and children on the court during play

エ　the unexpected help from husbands and children running around the court during play

問２　下線部(2)を，this と it の表す具体的な内容を明らかにして和訳しなさい。

問３　空所 [(3)]～[(5)] に入る最も適切な英語表現を１つずつ選び，記号で答えなさい。なお，各選択肢の使用は１回限りとする。

ア　I'll get it.　　　　イ　He ran home.

ウ　I'll be right back.　エ　He says he's afraid of falling.

問４　下線部(A)～(D)のうち，２つは同じ人物のことを指している。その２つを選び，記号で答えなさい。

問５　下線部(6)が表す具体的な内容を，本文中から連続する３語で抜き出しなさい。

問６　下線部(7)の［　］内の語を並べ替え，最も適切な表現を完成させなさい。

3　次の定義に当てはまる最も適切な単語をそれぞれ答えなさい。なお，最初の文字は指定されている。解答欄には最初の文字も含めて書くこと。

(1)　(h　　)＝something that you often do, almost without thinking about it

(2)　(t　　)＝a natural ability to be good at something, especially without being taught

(3)　(t　　)＝a vehicle or system of vehicles, such as buses, trains, planes, etc., for getting from one place to another

(4)　(a　　)＝able to be used or can easily be bought or found

(5)　(f　　)＝able to change or be changed easily according to the situation

4　次の対話文の同じ番号の空所には，発音は異なるが，綴りは同じの，連続する母音字２文字を含む語が入る。対話の意味が通るよう，例を参考にして，空所に入る語を答えなさい。

Mike　　：Mr. Davis, have you visited the new city library yet？

Mr. Davis：Yes, I have.　Actually, my brother designed that library, so I know it very well.

Mike　　：Wow！　I'm interested in architecture, but our school library doesn't have many books on it to (例―ア　r<u>ea</u>d).　Would it be possible to introduce your brother to me？

Mr. Davis：Yes, of course.　Would you like him to give you a tour of the library？

Mike　　：That's (例―イ　gr<u>ea</u>t)！　How about meeting him this Sunday？

Mr. Davis：Sure.　Let's meet at the main entrance of the library at 10:00.

Mike　　：OK.　Thank you, Mr. Davis.　I'll see you then.

＊＊＊ Next Sunday ＊＊＊

Mr. Davis：Hey, Mike！　Here！

Mike　　：Oh, hi, Mr. Davis.　Thank you for taking the time for me.

Mr. Davis：That's no problem.　Mike, this is my brother, Richard.

Mike　　：Nice to meet you, Mr. . . . Davis？

Richard　：Call me Richard, Mike.　I'm glad to hear that young people are interested in the library.

Mike　　：Nice to meet you, Richard.　It's a huge building！

Richard　：Yes, it's really big.　Can you see the entrance hall has a very high (①―ア)？

Mike　　：Sure, what is its (①―イ)？

Richard　：It's about (①―ウ) meters high.　You can fit three floors into this hall.

Mike　　：Wow！　That's incredible！　That's why it looks so big.

Richard　：Yes, and it has a security system and an alarm will ring if there is any (②―ア).

Mike　　：What is it？　Some kind of new technology？

Richard　：Yes, it is.　With this system, even a (②―イ) can't get in.

Mr. Davis : Really ? That's amazing !
Richard : That's right. And we named it "Cyber Active Technology," or "CAT."
Mike : So, it's almost like having a real cat guarding a house !!

5 次の各組の英文がほぼ同じ内容になるように，空所に入る最も適切な１語をそれぞれ答えなさい。

(1) Once she graduated from high school, she didn't depend on her parents.
Once she graduated from high school, she became (　　) (　　) her parents.

(2) I want to attend the party but I can't.
I (　　) I (　　) attend the party.

(3) This science book is more expensive than that history book.
That history book (　　) less (　　) this science book.

(4) He wanted to get the information as soon as possible.
He wanted to get the information as soon as (　　) (　　).

(5) He said to me, "Is your mother at home ?"
He asked me (　　) (　　) (　　) (　　) at home.

6 （聴き取り問題）

Part A Listen to the conversation between Ryota and his father about which summer school to attend. Use the camp descriptions to answer the questions. Write the letter of the camp A to D on the answer sheet.

Selecting a Summer School Program

A **Summer Science Camp** - Manila, Philippines - July 31 to August 13 - Cost: ¥250,000 - Group science presentation 	B **Soccer Camp** - Vancouver, Canada - August 7 to August 12 - Cost: ¥50,000 - Learn from professionals 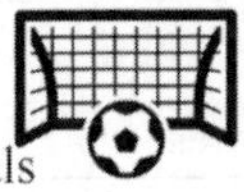
C **Advanced Math** - Boston, USA - July 10 to August 5 - Cost: ¥850,000 - Study math with students from around the world 	D **Writing and Reading** - Oxford, UK - August 7 to August 21 - Cost: ¥780,000 - Great weekend activities 

(1) Which camp is Ryota most likely going to apply to ?
(2) Which camp only runs during the daytime ?
(3) Which camp will some of Ryota's classmates be attending ?

Part B Listen to the monologue about the boy traveling to his grandparents' house and answer the questions. Use the memo space to write down how much time it took to travel to each place. For questions (1) and (2), choose the best answer from A to D for each question, and for question

(3), write down the number.

Place	Time (Memo Space)
Nippori Station to Narita Airport	
Narita Airport to Gold Coast Airport	
In Gold Coast Airport	
Gold Coast Airport to grandparents' house	

(1) Why did the boy take the flight to Gold Coast and NOT to Brisbane ?

A It left earlier. B It was a shorter flight.

C It was less expensive. D It flew to a more convenient airport.

(2) How much time did it take to fly from Narita Airport to Gold Coast Airport ?

A 8 hours 30 minutes. B 8 hours 40 minutes.

C 9 hours 20 minutes. D 9 hours 30 minutes.

(3) How many minutes did it take the boy this time to go through security and pick up his bag ?

Part C Listen to the monologue and choose the best answer from A to D for each question. Use the memo space provided to answer the questions.

(Memo Space)

Country, State, or Province	Age of Majority	Legal Right / Age
Japan		
New Zealand		
Thailand		
Argentina		
United States - Most states - Alabama, Nebraska - Mississippi - All states		
Canada - Ontario, Quebec - British Columbia, New Brunswick - All provinces		

(1) Three examples were stated for what you could do at the age of 20 in Japan until 2021. Which example was NOT stated ?

A Vote. B Have a credit card.

C Rent an apartment. D Sign a cell phone contract.

(2) What is the age of majority in Alabama and New Brunswick ?

A 18　　B 19　　C 20　　D 21

(3) Fill in the blanks with the correct age.

In the United States, you cannot become a president until the age of ＿(3)a＿, and in New Zealand, you can fly a plane by yourself at the age of ＿(3)b＿.

A 16　　B 19　　C 20　　D 35

(4) What is the theme of the monologue ?

A The age at which you are legally an adult in some countries.

B The age at which you can legally drink alcohol or drive a car.

C The age at which you can legally do things is the same for all countries.

D The age at which you can legally do things matches the age of majority in all countries.

＜聴き取り問題放送原稿＞

Part A

Dad : Hi Ryota, have you decided which summer school you would like to go to ?

Ryota : No, but I think I like these four programs.

Dad : Well, why don't you tell me about them ?

Ryota : The first one is a science camp in the Philippines which runs for two weeks. At the end of the camp, students present their group science projects. It is only 250,000 yen.

Dad : Sounds interesting and you like science, but you have that university science project during the last week of summer, right ?

Ryota : Yes.

Dad : Why not try something different ?

Ryota : OK. Well, there is also a one-week soccer camp in Vancouver, but Mom has to join me as the camp finishes at 5:00 PM every day. So, we will have to stay in a hotel together.

Dad : What are the dates ?

Ryota : August 7th to 12th.

Dad : I don't think your mom can make it for those dates as she has a work presentation that week.

Ryota : Ah, OK, what about this advanced math course in Boston ? It is held at one of the top boarding schools in the US.

Dad : It could be expensive. How much is it ?

Ryota : I might be able to get a scholarship which means you only need to pay for the airplane and spending money.

Dad : That program sounds like a good option. What is the last one ?

Ryota : Oxford has an English writing and reading program. They offer classes with a small number of students and great weekend activities.

Dad : Interesting, and you can study British English at the same time. Are any of your classmates attending the program ?

Ryota : Ah, it's a popular program, so I think several of them have applied to it.

Dad : That could be a problem. Do you think you will actually study and speak English with all of your friends there ?

Ryota : That is a good point. It might be a good second option then.

Part B

Last year I went to my grandparents' house in Brisbane, Australia. As usual, it took a long time to get there. First, I left my house and took the 5 AM Skyliner train from Nippori Station to Narita Airport, which took 46 minutes.

There were two flights on that day. The first was an 8 AM flight to Brisbane Airport and the second was a 9 AM flight to Gold Coast Airport. However, the first flight was too expensive, so I had to take the second one even though it is a little far from my grandparents' house. Just before we landed, I was surprised when the pilot announced that we would be arriving at 6:30 PM local time, but then I remembered that Australia is an hour ahead of Japan. So, the flight was shorter than I first thought.

Next, after I got off the plane I had to go through security, pick up my bag, and then met my grandparents. The last time I flew there it took me an hour and 15 minutes to get through security and pick up my bag, but this time it took 30 minutes less time. Then, my grandparents met me at the airport arrival gate, and we drove to their house in Brisbane, which took one hour and 20 minutes.

Part C

What is an adult and at what age is a person an adult ? According to the law, this age is also called "the age of majority" and it is not the same for every country. Let's start here in Japan. In 1876, the age of majority was set at 20 and is celebrated by the Coming of Age Day holiday in January. This meant that once you reached this age you could vote, rent an apartment, or sign a cell phone contract on your own. However, in 2022 this all changed, and the government of Japan dropped this to age 18. But what about other countries ?

In many other countries, like Japan today, this age is 18, but not for all countries. One example is New Zealand, where the age is set at 20. Similarly, in Thailand, it is also 20 or if a child gets married. Another example is Argentina, where the age of majority is 21. This is currently one of the highest ages. Finally, there are the United States and Canada, which have the most complex systems. The age of majority depends on which state or province you live in. For example, in most US states, the age is 18, but in Alabama and Nebraska it is 19, and in Mississippi, it is 21. Similarly, in Canada, in provinces such as Ontario and Quebec, it is 18, but in British Columbia and New Brunswick, it is 19.

The age of majority means that you are legally seen as an adult. However, this age might not match other legal rights that are thought to be only for adults. Some might be under this age and others over. For example, in the United States, you cannot buy alcohol until you are 21 in any state, but in some states, you can get a driver's license at the age of 16. On the other hand, you cannot become president until you are 35. Another example is in Canada, you cannot sign a cell phone contract by yourself until you are 18, but you can legally apply for your own passport when you are only 16. Finally, in New Zealand, you can fly a plane by yourself at the age of 16 if you have been trained. However, you cannot adopt a child until you are 25.

What do you think the age of majority should be and what legal things should match or not match this age ?

【数　学】（60分）〈満点：100点〉

【注意】　答案は指定された場所にかき，考え方や計算の過程がはっきりとわかるように心がけること（特に指示がある場合を除く）。

解答する際に利用した図はなるべくていねいにかくこと。

問題文中に特に断りのない限り，答えの根号の中はできるだけ簡単な数にし，分母に根号がない形で表すこと。

円周率は π を用いること。

1　以下の［A］，［B］に答えよ。

［A］　座標平面上に放物線 $C：y=x^2$ と直線 $l：y=-4x+5$ がある。図のように，x 軸の正の部分に点Wと点X，放物線 C 上に点Y，直線 l 上に点Zを取り，四角形WXYZが正方形になるようにする。点Xの座標を $(t,\ 0)$ とおく。

(1)　t を用いて点Zの座標を表せ。なお，1つ答えればよい。

(2)　t が満たす2次方程式を

$$\boxed{\ (ア)\ }\,t^2+\boxed{\ (イ)\ }\,t-\boxed{\ (ウ)\ }=0$$

と表したとき，空欄(ア)，(イ)，(ウ)にあてはまる正の整数を答えよ。

(3)　点Zの座標を求めよ。

なお，下記の図は必ずしも正確なものではない。

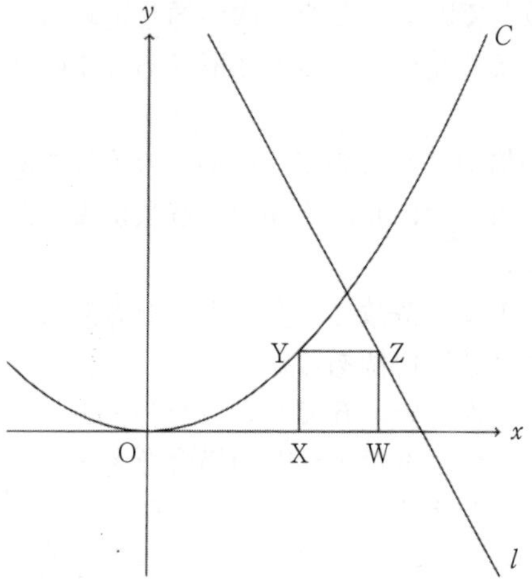

［B］　鋭角三角形に対して，3つの頂点からそれぞれの対辺に垂線を下ろすと，3本の垂線が1点で交わることが知られている。（この点は三角形の「垂心」と呼ばれる。）以下，3本の垂線が1点で交わることを証明しよう。

証明

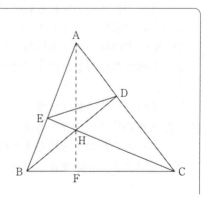

鋭角三角形ABCにおいて，点Bから直線ACへ下ろした垂線が直線ACと交わる点をD，点Cから直線ABへ下ろした垂線が直線ABと交わる点をEとする。△ABCが鋭角三角形であることから，D，Eはそれぞれ辺AC，辺AB上にあるので，線分BD，CEの交点Hは△ABCの内部にある。よって直線AHと直線BCの交点をFとすると，Fは辺BC上にある。これより，右図のようになる。

図において，∠DBC＝∠CAHを証明する。

∠BDC＝∠BEC＝90°だから，線分BCを直径とする円は点D，点Eを通る。よって4点B，C，D，Eは同一円周上にあるから，弧 (ア) に円周角の定理を用いて (イ) …①がいえる。

また，∠ADH＝∠AEH＝90°より，線分AHを直径とする円は点D，Eを通る。よって4点A，E，H，Dは同一円周上にあるから，弧 (ウ) に円周角の定理を用いて (エ) …②がいえる。

以上の①，②と図より，∠DBC＝∠CAH…③である。

次に∠AFB＝90°であることを証明する。

(オ)

点Aから直線BCに下ろした垂線はただ1つなので，直線AFは点Aから直線BCへ下ろした垂線と一致する。よって，鋭角三角形の各頂点から対辺へ下ろした3本の垂線が1点で交わることが示された。

(1) 空欄(ア)，(イ)，(ウ)，(エ)に適切な弧の名称または等式を補え。

(2) 空欄(オ)にあてはまる，∠AFB＝90°であることの証明を書け。

2 3桁の自然数(100以上999以下の整数)が「拡張4の倍数」であることを，次の通り定める。

拡張4の倍数…4の倍数であるか，または各位の数字をうまく並べ替えると3桁である4の倍数にできる数

たとえば251は，各位の数字を入れ替えて152とすれば4の倍数になるので，拡張4の倍数である。

以下，拡張4の倍数の個数を求める。各位の3つの数字の組合せにおける偶数の個数に着目し，場合分けして数えよう。なお，各問いとも答えのみ記せばよい。

(1) 拡張4の倍数のうち，各位の3つの数字の組合せが「偶数1つと奇数2つ」の場合を考える。

(i) 各位の数字の組合せが「6と奇数2つ」である拡張4の倍数は何個あるか。

(ii) このような組合せで現れる偶数の数字は，6とあと1つしかない。6でない方を答えよ。

(2) 拡張4の倍数のうち，各位の3つの数字の組合せが「偶数2つと奇数1つ」の場合を考える。たとえば，各位の数字が「5と偶数2つ」の組合せであるものを数える。

(i) 5が百の位にあるものは何個あるか。

(ii) 5が十の位にあるものは何個あるか。

(iii) 5が一の位にあるものは何個あるか。

(3) 拡張4の倍数のうち，各位の3つの数字の組合せが「偶数3つ」の場合を数えたい。そのために，まず各位の数字がいずれも偶数である3桁の自然数すべての個数を数え，そこから拡張4の倍数でないものの個数を引き算する。

(i) すべての位の数字が偶数である3桁の自然数は何個あるか。

(ii) すべての位の数字が偶数である3桁の自然数のうち，拡張4の倍数でないものの例を3つ挙げよ。

(iii) すべての位の数字が偶数である拡張4の倍数は何個あるか。

(4) 拡張4の倍数は全部で何個あるか。

なお参考のため，3桁の4の倍数に現れる下2桁の一覧表を下記に記す。一の位が0，4，8のグループと2，6のグループとで分けて並べている。

00	04	08	12	16
20	24	28	32	36
40	44	48	52	56
60	64	68	72	76
80	84	88	92	96

3　1辺の長さが6の正四面体ABCDを考える。

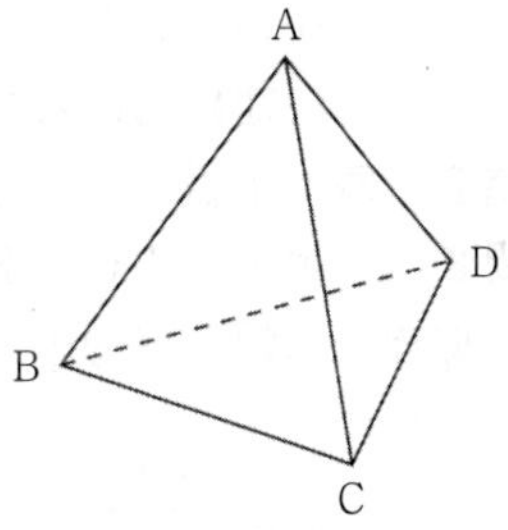

辺CDの中点をMとし，点Aから平面BCDに下ろした垂線が平面BCDと交わる点をGとする。また正四面体ABCDの4つの頂点を通る球S_1の中心をOとする。このとき3点B，G，Mはこの順で一直線上にあり，さらにBG：GM＝2：1である。

(1)　点Oは線分AG上にある。線分AOの長さ，すなわち球S_1の半径を求めよ。なお，答えのみ記せばよい。

次に，正四面体ABCDの4つの頂点から，右図のように1辺の長さが2の正四面体を切り落としてできる立体Tを考える。頂点Aを含む正四面体を切り落としたときに新しくできる正三角形の面を$\triangle A_1A_2A_3$，頂点Bを含む正四面体を切り落としたときに新しくできる正三角形の面を$\triangle B_1B_2B_3$とする。ただしA_1とB_1は，右図のように正四面体の辺AB上にとる。

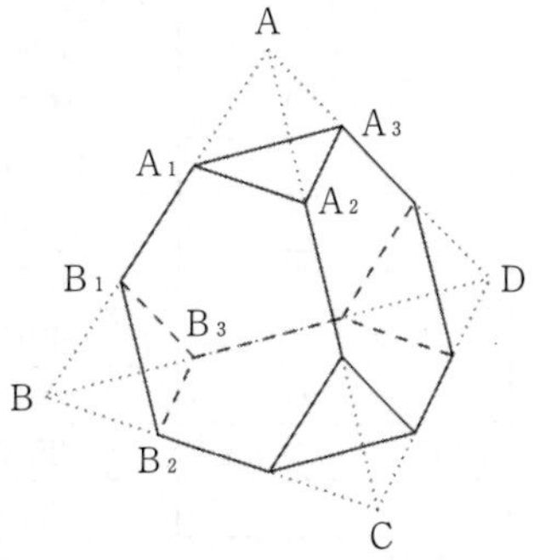

この立体Tの12個すべての頂点を通る球S_2が存在する。その半径を求めよう。

(2)　平面ABMによる立体Tの断面の形をかけ。また，同じ図に点O，点Gをかき込め。

(3)　平面$A_1A_2A_3$に点Oから下ろした垂線が平面$A_1A_2A_3$と交わる点をHとする。OHの長さを求めよ。

(4)　点Oを中心とし，立体Tの12個すべての頂点を通る球S_2の半径を求めよ。

【社　会】（40分）〈満点：50点〉

1　2023年７月にNATO首脳会議が開かれ，NATOへの加盟を求めるウクライナに対して「加盟条件が満たされ，加盟国が同意した場合に加盟への招待状を出す」という内容を含んだ共同声明が発表されました。

ウクライナとNATOに関する，以下の問いに答えなさい。

問１　ウクライナは，ソビエト連邦を構成していた国の一つです。解答用紙の地図中の太い実線は，冷戦が続いていた時期におけるソビエト連邦の国境線の一部です。地図中に同様の実線を描き足して，冷戦期におけるソビエト連邦の国境線を完成させなさい。

問２　解答用紙の地図中にあるＡ・Ｂの海の名称を答えなさい。

問３　＜表１＞のＣ～Ｆは，ロシアによる侵攻以前にウクライナが生産量10位以内に入っていた農産物または地下資源の，国別生産量を示したものです。

＜表１＞

Ｃ　（2020年）

国名	生産量（万ｔ）
オーストラリア	56452
ブラジル	24679
X	22500
インド	12700
ロシア	6950
ウクライナ	4930
カナダ	3610
南アフリカ共和国	3540
イラン	3250
スウェーデン	2540
世界計	152000

Ｄ　（2021年）

国名	生産量（万ｔ）
アメリカ合衆国	38394
X	27255
ブラジル	8846
アルゼンチン	6053
ウクライナ	4211
インド	3165
メキシコ	2750
インドネシア	2001
南アフリカ共和国	1687
フランス	1536
世界計	121024

Ｅ　（2021年）

国名	生産量（万ｔ）
X	13695
インド	10959
ロシア	7606
アメリカ合衆国	4479
フランス	3656
ウクライナ	3218
オーストラリア	3192
パキスタン	2746
カナダ	2230
ドイツ	2146
世界計	77088

Ｆ　（2021年）

国名	生産量（万ｔ）
ウクライナ	1639
ロシア	1566
アルゼンチン	343
X	285
ルーマニア	284
トルコ	242
ブルガリア	200
フランス	191
ハンガリー	176
タンザニア	112
世界計	5819

『世界国勢図《ず》会《え》 2023/24』より

(1)　Ｃ～Ｆに該当するものを，次のア～キから一つずつ選び，記号で答えなさい。

ア　小麦　　イ　米　　ウ　とうもろこし　　エ　ひまわりの種子

オ　原油　　カ　石炭　　キ　鉄鉱石

(2)　表中のXに該当する国を答えなさい。

問４　NATOの日本語での正式名称を，**漢字**で答えなさい。

問５　かつてソビエト連邦を構成していた国のうち，現在NATOの加盟国である国を**すべて**答えなさい。

問6　2021年12月にロシアはNATOに対し，NATOがさらなる東方拡大を行わないことを法的に保証するよう求めました。これに対し，フィンランドとスウェーデンで，自国の安全保障を強化するためNATOへの加盟を求める世論が高まり，両国から加盟が申請されました。フィンランドは2023年４月に加盟が実現しています。

フィンランドとスウェーデンがNATOに加盟するとそれぞれ自国の安全保障が強化される，と考えられるのはなぜか，その根拠となるNATOの規定の内容を含めて説明しなさい。

2　次の文章を読み，あとの問いに答えなさい。

現代の日本で多くの人に楽しまれている将棋《しょうぎ》の起源は，①古代インドのチャトランガというゲームにあるという説が有力です。このゲームがいつ誕生したかは諸説ありますが，インドからヨーロッパやアジアの各地に広がり，似たような遊戯に発展したと考えられています。

例えば，現在，ヨーロッパをはじめ世界各地で愛好されるチェスは，チャトランガがペルシアへ伝わり，②イスラム世界で発展したのち，ヨーロッパへと伝えられ，駒の名称などの変化を経て現行のものができあがりました。チェスはヨーロッパで貴族に愛好されたほか，聖職者がチェス盤と駒を世界に見立て，③中世ヨーロッパ社会のあるべき姿を論じる素材としても使われました。

東アジア，東南アジア方面に目を向けると，いまでは中国でシャンチー，朝鮮半島でチャンギ，タイでマークルックといった将棋に類するゲームが楽しまれています。中国では９世紀前半，④唐の時代にまとめられた伝奇集に，将棋に類するゲームが伝わっていたことを示す物語があります。これが将棋に類するゲームが東アジアに伝わったことを示す，最も古い記述とも言われています。

日本への将棋の伝来ルートとしてインドから中国，そして日本へと伝わったとする説と，インドから東南アジアに伝わり，中国を経由して日本に伝えられたとする説が挙げられています。将棋の日本への伝来時期は実のところはっきりしていません。聖武《しょうむ》天皇ゆかりの品を中心に道具や衣類などを保管する東大寺の（　1　）には，遊具として碁盤と双六《すごろく》盤は納められていますが将棋盤はありません。現時点では，興福寺境内から発掘された11世紀後半の将棋の駒や，駒の名を書いた文字練習用の木簡が，将棋に関する最古の資料です。また，11世紀ごろの書物『新猿楽記《しんさるがくき》』に将棋に関する記述が見られます。こうしたことから，⑤11世紀までに将棋が中国から伝来したとする説が出されています。

将棋が現在の形になるまで，駒の数や将棋盤について様々な変化が見られました。例えば，平安時代には「飛車」「角行《かくぎょう》」が無いものの現在の形に近い「小将棋」と，縦横13マスの将棋盤を用い，「猛虎」「飛龍」など現在使われていない駒を多く使う「大将棋」が指されていたことが記録に残されています。さらに興福寺の出土品には，現在使われていない「酔象《すいぞう》」という駒に関連するものがあります。

鎌倉時代には，縦横15マスに増やした将棋盤を用いる「大将棋」が指され，駒の種類もさらに増えました。「大将棋」を改良した「中将棋」も登場し，人気を博したほか，ある時点で「小将棋」の駒に「飛車」「角行」が加えられました。現在の形の将棋が登場するのは16世紀の初めとも言われています。⑥戦国大名朝倉氏の城下町であった（　2　）遺跡から発見された16世紀後半の将棋の駒を見ると，文字の書き方や駒の材質から，下級武士や庶民の間でも現行の将棋かそれに近いものがはやっていた様子がうかがえます。

世界各地の将棋に類するゲームの大多数と異なり，日本の将棋では取った駒を持ち駒として使用できるルールが採用されました。持ち駒の使用が始まった時期については諸説ありますが，このルールによって将棋はさらに複雑なゲームへと発展していきました。

将棋は僧侶や貴族といった文字の読める人々が愛好し，徐々に将棋を指す人が増えていったと考えられています。（　3　）の乱で敗れた藤原頼長《よりなが》の日記や，後鳥羽《ごとば》上皇の命令で編集された『（　4　）』に関わった藤原定家《さだいえ》の日記などにも，将棋に関する記述が現れます。また，⑦承久《じょうきゅう》の乱で敗れ隠岐《おき》に流された後鳥羽上皇が都にいた時には，上皇のまわりに将棋を指す人々が多く集まり，実力に応じ駒落ちも行われていたと考えられる話が残っています。

将棋は地方にも広がり，奥州藤原氏の本拠地であった（　5　）や，鎌倉の鶴岡八幡宮《つるがおかはちまんぐう》の境内からも将棋の駒が発見されています。

武家にとって初の法典となる（　6　）の制定で知られる，北条泰時《やすとき》の時代に博奕《ばくち》禁止令が出されました。当時は，将棋も禁止の対象だったと考えられています。その後，改めて出された禁止令では，将棋は禁止の対象から外されました。

室町時代，そして戦国時代には，将棋は貴族や武士，都市住民などの間で愛好され，さらに，将棋の技術に優れた将棋指しが芸能者の一種として，武将たちに召し出されることがありました。将棋指しの一人である宗桂《そうけい》は貴族の山科言経《やましなときつね》と交流があり，また徳川家康《とくがわいえやす》に召し出されたこともありました。

そして⑧1612年，宗桂は家康から俸禄《ほうろく》を支給されました。このことをきっかけに将棋を家業とする家が現れ，やがて三つの家から世襲の名人が出るしくみが確立されました。彼らは寺社奉行の支配を受けることになり，詰将棋集を作り将軍に献上しました。

現在，日本将棋連盟では11月17日を「将棋の日」と定めて各地でイベントを行っています。その由来は八代将軍（　7　）が1716年に将軍の御前で指す「御城将棋《おしろしょうぎ》」を，毎年11月17日に行うように制度化したことにあります。

江戸時代には段位制が整備されたほか，将棋の普及が進み将棋を指す人々がさらに増えていきました。⑨将棋の定跡や戦法を扱った書物も発行され，幕末には各地で将棋会が盛んになり，地域で将棋の腕を磨くことが可能となっていきました。

江戸幕府の滅亡後，支えを失った将棋の家元が衰える一方で，一般庶民の娯楽として将棋は根を下ろしていきました。明治時代後半以降，新聞に将棋欄が作られ，新聞社の支援を受けた棋士たちが様々な団体を結成するなど，将棋の世界と新聞社は深く関わりを持っていました。

1927年には様々な団体が集まり，日本将棋連盟が結成されました。昭和初期には棋士が職業として確立され，1935年には従来の終身名人制から実力名人制へと変わり，名人を選ぶためにリーグ戦を開始しました。しかし，太平洋戦争は将棋の世界にも打撃を与えました。新聞から将棋欄が消え，棋戦は中断され，将棋雑誌も休刊となり，棋士たちは徴兵されたり，各地への慰問を命じられるなど⑩国からの統制を受けました。

終戦後，名人戦の新制度が採用されました。所属棋士をA・B・Cに分けてランキングを決め，A級第1位を名人戦の挑戦者とし，名人位の1期を1年とする新しい制度となりました。これが今の将棋の名人戦にも引き継がれています。

問1　空欄（1）～（7）にあてはまる語句を**漢字**で答えなさい。

問2　下線部①に関して，古代インドについて述べた文として適切なものを，次のア～エから一つ選び，記号で答えなさい。

ア　インダス文明では，整備された道路や水路を持つデリーなどの都市が栄えた。
イ　紀元前1500年ごろには，アーリヤ人が中央アジアからインドに侵入した。
ウ　アーリヤ人たちは，クシャトリヤ（王侯貴族）を頂点とする身分制度を生み出した。
エ　ハンムラビ王が法典を作り，法に基づく支配を行った。

問3　下線部②に関して，イスラム世界を経由してヨーロッパに伝わったものとして適切なものを，次のア～エから**すべて**選び，記号で答えなさい。なお，適切なものが一つもない場合にはオと答えなさい。

ア　火薬の製法　　イ　ジャガイモの栽培法　　ウ　紙の製法　　エ　たばこの製法

問4　下線部③に関して，中世ヨーロッパについて述べた文として適切なものを，次のア～エから一つ選び，記号で答えなさい。

ア　東ヨーロッパでは，ギリシア正教を国の宗教とするビザンツ帝国が栄えた。

イ　ビザンツ帝国の首都であるアテネは，アジアとヨーロッパの交易で栄えた。

ウ　西ヨーロッパでは，プロテスタント教会の首長である教皇が強い権力を持っていた。

エ　理性を重視し物事を合理的にとらえようとする，啓蒙《けいもう》思想が生まれた。

問5　下線部④に関して，唐について述べた文として**誤っているもの**を，次のア～エから一つ選び，記号で答えなさい。

ア　刑法の律と政治に関する法の令によって政治体制の基礎を固め，強大な帝国を築いた。

イ　国際的な文化が発展し，都の長安には外国からの使節も来た。

ウ　人々は戸籍に登録され，それに基づき土地を与えられ税や兵役を負担した。

エ　7世紀半ばに，高句麗《こうくり》と協力して百済《くだら》を滅ぼした。

問6　下線部⑤に関して，この説を想定する論者は，この時代に中国に渡った僧侶が将棋の伝来に関係しているとみています。この時代の中国の王朝を，次のア～エから一つ選び，記号で答えなさい。

ア　北宋《ほくそう》　　イ　金　　ウ　南宋《なんそう》　　エ　元

問7　下線部⑥に関して，荒廃した京都から貴族や高僧，学者などが朝倉氏の城下町へ移り住み，文化が発達しました。京都を荒廃させ，貴族たちの移住のきっかけとなった出来事を答えなさい。

問8　下線部⑦に関して，承久の乱のあと，鎌倉幕府が朝廷の監視や西国統治に当たらせるために設置した機関を，**漢字**で答えなさい。

問9　下線部⑧に関して，この年に定めたこととして適切なものを，次のア～エから一つ選び，記号で答えなさい。

ア　オランダ商館を出島に移した。　　イ　日本人の海外渡航を禁止した。

ウ　幕府領でキリスト教を禁止した。　　エ　スペイン船の来航を禁止した。

問10　下線部⑨に関して，書物が盛んに読まれるようになった背景として，識字率の高さが挙げられます。町や農村で民衆向けに開設された教育施設を，**漢字**で答えなさい。

問11　下線部⑩に関して，戦争中の国民に対する統制について述べた文として適切なものを，次のア～エから**すべて**選び，記号で答えなさい。なお，適切なものが一つもない場合にはオと答えなさい。

ア　マスメディアは政府の統制を受けずに，すべての戦況を自由に知らせた。

イ　性別による分業が進められ，工場から女性が排除されていった。

ウ　米が不足すると，代わりに芋など代用食の配給が行われた。

エ　寺の鐘や家庭の鍋・釜までも，兵器生産のため政府に回収された。

3　次の文章を読み，あとの問いに答えなさい。

一般的に，新しく事業を始めることを「起業」と呼びます。中でも，社会的課題の解決を目的とした事業を始めることを「社会的起業」と呼びます。また，そうした事業を「ソーシャル・ビジネス」，その事業のための組織を「社会的企業」，その事業・組織の立ち上げを行う人を「社会起業家」と呼びます。この「社会起業家」という言葉が現れ始めたのは，①政府のあり方が改めて問われた，②1980年代のイギリスであると言われます。日本においては2000年代に入って，これらの言葉が注目され始めました。

経済産業省の2011年の報告書では，ソーシャル・ビジネスが対象とする社会的課題の分野として「高齢化問題，環境問題，子育て・教育問題」などが挙げられています。組織が③株式会社であっても④非営利組織であっても，こうした分野における課題解決を目的とする事業を行うものであれば，社会的企業と見なすことができます。

ソーシャル・ビジネスの例としては，⑤保育園では預かれない発熱した子どもを預かる病児保育の事業や，⑥空き家を活用して住まいと仕事を提供する事業などが挙げられます。2006年にノーベル平和賞を受賞した⑦グラミン銀行も，社会的企業の一つです。

こうした事業を起こす「社会起業家」の活動は，⑧身近にある社会的な課題を解決する姿勢の結果生まれたものです。そして，その活動が政策形成に影響を与えることもあります。⑨日本国憲法をはじめ，様々な法令で⑩民主主義に則《のっと》って政治を行うための制度が定められていますが，私たち自身が⑪社会を変えていく方法は，たとえば選挙の他にもあり得るということを，「社会的起業」は示しているのかもしれません。

問1　下線部①に関して，政府の経済活動である財政の役割について述べた文として適切なものを，次のア～エから一つ選び，記号で答えなさい。

ア　市場機構に委ねていては十分に供給されない社会資本や公共サービスを供給することによる，「経済の安定化」の役割を担っている。

イ　累進課税制度を取り入れつつ，社会保障のしくみを整えることによる，「所得の再分配」の役割を担っている。

ウ　景気変動に応じて増税・減税をしたり，公共事業の増減をしたりすることによる，「資源の効率的な配分」の役割を担っている。

エ　価格の上下を通じて生産の過不足を防ぐことによる，「資源配分の調整」の役割を担っている。

問2　下線部②に関して，次の文章は，1980年代のイギリスと日本の動きについて述べたものです。文章中の空欄【A】～【C】にあてはまる言葉の組み合わせとして適切なものを，あとのア～クから一つ選び，記号で答えなさい。

> 1970年代のオイル・ショック以降，1980年代のイギリスでは，「【 A 】政府」へ回帰する政策が見られました。例えば【 B 】首相のもと，国有企業の民営化が進められました。日本でも，【 C 】内閣のもと，電電公社，専売公社，国鉄の民営化が実行されました。

ア　A―大きな　B―レーガン　C―中曽根康弘《やすひろ》

イ　A―大きな　B―レーガン　C―田中角栄

ウ　A―大きな　B―サッチャー　C―中曽根康弘

エ　A―大きな　B―サッチャー　C―田中角栄

オ　A―小さな　B―レーガン　C―中曽根康弘

カ　A―小さな　B―レーガン　C―田中角栄

キ　A―小さな　B―サッチャー　C―中曽根康弘

ク　A―小さな　B―サッチャー　C―田中角栄

問3　下線部③に関して，株式会社について述べた次の文章を読み，あとの問いに答えなさい。

> 株式会社は，自身の発行する株式を購入してもらうことで資金を集めます。この株式を購入して，その会社に出資した個人や法人は「株主」となります。株主は，会社が得た利益の一部を【 D 】として受け取ります。株主総会において，株主は【　E　】議決権を行使することができます。そして会社が倒産した場合，株主は，その会社の残した負債の返済のために追加で出資する必要が【 F 】とされています。

(1)　文章中の空欄【D】に入る最も適切な言葉を，**漢字2字**で答えなさい。

(2)　文章中の空欄【E】【F】にあてはまる言葉の組み合わせとして適切なものを，次のア～エから一つ選び，記号で答えなさい。

ア　E－保有する株式の数に応じて　F－ある

イ　E－保有する株式の数に応じて　F－ない

ウ　E－個人・法人ごとに一票の　　F－ある

エ　E－個人・法人ごとに一票の　　F－ない

問4　下線部④に関して，次の問いに答えなさい。

(1)「非営利組織」の略称を，**アルファベット3字**で答えなさい。

(2) 次の文章中の空欄【G】にあてはまる言葉を，**漢字2字**で答えなさい。

> ある団体が，特定非営利活動促進法に基づいて法人格を取得した場合，その団体は特定非営利活動法人となります。法人格の取得によって，その法人の名義で【　G　】を結ぶなど，法的に権利や義務の主体として行為することができるようになります。
>
> 【　G　】の例としては，次のa～cの行為を挙げることができ，dの行為はあてはまりません。
>
> a　法人の名義で事務所として利用する部屋を借りること。
>
> b　法人の名義で車を購入すること。
>
> c　法人の名義で銀行からお金を借りること。
>
> d　法人の名義で意見を法人自身のホームページ上に掲載すること。

問5　下線部⑤に関して，2023年3月まで保育園（保育所）を管轄していた省の名前を，次のア～エから一つ選び，記号で答えなさい。

ア　厚生労働省　　イ　文部科学省　　ウ　総務省　　エ　経済産業省

問6　下線部⑥に関して，次の文章を読み，あとの問いに答えなさい。

> 現在，日本には，差別や貧困によって住まいと仕事を持つことができない人がいる問題と，高齢化などにより空き家が増加しているという問題があります。こうした状況を改善する方法について，「Renovate Japan」による「タテナオシ事業」を参考にして考えてみましょう。
>
> 空き家を利用するには，まず改修作業が必要です。そこで，空き家(X)の改修作業を，住まいと仕事に困っている人に依頼します。同時に，その人を，会社が前もって改修しておいた空き家(Y)に受け入れます。このように，空き家(Y)に泊まり込んで空き家(X)の改修に参加する人は，この事業においては「リノベーター」と呼ばれます。
>
> ただし，空き家(Y)には宿泊費を設定しておきます。その上で，空き家(X)の改修作業に従事した時間数に応じてリノベーターに賃金を支払い，宿泊費を支払えるようにします。もちろんリノベーターは，宿泊費以上の収入を得ることも可能です。このようにすれば，住まいと仕事を提供することができます。

第三段落のしくみについて考えてみると，会社の支出の方が多くなっています。そこで，Renovate Japanはこの事業によって改修を終えた空き家(X)を，シェアハウスとして活用しています。これはリノベーターもその他の人も，家賃を支払ってともに住むことができるものです。そして「住むだけで『社会貢献』してみませんか？」と呼びかけるなど，入居者を募集しています。

それでは，空き家(X)に住む，リノベーター以外の入居者について考えてみたとき，その人はなぜ社会貢献していると言えるのでしょうか。解答欄に合わせて説明しなさい。

問7　下線部⑦に関して，バングラデシュのグラミン銀行は，生活に困窮する人々が事業を始めるための少額の資金を，無担保で融資する事業を始めたことで有名です。この事業を何と呼ぶか，**カタ**

カナで答えなさい。

問8　下線部⑧に関して，次の問いに答えなさい。

(1)　イギリスの政治学者ブライスは，身近な社会的課題の解決に取り組むことは，国政の運営に必要とされる能力を養うことにつながるという意味で，「地方自治は民主主義の【　H　】」と述べました。この空欄【H】にあてはまる言葉を，**漢字2字**で答えなさい。

(2)　地方公共団体も，身近な社会的課題の解決に取り組む機関です。地方公共団体に関して述べた文として適切なものを，次のア～エから一つ選び，記号で答えなさい。

ア　首長は，条例案を議会に提出することはできない。

イ　住民は，条例の制定・改正・廃止を請求することはできない。

ウ　議会は，住民が直接選んだ首長に対して，不信任を議決することはできない。

エ　国は，地方交付税交付金の使途を指定することはできない。

問9　下線部⑨に関して，次の問いに答えなさい。

(1)　日本国憲法の基本的な考え方を示す言葉は，いくつかの条文に見られます。次の条文の空欄【I】にあてはまる言葉を，**漢字2字**で答えなさい。

> 第24条②　配偶者の選択，財産権，相続，住居の選定，離婚並びに婚姻及び家族に関するその他の事項に関しては，法律は，個人の【　I　】と両性の本質的平等に立脚して，制定されなければならない。

(2)　たとえば表現の自由は，民主主義にとって必要不可欠な権利です。そして表現の自由は，自由権に分類されます。それでは，自由権に分類される権利が書かれている条文として適切なものを，次のア～エから一つ選び，記号で答えなさい。

ア 「公務員を選定し，及びこれを罷免することは，国民固有の権利である」

イ 「すべて国民は，健康で文化的な最低限度の生活を営む権利を有する」

ウ 「何人《なんぴと》も，いかなる奴隷的拘束も受けない。又，犯罪に因《よ》る処罰の場合を除いては，その意に反する苦役に服させられない」

エ 「すべて国民は，法律の定めるところにより，その能力に応じて，ひとしく教育を受ける権利を有する」

問10　下線部⑩に関して，国会は日本の議会制民主主義を支える機関です。国会における立法過程について述べた文として適切なものを，次のア～エから一つ選び，記号で答えなさい。

ア　法案は議員もしくは各省庁が提出することができるが，予算案の提出は議員にのみ認められている。

イ　衆議院にも参議院にも委員会が設置されており，国会に提出された法案は内容に応じてそれぞれの委員会で審議され，さらに必要に応じて公聴会が開かれる。

ウ　衆議院が可決した法案を参議院が否決し，両院協議会でも不一致に終わった場合は，衆議院の議決がそのまま国会の議決となる。

エ　衆議院が可決した法案を参議院が30日以内に議決をしない場合，衆議院で総議員の3分の2以上の賛成で再可決されれば，それが国会の議決となる。

問11　下線部⑪に関して，次の問いに答えなさい。

(1)　日本国憲法に照らしたときに，既存の制度が不適切であると判断され，法律の改正や廃止がなされて，生活のしくみが変わってきた例はいくつか挙げられます。戦後の裁判と法改正について述べた文として**誤っているもの**を，次のア～エから一つ選び，記号で答えなさい。

ア　女性の再婚禁止規定について，6か月を超えて禁止するのは結婚における男女の平等に反するとされ，再婚禁止期間は離婚の日から６か月間とされた。

イ　国籍法の規定する日本国籍取得の要件のうち，父母の婚姻を要件とすることは法の下の平等に反するとされ，結婚要件は廃止された。

ウ　薬局開設時の，店舗間の距離制限は必要かつ合理的な規制とは認められず，職業選択の自由に反するとされ，距離制限は廃止された。

エ　法律上結婚していない夫婦間に生まれた子どもの相続分を，法律上の夫婦の子どもの２分の１に定めた民法規定は法の下の平等に反するとされ，この規定は廃止された。

⑵　法を新たに制定することも，社会の在り方や人々の行動を変えることにつながります。新法制定の事例について述べた文として適切なものを，次のア～エから一つ選び，記号で答えなさい。

ア　女子差別撤廃条約を批准するため，1985年に制定された男女共同参画社会基本法では，雇用の場面における男女差別が禁止された。

イ　1994年に制定された製造物責任法（PL 法）では，消費者が製品を作った会社の過失を証明できた場合にのみ，損害賠償が受けられることが定められた。

ウ　1997年に制定された老人福祉法によって，40歳以上の人が加入する介護保険制度が2000年から導入された。

エ　障害者権利条約を批准するため，2013年に制定された障害者差別解消法では，合理的配慮の考え方が導入された。

【理　科】（40分）〈満点：50点〉

1　中和に関する以下の文章を読み，あとの問いに答えよ。

水溶液どうしの中和の実験で，BTB 溶液を事前に水溶液に加えておく手法はよく用いられるが，硫酸(水溶液)と水酸化バリウム水溶液の組み合わせでは，水溶液が白く濁るため，BTB 溶液では水溶液の液性が変化する瞬間を目視で判別するのは難しい。

図１のように，ステンレス電極を電源装置と豆電球に接続し，硫酸に入れた装置を考える。一定の電圧をかけながら水酸化バリウム水溶液を硫酸に加えていくと，できた水溶液は白く濁るとともに，点灯していた豆電球の明かりは次第に暗くなるが，ある量を境に，再度明るくなることが知られている。これは液中に存在するイオンに関係している。この現象に着目して，次の[実験]を行った。

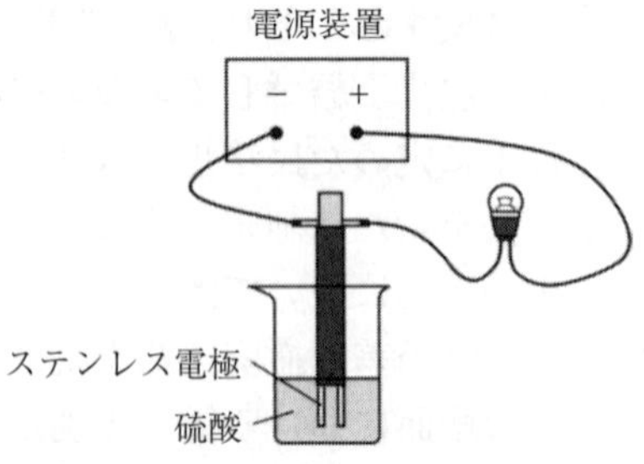

図１

[実験]　薬品庫にあった濃度不明の硫酸をビーカーに10mL 入れて，ガラス棒でよくかき混ぜながら，水酸化バリウムの飽和水溶液を少しずつ加えていった。その過程で，図２のように電源装置とステンレス電極などを用いて，水酸化バリウム水溶液を加えるたびに一定の電圧をかけて，水溶液に流れる電流の大きさを電流計で調べた。すると，水酸化バリウム水溶液を21mL 加えたときに電流値が最小になったことから，この瞬間に水溶液が中性になったと判断することができ，さらに加えると電流値は図３のようになった。

この実験の条件で水100 g に対する水酸化バリウムの溶解度は5.0 g であるとする。

実験中の水溶液は一定温度であり，その密度は1.0g/cm^{3}であるとする。この実験において，中和以外の化学変化は起きないものとする。

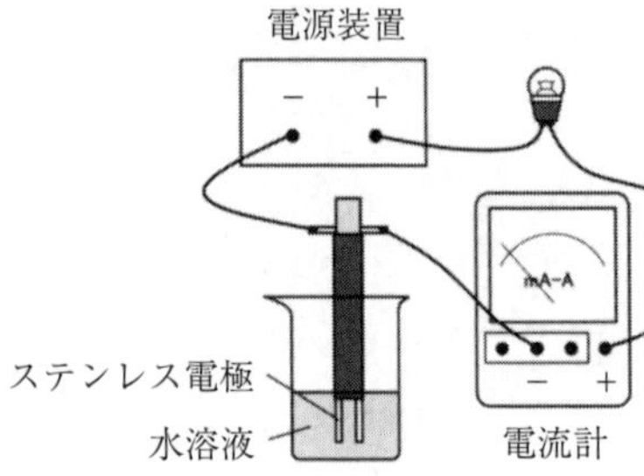

図２

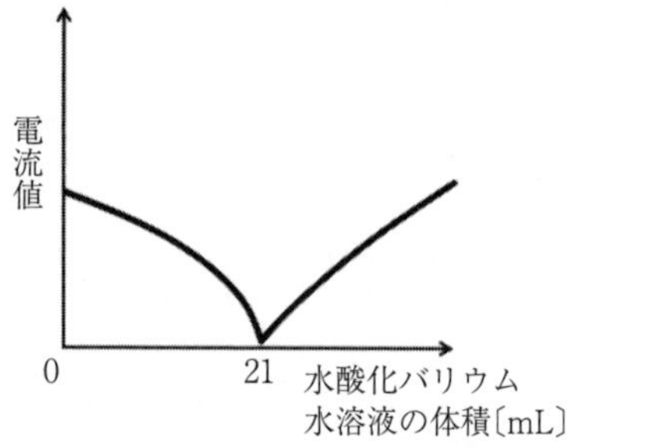

グラフは測定値の点をなめらかな線で結んでいる。
図３

問１　水酸化バリウムの化学式を答えよ。ただし，文字と数字の大きさは例のように明確に区別して書くこと。

例 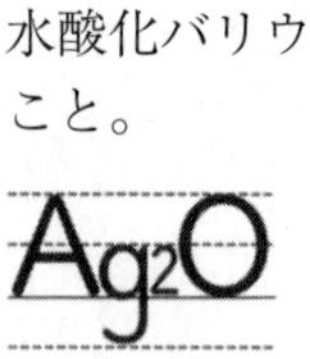

問２　文章中の下線部に関連して，BTB 溶液を加えた水溶液がアルカリ性になると，水溶液の色は何色になるか。

問３　[実験]の中和で生じる塩の物質名を答えよ。

問４　[実験]に関連して，正しいものを次のア～エの中から**すべて選び**，記号で答えよ。

ア　水溶液が白く濁ったのは，中和で生じる塩が水中でほとんど電離しないからである。

イ　水酸化バリウムの飽和水溶液を用いるときは，溶解度を超える量の固体を水に入れて溶けるだけ溶かし，容器の底面付近からピペットなどで水溶液を吸い上げて用いる。

ウ　水溶液が中性になった後に流れる電流が大きくなっていくので，電流計の針が振り切れないように，電流計のどの －《マイナス》端子を使うかに注意して測定する必要がある。

エ　水溶液中のイオンの数が多くなれば，電圧を一定にしたときに流れる電流が大きくなる。

問5　［実験］を通じて，溶液中の水酸化物イオンの数は下図の破線のように推移する。これに対する溶液中に溶けているバリウムイオンの数の推移として，最も適切なグラフを図中の①～⑥の中から１つ選び，番号で答えよ。なお，⑤のグラフは水酸化物イオンと同じ推移をしているものとする。

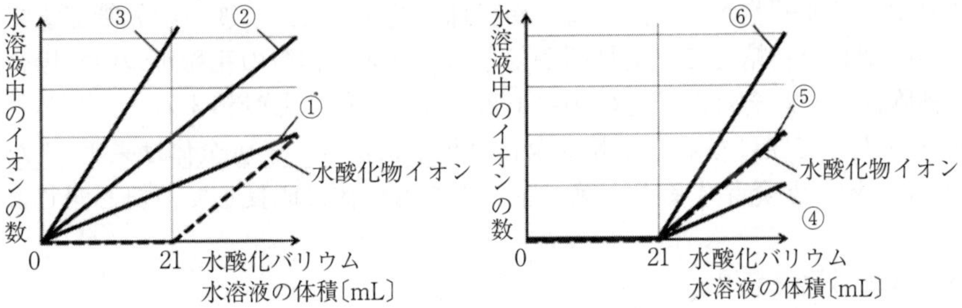

見やすさのため，①～⑥のグラフは２つに分けて表示している。

問6　［実験］で水溶液が中性になるのに要した水酸化バリウム水溶液中の溶質は何 g か。答えは小数第１位まで求めよ。

問7　水溶液が中性になったとき，水溶液中の溶質である水酸化バリウムと硫酸は，水酸化バリウム：硫酸＝171：98 の質量比で反応したことがわかっている。この比を用いて，［実験］で用いた硫酸の質量パーセント濃度を計算せよ。答えは小数第１位まで求めよ。

2　発生に関する以下の文章を読み，あとの問いに答えよ。

生物は細胞から成り立っている。多細胞生物の成長とは細胞が増えることであり，細胞は細胞分裂により増えていく。①例えばヒト(成人)の細胞数は，2013年の Eva Bianconi らの論文によると約37兆2000億個と推定されている。だが，多くの動物の細胞には細胞分裂の回数に限界がある。実験によると，ヒトの細胞は60回くらいが限界といわれている。

生物が自分と同じ種類の新しい個体(子)をつくることを生殖という。ゾウリムシなどの単細胞生物では，体が２つに分かれて増える。多細胞生物でも，動物ではヒドラなどのように，親の体の一部から芽が出るようにふくらみ，それが分かれて子になるものがいる(出芽)。植物でも，ジャガイモやサツマイモのいも，ヤマノイモのむかご，オランダイチゴのほふく茎の先端などから，芽や根が出て新しい個体ができる(栄養生殖)。②このような増え方を無性生殖という。

これに対し，減数分裂という特別な細胞分裂を伴う生殖を有性生殖という。減数分裂は体細胞分裂(通常の細胞分裂)と異なり，染色体数が半減する。そのため子の細胞は，親の細胞と同数の染色体を持つことになる。

問1　下線部①について，１つの細胞が細胞分裂を繰り返していくと，計算上では何回目の分裂で細胞の数は37兆個を超えるか。ただし，すべての細胞は同じ周期で分裂し，37兆個を超えるまでは１つも死なないものとする。

問2　下線部②に関連して，次の(1)～(4)の例が無性生殖であれば○，そうでなければ×を記せ。

(1)　バフンウニが体外受精により増える

(2)　裸子植物のイチョウの精子が胚珠《はいしゅ》内の卵と受精して増える

(3)　被子植物のチャノキが挿し木により増える

(4)　ウメボシイソギンチャクの胃の中で親の体の一部が分かれて新しい小さな個体ができ，それが口から出されて増える問3　オランダイチゴの農業での利用について，次の(1)，(2)の場合，無性生殖（ほふく茎利用）と有性生殖（種子利用）のどちらを利用するのが適切か。また，その理由を「遺伝子」という語を用いて1行以内で答えよ。

(1)　新しい品種を開発する場合

(2)　同一の品種を増やす場合

被子植物では，花粉がめしべの柱頭につくと，花粉から柱頭の内部へと（ ③ ）が伸びる。（ ③ ）の中には精細胞があり，胚珠の中には卵細胞がある。（ ③ ）が胚珠に達すると，（ ③ ）の先端部まで運ばれた精細胞と，胚珠の中の卵細胞が受精して，受精卵ができる。柱頭に複数の花粉がついた場合，それらの花粉から生じる精細胞は，それぞれが子房の中にある異なる卵細胞と受精する。

受精卵は，体細胞分裂を繰り返して胚になる。④胚珠全体は種子になり，子房全体は果実（または果実の一部）になる。果実の中の種子が発芽すると，葉・茎・根をもつ体に成長して，親と同じような植物の体ができる。

問4　文中の空欄（③）に当てはまる語を記せ。

問5　下線部④に関連して，有性生殖するある被子植物（1つの果実に4つの種子を含む）の多数の果実を考えたとき，次の(1)，(2)に答えよ。

(1)　ある遺伝子A，aについてのみ考えたとき，1つの果実に含まれる4つの種子の遺伝子の組み合わせは最大で何種類になるか。最も適切なものを，次のア～エの中から1つ選び，記号で答えよ。ただし，両親のもつ遺伝子の組み合わせはどちらもAaであるとする。

ア　遺伝子の組み合わせは最大で1種類しかない

イ　遺伝子の組み合わせは最大で2種類存在する

ウ　遺伝子の組み合わせは最大で3種類存在する

エ　遺伝子の組み合わせは最大で4種類存在する

(2)　A，aとB，bの2種類の遺伝子を考えたときに，1つの果実に含まれる4つの種子の遺伝子の組み合わせは最大で何種類になるか。最も適切なものを，次のア～エの中から1つ選び，記号で答えよ。ただし，両親のもつ遺伝子の組み合わせはどちらもAaBbであるとする（このときにできる卵細胞と精細胞がもつ遺伝子の組み合わせは，それぞれAB，Ab，aB，abの4種類がある）。

ア　遺伝子の組み合わせは最大で1種類しかない

イ　遺伝子の組み合わせは最大で2種類存在する

ウ　遺伝子の組み合わせは最大で3種類存在する

エ　遺伝子の組み合わせは最大で4種類存在する

3　太陽系の惑星に関する以下の文章を読み，あとの問いに答えよ。

右の図1は，金星と太陽との位置関係を表した図である。

Cの位置にある金星は（　①　）見える。

Eの位置にある金星は肉眼では見えないが，望遠鏡を使えば昼間の青空の中で太陽の上（北）側か下（南）側に見ることができる。

たとえば図2は，Eの位置にある

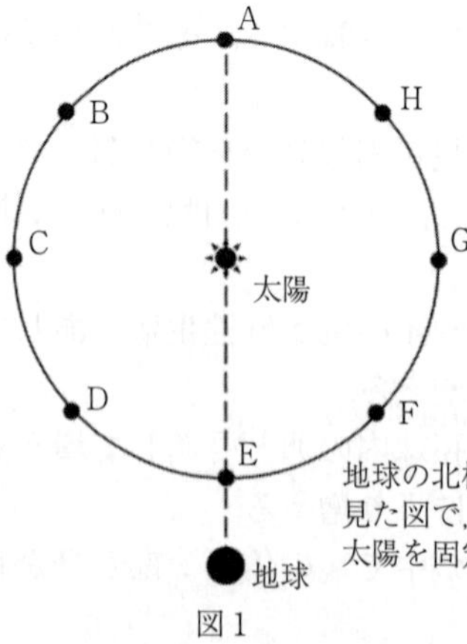

地球の北極側から見た図で，地球と太陽を固定してある。

図1

図2

金星を撮影した写真で，望遠鏡で撮影しているが，上下左右は肉眼で見た向きと同じになっている。なお，金星は地球と同じくらいの大きさであるが，②人類が生活するには過酷な環境である。

17世紀初頭，ガリレオは望遠鏡で木星や金星の観測をして，③古代に提唱されたプトレマイオスの天動説は間違っていて，コペルニクスが16世紀半ばに提唱した地動説の方が合理的であると考えた。④プトレマイオスの天動説は図３のように表され，すべての天体は地球を中心として回っているとされていた。これは，地球以外の天体を中心として回っている天体がないことを意味する。

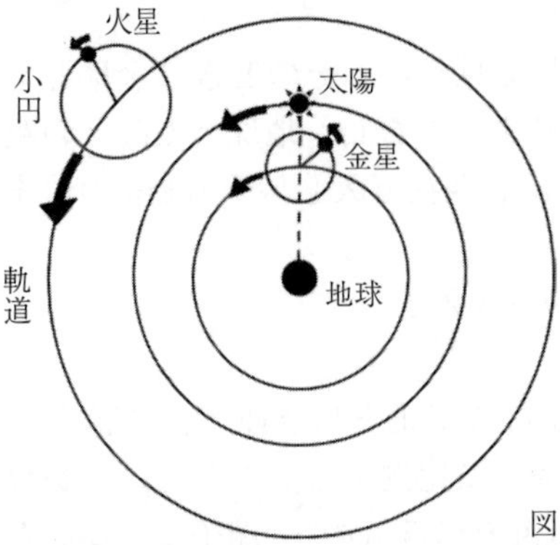

金星や火星などは太陽と異なり，軌道上を進む点を中心とした小円の周上を回っている。この場合には，小円の中心に天体がないので地球を中心として回っていると考える。金星の小円の中心は太陽と地球を結ぶ破線の上に常にある。火星・金星以外の惑星や月は省略してある。

図３

問１　文中の空欄(①)に当てはまる語句として最も適切なものを，次のア～カの中から１つ選び，記号で答えよ。

ア　明け方の東の空で三日月型に　　イ　明け方の東の空で半月型に
ウ　明け方の東の空で半月型より丸く　　エ　夕方の西の空で三日月型に
オ　夕方の西の空で半月型に　　カ　夕方の西の空で半月型より丸く

問２　図２の写真で示された金星は太陽の上(北)側にあるか，下(南)側にあるか。また，その翌日の金星を同じ条件で撮影した写真は右の図４のX，Yのどちらであると考えられるか。組み合わせとして最も適切なものを，次のア～エの中から１つ選び，記号で答えよ。

ア　上(北)側　X
イ　上(北)側　Y
ウ　下(南)側　X
エ　下(南)側　Y

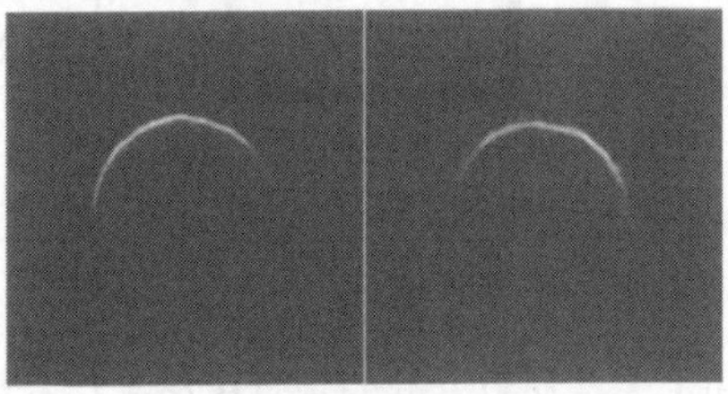

X　　Y

図４

問３　下線部②の内容として最も適切なものを，次のア～エの中から１つ選び，記号で答えよ。

ア　大気圧が0.006気圧しかなく，大気のほとんどが二酸化炭素でできている。
イ　大気圧が0.006気圧しかなく，大気のほとんどが窒素でできている。
ウ　大気圧が90気圧もあり，大気のほとんどが二酸化炭素でできている。
エ　大気圧が90気圧もあり，大気のほとんどが窒素でできている。

問４　ガリレオは木星の観測から，下線部③のようにプトレマイオスの天動説が間違っていると考えたという。次の事実のうち，プトレマイオスの天動説が間違っている根拠と考えられる最も適切なものはどれか。下線部④を参考にして次のア～エの中から１つ選び，記号で答えよ。

ア　木星に縞《しま》模《も》様《よう》が見える。
イ　木星の大赤斑が自転によって動いて見える。
ウ　木星の直径は地球の11倍である。
エ　木星に衛星がある。

問５　ガリレオは金星の観測からも，プトレマイオスの天動説が間違っていると考えたという。次の事実のうち，プトレマイオスの天動説が間違っている根拠と考えられる最も適切なものはどれか。図３を参考にして次のア～エの中から１つ選び，記号で答えよ。

ア　金星が三日月型に見えることがある。

イ　金星が満月に近い形に見えることがある。

ウ　金星が地球をはさんで太陽の反対側に位置して真夜中に見えるということがない。

エ　金星が太陽の手前に重なって見えることがある。

問６　地球から金星を見ると，太陽との間の角度は最大で約45°離れて見える。そのときの金星と地球との距離は約何億 km と計算できるか。図１を参考にして計算せよ。ただし，地球と太陽との距離は約1.5億 km である。結果は「1.5億 km」のように百万 km の位を四捨五入し，千万 km の位まで答えよ。

また，必要ならば次の数値を使うこと。$\sqrt{2}=1.4$，$\sqrt{3}=1.7$，$\sqrt{5}=2.2$

4　図１のように，同じ断面積の均質なニクロム線（電熱線）で作られた正方形 ABCD，電流計，導線，電池を用いて回路を作った（ニクロム線の電気抵抗はその長さに比例するものとし，ニクロム線以外の電気抵抗は無視できるものとする）。ここで，導線を電流計の５Ａの −《マイナス》端子につないだところ，電流計の針の位置は図２のようになった。この回路について，**問１**に答えよ。

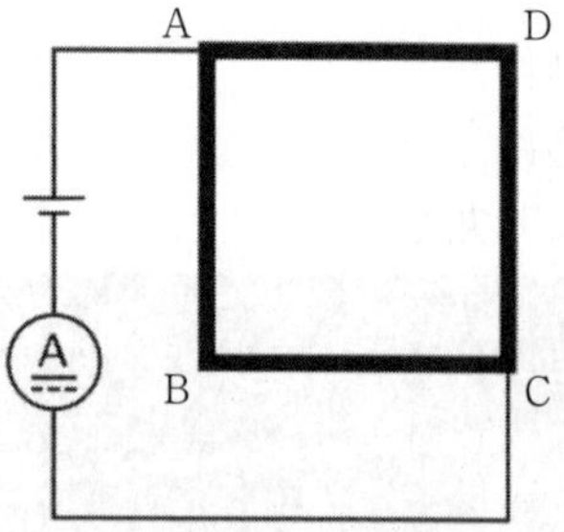

図１

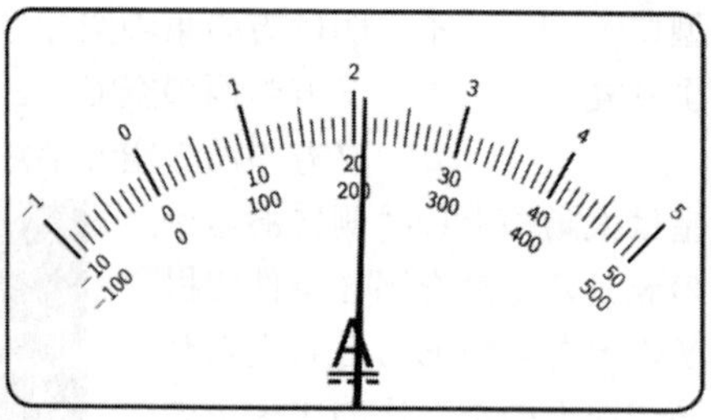

図２

問１　ニクロム線の辺 AB を流れる電流の大きさは何Ａか。答えは小数第２位まで求めよ。

図３のように，図１の回路のニクロム線の辺 AB の中点Ｐと辺 CD の中点Ｑを導線でつないだ。図４は，図３と同等な回路図である。この回路について，**問２**，**問３**に答えよ。

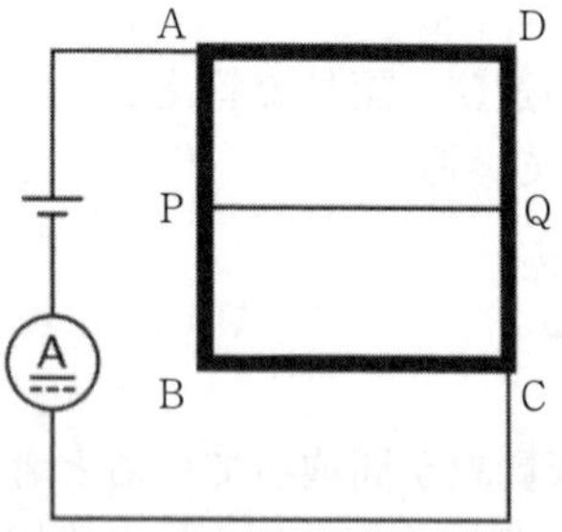

図３

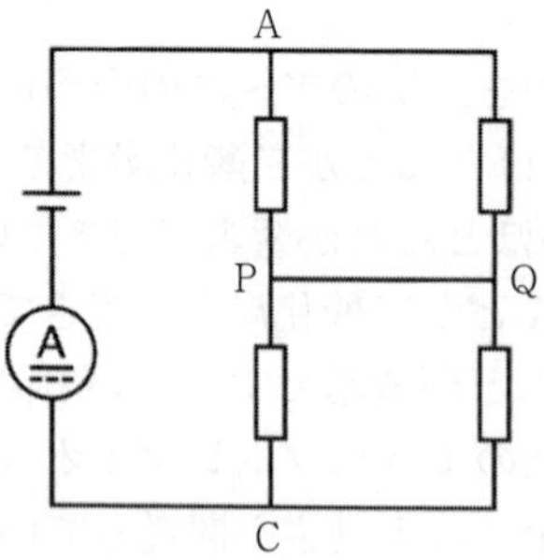

図４

問２　ニクロム線の AP 間，PC（PBC）間，AQ（ADQ）間，QC 間にかかる電圧をそれぞれ V_{AP}，V_{PC}，V_{AQ}，V_{QC} とする。比 $V_{AP}:V_{PC}:V_{AQ}:V_{QC}$ を最も簡単な整数比で表せ。

問３　ニクロム線の AP 間，PC 間，AQ 間，QC 間の消費電力をそれぞれ P_{AP}，P_{PC}，P_{AQ}，P_{QC} とする。比 $P_{AP}:P_{PC}:P_{AQ}:P_{QC}$ を最も簡単な整数比で表せ。

図5のように，図3の回路の導線PQの中点Rとニクロム線の辺BCの中点Sを導線でつないだ。図6は，図5と同等な回路図である。この回路について，**問4～問6**に答えよ。

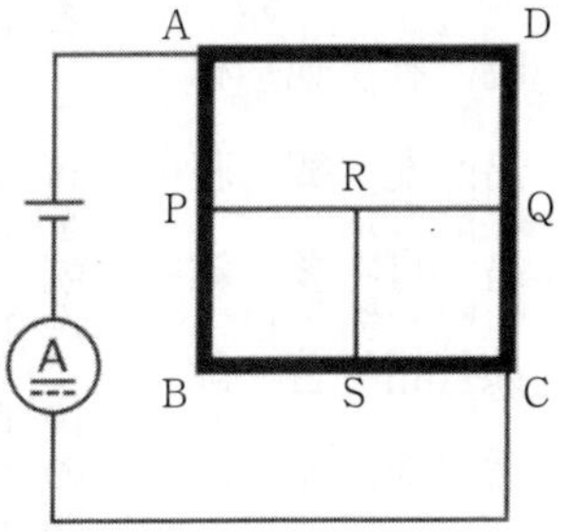

図5

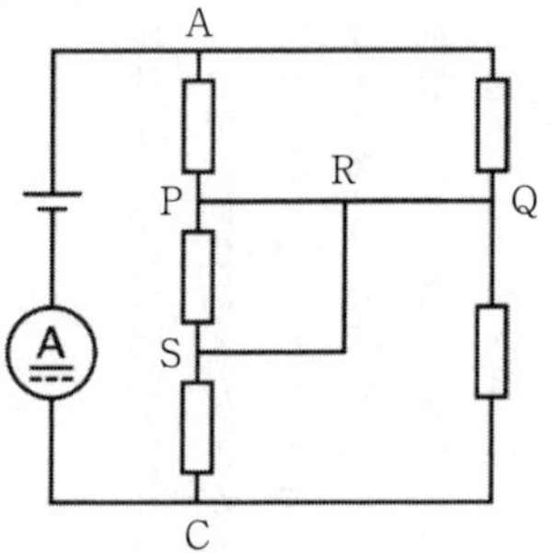

図6

問4　ニクロム線のPS(PBS)間にかかる電圧は，導線のPS(PRS)間にかかる電圧に等しい。その電圧は電池の電圧の何倍か。

問5　ニクロム線のAP間，SC間，AQ(ADQ)間，QC間にかかる電圧をそれぞれV_{AP}，V_{SC}，V_{AQ}，V_{QC}とする。比$V_{\mathrm{AP}}:V_{\mathrm{SC}}:V_{\mathrm{AQ}}:V_{\mathrm{QC}}$を最も簡単な整数比で表せ。

問6　電流計を流れる電流の大きさは何Aか。答えは小数第2位まで求めよ。

続けて，図5の導線RSの中点P′とニクロム線の辺QCの中点Q′を導線でつないで，導線P′Q′の中点R′とニクロム線の辺SCの中点S′を導線でつなぐ(図7)。同じようにして横縦に導線をつなぐ(図8)。このようにして導線をつないでいった回路について，**問7**に答えよ。

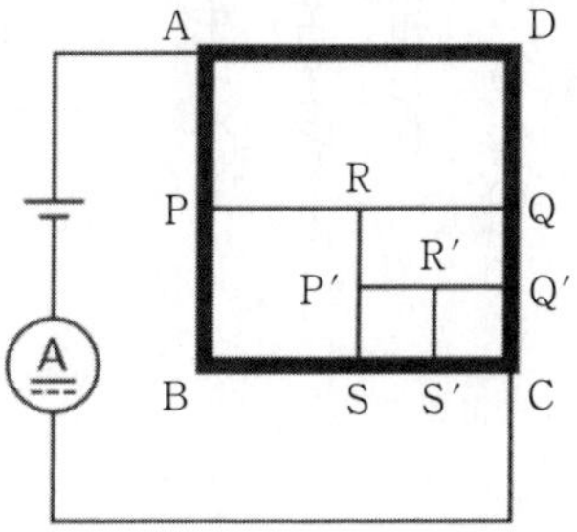

図7

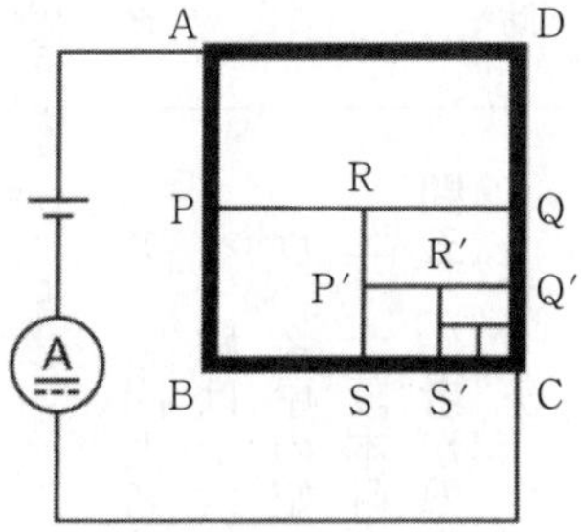

図8

問7　このようにして導線をつなぐことを繰り返していくと，電流計を流れる電流の大きさはある値に近づいていく。その値は何Aか。答えは小数第2位まで求めよ。

三 次の漢詩は、江戸時代後期の学者・詩人である広瀬淡窓の作である。これを読んで後の問に答えよ。

桂林荘雑詠示《ス》二諸生一《ニ》
休《やメヨ》レ道《いフヲ》他郷多《シト》二苦辛一
同《どう》袍《はう》有《リ》レ友自《おのづかラ》相《あひ》親《シム》
柴《さい》扉《ひ》暁《ニ》出《いヅレバ》霜如《ごとシ》レ雪《ノ》
②君汲川流我拾薪

桂林荘雑詠《けいりんさうざつえい》 諸生《しよせい》に示す
道《い》ふを休《や》めよ 他郷苦辛多しと
同袍《どうはう》友有り 自《おのづか》ら相《あひ》親しむ
柴扉《さいひ》暁に①出《い》づれば 霜 雪のごとし
君は川流《せんりう》を汲《く》め 我は薪《たきぎ》を拾はん
（『遠思楼詩鈔《ゑんしろうしせう》』より）

（注） 桂林荘＝作者の開いた私塾。大分県日田市にあった。塾生たちはそこで共同生活を営みながら学んだ。
雑詠＝心に浮かんだことを、題をつけずに詠《よ》んだ詩。無題詩。
諸生＝多くの塾生たち。
他郷＝故郷を離れた異郷の地。
同袍＝一つの綿入れ（はんてん・どてら。いずれも厚く綿を入れた防寒着）を共用すること。また、そこから親友を意味する。
柴扉＝細い木の枝を束ねて作った粗末な門。

問一 傍線部①「出づれば」を現代語に改めよ。ただし、接続助詞の「ば」を用いずに訳すこと。

問二 傍線部②は「君は川流を汲め 我は薪を拾はん」と訓読する。これを参考にして、解答欄の文に返り点を付けよ（送り仮名は不要）。

問三 この詩の詩形を、漢字四字で答えよ。

問四 右の詩のように、四句からなる漢詩は、起承転結の構成を取るのが原則である。
さて、次の俗謡は、それを教えるために江戸時代からよく用いられてきたものである。これを起承転結の順に並べ替え、記号で答えよ。

ア 諸国大名は弓矢で殺す
イ 姉は十六妹は十四
ウ 糸屋の娘は目で殺す
エ 大阪本町糸屋の娘

問五 作者が塾生たちに伝えたかったことを、詩全体の内容を踏まえて、五十字以内で説明せよ（句読点も一字と数える）。

「いつまで、そんなふうにこの国のお情けにすがっているわけ？　それに、あなた、さっきわたしのこと白人って言ったけど、白人が一番偉いって、あなたこそ、偏見を持っているんじゃない⁉」
　彼女の叫ぶセンテンスの一つ一つが、僕のそこかしこを容赦なく刺し貫いていった。
「みんな、口ぐせみたいにダイバーシティー（＝多様性）って言うけど、実際のところは、あなたたちみたいな目立ちたがり屋と人気者の寄せ集め！　ダイバーシティーなんて、わたしから見たら、新種のマジョリティーのパレードみたいなもんよ！　『白人』のわたしよりも、見た目で簡単にわかってもらえる『エイジアン』のあなたの方がずっと得してるんじゃない⁉」
　彼女は最後にそう喚《わめ》いて僕の心臓を撃ち抜くと、スロープを駆け下りた。やって来たトラムに僕は乗り込んだ。席に座るとトラムが動き出した。思わず、窓の外の反対側のホームを見た。すると、アビーが真っ赤な顔をして、こちらを睨《にら》みつけていた。
　トラムの鐘が鳴った。火傷の痕がズキズキする。彼女の姿がレールの向こうに遠のいていく。③——あれは僕だ。

（岩城けい『Ｍ』より）

問一　二重傍線部ａ～ｄのカタカナを漢字に直せ。

問二　傍線部①「これだからイヤなんだ」とあるが、「僕」は「アビー」のどのような態度を「イヤなんだ」と感じているのか。説明せよ。

問三　傍線部②「自分の弱点を一気に引き摺り出されたような気がして、僕は一瞬口がきけなくなった」とあるが、それはなぜか。説明せよ。

問四　傍線部③「——あれは僕だ」とはどういうことか。説明せよ。

「あなたの真似《まね》をしただけよ。とにかく、自分の国のこと、「知らねえの?」って言われたみたいで不愉快だったのよ。わたし、これでもアルメニア人なのよ！」
　彼女がそう声高に叫ぶのを聞いて、僕は僕の小さい弟のことをふと思い出してしまう。母さんが日本に帰った後、父さんと新しいパートナーのアナベルの間に生まれた弟の丈治《じょうじ》は五歳。この前の年末年始、弟は父さんに連れられて日本に初めて行った。親戚中に可愛《かわい》がられて、特別に一週間ほど通わせてもらった幼稚園でも、九州の田舎ってことで、「ウェイジアン《白人とアジア人の混血》」の弟は、地元の人にしたら「珍しいお客さん」。そんなわけで、会う人会う人に大切にされる。クリスマスと正月のフェスティバル・シーズンだったせいもあってか、どこへ行っても皆ウキウキしていて、お土産やプレゼントもたくさんもらった。だから、弟にとっては、日本はディズニーランドみたいなところであるらしい。まだ小さいということもあるんだろうけど、楽しい思い出しかないせいか、日本は世界で一番いい国だと信じ切っている。きっとこれからも、数年ごとに遊びに行って、楽しい時間を過ごせる国でしかないのだろう。父さんも父さんで、弟のそんな様子に嬉《うれ》しそうに相槌《あいづち》なんか打つもんだから、ますます、夢幻の国になってきている。最近では、「My dad is Japanese!　I am Japanese too!（ぼくのお父さんは日本人！　ぼくも日本人！）」と、ヘンな自慢の仕方を始めた。そんな弟の顔が、目の前の彼女の顔になぜか重なってしまった。僕は我にかえると、反撃に出た。
「だったら初めからそう言えよ！　勿体《もったい》ぶって隠すほどのことじゃないだろ！」
「隠してなんかいないわよ！　でも、ほとんどの人はアルメニアなんて国、聞いたこともない。アルメニアなんて、誰も知らない。わたしたちの言葉もカルチャーも、ここでは特別じゃなくて、特殊で絶滅危惧種！」
　アビーはそこでふと口籠もると、一気に吐き出すように言った。
「日本だったら、誰でも知ってるじゃない？　日本なんて、食べ物でもアニメでも、ここじゃあ大きな顔してるじゃない？　よその国でまるで自分の国みたいに生きていけるじゃない？　この国に飼い慣らされて、この国の人間みたいに振る舞って、そんなにオージーになりたいの？　コソコソ隠してるのは、あなたの方よ！」
　②自分の弱点を一気に引き摺《ず》り出されたような気がして、僕は一瞬口がきけなくなった。ゼイドともここまでやりあわない。
「だったら、きみはその逆だ！　レアもののきみは、数が少なくて目立たないから標的になることも、攻撃の的になることもあまりない。それに、きみのどこがアジア人なんだよ⁉　白人にしか見えないね！　きみは、その見てくれで生まれつき『オージーの基本セット』をクリアしてるじゃないか⁉　自分でも気づかないまま天然の地元人を装《よそお》えるから、おれに向かって偉そうな口を叩《たた》けるんだよ！　参考までに、アンザック・デーにおれが外を出歩かない理由を教えてやろうか？　おれが日本人だからだ！」
　そう大声で言い返しながら、自分は一体いつまで日本人をやらなきゃならないのだろうかと、腸《はらわた》が煮えくりかえりそうになる。大学の交換留学で、一ヶ月ほどゼミの連中とイギリスに行ったときも、そこでも、イギリスの学生たちは、インド系も含めて他のやつにはオーストラリアのことを訊くのに、僕には日本のことしか訊いてこなかった。この見てくれのせいで、何年ここに住もうが、どこへ行こうが、自分は地元の人間とは見なされない。
「日本人だから？　何があったか知らないけれど、日本人なんて、ここじゃ、チヤホヤされているじゃない！　日本人なんて立派なマジョリティー！　これ以上甘やかされたいの？　それとも、これ以上注目されたいの？　人気者にでもなりたいの？　だったら、うちのデザイン科に来ればいいわ！　まさに『ウィアブー《日本かぶれ》』〔＝日本文化を偏愛する人を侮蔑する語〕の巣窟《そうくつ》なんだから！　このあいだも、「最近の学生は、何を描かせても日本のアニメとマンガになる」って、うちの教授が嘆いていたわ！」
　アビーは少し黙ったかと思うと、大声になった。

中国人じゃない。韓国人でもない」

「アメリカ人！」

大真面目な表情で彼女が答える。この顔とこのオージー・アクセントで、「アメリカ人！」だなんて言われるのは初めてだった。黙って彼女を見つめる。どこにでもいそうな感じに見えて、なかなかいないタイプかもしれない。なんか、素数みたいな子だ。2、3、5、7、11、13……。独立していて、でも割り切れない、わだかまりのような素数は無限にあるけれど、その数自体は唯一。だいたい、素数って一体何なのか、僕はよくわからない。だけど、僕は素数を見つけると、「なんだこいつ？」と思いながら、そこから目が離せなくなってしまう。

僕が日本人だと判明したあとも、「あら、いいじゃない。いっぱいいるし。隠すほどでもないでしょ」とだけ彼女は言い、お決まりの、お気に入りの日本食や、アニメやポップカルチャーの話題で質問攻めにしたり、片言の日本語が続くこともなかった。僕の方では、ヨーロッパとアジアの境目あたりにありそうな国を思いつくだけ口にした。イラン。イラク。パキスタン。アフガニスタン。ハンガリー。ルーマニア。マケドニア。ブルガリア……。実は、あのあたりの国ってよく知らないんだよな……。

「トルコ！」

「惜しい！」

「ロシア！」

「近い！」

「チェコ？」

「なんで？」

「ハズレ！　そこはわたしが行ってみたい国」

「チェコのプラハはマリオネット（＝操り人形）で有名なの」

彼女が正解を口にする。そして、ほら、やっぱり知らないでしょ、と、したり顔で僕に念を押す。

「聞いたことある」

「ウソ」

全然信じていない顔。僕はちょっとムキになって言い返す。

「ウソじゃない！　『System Of A Down』（＝メンバー全員がアルメニア系アメリカ人のメタルバンド）とか！」

「何、それ？」

「知らねえの？　有名なバンドだぜ？」

彼女が荷物を肩にかけようとし、ずり落ちた。僕は手を伸ばして、リュックサックのかかっていない自分の反対側の肩にかけた。ズシリときた。

「返して。自分で持つから！」

トラムストップ（＝路面電車の停留所）が見えてきた。横断歩道に跨《またが》る線路を挟んで、プラットホームが両側にある。僕の乗る手前側でも、アビーが乗る向こう側でも大勢の人が待っていた。

『オタマトーン』（＝日本のアーティストが開発した電子楽器）って知ってる？　大学の友だちが持ってるのよ、この前、パーティーで弾いてくれたんだけど、すっごく面白かったわ、とアビーはぼそっと言った。

「何、それ？」

「知らないの？　あなた日本人でしょ？」

青信号に変わった。

僕は彼女に声もかけないまま、手前のプラットホームに続くスロープを上がった。猛烈に腹を立てていた。僕が知っていることと、彼女が知らないことに。僕が知らないことと、彼女が知っていることに。反対側のプラットホームにはもうトラムが到着している。アビーはそちらに向かって駆け出したかと思うと、こちらのホームに向かって猛スピードで引き返してきた。僕の真正面に腕組みをして立った。

「あなたって失礼ね、「知らねえの？」って、すごく不愉快だわ」

「きみこそ！　「知らないの？　あなた日本人でしょ？」って、なんだそれ？」

は血相を変えて「ジャップ⁉　あんな残酷なやり方でオージー兵（＝オーストラリアの兵士）を殺したジャップが、よりによって今日みたいな日になんで酒が飲めるんだ⁉」。テオが逆上して、オヤジと激しい怒鳴り合いになった。最終的には、僕らは揃《そろ》って店を追い出された。言いがかりをつけてきたのはあっちなのに、なんでおれたちだけ追い出されるんだ、店中、あのクソオヤジの肩を持ちやがって！　と、テオは猛烈に悔しがっていた。

「……ほっといてくれよ」

「ＯＫ」

アビーが立ち上がった。荷物を抱えて八角形の床の角まで歩いていく。①これだからイヤなんだ、特に、ああいう、なんでも直球でくるやつ、と僕はため息をついた。次に室内を見回したときには、彼女の姿はどこにもなかった。スマホでテキスト（＝文章）を送る。

「ごめん。怒るつもりはなかった」

どこかで着信音が聞こえた。吹き抜けの八角形の天井を見上げると、彼女が階上のバルコニーからこちらを見下ろしているのが見えた。

図書館を出て、二人で並んでスワンストン・ストリートを歩いた。あたりはもう真っ暗で、店の明かりが目に眩《まぶ》しかった。

アビーは肩に大きな荷物を担《かつ》いでいる。その中身は愛用の道具類と「卒業制作」だという。学校のスタジオで揃わない道具は家にあるので、毎日持ち運びして（ガレージをワークショップに改造しているそうだ）作業するとのこと。思えば、この子が身軽そうなのは見たことがない。

雨が降ってきた。僕はナイロンのジャケットのフードを頭から被《かぶ》った。

「メルボニアンは、冬はフード付きのジャケット」

「ん？」

「わたし、ハイスクールのときに、シドニーからこっちへ移ったの」

「それまでは、ずっとシドニー？」

「一応、そうね」

「一応？」

雨に降られて歩くのはここでは当たり前だけれど、それは自分一人のときに限る。僕は雨宿りできそうな店先を探して早足になった。

「生まれ育ちはそうなんだけど、生粋《きっすい》のシドニーっ子かって言われると、ちょっと」

「ああ、わかった。親がどこからか来た人とか？」

出店の果物屋の軒下で僕は立ち止まった。店先では、オレンジの上に水滴が弾《はじ》けていた。フードを取る。アビーも荷物をどさりと置いて、濡《ぬ》れた前髪を額から払った。

「どこの国の人？」

僕がそう訊《き》くと、アビーは肩を竦《すく》めた。しまった、と思う。相手によっては、この質問はタブーになることがあるから。

「教えてもいいけど、絶対に知らないと思うわ。だって、今まで、誰も知らなかったから」

「……なら、当ててみようか？」

彼女が僕をまじまじと見つめてきた。

「超難問だから、ヒントをあげる。一応、アジアに分類もできるわよ」

「アジア⁉　その顔からアジアっていうのは想像できないな。アジア人っていうのは、おれみたいなのをいうんだよ」

「あら、どちらかというと、ヨーロッパよりもアジア寄りだと思うんだけど？」

「じゃ、まずおれがどこの人間か当ててみろよ」

「あなた、ここの人じゃないの？」

「よく言われるんだけど、違うんだ。小学生のとき、親とこっちに来た。ま、おれの場合はすぐに間違えられるから、ヒントをやるよ。

た傾向が実現した状態ではないでしょうか。不要不急と名指された活動は、コロナ危機だから制限されただけでなく、そもそもそれを制限しようとする傾向が現代社会のなかにあったのではないでしょうか。

（國分功一郎『目的への抵抗』より）

問一　傍線部①「アーレントによる目的の概念の定義」とはどのようなものか。二十五字以内で答えよ（句読点も一字と数える）。

問二　傍線部②「全体主義においては、『チェスのためにチェスをする』ことが許されない」とあるが、それはなぜか。四十字以内で説明せよ（句読点も一字と数える）。

問三　傍線部③「もともと現代社会に内在していて、しかも支配的になりつつあった傾向」に対し、筆者はなぜ危機感を抱いているのか。六十字以内で説明せよ（句読点も一字と数える）。

二　次の文章は岩城けいの小説の一節である。日本人である「僕」は小学生の時に家族でオーストラリアのシドニーに住むようになったが、大学生になった今は、家族と離れてメルボルンに住んでいる。これを読んで後の問に答えよ。なお、文章中の〔＝　〕はその直前の部分の注である。

僕と並んでアビーが座った。彼女が通う工科大学は州立図書館の目の前にある。予測不可能な相手に、僕はドギマギしてしまう。

「このあいだの打ち上げパーティー、どうして来なかったの？　みんな、待ってたのに」

小児病院の公演〔＝「アビー」が所属する人形劇劇団の公演〕は大盛況だった。この街のイースター〔＝キリストの復活を祝う祭〕は、伝統的に病院へ寄付をするのが習慣になっている。特に、小児病院のファンドレイザー《資金集め》は大掛かりなキャンペーンを行い、イースターの週末だけでも巨額の寄付が集まる。劇団の資金も、そこからほんの少しａチョウダイしているとのこと。

「いや、なんとなく」

僕が言葉をｂニゴすと、アビーはそれ以上尋ねようとはしなかった。僕はそんな彼女をなぜか不満に思った。沈黙が僕の不機嫌を炙《あぶ》り出す。

「……だって、アンザック・デー〔＝第一次世界大戦で戦ったオーストラリア・ニュージーランド軍の兵士を追悼・称揚する記念日〕だっただろ、あの日」

パーティーはイースターが終わった後のアンザック・デーの休日、公園でＢＢＱ〔＝バーベキュー〕をするとのことだった。アビーがこちらに向き直った。

「アンザック・デーがどうかした？」

琥珀色《こはくいろ》の目が大きく見開かれる。好奇心全開で見つめてくる。好奇心と常にセットでついてくる猜疑心《さいぎしん》は、彼女の場合、不思議と見当たらない。僕は相手をしばし見つめ返した。彼女の顔は、彼女の作る人形になんとなく似ている。木の皮のように乾いて、硬く引きｃシまった表面。だけど目だけは、人形の目にはないｄウルオいで輝いていた。一瞬、何もかもぶちまけてしまいそうになった。でも、そうしたところで何になる？　ゼイド〔＝「僕」が親しくしているルームメイト〕じゃあるまいし、わめきちらしたところで、甘ったれだと思われるだけかもしれない。

「ちょっと、いろいろ」

火傷《やけど》の痕がじわじわと痛み出した。昨年のアンザック・デーの出来事。ハイスクールの友だちのテオとスカッシュをしたあと、パブに飲みに行った。店の中も外も、退役軍人のパレードを見物し終えた酔っ払いで溢《あふ》れていた。カウンターで立ち飲みしていたら、「おい、そこのチンク《中国人》！　人の国で何してるんだ？　目障《めざわ》りなんだよ！」と中年のオヤジに酒臭い息で絡《から》まれた。テオが割って入って、僕のことを日本人で子どものころからここにいると律儀《りちぎ》に説明すると（だいたい、友だちとパブで酒を飲むためだけに、なんで見ず知らずの人間を相手にあんな説明をしなきゃならないんだ⁉）、相手レントは述べていました。更に、「私たちは、おそらく、そのことに十分気がつき始めた最初の世代であろう」とも。『人間の条件』は一九五八年に刊行されています。第二次大戦の終結はわずか一三年前。ここで改めて紹介するならば、アーレントはドイツ出身のユダヤ系の哲学者です。大戦前、ナチス・ドイツの手を逃れるためにフランスを経由してアメリカに亡命。戦後、かの地で活躍しました。『全体主義の起源』という大著でその名を知られるようになったアーレントは、まさしく全体主義との戦いを生涯の課題とした哲学者です。「恐るべき結果」や「最初の世代」といった表現は、この彼女の経験から読み解くことができます。

人が贅沢《ぜいたく》をするのは、それがよろこびをもたらすからです。美味《おい》しい食事を食べるのは、それが美味しいからです。贅沢は何らかの目的のためになされるのではありません。ですから、「人間らしい生活をするために、私は贅沢をしなければならない」と考え、そのような目的を立てて贅沢をしようとしたら、それは贅沢ではなくなってしまうでしょう。贅沢はそもそも目的からはみ出るものであり、それが贅沢の定義に他ならないからです。

実はアーレントによれば、いま贅沢という例で説明したものこそ、全体主義が絶対に認めないものに他なりません。アーレントはこんな風に言っています。

> 全体的支配はその目的を実際に達しようとするならば、「チェスのためにチェスをすることにももはやまったく中立性を認めない」ところまで行かねばならず、これと全く同じに芸術のための芸術に終止符を打つことが絶対に必要である。全体主義の支配者にとっては、チェスも芸術もともにまったく同じ水準の活動である。双方の場合とも人間は一つの事柄に没入しきっており、まさにそれゆえに完全には支配し得ない状態にある。ヒムラー〔＝ハインリヒ・ヒムラー。ナチス親衛隊の指導者〕がSS隊員〔＝ナチス親衛隊隊員〕を新しい型の人間として定義して、いかなる場合でも「それ自体のために或《あ》る事柄を行なう」ことの絶対にない人間と言ったのは間違っていない（アーレント『新版全体主義の起源 3——全体主義』前掲書、三七ページ）。

決定的に重要な一節だと思います。②全体主義においては、「チェスのためにチェスをする」ことが許されない。全体主義が求める人間は、いかなる場合でも、「それ自体のために或る事柄を行なう」ことの絶対にない人間である。だから芸術のための芸術も許されない。もちろん、食事のための食事も許されない。

衝撃的なのは、〈いかなる場合でもそれ自体のために或る事柄を行なうことの絶対にない人間〉という言い回しは、「ヒムラー」や「SS隊員」への言及を取り除いてしまったら、現代ではむしろ肯定的に受け止められる言い回しではないかということです。どんな無駄も排し、常に目的を意識して行動する。チェスのためにチェスをすることも、食事のために食事をすることもない。あらゆることを何かのために行い、何かのためでない行為を認めない。必要を超え出ること、目的からはみ出ることを許さない。不要不急と名指されたものを排除するのを厭わない……。

もちろん、何度でも繰り返しておかねばなりませんが、コロナ危機においては、感染の拡大を避けるために我々の様々な行動が一定期間制限されなければならなかったことは間違いないでしょう。不要不急と判断されたことを諦めねばならなかった場面があったことは間違いないでしょう。けれどもそこで実現された状態は、コロナ危機においてはじめて現代社会に現れたものだったのでしょうか。不要不急と名指された活動や行為を排除するのを厭わない傾向などとは無縁だった数年前の現代社会に、この傾向が、コロナ危機によって無理やり埋め込まれたのでしょうか。コロナ危機だから、不要不急と名指されたものが断念されているのでしょうか。

③もしかしたらコロナ危機において実現されつつある状態とは、もともと現代社会に内在していて、しかも支配的になりつつあっ

二〇二四年度
開成高等学校

【国　語】（五〇分）〈満点：一〇〇点〉

一　次の文章を読んで後の問に答えよ。なお、文章中の〔＝　〕はその直前の部分の注である。

　不要不急と名指されたものを排除するのを厭《いと》わない。必要を超え出ること、目的をはみ出るものを許さない。あらゆることを何かのために行い、何かのためでない行為を認めない。あらゆる行為はその目的と一致していて、そこからずれることがあってはならない。——いま僕が描き出そうとしている社会の傾向ないし論理とはこのようなものです。ここでは目的の概念が決定的に重要な役割を果たしていることが分かります。では目的とは何でしょうか。あまりにも日常的によく用いられる言葉ですから、この言葉のいったいどこに考察を加えるべきところがあるのだろうかと不思議に思われるかもしれません。しかし、このように自明と思われる言葉について掘り下げて考える手助けをしてくれるのが哲学なんですね。

　ここではハンナ・アーレントに助力を求めることにしましょう。アーレントこそは、目的の概念を徹底的に思考した哲学者の一人に他なりません。まずは彼女の哲学的主著と言うべき『人間の条件』がこの概念について述べているところを見てみましょう。

> 目的として定められたある事柄を追求するためには、効果的でありさえすれば、すべての手段が許され、正当化される。こういう考え方を追求してゆけば、最後にはどんなに恐るべき結果が生まれるか、私たちは、おそらく、そのことに十分気がつき始めた最初の世代であろう（アーレント『人間の条件』志水速雄訳、ちくま学芸文庫、一九九四年、三五九～三六〇ページ）。

〈中略〉

　アーレントによれば、「必ずしもすべての手段が許されるわけではない」などという限定条件にはほとんど意味がありません（同書、三六〇ページ）。そんな限定条件を付けたところで、目的を立てたならば人間はその目的による手段の正当化に至るほかない。なぜならアーレントによれば、手段の正当化こそ、目的を定義するものに他ならないからです。

> 目的とはまさに手段を正当化するもののことであり、それが目的の定義にほかならない以上、目的はすべての手段を必ずしも正当化しないなどというのは、逆説を語ることになるからである（同書、三六〇ページ）。

　非常に印象的で鋭利な言葉です。目的はしばしば手段を正当化してしまうことがあるのではない。目的という概念の本質は手段を正当化するところにある。アーレントはそう指摘しているわけです。何らかの強い道徳的信念をもった人物が、「どんな手段も認められるわけではない」と考えて、目的による手段の正当化を回避することは確かに起こりうるでしょう。しかし、この事態を回避するためになぜ強い道徳的信念が必要であるかと言えば、そもそも目的という概念に、手段の正当化という要素が含まれているからです。それが①アーレントによる目的の概念の定義が言わんとしていることであり、この定義は事柄の本質そのものを捉える、すぐれて哲学的な定義だと言うことができます。目的の本質とは手段の正当化にある。そしてアーレントはこの本質から目を背けない。哲学者だからです。

　目的のために効果的であるならばあらゆる手段が許されるという考えを追求していくと、最後には「恐るべき結果」が訪れるとアー

英語解答

1 問1 in, am, interested

問2 leaving

問3 how the old woman manages to stay in business

問4 ウ

問5 私は歩いて本の所まで戻りながら，けげんな顔で彼女を見る。

問6 イ　問7 visible

問8 Try your birthday

2 問1 ア

問2 これから述べることは，ママさんテニスがどのように進行したかだ

問3 (3)…エ　(4)…ウ　(5)…ア

問4 (C), (D)　問5 on the line

問6 no different from any I played all summer

3 (1) habit　(2) talent

(3) transport(ation)

(4) available　(5) flexible

4 ① ア ceiling　イ height

ウ eight

② ア trouble　イ mouse

5 (1) independent of

(2) wish, could　(3) costs, than

(4) he could

(5) whether〔if〕 my mother was

6 Part A　(1)…C　(2)…B　(3)…D

Part B　(1)…C　(2)…A　(3) 45

Part C　(1)…B　(2)…B

(3) a…D　b…A　(4)…A

1 〔長文読解総合―物語〕

≪全訳≫❶それは，以前何度も通り過ぎたに違いないのに，今までほとんど気づかず，入ろうと思ったことのない店だ。平凡な外観の，茶色いレンガ造りの小さな建物で，美容院と家具屋の間に詰め込まれていて，私にとっては何の興味もない，記憶に残らないようないろいろな品物を展示したごく小さな窓がついている。だが今日は手持ちの時間がいくらかあったので，ちょっとだけ見てみることにする。❷店内は冷えていて暗く，目が慣れるのにしばらく時間がかかる。とても強いバラの香りが濃く漂い，それはもう少しで私に踵《きびす》を返させるところだった。だがそうはせず，私はさらに店内に進み続け，何かおもしろい物はないかとすばやく棚を見回す。確かにとてもいろいろな商品がある。だが私の興味をひく物は1つとしてない。❸「いらっしゃいませ」❹私が顔を上げると，カウンターの後ろに老女が見える。彼女は少し驚いたような顔をしている。「お客さんが自分の店に入るのを彼女が最後に見たのはいつだろう？」と私は思う。❺「見ているだけです」と私は答える。❻店中を歩き回り，ここには実際何も買いたい物がないことを確かめる。(3)この老女がどうやって何とか商売を続けているのか，私は不思議に思う。私はドアに向かうが，興味をそそるある品物に気づいて立ち止まる。木製の台の上に展示された大きな古い本だ。❼擦り切れた革の表紙の上に題名は見えず，本は厚い金属の留め金で閉じられている。よく見てみると，留め金にはダイヤル錠が取りつけられているのがわかる。❽数字は，02-11-32だ。❾今ある数字の組み合わせで掛け金を開けようとしたが，開かない。私は今，この本のページの間に何があるのか，なおさら知りたくなっている。「この本は何の本ですか？」と，その間ずっと私を静かに見つめていた老女に尋ねる。「組み合わせはご存じですか？」❿「知ってるわよ」と老女は答えるが，それ以上は何も言わない。⓫私は彼女の答えにいらいらし，この場所はもうたくさんだと見切り

をつける。私は背中を向けて立ち去ろうとし，ドアを出かかったとき，老女がこう言うのが聞こえる。「あなたの誕生日で試してみなさい」⓬私は歩いて本の所まで戻りながら，けげんな顔で彼女を見る。彼女は頭がおかしいのではないかと思う。それでも，やらざるをえないと私は感じる。指を使って，私の生まれた月，日，年を示すところまで数字を動かす。⓭驚いたことに，掛け金がカチッと音を立てて開く。私は重い表紙を引き上げ，急いでページに目を通す。「こんなはずはない」と私が衝撃を受けてつぶやいたのは，その本がある歴史を書いた本だと気づいたからだ。私の歴史を！⓮私はその老女に質問しようと顔を上げるが，彼女の姿はなく，店が突然うって変わって明るく見える。棚には今，私のお気に入りの物ばかりが並んでいる。私は再び通路をさまよい歩く。どうして前はこれを見逃したんだろう？　そしてこれは？　私はこの商品ならどれでも買うだろう，喜んで！⓯バラの香りは消え，私自身の好きな香りに変わる。⓰私はカウンターの後ろに座り，お客さんが入ってきて何か買うのを待っているのだが，まるでその場所が見えないものであるかのように，皆，窓の外を通り過ぎる。入ってくる数少ないお客さんは，私が売らなくてはならない物に興味がなさそうだったり，漂っている香りが強すぎると文句を言ったりする。⓱とうとうある日，１人の若い女性がその本に興味を持つ。ガムをくちゃくちゃとかみながら，「これが開かないんです」と彼女は言う。⓲「あなたの誕生日で試してみて」と私は言う。

問１＜書き換え―適語補充＞下線部(1)の of interest (to ～)は「(～にとって)興味深い」の意味。書き換えではＩが主語なので be interested in ～「～に興味がある」を用いればよいが，‘前置詞＋目的格の関係代名詞’の形に注意する。

問２＜語句解釈＞instead は前述の内容を受けて「そうではなく，その代わりに」という意味を表す。前文の turn ～ away〔turn away ～〕「～を追い払う」から，バラの香りが嫌で店を出たいと感じていたとわかる。店を出たいと思ったが，そうせずに店の奥へと入っていったのである。

問３＜整序結合＞前文の内容と与えられた語から，店の経営が成り立つのか疑問に思う文が予想できる。wonder「～かと思う」の後は‘疑問詞＋主語＋動詞...’の語順の間接疑問と考え，how の後に the old woman と続ける。動詞は３単現の -s を手がかりに manage to ～「どうにか～する」の形を使う。残りは stay in business「商売を続ける」とまとまる。不要語は does。　I wonder how the old woman manages to stay in business.

問４＜適語選択＞直前の動詞 add は「～を加える」の意味。直後で筆者が frustrated「いらいらしている」ことに注目。老女は組み合わせを知っていると言いながらそれ以上のことを教えなかったのである。

問５＜英文和訳＞give her an odd look は‘give＋人＋物事’の形。この look は「目つき，顔つき」の意味の名詞。as は「～しながら，～する間」という意味の接続詞。店主が Try your birthday. とばかげたことを言ったので，「私」はいぶかしげな視線を向けたということ。　odd「奇妙な」

問６＜適語(句)選択＞直後で掛け金が開いている。店主の言ったとおりに自分の誕生日に合わせたら開いたときの「私」の気持ちを考える。

問７＜適語補充＞as though ～ は「あたかも～であるかのように」。客が皆通り過ぎるのだから，客が見向きもしない理由となる表現にする。visible は第７段落第１文にある。

問８＜適文補充＞第16段落以降は，店主が「私」になっている。この店では，木製の台の上の本を開いた客が店主と入れかわり，次の店主となってその本を開く次の客を待つというサイクルが繰り返されているのである。本を開くカギとなる言葉が第11段落最終文にある。

2〔長文読解総合―エッセー〕

≪全訳≫❶アメリカで急に高まったテニス人気は，この競技におけるあらゆる種類の新しいアイデアを生み出した。最もおもしろいものの１つが，「ママさんテニス」と呼ばれるものだ。通常のテニスとは異なるのは，４人のプレーヤーだけでなく，たくさんの子どもたちや数匹の犬，そしてときには激怒している夫も必要とする点だ。❷試合は通常のコートで行われ，それぞれのサイドに２人ずつプレーヤーがいる。だがそのおもしろさはボールを打ち合うことではなく，プレーの最中に子どもたちや犬がコートに入ってくるという予期せぬ問題だ。❸私は去年の夏，マーサズ・ヴィニヤードでママさんテニスを体験させてもらったが，これから述べることは，そのママさんテニスがどのように進行したかだ。❹母親の１人がサーブでボールを打とうとしたとき，彼女の７歳の子どもがフェンスに駆け寄って叫んだ。「ママ，ジョニーが屋根に上って，下りられなくて泣いているよ」❺「じゃあ，私がこのセットを終えるまで屋根の上にいるよう伝えて」と彼女は言った。❻「(3)落ちるのが怖いって言っているよ」❼「屋根のてっぺんにしがみつくように言いなさい」❽数分後，白熱したプレーの最中に大きな黒い犬がコートを横切った。ママさんテニスのルールには，犬がコートに入ってきたら，プレーは止まらなくてはならないとある。❾母親の１人がその犬に向かって「パーキンソン，帰りなさい」と叫ぶ間，私たちは皆一休みしていた。❿パーキンソンはネットの横に座り，私たち全員を見つめた。⓫犬の飼い主である母親が，娘に向かって叫んだ。「ポリー，パーキンソンを連れて帰りなさい」⓬「無理よ」と娘が叫び返した。「ヨットのレッスンを受けなきゃいけないの」⓭母親は手荒くパーキンソンの首の後ろをつかむと，他の人たちに向かって言った。「(4)すぐに戻るわ」⓮15分後に彼女は戻ってきて，再びプレーを始めた。⓯３分間だった。その後で別の子どもがフェンスの所に現れた。「ママ，パパがどこに水着があるか知りたいって」と彼女は言った。⓰「外のパパが乾かそうとして置いておいた所にぶら下がっているわよ」⓱「今はそこにないって言ってるよ」⓲「じゃあ，洗濯用の部屋を見るように言って」⓳「ママが言ってよ。パパはとても怒っているから。朝ごはんを自分でつくらなければいけなくて，グレープフルーツをむいていて指を切ったのよ」⓴「私は30分で家に戻るわ」㉑私たちがまだ１試合しか終えていないとき，１人の女性が現れて叫んだ。「サリー，来週のチャリティイベントのスポンサーのリストはある？　今すぐに必要なの」㉒「リストは私の車にあるわよ。(5)取ってくるわ」　サリーが自分の車に向かう一方，残った私たちは体を冷やさないようにラケットで素振りを続けた。㉓試合が再び始まろうとしたとき，ルーシーの３歳の息子がコート上に歩いてきて，線の上で立ち止まった。㉔「ピーター，線の上にいちゃだめよ」とルーシーは叫んだ。「向こうのベンチのそばに行きなさい」㉕ピーターはただそこに座って，自分の体をかいていた。㉖ルーシーは怒り出した。「ピーター，コートから出ていかないなら，お昼ごはんはあげないわよ」㉗ピーターは口をすぼめ，そして泣き出した。㉘ルーシーは彼を捕まえようと飛びついたが，彼は逃げ出し，ネットの反対側に走っていった。㉙彼はとうとう他の母親の１人に捕まり，泣いて足をばたつかせながらコートの外に引っ張り出された。彼は午前中の残りの間金切り声を上げ続けた。㉚そのセットの最中，１人の夫が車の鍵を捜しに現れ，さらに２匹の犬がコートに現れた。㉛それは典型的なママさんテニスの試合であり，私が(7)夏の間ずっとやってきたどの試合とも違いは全くなかった。ママさんテニスの美点，そして普通のテニスと違うところは，誰もスコアをつけないことだ。誰が覚えていられるだろうか。

問1＜適語句選択＞空所(1)を含む文は‘not *A* but *B*’「*A*ではなく*B*」の構文。この後，本文では，子どもや犬が次々にコートに入って騒ぎになっている様子が描かれている。 thrill「スリル，興奮」

問2＜英文和訳＞下線部(2)の this はこれから述べる内容を指す用法で「次に述べること」という意味。it は Mother's Tennis「ママさんテニス」を指す。また，ここでの go(本文では過去形 went)は「(事が)進行する」の意味。

問3＜適文選択＞(3)直後で母親が，屋根にしっかりつかまっているようにと伝えていることから判断できる。 hang onto ～「～にしがみつく」 (4)直後で犬の飼い主が15分後に戻っている。 I'll be right back.「すぐに戻ります」 (5)直後でサリーが車へ向かっている。車中にあるリストを取りに行ったのである。

問4＜指示語＞下線部(A)～(D)を含む部分の登場人物は父母と娘。 (A)前文の another child，つまり「娘」を指す。 (B)前文の Dad「父」を指す。 (C)娘から母への言葉なので，You は「母」を指す。 (D)母の言葉なので，Ｉは「母」を指す。

問5＜指示語＞この前でピーターは on the line「(テニスコートの)線の上で」止まっている。

問6＜整序結合＞no には different などの形容詞について「少しも～ない」を表す用法があるので，no different from ～「～と少しも違わない」とする。from の目的語に名詞 summer を置いてもうまくまとまらないので，any を代名詞として使い，any (of the matches) I played「私がしたどんな試合」という関係詞節をつくる。残りは all summer「夏の間ずっと」という副詞句となる。

3〔**単語の定義**〕

(1)「ほとんど意識することなしに，よくやってしまうこと」＝habit「癖」

(2)「特に，教わることなく何かに秀《ひい》でているという生まれつきの能力」＝talent「才能」

(3)「ある場所から別の場所に到着するための乗り物あるいは，バス，電車，飛行機などの乗り物によるシステム」＝transport(ation)「交通」

(4)「利用できる，あるいは容易に買えたり見つけられたりする」＝available「利用できる」

(5)「変わることができる，あるいは状況に応じて容易に変えられる」＝flexible「柔軟な」

4〔**会話文完成―適語補充**〕

≪全訳≫❶マイク(M)：デービス先生，新しい市立図書館にはもう行きましたか？**❷デービス先生(D)**：ああ，行ったよ。実は，私の兄〔弟〕があの図書館を設計したから，私はそこをよく知っているんだ。**❸M**：へえ！ 僕は建築に興味があるんですが，学校の図書館には建築に関して読むべき本があまりないんです。僕にお兄さん〔弟さん〕を紹介してもらえませんか？**❹D**：もちろんかまわないよ。彼に図書館を案内してもらいたいかい？**❺M**：それはいいですね！ 今度の日曜日に会うのはどうでしょう？**❻D**：わかった。10時に図書館の正面玄関で会おう。**❼M**：わかりました。ありがとうございます，デービス先生。ではまたそのときにお会いしましょう。**❽**次の日曜日**❾D**：やあマイク！ ここだよ！**❿M**：ああ，こんにちは，デービス先生。お時間を取っていただいてありがとうございます。**⓫D**：どういたしまして。マイク，こちらは兄〔弟〕のリチャードだよ。**⓬M**：はじめまして，デービス…さん？

13リチャード(R)：リチャードと呼んでくれよ，マイク。若い人たちが図書館に興味を持っていると聞いてうれしいよ。**14**M：お会いできてうれしいです，リチャード。大きな建物ですね！**15**R：ああ，本当に大きいんだ。入口のホールにはとても高い天井があるのがわかるかな？**16**M：はい。その高さはどのくらいですか？**17**R：ほぼ8メートルだよ。このホールに3階分入るんだ。**18**M：へえ！　それはすごいですね！　だからこんなに大きく見えるんですね。**19**R：そう。それに警備のシステムもあって，もしトラブルがあると警報が鳴るんだ。**20**M：それは何ですか？　ある種の新しいテクノロジーですか？**21**R：そうだよ。このシステムがあれば，ネズミ一匹だって入れないんだ。**22**M：本当ですか？それはすごいですね！**23**R：そのとおりだよ。私たちはそれを「サイバー・アクティブ・テクノロジー」つまり「CAT」と名づけたのさ。**24**M：じゃあ，家を守る本物の猫を飼っているようなものですね!!

<解説>①ア．大きな玄関のホールで高さのあるものとして ceiling「天井」が考えられる。　イ．天井までの height「高さ」を尋ねた。　ウ．つづりに ei を含み，3階分の高さとなる数字は eight「8」。　②ア．警報機が鳴るのは trouble「トラブル」があったときと考えられる。　イ．終わりの2段落の内容から CAT「猫」が捕まえる動物が入る。猫に捕まり，つづりに ou を含むのは mouse「ねずみ」。

5〔書き換え―適語補充〕

(1)上は「彼女は高校を卒業するとすぐに，両親に頼らなくなった」という文。これを下では「彼女は高校を卒業するとすぐに，両親から独立した」と読み換えて，became の後に形容詞句の independent of ～「～から独立している」を置く。

(2)上は「私はそのパーティーに出たいが，出られない」という文。これを下では‘I wish＋主語＋could＋動詞の原形…’「〈主語〉が～できればいいのに」の形を使い，「私がパーティーに出られればいいのに」という‘現在の事実に反する願望’を述べる仮定法の文にする。

(3)上は「この科学の本はあの歴史の本より高価だ」という文。これを下では，動詞に cost「(金額)がかかる」を使って「あの歴史の本はこの科学の本より安価だ」という文にする。

(4)‘as＋原級＋as possible〔～ can〕’「(～が)できるだけ…」の形。　「彼はできるだけ早くその情報が欲しかった」

(5)上は直接話法の「彼は私に『あなたのお母さんは家にいますか』と言った」という文。これを下では間接話法の「彼は私に私の母が家にいるかどうか尋ねた」という文にする。「～かどうか」は接続詞 whether〔if〕で表す。その後は‘主語＋動詞…’の語順に注意し，your mother は my mother に，また時制の一致から is を was にする。

6〔放送問題〕解説省略

数学解答

1 ［A］ (1)　(例)$(t+t^2,\ t^2)$

(2)　(ア)…5　(イ)…4　(ウ)…5

(3)　$\left(\dfrac{23+\sqrt{29}}{25},\ \dfrac{33-4\sqrt{29}}{25}\right)$

［B］

(1)　(ア)…DC　(イ)…∠DBC＝∠DEC

(ウ)…DH　(エ)…∠DAH＝∠DEH

(2)　(例)③より，∠DBF＝∠DAF だから，４点A，B，F，Dは同一円周上にある。∠ADB＝90°より，４点A，B，F，Dを通る円は線分 AB を直径とする円だから，∠AFB＝90°

2 (1)　(ⅰ)　75個　(ⅱ)　2

(2)　(ⅰ)　25個　(ⅱ)　20個　(ⅲ)　20個

(3)　(ⅰ)　100個

(ⅱ)　(例)222，226，262　(ⅲ)　92個

(4)　567個

3 (1)　$\dfrac{3\sqrt{6}}{2}$　(2)　下図　(3)　$\dfrac{5\sqrt{6}}{6}$

(4)　$\dfrac{\sqrt{22}}{2}$

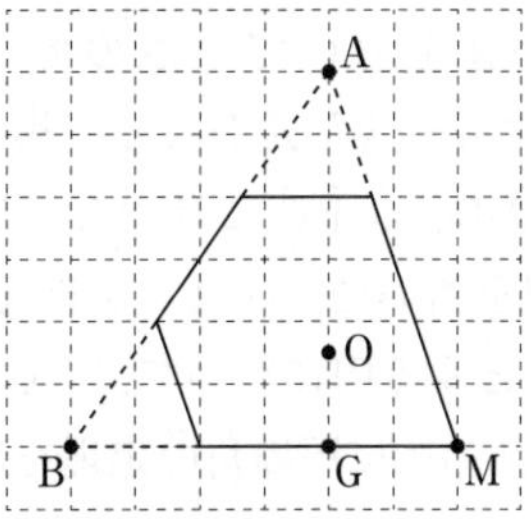

1〔独立小問集合題〕

［A］＜関数―座標，方程式＞(1)右図１で，２点W，Xは x 軸上にあり，四角形 WXYZ は正方形だから，辺 XY は y 軸に平行である。X$(t,\ 0)$だから，点Yの x 座標は t である。点Yは放物線 $y=x^2$ 上にあるので，$y=t^2$ となり，Y$(t,\ t^2)$である。YZ は x 軸に平行だから，点Zの y 座標は t^2 である。YZ＝XY＝t^2 となるので，点Zの x 座標は $t+t^2$ となる。よって，Z$(t+t^2,\ t^2)$と表せる。　(2)図１で，(1)より，Z$(t+t^2,\ t^2)$と表せ，点Zは直線 $y=-4x+5$ 上にあるので，$t^2=-4(t+t^2)+5$ が成り立つ。これより，$t^2=-4t-4t^2+5$，$5t^2+4t-5=0$ となる。　(3)二次方程式 $5t^2+4t-5=0$ を解くと，解の公式より，$t=\dfrac{-4\pm\sqrt{4^2-4\times5\times(-5)}}{2\times5}=\dfrac{-4\pm\sqrt{116}}{10}=\dfrac{-4\pm2\sqrt{29}}{10}=\dfrac{-2\pm\sqrt{29}}{5}$ となる。図１で，放物線 $y=x^2$ と直線 $y=-4x+5$ の交点をAとすると，$x^2=-4x+5$ より，$x^2+4x-5=0$，$(x-1)(x+5)=0$　$\therefore x=1,\ -5$　よって，点Aの x 座標は１である。これより，$0<t<1$ だから，$t=\dfrac{-2+\sqrt{29}}{5}$ となる。このとき，点Zの y 座標は $t^2=\left(\dfrac{-2+\sqrt{29}}{5}\right)^2=\dfrac{4-4\sqrt{29}+29}{25}=\dfrac{33-4\sqrt{29}}{25}$ となり，x 座標は $t+t^2=\dfrac{-2+\sqrt{29}}{5}+\dfrac{33-4\sqrt{29}}{25}=\dfrac{23+\sqrt{29}}{25}$ となるので，Z$\left(\dfrac{23+\sqrt{29}}{25},\ \dfrac{33-4\sqrt{29}}{25}\right)$である。

図１

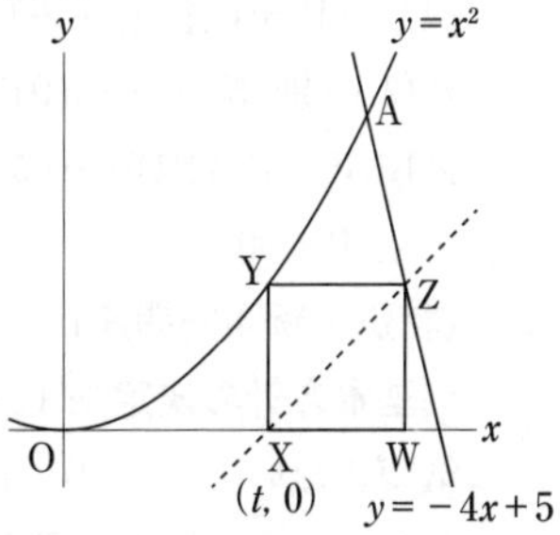

≪(1)，(2)の別解１≫(1)図１で，Y$(t,\ t^2)$より，点Zの y 座標は t^2 である。点Zは直線 $y=-4x+5$ 上にあるので，$t^2=-4x+5$，$4x=5-t^2$，$x=\dfrac{5-t^2}{4}$ となり，Z$\left(\dfrac{5-t^2}{4},\ t^2\right)$と表せる。　(2)図１で，XY＝YZ である。Y$(t,\ t^2)$，Z$\left(\dfrac{5-t^2}{4},\ t^2\right)$だから，XY＝$t^2$，YZ＝$\dfrac{5-t^2}{4}-t=\dfrac{-t^2-4t+5}{4}$ であり，$t^2=\dfrac{-t^2-4t+5}{4}$ が成り立つ。これを整理して，$5t^2+4t-5=0$ となる。

≪(1)，(2)の別解2≫(1)図1で，WX＝WZより，直線XZの傾きは$\dfrac{\mathrm{WZ}}{\mathrm{WX}}=1$だから，その式は$y=x+b$とおける。X$(t,\ 0)$を通るので，$0=t+b$，$b=-t$となり，直線XZの式は$y=x-t$となる。点Zは2直線$y=x-t$，$y=-4x+5$の交点となるから，この2式より，$x-t=-4x+5$，$5x=t+5$，$x=\dfrac{t+5}{5}$となり，$y=\dfrac{t+5}{5}-t$，$y=\dfrac{-4t+5}{5}$となる。よって，Z$\left(\dfrac{t+5}{5},\ \dfrac{-4t+5}{5}\right)$と表せる。　(2)図1で，Y$(t,\ t^2)$であり，(1)より，Z$\left(\dfrac{t+5}{5},\ \dfrac{-4t+5}{5}\right)$である。2点Y，Zの$y$座標は等しいから，$t^2=\dfrac{-4t+5}{5}$が成り立ち，$5t^2+4t-5=0$となる。

［B］＜平面図形―証明＞(1)右図2で，①と②と図から，③の∠DBC＝∠CAHを導いているので，①，②は，∠DBC，∠CAHを表す角を含む式が入る。線分BCを直径とする円において，∠DBCは$\overset{\frown}{\mathrm{DC}}$に対する円周角なので，弧DCに円周角の定理を用いて，①は，∠DBC＝∠DECとなる。線分AHを直径とする円において，∠CAHは$\overset{\frown}{\mathrm{DH}}$に対する円周角なので，弧DHに円周角の定理を用いて，②は，∠DAH＝∠DEHとなる。　(2)図2で，③の∠DBC＝∠CAHより，∠DBF＝∠DAFだから，4点A，B，F，Dは同一円周上にある。∠ADB＝90°だから，4点A，B，F，Dを通る円は，線分ABを直径とする円である。解答参照。

図2

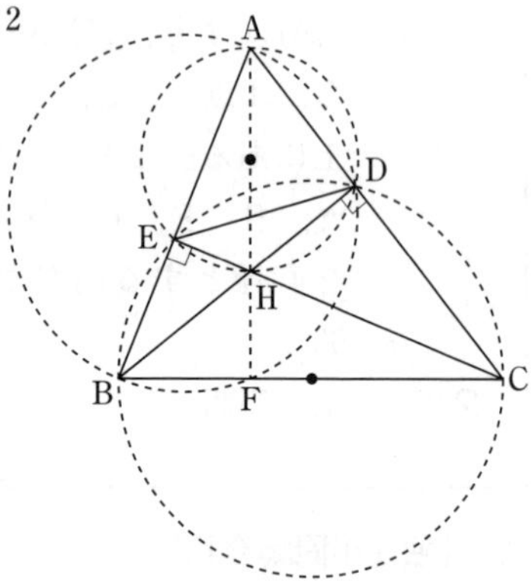

≪(2)の別解例≫△BHFと△AHDにおいて，③より，∠HBF＝∠HAD……④　対頂角より，∠BHF＝∠AHD……⑤　④，⑤より，残りの角も等しいので，∠HFB＝∠HDA＝90°　よって，∠AFB＝90°

2〔特殊・新傾向問題〕

≪基本方針の決定≫(1)(ⅰ)　6と奇数2つでできる3けたの自然数が，全て拡張4の倍数であることに気づきたい。　(2)　5と偶数2つでできる3けたの自然数が，全て拡張4の倍数であることに気づきたい。　(3)(ⅱ)　偶数2つが下2けたとなる整数で，4の倍数にならない下2けたの偶数2つの組合せを考える。

(1)**＜数の個数，数＞**(ⅰ)組合せが6と奇数2つである3けたの自然数が4の倍数になるとき，十の位の数字は奇数，一の位の数字は6である。このとき，下2けたは16，36，56，76，96のいずれかとなり，どの場合も，3けたの自然数は4の倍数である。よって，組合せが6と奇数2つである3けたの自然数は，全て拡張4の倍数である。6が百の位にあるとき，十の位の数字，一の位の数字は1，3，5，7，9の5通りだから，拡張4の倍数は5×5＝25(個)ある。6が十の位にあるとき，一の位にあるときも同様にそれぞれ25個ある。したがって，組合せが6と奇数2つである拡張4の倍数は25×3＝75(個)ある。　(ⅱ)組合せが偶数1つと奇数2つである3けたの自然数が4の倍数になるとき，十の位の数字は奇数，一の位の数字は偶数となる。これより，下2けたは，12，16，32，36，52，56，72，76，92，96だから，組合せの中の偶数として考えられるのは，2，6である。よって，6でない方は，2である。

(2)**＜数の個数＞**(ⅰ)組合せが5と偶数2つ(0を含む)である3けたの自然数が4の倍数になるとき，下2けたは，52，56か，00，04，08，20，24，28，40，44，48，60，64，68，80，84，88のいずれかである。よって，組合せが5と偶数2つである3けたの自然数が拡張4の倍数になるとき，偶数2

つのうち，少なくとも1つが2，6となるか，0，4，8となる。つまり，組合せが5と偶数2つである3けたの自然数は，全て拡張4の倍数となる。したがって，5が百の位にあるものは，十の位の数字，一の位の数字が0，2，4，6，8の5通りだから，$5\times5=25$(個)ある。　(ii)(i)より，組合せが5と偶数2つである3けたの自然数は，全て拡張4の倍数であるから，5が十の位にあるものは，百の位の数字が2，4，6，8の4通り，一の位の数字が0，2，4，6，8の5通りより，$4\times5=20$(個)ある。　(iii)(ii)と同様に考えて，5が一の位にあるものは20個ある。

(3)<**数の個数**>(i)全ての位の数字が偶数である3けたの自然数は，百の位の数字が2，4，6，8の4通り，十の位の数字，一の位の数字が0，2，4，6，8の5通りだから，$4\times5\times5=100$(個)ある。　(ii)全ての位の数字が偶数である3けたの自然数が4の倍数になるとき，下2けたは，00，04，08，20，24，28，40，44，48，60，64，68，80，84，88のいずれかである。これらの中にない偶数2つの組合せは，2と2，2と6，6と6のものである。これより，2だけ，2と6，6だけでつくられる3けたの自然数は，拡張4の倍数とはならない。よって，全ての位の数字が偶数である3けたの自然数のうち，拡張4の倍数でないものは，222，226，262，266，622，626，662，666である。この8個の自然数の中から3個を解答する。　(iii)(i)より，全ての位の数字が偶数である3けたの自然数は100個あり，(ii)より，このうち拡張4の倍数でないものは8個だから，全ての位の数字が偶数で，拡張4の倍数であるものは，$100-8=92$(個)ある。

(4)<**数の個数**>4の倍数の一の位の数字は偶数なので，拡張4の倍数の各位の数字のうち少なくとも1つは偶数である。よって，3けたの拡張4の倍数の各位の数字の組合せは，偶数1つと奇数2つ，偶数2つと奇数1つ，全て偶数のいずれかである。偶数1つと奇数2つの場合，(1)より，6と奇数2つのときが75個あり，2と奇数2つのときも同様に75個ある。これ以外はないので，この場合の拡張4の倍数は$75\times2=150$(個)ある。偶数2つと奇数1つの場合，(2)より，5と偶数2つのときが$25+20+20=65$(個)ある。1と偶数2つ，3と偶数2つ，7と偶数2つ，9と偶数2つのときも同様にそれぞれ65個あるので，偶数2つと奇数1つの場合は$65\times5=325$(個)ある。全て偶数の場合は，(3)より，92個ある。以上より，3けたの拡張4の倍数は$150+325+92=567$(個)ある。

3〔空間図形—正四面体〕

≪基本方針の決定≫(1)　球S_1の半径を文字でおき，△OBGで三平方の定理を利用して，方程式を立てる。　(3)　点Hは，線分AGと平面$A_1A_2A_3$の交点と一致する。

(1)<**長さ—三平方の定理**>右図1で，点Oと点Bを結ぶ。点Oは，4点A，B，C，Dを通る球S_1の中心だから，$AO=BO=x$とおける。立体ABCDが正四面体より，△BCDは正三角形であり，点Mは辺CDの中点だから，△BCMは3辺の比が$1:2:\sqrt{3}$の直角三角形となる。よって，$BM=\frac{\sqrt{3}}{2}BC=\frac{\sqrt{3}}{2}\times6=3\sqrt{3}$である。$BG:GM=2:1$だから，$BG=\frac{2}{2+1}BM=\frac{2}{3}\times3\sqrt{3}=2\sqrt{3}$である。

図1

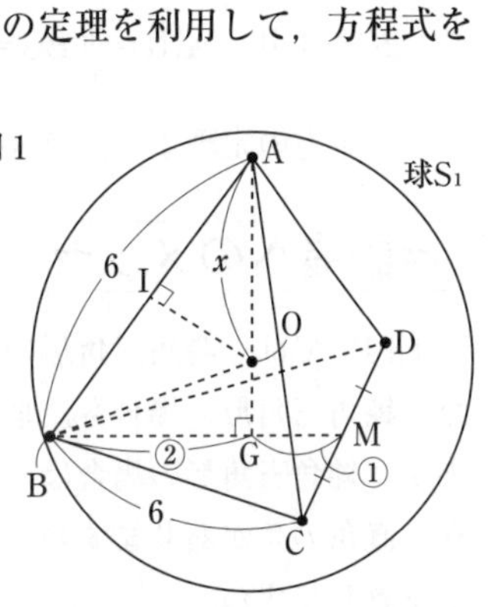

△ABGは$\angle AGB=90°$の直角三角形だから，三平方の定理より，$AG=\sqrt{AB^2-BG^2}=\sqrt{6^2-(2\sqrt{3})^2}=\sqrt{24}=2\sqrt{6}$となり，$OG=AG-AO=2\sqrt{6}-x$と表せる。また，△OBGは$\angle OGB=90°$の直角三角形だから，三平方の定理$BG^2+OG^2=BO^2$より，$(2\sqrt{3})^2+(2\sqrt{6}-x)^2=x^2$が成り立つ。これより，$12+24-4\sqrt{6}x+x^2=x^2$，$-4\sqrt{6}x=-36$，$x=\frac{3\sqrt{6}}{2}$となるので，球$S_1$の半径は$AO=\frac{3\sqrt{6}}{2}$である。

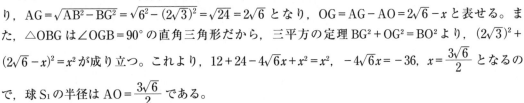

≪別解≫図１で，点Ｏから辺ABに垂線OIを引くと，∠AIO＝∠AGB＝90°，∠OAI＝∠BAGより，△AOI∽△ABGであり，AO：AB＝AI：AGとなる。△OABはAO＝BOの二等辺三角形だから，点Ｉは辺ABの中点であり，$AI=\frac{1}{2}AB=\frac{1}{2}\times6=3$である。よって，AO：6＝3：$2\sqrt{6}$が成り立ち，$AO\times2\sqrt{6}=6\times3$，$AO=\frac{3\sqrt{6}}{2}$となる。

(2)＜**断面の図**＞右図２で，線分AMと辺A_2A_3，線分BMと辺B_2B_3の交点をそれぞれＪ，Ｋとすると，平面ABMによる立体Ｔの切り口は，五角形A_1B_1KMJとなる。AA_1：AB＝AA_2：AC＝AA_3：AD＝2：6＝1：3より，〔平面$A_1A_2A_3$〕∥〔平面BCD〕だから，AJ：AM＝AA_1：AB＝1：3となり，点Ｊは線分AMを３等分する点のうち点Ａに近い方である。同様に考えて，BK：BM＝1：3となり，点Ｋは線分BMを３等分する点のうち点Ｂに近い方である。また，点Ｇは，線分BM上で，BG：GM＝2：1となる点である。AO：AG＝$\frac{3\sqrt{6}}{2}$：$2\sqrt{6}$＝3：4だから，AO：OG＝3：(4−3)＝3：1となり，点Ｏは線分AG上で，AO：OG＝3：1となる点である。解答参照。

図２

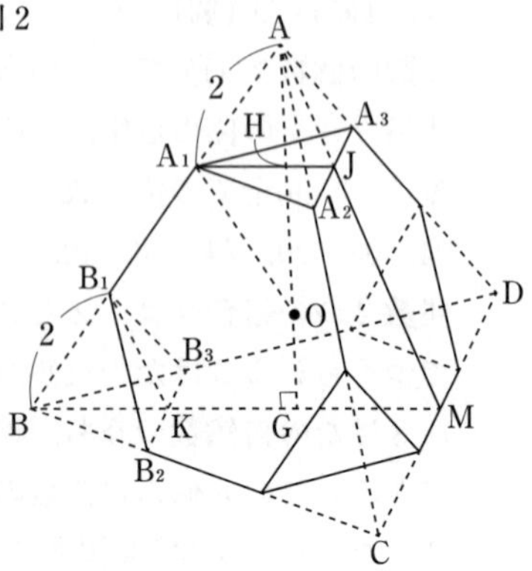

(3)＜**長さ**＞右上図２で，(2)より，〔平面$A_1A_2A_3$〕∥〔平面BCD〕であり，AG⊥〔平面BCD〕だから，AG⊥〔平面$A_1A_2A_3$〕となる。よって，点Ｏから平面$A_1A_2A_3$に引いた垂線OHは線分AG上にあり，点Ｈは線分AGと平面$A_1A_2A_3$との交点である。このとき，△AA_1H∽△ABGとなるから，AH：AG＝AA_1：AB＝1：3であり，$AH=\frac{1}{3}AG=\frac{1}{3}\times2\sqrt{6}=\frac{2\sqrt{6}}{3}$となる。(1)より，$AO=\frac{3\sqrt{6}}{2}$だから，$OH=AO-AH=\frac{3\sqrt{6}}{2}-\frac{2\sqrt{6}}{3}=\frac{5\sqrt{6}}{6}$となる。

(4)＜**長さ**＞球S_2は，点Ｏを中心とし立体Ｔの12個全ての頂点を通るので，その半径は，上図２で，線分A_1Oの長さとなる。△AA_1H∽△ABGだから，A_1H：BG＝AA_1：AB＝1：3であり，$BG=2\sqrt{3}$より，$A_1H=\frac{1}{3}BG=\frac{1}{3}\times2\sqrt{3}=\frac{2\sqrt{3}}{3}$である。∠$A_1$HO＝90°，$OH=\frac{5\sqrt{6}}{6}$なので，△$OA_1$Hで三平方の定理より，球$S_2$の半径は，$A_1O=\sqrt{A_1H^2+OH^2}=\sqrt{\left(\frac{2\sqrt{3}}{3}\right)^2+\left(\frac{5\sqrt{6}}{6}\right)^2}=\sqrt{\frac{22}{4}}=\frac{\sqrt{22}}{2}$となる。

＝読者へのメッセージ＝

１［Ｂ］では，鋭角三角形の３つの頂点から対辺に引いた３本の垂線が１点で交わることを証明しました。鈍角三角形の場合も，垂線の延長や辺の延長を考えることになりますが，同じようにして証明できます。鈍角三角形の場合は，三角形の外部で１点で交わります。では，直角三角形の場合はどうでしょう。直角の角がありますので，３つの頂点から対辺に引いた３本の垂線の交点は，直角である角の頂点と一致しますね。

社会解答

1 問１

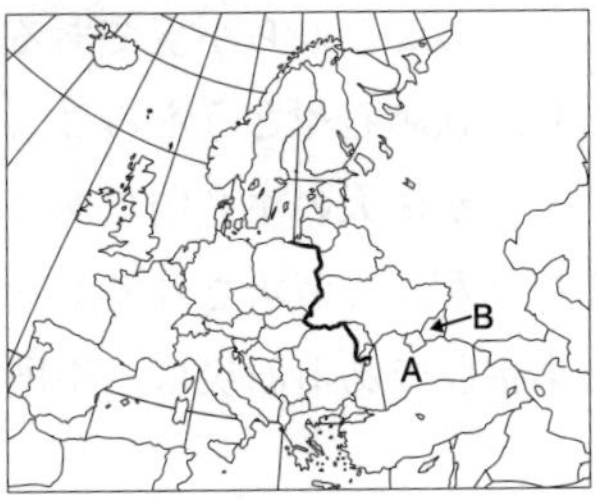

問２　A…黒　B…アゾフ

問３　⑴　C…キ　D…ウ　E…ア
F…エ

⑵…中国〔中華人民共和国〕

問４　北大西洋条約機構

問５　エストニア，ラトビア，リトアニア

問６　(例)NATO加盟国が攻撃された場合，集団的自衛権により全加盟国が防衛や反撃に協力することが定められているため。

2 問１　１…正倉院　２…一乗谷
３…保元　４…新古今和歌集
５…平泉
６…御成敗式目〔貞永式目〕
７…徳川吉宗

問２　イ　　問３　ア，ウ　　問４　ア

問５　エ　　問６　ア

問７　応仁の乱　　問８　六波羅探題

問９　ウ　　問10　寺子屋

問11　ウ，エ

3 問１　イ　　問２　キ

問３　⑴…配当　⑵…イ

問４　⑴…NPO　⑵…契約

問５　ア

問６　(例)入居者の支払う家賃が「タテナオシ事業」を継続するための資金源となり，より多くの人に住まいや仕事を提供することが可能となる

問７　マイクロクレジット

問８　⑴…学校　⑵…エ

問９　⑴…尊厳　⑵…ウ　　問10　イ

問11　⑴…ア　⑵…エ

1 〔世界地理―ウクライナとNATO〕

問１＜旧ソ連の構成国＞ソビエト連邦は，15の共和国で構成された社会主義国家であり，ロシア革命後の1922年に成立し，1991年に解体した。地図中の範囲には，15の国のうち，ロシア(一部)，エストニア，ラトビア，リトアニア，ベラルーシ，ウクライナ，モルドバ，ジョージア，アルメニア，アゼルバイジャン，カザフスタン(一部)が含まれている。解答参照。

問２＜ウクライナが面する海＞ウクライナの南部に面するAは，ヨーロッパとアジアの間に位置し，ボスポラス海峡などを通じて地中海とつながっている黒海である。Aの黒海の北東部に位置する内湾であるBをアゾフ海という。アゾフ海の西側に位置するクリミア半島は，2014年にロシアが併合を宣言し，現在まで実効支配を行っている。また，アゾフ海に近いウクライナ南東部の４州は，2022年に始まったロシアによる侵攻によってロシアへの併合を一方的に宣言され，占領地域の奪還を目指すウクライナとの間で現在も激しい戦闘が続いている(2024年２月現在)。

問３＜農産物・地下資源の生産国＞まず，ア～キの選択肢のうち，イの米は上位の生産国がアジア州の国で占められ，オの原油は上位の生産国に西アジアの国が多いことから，これらはC～Fに該当するものがなく，除外できる。残る５つの選択肢のうち，Cは，オーストラリアが最大の生産国であり，他にブラジル，ウクライナ，スウェーデンなどが上位に見られることから鉄鉱石である。D

は，アメリカ合衆国が最大の生産国であり，南アメリカ州の国やとうもろこしを主食とするメキシコが上位に含まれることからとうもろこしである。Eは，インドやロシア，アメリカ合衆国といった大国に続き，フランスやカナダ，ドイツなどが上位に含まれることから小麦である。ここでXについて考えると，小麦の生産量が世界最大の国は中国であり，鉄鉱石やとうもろこしの生産量も世界有数であることから，Xは中国となる。最後に，ウクライナが最大の生産国であるFは，ひまわりの種子である。ウクライナでは，種子をとるためのひまわりが多く栽培されており，ひまわりの花はウクライナのシンボルともされている。なお，残った選択肢である石炭は，中国が世界の生産量のおよそ5割を占めている(2022年)。

問4＜北大西洋条約機構＞第二次世界大戦後の世界では，アメリカ合衆国や西ヨーロッパを中心とする資本主義諸国(西側陣営)と，ソビエト連邦や東ヨーロッパを中心とする社会主義諸国(東側陣営)の対立である冷戦〔冷たい戦争〕が長年にわたって続いた。北大西洋条約機構〔NATO〕は，西側が1949年に結成した軍事同盟である。これに対し，東側は1955年にワルシャワ条約機構を結成し，NATOと対立した。

問5＜旧ソ連のNATO加盟国＞バルト三国と呼ばれるエストニア，ラトビア，リトアニアは，第一次世界大戦後に独立した後，第二次世界大戦中にソビエト連邦に併合され，ソビエト連邦の構成国となった。1990～91年にはバルト三国がソビエト連邦からの独立を宣言し，これがソビエト連邦の解体への引き金となった。冷戦後，かつての東側陣営の構成国であった東ヨーロッパの国々がNATOに加盟する動きが広がり(NATOの東方拡大)，2004年にはバルト三国もNATOに加盟した。

問6＜NATO加盟による安全保障の強化＞NATOの規定では，1か国以上の加盟国に対する武力攻撃が行われた場合，全加盟国への攻撃と見なして集団的自衛権を行使することが定められている。したがって，仮に加盟後に他国から侵攻された場合には，他の加盟国から防衛や反撃のための全面的な協力を得ることができる。フィンランドとスウェーデンは，長年にわたって軍事的な中立を維持してきたが，ロシアがNATOの加盟国でないウクライナに侵攻したことで，自国の安全保障を強化するためNATOに加盟する方針へと転換した。フィンランドの加盟は2023年4月，スウェーデンの加盟は2024年3月に実現した。

2〔**歴史―古代～近代の日本と世界**〕

問1．1＜正倉院＞東大寺の正倉院は，奈良時代につくられ，聖武天皇ゆかりの品などが納められた宝物庫である。保管されている宝物の中には，西アジアやインドからシルクロードを通って唐に伝わり，遣唐使が持ち帰ったものも見られる。

2＜一乗谷＞越前(福井県)の一乗谷は，戦国大名である朝倉氏の本拠地であった。現在は，朝倉氏の館跡とその周辺の城下町跡が遺跡となって残っている。

3＜保元の乱＞保元の乱(1156年)は，後白河天皇とその兄の崇徳上皇の対立に藤原氏の争いが結びついて起こった戦いである。藤原頼長は，平忠正(平清盛の叔父)や源為義(源義朝の父)とともに崇徳上皇の側につき，後白河天皇の側についた兄の藤原忠通や平清盛，源義朝と敵対したが，戦いは後白河天皇方の勝利に終わった。

4＜新古今和歌集＞『新古今和歌集』は，鎌倉時代に後鳥羽上皇の命令でつくられた和歌集であり，藤原定家が中心となって編集にあたった。

5＜平泉＞奥州藤原氏は，平安時代の11世紀末から約100年にわたって東北地方で大きな勢力を持った豪族である。奥州藤原氏が本拠地とした平泉(岩手県)には，中尊寺金色堂などが建てられた。

６＜御成敗式目＞鎌倉幕府の第３代執権であった北条泰時は，1232年に御成敗式目〔貞永式目〕を制定した。これは武家にとって初の法典であり，武家社会の先例や慣習をもとに，御家人の権利・義務や領地に関する訴訟などについて定めていた。

７＜徳川吉宗＞徳川吉宗は，江戸幕府の第８代将軍であり，18世紀前半に享保の改革を行った。

問２＜古代インド＞デリーは現在のインドの首都であり，インダス文明の都市遺跡としてはモヘンジョ=ダロなどがある(ア…×)。アーリア人がつくった身分制度(後のカースト制度)は，バラモン(司祭)を頂点とし，クシャトリヤ(王侯貴族・武士)，ヴァイシャ(農民・牧畜民・商人といった庶民)，シュードラ(隷属民)から構成された(ウ…×)。ハンムラビ王は，メソポタミア文明における王である(エ…×)。

問３＜イスラム世界からヨーロッパへ伝わったもの＞火薬や紙，羅針盤は，中国で発明され，後にイスラム世界を経由してヨーロッパに伝わった。ルネサンス期のヨーロッパでは，火薬を使った兵器や羅針盤が実用化され，紙の製法が広まると活版印刷術が発達した。なお，ジャガイモとたばこは，大航海時代にスペイン人によって南アメリカ大陸や西インド諸島からヨーロッパへ伝えられた。

問４＜中世ヨーロッパ＞ビザンツ帝国の首都は，コンスタンティノープル〔イスタンブール〕である(イ…×)。ローマ教皇はカトリック教会の首長であり，プロテスタントは16世紀の宗教改革で生まれた新しい宗派である(ウ…×)。啓蒙思想が生まれたのは，近代革命が起こるようになった17世紀末から18世紀のことである(エ…×)。

問５＜唐＞７世紀半ばの660年，唐は新羅と協力して百済を滅ぼした。これにより，百済の再興を支援しようとした日本との間に白村江の戦い(663年)が起こった。なお，高句麗は668年に唐と新羅の連合軍に滅ぼされた。

問６＜11世紀の中国＞宋は，10世紀に中国を統一した王朝であるが，12世紀になると北方に成立した金に攻めこまれ，いったん滅亡した。その後，南に逃れた宋の皇帝の一族が王朝を再建した。そのため，金に滅ぼされるまでの王朝を北宋(960～1127)，再建された王朝を南宋(1127～1276)と呼ぶ。したがって，11世紀までの時期に存在していたのは北宋である。なお，元は13世紀に南宋を滅ぼした王朝である。

問７＜応仁の乱＞京都が荒廃する原因となったのは，1467年に始まった応仁の乱である。応仁の乱は，室町幕府第８代将軍の足利義政の後継問題に有力守護大名の対立がからんで始まり，京都を中心に11年にわたって続いた。多くの貴族や僧，学者などが朝倉氏をはじめとする有力大名を頼り，京都から各地の城下町へ移り住んだ。そのため，この時期には京都の文化が地方に広まった。

問８＜六波羅探題＞承久の乱(1221年)は，後鳥羽上皇が鎌倉幕府の打倒を目指して起こした戦いである。これに勝利した幕府は，京都に六波羅探題を設置し，朝廷の監視や西国統治にあたらせた。

問９＜キリスト教の禁教＞1612年，江戸幕府は幕府領でキリスト教を禁止する禁教令を出し，翌13年にはこれを全国に拡大した。なお，アは1641年，イは1635年，エは1624年の出来事である。

問10＜寺子屋＞江戸時代には，庶民の子どもに文字の読み書きや基本的な計算などの実用的な知識や技能を教える教育施設として，各地の町や農村に寺子屋がつくられた。

問11＜太平洋戦争中の国民統制＞新聞などのマスメディアは政府の統制下に置かれ，正確な戦況は報道されなかった(ア…×)。多くの男性が兵士として戦場に送られ，国内では労働力が不足したため，中学生・女学生や未婚の女性が軍需工場などでの労働に従事させられた(イ…×)。

3〔公民―総合〕

問1＜財政の役割＞アで説明されている内容は「資源配分の調整」の役割，ウで説明されている内容は「経済の安定化」の役割にあたる(ア，ウ…×)。市場経済では，価格は需要量と供給量の関係で決まるのであり，政府が生産の過不足を防ぐ目的で価格を上下させることはない(エ…×)。

問2＜1980年代の日本とイギリス＞A，B.「小さな政府」〔夜警国家〕は，政府の役割を安全保障などの最小限にとどめ，政府が担ってきた経済活動を民間に任せようとする考え方であり，「大きな政府」〔福祉国家〕は，社会保障や雇用対策など，人々の生活を安定させるための多くの役割を政府が担うべきとする考え方である。19世紀半ば以降の世界では「小さな政府」から「大きな政府」への変化が起こり，20世紀半ばのイギリスでは「ゆりかごから墓場まで」をスローガンとする手厚い社会保障制度が整備された。しかし，財政難が深刻化したことから，1980年代のイギリスでは新自由主義と呼ばれる「小さな政府」への回帰を目指す政策がとられるようになった。その中心となったのがサッチャー首相であり，国有企業の民営化や社会保障の削減などが進められた。なお，レーガンはアメリカで新自由主義の影響を受けた経済政策を行った1980年代のアメリカ大統領である。C.日本でも，効率化に向けた行政改革が行われるようになり，1980年代には中曽根康弘内閣のもとで，電電公社(日本電信電話公社)，日本専売公社，国鉄(日本国有鉄道)が民営化された。なお，田中角栄内閣は日中共同声明の発表(1972年)などを行った内閣である。

問3＜株式会社の仕組み＞(1)出資者である株主は，会社が生産活動を行って得た利潤の一部を，配当として受け取る権利を持つ。　(2)株主は株主総会に出席し，役員の選任や経営の基本方針などに関する議決に参加することができる。この議決権は，保有する株式の数に応じて行使することができ，保有する株式の数が多い株主ほど多くの議決権(票)を持っている。また，株式会社が倒産した場合，その会社の株式は無価値となり，株主は出資した金額を失うが，それ以上の負担を負ったり責任を問われたりすることはない。

問4＜非営利組織，契約＞(1)NPO〔非営利組織〕は，Non-Profit Organization〔Not-for-Profit Organization〕の略称で，利益を目的とせず，社会貢献活動などを行う市民の団体である。　(2)1つ目の【G】の後に「法的に権利や義務の主体として行為する」とあること，a・b・cの行為に当てはまる内容であることから，【G】に当てはまる言葉は「契約」となる。契約は，当事者の間で互いの権利や義務を定めた合意(約束)である。aのように物を貸し借りする場合，bのように商品を売買する場合，cのように金銭を貸し借りする場合，そのほか労働者と雇い主の間で労働条件を取り決める場合などに契約が結ばれる。

問5＜厚生労働省＞厚生労働省は，社会福祉，社会保障，公衆衛生や，労働環境の整備などに関する仕事を担当する省である。保育園(保育所)の管轄官庁は，2023年3月まで厚生労働省であったが，2023年4月にこども家庭庁が新設されたことにより，こども家庭庁が管轄官庁となった。こども家庭庁は内閣府に属し，子どもに関わる政策を広く担当する。なお，文部科学省は教育や文化，科学技術の振興などに関する仕事，総務省は行政組織の運営，選挙，消防防災，情報通信など，国や国民の生活を支える基本的な仕組みに関する仕事，経済産業省は産業や貿易の振興，資源・エネルギーの安定供給などに関する仕事を担当する省である。

問6＜ソーシャル・ビジネスの事業性＞第三段落にあるように，リノベーターが会社に支払う宿泊費よりも会社がリノベーターに支払う賃金の方が多いとき，この事業は会社にとって赤字となる。この場合，外部からの寄付金や公的な補助金などに頼らないかぎり，会社が継続して事業を行うことは困難である。一方，改修を終えた空き家をシェアハウスとする場合，会社は入居者からの家賃収入によって利益を上げられるため，事業を継続・拡大するための資金源とすることができる。リノベーター以外の入居者は，直接改修作業に関わってはいないが，家賃を支払うことによって事業を継続的に支えており，結果としてより多くの人に住まいや仕事を提供するという社会貢献に参加していることになる。

問７＜マイクロクレジット＞マイクロクレジット〔少額融資〕は，生活に困窮する人々の経済的な自立を支援するため，事業を始めるための元手となる少額の資金を無担保で融資する仕組みである。バングラデシュのグラミン銀行は，1970年代にマイクロクレジットを開始した草分け的な存在であり，2006年にノーベル平和賞を受賞した。

問８＜地方自治＞⑴地方自治では，その地域の住民が自分たちの意思と責任に基づいて政治を運営している。住民が自ら参加して身近な課題の解決に取り組むことを通して，国政の運営に必要な能力や民主主義の精神が育っていくという考えから，イギリスの政治学者ブライスは「地方自治は民主主義の学校」であると述べた。　⑵条例案の提出は，首長や地方議員が行うことができる(ア…×)。住民は，有権者の50分の１以上の署名を集めることにより，条例の制定・改正・廃止を請求することができる(イ…×)。議会は，首長に対する不信任決議権を持っている(ウ…×)。

問９＜日本国憲法と基本的人権＞⑴日本国憲法第24条では，家族生活について規定している。その第２項では，家族生活に関する法律が「個人の尊厳と両性の本質的平等」に立脚して制定されなければならないことを定めている。　⑵ウの内容は，自由権のうちの身体の自由(奴隷的拘束・苦役からの自由)に関する規定である。なお，アは参政権(第15条)，イは社会権のうちの生存権(第25条)，エは社会権のうちの教育を受ける権利(第26条)に関する規定である。

問10＜国会の立法過程＞法案は議員もしくは内閣が提出することができ，予算案は内閣のみが提出できる(ア…×)。衆議院が可決した法案を参議院が否決した場合，または衆議院が可決した法案を参議院が受け取った後60日以内に議決しない場合，衆議院で出席議員の３分の２以上の賛成で再可決されれば，その法案は法律となる(ウ，エ…×)。

問11＜法律の改正・廃止や制定＞⑴離婚や死別後，女性だけに６か月間の再婚を禁止する民法の規定は，法の下の平等や結婚における男女の平等に反するという違憲判決が2015年に下され，再婚禁止期間が100日間に短縮された。さらにその後，2024年４月からは100日間の再婚を禁止する規定も廃止された。　⑵女子差別撤廃条約の批准にあたって1985年に制定されたのは，男女雇用機会均等法である(ア…×)。製造物責任法〔PL法〕では，商品の欠陥によって消費者が被害を受けた場合，消費者が企業の過失を証明できなくても損害賠償を受けることができると定めている(イ…×)。介護保険制度は，1997年に制定された介護保険法に基づいて2000年から導入された(ウ…×)。

理科解答

1 問1 $Ba(OH)_2$　問2 青色
問3 硫酸バリウム　問4 ウ，エ
問5 ④　問6 1.0g　問7 5.7%

2 問1 46回目
問2 (1)…×　(2)…×　(3)…○　(4)…○
問3 (1) 利用…有性生殖
理由…(例)親と異なる形質を現すように，親とは異なる遺伝子の組み合わせを持つ子を得るため。
(2) 利用…無性生殖
理由…(例)親と同じ形質を現すように，親と同じ遺伝子の組み合わせを持つ子を得るため。
問4 花粉管　問5 (1)…ウ　(2)…エ

3 問1 カ　問2 ウ　問3 ウ
問4 エ　問5 イ
問6 1.1億km

4 問1 1.05A　問2 1：1：1：1
問3 3：1：1：3　問4 0倍
問5 3：2：3：2　問6 3.36A
問7 5.60A

1〔化学変化とイオン〕

問1＜化学式＞水酸化バリウムの化学式は$Ba(OH)_2$である。解答参照。

問2＜酸とアルカリ＞BTB溶液はアルカリ性で青色，中性で緑色，酸性で黄色を示す。

問3＜中和と塩＞硫酸と水酸化バリウム水溶液の中和では，塩《えん》として硫酸バリウムが生じる。硫酸バリウムは白色で水に溶けにくいため，水溶液は白く濁る。

問4＜実験操作＞ウ…正しい。電流計の－端子は，測定する電流の大きさに応じて適切な端子を使う必要がある。過大な電流が流れると，電流計が破損するおそれがある。　エ…正しい。この実験のように，水溶液が中性になった後に流れる電流が大きくなるのは，加える水酸化バリウム水溶液の体積が増えることで，水溶液中のイオンの数が多くなるためである。　ア…誤り。水溶液が白く濁ったのは，塩として生じた硫酸バリウムが水に溶けにくい白色の物質であるためである。なお，酢酸のように，水に溶けても一部しか電離しない物質があるように，水に溶けることと電離することは別の現象である。　イ…誤り。容器の底面付近からピペットなどで吸い上げると，溶け残った水酸化バリウムの一部が飽和水溶液に混ざってしまうおそれがある。実験では，水酸化バリウムの溶け残りをろ過で取り除いたろ液を，水酸化バリウムの飽和水溶液として用いる。

問5＜中和とイオン＞まず，水溶液が中性になるまでは，加えた水酸化バリウム水溶液中のバリウムイオンは硫酸イオンと結びつき硫酸バリウムとして沈殿し，水酸化物イオンは水素イオンと結びついて水になるので，水溶液中のイオンの数はどちらもほぼ0個である。次に，水溶液が中性になった後は，水溶液中に硫酸イオンと水素イオンは残っていないので，加える水酸化バリウム水溶液の体積が多くなるほど，バリウムイオンと水酸化物イオンの数は増加する。水酸化バリウム水溶液中では，バリウムイオンと水酸化物イオンは1：2の数の比で存在しているので，バリウムイオンの数は常に水酸化物イオンの数の$\frac{1}{2}$になる。よって，最も適切なグラフは④である。

問6＜溶質＞実験中の水溶液の密度が$1.0g/cm^3$より，水溶液が中性になるのに要した水酸化バリウムの飽和水溶液21mLの質量は，$1.0\times21=21$(g)である。よって，この実験の条件での水100gに対する水酸化バリウムの溶解度が5.0gであることより，水酸化バリウムの飽和水溶液21g中に溶けている水酸化バリウムの質量は，$21\times\frac{5.0}{100+5.0}=1.0$(g)となる。

問７＜濃度＞実験に用いた10mLの硫酸の質量は，$1.0\times10=10$(g)であり，この中に含まれる純粋な硫酸の質量をxgとする。問６より，水溶液が中性になったときに水酸化バリウムの飽和水溶液21g中に溶けている水酸化バリウムの質量は1.0gなので，水酸化バリウムの質量と硫酸の質量について$1.0:x=171:98$が成り立つ。これを解くと，$x\times171=1.0\times98$，$x=0.5730\cdots$より，硫酸の質量は約0.573gである。よって，硫酸の質量パーセント濃度は，$0.573\div10\times100=5.73$より，約5.7％である。

２〔生命・自然界のつながり〕

問１＜細胞分裂＞１回の細胞分裂で細胞の数は２倍になる。そこで，２を何乗すると37兆に近い数になるかを考える。１兆＝1×10^{12}であり，$2^{10}=1024=1.024\times10^3$だから，$(2^{10})^4=(1.024\times10^3)^4=1.024^4\times10^{12}$となる。$1.024^4=1.099\cdots$より約1.1とすると，$(2^{10})^4=2^{40}=1.1\times10^{12}$より，約1.1兆となるから，$2^5=32$，$2^6=64$より，これに$2^5$をかければ，$2^{40}\times2^5=(1.1\times10^{12})\times32=35.2\times10^{12}$で約35兆となる。これより，$2^{40}\times2^5=2^{45}$であり，細胞分裂を45回すると細胞の数は約35兆個になるから，細胞の数が37兆個を超えるのは，$45+1=46$(回)目の細胞分裂である。

問２＜生殖＞受精による生殖は，オスとメスによる生殖なので有性生殖である。よって，⑴と⑵は有性生殖である。また，挿し木は無性生殖の一種である栄養生殖であり，ウメボシイソギンチャクの生殖は出芽に似た生殖の一種で無性生殖である。

問３＜生殖＞⑴新しい品種を開発する場合，新しい品種には親とは異なる形質を持たせたいので，有性生殖を利用して両親とは異なる新しい遺伝子の組み合わせを持つ個体をつくる必要がある。

⑵同一の品種を増やす場合，親と同じ形質を持つ子，つまり，全く同じ遺伝子の組み合わせを持つ子をつくる必要がある。親と全く同じ遺伝子を持つ子をつくるためには，無性生殖を利用する。

問４＜受粉と受精＞被子植物は，めしべの柱頭に花粉がつくと，花粉から花粉管が伸びて子房の中にある胚珠に向かう。花粉管の中を運ばれた精細胞は，花粉管が胚珠に達すると卵細胞と受精する。

問５＜有性生殖＞⑴両親の持つ遺伝子の組み合わせがどちらもAaであるとき，それぞれがつくる生殖細胞の遺伝子はどちらもＡまたはａなので，子の遺伝子の組み合わせは，右表１のように，AA，Aa，aaの３種類ある。よって，１つの果実に含まれる４つの種子の遺伝子の組み合わせは最大で３種類存在する。

表１

	A	a
A	AA	Aa
a	Aa	aa

⑵両親の持つ遺伝子の組み合わせがともにAaBbの場合，それぞれがつくる生殖細胞の遺伝子はどちらもAB，Ab，aB，abの４種類なので，受精によって生まれる子の遺伝子の組み合わせは，右表２のように９種類ある。よって，１つの果実に含まれる４つの種子の遺伝子の組み合わせは最大で４種類存在する。

表２

	AB	Ab	aB	ab
AB	AABB	AABb	AaBB	AaBb
Ab	AABb	AAbb	AaBb	Aabb
aB	AaBB	AaBb	aaBB	aaBb
ab	AaBb	Aabb	aaBb	aabb

３〔地球と宇宙〕

問１＜金星の見え方＞図１は地球の北極側から見た図なので，地球は反時計回りに自転している。そのため，Ｃの位置にある金星は，地球からは太陽に向かって東側に見え，太陽が地平線下に沈んだ後，少し遅れて太陽を追いかけるように沈む。よって，このとき，金星は夕方の西の空に見える。また，地球から金星の公転軌道に引いた接線の方向に見えるＤの位置にある金星は，金星の西側の半分が太陽に照らされて半月型に明るく見えるので，Ｃの位置にある金星は半月型よりも欠け方が少なく明るい部分が丸く見える。

問２＜金星の見え方＞図２で，金星は太陽からの光を反射して上の部分が光って見えるので，金星は太陽の下(南)側にあると考えられる。また，金星の公転速度は地球よりも速く，図１で，金星はＥからＦに向かって公転しているから，Ｅの位置にある金星を撮影した翌日には，金星はＥよりも少しＦ側に位置を変えている。このとき，太陽は地球から見て金星の左上にあることになるから，金星は，図４のＸのように左上の部分が光って見える。

問３＜金星＞金星の大気は，二酸化炭素が大部分を占め，地表での大気圧は90気圧以上ある。この二酸化炭素からなる大気層の温室効果により，表面の平均温度は約460℃と高温である。

問４＜天体観測＞下線部④のプトレマイオスの天動説の説明では，地球以外の天体を中心として回っている天体はないとある。ガリレオは木星の観測により，木星を中心として回っている衛星があることを確認することで，天動説が間違っていると考えた。

問５＜天体観測＞図３のように，金星が地球と太陽を結ぶ破線上の点を中心とする小円の周上を回っているならば，金星が太陽に照らされた部分は，地球からはほとんど見ることができないはずである。よって，金星が満月に近い形に見えることがあるという事実は，天動説が間違っているという根拠になる。

問６＜金星＞金星が太陽から最大で約45°離れて見えるとき，金星の位置は，地球から金星の公転軌道に引いた接線の接点に一致する。このとき，金星と地球との距離をx億kmとすると，太陽，金星，地球を頂点とする三角形は，斜辺が1.5億kmで，長さの等しい２辺がx億kmの直角二等辺三角形となる。これより，$x:1.5=1:\sqrt{2}$となり，$\sqrt{2}=1.4$だから，$x:1.5=1:1.4$が成り立つ。これを解くと，$x\times1.4=1.5\times1$，$x=1.5\div1.4=1.07\cdots$より，金星と地球の距離は約1.1億kmである。

4 〔電流とその利用〕

問１＜回路＞図１では，ニクロム線のABCとニクロム線のADCが並列につながれていると考える。２つのニクロム線の長さは等しいので，電気抵抗も等しく，電流計が示す電流が２等分されてそれぞれのニクロム線を流れる。また，導線を電流計の５Ａの－端子につないでいるから，図２の電流計が示す電流は2.1Aである。よって，辺ABを流れる電流は，$2.1\div2=1.05$(A)となる。

問２＜回路＞ニクロム線でつくった正方形の１辺の長さABと同じ長さのニクロム線の電気抵抗を$2r$Ωとすると，図３で，AP間のニクロム線の長さはABの長さの$\frac{1}{2}$で，ニクロム線の電気抵抗は長さに比例するから，AP間の電気抵抗は，$2r\times\frac{1}{2}=r$(Ω)となり，AQ(ADQ)間のニクロム線の長さはAP間の長さの３倍なので，電気抵抗は，$3r$Ωとなる。また，AP間とQC間のニクロム線の長さは等しく，AQ(ADQ)間とPC(PBC)間のニクロム線の長さも等しい。そのため，図３は，AP間にrΩの，AQ(ADQ)間に$3r$Ωのニクロム線が並列につながったもの(合成抵抗Ｘとする)と，PC(PBC)間に$3r$Ωの，QC間にrΩのニクロム線が並列につながったもの(合成抵抗Ｙとする)が直列につながった回路となる。合成抵抗Ｘと合成抵抗Ｙは長さの組み合わせが同じニクロム線をそれぞれ並列につないでいるので，電気抵抗の大きさは等しい。これより，合成抵抗Ｘと合成抵抗Ｙに加わる電圧は等しく，並列につながれたニクロム線に加わる電圧は等しいから，$V_{AP}=V_{PC}=V_{AQ}=V_{QC}$であり，$V_{AP}:V_{PC}:V_{AQ}:V_{QC}=1:1:1:1$である。

問3＜消費電力＞ニクロム線の各区間の消費電力は，〔電力(W)〕=〔電圧(V)〕×〔電流(A)〕，オームの法則〔電流〕= $\frac{\text{〔電圧〕}}{\text{〔抵抗〕}}$ より，〔電力(W)〕=〔電圧(V)〕× $\frac{\text{〔電圧(V)〕}}{\text{〔抵抗(Ω)〕}}$ = $\frac{\text{〔電圧(V)〕}^2}{\text{〔抵抗(Ω)〕}}$ で求められる。よって，問2より，各区間での電圧は等しいから，$P_{\mathrm{AP}}:P_{\mathrm{PC}}:P_{\mathrm{AQ}}:P_{\mathrm{QC}}=\frac{1}{r}:\frac{1}{3r}:\frac{1}{3r}:\frac{1}{r}=$ 3：1：1：3となる。

問4＜回路＞図5のように，導線PQとニクロム線のBCを導線RSで結ぶと，ニクロム線のPS(PBS)部分と導線のPRS部分を並列につないだことになり，電流は，電気抵抗があるニクロム線には流れず，電気抵抗を無視できる導線PRSに流れる。電気抵抗を無視できる導線に電流が流れてもその両端の電圧は0Vなので，ニクロム線のPS(PBS)間にかかる電圧も0Vである。よって，ニクロム線のPS(PBS)間にかかる電圧は，電池の電圧の0倍となる。

問5＜回路＞問4より，図6の回路は，問2の合成抵抗Xと，SC間に r Ωのニクロム線とQC間に r Ωのニクロム線が並列につながったもの(合成抵抗Zとする)が直列につながった回路となる。合成抵抗Xの電気抵抗を R Ωとすると，$\frac{1}{R}=\frac{1}{r}+\frac{1}{3r}$，$\frac{1}{R}=\frac{4}{3r}$ より，$R=\frac{3}{4}r$(Ω)となり，合成抵抗Zの電気抵抗は $\frac{1}{2}r$Ωである。これより，合成抵抗X，合成抵抗Zにかかる電圧の比は電気抵抗の比に等しいから，$\frac{3}{4}r:\frac{1}{2}r=3:2$ となる。よって，V_{AP} と V_{AQ} は合成抵抗Xにかかる電圧に等しく，V_{SC} と V_{QC} は合成抵抗Zにかかる電圧に等しいので，$V_{\mathrm{AP}}:V_{\mathrm{SC}}:V_{\mathrm{AQ}}:V_{\mathrm{QC}}=3:2:3:2$ となる。

問6＜回路＞図1の回路全体の電気抵抗は，ABC間のニクロム線とADC間のニクロム線の電気抵抗はどちらも，$2r+2r=4r$(Ω)より，$\frac{1}{2}\times 4r=2r$(Ω)であり，回路全体に2.1Aの電流が流れている。また，図6の回路全体の電気抵抗は，合成抵抗Xと合成抵抗Zが直列につながれているので，$\frac{3}{4}r+\frac{1}{2}r=\frac{5}{4}r$(Ω)となる。図1でも図6でも電池の電圧は変わらず，回路に流れる電流の大きさは回路全体の電気抵抗に反比例するから，図6の回路に流れる電流を I Aとすると，$\frac{5}{4}r:2r=5:8$ より，$2.1:I=5:8$ が成り立つ。これを解くと，$I\times 5=2.1\times 8$ より，$I=3.36$(A)である。

問7＜回路＞図7では，ニクロム線のPBS間に加えてSS′間，QQ′間も両端を導線でつないでいるため，電流が流れなくなる(このとき，電流は，AからAP→R，ADQ→Rと流れ，RからR→P′→R′と流れ，R′からR′→S′C，R′→Q′Cと流れる)。よって，図7，図8のように導線をつないでいくと，R以降に電流が流れるニクロム線の部分の長さは短くなり，0に近づく。つまり，このとき電流計に流れる電流の大きさは，ニクロム線のAPとニクロム線のAQ(ADQ)が並列につながった回路を流れる電流の大きさに近づく。問2より，ニクロム線のAPとニクロム線のAQ(ADQ)が並列につながった部分は合成抵抗Xで，問5より，その電気抵抗は $\frac{3}{4}r$Ωである。よって，図1の回路全体の電気抵抗が $2r$Ωであり，回路に流れる電流の大きさは回路全体の電気抵抗に反比例することから，電池に合成抵抗Xをつないだときの回路全体を流れる電流の大きさは，$2.1\times\left(2r\div\frac{3}{4}r\right)=5.60$(A)となる。したがって，電流計を流れる電流の大きさは，5.60Aに近づいていく。

国語解答

一 問一　(例)目的とは手段の正当化をその本質とするものである。(24字)

問二　(例)全体主義は何かの目的のための行為のみを認め，それ自体が目的の行為は認めないから。(40字)

問三　(例)何かのためではない行為を認めない現代社会の傾向は，全体主義と共通しており，これが進むと恐るべき結果が生じかねないから。(59字)

二 問一　a　頂戴　b　濁　c　締　d　潤

問二　(例)ふれられたくない点を，相手の気持ちを察することなく好奇心だけでまっすぐについてくるところ。

問三　(例)日本人は十分受け入れられているのに「僕」がオージーになりたがっている，という言葉は，日本人であるという「僕」のコンプレックスを指摘するものだったから。

問四　(例)多様性と言いながらも，アルメニア人としては扱われないことに対するアビーの不満は，日本人として扱われ続ける「僕」の思いと根は同じである，ということ。

三 問一　出ると

問二　右参照

問三　七言絶句

問四　起エ→承イ→転ア→結ウ

問五　(例)他郷での勉学をつらいと言わず，ここで仲間たちと助け合いながら楽しく勉学に励むがよい，ということ。(48字)

君汲㆓川流㆒我拾㆑薪

一〔論説文の読解─社会学的分野─現代社会〕出典：國分功一郎『目的への抵抗』「不要不急と民主主義──目的，手段，遊び」。

≪本文の概要≫今の社会は，不要不急と名指しされたものを排除することを厭わず，あらゆることを何かのために行おうとする傾向がある。アーレントによれば，目的とは手段を正当化することを本質とするものである。彼女は，全体主義との戦いを生涯の課題とした哲学者であり，第二次世界大戦終結後に刊行された著書の中で，全体主義の危険性を指摘した。彼女は，目的達成のために効果的でありさえすれば全ての手段が正当化されるという考え方を追求していくと，最後には「恐るべき結果」が生まれるという。全体主義においては，芸術のための芸術のような，それ自体のためにある事柄を行うことは許されない。この考え方は，現代ではむしろ肯定的に受けとめられるのではないか。コロナ危機においては，不要不急と名指しされたものを排除することを，厭わない。コロナ危機において実現されつつある状態は，もともと現代社会に内在していたのではないだろうか。

問一＜文章内容＞アーレントが指摘するのは，「目的という概念の本質は手段を正当化するところにある」ということである。

問二＜文章内容＞全体主義は，あらゆることは何かの目的のために行われるべきであるとし，「目的からはみ出ること」を認めない。全体主義は，「何かのため」ではなく，チェスのためにチェスに没頭するような「それ自体のため」の行為を，「完全には支配し得ない」ものとして絶対に許さないのである。

問三＜文章内容＞コロナ危機においては，感染の拡大を防ぐために，「不要不急」の行為は認められなかった。しかし，何かの目的のための行為以外は認めないという現代社会のこの傾向は，全体主義と似通ったものである。アーレントによれば，目的からはみ出ることを許さない，さらには「目的のために効果的であるならばあらゆる手段が許される」という全体主義的な考え方を追求していくと，最後には「恐るべき結果」が生まれるのである。アーレントがそのように述べるときに「恐るべき結果」として念頭に置いているのは，ナチス・ドイツである。

二〔**小説の読解**〕出典：岩城けい『M』。

問一＜漢字＞a．「頂戴」は，いただくこと。　b．音読みは「濁流」などの「ダク」。「言葉を濁す」は，はっきりと言わない，という意味。　c．音読みは「締結」などの「テイ」。　d．音読みは「潤滑油」などの「ジュン」。

問二＜心情＞アビーは「僕」にパーティーに来なかった理由を尋ねたが，「僕」は「いや，なんとなく」と言葉を濁した後，「……だって，アンザック・デーだっただろ，あの日」と言った。「僕」が「アンザック・デー」に何か引っかかりを感じているらしいことは察しがつきそうなものなのに，アビーは「好奇心全開」で「アンザック・デーがどうかした？」と尋ねた。アビーが相手に対する気遣いや遠慮なしに質問してきたので，「僕」は，「なんでも直球でくるやつ」は「イヤなんだ」と思った。

問三＜心情＞「僕」は，日本人であるためにアンザック・デーに攻撃された経験があり，アビーにも，自分が日本人であることをすぐには言わなかった。しかし，「ここでは特別じゃなくて，特殊で絶滅危惧種」のアルメニア人であるために，アルメニア人であることを言わないアビーから見れば，日本人は「大きな顔」をして「よその国でまるで自分の国みたいに生きていける」のである。そんなにオージーになりたいのかというアビーの指摘は，日本人であることを隠そうとしているのは白人が一番で日本人は劣るというコンプレックスを「僕」が持っていることを，「僕」に認めさせる結果になった。

問四＜文章内容＞アビーは，「みんな，口ぐせみたいにダイバーシティーって言う」けれども，自分がアルメニア人として今ここの社会に受け入れられているとは思えないという。「僕」は，日本人であるために攻撃された経験があることもあって，自分が日本人であることを「コソコソ隠して」いる。同時に「僕」は，「何年ここに住もうが，どこへ行こうが，自分は地元の人間とは見なされない」ことにいらいらしている。多様性などといっても，少数派のアルメニア人であるアビーは，アルメニア人として今ここの社会で他の人々と対等に生きることができないし，「僕」も，堂々と振る舞うことができず，結局のところ，この社会は，多様な人々が対等な関係でともに生きる社会にはなっていない。自分の出自のために社会から疎外されていると感じて苦しみ，怒りをあらわにするアビーの姿は，「僕」の姿と重なり合う。

三〔**漢詩の鑑賞**〕出典：広瀬淡窓『遠思楼詩鈔』「桂林荘雑詠示諸生」。

≪現代語訳≫桂林荘で心に浮かんだことをよんで，塾生たちに示す

言うのはやめよ，他郷での勉学は苦しくつらいと。

一つの綿入れを共用する親しい友がいて，自然と親しくなっている。

粗末な門を開けて早朝に外に出ると，霜が雪のように白く降りている。
君は川の水をくめ。私は薪を拾おう。

問一＜現代語訳＞「出づれ」は，下二段活用動詞「出づ」の已然形。「已然形＋ば」は，確定条件を示すので，出ると，という意味になる。

問二＜漢文の訓読＞「君」→「川流」→「汲」→「我」→「薪」→「拾」の順で読む。二字返るためには一・二点を用い，一字返って読むためにはレ点を用いる。

問三＜漢詩の形式＞四句からなり，一句は七言である。四句からなるのは，絶句。

問四．まず，「大阪本町糸屋の娘」が話の主題であることを示し(…**起**)，それを受けて，その「娘」についての話を展開して「姉は十六妹は十四」であることをいう(…**承**)。そこで話が変わって「諸国大名は弓矢で殺す」といい(…**転**)，そこから再び「糸屋の娘」の話に戻って「目で殺す」として全体を締めくくる(…**結**)。

問五＜漢詩の内容理解＞塾生たちは遠くからこの塾にやってきている。故郷から離れた場所で勉学に取り組むのはつらいかもしれないが，ここには仲間たちがいて，ともに過ごし，自然と親しくなっていく。外に出れば真っ白に霜が降りているが，その中を，ある者は川の水をくんできて，ある者は薪を拾うというように，皆で協力し助け合いながら過ごすことができる。だから，つらいなどと言わずに皆で楽しく勉学に励んでいこうと，作者はいうのである。

＝読者へのメッセージ＝

「桂林荘雑詠示諸生」は，江戸時代の儒学者・教育者・漢詩人である広瀬淡窓(1782～1856年)の作品です。淡窓は，豊後国日田に生まれ，1805年に塾をつくりました。この塾が後に移転して桂林荘となり，これがさらに咸《かん》宜《ぎ》園《えん》になります。この塾では四書五経，数学，医学などいろいろな分野の学問が教えられていました。遠方から来る塾生のために寮もつくられており，その寮生活についてよまれた漢詩が「桂林荘雑詠示諸生」です。

2023年度 開成高等学校

【英　語】（50分）〈満点：100点〉

注意　1．試験開始後約20分経過してから，聴き取り問題(約15分間)を実施します。
　　　2．本文中の＊のついた語(句)には，本文の後に(注)がついています。
　　　3．短縮形は１語と数えるものとします。［例：I am（２語）　I'm（１語)］

■リスニングテストの音声は，当社ホームページで聴くことができます。(当社による録音です)
　再生に必要なIDとアクセスコードは「収録内容一覧」のページに掲載しています。

1　次の英文を読み，後の問いに答えなさい。

When I was little, I wanted a dog (A)so I could have a special friend (B)to play with.

I wanted someone who would *sympathize with me when the adults *ganged up and treated me unfairly, especially when they would not give me my way.

Finally, my mother allowed me to get a mixed puppy that I could not stop *cuddling and stroking. I spoke to Glen (that was his name) as if he and I were one. For the first time in my short life, I experienced what it was (C)like to care for someone more than myself.

When I think back to that time, I can now appreciate that special, almost spiritual, feeling that a dog can produce in two members of different species. Neither can speak to the other : they cannot talk about their day, what are their favorite colors, movies, taste in clothes, politics, etc., but something happens when, for example, you are feeling low and your dog comes up and simply sits beside you. Something is released inside and you don't feel so alone. Your first *instinct is to stroke his head or back. The dog always responds, and (1)your troubles are eased, if not solved.

Glen was suddenly not there one day and (2)I was beside myself. My mother explained that because he was so special, he had been selected from hundreds of other dogs to be trained by the army to help rescue miners who had *been buried in a mine collapse. This was, of course, not true. Glen, in fact, had to be (3)put down because he had *distemper that was causing him to be very ill.

As the weeks went on, I gradually accepted that Glen was not coming back, but it left a memory in my heart that was only eased by getting another dog many years later.

Frizby was his name ; he was a *Bearded Collie. Isobel, my wife, gave him to me for a Christmas present, and he was easily the best present I have ever had. He gradually grew into a friend who, due to some strange inner clock, knew when it was nine o'clock at night and had to be given his walk in all kinds of weather, staring *resolutely at me until I (4)relented and headed for the door. (5)He jumped all over me and barked with joy at［ア　both about to　　イ　of the adventure　ウ　share　　エ　the opportunity　　オ　we were］in.

I gave him a home, food and walks, and Frizby gave me joy just by being there. When I came home, I could hear his (6)［ア　excited　　イ　exciting］bark before I was out the car door. When I opened the front door, he ran around me at least three times, then jumped up until I got down on my knees for a wrestling game. Then, he brought me a *tugging toy for our next game. It would always end with his *front paws on my shoulders as we had a final hug before Isobel fed the both of us.

Isobel got the same treatment when she came into the house, but she showed no interest in the wrestling game, and Frizby had to *make do with a toy being thrown, which he was supposed to bring back. It was, however, Isobel who had the *patience to teach him every trick he knew.

As the years went by, it became quite clear that our beloved friend was suffering from *arthritis and would have to be released from his pain.

I gave him his last ride in the car to the vet. He went away very peacefully, and it broke my heart that I would never feel his warmth or see his head *cock to the one side, looking as if he was trying to understand what I was going to say. I will never ever forget the experience of having him in our lives.

Glen and Frizby gave me proof that (7)there exists in dogs a natural ability that produces a need in most humans to care for another species［ア any material イ being ウ expected エ reward オ without］. Throughout history, mankind has been cruel and heartless, but how much (8)［ア bad イ worse］ would we be without our friend, the dog?

（注） sympathize 同情する gang up and ～ 寄ってたかって～する
cuddle and stroke 抱きしめ，やさしくなでる instinct 本能，自然の衝動
be buried in a mine collapse 鉱山の崩落で生き埋めになる
distemper ジステンパー（犬の急性伝染病）
Bearded Collie ビアデッドコリー（英国産牧羊犬） resolutely 強い決意で
tugging toy 犬がかんで引っ張って遊ぶおもちゃ front paw 前足
make do with ～ ～で間に合わせる・我慢する patience 辛抱強さ
arthritis 関節炎 cock （頭が）傾く

問１ 下線部(A)～(C)と最も用法の近いものを含む英文をそれぞれ１つ選び，記号で答えなさい。

(A) ア I think so, too.
イ My house is not so large as my cousin's.
ウ He has a high fever, so he can't come to the party.
エ Would you please speak louder so that I may hear you?

(B) ア I like to play in the park.
イ This river is too dangerous to play in.
ウ Her father built her a large room to play in.
エ The children looked very happy to play a lot.

(C) ア I'll come with you, if you like.
イ I like to go for a jog on Sundays.
ウ I love your eyes. They are like stars.
エ Children should go to school, like it or not.

問２ 下線部(1)を和訳しなさい。

問３ 文脈より判断して，下線部(2)，(4)が表す意味として最も適切なものをそれぞれ１つ選び，記号で答えなさい。

(2) ア 僕は取り乱した イ 僕は冷静になった
ウ 僕は有頂天になった エ 僕はどうでもよいと思った

(4) ア きっぱり断った イ たいそう後悔した
ウ 仕方がないと応じた エ 何事もなかったと安心した

問４ 下線部(3)と同じ結果につながる別の英語表現を，最後の３つの段落内から抜き出して答えなさい。

問5　下線部(5)，(7)の［　］内の語(句)を並べ替え，最も適切な表現を完成するとき，それぞれ［　］内で2番目と4番目にくるものを記号で答えなさい。

問6　下線部(6)，(8)の［　］においてそれぞれ適切な語を選び，記号で答えなさい。

問7　本文の内容と一致するものを3つ選び，記号で答えなさい。

ア　The author was such a good boy in his early years that he had never been treated unfairly by his parents.

イ　Even if neither Glen nor the author could talk about their day with each other, the author felt less lonely when Glen came up to sit beside him.

ウ　Glen disappeared from the author's side in order to help rescue people who had been buried in a mine collapse.

エ　The author got over his sadness quickly and easily after the loss of Glen.

オ　Frizby looked forward to going for a walk at night every day.

カ　The author almost always made meals for the whole family.

キ　Frizby, the author and Isobel often enjoyed the wrestling game together.

ク　The author believes that owning a dog can motivate people to care for something more than him or herself.

2　次の英文を読み，後の問いに答えなさい。

Almost all children *acquire a language (1a) effort. In many parts of the world, children grow (1b) speaking two or more languages. And if young children move to a new country and go to school there, (2)they seem to 'pick up' the new language with unbelievable ease.

Language acquisition seems to be almost *guaranteed for children up to about the age of six. They seem to be able to learn languages easily. They are also capable (1c) forgetting a language just as easily. It is almost as if they can put (1d) and take (1e) different languages like items of clothing! However, this ease of acquisition becomes gradually less noticeable as children move towards their teenage years, and after that, language acquisition is much more difficult.

Acquisition here describes the way in which people 'get' language with no real conscious effort — in other words, without thinking about grammar or vocabulary, or worrying about which bits of language go where. When children start making sounds in their mother tongue at around the age of two, (3)we do not expect them to study it; we expect to just watch it come out, first at the level of one-word *utterances, then two-word utterances, (4)until the phrases and sentences they use gradually become [as / complex / grow / older / more / they].

(5)In order for acquisition to take place, some conditions need to be met. In the first place, the children need to hear a lot of language. Such exposure is very important. Secondly, it is clear that the kind of the language they hear matters, too. When parents talk to their children, they simplify what they say, both consciously and unconsciously. They don't use complex sentences, or technical vocabulary; they use language which fits the situation, roughly tuning what they say to match the child's age and situation. Parents' language is marked by other features, too. (6)They often change the intonation they use so that their voices sound higher and more *enthusiastic than they would if they were talking to friends.

During childhood we get a large amount of such language exposure. In addition, most of the language we hear — especially from our parents — is given to us in typical social and emotional communications so that as we hear language, (7)we also hear the ways in which that language is used. Finally, children have a strong motivational *urge to communicate in order to be fed and understood. Together with their parents (and later other adults) they make language together. And then they try it out and use it. This 'trying out' is shown by the way children repeat words and phrases, talk to themselves and generally play with language. But in the end it is their *desire to communicate needs, wants and feelings that seems to (8) most. And throughout childhood and beyond, most people have a great many opportunities and reasons to use the language they have been acquiring.

It sounds, then, as if three features need to be present in order for children to acquire a language: exposure to it, motivation to communicate with it and opportunities to use it.

（注） acquire 身につける　guarantee 保証する　utterance 発話
enthusiastic 気持ちがこもった　urge 欲求　desire 強い気持ち

問１　空所(1a)～(1e)に入る最も適切なものをそれぞれ１つ選び，記号で答えなさい。ただし，各選択肢の使用は１回限りとする。

ア down　イ of　ウ off　エ on　オ up　カ without

問２　下線部(2)はどのような意味か，最も適切なものを１つ選び，記号で答えなさい。

ア It seems that young children can remember their mother tongue easily.
イ It seems that young children have very little trouble learning another language.
ウ It seems that children need more time than adults to acquire their second language.
エ It seems that young children are able to create new languages easily themselves.

問３　下線部(3)はどのような意味か，最も適切なものを１つ選び，記号で答えなさい。

ア Acquiring languages is difficult, so adults must wait for children to start speaking their mother tongue.
イ Parents feel that their children should not study a new language but should go out and play instead.
ウ People understand that first languages are learned by children naturally and without much thought or care.
エ Parents should not make their children study a second language but should let them decide when to start doing so.

問４　下線部(4)の[　]内の語を並べ替え，最も適切な表現を完成させなさい。解答欄には[　]内のみを書きなさい。

問５　下線部(5)を和訳しなさい。

問６　下線部(6)の４つのthey(They)のうち，指しているものが異なるものを１つ選び，記号で答えなさい。

ア １番目　イ ２番目　ウ ３番目　エ ４番目

問７　下線部(7)はどのような意味か，最も適切なものを１つ選び，記号で答えなさい。

ア We mostly focus on how children express their feelings and less on what is being said by them.
イ When children speak, parents look at facial expressions to help them understand the child's needs.
ウ Children learn how to communicate by paying attention to both what is said and how it is being said.

エ　In many social situations, children may have trouble understanding what someone is asking them to do.

問8　空所（8）に，直前の段落で使われている語を文脈に合う形にして入れるとき，空所に入る最も適切な1語を答えなさい。

問9　本文の内容と一致するものを2つ選び，記号で答えなさい。

ア　Young children often notice that acquiring a new language is difficult until their teenage years.

イ　Focusing on vocabulary and grammar may not be how we get our mother tongue, but it is the fastest way to learn another language.

ウ　Children start trying to speak because they want their parents to understand what they need.

エ　Parents talk to their children in a low voice because they want to help them feel relaxed and make it easier for them to understand.

オ　Adults often have a hard time with new languages because they do not have many chances to use them in their daily lives.

カ　It seems children can get a language quite easily until the age of six, but they may fail to do so if they do not hear it often.

3　次のうち，文法・語法上誤りのないものを2つ選び，記号で答えなさい。

ア　This is everything what I know.

イ　Let's discuss the problem over a cup of tea.

ウ　Tokyo is one of the largest city in the world.

エ　He helped my homework, so I was able to hand it in on time.

オ　I have been there three times when I was in elementary school.

カ　The number of tourists visiting Japan have been increasing recently.

キ　A：Do you mind if I ask you some questions?
　　B：No.　I'll be happy to answer them.

ク　A：I need your help.　Can you let me know when you are convenient?
　　B：I'm okay now.　What do you need?

4　次の各組の英文の空所に入る同じつづりの1語を答えなさい。

(1)
Please turn (　　) at the second traffic light.
Has Richard (　　) for school yet?

(2)
I (　　) the story very interesting.
He is collecting money to (　　) a company.

(3)
Did you hear that?　I think I heard the phone (　　).
I'm going to buy a wedding (　　) for my fiancée.

(4)
The (　　) of the United States of America is Washington D.C.
Make sure you start your sentences with (　　) letters.

5　次の各組の英文がほぼ同じ内容になるように，空所に入る最も適切な１語をそれぞれ答えなさい。

(1)
It was kind of him to show me the way.
He was kind (　　) (　　) show me the way.

(2)
Ten years have passed since my grandfather died.
My grandfather has (　　) (　　) (　　) ten years.

(3)
Both my sister and I have played the piano for many years.
My sister has played the piano for many years and (　　) (　　) I.

(4)
He said to me yesterday, "I am studying math now."
He told me yesterday that (　　) (　　) studying math (　　).

6　（聴き取り問題）

Part A　You will hear a conversation between two English teachers talking about winter vacation. Listen carefully and answer the questions below.

1．How did Mr. Smith travel to Aomori ?
　A　He drove his car.　　B　He rode a bus.
　C　He took an airplane.　　D　He went by train.

2．How many museums did Mr. Smith visit ?
　A　One.　　B　Two.　　C　Three.　　D　Four.

3．What did Mr. Smith do on Wednesday ?
　A　He drove to a famous temple.　　B　He took a hot bath at his hotel.
　C　He visited a gift shop.　　D　He went to a fish market.

4．If Mr. Smith visits Aomori again, what is he likely to do ?
　A　Take a flight there but visit in a different season.
　B　Go next winter and visit more of the onsen.
　C　Take the shinkansen but stay in a cheaper hotel.
　D　Stay somewhere outside the city and go to an apple farm.

Part B　You will hear a teacher giving instructions about new clubs.　Your notes and a calendar are below.　You have 20 seconds to prepare.　Start preparing now.

Notes for Starting a Club (April 15)

● Write a "New Club" plan
✓ Club name
✓ Advisers (Need 2 teachers!)
✓ Officers (Need president & VP!)
✓ List of club members
　--Need [A] students in all
✓ Days & meeting place
✓ Reason for the club
● Turn in by May [B] !!

May　2023

Sun	Mon	Tue	Wed	Thu	Fri	Sat
	1	2	3	4	5	6
7	8	9	10	11	12	13
14	15	16	17	18	19	20
21	22	23	24	25	26	27
28	29	30	31			

1. What does the teacher suggest about club advisers?
   A Share your plan with them.
   B Start looking early.
   C Talk to them again next month.
   D Write their names last.
2. Complete your notes by writing in a number for [A] on your answer sheet.
3. Complete your notes by writing in a date for [B] on your answer sheet.
4. Why does the teacher mention October?
   A He has to check the plans again.
   B He will need the latest club information.
   C New members can join at that time.
   D There will be a second opportunity to start a club.

Part C You will hear the beginning of a presentation. Listen carefully and answer the questions below.

1. Why does the presenter mention "food waste"?
   A To describe an environmental problem.
   B To give an example of successful recycling.
   C To help explain what wastewater is.
   D To show how it is similar to wastewater.
2. According to the presenter, what is one good thing about wastewater?
   A It can be used by factories to make products like paper.
   B It does less damage to the environment than food waste.
   C People can waste less of it at home by changing daily habits.
   D We can use it again after removing pollution from it.
3. If the UN plan is successful, about how much wastewater will be treated in 2030?
   A 30 percent. B 50 percent.
   C 65 percent. D 70 percent.
4. Based on what you have heard, what is the best title for this presentation?
   A How We Make Dirty Water Clean
   B Reducing Food and Water Waste
   C The Many Uses of Wastewater
   D The UN's Plan for Safer Water

＜聴き取り問題放送原稿＞

Part A

A: Hello, Mr. Smith. I heard you went to Aomori during winter break.
B: Oh, hi, Mr. Suzuki. Yes, that's right. Just a short four-day trip, but it was nice.
A: Did you drive up there?
B: I thought about it but decided to take the bus instead. I'm sure the train's faster, but I wanted to save some money.
A: I see. I've actually been there once, but I used the airport.
B: Really? How was that?

A : Really convenient. And it's faster and cheaper than the shinkansen.

B : You know, I didn't even think about flying there, but it sounds like a good idea. Maybe I'll do that next time.

A : Next time ? So, you're already planning to go back ?

B : Well, yes. There's actually a lot to do and see.

A : I heard there are a lot of museums. Did you go to any ?

B : Yeah. On my second day there, I went to the art museum, which was great, and after that, walked to two more museums that were nearby. Both of those were history museums, and I bought some gifts at the second one.

A : Sounds nice. What else did you do ?

B : Well, the day after that, I rented a car and drove to a temple just outside the city.

A : Oh, the one with the Showa Daibutsu ?

B : Yes, that's the one, and I couldn't believe how big it was. Anyways, after that, and this is kind of embarrassing, but I had planned on going apple picking . . .

A : Apple picking ? In winter ?

B : Yeah, that was the problem. I was a couple of months too late.

A : Yeah, that's not really a winter activity, is it ?

B : Nope. So that's one reason I'd like to go back. Anyways, after I realized I couldn't pick apples, I drove back to the city, returned the car, and went to an onsen. After that, I just returned to the hotel for dinner.

A : I see. And what about your last day there ?

B : That was Thursday, and I checked out early so I could visit a fresh fish market and one more onsen that's near the bus station. And after that, I caught my bus for the ride home.

Part B

So, you're thinking about starting a new club. That's great. You'll need to write a plan with the following information on it, so make sure you take some notes.

First, you'll need the name of your club and the names of the teachers who will advise you, those are the club advisers, and you need two. Many teachers are busy, so please start asking sooner rather than later, without waiting for the last minute.

You'll also need a club president and vice president. These are the two main officers that you need to start a club. Below the officers, make a list of students who want to join your club. You need a total of eight students to start, but that can include the officers. If you already know who those are, then you only need six more students.

Below all that, you just need to write the days and place you hope to meet, and finally, a short comment about why you want to start the club.

Now, there are two important dates to keep in mind. First, the plan needs to be given to me by the third Friday of next month. And if everything's okay, you'll be able to start on the Wednesday after that.

But remember, if the plan is late or has any mistakes, you won't have another chance until October, so double check everything before you hand it in.

Part C

Have you heard the word wastewater ? Maybe not, but most of us have heard of something called "food waste." Food waste, as you know, is "wasted food". It's the food that people didn't finish eating or the food that a restaurant or supermarket throws out. Basically, food waste is like garbage. Well, wastewater is different. It isn't water that we waste ; rather, it's the water that we've used and is now dirty.

For example, in our homes we use water to do things like wash dishes and shower. All of this water becomes dirty with oils, soaps, and human hair among other things. This is what we call wastewater, and it is also produced by industry. In fact, a lot of the pollution in rivers comes from farms and factories that use large amounts of water, like paper factories. Now, the interesting thing about wastewater is that it is collectable, cleanable, and reusable.

Now, the process of cleaning wastewater is called water treatment, and it plays a big role in keeping people and the environment safe and healthy. This is why the United Nations includes wastewater treatment in its Sustainable Development Goals. In 2015, about 30 percent of wastewater was treated globally. However, most of this was done in developed nations like the U.S. and Japan, so the UN is working hard in the developing world to increase treatment. In fact, by 2030, the UN hopes to cut the amount of untreated wastewater from those 2015 numbers by half.

So, our question today is this: How exactly do we treat wastewater to make it clean ? Well, basically, it is a multistep process that uses natural methods and techniques from chemistry, and it is all quite interesting. So, let's start taking a look at the process now.

【数　学】（60分）〈満点：100点〉

【注意】　答案は指定された場所にかき，考え方や計算の過程がはっきりとわかるように心がけること（特に指示がある場合を除く）。

解答する際に利用した図はなるべくていねいにかくこと。

問題文中に特に断りのない限り，答えの根号の中はできるだけ簡単な数にし，分母に根号がない形で表すこと。

円周率は π を用いること。

1　以下の問いに答えよ。

袋の中に1，2，3，4，5，6，7，8と書かれたカードが1枚ずつ，あわせて8枚入っている。この袋からカードを1枚取り出して書かれた数字を確認して戻すという操作を2回行う。1回目に取り出したカードに書かれた数と2回目に取り出したカードに書かれた数の積を M とおく。

(1)　M が2の累乗となるような取り出し方は何通りあるか。

(2)　M が2の累乗と3の累乗の積となるような取り出し方は何通りあるか。

(3)　M が1つの素数の累乗となるような取り出し方は何通りあるか。

ただし累乗とは同じ数をいくつかかけたものである。例えば2の累乗とは 2^2，2^3，…のことである。ここでは2自身も2の累乗と考えることにする。

2　角Bが直角である三角形ABCがある。角BACの二等分線と辺BCの交点をPとおく。

(1)　三角形の面積の公式が $\frac{1}{2}\times$（底辺）$\times$（高さ）であることを利用して，AB：AC＝BP：CPを証明せよ。

(2)　$\text{AB}=2\sqrt{2}$，BP＝1であるとき，次の問いに答えよ。

(i)　AC，PCの長さをそれぞれ求めよ。

(ii)　三角形PAB，三角形PACの内接円の半径の比を求めよ。

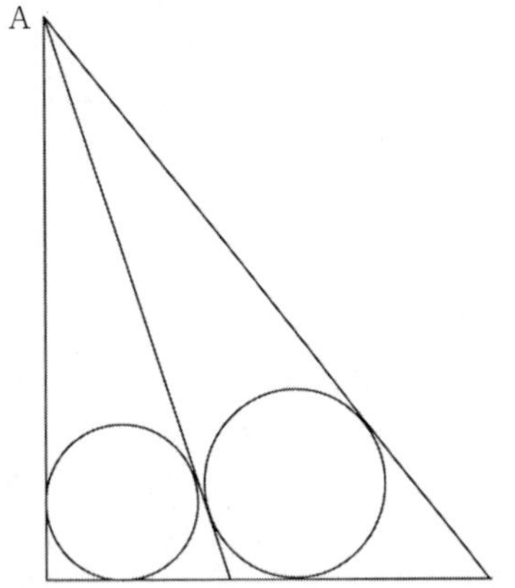

3　n 個の異なる自然数で

『すべての数の和と，すべての数の積が等しい』…（＊）

を満たすものを求めてみよう。

(i)　$n=2$ のとき

（＊）を満たす2個の異なる自然数を x，y（ただし $x<y$）とすると，これらは方程式 $x+y=xy$ を満たしている。両辺を xy で割ると $\frac{1}{y}+\frac{1}{x}=1$ である。

$x<y$ より，$\dfrac{1}{x}$[①]$\dfrac{1}{y}$ であり，$\dfrac{1}{y}+\dfrac{1}{x}=1$ でもあるので，$\dfrac{1}{x}$[②]$\dfrac{1}{2}$ がわかる。

よって，x の範囲を考えると $x=$(ⓐ)となり，$\dfrac{1}{y}+\dfrac{1}{x}=1$ を満たす y は存在しない。ゆえに，(＊)を満たす2個の異なる自然数は存在しない。

(ii) $n=3$ のとき

(＊)を満たす3個の異なる自然数を x，y，z（ただし $x<y<z$）とすると，これらは方程式 $x+y+z=xyz$ を満たしている。両辺を xyz で割ると $\dfrac{1}{yz}+\dfrac{1}{zx}+\dfrac{1}{xy}=1$ である。

yz，zx，xy の大小を不等式で表すと(ⓑ)<(ⓒ)<(ⓓ)となるので，$\dfrac{1}{yz}$，$\dfrac{1}{zx}$，$\dfrac{1}{xy}$ の大小は(ⓔ)<(ⓕ)<(ⓖ)となる。ゆえに(i)と同様に考えると(ⓖ)[③]$\dfrac{1}{3}$ となり，x，y の範囲を考えると $(x,\ y,\ z)=$((ⓗ)，(ⓘ)，(ⓙ))である。

(iii) $n \geqq 4$ のとき

(＊)を満たす n 個の異なる自然数について，(i)，(ii)と同様に考えると，

$$\frac{(n\text{個の自然数のうち，最大の数})}{(n\text{個の自然数の積})}>\frac{1}{n}$$

となる。このことと $n \geqq 4$ から，不等式

$1\times2\times(n-1)<n$…㋐

が成り立つ。

ところが，㋐を満たす n の範囲を求めると $n<$(ⓚ)となり，$n \geqq 4$ では成り立たない。ゆえに，(＊)を満たす n 個の異なる自然数は存在しない。

(1) (　)内のⓐ〜ⓚに入る適切な数や式，[　]内の①〜③に入る適切な不等号を答えよ。

(2) 不等式㋐が成り立つ理由を説明せよ。

4 平面Pと1辺の長さが2の立方体ABCD-EFGHがある。平面Pとその立方体は頂点Gだけを共有し，対角線AGは平面Pと垂直である。対角線AG上に点Iを，角AIBが直角となるようにとる。このとき，角AIDも角AIEも直角である。

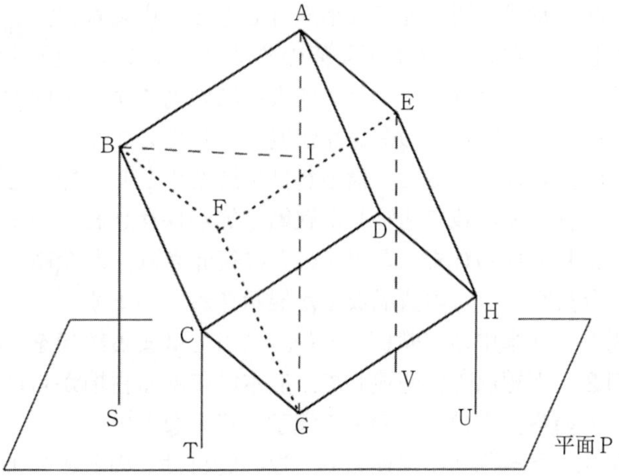

(1) BIの長さを求めよ。

(2) 角BIDの大きさを求めよ。

(3) 平面P上に4点S，T，U，Vを，それぞれBS，CT，HU，EVが平面Pと垂直になるようにとる。四角形STUVの面積を求めよ。

【社　会】（40分）〈満点：50点〉

1　次の文章を読んで，あとの問いに答えなさい。

神奈川県の三浦半島には多くの史蹟《しせき》が残されています。三浦半島は古代より栄えていました。逗子《ずし》市と葉山町にまたがる長柄《ながえ》桜山第１・２号墳は，神奈川県最大級の①古墳とされます。伝説では，②ヤマトタケルノミコトも三浦半島から船で上総《かずさ》に渡ったとされています。横須賀市の走水《はしりみず》神社は，ヤマトタケルノミコトとその后《きさき》であるオトタチバナヒメノミコトがまつられています。③奈良時代には房総半島に至る道として，三浦半島には古東海道が通っていました。

④平安時代の末期から鎌倉時代の初期にかけて，この半島では三浦氏が勢力をのばしました。2022年のNHK大河ドラマ『鎌倉殿の13人』に登場した三浦義澄《よしずみ》は，三浦氏のひとりです。⑤源頼朝が平家打倒のために挙兵したとき，三浦義澄は衣笠《きぬがさ》合戦でやぶれたものの，安房《あわ》の地で頼朝と合流し，彼を助けました。頼朝の死後も第２代将軍（　１　）のもとで成立した13人の合議制のメンバーに入るなど，大きな力をもちました。御家人統率や軍事を担当する（　２　）の初代長官となった和田義盛《よしもり》も三浦一族で，義澄のおいにあたります。しかしその後，三浦氏は⑥執権の北条氏との権力争いにやぶれて，衰退していきます。最終的には⑦戦国時代，小田原を拠点とする北条早雲により三浦氏は滅ぼされました。今でも半島には三浦氏ゆかりの城趾《じょうし》や寺院が数多く残っています。

江戸時代，半島の多くは幕府領または旗本の知行地となりました。横須賀市の塚山公園には，三浦按針《あんじん》夫妻の墓があります。三浦按針は，もともとウィリアム＝アダムズという名の⑧イギリス人で，徳川家康の外交顧問をつとめた人物です。⑨豊後《ぶんご》に漂着したオランダ船リーフデ号の水先案内人だったのですが，家康に外交顧問として迎えられました。屋敷は江戸に与えられましたが，三浦半島にも領地が与えられたため，三浦按針と名乗ったのです。

江戸時代には半島東部の（　３　）港が栄えました。この地は江戸湾の出入口にあたり，奉行所がおかれて船の積荷の検査や，沿岸警備など大きな役割を担いました。また肥料用干鰯《ほしか》の集散地として問屋街も形成され，全国の船でにぎわいました。19世紀には，⑩アメリカ東インド艦隊司令長官ペリーが日本に開国を要求するためこの地付近に来航しました。近くの久里浜にはペリー上陸記念碑が建てられています。

江戸時代末期，幕府は小漁村であった横須賀に，⑪フランスの協力で横須賀製鉄所の建設をすすめました。現在，JR横須賀駅のそばにヴェルニー公園がありますが，ヴェルニーとは横須賀製鉄所建設のために来日したフランス人技師の名です。公園内には記念館があり，オランダ製のスチームハンマーなど，製鉄所の関係品が展示されています。

明治時代になると，横須賀は軍港都市として発展しました。横須賀市の三笠《みかさ》公園には⑫日露戦争のとき日本海海戦で活躍した戦艦三笠が保存されています。戦艦三笠は⑬第二次世界大戦後には遊興施設として使われましたが，のちに復元され，記念艦となりました。艦内には日本海海戦時の連合艦隊司令長官（　４　）の遺品などが展示されています。

問１　文章中の空欄（１）～（４）に当てはまる語句を，**漢字**で答えなさい。

問２　下線部①に関連して，熊本県にある古墳からは「ワカタケル大王」の名を刻んだ鉄刀が出土している。この古墳の名を**漢字**で答えなさい。

問３　下線部②に関連して，次の資料はこのときのようすを記したある書物の一部を現代語訳したものである。

> ヤマトタケルノミコトが走水海をお渡りになろうとした時，その海峡の神が荒波をおこして船をぐるぐる回したため，ミコトは先へ進んで渡ることができなかった。するとその后オトタチバナヒメノミコトが申されるには，「わたしが皇子の身代わりとなって海に入り身を沈めま

しょう。皇子は遣わされた東征の任務を成しとげて，天皇に御報告くださいませ」と申して，海にお入りになろうとする時，菅畳《すがだたみ》八重，皮畳八重，絹畳八重を波の上に敷いて，その上にお下りになった。するとその荒波は自然におだやかになって，御船は進むことができた。

この書物は，ある人物が暗記していた物語を，別の人物が筆記したものである。この書物の名を**漢字**で答えなさい。

問4　下線部③に関連して，奈良時代について述べた文として正しいものを，次のア～エから一つ選び，記号で答えなさい。

ア　口分田は6歳以上の男子には与えられたが，女子には与えられなかった。

イ　日本を唐や新羅《しらぎ》から守るために，防人《さきもり》として九州北部に送られる男子もいた。

ウ　九州地方の政治や軍事を担うため，多賀城が設けられた。

エ　聖武天皇は仏教の力にたよって，平等院鳳凰堂《ほうおうどう》に阿弥陀《あみだ》如来像をつくった。

問5　下線部④に関連して，平安時代の出来事a～cについて，年代の古い順に正しく並べ替えたものを，あとのア～カから一つ選び，記号で答えなさい。

a　上皇と天皇の対立から，京都で保元《ほうげん》の乱がおきた。

b　源氏が陸奥《むつ》の豪族安倍氏を滅ぼした。

c　藤原純友《すみとも》が瀬戸内地方で反乱をおこした。

ア　a→b→c　　イ　a→c→b　　ウ　b→a→c

エ　b→c→a　　オ　c→a→b　　カ　c→b→a

問6　下線部⑤に関連して，次の資料は源氏と平家の戦いを描いた軍記物語の一部を現代語訳したものである。

平家の兵士どもは，「ああ，なんとおびただしい源氏の陣の遠火《とおび》の多さだ。ほんとうに野も山も，海も川も，皆，敵でいっぱいだな。どうしたものか」とあわてた。その夜半頃に，(　　)川付近の沼にたくさん群がっていた水鳥どもが，何に驚いたのか，ただ一時にばっと飛び立った羽音が，大風か雷のように聞こえたので，平家の兵士たちは，「あっ，源氏の大軍が寄せてきた。斎藤別当《さいとうべっとう》が申したように，きっと背後にもまわっていよう。取りこめられてはかなうまい。ここを退いて，尾張《おわり》川，洲俣《すのまた》を防ごう」といって，とる物もとりあえず，我先にと落ちて行った。

資料中の空欄(　)に当てはまる語句を**漢字**で答えなさい。

問7　下線部⑥に関連して，鎌倉幕府第3代執権で，御家人に対して裁判の基準を示すための，51か条からなる法令を定めた人物の名を**漢字**で答えなさい。

問8　下線部⑦に関連して，次の資料はある戦国大名の分国法の一部を現代語訳したものである。

一，わが(　　)の館のほかには，国内に城郭をかまえさせてはならない。すべて所領のある者は，一乗谷へ引っ越し，郷村には代官だけを置くようにする事。

資料中の空欄(　)に当てはまる語句を，次のア～エから一つ選び，記号で答えなさい。

ア　浅井　　イ　武田　　ウ　朝倉　　エ　上杉

問9　下線部⑧に関連して，イギリスの歴史について述べた文として正しいものを，次のア～エから一つ選び，記号で答えなさい。

ア　16世紀にイギリスはアヘン戦争で勝利し，香港《ホンコン》島を支配下にいれた。

イ　17世紀のイギリスで名誉革命がおき，権利の章典が定められた。

ウ　18世紀にイギリス国王は十字軍に参加して，イェルサレムへむかった。

エ　19世紀にクロムウェルがイギリス国王を処刑し，共和政を樹立した。

問10　下線部⑨に関連して，豊後とは現在の何県か。県名を**漢字**で答えなさい。

問11　下線部⑩に関連して，アメリカが日本に船の寄港を求めた背景として，清《しん》との貿易船が太平洋を航海していたこと，またある生き物を捕えるためのアメリカ船が太平洋で活動していたことがある。何を，どのような目的で捕えていたのか，簡潔に説明しなさい。

問12　下線部⑪に関連して，フランスの歴史について述べた文として正しいものを，次のア～エから一つ選び，記号で答えなさい。

ア　「鉄血宰相」とよばれたビスマルクのもとで，フランスは統一された。

イ　「太陽王」とよばれたルイ14世のもとで，ヴェルサイユ宮殿が建設された。

ウ　フランス革命が始まると，議会は社会主義政権の樹立を宣言した。

エ　ナポレオンは皇帝に即位して，皇帝ピョートル１世ひきいるロシア軍とたたかった。

問13　下線部⑫に関連して，次の資料は日露戦争のときに発表された詩の一部である。

> 暖簾《のれん》のかげに伏して泣く
> あえかにわかき新妻を
> 君わするるや思へるや
> 十月《とつき》も添《そ》はでわかれたる
> 少女《おとめ》ごころを思ひみよ
> この世ひとりの君ならで
> あゝまた誰をたのむべき
> 君死にたまふことなかれ

この詩の作者の名を**漢字**で答えなさい。

問14　下線部⑬に関連して，第二次世界大戦後の出来事ａ～ｃについて，年代の古い順に正しく並べ替えたものを，あとのア～カから一つ選び，記号で答えなさい。

ａ　アメリカとソ連が対立するキューバ危機がおきた。

ｂ　北朝鮮が韓国に侵攻して朝鮮戦争が始まった。

ｃ　バンドンでアジア・アフリカ会議が開かれた。

ア　ａ→ｂ→ｃ　　イ　ａ→ｃ→ｂ　　ウ　ｂ→ａ→ｃ

エ　ｂ→ｃ→ａ　　オ　ｃ→ａ→ｂ　　カ　ｃ→ｂ→ａ

2　日本と世界の湖沼に関連して，Ⅰ・Ⅱに答えなさい。

Ⅰ　日本の湖沼について，図１～図３を見てあとの問いに答えなさい。図は上が北を示している。また，図１～図３の縮尺は共通していない。

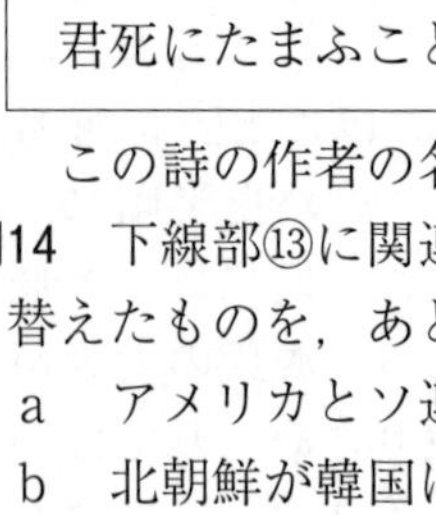

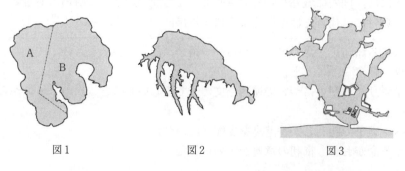

図１

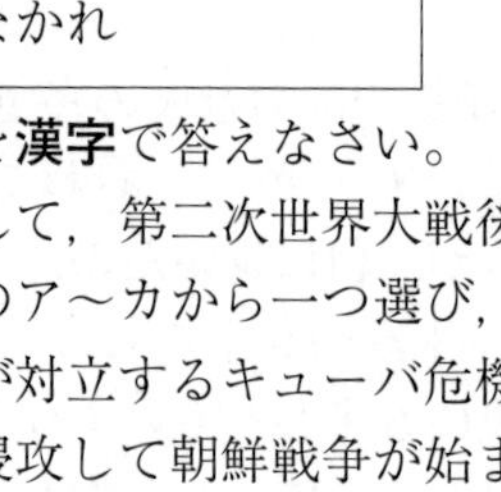
図２

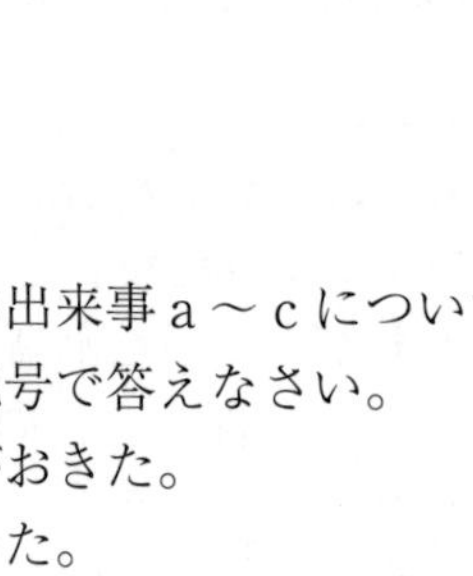
図３

問1　図1は，東北地方にある湖で，破線で示した県境は2008年に確定したものである。あとの問いに答えなさい。

(1)　A・Bに当てはまる県名をそれぞれ答えなさい。

(2)　この湖の成因は次のC～Eのいずれかである。この湖の成因および同じ成因をもつ湖の組み合わせとして正しいものを，あとの表のア～カから一つ選び，記号で答えなさい。

C　火山活動によってできたカルデラに水がたまってできた。

D　火山活動によって谷の一部がせき止められてできた。

E　断層運動によってできた低地に水がたまってできた。

	ア	イ	ウ	エ	オ	カ
成因	C	C	D	D	E	E
湖	琵琶湖《びわこ》	洞爺湖《とうやこ》	中禅寺湖	琵琶湖	洞爺湖	中禅寺湖

問2　図2は，香川県にある人工的に作られた池であり，県内有数の貯水量がある。あとの問いに答えなさい。

(1)　この池が作られた目的を，背景にある自然条件とあわせて簡潔に述べなさい。

(2)　この池は9世紀に修築されたことが知られている。そのことに最も関係の深い人物を，次のア～エから一人選び，記号で答えなさい。

ア　鑑真　　イ　行基　　ウ　空海　　エ　重源

(3)　図2のような池の存在は，この県でうどんが多く消費されていることとも関連がある。うどんの主原料の栽培に関連して，この地域で特徴的にみられる栽培方法を，「二期作」もしくは「二毛作」という語句を用いて，簡潔に述べなさい。

問3　図3は，日本で10番目に面積の大きい湖である。あとの問いに答えなさい。

(1)　この湖の名称を答えなさい。

(2)　この湖は淡水と海水が混合した，海水よりも塩分の少ない湖である。同じような性質をもった湖として**誤っているもの**を，次のア～エから一つ選び，記号で答えなさい。

ア　霞ケ《かすみが》浦《うら》　　イ　サロマ湖　　ウ　宍道湖《しんじこ》　　エ　中海

(3)　この湖の南側には，江戸時代の五街道の一つが通っていた。当てはまる街道の名称を答えなさい。

(4)　この湖では，埋立が行われた部分がある。この図の範囲の埋立地およびその周辺について説明した文として**誤っているもの**を，次のア～エから一つ選び，記号で答えなさい。

ア　埋立地には大規模な製紙工場が建てられ，この地域の主要な産業になった。

イ　埋立地には，住宅地や農地としての土地利用が広くみられる。

ウ　埋立地には，平坦《へいたん》で広い土地を利用した太陽光発電所が近年増加している。

エ　古くから魚の養殖がさかんであり，養魚場としての利用がみられる。

Ⅱ　次の表は，世界において最も面積の大きい湖Xと最も水深が深い湖Yに関するものである。この表をみてあとの問いに答えなさい。

	湖X	湖Y
面積	①	3.2万km^2
最大水深	1025m	1741m
水面標高	②	③
沿岸国の数	④	⑤

（『データブック オブ・ザ・ワールド 2022年版』をもとに作成）

問4　表中の①に関して，次のア～エのなかで，湖Xの面積に最も近い国土面積の国を一つ選び，記号で答えなさい。

ア　スリランカ　　イ　チリ　　ウ　日本　　エ　マダガスカル

問5　湖Yの名称を答えなさい。

問6　表中の②～⑤に当てはまる内容の組み合わせとして正しいものを，次のア～エから一つ選び，記号で答えなさい。

ア　②　－28m　③　456m　④　1か国　⑤　5か国
イ　②　－28m　③　456m　④　5か国　⑤　1か国
ウ　②　456m　③　－28m　④　5か国　⑤　1か国
エ　②　456m　③　－28m　④　1か国　⑤　5か国

問7　湖Xと湖Yの沿岸国には共通する国が一つある。その国名を答えなさい。

問8　湖Xの南に位置する都市で，1971年にラムサール条約が採択された。ラムサール条約に関連して，あとの問いに答えなさい。

(1)　ラムサール条約の日本語での正式名称は「特に（　i　）の生息地として国際的に重要な（　ii　）に関する条約」である。（ i ）・（ ii ）に当てはまる語句を，それぞれ**漢字2字**で答えなさい。

(2)　日本における登録地の数と，**1か所も登録されていない県**（2021年現在）の組み合わせとして正しいものを，次の表のア～カから一つ選び，記号で答えなさい。

	ア	イ	ウ	エ	オ	カ
数	5	53	91	5	53	91
登録なし	長野県	長野県	鹿児島県	鹿児島県	千葉県	千葉県

3　次の文章を読んで，あとの問いに答えなさい。

2022年9月に報告された，①UNDP（国連開発計画）『人間開発報告書2021/2022』によれば，②1990年の調査開始以来初めて，2020年と2021年の2年連続で，③人間開発指数（HDI）の世界平均が低下しました。

2020年といえば，世界中で新型コロナウイルス感染症の感染拡大が確認された年です。日本でも，コロナ禍の影響とみられる変化が報告されています。例えば，④「健康で文化的な最低限度の生活」を営むために，公的扶助として生活費などを給付する（ ⑤ ）の申請件数が増えています。社会保障制度を管轄する（ ⑥ ）省の集計によると，2020年度の申請件数は22万8102件で，リーマン・ショックを発端とした世界的な金融危機の後の2009年度以来11年ぶりに増加に転じ，2021年度も増加しました。それ以外には，⑦雇用情勢に変化が起きていることも指摘されています。

感染拡大以前から⑧気候変動にまつわる問題や⑨世界各地での紛争など，私たちの生活を不安定にする要因はたくさんあり，⑩様々な格差の拡大も話題になっていました。さらにそこにコロナ禍という要素が重なりました。そして，2022年2月に始まったロシアによるウクライナへの軍事侵攻は，はかり知れないほどの人的被害をもたらしただけではなく，⑪世界中の至るところでその影響があらわれています。安心・安全な生活の実現には世界の連帯が不可欠なのです。

問1　下線部①に関連して，UNDPは四つの英単語の頭文字をつなげたものである。「D」が含まれる略語や略称のうち，UNDPの「D」とは元の単語が**異なるもの**を，次のア～エから一つ選び，記号で答えなさい。

ア　GDP　　イ　ODA　　ウ　OECD　　エ　SDGs

問2　下線部②に関連して，1990年に起こった出来事を，次のア～エから一つ選び，記号で答えなさい。

ア　ハイジャックされた旅客機が，ニューヨークの世界貿易センタービルとワシントン近郊の国防総省に突入した，アメリカ同時多発テロが起こった。

イ　西ドイツ(ドイツ連邦共和国)が東ドイツ(ドイツ民主共和国)を吸収するかたちで，東西ドイツが統一された。

ウ　EU(欧州連合)は，ヨーロッパ域内の市場統合をさらに促進するために通貨統合を目指し，単一通貨ユーロを導入した。

エ　イラクが大量破壊兵器を保有しているとして，米国や英国などの軍が国連安保理決議のないまま攻撃し，イラク戦争が起こった。

問3　下線部③に関連して，UNDP発行のパンフレット『人間開発ってなに？』によると，人間開発の目的は「人間が自らの意思に基づいて自分の人生の選択と機会の幅を拡大させること」である。そして，人間開発指数(HDI)は，各国の人間開発の度合いを測る包括的な経済社会指標で，健康長寿(平均寿命)・知識へのアクセス(就学状況)・人間らしい生活水準(国民総所得)の3分野の指標をもとに算出される。この3分野を伸ばす政策は，人間開発に不可欠である。

一方で，この3分野の指標を伸ばす以外にも，人間開発の目的に沿った政策を立案することは可能である。そのような政策の例として最も適切なものを，次のア～エから一つ選び，記号で答えなさい。

ア　付加価値の高い商品を生産する労働者が豊かな生活を送れるようにするため，従来より累進性が緩和された租税制度を導入する。

イ　性的マイノリティが様々な行政サービスや社会的配慮を受けやすくする，パートナーシップ制度を導入する。

ウ　社会人になっても自分が学びたいと思ったときに大学や大学院に通えるよう，社会人のための入試制度を充実させる。

エ　年齢に合った栄養バランスでの食生活や，運動不足解消など，生活習慣を見直すためのワークショップを充実させる。

問4　下線部④に関連して，このような生活を営む権利は，社会権の中でもさらに〔　　〕権に分類される。〔　〕に当てはまる言葉を，**漢字2字**で答えなさい。

問5　文章中の空欄(⑤)に当てはまる言葉を，**漢字4字**で答えなさい。

問6　文章中の空欄(⑥)に当てはまる言葉を，**漢字4字**で答えなさい。

問7　下線部⑦に関連して，あとの問いに答えなさい。

(1)　次のア～エのグラフは，日本における(※)雇用者数の増減を，2016年を100として示しており，それぞれ「建設業」，「医療，福祉」，「宿泊業，飲食サービス業」，「情報通信業」のいずれかである。「建設業」を示すものを，次のア～エから一つ選び，記号で答えなさい。

(※)　労働力調査における雇用者とは，「会社，団体，官公庁または自営業主や個人家庭に雇われて給料・賃金を得ている者および会社，団体の役員」を指す。

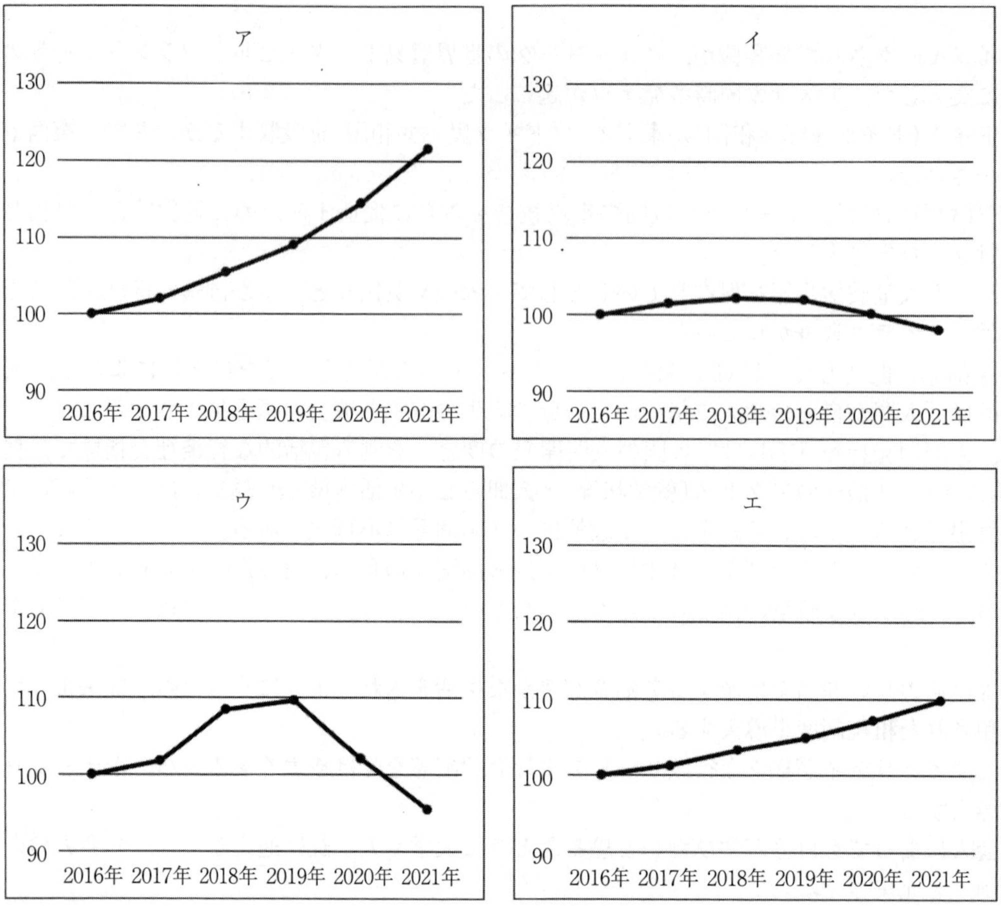

（総務省「労働力調査（基本集計）」をもとに作成）

(2)　戦後の日本で広くみられた雇用慣行で，企業が従業員を定年まで雇う制度は，〔　　〕制と呼ばれる。〔　〕に当てはまる言葉を，**漢字４字**で答えなさい。

問８　下線部⑧に関連して，気候変動に関連する組織や国際会議Ａ～Ｃと，それに関する説明Ⅰ～Ⅲの組み合わせとして正しいものを，あとのア～カから一つ選び，記号で答えなさい。

Ａ　国連環境開発会議（地球サミット）

Ｂ　気候変動に関する政府間パネル（IPCC）

Ｃ　気候変動枠組条約第21回締約国会議（COP21）

Ⅰ　2021年８月に公表した報告書の中で，「人間の影響が大気，海洋および陸域を温暖化させてきたのは疑う余地がない」と，人間活動の地球温暖化への影響を指摘した。

Ⅱ　「持続可能な開発」を基本理念とし，各国，各人がとるべき行動計画の「アジェンダ21」や，気候変動枠組条約や生物多様性条約が採択された。

Ⅲ　世界の平均気温の上昇を産業革命以前と比べて２度未満に抑えるという目標を掲げ，途上国も含めたすべての国が対策に取り組むことを求めるパリ協定が採択された。

ア　Ａ－Ⅰ　Ｂ－Ⅱ　Ｃ－Ⅲ　　イ　Ａ－Ⅰ　Ｂ－Ⅲ　Ｃ－Ⅱ

ウ　Ａ－Ⅱ　Ｂ－Ⅰ　Ｃ－Ⅲ　　エ　Ａ－Ⅱ　Ｂ－Ⅲ　Ｃ－Ⅰ

オ　Ａ－Ⅲ　Ｂ－Ⅰ　Ｃ－Ⅱ　　カ　Ａ－Ⅲ　Ｂ－Ⅱ　Ｃ－Ⅰ

問９　下線部⑨に関連して，第二次世界大戦後に紛争が繰り返されてきた地域の一つに，パレスチナを中心とした地域がある。四度の中東戦争すべてに参戦した国を，次のア～クから二つ選び，記号で答えなさい。

ア　アメリカ合衆国　　イ　アルゼンチン　　ウ　イスラエル
エ　イラン　　　　　　オ　インド　　　　　カ　エジプト
キ　ナイジェリア　　　ク　パキスタン

問10　下線部⑩に関連して，次の文章は様々な格差のうち，日本が世界と比較して深刻な課題を抱えている格差問題について述べたものである。これを読んで，あとの問いに答えなさい。

> 生物学的な性差を「セックス」と呼ぶのに対し，「(A)」とは，社会や文化の中で形成された性差のことを言う。日本では1985年に(B)条約を批准して以来，さまざまな対策が講じられてきたが，未《いま》だ(A)格差の解消にはほど遠い状況である。
>
> 特に深刻なのが女性の(C)参画の問題で，これを改善するために，2018年には「(C)分野における男女共同参画推進法」が制定され，2021年に改正された。2022年7月の国政選挙では改善の兆しもみられたが，まだまだ抜本的な改革が必要だという声もあがっている。

(1)　文中の空欄(A)～(C)に当てはまる言葉を答えなさい。

(2)　文中の下線部に関連して，選挙における「一票の格差」も問題である。これについて述べた文として**誤っているもの**を，次のア～エから一つ選び，記号で答えなさい。

ア　「一票の格差」とは，選挙区によって議員一人当たりの有権者数が異なるために，一票の価値に不平等が生じる問題のことである。

イ　「一票の格差」是正のため，選挙区の定数を変更する際には，議員一人当たりの有権者数が多い選挙区では定数を減らし，少ない選挙区では定数を増やす。

ウ　「一票の格差」を広げる要因として指摘されていた「一人別枠方式」に代わって，衆議院小選挙区の議席配分に導入される方法をアダムズ方式という。

エ　「一票の格差」をめぐる訴訟において，これまで最高裁が違憲とした例はあるが，いずれも事情判決が言い渡され，選挙は有効とされている。

問11　下線部⑪に関連して，紛争でウクライナの穀物輸出量が減少したことにより，世界中で穀物の価格上昇が起こったが，この現象は需要曲線と供給曲線のグラフによって表すことができる。解答欄に示されたグラフは，穀物の取引を市場に委ねているある国における，紛争前の穀物市場の状況を表している。ウクライナからの輸出量減少の直接的影響によって，需要曲線または供給曲線，あるいはその両方はどのように移動するか。解答欄のグラフに輸出量減少後の曲線を描き加えなさい(移動しない曲線については描き加えないこと)。

【理　科】（40分）〈満点：50点〉

1　炭酸水素ナトリウムを試験管に入れて加熱したときに生じる物質を調べた。図1のような実験装置で加熱し，発生した気体を石灰水に通したところ，石灰水が白くにごった。さらに，十分に加熱したところ，加熱した試験管の口のあたりには液体がついており，底の部分には粉末が残っていた。ここでは，この粉末を物質Xとする。この実験について，以下の問いに答えよ。

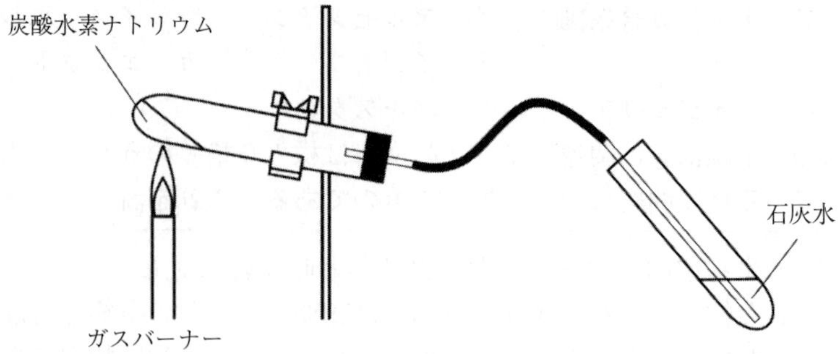

図1

問1　この実験で石灰水を白くにごらせた気体と同じ気体が発生する反応を，次のア～オの中から**すべて選び**，記号で答えよ。

ア　酸化銀を加熱する。
イ　うすい過酸化水素水に二酸化マンガンを加える。
ウ　石灰石にうすい塩酸を加える。
エ　炭酸水素ナトリウムにうすい塩酸を加える。
オ　亜鉛にうすい塩酸を加える。

問2　加熱した試験管の口のあたりについていた液体を，塩化コバルト紙を用いて調べた。このことに関する次の文の空欄(あ)～(う)に適切な語句または物質名を答えよ。

液体を塩化コバルト紙につけたところ，（ あ ）色から（ い ）色に変化したことから，この液体は（ う ）であることが分かる。

問3　加熱前の炭酸水素ナトリウムと加熱後に残った物質Xは，ともに白色で粉末状の物質であり，見た目では区別できない。そこで，両者を区別するために行った実験の結果を正しく記述した文を，次のア～エの中から1つ選び，記号で答えよ。

ア　それぞれを同じ質量だけ試験管にとり，純水を少量加えてからフェノールフタレイン溶液を加えたところ，炭酸水素ナトリウムの方が濃い赤色になった。
イ　それぞれを同じ質量だけ試験管にとり，純水を少量加えてからBTB溶液を加えたところ，炭酸水素ナトリウムの方が濃い黄色になった。
ウ　それぞれを同じ質量だけ試験管にとり，同じ体積の純水を加えて混ぜたところ，炭酸水素ナトリウムの方が溶けにくかった。
エ　それぞれの臭いを調べると，加熱前の炭酸水素ナトリウムは無臭だが，加熱後に残った物質Xは刺激臭がした。

問4　この実験で起こる反応を化学反応式で表せ。ただし，文字と数字の大きさを例のように明確に区別して書くこと。

例　$2Ag_2O$

物質を構成する原子1個の質量は非常に小さいが，原子1個の質量を比較して簡単な整数比で表すと，次の表1のようになる。ただし，これらの原子が結合して物質をつくるとき，結合する前後で質量の総和は変化しないものとする。

表1　原子1個の質量の整数比

H	C	O	Na
1	12	16	23

問5　二酸化炭素分子1個と水分子1個の質量の比を，最も簡単な整数の比で表せ。

問6　この実験で炭酸水素ナトリウム2.0gを用いて実験を行ったとする。炭酸水素ナトリウムがすべて反応したとすると，反応後に物質Xは何g生じるか。問4の化学反応式と表1の値を参考にして，小数第1位まで求めよ。

2　Ⅰ　火山灰a，bに含まれている鉱物について，形や色を手掛かりに種類を調べたところ，含まれる鉱物の大半は火山灰や火成岩中によくみられるもので，表1のA～Eのいずれかであった。含まれていることが確認できた鉱物は表1で○がつけられている。以下の問いに答えよ。

表1　火山灰a，bに含まれる鉱物

鉱物	形	色	火山灰	
			a	b
A	不規則	無色・白色	○	
B	柱状・短冊状	白色・うす桃色	○	○
C	板状・六角形	黒色～褐色	○	
D	短い柱状・短冊状	緑色～褐色		○
E	丸みのある粒状	黄緑色～褐色		○

問1　チョウ石はどれか。A～Eの記号で答えよ。

問2　鉱物Cの名称を答えよ。

問3　次の文中の空欄(あ)，(い)に当てはまるa，bの記号を答えよ。ただし，同じ記号を選んでも構わない。

火山灰aと火山灰bを噴出させた火山を比較すると，傾斜が相対的に急なのは火山灰(　あ　)を噴出させた火山で，噴火が相対的におだやかなのは火山灰(　い　)を噴出させた火山である。

問4　図1は1707年に富士山が噴火した際(宝永噴火)に堆積した火山灰層の厚さの分布を示したものである。日本の火山ではこのような分布になることが多いが，その原因となっている風の名称を答えよ。

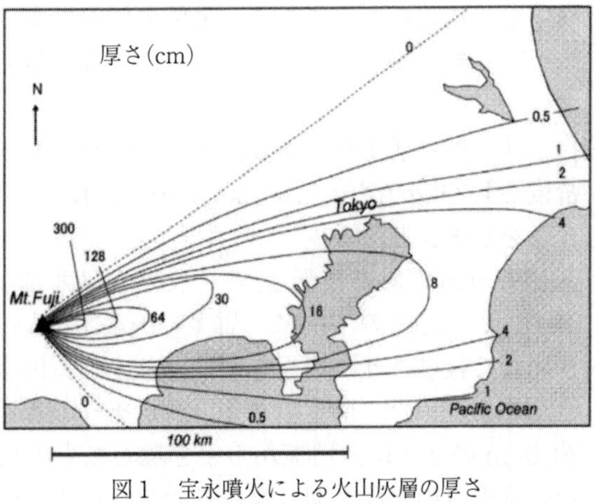

図1　宝永噴火による火山灰層の厚さ
(『富士火山』，山梨県環境科学研究所，2007)

問5　採取してきた火山灰に含まれる鉱物を観察するために，準備段階で蒸発皿を使うことが多い。このとき蒸発皿を使って何をするか，次のア～エの中から1つ選び，記号で答えよ。

ア　採取してきた火山灰は湿っている場合が多いので，加熱してまず乾燥させる。

イ　加熱と冷却による膨張と収縮を繰り返すことで，火山灰を細かく砕く。

ウ　水を加えてこねることで細かい粒子を洗い流してから，加熱して乾燥させる。

エ　水を加えて火山灰に含まれる塩化ナトリウムなどを溶かして取り除く。

Ⅱ　ある日，東京で月と金星が非常に接近して見えていた。このとき金星を望遠鏡で見ると，ちょうど半月型で，肉眼で見た場合の左下側が光っていた。以下の問いに答えよ。

問6　このとき，月と金星が見えた時間帯と見えたおよその方向の組み合わせとして最も適当なものを，次のア～エの中から1つ選び，記号で答えよ。

ア　日没後，東　　　イ　日没後，西

ウ　日の出前，東　　エ　日の出前，西

問7　このときの月の形として最も適当なものを，次のア～クの中から1つ選び，記号で答えよ。なお，ア～クはその月が真南を通過するときの形で示してある。

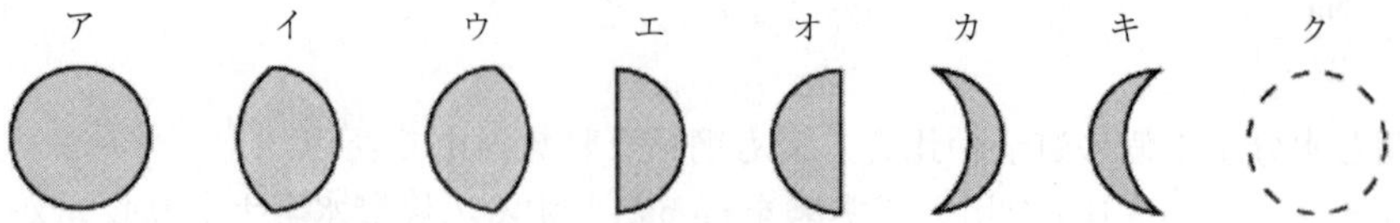

問8　地球と金星が太陽を中心に円軌道で公転しており，金星の軌道半径が地球の軌道半径の0.70倍だったとすると，金星の見かけの直径が最大になるときは最小のときの何倍か。答えは小数第1位まで求めよ。

　なお，見かけの直径は図2のように角度で表され，観測地点からの距離に反比例するものとする。また，欠けている場合は見えていない部分も含めて直径を考えるものとする。

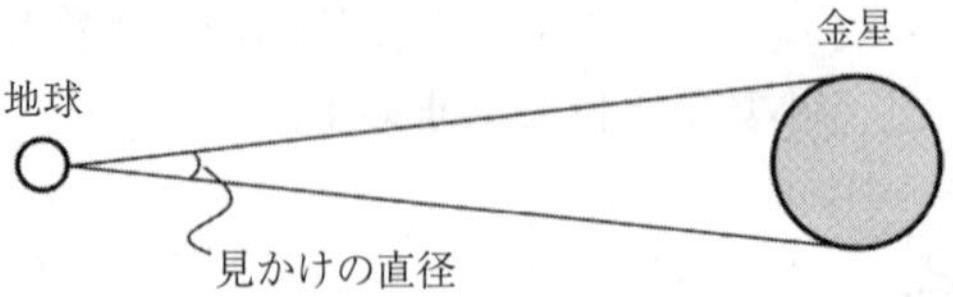

図2　地球から見た金星の見かけの直径

問9　金星が光って見えるのは太陽光を反射しているからである。金星の反射率は0.8であり，入射した太陽光の全エネルギーの8割が反射され，残りは金星の大気や地面に吸収されている。もし金星の反射率が地球の反射率と同じ0.3になったとすると，地球から見た金星の明るさと，金星の気温はどうなると考えられるか。最も適当なものを，次のア～エの中から1つ選び，記号で答えよ。なお，明るさは金星，地球，太陽が同じ位置関係のときに比較し，金星の大気組成や大気の量など，反射率以外の条件は変化しないものとする。

ア　明るく見えるようになり，金星の気温は高くなる。

イ　明るく見えるようになり，金星の気温は低くなる。

ウ　暗く見えるようになり，金星の気温は高くなる。

エ　暗く見えるようになり，金星の気温は低くなる。

3　我々が生活する地球表面近くでの空気や水の圧力について考える。標高0mにおける，空気の密度を1.20kg/m^3(=0.00120g/cm^3)，水の密度を1.00g/cm^3，質量100gの物体が受ける重力の大きさを1.00Nとする。

　標高0mにある実験室で，水そうに水を入れ，内側の断面積が30.0cm^2の円筒の下端に，質量120gで面積40.0cm^2の薄い円板をすき間なく接触させ，円板を手で押さえて，円板が水平になるように保ったまま沈めた。図1のように，水そうの水面から円板までの深さが20.0cmのときは，円板から手を離しても円板は円筒から離れなかった。水そうの水面と同じ高さでのデジタル気圧計の表示は1013hPaであった。図1のときについて，**問1**～**問5**に答えよ。

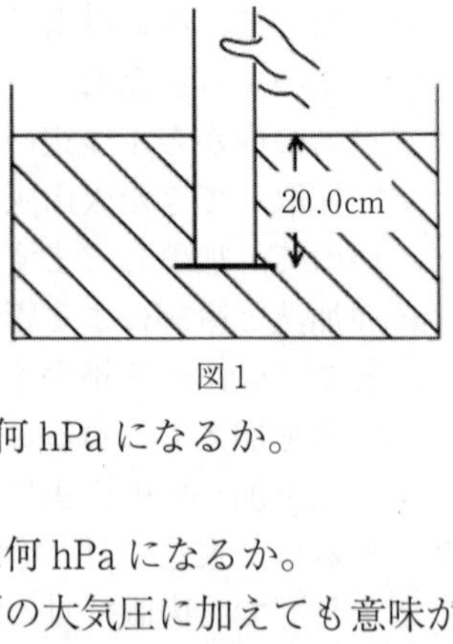

図1

問1　水そうの水面から深さ20.0cmの位置で円板の下面が受ける圧力は何hPaになるか。

問2　円板の下面が受ける力の大きさは何Nになるか。

問3　水そうの水面での大気圧と，円筒内部の円板上面での大気圧の差は何hPaになるか。

問4　円板上面での大気圧を求めるとき，**問3**で求めた差を水そうの水面の大気圧に加えても意味がない。その理由として最も適するものを，次のア～ウの中から1つ選び，記号で答えよ。

ア　同じ高さの大気圧は上向きも下向きも同じ大きさだから。

イ　空気の密度は水の密度よりも大きいから。

ウ　使用したデジタル気圧計の表示は1013hPaであり，1013.000hPaではないから。

問5　円板が円筒の下端から受ける力の大きさは何Nになるか。

次に，図１の状態から，円板が水平になるように保ったまま円筒を少しずつ持ち上げると，円板が円筒の下端から離れた。**問６**に答えよ。

問６　円板が円筒の下端から離れるのは，水そうの水面から円板までの深さが何cmのときか。

問４のように，実験室内の高低差では大気圧の差は考慮されないことが多い。しかし，標高3000mの山の山頂における大気圧を考えるときは，標高０mの大気圧との差が無視できない。標高０m，3000mの大気圧をそれぞれ1013hPa，713hPaとして，**問７**に答えよ。ただし，標高3000mでも質量100gの物体の受ける重力の大きさは1.00Nとする。

問７　標高０mから標高3000mまでの空気の平均密度は何kg/m^3か。

4　ヒトの体は多数の細胞で構成されており，体重の約70%は液体成分が占めている。この液体成分は，細胞内に含まれる細胞液と細胞の周りを流れる体液とに分けられる。このうち，体液は，さらに血液，組織液，リンパ液に分けられる。

問１　体液の循環を説明した次の文の空欄(あ)～(う)に適切な語句を答えよ。

血管内部から血管壁を通って浸み出した液体は(　あ　)液とよばれる。(　あ　)液の多くは役割を果たしながら(　い　)管に戻る。戻らずに残った液体は(　う　)管に移動し，(　う　)液とよばれるようになる。(　う　)液は最終的に(　い　)管に戻る。

問２　血液に含まれ組織液に含まれないものを，次のア～エの中から１つ選び，記号で答えよ。

ア　酸素と結びつきやすいヘモグロビンや赤血球

イ　酸素や二酸化炭素などの肺でやり取りされる物質

ウ　糖や脂肪などの養分となる物質

エ　アンモニアなどの有害な物質

図１のように，心臓を出た太い血管は分かれて次第に細くなり，様々な場所を通った後，再び集まって次第に太くなり心臓に戻る。いま，心臓からの距離が異なるＡ～Ｅの各地点の断面では，血管の数，代表的な血管の直径，血管の断面積の合計は，それぞれ表１に示される値であったとする。図１のＡ～Ｅの各地点の断面を通過する１分あたりの血液量がいずれも同じであるものとして，表１を参照し，以下の**問３**～**問５**に答えよ。

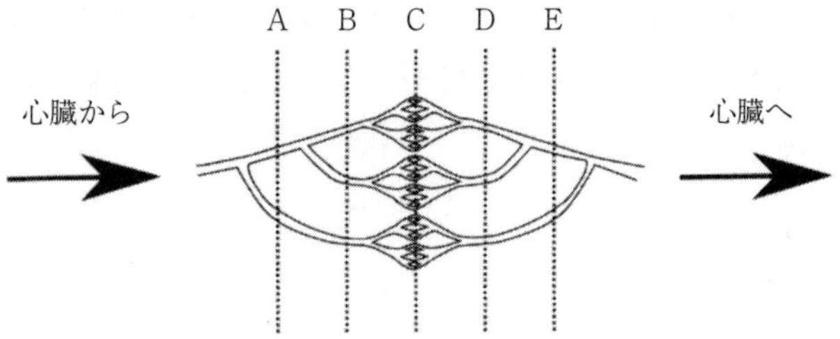

※血管の本数や太さの値を正確に反映しているわけではない。

図１

表１　Ａ～Ｅ(図１)の各地点の断面における血管

	A	B	C	D	E
血管の数(×1000本)	2.5	40000	1200000	80000	2.7
代表的な血管の直径(mm)	0.5	0.02	0.008	0.03	1.2
血管の断面積の合計(cm^2)	5	130	600	570	30

問３　図１の血管は，心臓からの距離や分岐の特徴により，動脈，毛細血管，静脈に分類される。また，図１のＡ～Ｅの各地点での平均の血流速度は，その地点での血管の断面積を合計した値に反比例するものとする。関連する次の⑴，⑵に答えよ。

⑴　地点Ａの血流速度が60mm/sのとき，地点Ｂ～Ｅの中で平均速度が最も遅い地点での平均の血流速度(mm/s)を答えよ。ただし，答えは小数第１位まで求めよ。

⑵　⑴で速度を答えた血管は動脈，毛細血管，静脈のどれに分類されるか答えよ。

問4　表1のA～Eに関連する次の(1), (2)に答えよ。

(1)　次のア～エの文は，ある一定量の血液が小さい直径の血管に分かれて流れる場合と大きい直径の血管にまとまって流れる場合とを比べて，前者が有利になるときの状況を述べたものである。**誤っているもの**を，次のア～エの中から1つ選び，記号で答えよ。

ア　血液が多くの血管に分かれているため，各細胞の近くに血液を届けることができる。

イ　血液が多くの血管に分かれているため，流れる血液量を場所ごとに微調整でき，それぞれの細胞に必要な量の血液を届けることができる。

ウ　血液量に対する血管壁の表面積が広くなるため，血管と細胞との物質のやり取りを速やかに行うことができる。

エ　血液量に対する血管壁の表面積が広くなるため，血液と血管壁との摩擦が小さくなり，速やかに血液を循環させることができる。

(2)　外界から次の①，②を取り込む役割をもち，表面積が広く，毛細血管が発達しているという特徴を備えた部分(構造)の名称と，それがある臓器の名称をそれぞれ答えよ。

①　酸素　　②　ブドウ糖

問5　ヒトの循環系の特徴として最も適切なものを，次のア～エの中から1つ選び，記号で答えよ。

ア　拍動による圧力変化が大きい心臓と動脈だけに血液の逆流を防ぐ弁があり，静脈には血液の逆流を防ぐための弁がない。

イ　どの臓器の前後においても，動脈を流れる血液の酸素濃度が静脈を流れる血液の酸素濃度よりも高いという関係が成り立つ。

ウ　心臓と肺はともに多くの血液が集まる臓器であるため，物質をやり取りするための毛細血管は不要であり，いずれも毛細血管をもたない。

エ　血管壁の厚さや性質は体の部位によって異なり，心臓に近い部分の動脈では厚いうえに，弾力があるため，心臓の拍動で生じる強い圧力を受け止めることができる。

三　次の文章は、『今昔物語集』の一部分である。瓜《うり》を運ぶ命令を受けた者たち(下衆《げす》)は、多くの瓜を馬に負わせて現在の奈良県にあたる大和国《やまとのくに》から京へと向かっていた。その道中、自分たちのために持って来た瓜を食べて休んでいるときに、一人の年老いた人(翁《おきな》)がその様子を見ていた。次の文章はそれに続く場面である。読んで、後の問に答えよ。なお、文章中の(＝　)はその直前の部分の現代語訳である。また、表記などを一部改めた。

しばしばかりまもりて(＝じっと見つめて)、翁の云《い》はく、「その瓜一つ我に食はせ給《たま》へ。喉乾きてずちなし(＝どうしようもない)」と。瓜の下衆どもの云はく、「この瓜は皆己《おの》れらが(＝自分たちの)私物《わたくしもの》にはあらず。いとほしさに一つをも奉《たてまつ》るべけれども、人の京に遣はす物なれば、え食ふまじきなり(＝食べられないのだ)」と。翁の云はく、「①情《なさけ》いまさざりける主達《ぬしたち》かな(＝情けをお持ちでなかった方々だなあ)。年老いたる者をば『哀れ』と云ふこそよきことなれ。さらば(＝それならば)翁、瓜を作りて食はむ」と云へば、この下衆ども、戯言《たはぶれごと》を云ふなめり(＝言うようだ)と、をかしと思ひて笑ひ合ひたるに、翁、傍《かたはら》に木の端の有るを取りて、居たる傍の地を掘りつつ、畠《はたけ》の様《やう》に成しつ。その後《のち》にこの下衆ども、「何態《なにわざ》をこれはするぞ」と見れば、この食ひ散らしたる瓜の核《さね》(＝瓜の種)どもを取り集めて、このならしたる地に植ゑつ。その後、ほどもなく、その種瓜にて、二葉にて生《お》ひ出《い》でたり。この下衆ども、これを見て、②奇異《あさま》しと思ひて見るほどに、その二葉の瓜、ただ生ひに生ひて這《は》ひまつはりぬ。ただ繁りに繁りて、花咲きて瓜成りぬ。その瓜、ただ大きに成りて、皆めでたき瓜に熟しぬ。

その時に、この下衆どもこれを見て、「こは神《かみ》などにやあらむ」と恐れて思ふほどに、翁、この瓜を取りて食ひて、この下衆どもに云はく、「主達の食はせざりつる瓜は、かく瓜作りて出《いだ》して食ふ」と云ひて、下衆どもにも皆食はす。瓜多かりければ、道行く者どもをも呼びつつ食はすれば、喜びて食ひけり。食ひ果てつれば(＝食べ終わったところ)、翁、「今は罷《まか》りなむ(＝それでは失礼しよう)」と言ひて立ち去りぬ。行方を知らず。

その後、下衆ども、「馬に瓜を負《おほ》せて行かむ」とて見るに、籠《こ》はありて、その内の瓜一つも無し。その時に、下衆ども手を打ちて奇異《あさま》しがること限《かぎり》無し。「翁の籠の瓜を取り出しけるを、我らが目を暗まして見せざりけるなりけり」と知りて、③嫉《ねた》がりけれども、翁行きけむ方を知らずして、更に甲斐《かひ》なくて、皆大和に帰りてけり。

問一　傍線部①「情いまさざりける主達かな」とあるが、どのようなことについてこの言葉を述べているのか。説明せよ。

問二　傍線部②「奇異しと思ひて」とあるが、下衆たちがこのように思ったのはなぜか。説明せよ。

問三　傍線部③「嫉がりけれども」とあるが、下衆たちが悔しがったのはなぜか。説明せよ。

た。その時のお使者の顔には、「今日はいいことを知らせに来てやったぞ。」というような表情が浮かんでいると、取次《とりつぎ》に出た妻が多少の反感を寄せていっていた。……しかし、それは吉報に違いないので、日記に吉日のしるしをつけて置いていい訳であったが、そんなことは滅多になかった。それに、見物を狂熱させる力のないものを、興行者の方でも狂言に窮した余りに採用したらしいのに、その上演を名誉とするように喜ぶのは、自ら顧みて不見識に思われた。

　私は、用事以外には、知人と書翰《しょかん》を取りかわすことは、極めて稀《まれ》なのであったが、妻のところへは、彼女の親戚や私の身内から、おりおり音信があった。離れ島へ本国から船が着いたように、彼女は喜んで迎えるのであったが、しかし、この頃の手紙には、あちらからもこちらからも、出産の知らせが多くって、子供のない私達《たち》には、自分の身辺の淋《さみ》しさを顧みさせられる刺戟《しげき》になるに留《とど》まった。そういう手紙を見ると、その人達が子が生まれたとか、その子が笑ったとか、その子が立って歩いたとかいうことが、天下の大事で、万民が興味を寄するに足ることであるように書かれてあるのを例としていた。親心はそれによってもよく察せられるのだが、しかし、他人の子が(まだ一面識もない赤ん坊が)何十里か何百里か離れた土地で立ったりころんだりしているのが、我々の興味になるのであろうか。地を易《か》えて見たら分かりそうなものだが、自分の子に一喜一憂しているその人々でも、他人の子にそんなに心を労するのであろうか。

「また出産を祝ってやらなきゃなりませんね。」妻は世間の義理を果たさなければ気が済まなかった。

　身内のある女が、「お産を祝ってやってもいいけれど、こがいなもの(＝こんなもの)を寄越《よこ》してというに極《きま》ってるから……。」と、気の進まない口をきいているのを、私は傍聴して、成程《なるほど》と同感した。常例を超越した華美な反物《たんもの》でも贈ってやれば兎《と》に角《かく》、大抵の品物なら、「こんなもの」といわれそうなものは、私にも明らかに想像された。……それに、子のないものが、他人の出産に感激して祝い物をやるなんてことがあり得ることであろうか。

だから、出産や結婚の知らせを、私は吉報としては受け取れなかった。そんな郵便が舞い込んだ日が、私には悪日でないにしても、決して吉日ではなかった。

　風が静かで温かで、腹加減がよくって、いやな来客に妨げられないで、快く午睡(＝昼寝)でもした日が、まあ吉日といえばいわれた。……この土地に静かに住んでいると、四季の変遷が、実によく心に映って行く。大抵毎年同じように季候が推移するので、今年は太陽の黒点の関係で、冬が例外に寒いだろうと、天文学者が予想していたが、その予想は例の如《ごと》くはずれて、今までのところ、寒さの度合《どあい》が例年と違っていなかった。三寒四温という在来の言い伝えはよく要を得ている。私は毎日のように浜へ散歩に出ているが、寒い風の吹きすさんでいる時があるかと思うと、風は凪《な》いでいるのに、土用波(＝夏の土用の頃に起こる大波)のように、波打際《なみうちぎわ》に高い波の打ち寄せて汐煙《しおけむり》の舞い上っていることもある。遠山は霞《かす》んでほかほかと春のように温かいこともある。

　見飽きるほど見馴れているこの海原も、風のない光の冴《さ》えた温かい日には、夢のようにのんびりとして美しく見られるのである。そういう日には、私は裸足《はだし》になって、波に濡《ぬ》れた柔《やわら》かい砂の上を歩くのだが、その時の触覚は気持《きもち》がいい。こういういい気持を感じながら、思う存分温かい汐風《しおかぜ》に浸って、脳裏の塵埃《じんあい》を払って、胃の働きをもよくして、家へ帰って午餐《ごさん》(＝昼食)の膳に向《むか》って、新鮮な魚介や蔬菜《そさい》(＝野菜)を味《あじわ》う時は、十人並に、生きとし生けるものの刹那《せつな》の幸福が感ぜられるのであった。②今の私は、これぐらいなところで吉日を選ばなければならなかった。

(正宗白鳥「吉日」より)

問一　傍線部①「訪問客があったのを、吉日のうちに分類したことは滅多になかった」とあるが、なぜか。説明せよ。

問二　傍線部②「今の私は、これぐらいなところで吉日を選ばなければならなかった」とあるが、今の筆者にとっての吉日とはどのような日をいうか。説明せよ。

んですよ。あるいはその道もあったはずです。いくらでも、「もうやめよう」と言うことはできたはずです。なにせ、私はこんな身体状態ですし、そう言うための口実はたくさんあった。磯野さんは「にもかかわらず」それが起こってしまったと書いてくれたけど、そんなことはない。「にもかかわらず」と言えるとき、そこには別の可能性がｅヒソんでいます。何もなかったことにする可能性だってあったのです。たくさんの「にもかかわらず」があったのに、すべてが反転して現れたという言葉、とても嬉《うれ》しかったです。

　でも、この反転を起こしたのは、磯野さんがこの出会いを引き受けて「③共に踏み跡を刻んで生きることを覚悟する勇気」を発揮してくれたからです。同時に、私が自分を手放さずに、出会ってくれたあなたに向き合おうとしたからです。そこで私たちは、おそらく互いに出会うと同時に自分に出会い直した。磯野さんが「そもそもこういう関係性を結ぶ場所が私の中にあることを最近まで知らなかった」というように、私は、死に接して業《ごう》深く言葉を求める自分を知らなかったように。

（宮野真生子・磯野真穂『急に具合が悪くなる』より）

問一　二重傍線部ａ～ｅのカタカナを漢字に直せ。

問二　傍線部①「一〇〇パーセント自分を手放し、患者になって、辛い辛いと自分に立てこもりたいという気持ち」とあるが、どういう気持ちか。六十字以内で説明せよ（句読点も一字と数える）。

問三　傍線部②「一般的にはそう考えられています」とあるが、一般的にはどのように考えられているのか。四十字以内で説明せよ（句読点も一字と数える）。

問四　傍線部③「共に踏み跡を刻んで生きること」とはどういうことか。五十字以内で説明せよ（句読点も一字と数える）。

二　次の文章は、作家である正宗白鳥の記したものである。読んで、後の問に答えよ。なお、文章中の（＝　）はその直前の部分の注である。また、文章の表記や送り仮名などを一部改めた。

「自分に関しては、ただ一つだけ確信していることがある。……疾《はや》かれ遅かれ、ある吉日に自分は死ぬのだ。」

「私は、それ以上の確信を有《も》っている。私はある悪日に生まれたのだ。」

　年少の頃、『浴泉記』というロシア小説の翻訳を読んだ時に、私はこういう会話のやり取りに心を打たれたことがあった。（後年英訳で読み直すと、「美しい朝」と「いやな晩」という文句が、吉日悪日を言葉として対照されてあった。）

　それ以来、わが生まれた日が悪日で、わが死ぬる日が吉日だというような感じがおりおり胸に起こっていた。

　この頃は、そういうひねくれた人生観の発露で「吉日」「悪日」を定めることはないのだが、世を隔離しているような昨今の私の生活においても、日の吉凶が、入り乱れて影をうつすように思われることが多い。沈滞した水のような静かな生活では、なお更そういうことが感ぜられ易《やす》いのかも知れない。

　たまに表の格子戸《こうしど》が開いて、訪問客の来たらしい気配がすると、私は、静かな水に小石でも投げられたような波動を胸に感じるのであった。静坐《せいざ》の行《ぎょう》（＝静かに座り、心をしずめる修行）が乱される気がするのを例としていた。①訪問客があったのを、吉日のうちに分類したことは滅多《めった》になかった。文学青年にねちねち話し込まれる時の悩ましさはいうまでもなく、長い尻の雑誌記者に、何がなしに応対させられるのも心の疲れを来す原因となるのであった。私のところへでもおりおり電報（＝遠方に知らせを届ける手段。配達員が届けるものであった。）が舞い込むのだが、故郷には老いて病める両親がまだ住んでいるのだから、原稿の催促でも電報を打たれるのは、私には有難《ありがた》くないのであった。宛名《あてな》が私の作者名（＝ペンネーム）になっているのを見て、まず安心してひらくのであった。

　私の戯曲も、二三度上演されて、上演料までも貰《もら》えたことがあったが、そういう時には、興行者からの使者が私の家の玄関へも現れれているのでしょうか。

改めて考えてみたいのですが、「決める」とは、あるいは「決める」ことの手前にある「選ぶ」とはどういうことなのでしょう。

ごく当たり前のことを書きますが、選ぶためには選択肢が必要で、それが決まっていない＝不確定な状態でなければなりません。つまり、選ぶとは不確定性、偶然性を許容することなのです。そんななかで、何をどう選び、決めろというのでしょう。必死でリスク計算をしようとするかもしれません。そしてはじき出される成功が約束されそうな道をとりましょうか。あるいは失敗が怖いので大きな変化をもたらす選択は避けましょうか。しかし、どれを選んでもうまくいくかどうかはわからないんですよ。「選ぶ」以上、そこには不確定なものがつきまとってしまいますからね。

結局、私たちはそこに現れた偶然を出来上がった「事柄」のように選択することなどできません。では、何が選べるのか。この先不確定に動く自分のどんな人生であれば引き受けられるのか、どんな自分なら許せるのか、それを問うことしかできません。そのなかで選ぶのです。だとしたら、選ぶときには自分という存在は確定していない。選ぶことで自分を見出《みいだ》すのです。選ぶとは、「それはあなたが決めたことだから」ではなく、「選び、決めたこと」の先で「自分」という存在が産まれてくる、そんな行為だと言えるでしょう。

ここまで書いたことをまとめると次のように言えます。選択とは偶然を許容する行為であるし、選択において決断されるのは、当該の事柄ではなく、不確定性／偶然性を含んだ事柄に対応する自己の生き方であるということ。○○な人だから△△を選ぶ、のではなく、△△を選ぶことで自分が○○な人であることが明らかになる。偶然を受け止めるなかでこそ自己と呼ぶに値する存在が可能になるのだと。

だから、九鬼は言いました。「開示された状況の偶然性に直面して情熱的に自己を交付する無力な超力が運命の場所」であると。それはつまり、偶然という自分ではどうしようもないものに巻き込まれながら（無力）、その偶然に応じるなかで自己とは何かを見出し、偶然を生きること（超力）であったと言えます。

ただし、この「無力」という言葉にdマドわされないでください。それは単にお手上げの降参状態ではありません。彼は同時に偶然を生きる力強さ（超力）を訴え、それは「情熱的自覚」と言われるような力強さを伴うものでなければならないと言いました。

では、その情熱、力強さとは何なのでしょう。これこそが、磯野さんが書いた「連結器と化すことに抵抗をしながら、その中で出会う人々と誠実に向き合い、ともに踏み跡を刻んで生きることを覚悟する勇気」です。

九鬼は『偶然性の問題』の結論で、偶然を生きるとは「出会う」ことであり、その出会いは、「到《いた》るところに間主体性《かんしゅたいせい》を開示することによって根源的社会性を構成する」と語っています。

この「出会い」とは、いったい何なのでしょう。何と出会うのでしょう。当たり前ですが、出会うためには、私とあなたという異なる二人がいなければなりません。でも、そこで出会う私もあなたも、この偶然の出会いによって変わってしまった二人のはずです。いま説明したように、偶然を引き受けるときに私たちは自分という存在を発見するのだから。そこで自分が産まれてくるのだから。だとすると、私は、出会った他者を通じて、自己を生み出すのです。自分というと、出来上がった存在を思い浮かべますが、そうやって、選びとり、見出される、産まれてくる自分は一人で可能になったものじゃない。出会う自己と他者は、完成した自分をもっていない。

磯野さんは、この二か月間で、何に出会ったのでしょうか。もちろん、宮野真生子という訳のわからないガンもちの人間です。しかもその人間は、死という最上級の偶然（あるいは災厄と言っていいでしょう）まで連れてきてしまった。

でもね、出会わなくても、この偶然を引き受けなくてもよかった

二〇二三年度 開成高等学校

【国　語】〈五〇分〉〈満点：一〇〇点〉

一　次の文章は、人類学者の磯野真穂とガンを患《わずら》っている哲学者の宮野真生子との間で交わされた往復書簡で、宮野さんから磯野さんへの手紙の一部である。ここで宮野さんは、磯野さんとの出会いの意味について語っている。読んで、後の問に答えよ。

磯野さんが「自分にとって宮野とは誰か」を問い、出会いと喪失の急降下が同時にやってくるという「ハチャメチャ」を生きるため、自分の生まれた地点にまで立ち返って、なんとかこの訳のわからない出来事を受け入れようとしていた頃、私はとても弱く情けない欲求に流されそうになっていたことを告白します。それは、自分という存在を手放したいという欲求でした。

もう少し単純に言うなら、「すっかり諦めて死にゆくガン患者になりたい」「ただケアされたい」「もうダメだって言いたい」、つまり、①一〇〇パーセント自分を手放し、患者になって、辛《つら》い辛いと自分に立てこもりたいという気持ちがよぎったことがあったのです。

だって、ラクじゃないですか、そうすれば。

圧倒的非対称性のなかで、私がケアされるだけの弱者になってしまえば、みんな優しくしてくれるでしょう。ケアされるだけの弱者が、辛い辛いと自分に立てこもって、周りの人の優しさに甘えたとしても、周りのケアする人間は健康な強者なのだから、多少は許してくれるでしょう？　そこには「ケアするもの―されるもの」の固定的なフォーマットがあり、そのマニュアル通りにやれば、とりあえず時間をやり過ごすことはできる。でも、そんな関係、何も幸せじゃないですよね。まさに「ケアするもの―されるもの」という、点と点の連結器に互いが固定され、動くこともできないまま、終わりに向かって流れていく物理的な時間を過ごすだけの一方向の関係。死という動かせない未来に目を取られるあまり、時間のなかにあるはずの動き、始まりを忘れた、まさにすでに死んでしまった（まだ死んでなどいないのに！）世界。そこに自己と他者が関係を紡《つむ》ぐなかで生まれる時間の「厚み」はありません。

―中略―

さて、九鬼周造はいわずもがな『偶然性の問題』の哲学者ですが、その彼が最後にたどり着いたのは「運命」の問題でした。

私たちが生きる人生には偶然が充《み》ちています。というか、そもそも偶然しかありません。ただし、私たちはいちいち小さな偶然に意味づけなどせずスルーして生きています（今日食べたパンがチョコパンだろうがジャムパンだろうが、たまたま目の前にあっただけで、そんなことはどうでもいい）。けれど、何か重大な問題を決めないといけないとき、あるいは、自分ではどうしようもない大きな出来事（病、災厄、恋愛、ａニンシンなどなど）に直面したとき、自分の人生に与えられた偶然のｂトホウもなさに呆然《ぼうぜん》とします。でも、その偶然を引き受け、私たちは生きねばならない。そのとき、自分で決めることの難しさに私たちは気づきます。

そもそも「決める」とはどういうことなのでしょう。いくつかの選択肢のうち、いずれかを選んで、自分が納得することでしょうか。それは「あなたの決めた」こと、あなた自身の責任なのだから、一人で背負ってください。その責任の所在が「自分」というものでしょう。②一般的にはそう考えられています。それは「あなたが決めたことなのだから」と言う時、そこにあるのは、「あなたが決めた」ことはあなた自身の責任で、一人で背負うべきものだという考え方です。ここにいる自分は、ｃズイブンとちゃんと出来上がった強い存在だなと思います。初めから偶然を引き受ける確固とした自分が想定されている。でも、私たちはこんな強い自分に初めからな

英語解答

1 問1 (A)…エ (B)…ウ (C)…ウ
問2 あなたの悩みは解決しないまでも，軽くはなる。
問3 (2)…ア (4)…ウ
問4 released from his pain
問5 (5) 2番目…イ 4番目…ア
(7) 2番目…ア 4番目…イ
問6 (6)…ア (8)…イ
問7 イ，オ，ク

2 問1 1a…カ 1b…オ 1c…イ 1d…エ 1e…ウ
問2 イ 問3 ウ
問4 more complex as they grow older
問5 言語習得が起こるには，いくつかの条件が満たされる必要がある。
問6 ウ 問7 ウ 問8 matter
問9 ウ，カ

3 イ，キ

4 (1) left (2) found (3) ring
(4) capital

5 (1) enough to (2) been dead for
(3) so have (4) he was, then

6 Part A 1…B 2…C 3…A 4…A
Part B 1…B 2…8 3…19 4…D
Part C 1…C 2…D 3…C 4…A

1〔長文読解総合―エッセー〕

≪全訳≫❶私は幼い頃，一緒に遊べる特別な友達が持てればと，犬を欲しがっていた。❷あの大人たちが私に寄ってたかって納得できない扱いをしたとき，特に私の思うようにさせてくれないときに，共感してくれる誰かが欲しかった。❸そしてついに母が，雑種の子犬を飼うことを許してくれ，抱きしめてなでてあげるのをやめられなかった。私はグレン(それが彼の名前だった)に，彼と私が一体であるかのように話しかけた。私の短い人生の中で初めて，自分以上に誰かを思いやるということがどういうものかを経験した。❹そのときのことを振り返ると，私は犬が異なった種である2つの存在の間に生み出す，ほとんど霊的でもある特別な感情を理解できる。どちらも相手と話すことはできない，その日のことや，好きな色，映画，服の趣味，政治などについて話せるわけではないが，例えばあなたが落ち込んでいるとき，犬が来てただあなたの横に座るだけで，何かが起こる。あなたの中で何かが解放され，さほど孤独を感じなくなる。あなたは本能的に，まずは彼の頭や背中をなでる。犬はいつもそれに反応し，あなたの悩みは解決しないまでも，軽くはなる。❺グレンがある日突然いなくなり，私は取り乱した。母の説明によると，グレンは特別なので，数百匹もの犬の中から選ばれて，鉱山の崩落で生き埋めになった鉱夫を救出するために軍による訓練を受けるという。これはもちろん，本当のことではない。実際にはグレンはジステンパーにかかり，容体がとても悪いので，死なせてやらなくてはならなかった。❻何週間もたつ間，私はグレンがもう戻ってこないことを徐々に受け入れていった。しかし思い出は私の心に残り，それは何年もたって別の犬を手に入れたことでようやく和らいだのだった。❼フリズビーが彼の名前で，ビアデッドコリーだった。私の妻のイゾベルが，クリスマスプレゼントとして彼を私にくれたのだが，すぐに今までで最高のプレゼントとなった。彼はしだいに友達へと成長し，不思議な体内時計のおかげで夜の9時になったことがわかり，どんな天気だろうと散歩をさせてもらおうと毅然《きぜん》とした態度で私を見つめるので，とうとう私も折れてドアに向かうのだった。彼は私に飛びつき，これから私たち2人が共有する冒険の機会にうれしそうにほえた。❽私は彼に家，食事，そして散歩を与え，フリズビーはそこにいるだけで私に喜びを与えた。私が家に帰ると，車のドアから出る前に，彼が興奮してほえる声が聞こえた。玄関を開けると，少なくとも3回は私の周りを走り，私がレスリングごっこをしようと膝をつくまで飛び跳ねるのだった。そして，次の遊びに使う，引っ張って遊ぶおもちゃを持ってきた。最後にはいつも前足を私の肩に乗せ，仕上げに抱き合った後，イゾベルが私たちにご飯を食べさせてくれるのだった。❾イゾベルが家に帰ってきたときには彼女も同じ扱いを受けたが，彼女はレスリングごっこには興味を示さないので，フリズビーは投げられたおもちゃを取ってくることで我慢しなければならなかった。とはいえ，辛抱強く彼にあらゆる芸を教えたのはイゾベルだった。❿年月がたつにつれ，私たちの愛すべき友人が関節炎を患っていることが明らかになり，その苦痛から解放されなければならなくなった。⓫彼を車に乗せ，獣医の所に送ったのが最後だった。彼はとても安らかに旅立ったが，もう彼のぬくもりを感じることも，私が言おうとしていることを理解しようとしているかのように頭を片側に傾けるのを見ることもないと思うと，私の心は痛んだ。私は，彼が私たちの生活の中にいたという経験を決して忘れない。⓬グレンとフリズビーが私に示したのは，物質的な報酬を期待せずに他の種に愛情を注ごうという欲求をほとんどの人間の中に生じさせる，自然な能力が犬にはあるということだ。歴史を通じて，人類は残酷で冷酷だったが，犬という友がいなかったら，さらにどれほどひどいことになっていただろうか。

問1＜総合問題＞

(A)**＜多義語＞**下線部は‘目的’を表す接続詞の so that ～「～するように」(この that は省略可能)。これと同じ用法を含むのは，エ.「あなたの言うことが聞こえるようにもっと大きな声で話してもらえますか」。　ア．先行する内容を受け，「そう，そのように」の意味を表す。　「私もそう思います」　イ．‘not … as〔so〕＋原級＋as ～’「～ほど…ない」　「私の家はいとこの家ほど大きくない」　ウ．‘結果’を表す接続詞の so「だから，その結果」。　「彼は高熱が出ているので，パーティーには来られない」

(B)**＜用法選択＞**下線部は to不定詞の形容詞的用法「～するための」。これと同じ用法を含むのは，ウ.「彼女の父は彼女が遊ぶための大きな部屋をつくってあげた」。　ア．名詞的用法「～すること」。　「私は公園で遊ぶことが好きだ」　イ．‘too ～ to …’「…するには～すぎる，～すぎて…できない」の構文(副詞的用法)。　「この川は遊ぶには危険すぎる」　エ．‘原因・理由’を表す副詞的用法「～して」。　「子どもたちはたくさん遊んでとてもうれしそうだった」

(C)**＜多義語＞**下線部は「～のような」の意味の前置詞。これと同じ用法を含むのは，ウ.「僕は君の目が大好きだ。星みたいだね」。　ア．「望む」の意味の自動詞。　「君が望むなら僕が一緒に行くよ」　イ．「～を好む」の意味の他動詞。　「日曜日にジョギングに行くのが好きだ」　エ．like it or not は「好むと好まざるとにかかわらず」の意味の慣用句。　「子どもはいやおうなしに学校に行くべきだ」

問2＜英文和訳＞‘*A*, if not *B*’「*B*ではないとしても*A*だ」の構文。ここでの ease は「～を容易にする，緩和する」の意味の動詞。

問３＜語句解釈＞⑵かわいがっていたペットが急にいなくなったときの感情である。 beside ～self「(喜びや恐怖などで)自分を見失って」 ⑷直後に筆者がドアに向かっているのは，グレンを散歩に連れていくため。グレンの強い意志に根負けしたと読み取れる。 relent「態度を和らげる」

問４＜語句解釈＞下線部⑶は伝染病にかかり体調を悪化させたグレンに施す必要のあった措置であることから，同じように病気になったフリズビーに対する措置に注目する(第10段落)。どちらも‘have to be＋過去分詞’「～されなくてはならなかった」に続く表現である。この release は「(痛みなどから)解放する」という意味。痛みから解放されるということは，死ぬということ。 put down ～〔put ～ down〕「(病気の動物など)を死なせる」

問５＜整序結合＞⑸前置詞(この at は‘感情の原因’を表す用法)の後なので名詞の the opportunity を置き，何の機会かを具体的に述べる of the adventure を続ける。残りは be about to ～「～しようとしている」の形を使って adventure を修飾する関係詞節とする。share in ～ は「～をともにする，～に参加する」の意味。 … and barked with joy at the opportunity of the adventure we were both about to share in. ⑺語群から，any material reward と being expected というまとまりができる。前者は後者の意味上の主語と考えられるので，any material reward being expected とまとめ，これを without の目的語とする(‘without＋意味上の主語＋動名詞’)の形。 … to care for another species without any material reward being expected.

問６＜語形変化＞⑹自分をかわいがってくれている飼い主が帰ってきた喜びによって「興奮して」いると考えられる。excited「興奮した」と exciting「興奮させる(ような)」などの‘感情’を表す過去分詞と‘感情に影響を与えること’を表す現在分詞についてはまとめて覚えておくとよい。 ⑻人間の歴史はそもそも残酷でひどいものであり，犬の存在はその‘程度’を軽くするという大意を読み取る。犬がいなければ「もっとひどい」だろうということ。

問７＜内容真偽＞ア.「筆者は子どもの頃に良い子だったので，両親から不公平な扱いを受けたことはなかった」…×　第２段落参照。the adults は両親のことと考えられる。 イ.「グレンも筆者もお互いにその日のことを話せなくても，グレンが近寄ってきて横に座ると筆者の寂しさは和らいだ」…○　第４段落の内容に一致する。 ウ.「グレンは，鉱山の崩落で生き埋めになった人々を救出するため，筆者のそばから消えた」…×　第５段落参照。第３文に not true とある。 エ.「筆者はグレンを失った後，その悲しみをすぐにたやすく乗り越えた」…×　第６段落参照。最後に many years later とある。 オ.「フリズビーは毎日，夜の散歩に行くのが楽しみだった」…○　第７段落後半の内容に一致する。 カ.「筆者は，ほとんどいつも家族全員の食事をつくっていた」…×　そのような記述はない。 キ.「フリズビー，筆者そしてイゾベルは，よく一緒にレスリングごっこをして楽しんだ」…×　第９段落第１文参照。イゾベルは興味を示さなかった。 ク.「犬を飼うことは，人々を自分以上に何かを大切にする気にさせると，筆者は考えている」…○　最終段落第１文に一致する。

2〔長文読解総合―説明文〕

《全訳》❶ほとんど全ての子どもたちは，努力なしに言語を習得する。世界の多くの地域で，子どもたちは２つ以上の言語を話しながら成長する。そして幼い子どもたちが新しい国に移ってそこの学校に通うと，信じられないほど簡単に新しい言語を「習得」するように思える。❷言語の習得は６歳くらいまでの子どもにとっては確実なようだ。彼らは簡単に言語を習得できるように思える。また，同じくらい簡単に言語を忘れることもできる。それはあたかも異なった言語を衣料品のように着たり脱いだりできるかのようだ。しかし，この習得の容易さは10代になるとしだいに目立たなくなっていき，そしてそれ以降，言語習得ははるかに難しくなる。❸ここでの習得とは，実際に意識的に努力することなく，言い換えれば，文法や語彙を考えることなく，または言語のどの部分がどこに行くのかを気にすることなく，人々が言語を「手に入れる」方法を示す。子どもたちが２歳頃に母語で音をたて始めるとき，私たちは彼らが母語を学習するとは思っていないし，初めは１語の発話の段階，次に２語の発話，そして成長するにつれて使う語句や文が徐々に複雑になるまで，母語が出てくるのをただ見守るだけだ。❹言語習得が起こるには，いくつかの条件が満たされる必要がある。第一に，子どもたちはたくさんの言葉を聞く必要がある。このような接触は非常に重要だ。第二に，彼らが聞く言葉の種類も重要なことは明らかだ。親が子どもに話すとき，意識的にも無意識的にも，彼らは話す内容を単純化する。複雑な文や専門的な語彙を使わず，子どもの年齢や状況に合うように大雑把に言葉を調整しながら，状況にふさわしい言葉を使う。親の言葉には，他の特徴もある。彼らが友人たちと話す場合の声よりも，声がもっと高く気持ちのこもったものに聞こえるよう，彼らはしばしば使う声の抑揚を変える。❺幼少期には，このような言葉への接触が大量にある。さらに，私たちが耳にするほとんどの言葉，特に親からの言葉は，典型的な社会的，感情的コミュニケーションの中で与えられるので，言葉を聞くときは，その言葉がどう使われているかも聞いている。最後に，子どもたちは自分が食べ物をもらうため，そして理解してもらうためにコミュニケーションをとろうとする，動機としての強い欲求を持つ。彼らの親(そして後には他の大人たち)とともに，一緒に言語をつくりあげる。それからそれを試して使う。この「試してみる」ことは，子どもたちが単語や語句を繰り返し言ったり，独り言を言ったり，一般的には言葉で遊んだりする様子で示される。しかし，最終的に最も重要に思われるのは，必要性，欲求，感情を伝えたいという願望だ。そして，子どもの時期やそれ以降を通じて，ほとんどの人には自分が身につけてきた言葉を使う大量の機会や理由がある。❻そういうわけで，子どもたちが言葉を習得するには３つの要素の存在が必要なようだ，それは，言葉にふれること，それを使ってコミュニケーションをとろうとする動機，そしてそれを使う機会だ。

問１＜適語選択＞1a．子どもは容易に言語を身につけるという段落の趣旨に着目する。　1b．grow up ～ing「～しながら育つ」　1c．be capable of ～ing「～する能力がある」　1d・1e．文末の clothing「衣料品」に着目。言語を覚えたり忘れたりすることを，衣服の着脱にたとえているのである。

問２＜英文解釈＞文前半の条件節から，子どもが新しい国で新しい言語を覚えることについて述べているとわかる。さらに‘with＋抽象名詞’は副詞のはたらきをするので，with unbelievable ease は easily「容易に」と解釈できる。以上より，内容が一致するのは，イ．「幼い子どもたちは別の言語を覚えることにほとんど苦労しないようだ」。言語の習得に関する内容なので，create new language「新しい言語をつくる」という内容のエは不適切。　have trouble ～ing「～するのに苦労する」

問３＜英文解釈＞下線部⑶は言語習得に関して子どもによる学習がいらず，親はただ見守っていることを述べた文。この内容に一致するのは，ウ.「人々は第一言語が子どもたちによって自然に，そして配慮や世話をあまり必要とせずに習得されることを理解している」。‘expect＋人＋to ～’「〈人〉が～すると思う」 expect to ～「～するつもりだ」 ‘watch＋目的語＋動詞の原形’「～が…するのを注意して見る」

問４＜整序結合＞one-word から始まり phrases and sentences がしだいに複雑化していくという内容になると推測できるので，become の後に more complex「もっと複雑な」を置く。残りは，それが子どもの成長に伴って進むことを，接続詞 as「～するにつれて」を用いて as they grow older とまとめる。

問５＜英文和訳＞‘in order for ～ to …’は「～が…するために」(‘～’は to不定詞の意味上の主語)。acquisition「(言語)習得」は(注)にもある動詞 acquire「～を習得する」の名詞形。take place は「起こる，生じる」。またここでの meet は「(条件など)を満たす」の意味(meet－met－met)。

問６＜指示語＞文中の比較級 higher and more enthusiastic の主語が their voices であることに注目。比較の対象は，子どもと話すときの「声」と友人と話すときの「声」なので，その続きの than they would if … の they は their voices を指すとわかる。省略を補ってこの部分を言い換えれば than their voices would sound if … となる。その他の they は parents を指す。

問７＜英文解釈＞the ways in which that language is used は直訳すれば「その言葉が使われる方法」。直前の language が何を言われたかを，そしてこの the ways 以下がどういう方法で言われたかを表し，それらを理解することが社会的関係や感情の伝達に必要なのだから，ウ.「子どもたちは，何が言われたかとそれがどのように言われているかの両方に注意を払ってコミュニケーションをとることを学ぶ」が適切。

問８＜適語補充＞‘it is ～ that …’「…なのは～だ」の形の強調構文になっている。必要性や欲求，感情を伝えたいという強い願望が，最終的には最も「重要だ」と考えられる。ここでの matter は「重要である」の意味の動詞で，第４段落第４文にある。seems to に続くので原形とする。

問９＜内容真偽＞ア.「幼い子どもたちはしばしば，10代になるまでは新しい言語を習得することが難しいことに気づく」…× 第２段落最終文参照。10代からは難しくなる。 イ.「語彙と文法に集中することは，母国語を習得する方法ではないかもしれないが，他の言語を習得するには最速の方法だ」…× そのような記述はない。 ウ.「子どもたちが話そうと努力するのは，自分が必要とするものを親に理解してほしいからだ」…○ 第５段落最後から２文目の内容に一致する。エ.「親が小さな声で子どもたちに話しかけるのは，子どもたちがリラックスするのを助けて彼らが理解しやすいようにしたいと思うからだ」…× 第４段落最終文参照。高く気持ちのこもった声が親の特徴。 オ.「大人が新しい言語を習得するのにしばしば苦労するのは，それを日常生活で使う機会があまりないからだ」…× そのような記述はない。 カ.「子どもたちは６歳まではいとも簡単に言葉を習得できるようだが，その言葉を聞くことがあまりないと，失敗するかもしれない」…○ 第２段落第１文および第４段落第２文に一致する。

3〔正誤問題〕

＜解説＞ア…× what は先行詞を含む関係代名詞なので everything は不要。または，what ではなく everything を先行詞とする目的格の関係代名詞として that を使う。 イ…○ discuss

「～を話し合う」は他動詞なので正しい。over には「～を飲みながら，食べながら」の意味がある。「お茶を飲みながらその問題について話し合おう」　ウ…×　‘one of＋複数名詞’「～のうちの1つ」の形にすべき。city は cities が正しい。　エ…×　「～を手伝う」の意味の help は目的語に‘人’をとる。‘help＋人＋with＋物事’「〈人〉の〈物事〉を手伝う」の形の helped me with my homework が正しい。　オ…×　現在完了形は‘過去の特定の時点’を示す語句と一緒には使えない。have been は was が正しい。　カ…×　主語は The number なので，have ではなく，has が正しい。　キ…○　Do you mind if ～？「～でもかまいませんか」に対する返答は，肯定の場合は No，否定の場合は Yes を使う。これは動詞 mind が「～を嫌がる，気にする」という意味のため。　A：あなたにいくつか質問してもかまいませんか？／B：はい。喜んでお答えします。　ク…×　convenient「都合のよい」は‘人’を主語にとらない。convenient を available「〈人が〉都合がつく」とするか，when you are convenient を when is good for you などとするのが正しい。

4〔適語補充─共通語〕

(1)上：turn left「左に曲がる」　「2番目の信号で左に曲がってください」　下：動詞 leave の過去分詞 left(leave－left－left)。‘leave for＋場所’「〈場所〉に向けて出発する」　「リチャードはもう学校に行きましたか」

(2)上：動詞 find の過去形 found(find－found－found)。‘find＋目的語＋形容詞’「～が…だと思う」　「その物語はとてもおもしろいと思った」　下：「～を設立する」の意味の動詞 found。「彼は会社をつくるために資金を集めている」

(3)上：「(電話などが)鳴る」の意味の動詞 ring。‘hear＋目的語＋動詞の原形’「～が…するのが聞こえる」　「君には聞こえたかい？　電話が鳴ったと思う」　下：「指輪」の意味の名詞 ring。「僕は婚約者に結婚指輪を買うつもりだ」

(4)上：「首都」の意味の名詞 capital。　「アメリカ合衆国の首都はワシントンDCだ」　下：capital letter「大文字」　「文は大文字で始めるようにしなさい」

5〔書き換え─適語補充〕

(1)上は‘It is＋形容詞＋of＋人＋to ～’「～するとは〈人〉は…だ」を使った「道を教えてくれるとは彼は親切だった」という文。これを下では‘形容詞〔副詞〕＋enough to ～’「～できるほど〔～するほど〕十分…」の形を使って「彼は私に道を教えてくれるほど親切だった」とする。

(2)上は‘期間＋have/has passed since ～’「～以来〈期間〉がたった」の構文。下では‘人＋have/has been dead for＋期間’「〈人〉が死んでから～がたつ」を用いて書き換える。どちらも「父が亡くなって以来10年がたった」という意味になる。

(3)上は「妹と私はどちらもピアノを10年以上やっている」という文。これを下では「私の妹はピアノを10年以上やっているが，私もそうだ」と読み換え，‘so＋助動詞＋主語’の形を使う。これは前の肯定文を受けて「～もそうである」という意味を表す。

(4)上は直接話法の「彼は昨日私に『僕は今数学を勉強している』と言った」という文。これを下では間接話法で書き換え「彼は昨日私に数学を勉強していると言った」とする。話法の書き換えでは，人称代名詞，動詞の時制，副詞語句の変更に注意する。

6〔放送問題〕解説省略

数学解答

1 (1) 15通り　(2) 17通り
(3) 24通り

2 (1) (例)点Pから辺ACに垂線を引き，交点をHとする。∠ABP＝∠AHP＝90°より，△PAB：△PAC＝$\frac{1}{2}$×AB×BP：$\frac{1}{2}$×AC×PH……①　△PABと△PAHにおいて，∠ABP＝∠AHP＝90°……②　仮定より，∠PAB＝∠PAH……③　共通な辺より，AP＝AP……④　②，③，④より，直角三角形の斜辺と1つの鋭角がそれぞれ等しいから，△PAB≡△PAH　よって，BP＝PH……⑤　①，⑤より，△PAB：△PAC＝AB：AC……⑥　また，△PAB：△PAC＝$\frac{1}{2}$×BP×AB：$\frac{1}{2}$×CP×AB＝BP：CP……⑦　⑥，⑦より，AB：AC＝BP：CP

(2) (i) AC＝$\frac{18\sqrt{2}}{7}$，PC＝$\frac{9}{7}$

(ii) (例)$(5+3\sqrt{2})$：$(6+3\sqrt{2})$

3 (1) ⓐ…1　ⓑ…xy　ⓒ…zx　ⓓ…yz
ⓔ…$\frac{1}{yz}$　ⓕ…$\frac{1}{zx}$　ⓖ…$\frac{1}{xy}$
ⓗ…1　ⓘ…2　ⓙ…3　ⓚ…2
①…＞　②…＞　③…＞

(2) (例)

$$\frac{1}{〔最大の数を除く n-1 個の数の積〕} > \frac{1}{n}$$

となるので，〔最大の数を除く$n-1$個の数の積〕＜nである。$n≧4$より，1×2×$(n-1)$≦〔最大の数を除く$n-1$個の数の積〕だから，1×2×$(n-1)$＜nとなる。

4 (1) $\frac{2\sqrt{6}}{3}$　(2) 120°　(3) $\frac{8\sqrt{3}}{3}$

1〔データの活用―場合の数―数字のカード〕

≪**基本方針の決定**≫(1)　2の累乗のカードは2，4，8である。　(3)　考えられるのは，2の累乗，3の累乗，5の累乗，7の累乗である。

(1)＜**場合の数**＞1，2，3，4＝2^2，5，6＝2×3，7，8＝2^3より，2の累乗のカードは，2，4，8である。Mが2の累乗になる場合は，1のカードと2の累乗のカードを取り出すときか，2回とも2の累乗のカードを取り出すときである。これは，2回とも1，2，4，8のカードを取り出す場合から，2回とも1のカードを取り出す1通りを除いた場合である。2回とも1，2，4，8のカードを取り出す場合は，1回目，2回目の取り出し方がそれぞれ4通りより，4×4＝16(通り)だから，Mが2の累乗となる取り出し方は16－1＝15(通り)ある。

(2)＜**場合の数**＞(1)より，2の累乗のカードは2，4，8の3枚，3の累乗のカードは3の1枚，2の累乗と3の累乗の積のカードは6の1枚である。Mが2の累乗と3の累乗の積となる場合は，1回目に1のカードを取り出すとき，2回目は6のカードを取り出す1通りある。1回目に2のカードを取り出すとき，2回目は3，6のカードを取り出す2通りある。1回目に4，8のカードを取り出すときも同様に，それぞれ2通りある。1回目に3のカードを取り出すとき，2回目は2，4，6，8のカードを取り出す4通りある。1回目に6のカードを取り出すとき，2回目は1，2，3，4，6，8の6通りある。以上より，Mが2の累乗と3の累乗の積となる取り出し方は1＋2×3＋4＋6＝17(通り)ある。

(3)＜**場合の数**＞Mが1つの素数の累乗となる場合は，2の累乗，3の累乗，5の累乗，7の累乗となる場合である。2の累乗となるとき，(1)より，15通りある。3の累乗となるとき，(1回目，2回目)

$=(1,\ 3)$，$(3,\ 1)$，$(3,\ 3)$の3通りあり，5の累乗，7の累乗になるときも同様に，それぞれ3通りある。よって，Mが1つの素数の累乗になる場合は$15+3\times3=24$(通り)ある。

2〔平面図形―直角三角形〕

≪基本方針の決定≫(1)　△PAB：△PACを，辺AB，辺ACを底辺と見たときと，辺BP，辺CPを底辺と見たときで考える。

(1)**＜証明＞**右図で，点Pから辺ACに垂線PHを引き，△PAB，△PACの底辺をそれぞれ辺AB，辺ACと見て，△PABと△PACの面積比を考える。また，$\triangle PAB=\dfrac{1}{2}\times BP\times AB$，$\triangle PAC=\dfrac{1}{2}\times CP\times AB$と見ることもできる。解答参照。

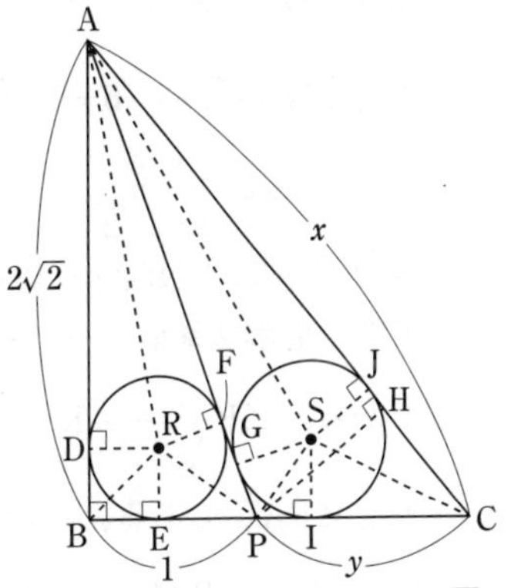

(2)**＜長さ，長さの比＞**(i)右図で，$AC=x$，$PC=y$とおく。(1)より，$AB:AC=BP:PC$だから，$2\sqrt{2}:x=1:y$が成り立ち，$x\times1=2\sqrt{2}\times y$より，$x=2\sqrt{2}y$……①となる。また，$\angle ABC=\angle PHC=90^\circ$，$\angle ACB=\angle PCH$より，$\triangle ABC\backsim\triangle PHC$だから，$AC:PC=BC:HC$である。$BC=BP+PC=1+y$であり，$\triangle PAB\equiv\triangle PAH$より，$AH=AB=2\sqrt{2}$だから，$HC=AC-AH=x-2\sqrt{2}$となる。よって，$x:y=(1+y):(x-2\sqrt{2})$が成り立ち，$x\times(x-2\sqrt{2})=y\times(1+y)$……②となる。①を②に代入すると，$2\sqrt{2}y\times(2\sqrt{2}y-2\sqrt{2})=y\times(1+y)$，$8y^2-8y=y+y^2$，$7y^2-9y=0$，$y(7y-9)=0$　$\therefore y=0,\ \dfrac{9}{7}$　$y>0$だから，$y=\dfrac{9}{7}$である。これを①に代入すると，$x=2\sqrt{2}\times\dfrac{9}{7}$　$\therefore x=\dfrac{18\sqrt{2}}{7}$　したがって，$AC=\dfrac{18\sqrt{2}}{7}$，$PC=\dfrac{9}{7}$である。

(ii)右上図で，△PAB，△PACの内接円(全ての辺に接する円)の中心をそれぞれR，S，半径をそれぞれr，s，円Rと辺AB，辺BP，辺APの接点をそれぞれD，E，F，円Sと辺AP，辺PC，辺ACの接点をそれぞれG，I，Jとする。$\angle ABP=90^\circ$より，△ABPで三平方の定理より，$AP=\sqrt{AB^2+BP^2}=\sqrt{(2\sqrt{2})^2+1^2}=\sqrt{9}=3$であり，$RD\perp AB$，$RE\perp BP$，$RF\perp AP$，$RD=RE=RF=r$となるから，$\triangle PAB=\triangle RAB+\triangle RBP+\triangle RAP=\dfrac{1}{2}\times2\sqrt{2}\times r+\dfrac{1}{2}\times1\times r+\dfrac{1}{2}\times3\times r=(2+\sqrt{2})r$と表せる。同様にして，$\triangle PAC=\triangle SAP+\triangle SPC+\triangle SAC=\dfrac{1}{2}\times3\times s+\dfrac{1}{2}\times\dfrac{9}{7}\times s+\dfrac{1}{2}\times\dfrac{18\sqrt{2}}{7}\times s=\left(\dfrac{15}{7}+\dfrac{9\sqrt{2}}{7}\right)s$と表せる。また，$BP:PC=1:\dfrac{9}{7}=7:9$より，$\triangle PAB:\triangle PAC=7:9$だから，$(2+\sqrt{2})r:\left(\dfrac{15}{7}+\dfrac{9\sqrt{2}}{7}\right)s=7:9$が成り立つ。これより，$(2+\sqrt{2})r\times9=\left(\dfrac{15}{7}+\dfrac{9\sqrt{2}}{7}\right)s\times7$，$(18+9\sqrt{2})r=(15+9\sqrt{2})s$，$(6+3\sqrt{2})r=(5+3\sqrt{2})s$，$\dfrac{r}{s}=\dfrac{5+3\sqrt{2}}{6+3\sqrt{2}}$となるので，$r:s=(5+3\sqrt{2}):(6+3\sqrt{2})$であり，円Rと円Sの半径の比は$(5+3\sqrt{2}):(6+3\sqrt{2})$である。変形して，$\dfrac{r}{s}=\dfrac{5+3\sqrt{2}}{6+3\sqrt{2}}=\dfrac{(5+3\sqrt{2})(6-3\sqrt{2})}{(6+3\sqrt{2})(6-3\sqrt{2})}=\dfrac{12+3\sqrt{2}}{18}=\dfrac{4+\sqrt{2}}{6}$より，$r:s=(4+\sqrt{2}):6$ともなる。

≪(i)の別解≫右上図で，$\angle ABC=90^\circ$だから，△ABCで三平方の定理より，$AB^2+BC^2=AC^2$である。$PC=y$とすると，$BC=1+y$となり，$AC=x=2\sqrt{2}y$と表せるので，$(2\sqrt{2})^2+(1+y)^2=(2\sqrt{2}y)^2$が成り立つ。これを解くと，$8+1+2y+y^2=8y^2$，$7y^2-2y-9=0$より，$y=\dfrac{-(-2)\pm\sqrt{(-2)^2-4\times7\times(-9)}}{2\times7}=\dfrac{2\pm\sqrt{256}}{14}=\dfrac{2\pm16}{14}$となるから，$y=\dfrac{2+16}{14}=\dfrac{9}{7}$，$y=\dfrac{2-16}{14}=-1$となる。$y>0$より，$y=\dfrac{9}{7}$だから，$PC=\dfrac{9}{7}$であり，$AC=2\sqrt{2}y=2\sqrt{2}\times\dfrac{9}{7}=\dfrac{18\sqrt{2}}{7}$である。

≪(ⅱ)の別解１≫前ページの図で，$\triangle PAB=(2+\sqrt{2})r$ と表せるので，$\triangle PAB$ の面積について，$(2+\sqrt{2})r=\dfrac{1}{2}\times1\times2\sqrt{2}$ が成り立つ。これより，$(2+\sqrt{2})r=\sqrt{2}$，$r=\dfrac{\sqrt{2}}{2+\sqrt{2}}$ となる。同様にして，$\triangle PAC=\left(\dfrac{15}{7}+\dfrac{9\sqrt{2}}{7}\right)s$ と表せるので，$\triangle PAC$ の面積について，$\left(\dfrac{15}{7}+\dfrac{9\sqrt{2}}{7}\right)s=\dfrac{1}{2}\times\dfrac{9}{7}\times2\sqrt{2}$ が成り立ち，$(15+9\sqrt{2})s=9\sqrt{2}$，$s=\dfrac{3\sqrt{2}}{5+3\sqrt{2}}$ となる。よって，$r:s=\dfrac{\sqrt{2}}{2+\sqrt{2}}:\dfrac{3\sqrt{2}}{5+3\sqrt{2}}=\sqrt{2}(5+3\sqrt{2}):3\sqrt{2}(2+\sqrt{2})=(6+5\sqrt{2}):(6+6\sqrt{2})$ となる。また，$r=\dfrac{\sqrt{2}}{2+\sqrt{2}}=\dfrac{\sqrt{2}(2-\sqrt{2})}{(2+\sqrt{2})(2-\sqrt{2})}=\dfrac{2\sqrt{2}-2}{2}=\sqrt{2}-1$，$s=\dfrac{3\sqrt{2}}{5+3\sqrt{2}}=\dfrac{3\sqrt{2}(5-3\sqrt{2})}{(5+3\sqrt{2})(5-3\sqrt{2})}=\dfrac{15\sqrt{2}-18}{7}$ となるから，$r:s=(\sqrt{2}-1):\dfrac{15\sqrt{2}-18}{7}=(7\sqrt{2}-7):(15\sqrt{2}-18)$ ともなる。

≪(ⅱ)の別解２≫前ページの図で，$\angle ADR=\angle AFR=90^\circ$，$AR=AR$，$RD=RF$ より，$\triangle RAD\equiv\triangle RAF$ だから，$\angle RAD=\angle RAF=\dfrac{1}{2}\angle PAB$ である。同様にして，$\triangle SAG\equiv\triangle SAJ$ より，$\angle SAG=\angle SAJ=\dfrac{1}{2}\angle PAC$ である。また，$\angle PAB=\angle PAC$ だから，$\angle RAD=\angle SAG$ となり，$\angle ADR=\angle AGS=90^\circ$ より，$\triangle RAD\backsim\triangle SAG$ となる。これより，円Rと円Sの半径の比は，$RD:SG=AD:AG$ となる。$AD=m$，$AG=n$ とする。$BD=AB-AD=2\sqrt{2}-m$ となり，$AF=AD=m$ より，$PF=AP-AF=3-m$ となる。さらに，$\triangle RBE\equiv\triangle RBD$，$\triangle RPE\equiv\triangle RPF$ となるから，$BE=BD=2\sqrt{2}-m$，$PE=PF=3-m$ となる。よって，$BE+PE=BP$ より，$(2\sqrt{2}-m)+(3-m)=1$ が成り立ち，$2m=2+2\sqrt{2}$，$m=1+\sqrt{2}$ と表せる。同様にして，$PI=PG=AP-AG=3-n$ となり，$AJ=AG=n$ より，$CI=CJ=AC-AJ=\dfrac{18\sqrt{2}}{7}-n$ となる。$PI+CI=PC$ より，$(3-n)+\left(\dfrac{18\sqrt{2}}{7}-n\right)=\dfrac{9}{7}$ が成り立ち，$n=\dfrac{6+9\sqrt{2}}{7}$ となる。したがって，$m:n=(1+\sqrt{2}):\dfrac{6+9\sqrt{2}}{7}=(7+7\sqrt{2}):(6+9\sqrt{2})$ となるので，$RD:SG=AD:AG=(7+7\sqrt{2}):(6+9\sqrt{2})$ である。

３〔数と式―数の性質〕

(1)**＜数の大小，数の組＞**(ⅰ)分子が同じ数の分数では分母が小さい方が大きい数となるから，$x<y$ より，$\dfrac{1}{x}>\dfrac{1}{y}$ となる。$\dfrac{1}{y}+\dfrac{1}{x}=1$ より，$\dfrac{1}{y}$，$\dfrac{1}{x}$ の２つの数のうち大きい方は平均した値 $\dfrac{1}{2}$ より大きいので，$\dfrac{1}{x}>\dfrac{1}{2}$ となる。x は自然数だから，$\dfrac{1}{x}>\dfrac{1}{2}$ を満たす x の値の範囲は，$x=1$ となる。このとき，$\dfrac{1}{x}=\dfrac{1}{1}=1$ であり，y が自然数より，$\dfrac{1}{y}>0$ であるから，$x=1$ のとき，$\dfrac{1}{y}+\dfrac{1}{x}=1$ を満たす自然数 y は存在しない。　(ⅱ)x，y，z が自然数で，$x<y<z$ だから，$y<z$ より，$y\times x<z\times x$，$xy<zx$ となり，$x<y$ より，$x\times z<y\times z$，$zx<yz$ となる。よって，$xy<zx<yz$ となり，$\dfrac{1}{yz}<\dfrac{1}{zx}<\dfrac{1}{xy}$ となる。$\dfrac{1}{yz}+\dfrac{1}{zx}+\dfrac{1}{xy}=1$ より，$\dfrac{1}{yz}$，$\dfrac{1}{zx}$，$\dfrac{1}{xy}$ の３つの数のうち最大のものは平均した値 $\dfrac{1}{3}$ より大きいので，$\dfrac{1}{xy}>\dfrac{1}{3}$ となる。これより，$xy<3$ であり，$x<y$ だから，x，y の値は $x=1$，$y=2$ となる。このとき，$\dfrac{1}{2\times z}+\dfrac{1}{z\times1}+\dfrac{1}{1\times2}=1$，$\dfrac{1}{2z}+\dfrac{1}{z}+\dfrac{1}{2}=1$，$\dfrac{3}{2z}=\dfrac{1}{2}$，$z=3$ となるので，x，y，z の組は $(x,\ y,\ z)=(1,\ 2,\ 3)$ となる。　(ⅲ)$1\times2\times(n-1)<n$……㋐より，$2n-2<n$ となり，両辺に 2，$-n$ を加えても大小関係は変わらないので，$2n-2+2+(-n)<n+2+(-n)$ より，㋐を満たす n の値の範囲は，$n<2$ となる。

(2)＜理由＞$\dfrac{\text{〔}n\text{個の自然数のうち，最大の数〕}}{\text{〔}n\text{個の自然数の積〕}}$は，約分すると$\dfrac{1}{\text{〔最大の数を除く}n-1\text{個の自然数の積〕}}$となるので，$\dfrac{\text{〔}n\text{個の自然数のうち，最大の数〕}}{\text{〔}n\text{個の自然数の積〕}}>\dfrac{1}{n}$ より，$\dfrac{1}{\text{〔最大の数を除く}n-1\text{個の自然数の積〕}}>\dfrac{1}{n}$ となり，〔最大の数を除く $n-1$ 個の自然数の積〕$<n$ となる。また，$n\geqq4$ より，$n-1\geqq3$ であるから，$1\times2\times(n-1)\leqq$〔最大の数を除く $n-1$ 個の数の積〕である。よって，$1\times2\times(n-1)<n$ となる。解答参照。

4 〔空間図形―立方体〕

≪基本方針の決定≫(1)　△AIB と△ABG に着目する。　(3)　四角形 STUV が長方形であることに気づきたい。

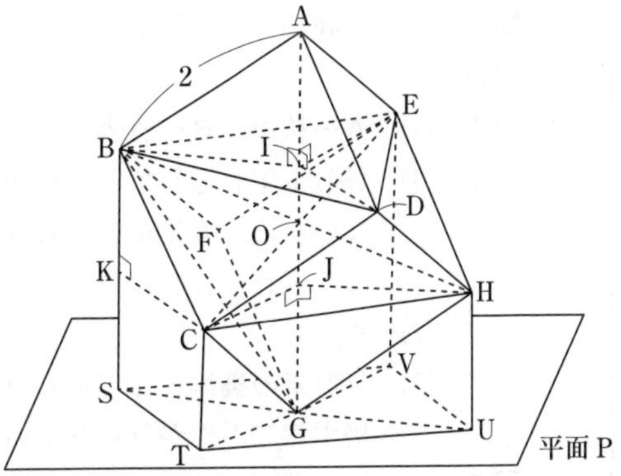

(1)＜**長さ―相似**＞右図で，立体ABCD-EFGH が立方体より，AB⊥〔面 BCGF〕だから，$\angle ABG=90^\circ$ である。よって，$\angle AIB=\angle ABG=90^\circ$，$\angle IAB=\angle BAG$ より，△AIB∽△ABG となるから，BI：GB＝AB：AG である。△BCG は直角二等辺三角形だから，$GB=\sqrt{2}BC=\sqrt{2}\times2=2\sqrt{2}$ となり，△ABG で三平方の定理より，$AG=\sqrt{AB^2+GB^2}=\sqrt{2^2+(2\sqrt{2})^2}=\sqrt{12}=2\sqrt{3}$ である。したがって，$BI:2\sqrt{2}=2:2\sqrt{3}$ が成り立ち，$BI\times2\sqrt{3}=2\sqrt{2}\times2$，$BI=\dfrac{2\sqrt{6}}{3}$ となる。

(2)＜**角度**＞右上図で，△ABD，△ADE，△AEB は合同な直角二等辺三角形だから，BD＝DE＝EB である。また，$\angle AIB=\angle AID=\angle AIE=90^\circ$，AB＝AD＝AE，AI＝AI＝AI より，△AIB，△AID，△AIE は合同であり，BI＝DI＝EI となる。よって，△BDI，△DEI，△EBI は合同な二等辺三角形となるから，$\angle BID=\angle DIE=\angle EIB=\dfrac{1}{3}\times360^\circ=120^\circ$ である。

(3)＜**面積**＞右上図で，立方体 ABCD-EFGH の対角線 AG，BH，CE の交点をOとする。四角形 BCHE は長方形だから，BO＝HO，CO＝EO となり，AG，BS，CT，HU，EV が平面Pに垂直であることより，BS∥AG∥HU，CT∥AG∥EV だから，SG＝UG，TG＝VG となる。また，BI＝EI であり，四角形 BSGI，四角形 EVGI が長方形となることより，SG＝BI，VG＝EI となるから，SG＝VG である。よって，四角形 STUV は長方形となる。3点B，E，I を通る平面は対角線 AG に垂直だから，平面Pと平行であり，$SV=BE=GB=2\sqrt{2}$ である。次に，線分 AG 上に$\angle GJC=90^\circ$ となる点Jをとると，点Iのときと同様に$\angle GJH=90^\circ$ となり，3点C，H，J を通る平面は平面Pと平行である。△AIB∽△ABG より，AI：AB＝AB：AG だから，$AI:2=2:2\sqrt{3}$ が成り立ち，$AI\times2\sqrt{3}=2\times2$，$AI=\dfrac{2\sqrt{3}}{3}$ となる。同様に，$GJ=\dfrac{2\sqrt{3}}{3}$ だから，$BS=IG=AG-AI=2\sqrt{3}-\dfrac{2\sqrt{3}}{3}=\dfrac{4\sqrt{3}}{3}$，$CT=GJ=\dfrac{2\sqrt{3}}{3}$ となる。点Cから線分 BS に垂線 CK を引くと，$KS=CT=\dfrac{2\sqrt{3}}{3}$，$BK=BS-KS=\dfrac{4\sqrt{3}}{3}-\dfrac{2\sqrt{3}}{3}=\dfrac{2\sqrt{3}}{3}$ となるので，△BKC で三平方の定理より，$CK=\sqrt{BC^2-BK^2}=\sqrt{2^2-\left(\dfrac{2\sqrt{3}}{3}\right)^2}=\sqrt{\dfrac{24}{9}}=\dfrac{2\sqrt{6}}{3}$ となり，$ST=CK=\dfrac{2\sqrt{6}}{3}$ である。以上より，四角形 STUV の面積は，〔長方形 STUV〕$=SV\times ST=2\sqrt{2}\times\dfrac{2\sqrt{6}}{3}=\dfrac{8\sqrt{3}}{3}$ である。

社会解答

1 問1　1…源頼家　2…侍所　3…浦賀
4…東郷平八郎
問2　江田船山古墳　　問3　古事記
問4　イ　　問5　カ　　問6　富士
問7　北条泰時　　問8　ウ
問9　イ　　問10　大分
問11　(例)油を採取するために鯨を捕えていた。
問12　イ　　問13　与謝野晶子
問14　エ

2 問1　(1)　A…秋田　B…青森　(2)…イ
問2　(1)　(例)1年を通して降水量が少ないため，農業用にため池がつくられた。
(2)…ウ
(3)　(例)米の裏作として小麦を栽培する二毛作が行われている。
問3　(1)…浜名湖　(2)…ア　(3)…東海道
(4)…ア
問4　ウ　　問5　バイカル湖
問6　イ　　問7　ロシア
問8　(1)　i…水鳥　ii…湿地　(2)…イ

3 問1　ア　　問2　イ　　問3　イ
問4　生存　　問5　生活保護
問6　厚生労働
問7　(1)…イ　(2)…終身雇用
問8　ウ　　問9　ウ，カ
問10　(1)　A…ジェンダー
B…女子差別撤廃
C…政治
(2)…イ
問11　(例)

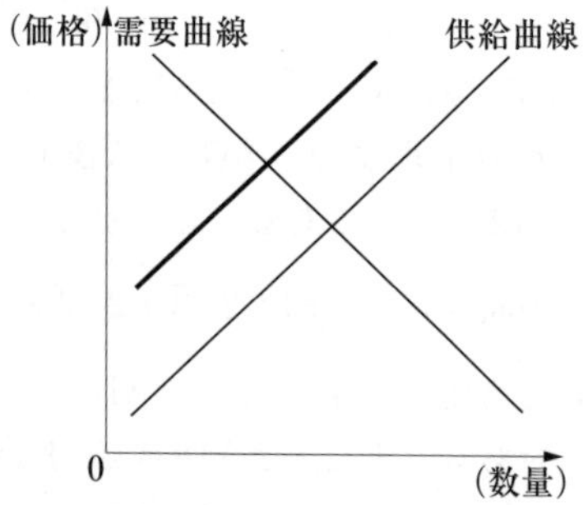

1 〔歴史―古代から現代の日本と世界〕

問1．1＜源頼家＞鎌倉幕府の第2代将軍は，初代将軍源頼朝と北条政子との間に生まれた源頼家である。鎌倉幕府の源氏将軍家は頼家の後，第3代将軍源実朝で途絶えた。

2＜侍所＞鎌倉幕府の仕組みのうち，御家人の統率や軍事を担当したのは，侍所である。なお，鎌倉幕府には侍所のほかに，幕府の財政などを担当した政所，裁判を担当した問注所があった。

3＜浦賀＞江戸時代末の1853年にアメリカのペリーが来航したのは，三浦半島東岸の浦賀沖である。なお，翌1854年に再び来航したペリーは江戸幕府との間で神奈川宿の近く(横浜)において日米和親条約を結んだ。

4＜東郷平八郎＞日露戦争の日本海海戦における日本の連合艦隊の司令長官は，東郷平八郎である。

問2＜古墳＞熊本県にある江田船山古墳から出土した鉄刀には「ワカタケル大王」と読むことができる漢字が刻まれている。なお，埼玉県にある稲荷山古墳から出土した鉄剣にも「ワカタケル大王」の名が刻まれている。

問3＜古事記＞ヤマトタケルの話が記録されているのは，奈良時代に編さんされた『古事記』と『日本書紀』である。このうち，稗田阿礼が暗記していた物語を太安万侶が筆記したとされるのは『古事記』である。

問4＜奈良時代＞奈良時代には律令に定められたさまざまな負担が人々にかかった。そのうち，21～60歳の男子のうち，3，4人に1人の割合で兵役が課せられ，そのうち東国出身者を中心とした一部は，唐や新羅に対する防備のために，防人として北九州に派遣された(イ…○)。なお，口分田は女子にも，男子の３分の２が与えられた(ア…×)。多賀城は，朝廷が東北地方に進出するため現在の宮城県に築かれた(ウ…×)。奈良時代に聖武天皇が仏教の力に頼って伝染病や災害などの不安から国家を守ろうと考え，平城京には東大寺を建てて大仏を造立し，国ごとには国分寺と国分尼寺を建てた。平安時代に平等院鳳凰堂を建てたのは藤原頼通で，その本尊である阿弥陀如来像をつくったのは定朝である。

問５＜平安時代＞年代の古い順に，ｃ(939年に始まった藤原純友の乱)，ｂ(1051年に始まった前九年合戦)，ａ(1156年の保元の乱)となる。

問６＜源氏と平家の戦い＞鎌倉時代に成立した『平家物語』には，平安時代末の源氏と平家の戦いが描かれている。水鳥の大群が飛び立つ音を源氏の夜襲と間違えて平家の軍が敗走したと伝えられるのは，1180年の富士川の戦いである。

問７＜御成敗式目＞1232年，51か条の武家法である御成敗式目〔貞永式目〕を制定した鎌倉幕府第３代執権は，北条泰時である。

問８＜分国法＞戦国大名の中には，領国を支配するために領国内に限って通用する決まりを制定する者もあった。このような決まりを分国法という。「一乗谷」は，越前国(現在の福井県)を支配した朝倉氏の居城があった場所である。なお，浅井氏は近江国(現在の滋賀県)，武田氏は甲斐国(現在の山梨県)，上杉氏は越後国(現在の新潟県)を支配した戦国大名である。

問９＜イギリスの歴史＞イギリスでは17世紀，1640～60年のピューリタン革命〔清教徒革命〕に続いて1688年に名誉革命が起こり，1689年には，国王と議会との関係を定める権利の章典が出された。なお，アヘン戦争が起こったのは19世紀半ばの1840年のこと(ア…×)，十字軍が派遣されたのは11～13世紀のこと(ウ…×)，クロムウェルが国王を処刑したピューリタン革命〔清教徒革命〕が起こったのは17世紀前半のことである(エ…×)。

問10＜旧国名＞豊後は，現在の大分県の大部分にあたる。なお，現在の大分県の北部には福岡県の東部にまたがる豊前があった。

問11＜外国船の出現＞江戸時代の後半，他の西洋諸国に比べて中国への進出に後れをとっていたアメリカは，太平洋を越えて中国へ進出しようとしていた。また，産業革命が進行していたアメリカでは，工場の夜間操業に必要な灯火の燃料や工業製品の潤滑油の原料として鯨油を必要としていたため，北太平洋で捕鯨をしていた。そのためアメリカは日本を中国進出の足がかりや捕鯨船の寄港地にしようと考えていた。

問12＜フランスの歴史＞17世紀後半のフランスでは，「太陽王」と呼ばれたルイ14世が強大な権力を握る絶対王政が全盛期を迎えていた。ルイ14世はパリ郊外にベルサイユ宮殿を建てた。なお，ビスマルクはドイツの宰相(ア…×)，革命後に社会主義政権が成立したのはロシア(ウ…×)，ナポレオンが皇帝に即位した翌年に戦ったのはアレクサンドル１世が率いるロシア軍である(エ…×)。

問13＜日露戦争＞資料の詩は，日露戦争に出征した弟を思って発表した与謝野晶子の「君死にたまふことなかれ」である。

問14＜第二次世界大戦後の世界＞年代の古い順に，ｂ(1950年の朝鮮戦争開戦)，ｃ(1955年のアジア・アフリカ会議の開催)，ａ(1962年のキューバ危機)となる。

２〔**地理―日本と世界の湖沼**〕

問１＜日本の湖沼＞⑴図１は，東北地方の青森県と秋田県の県境に位置する十和田湖である。湖の東側は青森県，西側は秋田県に属する。　⑵十和田湖は，火山の噴火によってできたくぼ地であるカルデラに水がたまって形成されたカルデラ湖である。北海道の洞爺湖などもカルデラ湖である。なお，栃木県にある中禅寺湖は火山の噴火によって河川がせきとめられてできた湖，滋賀県にある琵琶湖は地殻変動によって生じたくぼ地に水がたまってできた湖である。

問2＜香川県の特徴＞⑴香川県の讃岐平野では，瀬戸内地域に位置していて降水量が少なく，大きな河川もないため，古くからため池がつくられ，少ない雨水をためて農業などに用いられてきた。
⑵図２は香川県にある満濃池と呼ばれるため池で，８世紀の初めにつくられた後，平安時代初めの９世紀前半に空海が修築したと伝えられる。　⑶うどんの主原料は小麦粉である。香川県では，少ない農業用水を効率的に利用するために，稲を刈り取った後の田で小麦を栽培する二毛作が行われている。

問3＜浜名湖，霞ヶ浦，東海道，浜名湖の埋立地の用途＞⑴図３は，静岡県西部に位置する浜名湖である。　⑵北海道のサロマ湖，島根県の宍道湖や中海は，浜名湖と同様に淡水と海水が混合した汽水湖だが，茨城県にある霞ヶ浦は水門を閉鎖したことにより，現在では淡水湖となっている。
⑶江戸時代の五街道とは，奥州道中，日光道中，甲州道中，中山道，東海道である。このうち，浜名湖の南側を通るのは，太平洋側を通り江戸と京都を結ぶ東海道である。　⑷浜名湖のある静岡県では東部の富士市を中心に豊富な水資源を利用した製紙業が盛んであるが，それに比べて浜名湖のある静岡県西部では製紙業が盛んとはいえない。

問4＜カスピ海＞世界で最も面積の大きい湖Xはカスピ海である。その面積は約37.4万km^2で，日本の国土面積約37.8万km^2に近い。なお，他の国の国土面積は，スリランカが約6.6万km^2，チリが約75.6万km^2，マダガスカルが約58.7万km^2である。

問5＜バイカル湖＞世界で最も水深がある湖は，バイカル湖である。バイカル湖はモンゴルにほど近いロシア南東部に位置している。

問6＜世界の湖＞世界最大の湖カスピ海の水面標高は－28mと海水面より低く(…②)，沿岸国はロシア，カザフスタン，トルクメニスタン，イラン，アゼルバイジャンの５か国である(…④)。世界で最も水深があるバイカル湖の水面標高は456mで(…③)，ロシア国内にあるため沿岸国はロシア１か国である(…⑤)。

問7＜湖の位置＞カスピ海とバイカル湖に共通する沿岸国は，ロシアである。

問8＜ラムサール条約＞⑴1971年にイランで採択されたラムサール条約の正式名称は，「特に水鳥の生息地として国際的に重要な湿地に関する条約」である。　⑵ラムサール条約に登録されている日本の湿地は，釧路湿原(北海道)，谷津干潟(千葉県)，琵琶湖(滋賀県)，屋久島の永田浜(鹿児島県)など53か所だが，長野県には登録湿地はない(2023年３月現在)。

3 〔公民―総合〕

問1＜用語の略称＞UNDP〔国連開発計画〕，ODA〔政府開発援助〕，OECD〔経済協力開発機構〕の各略称のDが「開発」を意味するDevelopmentの頭文字であるのに対して，GDP〔国内総生産〕は，「Gross Domestic Product」の略称で，Dは「国内」を意味するDomesticの頭文字である。

問2＜1990年の出来事＞1989年に冷戦構造を象徴していた東西ドイツを分けるベルリンの壁が崩壊した翌1990年に東西ドイツの統一が実現した。なお，アメリカ同時多発テロは2001年，EUのユーロ導入は1999年，イラク戦争は2003年のことである。

問3＜人間開発＞人間開発の度合いを測る指標を伸ばす政策のうち，アは人間らしい生活水準(国民総所得)の指標を伸ばすための政策の例，ウは知識へのアクセス(就学状況)の指標を伸ばす政策の例，エは健康長寿(平均寿命)の指標を伸ばすための政策の例と考えられる。イはジェンダー(社会的関係から生じる性差)差別の解消を目指す政策の例であり，ア・ウ・エの３分野の指標を伸ばす以外の政策にあたる。国連開発計画では人間開発指数とは別に男女格差を加味してジェンダー・エンパワーメント指数(GEM)なども算出している。

問４＜生存権＞日本国憲法が保障する基本的人権のうち，社会権に分類されるのは，生存権，教育を受ける権利，労働者の権利である。そのうち日本国憲法第25条が保障する「健康で文化的な最低限度の生活を営む権利」は生存権と呼ばれる。

問５＜公的扶助＞日本国憲法が定める生存権を保障するための制度が社会保障制度である。社会保障制度のうち，公的扶助は，病気や失業などによって「健康で文化的な最低限度の生活」を営むだけの収入がなくなった人に対し，生活保護法に基づいて生活費などを支給する。

問６＜厚生労働省＞社会保障制度を管轄する国の機関は，厚生労働省である。

問７＜日本の雇用＞(1)2019年に見つかった新型コロナウイルス感染症は，2020年以降世界に広がり，日本もその影響を受けた。一般的に経済活動の停滞が見られたが，各分野のうち，最もその影響を受けたのが宿泊業，飲食サービス業なのでウのグラフがそれにあたる。テレワークの導入などで情報通信業は成長したため，2016年から2021年にかけて雇用者が大きく増加しているアのグラフは情報通信業を示している。少子高齢化などによって人手不足であった医療，福祉は新型コロナウイルス感染症の長期化もあり，雇用者が徐々に増加しているので，エのグラフが当てはまる。残ったイが建設業を示している。　(2)かつての日本の雇用慣行には，「終身雇用制」と「年功序列賃金」が広く見られた。このうち，従業員を定年まで雇う制度は，終身雇用制と呼ばれる。なお，「年功序列賃金」とは，賃金が年齢とともに上昇する仕組みを指す。

問８＜気候変動＞国連環境開発会議〔地球サミット〕は1992年に開かれ，気候変動枠組条約や生物多様性条約などが採択された。気候変動に関する政府間パネル〔IPCC〕とは，1988年につくられた組織で，気候変動などに関する報告書を発表している。気候変動枠組条約第21回締約国会議〔COP21〕は2015年にパリで開催され，各国が温室効果ガス排出量の削減目標を定めたパリ協定が採択された。

問９＜中東戦争＞第二次世界大戦後の1948年，イギリスなどの後押しで，ユダヤ教を信仰するユダヤ人の国家であるイスラエルが，イスラム教を信仰するアラブ人が住んでいたパレスチナの地に誕生した。それ以来，イスラエルと周辺のアラブ諸国との間で繰り返し戦争が起こった。この戦争を中東戦争という。したがって，中東戦争全てに参戦した国は，イスラエルと，アラブ諸国の中心となってイスラエルと戦ったエジプトである。

問10＜性差，一票の格差＞(1)社会や文化の中で形成された性差をジェンダーという。1979年に国連で女子差別撤廃条約が採択されたが，日本がこの条約を批准したのは1985年のことだった。この条約批准にあたり，国内法を整備する必要から，男女雇用機会均等法が同年制定された。2018年に制定されたのは，「政治分野における男女共同参画推進法」である。　(2)選挙における一票の格差とは，選出する議員一人当たりの有権者数が選挙区ごとに異なることから生じる格差のことである。議員一人当たりの有権者数が多いと一票の価値が低くなるので，この格差を是正するためには，このような選挙区では定数を増やす必要があり，議員一人当たりの有権者数が少ない選挙区では定数を減らす必要がある。

問11＜需要と供給＞ウクライナの穀物輸出量が減少したことは，穀物の供給量が減少したことを意味するので，供給曲線が左方に移動する。この問題では，需要量が変動する要素は見られない。なお，供給曲線が左方に移動すると，需要曲線との交点が表す均衡価格は上昇する。

理科解答

1 問１　ウ，エ
問２　あ…青　い…赤　う…水
問３　ウ
問４　$2NaHCO_3 \longrightarrow Na_2CO_3+H_2O+CO_2$
問５　22：9　問６　1.3g

2 問１　B　問２　クロウンモ
問３　あ…a　い…b　問４　偏西風
問５　ウ　問６　ウ　問７　キ
問８　5.7倍　問９　ウ

3 問１　1033hPa　問２　413.2N
問３　0.024hPa　問４　ウ
問５　4.80N　問６　4.0cm
問７　1.00kg/m^3

4 問１　あ…組織　い…血　う…リンパ
問２　ア
問３　(1)　0.5mm/s　(2)　毛細血管
問４　(1)…エ
(2)　①　部分…肺胞　臓器…肺
②　部分…柔毛　臓器…小腸
問５　エ

1〔化学変化と原子・分子〕

問１＜二酸化炭素の発生＞炭酸水素ナトリウムを加熱すると，分解して炭酸ナトリウム，水，二酸化炭素が生じる。よって，この実験で発生した，石灰水を白くにごらせた気体は二酸化炭素である。ア～オのうち，二酸化炭素が発生する反応はウとエである。なお，アとイでは酸素，オでは水素が発生する。

問２＜水の検出＞乾燥した塩化コバルト紙は青色で，水に触れると赤色に変わる。この性質を利用して，塩化コバルト紙は水の検出に利用される。

問３＜物質の判別＞加熱後に残った物質Xは炭酸ナトリウムである。炭酸水素ナトリウムは水に溶けにくく，水溶液は弱いアルカリ性を示す。一方，炭酸ナトリウムは水によく溶け，水溶液は強いアルカリ性を示す。炭酸水素ナトリウムは，炭酸ナトリウムに比べて水に溶けにくい。なお，炭酸水素ナトリウムの水溶液は炭酸ナトリウムの水溶液よりも弱いアルカリ性なので，フェノールフタレイン溶液を加えたときの色は炭酸ナトリウムよりもうすい赤色を示す。また，BTB溶液をアルカリ性の水溶液に加えると，青色になる。炭酸水素ナトリウムと炭酸ナトリウムはどちらも無臭である。

問４＜分解＞炭酸水素ナトリウム($NaHCO_3$)を加熱すると，分解して炭酸ナトリウム(Na_2CO_3)，水(H_2O)，二酸化炭素(CO_2)が生じる。化学反応式は，矢印の左側に反応前の物質の化学式，右側に反応後の物質の化学式を書き，矢印の左右で原子の種類と数が等しくなるように化学式の前に係数をつける。

問５＜分子の質量の比＞表１より，二酸化炭素分子(CO_2)１個の質量の整数比は，$12+16\times2=44$，水分子(H_2O)１個の質量の整数比は，$1\times2+16=18$となる。よって，分子１個の質量の比は，$CO_2 : H_2O=44:18=22:9$である。

問６＜化学変化と物質の質量＞物質Xは炭酸ナトリウム(Na_2CO_3)である。表１より，炭酸水素ナトリウム($NaHCO_3$)の質量の整数比は，$23+1+12+16\times3=84$，Na_2CO_3の質量の整数比は，$23\times2+12+16\times3=106$となる。よって，問４の化学反応式より，炭酸水素ナトリウム$84\times2=168$(g)が全て反応すると，炭酸ナトリウムが106g生じることがわかる。したがって，炭酸水素ナトリウム2.0gからは，$2.0 \times \frac{106}{168} = 1.26\cdots$より，約1.3gの炭酸ナトリウムが生じる。

2〔**大地の変化，地球と宇宙**〕

問1＜鉱物＞チョウ石は，ほぼ全ての火成岩に含まれる無色鉱物で，柱状または短冊状の形をした白色やうす桃色の鉱物である。

問2＜鉱物＞表1で，形が板状・六角形，色が黒色～褐色の鉱物Cは，クロウンモである。ねばりけの強いマグマからできる流紋岩や花こう岩に多く含まれる。なお，鉱物Aはセキエイ，鉱物Dはキ石，鉱物Eはカンラン石である。

問3＜マグマ＞火山灰aは鉱物A(セキエイ)，鉱物B(チョウ石)，鉱物C(クロウンモ)を含んでいるので，二酸化ケイ素の割合が高くねばりけの強いマグマがもとになっていることがわかる。このようなマグマを噴出する火山の形は，傾斜が相対的に急な盛り上がった形になる。一方，鉱物B(チョウ石)と，鉱物D(キ石)や鉱物E(カンラン石)といった有色鉱物を含む火山灰bは，二酸化ケイ素の割合が低くねばりけの弱いマグマがもとになっているので，このようなマグマを噴出する火山はおだやかな噴火をし，相対的に傾斜のゆるやかな形となる。

問4＜偏西風＞日本付近の上空では，一年中強い西風が吹いている。この西風を偏西風という。火山の噴火によって噴出した火山灰は，偏西風の影響で，火山よりも東側の地域に堆積することが多い。

問5＜わんがけ＞採取してきた火山灰には鉱物以外の細かい粒子も混じっているので，蒸発皿に入れて水を加え，親指の腹でこすることで細かい粒子を洗い流し，にごった水を捨てるという操作を繰り返す。この操作はわんがけと呼ばれ，火山灰に含まれる鉱物だけを取り出すことができる。

問6＜金星の見え方＞金星が半月型で，肉眼で見た場合の左下側が光っていたとき，右図のように，金星の左下側の方向に太陽があるので，地球から見て，金星は太陽の右側に位置している。このときの金星は明けの明星と呼ばれ，日の出前の東の空の低い所に見える。

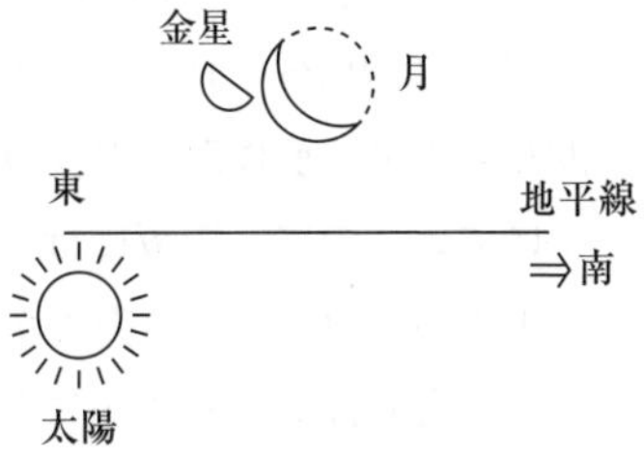

問7＜月の形と見え方＞金星が日の出前の東の空に見えているとき，右上図のように，その金星に非常に接近して見える月も，地球から見て，太陽の右側に位置している。この月が真南を通過するとき，月は南中し，太陽に面した左側が縦に細く光るキのような形になる。

問8＜金星の見え方＞金星の見かけの直径が最大になるのは，金星が地球に最も近づく，地球－金星－太陽の順に一直線上に並んだときで，最小になるのは，金星が地球から最も離れた，地球－太陽－金星の順に一直線上に並んだときである。これより，地球の公転軌道の半径を1.0とすると，地球と金星の距離は，金星が最も近づいたときが，$1.0 - 0.70 = 0.30$，最も離れたときが，$1.0 + 0.70 = 1.70$となる。よって，見かけの直径は観測地点(地球)からの距離に反比例するので，見かけの直径が最大になるときは最小のときの，$1.70 \div 0.30 = 5.66\cdots$より，約5.7倍となる。

問9＜金星の見え方＞金星の反射率が0.8から0.3になると，反射されるエネルギー(光)の量が少なくなるため，地球から見た金星の明るさは暗くなる。また，反射率が低くなるということは，金星の大気や地面に吸収されるエネルギーが増えることを意味するので，金星の気温は高くなると考えられる。

3　〔運動とエネルギー〕

問１＜水中の圧力＞水そうの水面からの深さ20.0cmの位置で受ける圧力は，水の重さによる圧力(水圧)と，水面にかかる大気圧の和に等しい。底面積が1.0m^2で高さが20.0cmの直方体の水の質量は，$1.00 \times 100 \times 100 \times 20.0 = 200000$(g)なので，その底面1.0$m^2$にかかる水の重さによる圧力(水圧)は，$200000 \div 100 = 2000$(Pa)より，$2000 \div 100 = 20$(hPa)である。よって，求める圧力は，$1013 + 20 = 1033$(hPa)である。

問２＜面が受ける力＞問１より，円板の下面が受ける圧力は1033hPaである。面が受ける力の大きさは，〔面が受ける力(N)〕＝〔圧力(Pa)〕×〔面積(m^2)〕で求められる。よって，面積40cm^2の円板の下面が受ける力の大きさは，圧力が$1033 \times 100 = 103300$(Pa)，面積が$40.0 \div (100 \times 100) = 0.004$($m^2$)より，$103300 \times 0.004 = 413.2$(N)となる。

問３＜大気圧の差＞円筒内部にある空気の密度は，標高０mにおける空気の密度と同じと考えてよい。これより，円筒内部の円板上面にかかる大気圧は，水面での大気圧に20.0cmの高さに相当する大気の圧力が加わった値なので，求める大気圧の差はこの20.0cm，つまり0.20mの高さに相当する大気の圧力に等しい。底面積が1.0m^2で高さが0.2mの空気の柱を考えると，その質量が，$1.20 \times 1.0 \times 0.20 \times 1000 = 240$(g)より，その重さは，$240 \div 100 = 2.4$(N)なので，求める大気圧の差は2.4Paより，0.024hPaである。

問４＜精度＞デジタル気圧計の表示が1013hPaであることから，小数点以下の値については正確に測定されないことがわかる。よって，1013hPaに0.024hPaを加えても意味がない。これに対し，デジタル気圧計の表示が1013.000hPaである場合は，小数第３位まで測定していることを示しているので，0.024hPaを加えることに意味がある。

問５＜作用・反作用＞円板の上面で円筒の断面からはみ出した部分は，下面と同じ水圧を下向きに受けているので，円板にはたらく上向きの力は，円板の円筒の内側の断面積30.0cm^2の部分にかかる上下の圧力差による力である。この力をＦとすると，問４より大気圧については考えなくてよいので，力Ｆは深さ20.0cmにおける水圧によって円板の面積30.0cm^2の部分に上向きにはたらく力である。その大きさは，問１より水圧が2000Paだから，$2000 \times (30.0 \div 10000) = 6.0$(N)である。この力Ｆが，円板の重さ$120 \div 100 = 1.20$(N)と円板が円筒の下端から受ける下向きの力の和とつり合っているから，円板が円筒の下端から受ける力の大きさは，$6.0 - 1.20 = 4.80$(N)となる。

問６＜力のつり合い＞水面から円板までの深さがx cmになったとき，円板が円筒の下端から離れるとする。このとき，円板が円筒の下端から受ける力が０Ｎとなり，水圧によって円板の面積30.0cm^2の部分に上向きにはたらく力が，円板の重さ1.20Nに等しくなる。水圧は，$1.00 \times x \times 100 \times 100 \div 100 = 100x$(Pa)と表されるので，$100x \times 0.003 = 1.20$より，$x = 4.0$(cm)である。

問７＜空気の平均密度＞底面積が１m^2の空気の柱を考える。標高3000mでの大気圧が713hPaより，71300Paなので，その上の部分にある空気の質量は，$71300 \times 100 \div 1000 = 7130$(kg)である。また，標高０mの大気圧が1013hPaより，101300Paなので，その上の空気の質量は，$101300 \times 100 \div 1000 = 10130$(kg)である。よって，標高０mから3000mまでの間にある空気の質量は，$10130 - 7130 = 3000$(kg)であるから，その平均密度は，$3000 \div (1 \times 3000) = 1.00$(kg/$m^3$)となる。

4 〔生物の体のつくりとはたらき〕

問１＜体液循環＞血管内部から血管壁を通って浸み出し，組織などの細胞間を満たしている液は組織液と呼ばれる。血液が運ぶ養分や酸素は，組織液を仲立ちとして細胞に渡され，細胞から出た不要物や二酸化炭素などは，組織液の仲立ちで血液まで運ばれる。組織液の大部分は再び血管に戻るが，一部はリンパ管に移動してリンパ液となる。リンパ管は鎖骨下の静脈で血管と合流していて，リンパ液も最終的に血管に戻る。

問２＜組織液＞組織液は血管壁から浸み出した血液中の液体の一部なので，赤血球などの固形の成分は含まれない。組織液が運ぶものは酸素や二酸化炭素，糖などの養分，アンモニアなどの有害な物質である。

問３＜血管の種類と血流速度＞(1)各地点での平均の血流速度は，その地点での血管の断面積を合計した値に反比例するので，地点Ｂ～Ｅの中で平均速度が最も遅いのは，表１で，断面積の合計が最も大きい地点Ｃである。地点Ｃでの断面積の合計は地点Ａの，600÷5＝120(倍)なので，血流速度の平均は，60÷120＝0.5(mm/s)である。　(2)(1)で速度を答えた血管は地点Ｃの断面における血管で，表１より，血管の数が最も多く，代表的な血管の直径が最も小さいことから，毛細血管である。毛細血管では組織の細胞などと物質のやり取りが行われるため，血管の直径は最も小さく血流速度は遅くなっている。

問４＜毛細血管＞(1)血液量に対して血管壁の表面積が広くなると，血液と血管壁との間の摩擦は大きくなり，血液は流れにくくなって血流速度は遅くなる。よって，誤っているのはエである。　(2)体内の臓器で物質を盛んに取り込む場所では，毛細血管が発達して表面積が広くなっている。①の酸素は肺で取り込まれるが，肺の内部が肺胞という無数の小さな袋状のつくりになっていることは，酸素と二酸化炭素の交換が効率よく行われることに役立っている。また，②のブドウ糖は小腸の柔毛から内部の毛細血管内に取り込まれるが，小腸の内壁が柔毛という小さな突起におおわれていることは，養分と触れ合う面積を広くして養分の吸収が効率よく行われることに役立っている。

問５＜循環系＞心臓に近い大動脈などの動脈は，血管壁が厚く弾力があって，心臓の拍動で押し出される血液の強い圧力に耐えられるようになっている。よって，正しいのはエである。なお，心臓や静脈には逆流を防ぐための弁があるが，動脈にはない。心臓から肺へ向かう血液が流れる肺動脈には，酸素が少なく(酸素濃度が低く)二酸化炭素が多い血液が流れ，肺から心臓へ戻る血液が流れる肺静脈には，酸素が多い(酸素濃度が高い)血液が流れている。また，心臓には心臓自身へ養分や酸素を送る毛細血管が分布していて，肺の内部の肺胞は毛細血管に包まれている。

国語解答

一 問一 a 妊娠 b 途方 c 随分 d 惑 e 潜

問二 (例)病気にあらがおうとせず，他者と対等な関係をつむぐことをやめて，優しくケアされるだけの弱者になってしまいたいという気持ち。(60字)

問三 (例)「決める」とは，いくつかの選択肢のうち，自分の責任でいずれかを選び納得すること。(40字)

問四 (例)偶然に出会った相手と誠実に向き合って，互いに新たな自己を生み出しながら，ともに生きていくこと。(47字)

二 問一 (例)訪問客は，静かな生活を送る私の心の平穏を乱して，疲れを来す原因となったから。

問二 (例)風が静かで温かく，来客の邪魔もなく，心身ともに調子よく過ごせる，穏やかな日。

三 問一 (例)下衆どもが，気の毒に思うべき翁に一つも瓜を分けなかったこと。

問二 (例)翁が植えた種からすぐに双葉が出たから。

問三 (例)翁が自分たちの目をくらまし，籠の瓜を全て取り出していたことに気づいたから。

一〔論説文の読解―哲学的分野―人生〕出典；宮野真生子「ほんとうに，急に具合が悪くなる」(宮野真生子・磯野真穂『急に具合が悪くなる』所収)。

≪本文の概要≫私は，もう自分を手放してただケアされたいという気持ちになっていた。人生には偶然が満ちているが，私たちはその偶然を引き受けて生きねばならない。そのとき，私たちは自分で決めることの難しさに気づく。「決める」ことの手前にある「選ぶ」とは，不確定性，偶然性を許容する行為である。選択において決断されるのは，当該の事柄ではなく，不確定性，偶然性を含んだ事柄に対応する自己の生き方である。偶然を受けとめる中でこそ，自己と呼ぶに値する存在が可能になるのである。九鬼周造は，偶然性に直面して自己とは何かを見出して生きることは，力強さを伴うものでなければならないと言った。その力強さは，私との出会いで磯野さんが発揮した「出会う人々と誠実に向き合い，ともに踏み跡を刻んで生きることを覚悟する勇気」である。磯野さんは，私との出会いを引き受けて，その勇気を発揮してくれた。同時に，私も自分を手放さずに出会ってくれた磯野さんに向き合おうとした。そこで私たちは，おそらく互いに出会うと同時に自分に出会い直したのである。

問一＜漢字＞a.「妊娠」は，身ごもること。　b.「途方」は，すじみちのこと。「途方もない」は，条理に外れていてとんでもない，という意味。　c.「随分」は，たいそう，はなはだ，という意味。　d. 音読みは「困惑」などの「ワク」。　e. 音読みは「潜水」などの「セン」。

問二＜文章内容＞「私」は，「『すっかり諦めて死にゆくガン患者になりたい』『ただケアされたい』『もうダメだって言いたい』」と思い，「自分という存在を手放したい」という欲求に流されそうになっていた。「私」は，症状が悪化してゆくにつれ，もう病にあらがわず，自己と他者との対等な関係を紡ぐことも放棄して，ただ「ケアするもの―されるもの」という固定的な間柄の中で，周囲の人に甘えて「ケアされるだけの弱者」になってしまいたいと弱気になったのである。

問三＜指示語＞「決める」ということについて，私たちは，「それは『あなたの決めた』こと，あなた自身の責任なのだから，一人で背負ってください。その責任の所在が『自分』というものでしょう」と考えている。つまり，「決める」とは，一般には，「いくつかの選択肢のうち，いずれかを選んで，自分が納得すること」と考えられているのである。

問四＜文章内容＞「偶然を生きる」こと，つまり「出会う」ことを通じて，私たちは，新しい「自己を生み出す」のである。磯野さんは，「勇気」を発揮して「私」との出会いを引き受け，「私」も「自分を手放さず」に「誠実に」向き合おうとした。そして「私」が磯野さんと出会うまで「死に接して業深く言葉を求める自分を知らなかった」ように，磯野さんも「私」との出会いを通じて「最近まで知らなかった」自分を知ったのであり，互いに相手に変化を与えていたのである。

二〔**随筆の読解—自伝的分野—生活**〕出典；正宗白鳥「吉日」。

問一＜文章内容＞訪問客は，例えば「ねちねち」話し込む「文学青年」，「長い尻の雑誌記者」，「電報」や郵便の配達員，「興行者からの使者」などである。彼らは「私」にとってはいずれも歓迎できるような相手ではなかった。なぜなら，彼らは，「私」の心の平穏を乱し，「心の疲れを来す」存在であったからである。

問二＜文章内容＞「まあ吉日」といえる日とは，「風が静かで温かで，腹加減がよくって，いやな来客に妨げられないで，快く午睡でもした日」である。「風のない光の冴えた温かい日」には，「見馴れているこの海原」も「夢のようにのんびりとして美しく見られる」のであり，「私」はそういう日には「裸足になって，波に濡れた柔かい砂の上を歩く」ときの感触を楽しむ。そのような「いい気持ち」を感じながら「思う存分温かい汐風」に浸り，家へ帰って「午餐の膳に向って，新鮮な魚介や蔬菜を味う時」には，「生きとし生けるものの刹那の幸福」を感じることができた日こそ，「今の私」にとっての「吉日」なのである。

三〔**古文の読解—説話**〕出典；『今昔物語集』巻第二十八ノ第四十。

≪現代語訳≫しばらくじっと見つめて，翁は，「その瓜を一つ私にも食べさせてください。喉が渇いてどうしようもない」と言う。瓜を食べていた下衆どもは，「この瓜は皆自分たちの物ではない。気の毒なので一つでも差し上げたいが，ある人が京に遣わす物なので，食べられないのだ」と言う。翁は，「情けをお持ちでなかった方々だなあ。年をとった者には『気の毒に』と言うのがよいことなのに。それならば，翁は，(自分で)瓜をつくって食べよう」と言ったので，この下衆どもが，(翁は)冗談を言うようだと，おかしいと思って笑い合っていたところ，翁は，近くに木切れのあるのを取って，座っているそばの地面を掘って，畑のようにした。その後にこの下衆どもが，「これは何をするのか」と見ていると，この(下衆どもが)食い散らした瓜の種を取り集めて，そのならした地面に植えた。その後，ほどなく，その種から瓜の，双葉が生え出た。この下衆どもが，これを見て，驚いたことだと思って見ているうちに，その双葉の瓜は，大変な勢いで(つるが)はい広がった。(そして，)どんどん繁って，花が咲いて瓜がなった。その瓜が，どんどん大きくなって，どれも立派な瓜に熟した。

そのときに，この下衆どもがこれを見て，「これは神などであろうか」と恐れて思っていると，翁は，この瓜を取って食べて，この下衆どもに，「お前たちが食べさせなかった瓜は，このように瓜をつくり出して食べるのだ」と言って，下衆どもにも皆食べさせる。瓜はたくさんあるので，道行く人々を呼びとめては食べさせると，(人々は)喜んで食べた。食べ終わったところ，翁は，「それでは失礼しよう」と言って立ち去った。行方はわからない。

その後，下衆どもが，「馬に瓜を負わせていこう」と思って見ると，籠はあるが，その中の瓜が一つもない。そのときになって，下衆どもは手を打って驚き騒ぐことこのうえない。「翁は籠の瓜を取り出したが，我々の目をくらまして(そうとは)見せなかったのだ」と気がついて，悔しがったが，翁の行方がわからないので，ますますどうしようもなくて，皆大和に帰っていった。

問一＜古文の内容理解＞翁は，喉が渇いてどうしようもないので，瓜を一つ食べさせてほしいと下衆どもに言った。しかし，下衆どもは，年をとった者を気の毒に思うべきなのに，瓜を分けてくれなかった。そのため，翁は，下衆どものことを情けのない人たちだと言った。

問二＜古文の内容理解＞下衆どもから瓜をもらえなかった翁は，自分で瓜をつくると言って，そばの地面を掘り，下衆どもが食い散らした瓜の種を拾い集めて，ならした地面に植えた。すると不思議なことに，ほどなく，その種から瓜の双葉が出た。

問三＜古文の内容理解＞翁が瓜の種を植えるとたちまちたくさんの瓜がなり，翁はそれを下衆どもや道行く人々に食べさせた。ところが，翁が立ち去った後で下衆どもが瓜を入れておいた籠を見ると，中には瓜は一つもなかった。そのとき初めて，下衆どもは，翁が実は籠の中の瓜を取り出していたのに，自分たちの目をくらまして，そうとは見せなかったのだと気がつき，悔しがった。

＝読者へのメッセージ＝

三の本文で，翁は，下衆どもの籠の中にあった瓜を取り出していながら，下衆どもの目をくらまして，そうとは見せないようにしています。これは「外術(げじゅつ)」，すなわち，仏教以外の宗教の術と呼ばれ，幻術や魔法といってよいものです。『今昔物語集』には，この「外術」を用いた者の話が他にもあります。

2022年度 開成高等学校

【英　語】（50分）〈満点：100点〉

注意　1．試験開始後約20分経過してから，聴き取り問題(約14分間)を実施します。

2．本文中の＊のついた語(句)には，本文の後に(注)がついています。

3．短縮形は1語と数えるものとします。［例：I am（2語）　I'm（1語）］

■リスニングテストの音声は，当社ホームページで聴くことができます。(当社による録音です)

再生に必要なIDとアクセスコードは「収録内容一覧」のページに掲載しています。

1　次の英文を読み，後の問いに答えなさい。

I wake up.

(1)Immediately I have to figure out who I am. It's not just the body — opening my eyes and discovering whether the skin on my arm is light or dark, whether my hair is long or short, whether I'm fat or thin, boy or girl, *scarred or smooth. The body is the easiest thing to *adjust to, if you're used to waking up in a new one each morning. It's the life, the context of the body, that can be hard to *grasp.

Every day I am someone else. I am myself — I know I am myself — but I am also someone else.

It has always been like this.

The information is there. I wake up, open my eyes, understand that it is a new morning, a new place. (2)The biography kicks in, a welcome gift from the not-me part of the mind. Today I am Justin. Somehow I know this — my name is Justin — and at the same time I know that I'm not really Justin, I'm only borrowing his life for a day. I look around and know that this is his room. This is his home. The alarm will go off in seven minutes.

I'm never the same person twice, but I've certainly been this type before. Clothes everywhere. Far more video games than books. Sleeps in his *boxers. From the taste of his mouth, a smoker. But not so *addicted that he needs one as soon as he wakes up.

"Good morning, Justin," I say. Checking out his voice. Low. The voice in my head is always different.

(3)Justin doesn't take care of himself. His *scalp *itches. His eyes don't want to open. He hasn't gotten much sleep.

Already I know I'm not going to like today.

It's hard being in the body of someone you don't like, because you still have to respect it. I've harmed people's lives in the past, and I've found that every time I *slip up, (4)it *haunts me. So I try to be careful.

(5)From what I can tell, every person I *inhabit is the same age as me. I don't hop from being sixteen to being sixty. Right now, it's only sixteen. I don't know how this works. Or why. I stopped trying to figure it out a long time ago. I'm never going to figure it out, any more than a normal person will figure out his or her own *existence. After a while, you have to be at peace with the fact that you simply _are_. There is no way to know why. You can have *theories, but there will never be proof.

[6] I know this is Justin's room, but I have no idea if he likes it or not. Does he hate his parents in the next room? Or would he be lost without his mother coming in to make sure he's awake? It's impossible to tell. It's as if that part of me replaces the same part of whatever person I'm in. And while I'm glad to be thinking like myself, a hint every now and then of how the other person thinks would be helpful. We all contain mysteries, especially when seen from the inside.

The alarm goes off. I reach for a shirt and some jeans, but (7)[lets / me / see / something / that] it's the same shirt he wore yesterday. I pick a different shirt. I take the clothes with me to the bathroom, dress after showering. His parents are in the kitchen now. They have no idea that anything is different.

(8)Sixteen years is a lot of time to practice. I don't usually make mistakes. Not anymore.

（注） scarred （肌の）ざらついた　adjust 適応する　grasp 理解する
boxers ボクサーパンツ　addicted 中毒の　scalp 頭皮
itch かゆい　slip up＝make a mistake　haunt＝stay with
inhabit＝go into　existence 存在　theory 仮説

問1 下線部(1)の理由として，最も適切なものを１つ選び，記号で答えなさい。
ア The main character suffers from memory loss.
イ The main character often forgets many things.
ウ The main character always dreams of becoming someone special.
エ The main character wakes up in another person's body every morning.
オ The main character usually worries very little about his or her appearance.

問2 下線部(2)はどういうことか，最も適切なものを１つ選び，記号で答えなさい。
ア The main character is given a book about the person he or she is in.
イ The main character gets access to the basic information about the person he or she is in.
ウ The main character starts writing in a notebook to record what is happening around him or her.
エ The main character starts searching the room for something which helps him or her to understand the situation.
オ The main character tries to understand the person whose body he or she is borrowing by reading that person's diary.

問3 下線部(3)を文脈に合うように和訳しなさい。

問4 下線部(4)の指す内容として，最も適切なものを１つ選び，記号で答えなさい。
ア 人に迷惑をかけてしまったこと。
イ 人の人生をうらやましく思ったこと。
ウ 自分が好きではない人と過ごしたこと。
エ 自分が尊敬できない人になりきったこと。
オ 好きでもない人のことを敬わなくてはならなかったこと。

問5 下線部(5)の意味に近いものとして，最も適切なものを１つ選び，記号で答えなさい。
ア In my opinion　イ Generally speaking
ウ To tell you the truth　エ From my experience
オ Between you and me

問6 空所 [6] に入る最も適切なものを１つ選び，記号で答えなさい。

ア　I can access facts, not feelings.
イ　I can access feelings, not facts.
ウ　Facts are more important than feelings.
エ　Feelings are more important than facts.
オ　I can't decide which is more important, facts or feelings.

問７　下線部(7)の［　］内の語を並べ替え，最も適切な表現を完成させなさい。

問８　下線部(8)の後に補えるものとして，最も適切なものを１つ選び，記号で答えなさい。
ア　living another person's life
イ　playing a new role on stage
ウ　being honest with my own feelings
エ　concentrating on what I want to do
オ　learning to be independent of my parents

問９　本文の内容と一致するものとして，最も適切なものを１つ選び，記号で答えなさい。
ア　For the main character, understanding how another person has lived his or her life is more difficult than adjusting to that person's body.
イ　The main character often returns to the same person to live his or her life again.
ウ　The main character believes you can understand the reason for your existence if you spend enough time thinking about it.
エ　People around the person the main character is in this time notice that something is different.
オ　The main character seems to have difficulty in understanding what is happening and gets upset every morning.

2　次の英文を読み，後の問いに答えなさい。

Megan entered my *therapy office looking for help because she was feeling stressed out and *overwhelmed. She said there weren't enough hours in the day to accomplish everything she needed to do.

At age thirty-five, she was married and had two young children. She worked a part-time job, taught Sunday school, and was the Girl Scout troop leader. She *strived to be a good wife and (1), but she felt like she just wasn't doing a good enough job. She was often *irritable and *grumpy toward her family and she wasn't sure why.

The more Megan talked, the clearer it became that she was a woman who couldn't say (あ). Church members frequently called her on Saturday nights, asking her to bake muffins for Sunday morning's church service. Parents of her Girl Scout troop sometimes relied on her to drive their children home if they were stuck at work.

Megan also frequently babysat for her sister's kids, so her sister wouldn't have to spend money on a sitter. She also had a cousin who sought favors and always seemed to have some sort of last-minute problem, ranging from being short on cash to needing help with a home improvement project. Lately, Megan had stopped answering her cousin's phone calls because (2a)she knew that every time (2b)she called (2c)she needed something.

Megan said to me that her number one rule was to never say (い) to family. So each time her cousin asked for a favor or her sister asked her to babysit, she automatically said (う). When

I asked her what impact that had on her husband and children, she told me that sometimes it meant (3)[dinner / for / home / in / she / time / wasn't] or to put the kids to bed. Just admitting that out loud helped Megan begin to realize why saying (え) to *extended family meant she was saying (お) to her *immediate family. Although she valued her extended family, her husband and her children were her top priorities, and she decided she needed to start treating them accordingly.

We also reviewed her desire to be liked by everyone. Her biggest fear was that other people would think she was selfish. However, after a few therapy sessions she began to recognize that her need to always be liked was actually much more selfish than saying (か) to someone. (4)Helping others really wasn't about improving their lives; she was mostly *giving of herself because she wanted to be held in higher *regard. Once she changed the way she thought about people pleasing, she was able to begin changing her behavior.

It took some practice for Megan to begin saying (き) to people. In fact, she wasn't even sure how to say (く). She thought she needed an excuse but she didn't want to lie. But I encouraged her to simply say something like "No, I'm not able to do that," without providing a lengthy reason why. She began practicing saying (け) and she found that the more she did it, the easier it became. Although she had imagined people would become angry with her, she quickly noticed that [5]. The more time she spent with her family, the less irritable she felt. Her stress level also decreased and after saying (こ) a few times, she felt less pressured to (6) others.

（注） therapy 療法　overwhelm 精神的に参らせる　strive = try hard
irritable 怒りっぽい　grumpy 不機嫌な
extended family = family that includes grandparents, aunts, uncles, etc.
immediate family = family such as your parents, children, husband, or wife
give of oneself 人のために尽力する　regard 尊敬

問1 空所（1）に入る最も適切な1語を答えなさい。

問2 下線部(2a)～(2c)が指すものとして，最も適切なものを1つずつ選び，記号で答えなさい。ただし，同じ記号を2回以上使ってもかまわない。

ア Megan　イ Megan's sister　ウ Megan's cousin

問3 下線部(3)の[ ]内の語を並べ替え，最も適切な表現を完成させなさい。

問4 下線部(4)を和訳しなさい。

問5 空所 [5] に入る最も適切なものを1つ選び，記号で答えなさい。

ア they didn't really seem to mind
イ they were going to ask her for another favor
ウ they didn't actually have good feelings about her
エ they were very grateful for what she had done so far
オ they had the attitude that they would never ask her for a favor again

問6 空所（6）に，直前の段落で使われている語を文脈に合う形にして入れるとき，空所に入る最も適切な1語を答えなさい。

問7 空所（あ）～（こ）のうち，2つにはyesが入り，それ以外にはnoが入る。yesが入る空所として，最も適切なものを2つ選び，記号で答えなさい。

3 次の各組の英文の空所には，発音は同じだがつづりが異なる語が入る。(ア)～(コ)に入る最も適切な1語を答えなさい。

(1) It's not (ア) to ask him to do everything. We should help.
How much is the bus (イ) from here to the station ?

(2) He was kind enough to help me when my car fell into a (ウ) in the road.
The (エ) class stopped talking as the teacher started the lecture.

(3) Kyoto has a lot of (オ) to visit.
This is going to be one of the (カ) for the new school buildings.

(4) She said something important, but at that time I had nothing to (キ) it on.
It's not always (ク) to ask children to study for long hours.

(5) How long do I have to (ケ) for you ? I'm in a hurry.
Our boss puts too much (コ) on his past successful experiences.

4 日本文の意味になるように，不足する1語を補い，[ ]内の語を並べ替え，最も適切な表現を完成させなさい。ただし，文頭に来る語の語頭も小文字にしてある。

(1) 充電できるときに充電しておかないと，こうなるんですよ。
[battery / charge / don't / happen / things / this / when / you / your] when you can.

(2) あなたはうそをつかれているってどうしてわかったのですか。
[did / how / know / lied / were / you / you] ?

(3) このガソリンスタンドに寄っておきましょう。ここから先はしばらく見つけられないかもしれませんから。
Let's stop by this gas station. [a / able / be / find / for / from / here / might / not / to / we / while].

(4) 試験が終わったら，何をするのが楽しみですか。
[after / are / exam / forward / is / looking / the / to / what / you] over ?

(5) 私たちはその国の人口がいかに多いのかに驚きました。
[at / country's / how / population / surprised / the / was / we / were].

5 (聴き取り問題)

Part A　Listen to the conversation and answer the three questions on the following page. You will hear the conversation twice. You will have 30 seconds before the conversation starts. Start reading the situation and advertisement below now.

Situation : A child is showing his father an advertisement for a swimming school.

ABC Swimming School

—Summer Classes—

◆ Sign up for one week or more!

Week 1: 8/03~8/07　Week 2: 8/10~8/14

Week 3: 8/17~8/21　Week 4: 8/24~8/28

◆ Choose a class!

JELLYFISH Swim safely and have fun! This is the perfect class for beginners who want to learn the basics.	**DOLPHINS** Swim faster and longer! This class is for experienced swimmers who want to improve their skills and techniques.
POOL SPORTS & GAMES Looking for some fun in the sun? If so, join this class for activities like water polo and pool volleyball.	**POOL FITNESS** Want to get slim or build some muscle? Then you'll enjoy this class for exercise and health.

◆ Select a time!

A.M. classes	Early birds:	7:00~8:00
	Mid-morning:	9:00~11:30
P.M. classes	Afternoon:	14:00~16:00
	Early evening:	17:00~18:30

For more information, visit: www.abcswimmingschool.com

(1) When will the boy most likely attend the swimming school ?

A　From the 3rd.　B　From the 10th.　C　From the 17th.　D　From the 24th.

(2) Which class will the boy most likely take ?

A　JELLYFISH.　B　DOLPHINS.

C　POOL SPORTS & GAMES.　D　POOL FITNESS.

(3) How many hours a day will the boy most likely attend the swimming class ?

A　One hour.　B　One and a half hours.

C　Two hours.　D　Two and a half hours.

Part B Imagine you are doing a study abroad in the U.S. On the first day of school, a 10th grade student is telling you about the 9th grade teachers on your class schedule. Listen carefully and answer the following three questions. You will hear the speaker twice.

(1) Which subject does each teacher teach ? Fill in (Ⅰ)～(Ⅳ) with the letter of the subject from the list below. You can only use each subject once.

Teacher	Subject
Mr. Sanchez	(Ⅰ)
Mrs. Tanaka	(Ⅱ)
Ms. Miller	(Ⅲ)
Mr. Smith	(Ⅳ)

A Biology B Chemistry C English
D History E Home economics F Math
G P.E. H Performing arts

(2) Of the four teachers, whose class do 9th grade students tend to enjoy the most ?

A Mr. Sanchez. B Mrs. Tanaka.
C Ms. Miller. D Mr. Smith.

(3) Of the four teachers, who gives the second most homework ?

A Mr. Sanchez. B Mrs. Tanaka.
C Ms. Miller. D Mr. Smith.

Part C Listen to the teacher starting his lecture and answer the four questions below. You will hear the teacher twice.

(1) What will the topic of this lecture be ?

A How the economy has changed farming.
B How more farming is being done in cities.
C Why farmers are starting to use factories.
D Why fewer people in the countryside are farming.

(2) According to the speaker, how has the number of farmers changed compared to the past ?

A The number of farmers has dropped by half.
B The number of farmers has decreased by 70 percent.
C Today the number of farmers is a little lower than it was 150 years ago.
D Today the number of farmers is only 10 percent of what it was 100 years ago.

(3) What is NOT one of the benefits of the types of farms the speaker is introducing ?

A They make fresh foods available.
B They increase pay for jobs in the city.
C They create stronger community ties.
D They can help make the natural environment healthier.

(4) What will the speaker most likely talk about next ?

A Farms in cities. B Farms on community land.
C Farms in factories. D Farms on rooftops.

＜聴き取り問題放送原稿＞

Part A

A : Dad, can I go to this swimming school in the summer ?

B : Swimming school ? Sure, that sounds fun. When is it ?

A : It's in August, but there are four different weeks. You have to sign up for one. Here's the paper.

B : Ah, I see. Well, remember that we're going to be at your grandparents' that first week. And last year, you didn't finish your summer homework before school started, so I think you should keep that final week open so you can finish everything on time this year.

A : Okay. So, one of these two weeks ?

B : Yes, but I think this one would be better because you'll be tired after visiting grandma and grandpa. They need your help cleaning up their house and yard this summer.

A : Ah, that's right. Okay, so this week will be best then, right ?

B : I think so. And which of these classes were you thinking of taking ? One for skills and techniques might be good.

A : Well, I just want to have fun in the pool, so I was hoping to take this one.

B : Well, if you're sure, I guess that's okay. But I really think you should start from the basics because you really don't swim all that often.

A : I know how to swim, Dad. Those classes would be too boring.

B : Okay, well, if that's what you want. So, now you just need to pick a time. Afternoons and evenings may not work because your mom wants to save those for family time this summer.

A : Okay. I don't mind getting up early but this one is only an hour, and I want to swim for more than that. Can I do this one here ?

B : Sure, sounds like a plan.

Part B

So, you have Mr. Sanchez 1st period. He makes you run a lot in class, and he gives homework, so some students don't like him. The homework will be things like doing morning stretches or something like that. But he usually gives it just once a week, so it's not too bad.

For 2nd period, you have Mrs. Tanaka. She gives a lot of homework, mostly reading, so you'll be busy. That's why many students say it's the toughest 9th grade class. There's a final report, too. Mine was on Asian explorers in the 15th century, and I got an A on it.

Next you have Ms. Miller. She's really kind, maybe the kindest teacher at the school. She does give a lot of homework, but less than Mrs. Tanaka does. And you'll have to read novels, write book reports, and there's a poetry project. You have to write original poems for that. She doesn't accept late projects, though. That's the only thing she's strict about.

For 4th, you have Mr. Smith. His class is fun because there's lots of lab work. He also brings in small animals and plants for students to look at. His class is usually the most popular one in the 9th grade, and the best thing is he doesn't give homework.

Part C

Okay, class. Let's get started on today's lesson. As you know, we've been discussing recent trends in farming, particularly, we learned how there has been a great decrease in the number of people working on farms over the last 150 years or so. And if you can remember, we saw that today there are 90 percent fewer farmers than there were a century ago. Do you remember how much of the population worked on farms back then ? That's right, nearly half. This is mostly true for the developed world. Basically, as technology and society developed, people moved from farming into other industries, and this was mostly for economic reasons.

Today, however, we're going to discuss something that is on the increase. Now, when we talk of farming, we usually think of the countryside, you know, some place away from the hustle and bustle of the city. But interestingly enough, we are seeing more and more farms being built within cities. Sometimes these farms are on shared community land, where people living in the area can grow some vegetables for themselves. Sometimes these farms are in factories that grow vegetables or fruit for local markets. And sometimes these are on rooftops. Have you heard of these before ? They are farms built on the unused tops of city roofs. Isn't that interesting ? Now, in addition to bringing fresh fruits and vegetables to city populations, all three of these kinds of farms also provide jobs, a sense of community, and often improve the environment.

Anyways, we're going to talk about all three of these types of city farms today, but first, I want to focus on the second one that I mentioned and then after that, get to the community and rooftop ones.

【数　学】（60分）〈満点：100点〉

（注意）　答案は指定された場所にかき，考え方や計算の過程がはっきりとわかるように心がけること（特に指示がある場合を除く）。

解答する際に利用した図はなるべくていねいにかくこと。

問題文中に特に断りのない限り，答えの根号の中はできるだけ簡単な数にし，分母に根号がない形で表すこと。

円周率はπを用いること。

1　以下の問いに答えよ。

(1)　2次方程式$7x^2-4\sqrt{2}x+1=0$を考える。

(i)　2つの解を求めよ。

(ii)　(i)で求めた2つの解のうち$\dfrac{2}{5}$に近い方を，小数第4位を四捨五入して，小数第3位まで求めよ。なお，$\sqrt{2}$の近似値として1.414を用いてよい。

(2)　右の図のマスを，上下左右に1回あたり1マス移動する駒を考える。周囲の枠の外と塗られた部分に移動することはできないが，それ以外は自由に移動できる。この条件のもとで，以下の問いに答えよ。

(i)　Startと書かれた位置にある駒が，7回の移動でGoalと書かれたマスに到着する場合の数を求めよ。

(ii)　Startと書かれた位置にある駒が，ちょうど9回目の移動ではじめてGoalと書かれたマスに到着する場合の数を求めよ。

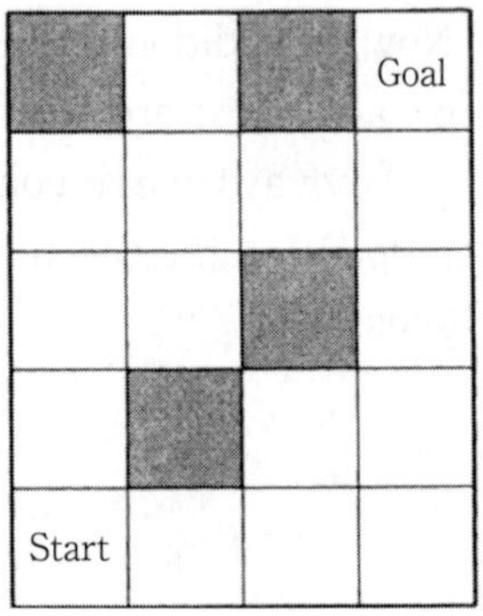

2　文字式A，Bに対する，次の操作1，2を考える。

操作1　Aを$\dfrac{B^2+1}{A}$で置き換え，Bはそのままにする。

操作2　Bを$\dfrac{A+1}{B}$で置き換え，Aはそのままにする。

以下では，分母は常に0でないと仮定してよい。いま，$A=x$，$B=y$の状態から出発して，操作1，2を交互に繰り返すことを考える。まず操作1を行うと，BはyのままでAが

$$\frac{B^2+1}{A}=\frac{y^2+1}{x}$$

に置き換わる。続けて操作2を行うと，今度はAが$\dfrac{y^2+1}{x}$のまま，Bが

$$\frac{A+1}{B}=\frac{\dfrac{y^2+1}{x}+1}{y}=\left(\frac{y^2+1}{x}+1\right)\times\frac{1}{y}=\frac{y^2+1+x}{xy}$$

に置き換わる。

なお，文字式で作られる分数に対しても，分子・分母に同じ式がかけられたものは同一とみなす。たとえば

$$\frac{xy-y^2}{x^2-y^2}=\frac{y(x-y)}{(x+y)(x-y)}=\frac{y}{x+y}$$

という具合である。

以下の問いに答えよ。

(1)　$A=\frac{y^2+1}{x}$，$B=\frac{y^2+1+x}{xy}$ の状態から操作1を行った後のAを求めよ。なお分母がxy^2に，分子が多項式になる形で解答すること。

(2)　(1)が終わった状態から操作2を行った後のBを求めよ。(1)と同様，分母が単項式に，分子が多項式になる形で解答すること。

(3)　(2)が終わった状態から操作1を行った後のAを求めよ。

(4)　(3)が終わった状態から操作2を行った後のBを求めよ。

3　1辺の長さが4の立方体を考える。この中に，次の条件を満たす正多面体Xを考える。

- 正多面体Xの各頂点には，5つの合同な正三角形が集まっている。
- 立方体の6つの面が，正多面体Xのいずれかの辺を含む。

また図のように，立方体の面に含まれる正多面体Xの1つの辺をQRとし，さらに△PQRが正多面体Xの面をなすよう，点Pをとる。

この正多面体Xの体積を計算しよう。以下，辺QRの中点をSとする。

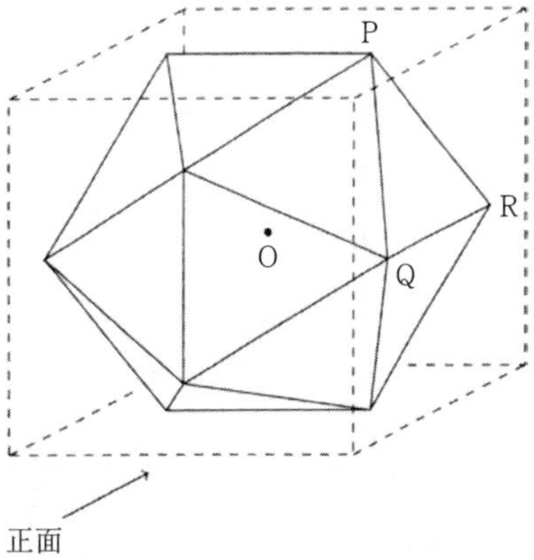

(1)　正多面体Xの立面図(正面から眺めた図)を，解答欄に記入せよ。長さは必ずしも正確でなくてよい。ここで，解答欄に点線で描かれた正方形は，立方体を正面から見た図を表す。

以下の問題を解くにあたっては，解答欄(1)の図に考察をかき加えてよい。

(2)　正多面体Xの1辺の長さを$2l$とおく。

(i)　PSの長さを，lを用いて表せ。

(ii)　三平方の定理を用いて，lが満たす2次方程式を1つ作れ。方程式の右辺が0になり，かつl^2の係数が1になる形で解答すること。

(iii)　lを求めよ。

(3)　立方体の対称の中心をOとする。正多面体Xの全ての面は，点Oから等距離にある。この距離をhとする。

(i)　△OPSの面積を求めよ。

(ii)　hを求めよ。解答にあたっては，分母の有理化を行うこと。

(4)　この正多面体Xの体積を求めよ。

4　次の，先生と生徒「勉《つとむ》」君の会話を読んで以下の問いに答えよ。

先生：勉君は，「円に内接している四角形の性質」と「四角形が円に内接する条件」は知っているかな？

勉　：前回の授業で先生に習ったので大丈夫です。

先生：では，今日はいきなり応用の難問に挑戦してみるよ。次の問題を考えてみよう。

> 点Oを共有する3つの円C_1，C_2，C_3を考える。
> C_1とC_2のO以外の交点をP，C_2とC_3のO以外の交点をQ，C_3とC_1のO以外の

交点をRとする。ただし，P，Q，Rは相異なる点とする。
円C_1上に弧$\overset{\frown}{\mathrm{POR}}$上にない点Aをとる。直線APと円$C_2$の交点をB，直線BQと円$C_3$の交点をDとする。ただし，BとQは異なる点とする。
このとき，3点A，R，Dは一直線上にあることを示せ。

勉　：先生，いきなり難しすぎてどこから手を付けてよいかわかりません。

先生：では，私が図を描いてみるね。この図の場合に証明してみてごらん。ただし，どんな定理や性質を使ったかは明記してね。

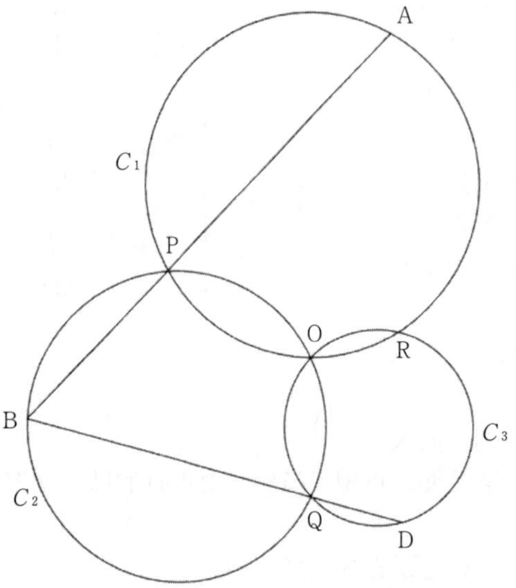

勉　：こんな証明でどうでしょう？

ア

先生：ＯＫだ。でも，これだけでは元の問題を完全に証明したことにはならないよ。

勉　：え？　どうしてですか？

先生：君の書いた$_{イ}$<u>証明・説明が通用しないような場合</u>が考えられるんだ。そのような図を１つでいいから描いてみてごらん。

勉　：なるほど，こんな図の場合は，僕の書いた証明ではダメなんですね。

先生：この問題のように，幾何の問題は一般的に証明することはとても難しいんだ。他の図の場合などでどのようになるかなど，引き続き考えてみよう。

(1)　空欄アに入る証明を述べよ。

(2)　下線部イの「証明・説明が通用しないような場合」は，どのような場合か。解答用紙の図にかき加える形で，１つ示せ。ただし円C_1の中心が，円C_2，C_3の中心を通る直線より上で，かつ直線OQより左側になるようにすること。

(3)　(2)の図の場合にも，３点A，R，Dが一直線上にあることを証明せよ。なお，解答欄(2)の図に考察をかき加えてよい。

【社　会】（40分）〈満点：50点〉

1　次の文章は，中学３年生のツトム君とカナエさんの会話文です。これを読んであとの問いに答えなさい。

ツトム：2021年の夏は①オリンピックがあったね。僕たちが生まれてからの夏季オリンピックの開催都市について何か知っている？

カナエ：〔 Ⅰ 〕なら知っているよ。この都市は，港のある都市だから，標高の低い場所もあるね。また，起伏に富んだ地形で丘の上からの景色が有名だね。

ツトム：1960年にこの都市から首都機能は移転したけれど，いまも経済的な中心地となっているね。

カナエ：オリンピック発祥の地であるギリシャのアテネと〔 Ⅰ 〕との標準時の時差は，サマータイムを考えない場合，アテネの方が５時間早いね。

ツトム：2024年大会に決定したパリについても何か知っているかな？

カナエ：パリはエッフェル塔が有名だね。それと，②パリ協定が採択された都市だよね。

ツトム：同じ国でも，フランス領③ポリネシアはパリとはずいぶん違った自然環境だ。

カナエ：フランス領ポリネシアには，サンゴ礁があってきれいなイメージがあるよ。

ツトム：サンゴ礁でできた標高の低い島は，④地球温暖化による海面上昇の影響で⑤災害が起こりやすくなると懸念《けねん》されているよね。

問１　文中の空欄〔Ⅰ〕に当てはまる都市名を答えなさい。

問２　文中の下線部①に関連して，次の図１中のａ～ｃは，過去にオリンピックが開催されたアテネ・パリ・ヘルシンキのいずれかの雨温図である。また，下のｘ・ｙのどちらかは，パリ周辺の自然環境について述べたものである。パリの雨温図とパリ周辺の自然環境の組合せとして正しいものを，あとのア～カから一つ選び，記号で答えなさい。

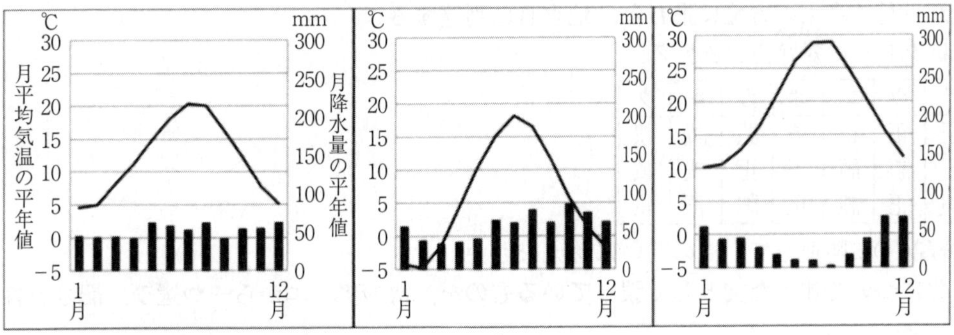

a　　　b　　　c

※パリはオルリー空港における値。　　（気象庁ウェブサイト「世界の気候」より）

図１

ｘ　アルプス山脈やピレネー山脈に近く，地震が頻発する。

ｙ　小麦などの穀物の生産に適した，湿潤な気候である。

	ア	イ	ウ	エ	オ	カ
パリの雨温図	a	a	b	b	c	c
パリ周辺の自然環境	x	y	x	y	x	y

問３　文中の下線部②に関連して，2015年にパリ協定を採択した会議は，ある条約に基づいて開催されている。この条約の名称を答えなさい。

問４　文中の下線部③に関連して，次の図２はフランス領ポリネシアのタヒチ付近を通る経線を中央にした世界地図で，緯線・経線が等間隔になるように描かれている。これを見てあとの問いに答えなさい。

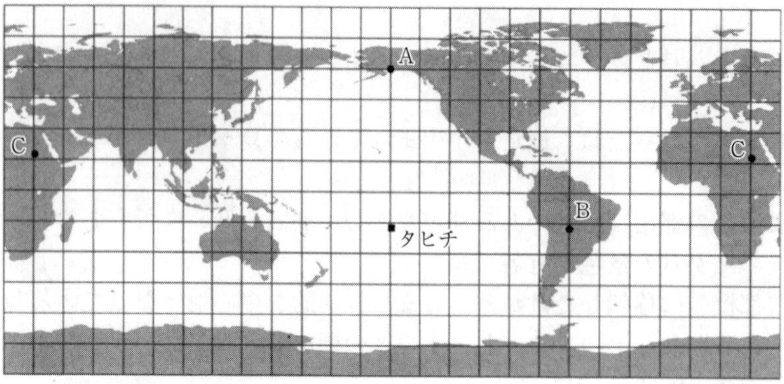

※緯線・経線とも0度を基準として等間隔に描かれている。

図2

(1) 地点Aの緯度と経度を答えなさい。

(2) 図2中の地点A～CおよびタヒチについてⅠ述べた文として正しいものを，次のア～エから一つ選び，記号で答えなさい。

ア 地点Aでは，一年を通じてタヒチと同時刻に太陽が沈む。

イ 地点Bでは，図中の地点A・Cおよびタヒチよりも早く新しい日付になる。

ウ 地点Cでは，夏季(高日季)に太陽の沈まない白夜という現象が見られる。

エ タヒチの昼の長さは，6月よりも12月の方が長い。

(3) 次のd～fの文は，図2について述べたものである。d～fの正誤の組合せとして正しいものを，あとのア～クから一つ選び，記号で答えなさい。

d 地点Aとタヒチとの最短距離はおよそ17,000kmである。

e タヒチから見て真東の方位に進むと，地点Bに到達する。

f 地点Cはタヒチの対蹠《たいせき》点にあたる。

	ア	イ	ウ	エ	オ	カ	キ	ク
d	正	正	正	正	誤	誤	誤	誤
e	正	正	誤	誤	正	正	誤	誤
f	正	誤	正	誤	正	誤	正	誤

問5 文中の下線部④に関連して，次の問いに答えなさい。

(1) 地球温暖化について述べた文として**誤っているもの**を，次のア～エから一つ選び，記号で答えなさい。

ア 永久凍土中に固定されていたメタンなどの温室効果ガスの放出が，凍土の融解により進むと懸念されている。

イ 北極海の夏の海氷の縮小によって，アジア―ヨーロッパ間を結ぶ北極海航路の活用が期待されている。

ウ パリ協定では，20世紀末と比べて気温上昇を3℃未満に抑制するために，加盟国の温室効果ガスの排出削減を求めている。

エ ヨーロッパを中心に，ガソリン車の新車販売規制が進められ，温室効果ガスを直接排出しない自動車が普及し始めている。

(2) 地球温暖化の原因となる温室効果ガスを排出しない持続的な発電方法として，再生可能エネルギーの活用が注目されている。2018年時点の日本における発電方法のうち，最も発電量の多い再生可能エネルギーの名称を答えなさい。

(3) 国際社会では，二酸化炭素をはじめとする温室効果ガスの排出削減が進められているが，すべての排出をゼロにすることはできない。温室効果ガスを吸収する活動などによって，社会全体の温室効果ガスの排出量と，吸収量のバランスが取れている状態を何と呼ぶか，**カタカナ**で答えなさい。

問6　文中の下線部⑤に関連して，次の図3は，平泉町周辺の地図(一部改変)であり，下の枠内の文章は，この地域の土地利用について述べたものである。これを見てあとの問いに答えなさい。

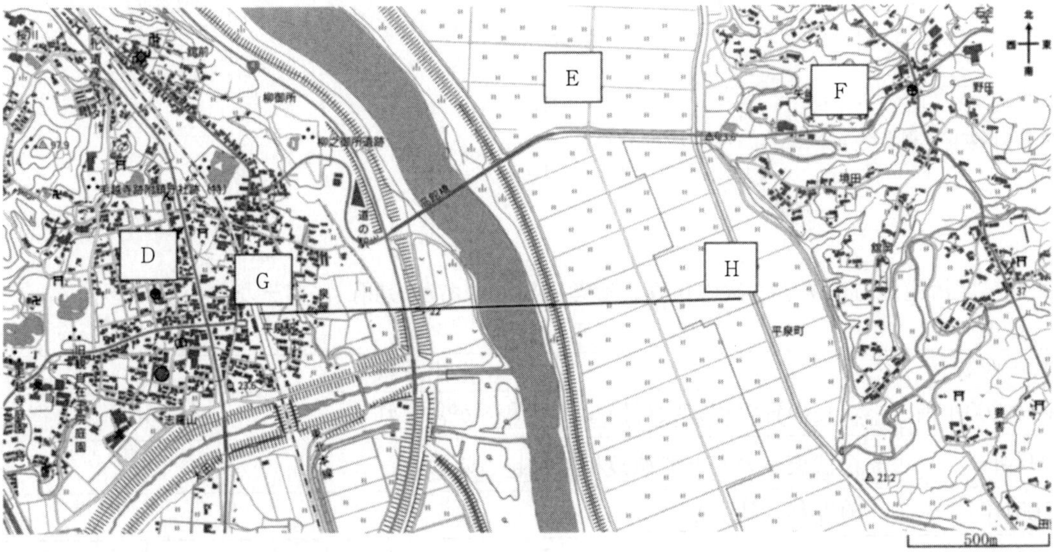

※図中の河川は北から南へ流下している。

(国土地理院ウェブサイトより)

図3

> この地域は〔 Ⅱ 〕川による洪水の被害にたびたび見舞われ，特に⑥1947年と1948年の2つの台風では，周辺地域も含めて多くの被害が出た。この時の教訓から⑦大規模な水害対策を講じるようになった。また，低地では洪水が多かったことから，集落が発達しにくく，山麓を利用した農村が形成されてきた。

(1)　枠内の空欄〔Ⅱ〕に当てはまる河川の名称を**漢字**で答えなさい。

(2)　枠内の下線部⑥に関連して，1947年に関東地方と東北地方に大規模な被害を与えた台風の名称を，次のア～オから一つ選び，記号で答えなさい。

ア　伊勢湾　　イ　室戸　　ウ　カスリーン　　エ　カトリーナ　　オ　ウィルマ

(3)　次のg～iの文は，図3中のD～Fのいずれかの地点周辺の景観について述べたものである。g～iとD～Fの組合せとして正しいものを，あとのア～カから一つ選び，記号で答えなさい。

g　山麓の傾斜地には，田畑や果樹園など多様な農地が広がっている。

h　台地や自然堤防の上に史跡や寺社が見られる。

i　低地を利用した大規模な田が広がっている。

	ア	イ	ウ	エ	オ	カ
D	g	g	h	h	i	i
E	h	i	g	i	g	h
F	i	h	i	g	h	g

(4)　枠内の下線部⑦に関連して，次の図4は，図3中の線分G－Hの断面を示したものである。この断面図から読み取れる堤防の特徴と，河川左岸の地区が，増水の際に果たす役割を説明しなさい。

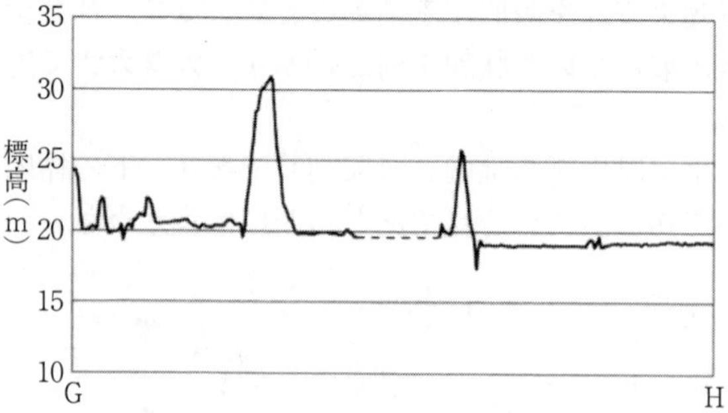

※水面部分は点線で示した。また，高さ方向は強調している。

（国土地理院ウェブサイトより）

図4

2　東北・北海道地方に関する次の年表を参考にして，あとの問いに答えなさい。

年表

年代・西暦	主な出来事
約5900～4200年前	①現在の青森市に大規模な拠点集落が営まれる
805年	②桓武《かんむ》天皇のもとで徳政相論が起こる
1051年	③前九年合戦が起こる
1124年	④藤原清衡《きよひら》が平泉に中尊寺金色堂を創建する
1170年	⑤藤原秀衡《ひでひら》が鎮守府《ちんじゅふ》将軍に任命される
1189年	源　頼朝《みなもとのよりとも》が奥州《おうしゅう》を平定する
1284年	Ⅰ
⑥14世紀半ば	津軽の豪族である安藤《あんどう》(安東)氏が本拠地を十《と》三湊《さみなと》に移す
1457年	Ⅱ
1590年	豊臣秀吉《とよとみひでよし》が奥州を支配下におき，全国を統一する
1604年	徳川家康《とくがわいえやす》がアイヌとの交易独占権を松前氏に認める
1669年	Ⅲ
1786年	⑦田沼意次《たぬまおきつぐ》により蝦夷地《えぞち》に派遣された最上徳内《もがみとくない》が得撫島《うるっぷとう》に至る
1855年	日米和親条約により箱館《はこだて》を開港する
1868年	奥羽越列藩同盟が成立する
1869年	⑧五稜郭《ごりょうかく》に立てこもっていた榎本武揚《えのもとたけあき》が新政府軍に降伏し，戊辰《ぼしん》戦争が終結する
1875年	樺太《からふと》・千島交換条約が結ばれる
1891年	日本鉄道会社により上野―青森間が全通する
1899年	Ⅳ が成立する
1918年	⑨旧盛岡藩出身の原敬《はらたかし》が内閣総理大臣に就任する

問1　下線部①に関連して，次の問いに答えなさい。

(1)　2021年７月に，この遺跡を含む北海道・北東北の縄文遺跡群が世界文化遺産に登録された。図１の写真にみられるこの遺跡の名称を答えなさい。

(2)　この時代の日本列島の様子を述べた文として正しいものを，次のア～エから一つ選び，記号で答えなさい。

ア　動きの素早い動物を狩猟するために，弓矢が使用されていた。

イ　始皇帝によって統一された中国と交易を行い，長期にわたり繁栄が続いた。

ウ　鉄器に先駆けて青銅器が作られるようになり，採集のみならず栽培も行われた。

エ　打製石器の改良が進められるとともに，赤褐色で薄手の土器が使われた。

図１

(3)　この遺跡では，図２のような石器が発掘された。その産地を調べたところ，北海道の白滝や長野県の和田峠でとれたガラス質の火山岩であった。この石を何と呼ぶか，**漢字**で答えなさい。

図２

（「世界遺産　北海道・北東北の縄文遺跡群」ウェブサイトより）

問2　下線部②に関連して，徳政相論について述べた次の史料を読み，波線部の「軍事と造作」とは何か，**10～15字**で答えなさい。

『日本後紀』延暦《えんりゃく》24年12月壬寅条《じんいんじょう》

この日，中納言《ちゅうなごん》・近衛《このえ》大将で従三位《じゅさんみ》の藤原朝臣《あそん》内麻呂が，宮殿にひかえていた。天皇の命令があり，参議・右衛士督《うえじのかみ》で従四位下《じゅしいのげ》藤原朝臣緒嗣《おつぐ》と，参議・左大弁で正四位下《しょうしいのげ》の菅野《すがの》朝臣真道《まみち》とで，天下の善い政治について議論させた。緒嗣は「現在，天下の苦しむところは，軍事と造作である。この両事を停止すれば百姓が安んぜられる」と言った。それに対して真道は異議をとなえて自分の意見にこだわり，緒嗣の意見をあえて聴くことをしなかった。帝は，緒嗣の意見を善しとし，軍事と造作を停廃することに従った。

問3　下線部③に関連して，日本の「武士」がどのような者によって形づくられたのかについて述べた文として**誤っているもの**を，次のア～エから一つ選び，記号で答えなさい。

ア　各国の国分寺を拠点に，袈裟《けさ》を着して覆面をし，薙刀《なぎなた》などを持って武装した者。

イ　京都の中・下級貴族のうち，武芸に優れた者。

ウ　地方にとどまった国司の子孫など，その土地に定着した者。

エ　地方の豪族や有力農民で，自分の土地を守るために武装した者。

問4　下線部④に関連して，奥州藤原氏と中尊寺金色堂について述べた文として**誤っているもの**を，次のア～エから一つ選び，記号で答えなさい。

ア　奥州藤原氏は，金や馬などの産物と北方との交易によって栄えた。

イ　中尊寺金色堂は，大陸からもたらされた禅宗の影響を受けている。

ウ　中尊寺金色堂の内部には，清衡・基衡《もとひら》・秀衡三代の遺体が安置されている。

エ　源頼朝は，みずから御家人を率いて奥州藤原氏を攻め滅ぼした。

問5　下線部⑤に関連して，次の図3は藤原秀衡によって造られた無量光院の復元図である。これは京都のある寺院を模して建立されているが，その寺院の名称を**漢字3字**で答えなさい。

（菅野成寛《かんのせいかん》編『中尊寺と平泉をめぐる』より）

図3

資料提供：「平泉町教育委員会」
復元考証：京都大学大学院教授　冨島義幸
CG作成　：共同研究者　竹川浩平

問6　年表中の空欄Ⅰ・Ⅱ・Ⅲに入る適語の組合せとして正しいものを，次のア～カから一つ選び，記号で答えなさい。

ア	Ⅰ	コシャマインの戦い	Ⅱ	シャクシャインの戦い	Ⅲ	元軍のアイヌ攻撃
イ	Ⅰ	コシャマインの戦い	Ⅱ	元軍のアイヌ攻撃	Ⅲ	シャクシャインの戦い
ウ	Ⅰ	シャクシャインの戦い	Ⅱ	コシャマインの戦い	Ⅲ	元軍のアイヌ攻撃
エ	Ⅰ	シャクシャインの戦い	Ⅱ	元軍のアイヌ攻撃	Ⅲ	コシャマインの戦い
オ	Ⅰ	元軍のアイヌ攻撃	Ⅱ	コシャマインの戦い	Ⅲ	シャクシャインの戦い
カ	Ⅰ	元軍のアイヌ攻撃	Ⅱ	シャクシャインの戦い	Ⅲ	コシャマインの戦い

問7　下線部⑥に関連して，14世紀の間に起きた出来事として**誤っているもの**を，次のア～エから一つ選び，記号で答えなさい。

ア　鎌倉幕府が滅亡し，室町幕府が成立した。

イ　朱元璋《しゅげんしょう》が明《みん》王朝を成立させた。

ウ　高麗《こうらい》王朝が滅亡し，朝鮮王朝が成立した。

エ　尚巴志《しょうはし》が琉球《りゅうきゅう》王国を成立させた。

問8　下線部⑦に関連して，次の問いに答えなさい。

(1)　この時期の北方地域について述べた次の文章の空欄〔a〕～〔d〕に，当てはまる人名の組合せとして正しいものを，あとのア～エから一つ選び，記号で答えなさい。

> 　最上徳内が得撫島でロシア人と接触した後，幕府は〔 a 〕に択捉島《えとろふとう》の開発を，そして〔 b 〕に樺太の調査を命じた。1792年には，アリューシャン列島に漂着した後にロシア人に助けられた〔 c 〕が根室に送還された。その後，〔 d 〕による長崎での貿易交渉が不調に終わると，彼の部下が樺太や択捉島を襲撃する事件が起きた。

ア　a－近藤重蔵　b－間宮林蔵　c－高田屋嘉兵衛《かへえ》　d－ラクスマン

イ　a－近藤重蔵　b－間宮林蔵　c－大黒屋光太夫《こうだゆう》　d－レザノフ
ウ　a－間宮林蔵　b－近藤重蔵　c－高田屋嘉兵衛　d－ラクスマン
エ　a－間宮林蔵　b－近藤重蔵　c－大黒屋光太夫　d－レザノフ

(2)　田沼意次の政策を述べた文として正しいものを，次のア～エから一つ選び，記号で答えなさい。

ア　困窮する旗本や御家人を救済するために，金を貸し付けていた札差《ふださし》に対する借金を帳消しにする政策を行った。

イ　参勤交代で大名が江戸にいる期間を短くするかわりに，１万石につき100石の米を幕府に納めさせた。

ウ　銅の専売制を実施し，俵物の増産をはかることで長崎貿易を活発にしようとした。

エ　物価の上昇を抑えるため，営業を独占している株仲間に解散を命じた。

問９　下線部⑧に関連して，この戦いの後に設置された，北海道で農地の開墾，鉄道・道路の建設などを行った政府機関を**漢字３字**で答えなさい。

問10　年表中の空欄Ⅳに関連して，次の問いに答えなさい。

(1)　空欄Ⅳは，明治政府によって行われた同化政策の延長線上にある法律で，アイヌに対して土地を給与して農業の奨励をしたり，公教育の保障などを目指したりした。この法律を答えなさい。

(2)　近年の日本のアイヌ政策を述べた次のa～cの文について，年代の古い順に正しく並べ替えたものを，あとのア～カから一つ選び，記号で答えなさい。

a　国立アイヌ民族博物館などを主要施設とする，民族共生象徴空間「ウポポイ」が一般公開された。

b　アイヌが「先住民族」であることがはじめて明記され，差別の禁止やアイヌの人々の誇りが尊重されることなどを記した法律が公布された。

c　アイヌが「固有の民族」としてはじめて位置付けられ，さらには国民に対する知識の普及・啓発を図ることを目指す法律が公布された。

ア　a→b→c　　イ　a→c→b　　ウ　b→a→c
エ　b→c→a　　オ　c→a→b　　カ　c→b→a

問11　下線部⑨に関連して，原敬やその内閣について述べた文として正しいものを，次のア～エから一つ選び，記号で答えなさい。

ア　閣僚すべてが立憲政友会の党員で構成された，本格的な政党内閣であった。
イ　国民は平民宰相と呼んで歓迎し，男子普通選挙制度が成立した。
ウ　党員による汚職事件などで政治不信を招き，東京駅で暗殺された。
エ　前政権が行ったシベリアへの出兵を取りやめ，ソ連との国交回復に努めた。

3　次の文章を読んで，あとの問いに答えなさい。

昨年，2021年も話題の多い年となった。

まず，２年連続で①首相が交代した。９月，当時の首相は②新型コロナウイルス感染症対策に専念することを理由に事実上の辞任表明をし，10月に開かれた〔　③　〕で新しい首相が指名された。新首相は，明治期から合わせて④第100代の首相となった。世界に目を向けると2021年は，⑤ドイツでも首相が辞任を表明したほか，⑥アメリカ合衆国の大統領も交代した。経済大国で首相や大統領が交代した年だった。

また，新型コロナウイルス感染症のため１年延期されていた，⑦東京オリンピックも開催された。大会ビジョンの一つとして「多様性と調和」が掲げられ，勝ち負けを競うのみの場ではなく，⑧共生社会をはぐくむ場としての大会が目指された。

問1　下線部①に関連して，次の文章を読んで，〔a〕～〔d〕に当てはまる人名を，あとのア～カからそれぞれ選び，記号で答えなさい。同じ記号を複数回選んでもよい。

> 2021年9月3日，当時の首相の〔 a 〕が，9月29日開票の自民党総裁選に立候補しないことを表明した。この結果，10月初頭に首相が交代することも実質的に決まり，総裁選をめぐるニュースがメディアをにぎわせた。
>
> 9月29日，自民党新総裁に〔 b 〕が選ばれた。決選投票で〔 c 〕を破っての当選だった。そして10月4日に国会が開かれて新しい首相が選ばれた。衆議院・参議院ともに，得票数2位の候補は〔 d 〕だった。

ア　安倍晋三《あべしんぞう》　イ　枝野幸男《えだのゆきお》　ウ　岸田文雄《きしだふみお》
エ　小池百合子《こいけゆりこ》　オ　河野太郎《こうのたろう》　カ　菅義偉《すがよしひで》

問2　下線部②に関連して，新型コロナウイルス感染症対策関連の，さまざまな法令が運用されてきた。次のア～ウから，国会の議決で成立した法令を**すべて**選び，記号で答えなさい。

ア　新型インフルエンザ等対策特別措置法(2012年5月公布)

イ　新型コロナウイルス感染症を指定感染症として定める等の政令(2020年1月公布)

ウ　新型コロナウイルス感染症を検疫法第三十四条の感染症の種類として指定する等の政令第三条の規定により検疫法施行規則の規定を準用する場合の読替えに関する省令(2020年2月公布)

問3　〔③〕に関連して，10月4日に開かれた国会を，次のア～エから一つ選び，記号で答えなさい。

ア　緊急集会　イ　通常国会　ウ　特別国会　エ　臨時国会

問4　下線部④に関連して，次の表は日本の歴代首相のうち，初代・第20代・第40代・第60代・第80代の人物を示したものである。X・Y・Zに当てはまる人名の正しい組合せを，あとのア～カから一つ選び，記号で答えなさい。

代	首相名	在任期間	他の代での首相就任
初代	伊藤博文《いとうひろぶみ》	1885～1888年	第5・7・10代首相
第20代	X	1921～1922年	なし
第40代	Y	1941～1944年	なし
第60代	Z	1963～1964年	第58・59代首相
第80代	羽田孜《はたつとむ》	1994年	なし

ア　X　池田勇人《いけだはやと》　Y　高橋是清《たかはしこれきよ》　Z　東条英機《とうじょうひでき》
イ　X　池田勇人　Y　東条英機　Z　高橋是清
ウ　X　高橋是清　Y　池田勇人　Z　東条英機
エ　X　高橋是清　Y　東条英機　Z　池田勇人
オ　X　東条英機　Y　池田勇人　Z　高橋是清
カ　X　東条英機　Y　高橋是清　Z　池田勇人

問5　下線部⑤に関連して，次の条文は，ドイツで1919年に制定されたワイマール憲法の第115条である。この条文が保障している人権として最も適切なものを，下のア～エから一つ選び，記号で答えなさい。

> 各ドイツ人の住居は，各人にとって安息の場所(Freistätte＝避難所)であり，これを侵してはならない。これに対する例外は，法律の根拠に基づいてのみ許される。

ア　参政権　イ　社会権　ウ　自由権　エ　平等権

問6　下線部⑥に関連して，次の問いに答えなさい。

(1)　次の文は，現在もアメリカ政治の根本をなすとされる，独立宣言(1776年)の一部である。〔 e 〕に当てはまる言葉を**漢字**で答えなさい。

> われわれは，自明の真理として，すべての人は平等に造られ，造物主によって，一定の奪いがたい天賦の権利を付与され，そのなかに生命，自由および〔　e　〕の追求の含まれることを信ずる。

(2)　アメリカ合衆国の現在の二大政党のうち，2021年1月に就任したアメリカ合衆国大統領の所属政党を，**漢字**で答えなさい。

問7　下線部⑦に関連して，次の問いに答えなさい。

(1)「東京オリンピック」とまとめて呼ばれることも多いが，この大会は7月23日から8月8日までのオリンピックと，8月24日から9月5日までの障がい者スポーツの大会に分かれていた。後者を何と呼ぶか，**カタカナ7字**で答えなさい。

(2)　次の図1は，オリンピックの競技の一部を表したものであり，左から順に，「障害馬術」「フェンシング」「サッカー」である。1964年の東京オリンピックからこのような表現を導入するようになったことが，昨年のオリンピックの開会式パフォーマンスで示されて話題になった。このような図記号を何と呼ぶか，**カタカナ6字**で答えなさい。

(読売新聞ウェブサイトより)

図1

問8　下線部⑧に関連して，次の文章は，渡辺一史《わたなべかずふみ》『なぜ人と人は支え合うのか』の一部である。これを読んで，あとの問いに答えなさい。

障害の「重い・軽い」は，その人が暮らしている社会や環境しだいで，大きく変わりうるものであり，場合によっては，障害が「障害」でなくなってしまう可能性もあるのです。

つまり，障害者に「障害」をもたらしているのは，その人がもっている病気やケガなどのせいというよりは，それを考慮することなく営まれている社会のせいともいえるわけであり，こうした障害のとらえ方を「障害の社会モデル」といいます。

従来の医学モデルにおいては，障害とはあくまで障害者個人に付随する特質(インペアメントといいます)と考えがちですが，社会モデルにおいては，人と社会との相互作用によって生じるのが障害(ディスアビリティといいます)であるという考え方をとります。

また，〔 ア 〕においては，個々の障害者の側が，できるだけその障害を治療やリハビリなどによって乗り越え，社会に適合できるように努力すべきだ，という方向でものごとを考えがちなのに対して，〔 イ 〕においては，まず社会の側が，障害者にハンディキャップをもたらす要素を積極的に取り除いていくべきだ，という真逆の発想につながっていきます。

〔 ウ 〕の何がすぐれているのかというと，障害という問題を，単に個人の問題だけに押し込めるのではなく，社会全体で問題を受け止め，解決していこうという発想につながる点です。また，それによって，たとえば，車いすの障害者のために設置されたエレベーターが，高齢者やベビーカーを押す人，あるいは，キャリーバッグを引く健常者たちにも大きな利便性をもたらすといったように，さまざまな生の条件を背負った人たちを許容する社会へと大きく広がる可能性を秘めていることです。

障害を，その人個人の責任とみるか，社会の責任とみるか，発想ひとつで，乗り越えるべきテーマや変革すべき社会のイメージも大きく変わってくることになります。

もちろん，すべてを社会のせいにして，社会を変革すればそれで万事，問題が解決するというわけではありませんが，これまでの福祉観や障害観というのが，あまりに〔 エ 〕偏重で考えられすぎてきたのは確かです。思えば，「かわいそうな障害者」像や「けなげな障害者」像というものも，その根底には，障害者が努力して障害を克服しようとする姿に感動を覚え，賞讃《しょうさん》するという，〔 オ 〕的な障害観がひそんでいます。

そうではなくて，努力して障害を克服すべきなのは，障害者本人というよりは，まずは社会の側である，という視点でものごとを考えてみることが大切です。

※「障害者」は，「害」の字を避けるために「障碍者《しょうがいしゃ》」「障がい者」などと表記される場合もあるが，ここでは著者の用いている表記をそのまま掲載する。

(1) 文章中の〔ア〕～〔オ〕には，「医学モデル」か「社会モデル」のいずれかの語が入る。「社会モデル」が入るものを**すべて**選び，記号で答えなさい。

(2) 文章中の下線部について，図１の図記号も，下線部の内容と深く関連する。たとえば日本では非常口の位置を，図２の世界共通の図記号によって示しているが，それは社会の責任を果たす試みの一つと言える。

図２の図記号を用いることで，個人に責任を負わせることを回避できるとなぜ言えるのか。「個人の責任」という言葉を必ず用いて説明しなさい。なお，この問いにおける「障害」は，身体のハンディキャップに限定されず，生活における何らかの不自由さ全般を指すこととする。

(一般社団法人日本標識工業会ウェブサイトより)

図２

【理　科】（40分）〈満点：50点〉

1　棒磁石を600回巻きのコイルに近づけたり遠ざけたりしたところ，検流計の針が振れた。回路に電流が流れることから，コイルに電圧が発生したと考え，その電圧をオシロスコープで観測することを考えた。まず図1のように，オシロスコープのプローブに乾電池をつないで観測したところ，図2(a)のような波形が得られた。次に，図1とプローブの陽極と陰極を入れ替えて乾電池につなぐと，図2(b)のような波形が得られた。

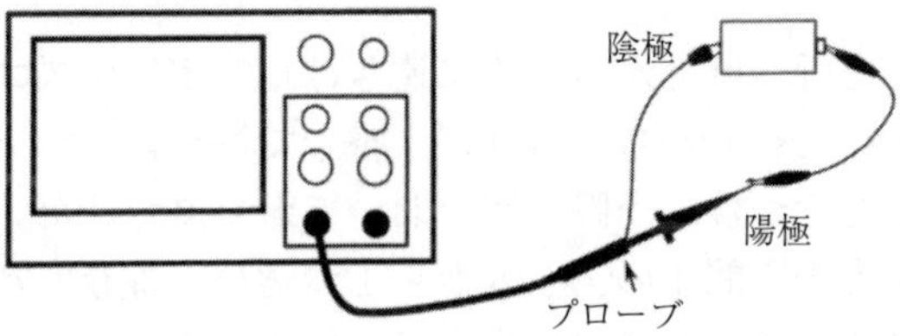

図1

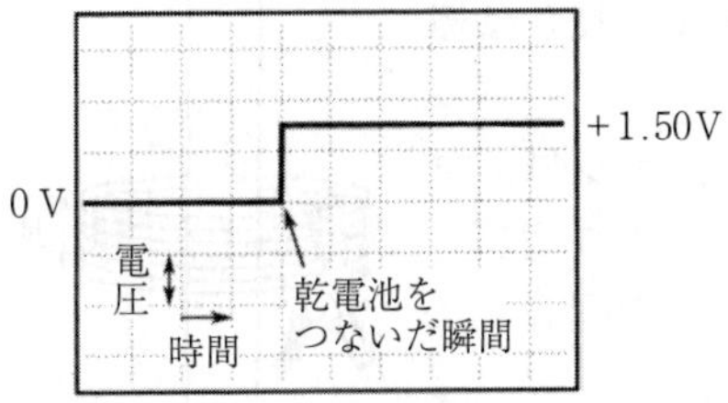

図2(a)

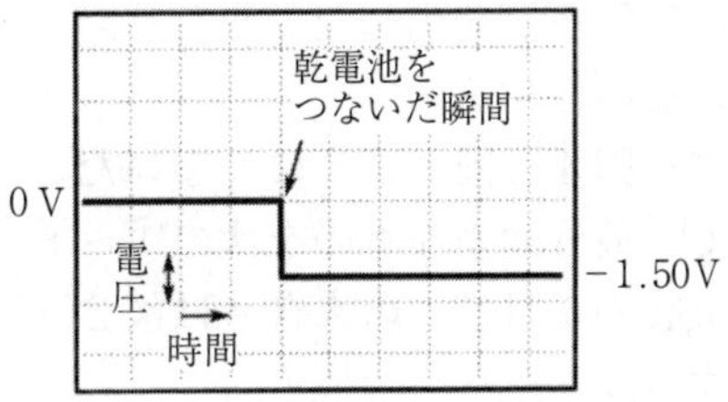

図2(b)

続けて図1の乾電池をコイルに交換した。棒磁石を動かす速さだけを変えて，コイルに棒磁石を速く近づけた場合とゆっくり近づけた場合をオシロスコープで観測した。その結果，図3(a)，(b)のような波形が得られた。この電圧はコイルの中の磁界の変化をさまたげる向きに誘導電流を発生させていた。以下の各問いに答えよ。

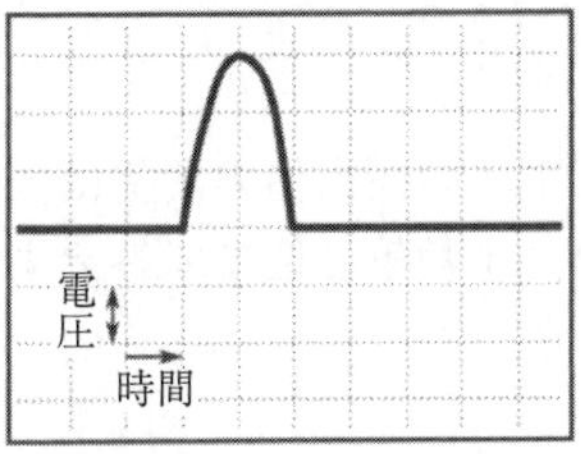

図3(a)　速く近づけた

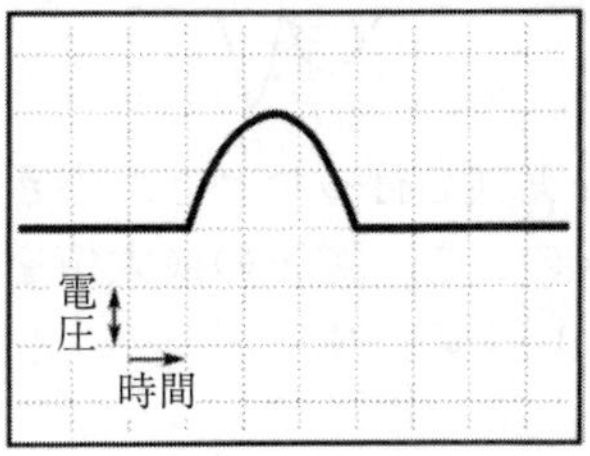

図3(b)　ゆっくり近づけた

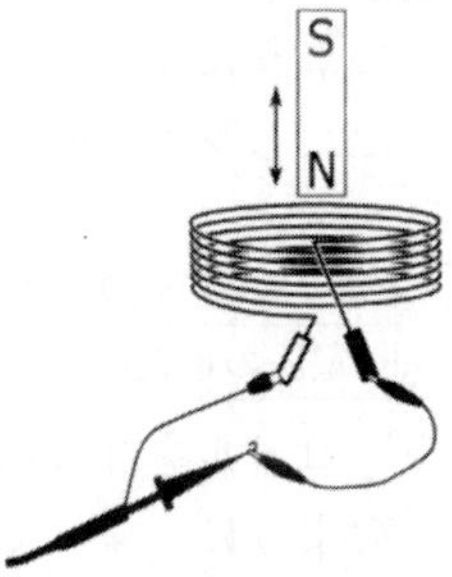

図4

右の図4のようにプローブと600回巻きのコイルをつなぎ，コイルの上から棒磁石のN極をコイルに近づけてからすぐに遠ざけた。ただし，選択肢の1目盛りの大きさは図2(a)，(b)や図3(a)，(b)のものとは異なるものとする。

問1　オシロスコープで観測される波形として，最も適当なものを次の①～⑧から1つ選び，番号で答えよ。

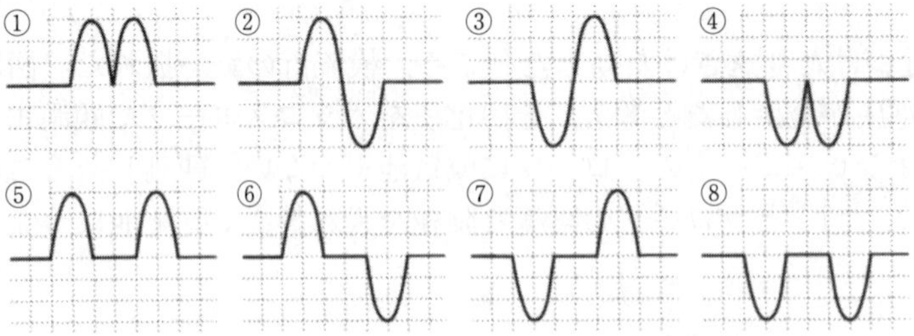

問2　図4のコイルの下から棒磁石のN極を近づけてからすぐに遠ざけた。オシロスコープで観測される波形として，最も適当なものを**問1**の①～⑧から1つ選び，番号で答えよ。

問3　図4のコイルの上から棒磁石のS極を近づけ，一瞬，間をおいてから遠ざけた。オシロスコープで観測される波形として，最も適当なものを**問1**の①～⑧から1つ選び，番号で答えよ。

図5のように，コイルの中心とプラスチックのパイプの中心が一致するように設置した。パイプの上端でN極を下にして棒磁石を静かにはなしたところ，棒磁石が落下してコイルに電圧が発生した。ただし，コイルの長さは棒磁石の長さに比べて十分短いものとする。

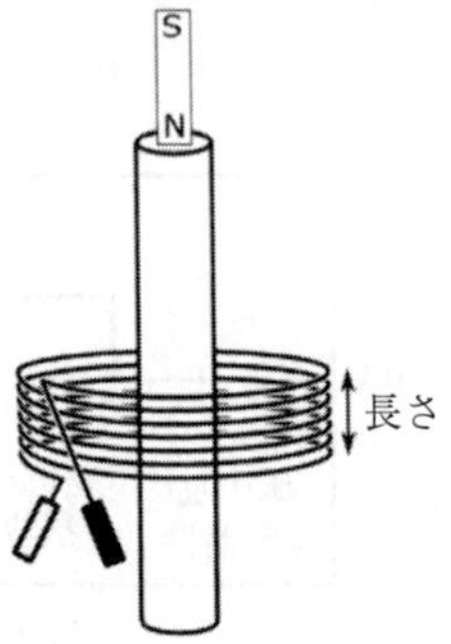

図5

問4　図5のコイルとプローブを図4と同じようにつないだとき，オシロスコープで観測される波形として，最も適当なものを次の①～⑧から1つ選び，番号で答えよ。ただし，選択肢の1目盛りの大きさは図2(a)，(b)や図3(a)，(b)のものとは異なるものとする。

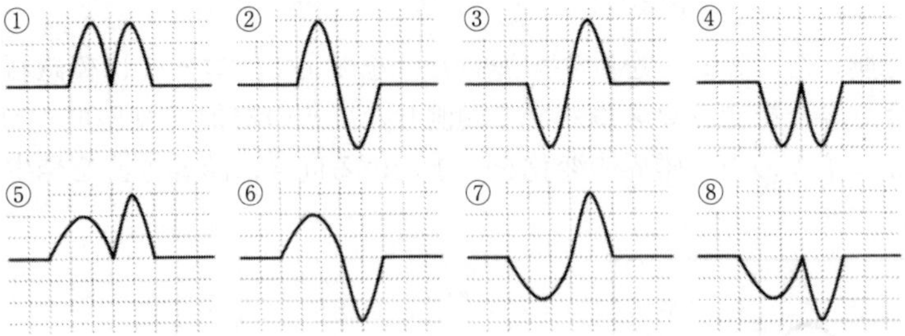

問5　コイルの巻き数を変えて図5と同様の実験を行ったとき，巻き数と電圧の最大値の関係は表1のようになった。コイルの巻き数が2200回のとき，電圧の最大値を求め，小数第2位まで答えよ。ただし電圧の最大値は正負の符号を考えないものとする。

表1

コイルの巻き数[回]	600	1200	1800
電圧の最大値[V]	0.40	0.80	1.20

コイルを3つ用意し，それぞれのコイルをA，B，Cとした。図6のように，すべてのコイルを重ねた状態でプラスチックのパイプに通し，コイルの中心とパイプの中心が一致するよう設置した。その後，パイプの上端で棒磁石を静かに落下させた。ただし，重ねたコイル全体の長さは棒磁石の長さに比べて十分短いものとする。

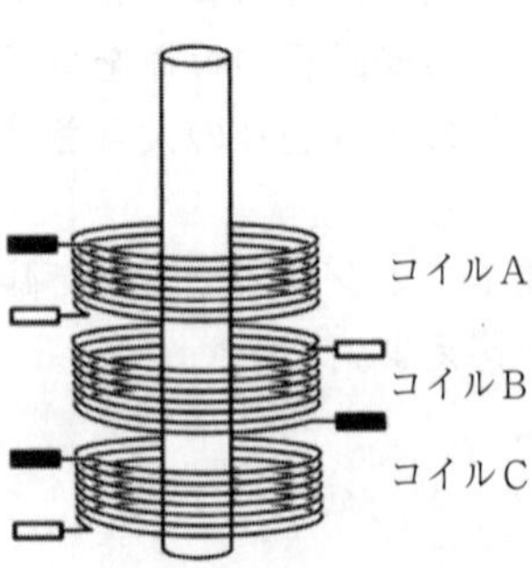

図6

問6　コイルA，B，Cと豆電球をつないで回路を作ったとき，豆電球が最も明るく光る回路として，最も適当なものを次の①～⑧から1つ選び，番号で答えよ。ただし，コイルは  で省略している。

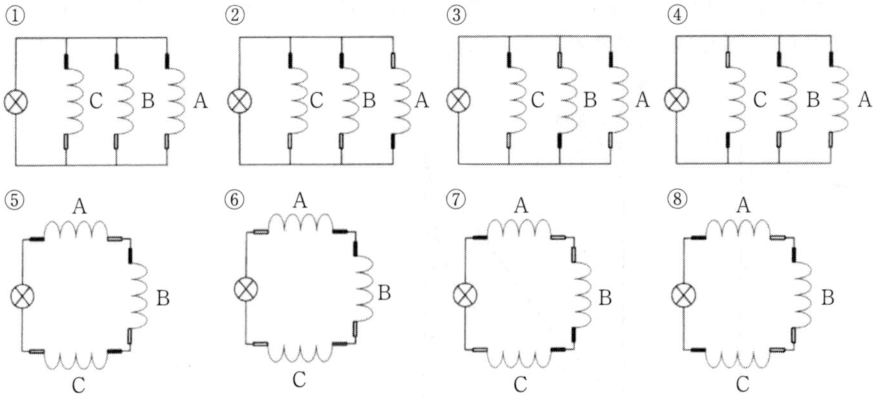

2　次の文章を読み，後の各問いに答えよ。

群馬県の草津温泉は，古くから多くの湯治客や観光客に親しまれてきた。しかし温泉の下流の河川では，その温泉水のためにほとんど生物がすむことができず，建造物もたてられないため不都合が多かった。そのため草津地域を流れる河川では，水質改善事業がおこなわれている。

この地域には草津温泉の源泉から流れる「湯川」と，その北側にある源泉から流れ出る「谷沢川」と「大沢川」があり，どの河川の水質も源泉付近では酸性が強く，ほぼ同じpHを示していた。そのため1960年代に湯川と谷沢川の水質改善計画がたてられ，中和工場をつくり中和剤の投入がはじまった。ただ大沢川は地形が険しいなどの条件により当初の計画からは外されていた。現在は大沢川にも中和剤の投入がおこなわれている。

問１　下線部に関して，河川の中に鉄筋やコンクリートでできた建造物をたてることができなかったのはなぜか。最も適当なものをア～エから１つ選び，記号で答えよ。

ア　渓谷の水の流れが速く，川底の砂や石がまきあがり建造物を壊してしまうから。

イ　温泉水の熱によって金属やコンクリートが融《と》けてしまうから。

ウ　温泉水に含まれるイオンにより生成した食塩が金属やコンクリートを溶かしてしまうから。

エ　酸性の水質により金属やコンクリートが反応して溶けてしまうから。

問２　表１は草津温泉の水質を示している。この表をもとに，下の(1)，(2)に答えよ。

表１　草津温泉の水質　[mg/L]

Na^{+}	K^{+}	Ca^{2+}	Mg^{2+}	Fe^{2+}	Fe^{3+}	Al^{3+}	Cl^{-}	SO_4^{2-}
37.1	11.5	86.6	34.3	16.9	0.00	70.1	420	926

小坂丈予　Gypsum & Lime No.234(1991)をもとに作成

(1)　草津温泉の水に含まれる酸として考えられるものを，次のア～オから**すべて**選び，記号で答えよ。

ア　塩酸　　イ　硫酸　　ウ　硝酸　　エ　水酸化ナトリウム　　オ　塩化ナトリウム

(2)　草津温泉の水のpHの値として最も適当なものを次のア～ウから１つ選び，記号で答えよ。

ア　2～3　　イ　7～8　　ウ　12～13

問３　水質改善計画をはじめるために湯川の水を採取して中和実験がおこなわれた。投入される中和剤は，価格などから石灰石(炭酸カルシウム)と消石灰(水酸化カルシウム)が考えられた。河川の水量や水質は日々変化するため，投入量が過剰になった場合でも水質への影響が小さい石灰石が使われることになった。次のグラフ※の①と②は石灰石または消石灰を用いた中和実験の結果を表している。石灰石のグラフは①と②のどちらか，番号で答えよ。ただしグラフの左の縦軸はイオン濃度を表し，右の縦軸はpHを表している。[mEq/L]はイオン濃度を表す単位の一種である。またグラフ①と②の横軸の１目盛りは，同じ投入量を表している。

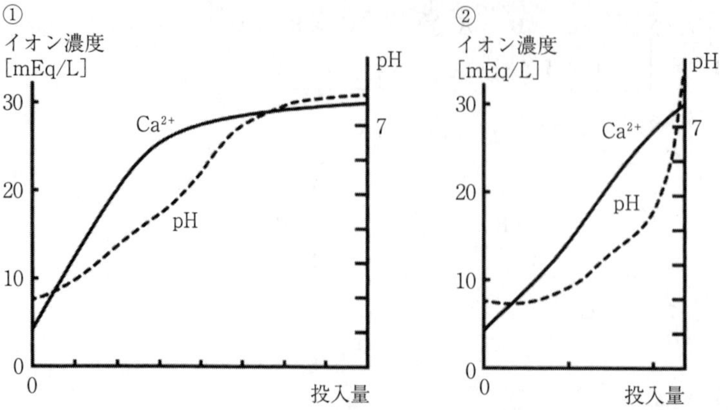

問４　近年，湯川にある中和工場では粉末にした石灰石(炭酸カルシウム)を１日55トン投入している。ただし，投入されたすべての石灰石がその場ですぐに中和するわけではなく，未反応のまま流れ下る量も多い。もし55トンの石灰石が酸と完全に中和したとすると，その酸は何トンになるか求め，整数で答えよ。なお，このとき酸と石灰石は73：100の質量比で完全に中和する。

問５　水質改善計画では，未反応のまま流れ下った石灰石を反応させたり，中和による生成物を沈殿させる目的で「品木ダム貯水池」がつくられた。1960年代の計画で石灰石を投入しなかった大沢川の水は，貯水池で他の川の水と混ぜて中和する計画だった。

事業がはじまってしばらくたって，貯水池に流れ込む直前の水質をそれぞれの川で測定した。図１のＡ，Ｂ点ではほぼ中性になり，Ｃ点では酸性のままだった。なおＡ，Ｂ点での水温は石灰石の投入などで十分冷めており，Ｃ点での水温はＡ，Ｂ点より高いとする。また，その温度差は冬では小さく，夏では大きいとする。

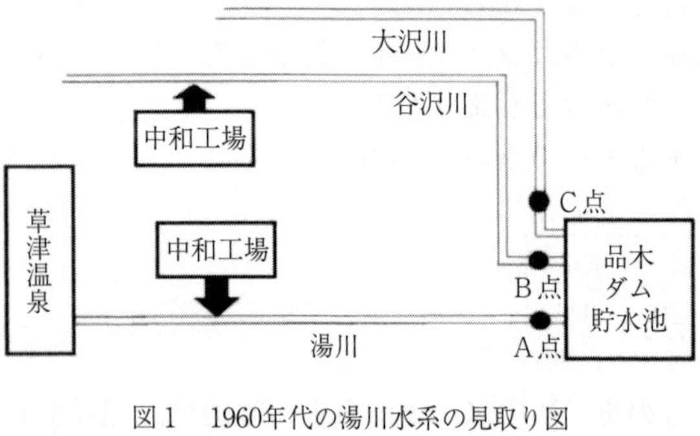

図１　1960年代の湯川水系の見取り図

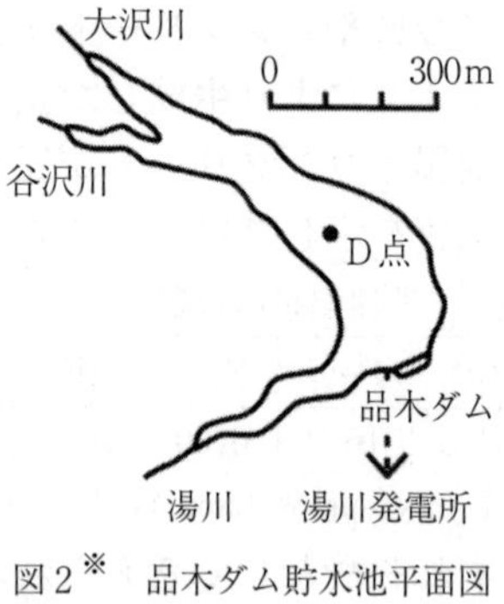

図２※　品木ダム貯水池平面図

品木ダム貯水池のpHを図２のＤ点で夏と冬に測定したところ，季節によっては十分に中和されていないことがわかった。次のグラフ※はＤ点の測定結果をもとに，夏と冬のＤ点の水深によるpHの変化を示したものである。夏のグラフは①と②のどちらか，番号で答えよ。また，その理由を10字以内で答えよ。ただし，貯水池に流入する川の水の成分は四季を通じて変化しないものとし，雨水など他から流入するものの影響も考えないものとする。またグラフ①と②の横軸の１目盛りの大きさは，どちらも同じである。

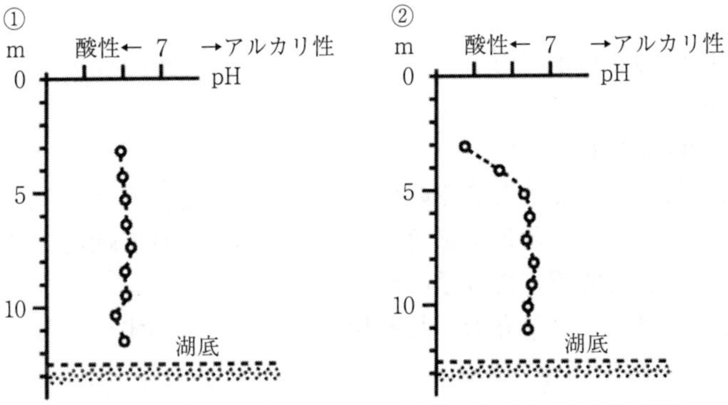

※：小坂丈予　Gypsum & Lime No.234(1991)をもとに作成

3　メンデルはエンドウを材料として7つの形質の伝わり方を研究した。例えばA種子の形という形質については，「丸形」と「しわ形」の2種類がある。丸形の純系個体としわ形の純系個体をかけ合わせると，どちらが母方であってもB子はすべて丸形になった。これを自家受粉させると，C孫世代は丸形が5474個体，しわ形が1850個体できた。このことから，しわ形の遺伝子は消えてなくなったわけではなく，子世代の個体の中に残っていたと考えられる。

Dさやの色という形質については，「緑色」と「黄色」の2種類がある。緑色の純系個体と黄色の純系個体をかけ合わせると，どちらが母方であっても子はすべて緑色になった。これを自家受粉させると，E孫世代は緑色が428個体，黄色が152個体できた。

以上より，対立形質の純系同士をかけ合わせてできた子世代を自家受粉させると，孫世代は顕性(優性)形質：潜性(劣性)形質＝(①)となることがわかる。これは，形質をつかさどる遺伝子が染色体に乗っていると考えると理解できる。生殖細胞ができるときには，染色体の数が元の細胞の半分になる(②)と呼ばれる分裂を行う。染色体の数が半分になった卵細胞と精細胞の受精によって，子の細胞は親と同じ数の染色体をもつことになる。つまり子は，ある対立形質の遺伝子について，母方からのものと父方からのものをそれぞれ1つずつもっている。先のかけ合わせの例では，子世代に潜性(劣性)の遺伝子も残っているので，孫世代にはその形質が現れることになる。

遺伝子の本体は(③)という物質であることが明らかになっている。遺伝子は情報であり，(③)は遺伝情報を記録するための媒体に相当する。

問1　文章中の空欄(①)～(③)にあてはまる最も簡単な整数比，語句を答えよ。

問2　下線部Aの種子・下線部Dのさやは，それぞれめしべの何という構造が変化したものか。それぞれの名称を答えよ。

問3　下線部B，下線部Cに関連して，次の(1)～(3)の丸形としわ形の個体数の比を最も簡単な整数比で答えよ。

(1)　下線部Bの丸形個体としわ形の純系個体をかけ合わせてできた個体

(2)　下線部Bの丸形個体同士を他家受粉でかけ合わせてできた個体

(3)　下線部Cの孫世代をすべて自家受粉させたときの曽孫《ひまご》世代の個体

問4　下線部Eに関連して，さやの色に関する結果は，畑の面積・時間・人手が有限であるため，種子の形に関する結果に比べてどうしても少なくなる。畑の面積・時間・人手が有限だと，なぜ，さやの色の結果が少なくなるのか。「さやの色を知るためには」に続けて20字以内で説明せよ。

問5　種子の形が丸形でさやの色が黄色の純系個体のめしべに，種子の形がしわ形でさやの色が緑色の純系個体の花粉を受粉させた。このとき，次の(1)～(3)はどうなるか。最も適当なものを下のア～エからそれぞれ1つずつ選び，記号で答えよ。ただし，種子の形の遺伝子とさやの色の遺伝子は異なる染色体上にある。

(1) 受粉によりできたさやの色と，その中にある種子の形

ア すべて黄色で丸形　イ すべて黄色でしわ形

ウ すべて緑色で丸形　エ すべて緑色でしわ形

(2) 受粉によりできた種子を育てて自家受粉させてできたさやの色

ア すべて黄色　イ 黄色：緑色＝1：1　ウ 黄色：緑色＝1：3　エ すべて緑色

(3) 受粉によりできた種子を育てて自家受粉させてできた種子の形

ア すべて丸形　イ 丸形：しわ形＝1：1　ウ 丸形：しわ形＝3：1　エ すべてしわ形

4 SとKの二人が日本とハワイ島の火山について話をしている。後の各問いに答えよ。マウナロアとマウナケアはハワイ島にある火山で，いずれも海面からの高さが約4000mである。

S：炭酸水飲む？

K：ありがとう。（プシュ）あ，泡が吹き出しちゃった。振ってあったのかなぁ。

S：あわてちゃったね。それで，日本とハワイ島の火山の話だったよね。

K：そう。昭和新山とハワイ島にあるマウナロアは，例えるならマヨネーズタイプとソースタイプという違いだね。

S：どういうこと？

K：山をつくった①マグマの性質の違いのことだよ。実際には，これらの間の性質をもつマグマもあるけどね。三原山は，どちらかというとマウナロアと同じタイプかな。

S：なるほど。でもどれもマグマが噴出してできたときの②岩石の組織は同じになるよね。

K：そうだね。ハワイ島にはマウナロアと同じタイプのマグマからなるマウナケアという山もあるよ。スコリア丘がたくさんあった。

S：スコリア？

K：そう。スコリアは，スポンジみたいに小さな穴がたくさんあいた石で，噴火口を中心に丘をつくっていた。同じ特徴をもっていてマヨネーズタイプのマグマでできるのが軽石だね。

S：軽石なら知ってる。特徴が同じということは，スコリアもマグマが地表に噴出するときに発泡しているということか。だいたいはマグマに溶けている水の影響だね。ハワイ島の白い砂浜もマヨネーズタイプのマグマ由来なのかな。

K：ハワイ島の白い砂浜はサンゴ由来だと思うよ。マグマ由来との違いは，塩酸を使えば見当がつくね。そういえば，ハワイ島の海岸には黒い砂浜もあったよ。

S：そうなんだ。ハワイ島に行ったことあるの？

K：マウナケアの山頂にあるすばる望遠鏡を見学したことがあるよ。

S：すばる望遠鏡は，どうして富士山ではなくマウナケアにつくられたんだろう。

K：③ハワイ島の年間300日を超える晴天率は当然だけど，ほかにも理由があるよ。

S：そうなんだ。ハワイ島に行ったら④スキューバダイビングもしたいし，やっぱりすばる望遠鏡も見たいね。

問1 下線部①について，Kの言うマグマの性質とはどのような性質を指すと考えられるか。最も適当なものを次のア～エから１つ選び，記号で答えよ。

ア マグマが噴出したときの火口からの高さと冷えてできる岩石の硬さ

イ マグマが噴出したときの火口からの高さと冷えてできる岩石の色

ウ マグマが噴出したときの粘り気と冷えてできる岩石の硬さ

エ マグマが噴出したときの粘り気と冷えてできる岩石の色

問2　下線部②について，岩石の組織とは具体的にどういうものか。最も適当なものを次のア～エから1つ選び，記号で答えよ。

ア　マグマだまりなどで成長した結晶を含み，その結晶の周りを細かな結晶などが取り囲んでいる。

イ　マグマだまりなどで成長した結晶を含み，その結晶の周りを大きな結晶などが取り囲んでいる。

ウ　火口付近などで成長した結晶を含み，その結晶の周りを細かな結晶などが取り囲んでいる。

エ　火口付近などで成長した結晶を含み，その結晶の周りを大きな結晶などが取り囲んでいる。

問3　火山地形としてのマウナロアと富士山の大きさを比較する。マウナロアは，海底火山なので海面上と海面下の部分をあわせて，高さ9000mの火山噴出物からなる円すいの地形として考える。富士山は，海面からの高さ776mの台の上に乗っている，高さ3000mの火山噴出物からなる円すいの地形として考える。マウナロアをつくる火山噴出物の体積を富士山の189倍とするとき，マウナロアの円すいの底面の直径は，富士山のそれの何倍か。最も近いものを次のア～カから1つ選び，記号で答えよ。

ア　2倍　　イ　5倍　　ウ　8倍　　エ　14倍　　オ　24倍　　カ　64倍

問4　マウナケアは，マウナロアと同じタイプのマグマからできているが，富士山には異なるタイプのマグマが含まれている。すばる望遠鏡に使用されている直径8.2mの巨大な反射鏡を車で山頂まで運搬することを踏まえると，マウナケアは，富士山に対して地形的にどのような利点があると考えられるか。10字以内で答えよ。

問5　下線部③について，地上から宇宙を観測する場合は，大気の流れが天体の像をみだすことがあるので，その間にある大気がより少ないことが重要である。また，観測できる天球上の範囲が異なるという点でも，観測する位置が重要である。次のX～Zはすばる望遠鏡を富士山ではなくマウナケアにつくるほうが有利である理由を述べたものである。それぞれ正しいものには○を，誤っているものには×を答えよ。なお，富士山の山頂は北緯35°，マウナケアの山頂は北緯20°である。

X　海面と同じ高さの気圧は1気圧とし，高さによる気圧の変化は日本でもハワイでも同じとすると，富士山の山頂よりマウナケアの山頂のほうが空気は薄い。

Y　ハワイ島は年間を通して気圧が高く，上昇気流が生じやすい地域となっている。

Z　北緯35°の地表(海面と同じ高さ)よりも北緯20°の地表のほうが，1年を通して考えると，天球上のより広い範囲を観測できる。

問6　下線部④について，スキューバダイビングとすばる望遠鏡の見学を組み合わせる場合，潜水病の恐れがあるのでその順番に気を付けなければいけない。

ダイバーが背負うタンクには，水中で呼吸するための圧縮された空気が入っている。タンクからホースを通じてダイバーに空気が供給される際，空気の圧力は潜っている深さの水圧と等しくなるように調整されている。このため，ダイバーが水中で呼吸すると，より多くの窒素が血液中に溶け込んでしまう。潜水病とは，血液中に溶け込んだ窒素が発泡することによって生じる病気である。潜水病を避けるために，ダイバーは水中ではゆっくりと浮上することが原則である。

潜水病がおこる原因と**関係のない**現象をAのア～ウから，潜水病になりにくい順番として適当なものをBのエ・オから，それぞれ1つずつ選び，記号で答えよ。

A　ア　炭酸飲料のふたをあけると発泡する。

　　イ　マグマが噴出してスコリアや軽石をつくる。

　　ウ　ハワイ島の白い砂に塩酸をかけると発泡する。

B　エ　午前にスキューバダイビングをし，同日の午後にすばる望遠鏡を見学する。

　　オ　午前にすばる望遠鏡を見学し，同日の午後にスキューバダイビングをする。

たたく。「あはや」と戸を開けば、翁も「やや」と声かけて出で合ひけるに、すべてものなければ、翁うちはらだちて、くまぐま(＝すみずみを)残るかたなく狩りもとむるに影だに見えず。

かくすること、連夜五日ばかりに及びければ、心つかれて今は住まふべくもあらず覚えけるに、丈羽が家のおとな(＝使用人の長)なるもの来りて言ふ、「①そのもの今宵《こよい》はまゐるべからず、このあかつき藪下《やぶした》といふところにて、里人、狸の老いたるをうち得たり。思ふに、このほど悪《あ》しくおどろかし奉《たてまつ》りたるは、うたがふべくもなくシヤツ(＝そいつ)が所為なり。こよひは寝《い》をやすくおはせ」など語る。はたしてその夜より音なくなりけり。憎しとこそ思へ、このほど旅のわび寝のさびしきを訪《と》ひよりたる、かれが心のいとあはれに、かりそめならぬ契《ちぎ》りにやなど、うち嘆かる。されば(注2)善空坊といへる道心者を語らひ(＝に依頼して)、布施《ふせ》(＝僧への謝礼)とらせつ、②ひと夜念仏してかれが菩提《ぼだい》をとぶらひ侍《はべ》りぬ。

秋の暮仏に化ける狸かな

(注1)「結城の丈羽」　結城は現在の茨城県にある城下町、丈羽はそこで俳諧《はいかい》をたしなんでいた人物。

(注2)「善空坊といへる道心者」　道心者とは正式ではない僧侶、善空坊はその人物の名。

問一　傍線部①「そのもの今宵はまゐるべからず」とあるが、なぜそのように判断したのか。簡潔に説明せよ。

問二　傍線部②「ひと夜念仏してかれが菩提をとぶらひ侍りぬ」とあるが、なぜそのような行動をとったのか。説明せよ。

問三　「秋の暮仏に化ける狸かな」の句に込められた作者の心情を、季語の「秋の暮」に触れつつ説明せよ。

き合うライバルだけでなく、インフルエンザウイルスも、扶養家族(＝自分の収入で養っている家族)も含まれる。そして、それらの多くは工夫次第で「敵性解除」できる。

　私の運動の自由を制約するものが何もない状態を「理想」とするならば、私以外にこの世界に人間がいるということ自体が「よくない」ことになる。つまり、地球上に誰ひとり人間がいない状態が「理想」だということになる。でも、そんなはずがない。それでは寂しいからというので、「地球上に私の他にも人間はいるのだが、彼らは私の自由をEソガイすることがない」という状況に設定変更したらどうか。私が歩くとみんなが道を開けてくれる。私が頼んだことはすぐに実現する。私が意見を述べるとみんなが激しく頷《うなず》いて「その通りです」と言ってくれる。そんな世界が楽しいだろうか？　たしかにこれもある意味では「天下無敵」である。でも、ぜんぜん楽しくないと思う。まるで生きている甲斐《かい》がない。

　じゃあ、どういう世界が楽しいのか？　地球上に私以外にたくさんの人がいて、いろいろな仕方で私の自由な運動や自己実現を妨害しているのだけれども、私が適切に対処すると、その「敵性」が解除されて、彼らはむしろ私の「支援者・協働者」に変わり、彼らがいるおかげで私単独ではできないことができるようになる……というスキーム(＝仕組み)がたぶん一番楽しいと思う。

　生物の本性として、私たちは「より複雑な生き物」になることを宿命づけられている。生物の本性だから、逆らうわけにはゆかない。そして、複雑化するために、簡単にはコントロールできない環境に投じられて、自分自身を「前とは違うもの」に書き換えることで環境に適応するというプロセスを繰り返す。それが生物学的な意味での「進化」ということだと思う。そして、③それがそのまま「天下無敵」ということの意味だと私は思っている。

(内田　樹『武道論』より)

問一　二重傍線部A～Eのカタカナの部分を、漢字に改めよ。

問二　傍線部①・傍線部②「『無敵』に至るには……逆説的に聞こえると思うが、できる限り『敵』概念を拡大することである」とあるが、このような逆説が成り立つのはなぜか。八十字以上百字以内で説明せよ(句読点も一字と数える)。

問三　傍線部③「それがそのまま『天下無敵』ということの意味だ」とはどういうことか。八十字以上百字以内で説明せよ(句読点も一字と数える)。

三

　次の文章は、与謝蕪村の『新花摘』の一節である。これを読んで、後の問いに答えよ。なお、文章中の(＝　)はその直前の部分の現代語訳である。

(注1)結城《ゆうき》の丈羽、別業(＝別宅)を構へて、ひとりの老翁をしてつねに守らせけり。市中ながらも樹《き》おひかさみ草しげりて、いささか世塵《せぢん》を避くる便りよければ、余(＝私)もしばらくその所に宿りしけり。

翁《おきな》は洒掃《しやさう》(＝掃除)のほかなすわざもなければ、孤灯のもとに念珠つまぐりて(＝数珠《じゆず》を爪で繰って)秋の夜の長きをかこち(＝嘆き)、余は奥の一間にありて句をねり詩をうめきゐけるが、やがてこうじにたれば(＝疲れたので)、ふとん引きかぶりてとろとろと眠らんとするほどに、広縁のかたの雨戸をどしどしどしとたたく。約するに(＝およそ)二三十ばかり連ね打つ音す。いとあやしく胸とどめきけれど、むくと起き出でて、やをら戸を開き見るに、目にさへぎるものなし。又ふしど(＝寝床)に入りて眠らんとするに、はじめのごとくどしどしとたたく。又起き出でて見るにものの影だになし。いといとおどろおどろしければ(＝気味悪かったので)、翁に告げて、「いかがはせん」などはかりけるに、翁いはく、「こざめれ(＝よし来た)、狸《たぬき》の所為《しよゐ》なり。又来り打つ時、そこ(＝あなた)はすみやかに戸を開きて逐《お》ひうつべし。翁は背戸(＝裏口)のかたより廻《めぐ》りて、くね垣(＝垣根)のもとにかくれ居て待つべし」と、しもと(＝むち)引きそばめつつうかがひゐたり。余も狸寝いりして待つほどに、又どしどしともちろんいきなりそんなところにAトウタツできるはずがない。「天下無敵」はあくまで無限消失点(＝遠近法で絵を描く際に設定する点。果てしなく遠くにあるため本来は視認できない)である。私たちはそこをめざして修業し、そこに至ることなく命数尽きて生涯を終える。でも、めざしている方向が正しければ、修業者としてはやるべきことはやったと言ってよい。

①「無敵」に至るには前段がある。それは「敵」という概念の改鋳である。「敵」を再定義する。まずはそこから話が始まる。

②「敵」概念を改鋳するとは、逆説的に聞こえると思うが、できる限り「敵」概念を拡大することである。

敵というのは目の前にいて自分を殺傷しようとしている人間だけには限定されない(ふつうの人はそういう機会にあまり遭遇しない)。試合とか競争における「ライバル」も「敵」にカウントされる(というかスポーツの場合は、「敵」という語にはそういう意味しかない)。もっと広い意味では「自分の生命力を殺《そ》ぐ人間」も「敵」にカウントできる。強圧的な上司とか、無能で無責任なBドウリョウとか、DV夫とか、反抗的な子どもとか、不愉快な隣人とか、電車の中の痴漢とか……そういう人間がいるせいで、生きる気力が萎えて、気鬱になり、夜も眠れず、食も進まないということであれば、彼らもまた立派な「敵」である。生命力が低下するという効果だけを言うなら、排気ガスも「敵」だし、花粉も「敵」だし、インフルエンザウイルスも「敵」である。そもそも加齢こそが全人類にとって最強の「敵」である。いま生きて、呼吸していること自体が刻一刻と自分の生命力を削ってゆく過程なのである。

実際に、世界的なプロのアスリートたちはコーチ、医師、カウンセラー、フードコンサルタント、広報マン、弁護士などを引き連れてワールドツアーをする。それは技術的な欠点だけでなく、疾病《しっぺい》も、メンタルストレスも、体重管理も、メディアでの評価も、離婚Cソショウも、すべてがアリーナで向き合うライバルと同じように(場合によってはそれ以上に)アスリートのパフォーマンスを低下させることを彼らは知っているからである。つまり、アスリートの場合について言えば、「敵」のカテゴリーに繰り込むものが増えれば増えるほど、その人はパフォーマンス低下のリスクを減らすことができる。リストアップできる「敵」の数と種類が多いほど、「負ける」リスクは逓減するのである。この理路が呑《の》み込めたら、とりあえず修業の旅程も「熱海《あたみ》」あたりまでたどりついたことになる。

「天下無敵」への道の第一歩は「そんなことを言ったら、世の中はほとんどが敵だらけじゃないか」と言ってあきれ返ることである。

実際、その通りなのである。世の中ほとんど敵だらけなのである。眼の前にドアがあっても壁があっても、それは私の動線をふさぎ、私の可動域を限定し、私の自由を損なう「敵」である。でも、私たちはふつうそういうものを「敵」だとは見なさない。だって、ドアはノブを回せば開くし、壁は迂回《うかい》すれば向こう側に行けるからである。Dハイグウシャや子どもも、しばしば私の自己実現を妨げ、私に過剰な労働を課し、無用の気づかいを求める。私の自由を損なっているという点では家族は私の「敵」である。でも、こちらがきちんと適切な関係を保っていれば、彼らが私の自己実現を支援し、私の負荷を代わりに担《にな》ってくれて、私を気づかってくれることだってある。

つまり、「敵」のほとんどは「斃す」ことなく、その「敵性」を解除することができるのである。

あまり病気をしないように心がけ、暴飲暴食をせず、家族や友だちには親切に接し、隠さなければならないような醜聞はそもそも起こさないように配慮し、加齢によって身体能力が劣化してきたら「まあ、人間というのはそういうものだ」と涼しく受け入れ、最期《さいご》は「みなさん、どうもありがとうございました。お世話になりました」と言って笑顔で死出の旅に発《た》てることを人生の目標にして日々生きていれば、「敵」の敵性はかなりのところまでは消失する。

私の可動域を制約し、私の自由を損ない、私の動線を塞《ふさ》ぐものをことごとく「敵」と再定義するならば、そこにはフィールド上で向答えた。
「立派な絵だよな。ちょっと、今このご時世で水がドーンっと押し寄せてきて、おまけにタイトルが『怒濤』ってのは、ちょっときつすぎるけど、俺は意外とこういう絵がすきなんだよ」
　榊はキャンバスの下につけていたキャプション（＝絵の題名などの情報）の紙の「怒濤」という文字を、人差し指でちろちろちろと弄んでから、イオッシ！　早く帰れよな、と言って、次の見回りへ行った。
　榊が出て行ったあと、私はしばらくこの絵に近づくことができなかった。五歩くらい離れた場所から絵を睨《にら》んでは、さっき榊が言っていた言葉を何度も頭の中で繰り返した。右足が自然に浮いて、地面について、それを繰り返す。大きな貧乏ゆすりをしている自分がいた。何度も足をあげ、おろす、あげ、おろす。指定靴のスニーカーの底の白いゴムが床につくたびに、きょ、きょ、きょ、きょ、と間抜けな音がした。なるほどね。だから、だから私の滝の絵は賞を獲れなかったってことね。私から私が剝《は》がれていく感覚がした。あーあ、そういうことだった。だった。でした。はい。なるほどね。なるほど、なの？　黙ってニセアカシアの絵を描けばよかったんだろうか。心が安らぐような、夢を抱けるような、希望や絆があって前向きなもの。鳥や、花や、空を、描けば。
「この絵を見て元気が湧いたり、明るい気持ちになって、頑張ろうって思ってもらえたらうれしいです」
　と、小さく声に出して言う。言って、左足を下げて、助走をつけて絵に向かって走る。迫力のある滝のしぶきに私が近づいていく。蹴とばそう、と思った。こんなもの、こんなものこんなもの！　私は思い切り右足を後ろに振り上げて、その反動を使って勢いよく蹴った。いや、蹴ろうとした。「んら！」と、声が出た。しかし私は絵を蹴ることができなかった。咄嗟《とっさ》に的をずらし、イーゼルを蹴った。蹴り上げられたイーゼルの左の脚が動いてバランスが崩れ、キャンバスの滝がぐらり、と大きく揺れた。私は倒れ込もうとする滝へ駆け寄った。両手でキャンバスの両端を支えて持ち上げると、イーゼルだけが鋭い音を響かせて床へ倒れた。
　吹奏楽部の金管楽器が、ぱほおー、と、さっきから同じ音ばかりを出している。それがそういう練習だと知っていても、間抜けなものだった。夕方の美術室にひとりきり、③私は私の滝を抱きしめていた。

問一　傍線部①「それが涙声になっているのが分かって、お手洗いへ駆け込んで泣いた」とあるが、このときの伊智花の心情を説明せよ。

問二　傍線部②「やっぱ絵じゃないんだ。と思った」とあるが、このときの伊智花は審査員の姿勢に対してどのように感じているか。説明せよ。

問三　傍線部③「私は私の滝を抱きしめていた」とあるが、このときの伊智花の心情を説明せよ。

二　次の文章を読んで、後の問いに答えよ。なお、文章中の（＝　）はその直前の部分の注釈である。

　武道修業は万人にとって有用であり、万人に開かれているものでなければならない。私はそう信じている。だから、それは「敵を斃《たお》す」技術の会得《えとく》ではない。では、「敵を斃す」ことではない「天下無敵」とは何を意味するのか。
「天下無敵」とは「天下に敵なし」ということである。「敵がいない」というのは「いたけれど、排除した」ということではない。「そもそも、いない」ということである。世界を見渡したときに、「敵」と呼ばれるようなものが存在しないという広々とした、穏やかな境位に至ること、それが武道修業の目的である。私はそう考えている。

真っ白な光を、水を、描き足した。亡くなった祖母のことや賞のことは、もはや頭になかった。私は気持ちを真っ白に塗りなおすように、絵の前に向かった。

　描き終えて、キャンバスの前に仁王立ちする。深緑の森を真っ二つに割るように、強く美しい不動の滝が、目の前に現れていた。滝だった。私が今までに描いたすべての絵の中でいちばん力強い絵だった。「怒濤《どとう》」と名付けて、出展した。

　高校生活最後のコンクールは昨年の優秀賞よりもワンランク下がって、優良賞だった。私よりもどう見ても画力のある他校の一年生の描いた校舎の窓の絵や、着実に技術を伸ばした同学年の猫の絵が、上位に食い込んでいた。最優秀賞は、私と同じ岩手県の沿岸、大船《おおふな》渡《と》市の女子生徒のものだった。ごみごみとしてどす黒いがれきの下で、双葉が朝露を湛えて芽吹く絵だった。あまりにも作為的で、写実的とは言いにくいモチーフだった。色使いも、陰影と角材の黒の塗り分けが曖昧で、朝露の水滴の光り方もかなり不自然。これが最優秀賞。そんなの可笑《おか》しいだろうと思った。最優秀賞を受賞した生徒は高い位置にポニーテールをして、肌がこんがり焼けていて、明るそうな人だった。東京で行われた授賞式で、私は初めてその人の顔を見た。

「わたしはあの日、家と母を亡くしました。避難所でしばらく暮らしていて思ったのは『絵を描きたい』という強い思いでした。いまはテニス部だし、しばらく描くことから離れていました。そんなわたしでも、絵を描いている間、わたしはわたしの内側にあるきもちと対話をすることができました。暗いがれきの中で泣いて、怒って、悲しんでいたはずの、どこに向かえばよいかわからなくなっていたわたしは、それでも最後にこの双葉を、気が付いたら、描いていました。こんな栄誉ある賞をいただき、どうしていいのか……」

　と、彼女は手元のメモをちらちら見ながら、押し出すようにとぎれとぎれに言った。審査員席に並んでいる六十代くらいの女性は、ハンカチで目元を押さえていた。私も喉の奥がぐっとせりあがってきて、熱くて苦しかった。彼女の言葉には不動の滝を描いていた時の自分とどこか重なるものがある。それなのに、私は、それでも。ああ。②やっぱ絵じゃないんだ。と思った。審査されているのは純粋にこの作品ではなく、「この作品を描いた高校生」なのではないか。作品と作者の不遇を紐《ひも》づけてその感動を評価に加点するならば「特別震災復興賞」という賞でも新設すればよかったのに、とすら思った。

「あのお、本当に、こういった、ね、たいへんな、未曾有《みぞう》の、あのお、そういう、事が起きたわけですが。こういった状況の中で、えー、筆を持つことを、うん。あきらめなかった彼女に、審査員一同、希望のひかり、そして絵の持つ力を再認識しました」

　と、審査員のひとりは言った。その審査員は東京の高校の美術教師だった。震災のことを「あのお、そういう、事が起きた」としか言えないような人が言う「希望のひかり」って、いったい何なのだろう。

　無冠の絵となってしまったものの、私は滝の絵をとても気に入っていた。返却された絵を改めて美術室に運び入れ、イーゼルの上にのせる。水面に向かって茂っている深緑色の木々。その闇を分かつような白い滝。目を閉じれば音が聞こえてくるような水しぶき。その絵の上流から下流まで目で三度なぞり、二歩下がってもう一度眺めた。いい絵だ、と思った。どうしてこれがあの絵に負けてしまったのか、本当はまだ納得がいかなかった。

　お手洗いから戻ると、下校確認の巡回をしていた世界史の、たしか榊という名の教師がノックもせずに美術室に入ってきて、私の絵を見た。

「CGみてえな絵だな、これ、リアリティがよ。部員が描いたのか？」

　私は自分の絵だというのが気恥ずかしくて「そうみたいです」と

すぎる」と思ってやめた。そもそも、内陸でほとんど被害を受けていない私が何を描くのもとても失礼な気がした。考えて、考えて、結局締切ぎりぎりになって、通学の道中にあるニセアカシアの白い花が降る絵を描いた。その大樹のニセアカシアは、毎年本当に雪のように降る。あまりの花の多さに、花が降るたびに顔をあげてしまう。顔をあげるから前向きな絵、と思ったが、花が散るのは不謹慎だろうか、と描きながら思って、まぶしい光の線を描き足し、タイトルを「顔をあげて」とした。みかちゃんは「これは、すごいわ」と言ってその絵を出展した。私の絵は集められた絵画の作品集の表紙になった。その作品集が被災地に届けられ、県民会館で作品展が開かれるとなったら新聞社が学校まで取材に来た。

「〈顔をあげて〉このタイトルに込めた思いはなんですか？」

　と、若い女性の記者はまぶしい笑顔で言う。あ。絵じゃないんだ。と思った。枝葉のディテール（＝細かい部分）や、影の描き方や、見上げるような構図のことじゃないんだ。時間がない中で、結構頑張って描いたのにな。取材に緊張してこわばるからだから、力がすいっと抜けていく感覚がした。この人たちは、絵ではなくて、被災地に向けてメッセージを届けようとする高校生によろこんでいるんだ。そう思ったら胃の底がぐっと低くなって、からだにずっしりとした重力がかかっているような気がしてきた。記者はいますぐ走り書きができるようにペンを構えて、期待を湛《たた》えてこちらを見ている。

「申し訳ない、というきもちです。わたしはすこしライフラインが止まったくらいで、たくさんのものを失った人に対して、絆なんて、がんばろうなんて、言えないです」

　記者は「ンなるほど、」と言ってから、しばらくペンを親指の腹と人差し指の腹でくにくに触り、それから表紙の絵を掲げるようにして見て、言った。

「うーん。でも、この絵を見ると元気が湧いてきて、明るい気持ちになって、頑張ろうって思えると思うんですよ。この絵を見た人にどんな思いを届けたいですか？」

「そういうふうに、思ってもらえたら、うれしいですけど」

　私は、早く終わってほしい、と、そればかり考えていた。描かなければよかったと、そう思った。そのあと、沿岸での思い出はあるか、将来は画家になりたいのかどうかなど聞かれて、私はそのほとんどを「いえ、とくに」と答えた。そばにいたみかちゃんは手元のファイルに目線を落として、私のほうを見ようとしなかった。記者が来週までには掲載されますので、と言いながら帰って行って、私は、みかちゃんとふたりになった。深く息を吐き、吸い、「描かなければよかったです」と、まさに言おうとしたそのとき、

「このさ、見上げるような構図。木のてっぺんから地面まで平等に、花が降っているところがすごい迫力なんだよね。光の線も、やりすぎじゃないのにちゃんと光として見える、控えめなのに力強くてさ。伊智花の絵はすごいよ。すごい」

　と、みかちゃんはしみじみ言った。

「そう、なんですよ。がんばりました」

　と答えて、①それが涙声になっているのが分かって、お手洗いへ駆け込んで泣いた。悔しいよりも、うれしいが来た。私はこの絵を見た人に、そう言われたかったのだ。

　それからの一ヵ月間、私は不動の滝の絵を力いっぱい描いた。同級生や親戚から「新聞見たよ」と連絡が来て、そのたびに私は滝の絵に没頭した。

〈この絵を見て元気が湧いたり、明るい気持ちになって、頑張ろうって思ってもらえたらうれしいです。と、加藤伊智花（いちか）さん（盛岡大鵬高等学校三年）は笑顔を見せた。〉

　と、その記事には書かれていた。ニセアカシアの絵のことを考えるとからだも頭も重くなるから、私は滝の絵に没頭した。光をはらんだ水しぶきに筆を重ねるごとに、それはほとばしる怒りであるような心地がした。流れろ。流れろ。流れろ。念じるように水の動きを描き加える。この心につかえる黒い靄《もや》をすべて押し流すように、

二〇二二年度　開成高等学校

【国語】〈五〇分〉〈満点：一〇〇点〉

一　次の文章は、くどうれいん『氷柱《つらら》の声』の一節である。高校生の伊智花《いちか》は昨年の夏に祖母を亡くしてから、祖母が好きだった「不動の滝」の絵の制作に熱心に取り組んでいる。そんな中、高校三年生への進級を目前にして東日本大震災が起こる。これを読んで、後の問いに答えよ。なお、文章中の（＝　）はその直前の部分の注釈である。

四月末、新学期がようやく始まった。制服の学年章を三年生のものに付け替えて、新しい教室に足を踏み入れた。新しいクラスのうち、ふたりが欠席していた。実家が沿岸で、片付けなどの手伝いをしていると担任は言った。私は美術室に通う毎日を再開した。美術部は幽霊部員がほとんどで、コンクール四ヵ月前の部室でキャンバスに向かう部員は私だけだ。木の匂いと、すこしだけニスの匂いがする美術室にいると、気持ちが研ぎ澄まされていくのがわかった。使い古されたイーゼル（＝キャンバスを載せる台）を立たせて、両腕をいっぱい伸ばしてキャンバスを置く。私は改めて、集大成の滝を描こうと思った。不動の滝の写真を携帯に表示して、じっと眺めて、目を閉じる。大きく息を吸って、アタリ（＝絵のバランスをとるための下描き）の線を描き始める。自分のからだのなかに一本の太い滝を流すような、絵のなかの音を描きだすような、豪快で、繊細な不動の滝で、必ず賞を獲《と》りたい。獲る。描きたすほどに、今までの中でいちばん立体的な滝になっていく。

七月のある日、顧問のみかちゃんが一枚のプリントを持ってきた。

「やる気、ある？」

みかちゃんは、懇願のような謝罪のような何とも複雑な表情をしていた。そのプリントには〈♧絵画で被災地に届けよう、絆《きずな》のメッセージ♧　～がんばろう岩手～〉と書いてある。

「これは」

「教育委員会がらみの連盟のほうでそういう取り組みがあるみたいで、高校生や中学生の油絵描く子たちに声かけてるんだって。伊智花、中学の時に賞獲ってるでしょう。その時審査員だった連盟の人が、伊智花に名指しでぜひ描かないかって学校に連絡があって」

「はあ」

「県民会館で飾って貰《もら》えるらしいし、画集にして被災地にも送るんだって」

「被災地に、絵を？」

「そう」

「絆って、なんなんですかね。テレビもそればっかりじゃないですか」

「支え合うってこと、っていうか」

「本当に大変な思いをした人に、ちょっと電気が止まったくらいのわたしが『応援』なんて、なにをすればいいのかわかんないですよ」

「そうだね、むずかしい。でも絵を描ける伊智花だからこそ、絵の力を信じている伊智花だからこそできることでもあるんじゃないかって、わたしは思ったりもするのよ」

「じゃあ、何を描けば」

「鳥とか、空とか、花とか、心が安らぐような、夢を抱けるような、希望や絆があって前向きなもの、って、連盟の人は言ってた」

「……描いた方がいいですか」

「描いた方が、いろいろと、いいと思う、かな」

それから私は不動の滝の絵を描きながら、〈心が安らぐような、夢を抱けるような、希望や絆があって前向きなもの〉のことを考えた。虹や、双葉が芽吹くようなものは、いくらなんでも「希望っぽ

2022年度／開成高等学校

英語解答

1 問1　エ　問2　イ
問3　ジャスティンは自分自身の体を大切にしない。
問4　ア　問5　エ　問6　ア
問7　something lets me see that
問8　ア　問9　ア

2 問1　mother
問2　(2a)…ア　(2b)…ウ　(2c)…ウ
問3　she wasn't home in time for dinner
問4　人を助けることは，実はその人たちの生活を向上させるためではなかった。
問5　ア　問6　please
問7　う，え

3 (1)　ア…fair　イ…fare
(2)　ウ…hole　エ…whole
(3)　オ…sights　カ…sites
(4)　キ…write　ク…right
(5)　ケ…wait　コ…weight

4 (1)　Things like this happen when you don't charge your battery
(2)　How did you know you were lied to
(3)　We might not be able to find one for a while from here
(4)　What are you looking forward to doing after the exam is
(5)　We were surprised at how large the country's population was

5 Part A　(1)…C　(2)…C　(3)…D
Part B　(1)　Ⅰ…G　Ⅱ…D　Ⅲ…C　Ⅳ…A
(2)…D　(3)…C
Part C　(1)…B　(2)…D　(3)…B
(4)…C

1〔長文読解総合―物語〕

≪全訳≫❶僕は目を覚ました。❷すぐに自分が誰なのかを知らなくてはならない。それは身体的なこと――目を開けて，腕の皮膚の色が明るいか暗いか，髪は長いか短いか，太っているか痩せているか，男の子か女の子か，肌がざらざらしているか滑らかか――といったことだけではない。毎朝新しい体で目覚めるのに慣れていれば，体は最もなじみやすいものだ。理解するのが難しいのは，その身体の背景にある人生だ。❸毎日，僕は他の誰かになる。僕は僕自身であり，僕は僕自身であることを知っているが，僕は他の誰かでもある。❹いつもこうだ。❺情報はそこにある。目が覚めて，目を開けると，新しい朝，新しい場所だとわかる。そして「履歴」が動き始める。心の中の僕ではない部分からの，歓迎の贈り物だ。今日，僕はジャスティンだ。どういうわけか僕はそのことが――僕の名がジャスティンだということが――わかる。そして同時に，僕は本当のジャスティンではなく，彼の人生を1日だけ借りているだけだということも知っている。僕は周りを見回し，ここが彼の部屋だと知る。ここは彼の家だ。あと7分でアラームが鳴る。❻僕は同じ人間に二度なることはないが，以前確かにこの種の人間になったことがあった。服があちこちにある。本よりテレビゲームの方が圧倒的に多い。ボクサーパンツで寝る。口の中の味から，喫煙者だ。だが，起きてすぐに1本いるほどの中毒ではない。❼「おはよう，ジャスティン」と僕は言う。彼の声を確かめる。低い。僕の頭の中の声はいつも違っている。❽ジャスティンは自分自身の体を大切にしない。彼の頭はかゆい。彼の目は開こうとしない。彼はあまり眠っていない。❾もうすでに，僕は今日が嫌な日になるとわかっている。❿好きになれない人間の体にいるのはつらい。それでもていねいに扱わなければならないからだ。過去に他の人たちの人生を傷つけたことがあり，ミスをするたびにそれが僕を苦しめることに気がついた。だから気をつけている。⓫僕の知るかぎり，僕が宿った人たちは皆，僕と年が同じだ。僕は16歳から急に60歳になることはない。今，僕はまだ16歳だ。どういう仕組みなのかはわからない。なぜなのかも。理解しようとするのはずっと前にやめた。理解するつもりはない。普通の人たちが自分の存在とは何かを理解しようとしないのと同じだ。しばらくすると，自分が単に存在しているという事実に満足しなくてはならない。なぜかを知る方法はない。仮説はあっても，証明はないのだ。⓬$_6$僕がアクセスできるのは，感情ではなく，事実だ。ここがジャスティンの部屋なのは知っているが，彼がここを気に入っているかそうではないかはわからない。彼は隣の部屋にいる両親を嫌っているだろうか。それとも彼が起きているかを確かめに来る母親なしでは途方に暮れてしまうのか。それはわからない。それはまるで，僕が宿った人が誰であれ，僕の感情の部分がその人の同じ部分に置き換わってしまうかのようだ。そして，自分らしく考えられるのはいいことではあるが，相手の考え方のヒントがときどきあると助かる。僕たちは皆，謎を秘めている。特に内側から見たときには。⓭目覚ましが鳴る。シャツとジーンズに手を伸ばしたが，それが昨日着ていたシャツと同じものであることを何かが僕に気づかせる。違うシャツを選ぶ。その服を持ってバスルームに行き，シャワーを浴びてから服を着る。彼の両親は今，台所にいる。何かが変わったなどと，彼らは全く思っていない。⓮16年というのは，長い練習期間だ。僕はふだん失敗しない。もう失敗はしない。

問１＜文脈把握＞文章全体から主人公が別の人の体に入り込んでしまうこと，また第３段落からそれが毎朝起きていることがわかる。それは，エ.「主人公が毎朝，別の人の体で目覚める」からである。　figure out ～「～を理解する」

問２＜英文解釈＞biography には「伝記，経歴」，kick in には「(薬などが)効果を表す」，「(機械などが)動き出す」といった意味がある。同じ段落の後半では，ジャスティンという名，彼の家で自室にいることなどを誰にも教えられていないのに主人公が把握している。つまり，入り込んだ人物の経歴を把握する能力があり，それが発揮されたと考えられる。この内容を表しているのは，イ.「主人公は，自分がいる人物の基本的な情報にアクセスできる」。

問３＜英文和訳＞take care of ～self は「自分の体を大事にする」という意味。ここでは，続く３文から，彼があまり入浴していないことや睡眠不足であることが読み取れるので，「健康に無頓着だ」などとしてもよいだろう。

問４＜指示語＞下線部⑷の it は，文前半の I've harmed people's lives in the past「過去に他の人たちの人生に傷をつけた」ということを指す。何か失敗をするたびに，それが思い出されて苦しむということ。haunt は「(苦い記憶などが)つきまとう，悩ませる」の意味。

問５＜語句解釈＞下線部⑸の from は「～から(判断して)」という意味の‘根拠’を表す用法で，この can tell は「わかる」の意味。直訳すると「僕がわかることから判断すると」。これに最も近いのは，エ.「僕の経験からいえば」。

問６＜適文選択＞直後に続く４文に着目。主人公は，ここがジャスティンの部屋であることや，両親が隣の部屋にいるという「事実」は知っているが，彼がその部屋や両親を好きなのかという「感情」はわからないと語っている。

問７＜整序結合＞まず下線部⑺に続く部分に注目する。ジャスティンが昨日着ていた服は，本来は主人公が知らないはずの情報である。これは「履歴」の能力(第５段落第２文)が主人公にそう判断させたと考えれば，something lets me ～「何かが私に～させる」となる。残りは see that ～ の形にまとまる。ここでの see は「～とわかる，気づく」の意味。　‘let＋目的語＋動詞の原形’「～

に…させる」

問８＜英文解釈＞第３，４段落から主人公が毎日違った人間に宿る人生を送ってきたこと，第10段落から宿った人の人生を傷つけないよう振る舞うことを学んできたこと，また第11段落から主人公が今16歳であることがわかる。つまり主人公は，ア．「他の人の人生を生きること」を16年間練習してきたといえる。 practice ～ing「～する練習をする」

問９＜内容真偽＞ア．「主人公にとって，他人がどう生きてきたかを理解することは，その人の身体に適応することよりも難しい」…○ 第２段落最後の２文参照。 イ．「主人公は，しばしば同じ人に戻って，その人の人生を再び生きる」…× 第６段落第１文参照。 ウ．「主人公は，人の存在理由は，十分に時間をかけて考えれば理解できると信じている」…× 第11段落後半参照。 ‘not〔never〕～ any more than …’「…でないのと同様，～でない」(＝ no more ～ than …) at peace with ～「～と仲が良い」 エ．「主人公が今回なった人物の周囲の人々は，何かが違うことに気がついている」…× 第13段落最終文参照。 オ．「主人公は何が起こっているのか理解するのに苦労していて，毎朝動揺しているようだ」…× 主人公は毎朝別人になる理由こそわかっていないものの(第11段落第４～７文)，それが自分自身であるという事実を受け入れ(第11段落最後から３文目)，16年間の経験によって過ちなく振る舞えると感じている(最終段落)。第２段落の描写からも落ち着いて対処している様子が読み取れる。

２〔長文読解総合―説明文〕

≪全訳≫❶メーガンはストレスを感じて参ってしまい，助けを求めて私のセラピーのオフィスに入ってきた。彼女は，やるべきことを全てやり遂げるのに十分な時間が１日にないと言った。❷35歳の彼女は結婚しており，２人の小さな子どもがいた。彼女はパートタイムの仕事をし，日曜学校で教え，ガールスカウトの団長だった。彼女は良き妻，良き母親になろうと努力したが，十分なことができていないように感じていた。彼女はしばしば，家族に対して怒りっぽくなったり不機嫌になったりしたが，彼女にはその理由がわからなかった。❸メーガンが話せば話すほど，彼女が「ノー」と言えない女性であることがはっきりとしてきた。教会の信者たちは，土曜日の夜に彼女にたびたび電話をかけてきて，日曜日の朝の礼拝のためにマフィンを焼いてほしいと頼んだ。ガールスカウト団の親たちは仕事で手が離せないときに，彼女が子どもたちを家まで送ってくれるのを当てにすることがあった。❹妹がベビーシッターにお金をかけなくて済むよう，メーガンが妹の子どもの子守をすることもしばしばあった。また，彼女には，頼みごとをしてくるのだが，金欠から家の改装計画の援助まで，いつも何かしら切羽詰まった問題を抱えているらしいいとこがいた。最近，メーガンはいとこからの電話に出なくなった。いとこが電話をかけてくるたびに，いとこが何かを必要としていることがわかっていたからだ。❺メーガンは，家族にはノーと言わないことが自分の一番大切な決まりだと私に言った。そのため，いとこから頼みごとをされたり，妹から子守を頼まれたりするたびに，彼女は自動的に「イエス」と答えていた。それが夫や子どもたちにどんな影響があるかと尋ねると，彼女は，夕食や子どもを寝かしつけるのに間に合わないこともあると私に言った。それを大きな声を出して認めるだけで，なぜ離れている親族にイエスと言うことが直近の家族にノーと言っていることになるのかを，メーガンは理解し始めた。彼女は離れている親族を大切にしているが，夫と子どもたちこそが最優先であり，彼らをそれ相応に扱い始める必要があると考えた。❻また，誰からも好かれたいという彼女の願望も再検討した。彼女が一番恐れていたのは，他の人が彼女を自己中心的だと思うことだった。しかし数回の治療セッションの後に彼女は，常に好かれたいという彼女の欲求は，誰かにノーと言うよりも実はずっと自己中心的だと認識し始めた。

人を手助けすることは，実はその人の生活を向上させるためではなかった。自分がもっと尊敬されたかったがゆえに，自分を差し出すことがほとんどだった。人を喜ばせることへの考え方を変えたら，彼女は自分の行動を変えられるようになった。**7**メーガンが人に「ノー」と言い始めるには，多少の練習が必要だった。実際，彼女はどう断ればいいのかさえわからなかった。彼女は言い訳が必要だと思っていたが，うそはつきたくなかった。しかし私は，長々とした理由を示さずに「いいえ，それはできない」と簡潔に言うよう彼女に勧めた。「ノー」を言う練習を始めると，ノーと言えば言うほど，楽に言えるようになるとわかった。彼女は人が彼女に怒りを抱くだろうと想像していたが，5本当に気にしているわけではなさそうだとすぐに気がついた。家族と過ごす時間が増えるほど，不機嫌になることは少なくなった。ストレスの量も減り，何度かノーと言った後は，人を喜ばせなければという重圧を感じることも減った。

問１＜適語補充＞同じ段落の第１文から，メーガンは結婚していて子どももいることがわかるので，良き妻，そして良き母でありたかったのだと考えられる。

問２＜指示語＞(2a)メーガンが電話に出なくなった理由は，電話の用件はいつも頼みごとだということを「メーガン」はわかっていたから。　(2b)同じ文の前半に her cousin's phone calls とある。つまり，電話をしてくるのは「いとこ」である。　(2c)前文から，いとこがさまざまな問題を抱えていることがわかる。「いとこ」は何かが必要になったときにメーガンに電話をしてくるのである。

問３＜整序結合＞'mean(＋that)＋主語＋動詞...'「～であることを意味する」の形になると考えられるので，'主語＋動詞' に she wasn't を置く。また，語群から in time for ～「～に間に合う」というまとまりができ，'～' に dinner を置けば，残りの home は「家に」という副詞で be動詞の後に置くと判断できる。なお，直後の or は in time for ～ と(in time) to ～「～するのに間に合う」をつないでいる。

問４＜英文和訳＞'be動詞＋about＋(動)名詞' で「～(する)ということだ」という意味を表し，'目的' や '本質' を表す。　improve「～を改善する」　(類例) Life is about challenges.「人生とは挑戦することだ」

問５＜適文選択＞文の前半が Although「～にもかかわらず」という '逆接' を表す節なので，「怒る」という想像に反する内容になるとわかる。なお，エ．「彼らは彼女がそれまでしてくれたことに対してとても感謝していた」は，「ノー」と断った後の相手の反応として適切ではない。

問６＜適語補充＞feel pressured to ～ は「～しろという圧力を感じる」。メーガンが「ノー」を言えなかったのは，他人に気に入られたかったから(第６段落)。しかし「ノー」と言える今では，「他人に気に入られるための行動」が減ったと考えられる。つまり「他人を喜ばせるというプレッシャーが減った」のである。第６段落最終文に pleasing があり，これの原形 please は「～を喜ばせる」という意味である。

問７＜適語選択＞あ．メーガンがストレスをためて精神的に参っていたのは，彼女が「ノー」と言えない人だったからである。　い・う．前の段落でメーガンが親類の世話を焼く描写がある。親類には「ノー」と言わないと決めていたのである。そのため親類の頼みには自動的に「イエス」と答えていた。　え・お．前文の内容はいとこや妹の頼みに応じたために，夫や子どもの世話ができなくなる例。よって離れた親類への「イエス」は，直近の家族への「ノー」となる。　か．人に好かれたいという彼女の欲求は他人のためではなく自分が尊敬されたいからだった(次の文)。よってそれは人に「ノー」と言う利己的な行動よりも，実はさらに利己的である。　き．「ノー」と言えなかったメーガンが実際に「ノー」と言えるようになるまでは練習が必要だった。　く．「ノー」を言うのに練習が必要だったのは，「ノー」を伝える方法すら知らなかったから。　け．メーガンが始めたのは「ノー」を言う練習である。　こ．前の3文から，メーガンが実際に人に何度か「ノー」と言い，その効果が表れ始めたことがわかる。

3〔適語補充―同音異義語〕

(1)上：「公平な」を表す fair。　下：「料金」を表す fare。　「彼に何でもやってくれと頼むのはよくない。私たちが手伝うべきだ」／「ここから駅までのバス代はいくらですか」

(2)上：「穴」を表す hole。　下：「全体の」を表す whole。　「私の車が道路の穴に落ちたとき，彼は親切にも私を助けてくれた」／「先生が講義を始めると，クラス全体がしゃべるのをやめた」

(3)上：「名所」を表す sight の複数形。　下：「場所，敷地」を表す site の複数形。　「京都にはたくさんの訪れるべき名所がある」／「ここは新しい校舎となる場所の1つだ」

(4)上：「書く」を表す write。　下：「正しい」を表す right。　「彼女は何か大事なことを言ったが，そのとき私はそれを書いておくものがなかった」／「子どもに長時間勉強するように言うのは，必ずしも正しくはない」

(5)上：「待つ」を表す wait。　下：「重み，重要さ」を表す weight。　「どれだけ君を待てばいいんだ？　僕は急いでるんだ」／「私たちの上司は彼の過去の成功体験に重きを置きすぎている」

4〔整序結合〕

(1)「こうなるんですよ」は「このようなことが起こる」と読み換えれば，Things like this happen となる。「充電しておかないと」は接続詞 when を用いて when you don't charge your battery とする。

(2)「どうしてわかったのですか」は How did you know ～？で表せる。「〈人〉にうそをつく」は 'lie to＋人' で表せるので，「あなたはうそをつかれている」は，これを受け身形にした you were lied to となる。

(3)「～できないかもしれない」は助動詞 might not「～でないかもしれない」の後に be able to ～「～できる」を続ける。to の後には動詞の原形 find「～を見つける」を置き，その目的語として this gas station を受ける不特定の代名詞 one を補う。「ここから先」は from here,「しばらく」は for a while で表せる。

(4)「何を」を問う疑問文なので，What で文を始める。「～するのが楽しみ」は進行形の be looking forward to ～ing の形で表せるので，What are you looking forward to ～ing？という疑問文をつくる。ここで～ing に doing を補えば，What が doing の目的語となる。残りの「試験が終わったら」は「～の後に」を表す副詞節の 'after＋主語＋動詞' の中で be over「終わって」の形を使う。

(5)「私たちは～に驚いた」は We were surprised at ～ で表せる。'～' に入る「その国の人口がいかに多いのか」は間接疑問を用いればよいが，population「人口」の「多い／少ない」は large／small で表すので，疑問詞は how large となる。その後に '主語＋動詞' の語順の the country's population was を続ける。

5〔放送問題〕解説省略

数学解答

1 (1) (i) $x=\dfrac{2\sqrt{2}\pm1}{7}$ (ii) 0.261

(2) (i) 4通り (ii) 42通り

2 (1) $\dfrac{x^2+2x+1+y^2}{xy^2}$ (2) $\dfrac{x+1}{y}$

(3) x (4) y

3 (1)

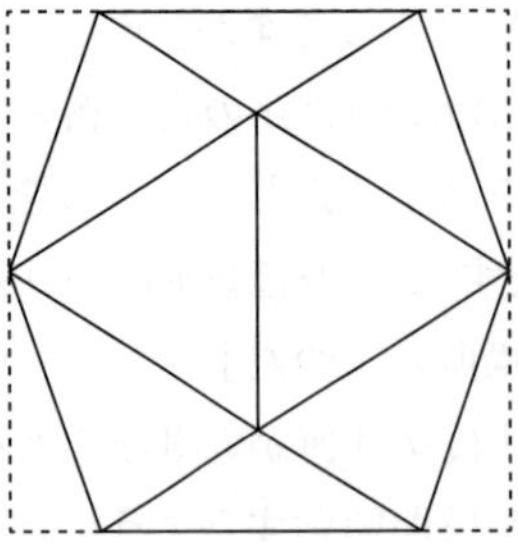

(2) (i) $\sqrt{3}l$〔$\sqrt{l^2-4l+8}$〕

(ii) $l^2+2l-4=0$

(iii) $-1+\sqrt{5}$

(3) (i) 2 (ii) $\dfrac{\sqrt{15}+\sqrt{3}}{3}$

(4) $\dfrac{80\sqrt{5}-80}{3}$

4 (1) (例)四角形APORは円C_1に内接しているから，∠ARO＝∠BPO……① 四角形PBQOは円C_2に内接しているから，∠BPO＝∠OQD……② ①，②より，∠ARO＝∠OQD……③ また，四角形OQDRは円C_3に内接しているから，∠OQD＋∠ORD＝180°……④ ③，④より，∠ARO＋∠ORD＝180° よって，3点A，R，Dは一直線上にある。

(2) (例)

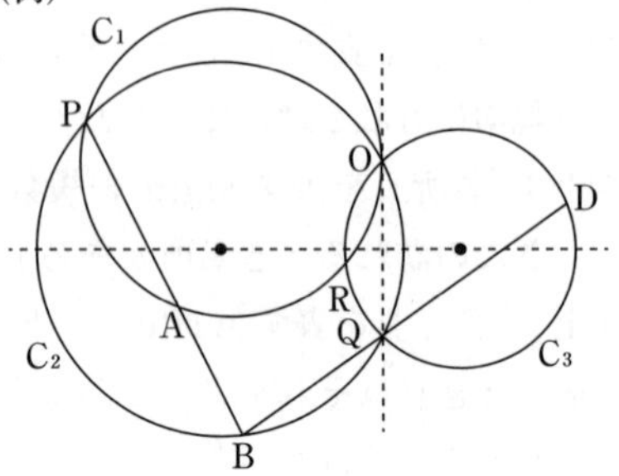

(3) (例)四角形OPARは円C_1に内接しているから，∠ARO＋∠APO＝180°……① また，四角形PBQOは円C_2に内接しているから，∠APO＝∠OQD……② $\overset{\frown}{OD}$に対する円周角だから，∠ORD＝∠OQD……③ ②，③より，∠APO＝∠ORD……④ ①，④より，∠ARO＋∠ORD＝180° よって，3点A，R，Dは一直線上にある。

1〔独立小問集合題〕

(1)＜数と式―二次方程式，近似値＞(i)解の公式より，$x=\dfrac{-(-4\sqrt{2})\pm\sqrt{(-4\sqrt{2})^2-4\times7\times1}}{2\times7}=\dfrac{4\sqrt{2}\pm\sqrt{4}}{14}=\dfrac{4\sqrt{2}\pm2}{14}=\dfrac{2\sqrt{2}\pm1}{7}$である。 (ii)$\sqrt{2}=1.414$とすると，二次方程式の2つの解は，$x=\dfrac{2\sqrt{2}+1}{7}=(2\sqrt{2}+1)\div7=(2\times1.414+1)\div7=0.5468\cdots$，$x=\dfrac{2\sqrt{2}-1}{7}=(2\sqrt{2}-1)\div7=(2\times1.414-1)\div7=0.2611\cdots$となる。$\dfrac{2}{5}=0.4$だから，$0.5468-0.4=0.1468$，$0.4-0.2611=0.1389$より，$\dfrac{2}{5}$に近い方の解は，$x=0.2611\cdots$なので，小数第4位を四捨五入して，$x=0.261$である。

(2)＜特殊・新傾向問題―場合の数＞(i)次ページの図1のように，駒が移動することのできるマスのうち，Start，Goal以外のマスをA～Nとする。GoalのマスはStartのマスから見て，右に3マス，上に4マス移動したところにあるから，$3+4=7$より，7回の移動でGoalのマスに到着するのは，最短の移動の仕方となる。そのような移動の仕方は，次ページの図2の㋐～㋓の4通りある。 (ii) $9-7=2$より，9回目の移動で初めてGoalのマスに到着するとき，図2の㋐～㋓の場合に比べ移動の回数は2回多いので，㋐〜㋓の各経路上の途中のマスで一度1つ前のマスに戻る場合と，各経路上のStartもしくは途中のマスで一度経路からそれてもとの経路に戻る場合が考えられる。㋐の経路上の途中のマスで一度1つ前のマスに戻る場合，A，B，C，F，I，Mの各マスから1つ前のマスに戻ることができるので，戻ることのできるマスは6通りあり，移動の仕方も6通りとなる。㋑，㋒，㋓の経路においても同様にそれぞれ6通りとなる。次に，㋐の経路で一度経路からそれてもとの経路に戻る場合は，StartのマスからStart→D→Start，BのマスからB→E→B，FのマスからF→E→F，MのマスからM→L→Mのようにそれて移動する4通りある。同様に考えて，㋑の経路においては，Start→D→Start，B→C→B，F→C→F，M→L→Mのようにそれて移動する4通りある。㋒の経路においては，Start→A→Start，G→J→G，K→J→K，K→N→K，M→I→Mのようにそれて移動する5通りある。㋓の経路においては，Start→A→Start，G→H→G，K→H→K，K→N→K，M→I→Mのようにそれて移動する5通りある。以上より，9回目の移動で初めてGoalに移動する場合は6×4＋4×2＋5×2＝42(通り)ある。

図1

	N		Goal
J	K	L	M
G	H		I
D		E	F
Start	A	B	C

図2

㋐ Start→A→B→C→F→I→M→Goal
㋑ Start→A→B→E→F→I→M→Goal
㋒ Start→D→G→H→K→L→M→Goal
㋓ Start→D→G→J→K→L→M→Goal

2 〔数と式―式の計算〕

≪基本方針の決定≫A，Bを与えられた式に当てはめて計算する。

(1)**<式の計算>**$A=\frac{y^2+1}{x}$，$B=\frac{y^2+1+x}{xy}$ より，操作1を行うと，Aは，$\frac{B^2+1}{A}=(B^2+1)\div A=\left\{\left(\frac{y^2+1+x}{xy}\right)^2+1\right\}\div\frac{y^2+1}{x}=\frac{\{(y^2+1)+x\}^2+x^2y^2}{x^2y^2}\times\frac{x}{y^2+1}$ となる。$y^2+1=P$ とおくと，$\{(y^2+1)+x\}^2+x^2y^2=(P+x)^2+x^2y^2=P^2+2xP+x^2+x^2y^2=(y^2+1)^2+2x(y^2+1)+x^2(y^2+1)$ となるから，$\frac{\{(y^2+1)+x\}^2+x^2y^2}{x^2y^2}\times\frac{x}{y^2+1}=\frac{(y^2+1)^2+2x(y^2+1)+x^2(y^2+1)}{x^2y^2}\times\frac{x}{y^2+1}=\frac{(y^2+1)+2x+x^2}{xy^2}=\frac{x^2+2x+1+y^2}{xy^2}$ である。

(2)**<式の計算>**(1)より，$A=\frac{x^2+2x+1+y^2}{xy^2}$ だから，操作2を行うと，Bは，$\frac{A+1}{B}=(A+1)\div B=\left(\frac{x^2+2x+1+y^2}{xy^2}+1\right)\div\frac{y^2+1+x}{xy}=\frac{x^2+2x+1+y^2+xy^2}{xy^2}\times\frac{xy}{y^2+1+x}=\frac{(x+1)^2+y^2(x+1)}{xy^2}\times\frac{xy}{x+1+y^2}$ となる。$x+1=Q$ とおくと，$(x+1)^2+y^2(x+1)=Q^2+y^2Q=Q(Q+y^2)=(x+1)(x+1+y^2)$ となるから，$\frac{(x+1)^2+y^2(x+1)}{xy^2}\times\frac{xy}{x+1+y^2}=\frac{(x+1)(x+1+y^2)}{xy^2}\times\frac{xy}{x+1+y^2}=\frac{x+1}{y}$ である。

(3)**<式の計算>**(2)より，$B=\frac{x+1}{y}$ だから，操作1を行うと，Aは，$\frac{B^2+1}{A}=(B^2+1)\div A=\left\{\left(\frac{x+1}{y}\right)^2+1\right\}\div\frac{x^2+2x+1+y^2}{xy^2}=\frac{x^2+2x+1+y^2}{y^2}\times\frac{xy^2}{x^2+2x+1+y^2}=x$ となる。

(4)**<式の計算>**(3)より，$A=x$ だから，操作2を行うと，Bは，$\frac{A+1}{B}=(A+1)\div B=(x+1)\div\frac{x+1}{y}=(x+1)\times\frac{y}{x+1}=y$ となる。

3 〔空間図形―立方体，正二十面体〕

≪基本方針の決定≫(4) 点Oと正多面体Xの全ての頂点を結ぶと，体積の等しい三角錐ができる。

(1)**<立面図>**次ページの図1のように，7点A〜G，3点T〜Vを定める。正多面体Xの辺QR，辺PV，辺TUが立方体の面に含まれる辺となる。図形の対称性から，辺QRは立方体の辺BCに平行になるから，正面から見ると，2点Q，Rは重なって見える。また，辺QRを延長すると，立方体の辺BF，CGとそれぞれの中点で交わる。辺PVは，面ABCDに含まれるので，正面から見ると，辺ABと重なる。辺TUは立方体の辺AEに平行であり，辺TUを延長すると，立方体の辺AB，EFとそれぞれの中点で交わる。これをもとにして，正面から見える正多面体Xの面を記す。解答参照。

図1

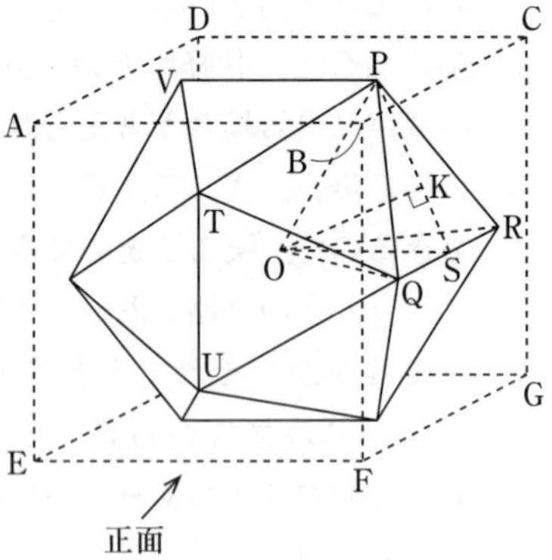

(2)<**長さ，立式**>(i)右図1で，△PQRは正三角形であり，点Sは辺QRの中点だから，△PQSは3辺の比が1：2：$\sqrt{3}$ の直角三角形である。PQ$=2l$ なので，PS$=\dfrac{\sqrt{3}}{2}$PQ$=\dfrac{\sqrt{3}}{2}\times 2l=\sqrt{3}l$ となる。　(ii)図1で，3点P，S，Vを通る断面は，立方体の面AEFBと平行であり，右図2のようになる。図2のように，3点H，I，Jを定めると，図形の対称性から，PH＝VI＝(IH－VP)÷2＝$(4-2l)\div 2=2-l$，HS＝JS$=\dfrac{1}{2}$HJ$=\dfrac{1}{2}\times 4=2$ となる。よって，△PSHで三平方の定理より，PS^2＝PH^2＋HS^{2}だから，$(\sqrt{3}l)^2=(2-l)^2+2^2$ が成り立つ。これより，$3l^2=4-4l+l^2+4$，$2l^2+4l-8=0$，$l^2+2l-4=0$ となる。　(iii)二次方程式 $l^2+2l-4=0$ を解くと，解の公式より，$l=\dfrac{-2\pm\sqrt{2^2-4\times 1\times(-4)}}{2\times 1}=\dfrac{-2\pm\sqrt{20}}{2}=\dfrac{-2\pm 2\sqrt{5}}{2}=-1\pm\sqrt{5}$ となる。$l>0$ なので，$l=-1+\sqrt{5}$ である。

図2

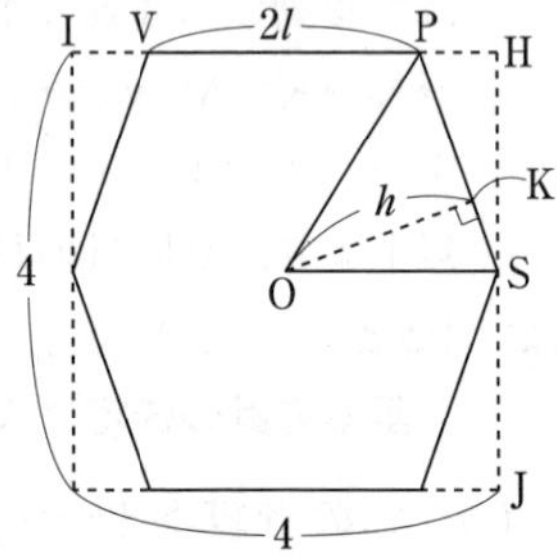

≪(i)の別解≫図2で，PH$=2-l$，HS＝2だから，△PSHで三平方の定理より，PS$=\sqrt{\mathrm{PH}^2+\mathrm{HS}^2}=\sqrt{(2-l)^2+2^2}=\sqrt{l^2-4l+8}$ となる。

(3)<**面積，長さ**>(i)右上図1で，立方体の対称の中心Oは，3点P，S，Vを通る平面上にある。右上図2で，OS$=\dfrac{1}{2}\times 4=2$ であり，辺OSを底辺と見ると，△OPSの高さはHS＝2となる。よって，△OPS$=\dfrac{1}{2}\times$OS$\times$HS$=\dfrac{1}{2}\times 2\times 2=2$ である。　(ii)図1で，点Oと面PQRの距離は，点Oから面PQRに引いた垂線の長さである。この垂線をOKとすると，点Kは線分PS上の点となり，OK$=h$ である。図2で，(2)(iii)より，PS$=\sqrt{3}l=\sqrt{3}\times(-1+\sqrt{5})=\sqrt{15}-\sqrt{3}$ だから，△OPSの面積について，$\dfrac{1}{2}\times(\sqrt{15}-\sqrt{3})\times h=2$ が成り立つ。これを解くと，$h=\dfrac{4}{\sqrt{15}-\sqrt{3}}$ となる。分母，分子に $\sqrt{15}+\sqrt{3}$ をかけて有理化すると，$\dfrac{4}{\sqrt{15}-\sqrt{3}}=\dfrac{4\times(\sqrt{15}+\sqrt{3})}{(\sqrt{15}-\sqrt{3})(\sqrt{15}+\sqrt{3})}=\dfrac{4(\sqrt{15}+\sqrt{3})}{12}=\dfrac{\sqrt{15}+\sqrt{3}}{3}$ となるので，$h=\dfrac{\sqrt{15}+\sqrt{3}}{3}$ である。

(4)<**体積**>右上図1で，正多面体Xは，各頂点に5つの合同な正三角形が集まっているから，正二十面体である。よって，点Oと正多面体Xの全ての頂点を結ぶと，三角錐が20個できる。また，点Oから正多面体Xの全ての面までの距離は等しいので，20個の三角錐の体積は等しい。OK⊥〔面PQR〕だから，三角錐O-PQRの体積は，$\dfrac{1}{3}\times$△PQR$\times$OK$=\dfrac{1}{3}\times\left(\dfrac{1}{2}\times 2l\times\sqrt{3}l\right)\times h=\dfrac{\sqrt{3}}{3}l^2h$ と表せる。(2)(iii)，(3)(ii)より，$l=-1+\sqrt{5}$，$h=\dfrac{\sqrt{15}+\sqrt{3}}{3}$ だから，三角錐O-PQRの体積は，$\dfrac{\sqrt{3}}{3}l^2h=$

$\frac{\sqrt{3}}{3}\times(-1+\sqrt{5})^2\times\frac{\sqrt{15}+\sqrt{3}}{3}=\frac{\sqrt{3}}{3}\times(6-2\sqrt{5})\times\frac{\sqrt{3}(\sqrt{5}+1)}{3}=(6-2\sqrt{5})\times\frac{\sqrt{5}+1}{3}=\frac{4\sqrt{5}-4}{3}$ となる。したがって，正多面体Xの体積は，20〔三角錐 O-PQR〕$=20\times\frac{4\sqrt{5}-4}{3}=\frac{80\sqrt{5}-80}{3}$ となる。

4 〔**平面図形―円**〕

⑴＜**証明**＞右図1で，3点A，R，Dが一直線上にあることを示すので，∠ARO＋∠ORD＝180°となればよい。右下図2で，四角形EFGHが円に内接している(四角形EFGHの4つの頂点が円の周上にある)とき，∠FEH＝a，∠FGH＝bとすると，円周角の定理より，点Gを含む$\overset{\frown}{\mathrm{FH}}$に対する中心角，点Eを含む$\overset{\frown}{\mathrm{FH}}$に対する中心角はそれぞれ$2a$，$2b$となる。$2a+2b=360°$より，$a+b=180°$だから，∠FEH＋∠FGH＝180°となる。また，線分FGをGの方に延長した直線上の点をIとすると，∠HGI＋∠FGH＝180°だから，∠FEH＝∠HGIである。以上より，図2で，円に内接している四角形の性質は，∠FEH＋∠FGH＝180°，∠FEH＝∠HGIとなる。図1で，点Oと3点P，Q，Rをそれぞれ結び，円に内接する四角形の性質を利用する。解答参照。

⑵＜**証明が通用しない図**＞右上図1では，円C_1と円C_2の点O以外の交点Pが線分AB上の点となっているので，このようにならない図を考える。円C_1と円C_3の点O以外の交点Rが$\overset{\frown}{\mathrm{OQ}}$上にあるようにするとよい。解答参照。

⑶＜**証明**＞右図3で，∠ARO＋∠ORD＝180°であることを導く。円に内接する四角形の性質と，円周角の定理を利用する。解答参照。

図1

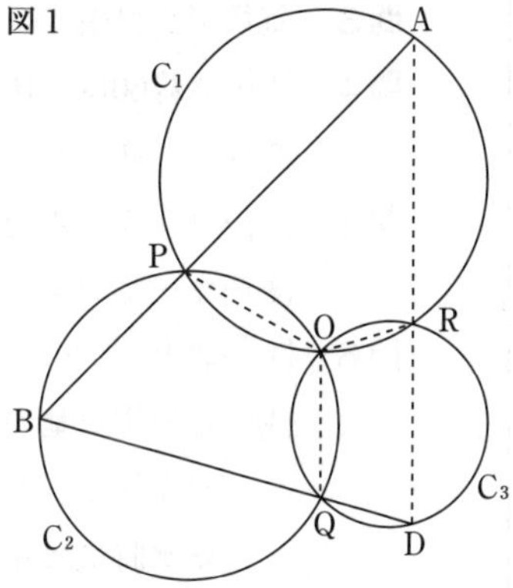

図2

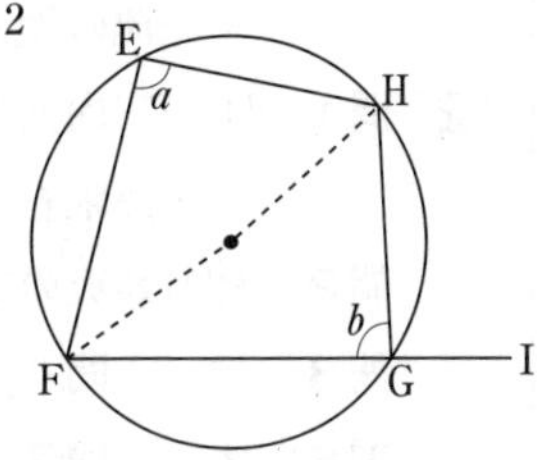

図3

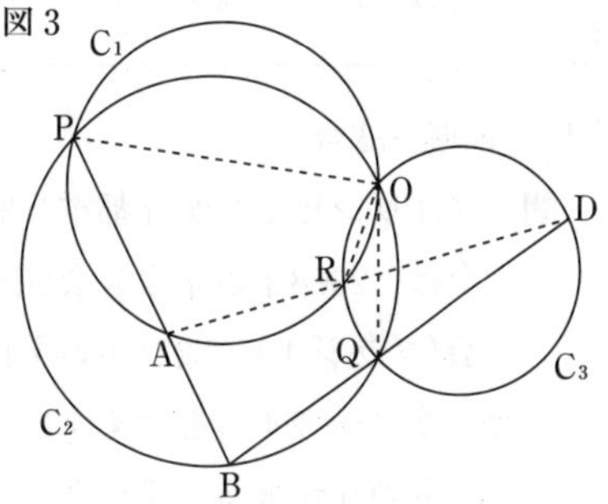

＝読者へのメッセージ＝

3では，正多面体を扱いました。正多面体は，正四面体，正六面体(立方体)，正八面体，正十二面体，正二十面体の5個しかありません。なぜ5個なのか，その理由を説明できますか。1つの頂点に集まっている角の和に着目すると，その理由がわかると思います。1つの頂点に集まる角の和が360°になると，それは平面になりますので，1つの頂点に集まる角の和は360°より小さいです。360°より小さくするには，正三角形は5個まで，正方形は3個まで，正五角形も3個までとなりますね。

社会解答

1 問1 リオデジャネイロ　問2 イ

問3 気候変動枠組

問4 (1)…北緯60度 西経150度

(2)…エ (3)…キ

問5 (1)…ウ (2)…水力

(3)…カーボンニュートラル

問6 (1)…北上 (2)…ウ (3)…エ

(4) (例)市街地のある右岸の堤防が左岸よりも高くなっており，増水時には左岸の水田が遊水池の役割を果たす。

2 問1 (1)…三内丸山 (2)…ア

(3)…黒曜石

問2 (例)蝦夷の征討と平安京の造営。

問3 ア　問4 イ　問5 平等院

問6 オ　問7 エ

問8 (1)…イ (2)…ウ　問9 開拓使

問10 (1)…北海道旧土人保護法 (2)…カ

問11 ウ

3 問1 a…カ b…ウ c…オ d…イ

問2 ア　問3 エ　問4 エ

問5 ウ

問6 (1)…幸福 (2)…民主党

問7 (1)…パラリンピック

(2)…ピクトグラム

問8 (1)…イ，ウ

(2) (例)文字による表示では日本語が読めるかどうかが個人の責任となるが，図記号では言語や年齢などにかかわりなく視覚的に理解できるから。

1 〔地理―総合〕

問1＜オリンピック開催都市＞2022年現在の中学3年生が生まれた後に開催された夏季オリンピック大会は，2008年の北京大会(中国)，2012年のロンドン大会(イギリス)，2016年のリオデジャネイロ大会(ブラジル)，2021年の東京大会である。この開催地の中で，港があり丘の上からの景色が有名で，サマータイムを考えずにアテネより標準時が5時間遅いのは，巨大なキリスト像のあるコルコバードの丘があるリオデジャネイロである。

問2＜パリの気候と自然環境＞パリの気候は，高緯度のわりに温暖な西岸海洋性気候である。パリ周辺では小麦などの栽培と牧畜の混合農業が行われている。なお，bの雨温図は冷帯〔亜寒帯〕のヘルシンキ，cは温帯の地中海性気候のアテネを表している。また，ピレネー山脈はスペインとの，アルプス山脈はイタリアやスイスとの国境にあたり，フランス北部のパリ盆地にあるパリとは離れている。

問3＜パリ協定＞2015年にパリ協定を採択した国際会議の正式名称は，第21回国連気候変動枠組条約締約国会議〔COP21〕である。この条約は，1992年に国際連合で採択され，1994年に発効した。

問4＜緯度と経度＞(1)図2の世界地図では，北極から南極までの180度に緯線が12本，地点Cから西回りに同地点までの360度に経線が24本描かれているので，緯線と経線が15度ごとに引かれているとわかる。地点Aを通る緯線は，シンガポールやブラジルのアマゾン川河口，アフリカのギニア湾，ビクトリア湖などの周辺を通る0度の緯線である赤道から北へ4本目なので北緯60度となる。地点Aを通る経線は，イギリスなどを通る0度の経線である本初子午線から西へ10本目なので西経150度となる。　(2)タヒチは南半球に位置しているので，季節は北半球の逆となる。したがって，昼の長さは６月より12月の方が長い(エ…○)。なお，太陽が沈む時刻は経度や緯度の差などの影響を受けるため，約75度の緯度差があるタヒチと地点Ａでは太陽の沈む時刻は異なる(ア…×)。太平洋の中央を南北に通る180度の経線にほぼ沿うように引かれている日付変更線の西側から新しい日付となっていくので，地点Ｃ，Ｂ，Ａの順に新しい日付になる(イ…×)。白夜の現象が見られるのは，緯度がおよそ66度より高い北極圏か南極圏なので，北緯15度付近の地点Ｃではこの現象は見られない(ウ…×)。　⑶地点Ａとタヒチとの緯度差は約75度，地球１周で約４万kmなので，その距離は40000×75÷360＝8333.3…より約8300kmである(ｄ…誤)。図２の世界地図のように緯線が経線に直交する直線で引かれている世界地図では，東西の方位は正しくなく，赤道上以外では左右方向が東西方向を示さない(ｅ…誤)。対蹠《たいせき》点とは，地球上で正反対の位置となる地点のことである。緯度が南緯で示される南半球の地点の対蹠点の緯度は，絶対値が等しい北緯で表される。また，経度は絶対値の和が180度となる。タヒチと地点Ｃは経度差が180度で，赤道を挟んで緯度の絶対値がほぼ等しいので，対蹠点となる(ｆ…正)。

問５＜地球温暖化＞⑴パリ協定では世界の平均気温を，「産業革命以前に比べて２℃より十分低く保ち，1.5℃に抑える努力をする」という目標を定めた。　⑵再生可能エネルギーを用いた発電方法には，太陽光，風力，地熱，水力などがあるが，2018年時点の発電量を比較すると，多い順に，水力，太陽光，風力，地熱となる。　⑶削減しきれない温室効果ガスの排出量に対して，温室効果ガスの吸収量を増加することによってバランスを取る考え方を，カーボンニュートラルという。

問６＜地形図＞⑴岩手県の南部に位置する平泉町には，岩手県を南北に流れる北上川が通っている。

⑵1947年に日本に接近して関東地方と東北地方に大きな被害をもたらした台風は，カスリーン台風である。なお，伊勢湾台風は1959年に，室戸台風は1934年に発生した台風，カトリーナとウィルマはアメリカを襲ったハリケーンである。　⑶Ｄの周辺には，史跡(∴)，寺院(卍)，神社(⛩)が見られる。Ｅの周辺には田(ıı)が広がっている。Ｆは山ろくの斜面となっていて，周囲には田のほかに果樹園(ȯ)や畑(∨)も見られる。　⑷河川の「左岸」とは上流から下流を見たときの左側を指すので，この地形図が示す地域では河川の東側の水田地帯を指す。断面図を見ると，この水田地帯は河川の水面より低いので，河川が増水して水が堤防を越えたときには，その水を一時的にたくわえるはたらきをすると考えられる。

2〔**歴史―総合**〕

問１＜縄文時代＞⑴1992年から調査が行われ，縄文時代の大規模集落跡として1997年に国の特別史跡に指定され，2021年には世界遺産に登録された図１の青森県の遺跡は，三内丸山遺跡である。

⑵縄文時代の人々は，狩りや漁で食料を入手していて，シカやイノシシなどをとるために弓矢も使用していた。なお，秦の始皇帝によって中国が統一されたのは，日本列島が弥生時代に入る頃の紀元前３世紀のことである(イ…×)。鉄器や青銅器などの金属器が大陸から日本列島に伝えられたのは弥生時代のことである(ウ…×)。赤褐色で薄手の土器は弥生土器で，縄文土器の多くは厚手で黒褐色である(エ…×)。　⑶青森県の三内丸山遺跡からは，北海道や長野県など日本各地で産出された黒曜石でつくられた打製石器が出土している。

問２＜桓武天皇の政治＞桓武天皇は，平安京への遷都や蝦夷を従えるための東北地方への派兵などを行ったが，「徳政相論」で藤原緒嗣はこの東北地方への派兵と平安京の造営を，人々に負担を強いる「軍事と造作」と表現し，その停止を求めた。

問３＜武士のおこり＞袈裟を着て覆面をして薙刀などで武装した者を僧兵といい，平安時代後半に興福寺などの寺院が僧兵を京都に送ることで自分たちの主張を実力によって通そうとした。

問４＜中尊寺金色堂＞奥州藤原氏が平泉に中尊寺金色堂を建てたのは平安時代後半のことで，浄土信仰の影響を受けてつくられている。

問５＜平安時代後期の文化＞図３のように阿弥陀堂の前に池がつくられた庭園を浄土式庭園といい，極楽浄土をこの世に表したものとされている。藤原頼通が京都に建てた平等院が有名で，奥州藤原氏によって建てられた無量光院も同じ様式でつくられている。

問６＜アイヌの歴史＞13世紀後半，北九州への元(中国)の襲来とほぼ同じ時期に，元軍によるアイヌ攻撃があった。1457年のコシャマインの戦いはコシャマインに率いられたアイヌの人々が和人に対して起こした初めての大規模な戦い，1669年のシャクシャインの戦いは松前藩による不平等な貿易への不満からシャクシャインを中心として戦いを起こしたものである。

問７＜14世紀の出来事＞中山王の尚巴志が山北と山南を併せて統一し，琉球王国を成立させたのは，15世紀前半の1429年のことである。なお，鎌倉幕府の滅亡は1333年のこと，室町幕府の成立は1338年のこと，明王朝の成立は1368年のこと，朝鮮王朝の成立は1392年のことで，いずれも14世紀の出来事である。

問８＜田沼意次の政治＞⑴江戸時代後半の1798年，幕府に最上徳内らとともに択捉島の開発を命じられたのは近藤重蔵，樺太の調査を命じられたのは間宮林蔵である。また，1792年にロシアの使節ラクスマンが根室に来航した際にロシアから送還された日本人は大黒屋光太夫である。1804年に長崎に来航して通商を求めたロシア使節は，レザノフである。なお，高田屋嘉兵衛は近藤重蔵に雇われ択捉航路を開拓した商人で，1812年にロシアに捕らえられたが翌年に釈放された。　⑵18世紀後半の1772～86年に幕政を担当した老中の田沼意次は，商工業者の経済力を活用する政策として，株仲間の公認，銅などの専売制，俵物などの輸出拡大などを行った(ウ…○)。なお，旗本や御家人の借金を帳消しにする棄捐《きえん》令は，松平定信が行った寛政の改革の政策(ア…×)，米を幕府に納めさせる代わりに参勤交代制度を緩める上げ米の制は，徳川吉宗が行った享保の改革の政策(イ…×)，株仲間の解散は，水野忠邦が行った天保の改革の政策である(エ…×)。

問９＜開拓使の設置＞戊辰戦争が1869年の函館五稜郭の戦いで終結した後，明治政府は同年に蝦夷地を北海道と改め，開拓使を置いて開発を進めた。

問10＜アイヌの歴史＞⑴1899年，明治政府は北海道の開発に伴って生活圏を奪われ貧しくなったアイヌの人々を保護するという名目で北海道旧土人保護法を制定した。　⑵年代の古い順にｃ(1997年―アイヌ文化振興法)，ｂ(2019年―アイヌ民族支援法)，ａ(2020年―ウポポイ〔民族共生象徴空間〕の公開)となる。

問11＜原敬内閣＞米騒動の責任を取って総辞職した寺内正毅内閣の後を受けて内閣を組織した立憲政友会総裁の原敬は，1921年に東京駅で暗殺された(ウ…○)。なお，原敬内閣は初めての本格的な政党内閣とされるが，陸軍大臣，海軍大臣，外務大臣は立憲政友会党員ではなかった(ア…×)。原敬内閣では選挙権を制限する納税額の引き下げは行われたが，普通選挙制度を求める声に対しては，時期尚早として反対した。男子普通選挙制度が成立したのは加藤高明内閣のときで，1925年のことだった(イ…×)。シベリアからの撤兵は1922年，シベリア出兵後のソ連との国交回復は1925年のことである(エ…×)。

3 〔公民—2021年の話題に関連した問題〕

問１＜日本の政権＞議院内閣制をとる日本では，衆議院議員総選挙が行われなくても，与党第１党の代表者を選ぶ選挙が行われた場合，首相が交代することがある。2021年９月には，現職の首相であった菅義偉が自民党総裁選挙に立候補しないことを表明したことから，自民党総裁選挙の決選投票で河野太郎を破って当選した岸田文雄が首相に就任した。国会における首班指名選挙で岸田文雄に次ぐ得票数を得たのは，立憲民主党代表の枝野幸男である。なお，安倍晋三は菅義偉の前の首相，小池百合子は2016年から東京都知事を務めている。

問２＜法律の制定＞さまざまな法令のうち，国会の議決によって成立するのは，法律である。なお，政令を定めるのは内閣，省令を定めるのは中央行政機関である省の大臣である。

問３＜国会の種類＞衆議院解散後の総選挙の日から30日以内に召集されて，首相が指名されるのは，特別国会〔特別会〕であるが，2021年10月の首相指名選挙のように内閣が必要と認めた場合や，衆議院か参議院の総議員の４分の１以上が要求した場合に召集されるのは，臨時国会〔臨時会〕である。なお，通常国会〔常会〕は，１月に召集され150日間の会期で開かれる国会で，緊急集会は，衆議院の解散中に緊急の必要が生じたときに開かれる参議院の集会である。

問４＜各時代の内閣＞1921年に原敬が暗殺された後に首相となったのは高橋是清，1941年の太平洋戦争開戦時に首相を務めていたのは東条英機，1960年の日米安全保障条約改定をめぐる混乱後に退陣した岸信介内閣の後を受けて1960年に首相となり，所得倍増計画を発表して高度経済成長政策を進めたのは池田勇人である。

問５＜自由権＞第一次世界大戦に敗戦したドイツで1919年に制定され，初めて社会権を保障した憲法として知られるワイマール憲法は，条文にあるように法律の根拠に基づかない住居への侵入を禁止することで国民の身体の自由を保障し，自由権を認めていた。

問６＜アメリカ合衆国の政治＞(1)1776年に発表されたアメリカの独立宣言では，全ての人が平等で，基本的人権を持つものとして書かれ，そこには「生命，自由，幸福の追求」の権利が含まれているとされている。　(2)2020年の末にアメリカ合衆国では大統領選挙が実施され，再選を目指した共和党のトランプを破って，民主党のバイデンが当選し2021年１月に大統領に就任した。

問７＜東京オリンピック・パラリンピック＞(1)オリンピック開催都市でオリンピックと同時期に開催される障がい者スポーツの国際大会は，パラリンピックと呼ばれる。　(2)スポーツの種類やトイレ，非常口の場所などを，絵や図で表現した図記号を，ピクトグラムという。

問８＜共生社会＞(1)障がいを「障害者個人に付随する特質」と考えるのが医学モデル，障がいは「人と社会との相互作用によって生じる」と考えるのが社会モデルである。　(2)図２の図記号が広く使われる前は，非常口の表示の多くには文字が使われていた。文字による表示は，その文字が理解できない人にとっては役に立たない。その文字が理解できないということを「個人の責任」とするのではなく，文字が理解できない人にも伝わるように工夫するのが社会の責任と考えれば，図記号による非常口の表示は，言語の異なる人や文字を理解できない年齢の人に対して社会がなすべき配慮といえる。

2022年度／開成高等学校

理科解答

1　問１　③　　問２　②　　問３　⑥
　問４　⑦　　問５　1.47V　　問６　⑦

2　問１　エ　　問２　(1)…ア，イ　(2)…ア
　問３　①　　問４　40トン
　問５　番号…②
　　理由…(例)水が対流しないから。

3　問１　①　3：1　②　減数分裂
　　③　DNA〔デオキシリボ核酸〕
　問２　A…胚珠　D…子房
　問３　(1)　1：1　(2)　3：1
　　(3)　5：3
　問４　(例)孫世代の種子を育てる必要があるから。
　問５　(1)　ア　(2)　エ　(3)　ウ

4　問１　エ　　問２　ア　　問３　ウ
　問４　(例)斜面の傾斜が小さい。
　問５　X…○　Y…×　Z…○
　問６　A…ウ　B…オ

1〔電流とその利用〕

問１＜電磁誘導＞問題の図１のように，オシロスコープのプローブの陽極，陰極にそれぞれ乾電池の＋極，－極をつなぐと，陽極から電流が流れ込み，図２(a)のように，オシロスコープの波形は＋の値を示す。一方，オシロスコープのプローブの陽極，陰極にそれぞれ乾電池の－極，＋極をつなぐと，陰極から電流が流れ込み，図２(b)のように，オシロスコープの波形は－の値を示す。図４のように棒磁石のN極をコイルに上から近づけると，誘導電流はコイルの中の磁界の変化を妨げる向きに流れるため，右図１のように，コイルの上側がN極となる向きに誘導電流が生じる。このとき，プローブの陰極に電流が流れ込むので，オシロスコープの波形は０Vより下側に現れる。この後，すぐに棒磁石のN極を遠ざけると，コイルの上端がS極となるように逆向きの誘導電流が生じるので，波形はすぐ，上側に現れる。よって，③のような波形が観測される。

図１

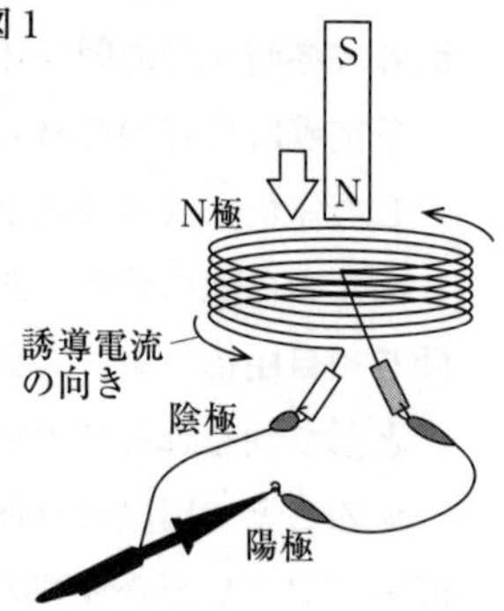

問２＜電磁誘導＞コイルの下から棒磁石のN極を近づけると，コイルの下端がN極，上端がS極になるような向きの誘導電流が生じる。この向きは，問１でコイルの上からN極を遠ざけた場合と同じなので，オシロスコープの波形は最初に上側に現れ，この後，すぐに下側に現れる。よって，②のような波形が観測される。

問３＜電磁誘導＞コイルの上からS極を近づけると，コイルの上端がS極となる向きの誘導電流が生じるので，波形は最初に上側に現れる。誘導電流はコイル内の磁界が変化している間だけ生じるので，一瞬，間をおいたときには電流は流れず，その間は電圧が０Vになる。続いてS極を遠ざけると，コイルの上端がN極となる向きの誘導電流が生じ，波形は下側に現れる。よって，⑥のような波形が観測される。

問４＜電磁誘導＞図５のように棒磁石を落下させるとき，はじめはコイルの上からN極を近づけることになるので，波形は下側に現れる。そして，棒磁石がコイル内を通過した後は，コイルの下からS極を遠ざけることになるから，コイルの下端がN極となる向きの誘導電流が生じ，波形は上側に現れる。また，棒磁石が落下するとき，速さはしだいに速くなるので，N極が近づくときより，S

極が遠ざかるときの速さの方が速い。そのため，図3(a)，(b)のように，上側に現れた波形は，下側に現れた波形より，電圧の変化は大きくなり，時間は短くなる。よって，⑦のような波形が観測される。

問5＜誘導電圧＞表1より，コイルの巻き数と電圧の最大値は比例している。よって，コイルの巻き数が2200回のときの電圧の最大値をxVとすると，2200：x＝600：0.40が成り立つ。これを解くと，$x\times600=2200\times0.40$ より，$x=1.466\cdots$となるから，求める電圧の最大値は約1.47Vである。

問6＜コイルのつなぎ方＞豆電球が最も明るく光るのは，豆電球に加わる電圧が最も大きくなるときで，コイルA～Cを直列につないだときである。また，図6のコイルA～Cに上から棒磁石のN極が近づくとき，コイルA～Cに流れる電流の向きは，右図2のようになる。よって，豆電球が最も明るく光るのは，コイルA～Cに流れる電流が同じ方向に流れるように直列につないだ⑦の回路である。

図2

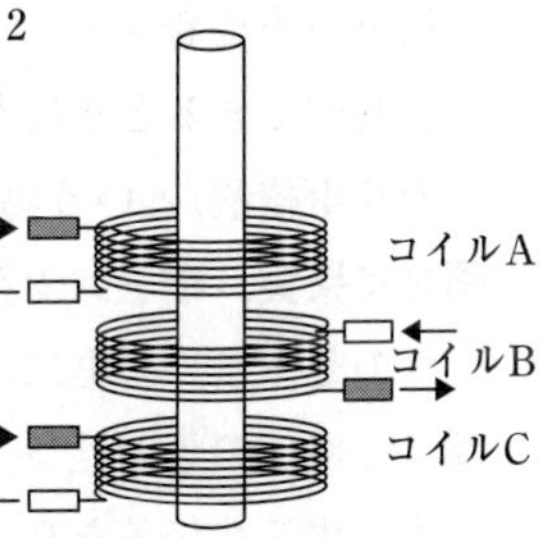

2 〔化学変化とイオン〕

問1＜酸性＞建築に使われている鉄などの金属やコンクリートは，酸性の水に反応して溶けてしまうため，酸性の河川の中には建造物が建てられない。

問2＜酸性とイオン＞(1)表1より，草津温泉の水にはCl^-(塩化物イオン)とSO_4^{2-}(硫酸イオン)が含まれている。Cl^-は塩酸中に，SO_4^{2-}は硫酸中に含まれるので，草津温泉の水に含まれる酸として考えられるのは塩酸と硫酸である。なお，NO_3^-(硝酸イオン)は含まれていないので，硝酸は当てはまらない。また，水酸化ナトリウムはアルカリであり，塩化ナトリウム(食塩)は酸でもアルカリでもない。　(2)pHの値は7で中性であり，7より小さいほど酸性が強くなり，7より大きいほどアルカリ性が強くなる。よって，酸性が強い草津温泉の水のpHの値は2～3と考えられる。

問3＜中和＞石灰石(炭酸カルシウム)は水に非常に溶けにくい固体である。そのため，河川に投入すると，酸があるうちは酸と反応してCa^{2+}(カルシウムイオン)を生じるが，酸がなくなるとほとんど溶けず，固体のまま残るので，投入量が過剰になってもCa^{2+}の濃度と水のpHはほとんど変化しなくなる。よって，石灰石のグラフは，投入量が多くなると，Ca^{2+}の濃度も水のpHもほとんど変化しなくなる①である。なお，消石灰(水酸化カルシウム)は水によく溶けるため，投入量が過剰になると水質がアルカリ性になる。

問4＜反応量＞55トンの石灰石と完全に中和する酸の質量をxトンとすると，x：55＝73：100が成り立つ。これを解くと，$x\times100=55\times73$ より，$x=40.15$ となるから，酸の質量は約40トンである。

問5＜対流＞水(液体)の密度は約4℃で最大となる。冬には湖の水面付近の水温の方が底付近よりも低いため，上層の冷たい水が底付近の水よりも重くなって下降し，水は対流することになる。よって，品木ダム貯水池の水は，冬には十分に混じり合うため，①のように，pHの値は水深によらずほぼ一定となる。これに対し，夏は水面付近の水温の方が高いため，上層の水は底付近の水よりも軽く，対流が起こらない。その結果，②のように，水面付近では大沢川から流れ込む酸性の水の影響でpHの値が小さくなる。また，A，B点より水温の高い水がC点から流入したとき，水温の差が小さい冬は対流が起こりやすいが，水温の差が大きい夏は冬よりも対流が起こりにくく，水面付近に流入した水は水面に近い所にとどまりやすいことも考えられる。

3 〔生命・自然界のつながり〕

問１＜遺伝＞種子の形については，純系個体どうしをかけ合わせると，子世代では全て丸形となったことから，丸形が顕性(優性)形質，しわ形が潜性(劣性)形質である。子世代を自家受粉させると，孫世代では丸形が5474個体，しわ形が1850個体できたので，5474÷1850＝2.9…より，孫世代の顕性形質と潜性形質の個体数の比は約３：１となる。さやの色の形質についても同様で，純系個体どうしをかけ合わせると，子世代は全て緑色になったことから，緑色が顕性形質，黄色が潜性形質であり，孫世代の緑色と黄色の個体数の比は，428÷152＝2.8…より，約３：１である。よって，子世代を自家受粉させると，孫世代の顕性形質と潜性形質の個体数の比は約３：１となる。また，生殖細胞ができるときに行われる特別な細胞分裂を，減数分裂という。遺伝子の本体は，DNA(デオキシリボ核酸)という物質である。

問２＜果実，種子＞受粉することで，めしべの子房は果実に，子房の中の胚珠は種子になる。エンドウのさやは，果実にあたるので，子房が変化したものである。

問３＜遺伝の規則性＞⑴種子の形については，丸形が顕性形質，しわ形が潜性形質だから，種子を丸形にする遺伝子をＲ，しわ形にする遺伝子をｒとすると，純系どうしの親の遺伝子の組み合わせは丸形がRR，しわ形がrrと表され，下線部Ｂの丸形の子は親からそれぞれＲとｒを受け継ぐので，遺伝子の組み合わせはRrである。よって，子世代の個体がつくる生殖細胞はＲを持つものとｒを持つものが１：１の個数の比ででき，しわ形の純系個体がつくる生殖細胞は全てｒを持つので，これらをかけ合わせてできた個体の遺伝子の組み合わせと個体数の比は，右表１のように，Rr：rr＝２：２＝１：１となる。　⑵下線部Ｂの丸形個体の遺伝子の組み合わせは全てRrだから，他家受粉でのかけ合わせの結果は自家受粉の結果と同じになる。よって，下線部Ｃの孫世代の丸形としわ形の個体数の比より，丸形：しわ形＝３：１となる。　⑶下線部Ｂの丸形個体の遺伝子の組み合わせは全てRrだから，これを自家受粉させたときに得られる下線部Ｃの孫世代の遺伝子の組み合わせと個体数の比は，右表２のように，RR：Rr：rr＝１：２：１となる。このうち，RRの個体の自家受粉では，全てRRの個体が得られ，その個体数の比を４とする。Rrの個体の自家受粉では，表２のように，RR：Rr：rr＝１：２：１となり，孫世代のRrの個体数はRRの個体数の２倍なので，ひ孫世代のRRの個体数の比は１×２＝2，Rrの個体数の比は２×２＝4，rrの個体数の比は１×２＝２となる。さらに，rrの個体の自家受粉では，全てrrの個体が得られ，その個体数の比は４となる。以上より，ひ孫世代の個体の遺伝子の組み合わせと個体数の比は，RR：Rr：rr＝(4＋2)：4：(2＋4)＝６：４：６＝３：２：３となる。したがって，丸形としわ形の個体数の比は，丸形：しわ形＝(3＋2)：3＝５：３である。

表１

	r	r
R	Rr	Rr
r	rr	rr

表２

	R	r
R	RR	Rr
r	Rr	rr

問４＜実験＞種子の形に関する結果は，孫世代の種子を観察することで得られる。これに対して，さやの色に関する結果は，孫世代の種子を育て，受粉させた後にできるさやの色を観察することで得られる。そのため，種子を育てるための畑や人手が必要であり，時間もかかる。

問５＜遺伝の規則性＞⑴果実はめしべの子房が変化してできるので，さやの色は，めしべを用いた個体の黄色となる。一方，種子は胚珠が変化してできるので，種子の形は，丸形としわ形の純系どうしのかけ合わせにより，全て丸形となる。　⑵受粉によりできた種子は純系どうしのかけ合わせによってできたので，さやの色について顕性形質の緑色の遺伝子と潜性形質の黄色の遺伝子を１つずつ持っている。この種子を育てて自家受粉させたときにできるさやは，育てた種子の子房が変化してできるので，全て緑色になる。　⑶受粉によりできた種子は，丸形としわ形の遺伝子を１つずつ持っている。よって，これを自家受粉させると，顕性形質と潜性形質の種子が３：１の個体数の比で現れるから，丸形：しわ形＝３：１となる。

4　〔大地の変化〕

問１＜マグマ＞粘り気が強いマグマが冷えてできる岩石は白っぽく，粘り気が弱いマグマが冷えてできる岩石は黒っぽい。そのため，Kは粘り気が強いマグマをマヨネーズ，弱いマグマをソースにたとえている。

問２＜火成岩＞マグマが地表に噴出してできる火成岩を，火山岩という。火山岩は，マグマがマグマだまりなど地下にあるときにゆっくり冷えて成長した結晶(斑晶)と，その周りに地表付近で急に冷やされたため大きく成長することができなかった細かな結晶など(石基)がある斑状組織を持つ。

問３＜火山＞それぞれの火山の形を円錐と考える。富士山の円錐部分の底面の半径をxm，マウナロアの円錐の底面の半径をymとすると，富士山とマウナロアをつくる火山噴出物について，$\frac{1}{3}\times\pi\times x^2\times3000:\frac{1}{3}\times\pi\times y^2\times9000=1:189$が成り立つ。これより，$189x^2=3y^2$，$\frac{y^2}{x^2}=63$となるから，$\frac{y}{x}=\sqrt{63}$である。よって，$7=\sqrt{49}$，$8=\sqrt{64}$より，マウナロアの円錐の底面の半径は富士山の約８倍だから，直径も約８倍である。

問４＜火山＞マウナケアは，富士山をつくったマグマよりも粘り気の弱いマグマでつくられているので，斜面の傾斜は富士山よりも小さい。このことは，巨大な反射鏡などを車で運搬するのに有利である。

問５＜天体観測＞X…マウナケアの山頂は，標高が4205mで，富士山の山頂の標高3776mより高いため，富士山山頂よりも空気が薄い。　**Y**…気圧が高い所では，地表に向けて下降気流ができるため，雲ができにくく，天気がよい。上昇気流が生じやすいのは気圧の低い所である。　**Z**…ハワイは日本と同じ北半球にあり，赤道に近いため，北半球側の星空全てと，南半球側の星空の約90％が観測できる。

問６＜潜水病＞A…液体中に溶けていた気体が発泡したのではない現象を選ぶ。サンゴ由来の砂の主成分は炭酸カルシウムなので，ウはこの炭酸カルシウムが塩酸と反応することで二酸化炭素の泡が発生する現象である。よって，潜水病が起こる原因とは関係ない。　**B**…スキューバダイビングをした後は，血液中に溶け込んだ窒素が発泡しやすくなっている。よって，その後に気圧の低い高山に登ると，血液中から窒素が発泡するおそれがあり，危険である。したがって，適しているのはオである。

国語解答

一 問一 (例)記者が被災地へのメッセージにしか関心を持っていないことがわかって悔しかっただけに，みかちゃんが絵そのものを評価してくれたことが，心底うれしかった。

問二 (例)取材を受けたときと同じく，純粋に作品を審査しようとせず，作品と作者の不遇を紐づけてその感動を評価に加点する態度に落胆し，反感を抱いている。

問三 (例)絵が評価されなかった理由に納得し，憤りを覚えたが，滝の絵はかけがえのないもので，夢中になって表現しようとした自分の思いも大事にしたいと感じている。

二 問一 A 到達　B 同僚　C 訴訟　D 配偶者　E 阻害

問二 (例)敵概念を拡大して「敵」の数と種類が多くなっても，それぞれの「敵」に適切に対処して適切な関係を保っていれば，「敵」の「敵性」は解除されてリスクは減り，「敵」がいない状態をつくり出すことができるから。(95字)

問三 (例)生物がより複雑化するために，簡単にはコントロールできない環境に自分を変えることで適応するように，「天下無敵」とは，自分が「敵」概念を変えてそれに適切に対処することで到達できるものであるということ。(98字)

三 問一 (例)里人が今朝，捕らえた狸こそ，毎晩戸をたたいていた狸だと思われたから。

問二 (例)旅寝の寂しさを慰めに来た狸があわれで，これも深い縁があったかと思うと，かわいそうなことをしたと感じたから。

問三 (例)念仏して弔った今，狸も仏に化けることができただろうと思い，秋の夕暮れのもの寂しさも重なって，しみじみとした気分で狸の冥福を祈っている。

一〔小説の読解〕出典；くどうれいん『氷柱の声』。

問一＜心情＞記者が「このタイトルに込めた思いはなんですか？」と言ったのを聞いて，「私」は，「あ。絵じゃないんだ。～絵ではなくて，被災地に向けてメッセージを届けようとする高校生によろこんでいるんだ」と気づき，「からだにずっしりとした重力がかかっているよう」に気が重くなった。しかし，みかちゃんは，絵の構図や迫力や力強さについて感想を言ってくれた。「私」は，「この絵を見た人に，そう言われたかった」のであり，記者が絵を見ていないことで悔しい思いをした後であるだけに，みかちゃんの言葉を聞いて，涙が出るほど「うれしい」と思った。

問二＜心情＞最優秀賞を受賞した生徒の言葉を聞いて審査員の一人がハンカチで目元を押さえているのを見て，「私」は，「審査されているのは純粋にこの作品ではなく，『この作品を描いた高校生』なのではないか」と思った。そして，「作品と作者の不遇を紐づけてその感動を評価に加点するならば『特別震災復興賞』という賞でも新設すればよかったのに」と思うほど，作品そのものを見ていない審査員の態度に，ニセアカシアの絵で取材を受けたときと全く同じだと失望・落胆し，反感を抱いた。

問三＜心情＞審査に納得できずにいた「私」は，世界史の教師の「今このご時世で水がドーンっと押し寄せてきて，おまけにタイトルが『怒濤』ってのは，ちょっときつすぎる」という言葉を聞いたことで，「だから私の滝の絵は賞を獲れなかったってことね」と気がつき，滝の絵を蹴飛ばしたくなった。しかし，蹴ろうとしたのに実際には「咄嗟に的をずらし，イーゼルを蹴った」のであり，倒れ込もうとする滝の絵へ駆け寄っていた。それほどまでに，「私」にとってこの滝の絵は思い入れの強い，大切な作品だったのである。また，祖母のことや賞の獲得を狙っていたことを忘れて絵を描くことに没頭していた自分自身の気持ちも決して否定できないことを，改めて感じたことだろう。

二〔**論説文の読解─哲学的分野─哲学**〕出典；内田樹『武道論』「武道的身体と場」。

≪本文の概要≫「天下無敵」とは，敵が「いたけれど，排除した」ということではなく，「そもそも，いない」ということであり，これが武道修業の目的である。「無敵」に至るには，まず「敵」の概念を改鋳して，できるかぎり「敵」概念を拡大する。「敵」の数と種類が多くなっても，その「敵」に対してこちらが適切に対処し，きちんと適切な関係を保っていれば，「敵」の「敵性」を解除することができ，彼らはむしろ私を助けてくれることもある。私の運動の自由を制約するものが何もない世界は，全然楽しくない。楽しいのは，私の自由な運動や自己実現を妨害する人は多いが，私が適切に対処すると，その「敵性」が解除されて，彼らがむしろ私の「支援者・協働者」に変わり，彼らがいるおかげで私単独ではできないことができるようになるというスキームである。生物は，簡単にはコントロールできない環境に投じられて，自分自身を変えることで環境に適応する。これが生物学的な意味での「進化」であろう。そして，それがそのまま「天下無敵」ということの意味だろう。

問一＜漢字＞A.「到達」は，行き着くこと。　B.「同僚」は，同じ職場にいる人のこと。　C.「訴訟」は，対立する者どうしの権利や義務などを法律によって確定するために，裁判所にうったえ出る手続きのこと。　D.「配偶者」は，夫から見た妻，また，妻から見た夫のこと。　E.「阻害」は，さまたげ，邪魔すること。

問二＜文章内容＞「敵」概念を「改鋳」して，「できる限り『敵』概念を拡大する」と，「リストアップできる『敵』の数と種類」は多くなる。しかし，そこで「敵」に対してこちらが「適切に対処」して「適切な関係を保って」いれば，その「敵」に負けるリスクは小さくなる。すなわち，「敵」の「敵性」を解除することができるのである。そのような場合，「敵」がむしろこちらの「支援者・協働者」として手を貸してくれることもある。このようにして，「敵」が「そもそも，いない」という状態をつくり出すことができるのである。

問三＜文章内容＞生物は，「より複雑な生き物」になるために，「簡単にはコントロールできない環境に投じられて，自分自身を『前とは違うもの』に書き換えることで環境に適応」する。このプロセスを繰り返すことが，「生物学的な意味での『進化』」である。「天下無敵」に到達することも，自身の「敵」概念を変え，「敵」に適切に対処して「敵性」を解除することによって可能になる。「天下無敵」とは，生物の「進化」と同じようなことなのである。

三〔**古文の読解─俳文**〕出典；与謝蕪村『新花摘』。

≪現代語訳≫結城の丈羽は，別宅を構えて，一人の年取った翁に(それを)守らせていた。(そこは)市中ではありながら樹木が生長し草も茂って，ちょっと世間の俗事を避けるのに具合がよいので，私もしばらくその場所に宿っていた。

翁は掃除のほかにしなければならないこともないので，一つぽつりとともっている明かりのところで数珠を爪で繰って秋の夜の長いのを嘆き，私は奥の一間にいて句をひねり漢詩を苦しんでつくっていたが，すぐに疲れたので，ふとんを引きかぶってとろとろと眠ろうとするときに，広い縁側の方の雨戸をどんどんどんどんとたたく(音がする)。およそ二，三十回ほど続けて打つ音がする。たいそう不気味で胸がどきどきしたが，むっくりと起き出して，おもむろに戸を開けて見てみると，視界を遮るものはない。また寝床に入って眠ろうとすると，先のようにどんどんとたたく(音がする)。また起き出して見るがものの影さえない。とてもとても気味悪かったので，翁に話して，「どうしたらよいだろうか」など相談したところ，翁は，「よし来た，狸のしわざだ。また来てたたくとき，あなたはすみやかに戸を開けて追い払うがよい。翁は裏口の方から回って，垣根の所に隠れていて待とう」と言って，むちを引き寄せながら(様子を)うかがっていた。私も狸寝入りをして待っていると，またどんどんとたたく。「それっ」と戸を開けると，翁も「やあやあ」と声をかけて出合ったが，何もいないので，翁は腹を立てて，すみずみを残すところなく捕らえようとして駆り立てるが影さえ見えない。

このようにすることが，連夜五日ほどになったので，心が疲れてもう住むことはできないと思われたとき，丈羽の家の使用人の長だという者が来て，「その者は今夜は来ないはずです，今朝早く藪下という所で，里人が，狸の年老いたのを捕まえました。思うに，このほど不都合にびっくりさせ申し上げたのは，疑いようもなくそいつのしわざです。今夜は安心してお休みください」などと言う。はたしてその夜から音はしなくなった。(一度は)憎いと思ったが，このところ旅の独り寝の寂しいところを訪ねてきた，それの心がたいそうあわれに感じられ，偶然ではない縁だろうかなど，嘆いた。だから善空坊といった道心者に依頼して，僧への謝礼を渡して，一晩念仏してあれの菩提をとぶらいました。

秋の暮れ，狸が仏に化けたことだよ。

問一＜古文の内容理解＞「丈羽が家のおとな」は，今朝，藪下という所で里人が「狸の老いたる」を捕まえたと言い，このところ戸をたたいて驚かせていたのは間違いなくその狸のしわざだと言った。悪さをしていたと思われる狸を捕らえたので，もう今夜は狸は来ないというのである。

問二＜古文の内容理解＞「余」は，夜になるとどんどんと戸をたたく者がいて，寝ることもできなかった。それは狸のしわざだと言う翁と一緒に，狸の捕獲を試みたものの，それもうまくいかず，狸を「憎し」と思っていた。しかし，その狸が捕まえられ，もう来なくなってみると，狸も「余」の旅寝の寂しさを癒やしてくれていたように思えてあわれになり，これも深い縁があったのだろうかと思った。そこで，せめて狸のために念仏を唱えて，狸の冥福を祈ろうと思ったのである。

問三＜古文の内容理解＞「余」は，狸が捕らえられたと聞き，実際もう来なくなってみると狸があわれになって，念仏を唱えて冥福を祈って弔った。化けるのが得意な狸が，もの寂しい秋の夕暮れに「仏」に化けたとも思えるわけで，それを思うと，「余」は，秋の夕暮れのもの寂しさも重なり合って，しみじみとした思いになったのである。

2021年度 開成高等学校

【英　語】（50分）〈満点：100点〉

注意　1．試験開始後約20分経過してから，聴き取り問題(約14分間)を実施します。

2．本文中の＊のついた語(句)には，本文の後に(注)がついています。

3．短縮形は1語と数えるものとします。［例：I am（2語） I'm（1語）］

■リスニングテストの音声は，当社ホームページで聴くことができます。(当社による録音です)
再生に必要なIDとアクセスコードは「収録内容一覧」のページに掲載しています。

1　次の英文を読み，後の問いに答えなさい。

Once upon a time the Bear Tsarina, the strongest and gentlest creature in The Snow Forest, was asked to take care of a newborn cub.

The Bear Tsarina's heart was filled with love and she promised to raise the cub as her own. Every day, the Bear Tsarina carried the cub on her back and showed (A)her all the wonders of The Snow Forest, from the sunlight shining through the trees to the moonlight dancing on the streams. She showed her how to catch delicious fish and find the sweetest, juiciest berries; how to dig holes among roots and make leafy beds that smelled of autumn all through the icy winter.

The cub loved all these things, but what she loved more was (1)[ア in　イ the forest　ウ the humans　エ to　オ visited　カ watch　キ who] — the woodcutters, the trappers, the fishermen and the gatherers of healing herbs. The cub was pulled towards humans as the river is pulled downstream.

No matter how much sunlight shone through the trees or how much moonlight danced on the streams, no matter how delicious the fish or how sweet the berries, the cub always *wandered away, attracted to the sound of boots on the forest floor or the humming from a human throat.

Seasons passed, and the cub began to look and (2)act like a human, too. She stood on two paws, laughed like a *woodpecker, and sang strangely as a human baby would. The Bear Tsarina's heart sank, because she feared she'd lose the cub to the human world altogether. This was because (B)she had lost her own cub, many years before.

The Bear Tsarina watched from a distance, shifting weight from one great paw to the other, not knowing how to keep the cub, or how to say goodbye.

Sometimes the cub would roll in *pine needles or talk to a bird and (3)the Bear Tsarina's heart would jump at the thought she might stay. But these moments grew fewer and fewer, and then the Bear Tsarina realized it was too late. Winter was coming, yet the cub was losing her *fur.

Cold wet leaves gathered together into small mountains and strong feelings of worry came to rest on the Bear Tsarina. How could (C)she prepare the cub to live in (4)a world she didn't understand?

Then, with the first deep snow, a lady came into The Snow Forest, collecting frosted berries. The Bear Tsarina read the lady's soul and learned the lady had a kind heart and endless love to give. The cub's eyes lit up at the sight of the lady and the Bear Tsarina knew it was time to say goodbye.

When the lady wandered close to the bear cave, the Bear Tsarina whispered into the cub's ear, "(5)This is your mother. She'll take care of you now," and (D)she gently pushed the cub out into the snow.

Though the Bear Tsarina knew the lady would take care of the cub and help (E)her live in the human world, (6)her heart was pulled in two directions. (F)She rolled over, closed her eyes against the pain and pretended to sleep, as the cub stood on her back paws and walked away.

The last of the cub's fur fell and a smile warmed her cheeks as she looked up into the gentle face of the lady. Their souls came together. The cub-child lifted her hands into the air (7)as she wanted to be held by the lady more than anything else. The lady picked her up and the child fitted perfectly into (G)her arms.

A tear rolled into the fur of the Bear Tsarina's cheek as the smell of the cub floated away. (H)She didn't know if she'd ever see the cub again. But as the Bear Tsarina sank into the deep sleep of winter, she heard echoes of the cub's laughter and she smiled, because then she knew that though the cub was gone, something of their souls would always be joined together.

（注） wander ぶらつく　woodpecker キツツキ　pine needles 松葉　fur 体毛

問１　下線部(1)の［　］内を並べ替え，文脈に沿った最も適切な表現を完成させるとき，１番目・３番目・６番目に来る語(句)の記号を答えなさい。ただし不要なものが１つ入っている。

問２　下線部(2)はどういうことか，本文から具体例を抜き出し，句読点を含め30字以上40字以内の日本語でまとめなさい。

問３　下線部(3)の気持ちを表すものとして，最も適切なものを１つ選び記号で答えなさい。

ア　もしかしたら，この子はこのまま眠ってしまうのではないか

イ　もしかしたら，この子はこのまま大きくならないのではないか

ウ　もしかしたら，この子は跳びついて私を驚かせるのではないか

エ　もしかしたら，この子はこのまま自分のそばにいてくれるのではないか

オ　もしかしたら，この子は私が考えているよりずっと大きく跳べるようになったのではないか

問４　この文章において下線部(4)と同じものを指す別の英語表現（３語）を抜き出して答えなさい。

問５　下線部(5)についてなぜこのように言ったのか。その理由となるものを１つ選び記号で答えなさい。

ア　The Bear Tsarina didn't want to be with the cub any longer, so she told a lie.

イ　The Bear Tsarina knew that the cub had met the lady before, so she gave up being with the cub.

ウ　The Bear Tsarina knew that the lady was the real mother of the cub, so she invited her into the forest.

エ　The Bear Tsarina had known the lady for a long time, and learned that she was kind enough to take care of the cub.

オ　The Bear Tsarina was sure that the lady would become a kind mother of the cub and help the cub to live in the new world.

問６　下線部(6)はどういうことか，その説明となるものを１つ選び記号で答えなさい。

ア　Although the Bear Tsarina knew the cub had grown so much, she still felt it was just a young cub.

イ　Although the Bear Tsarina wanted to be the cub's mother, she also wanted to be alone again.

ウ　Although the Bear Tsarina felt glad that the cub went to the lady, she also felt sad about saying goodbye.

エ　Although the Bear Tsarina was sorry about leaving the cub, she knew she would meet it again sometime soon.

オ　Although the Bear Tsarina felt that the lady would be a better mother for the cub, she still was not sure that that was true.

問７　下線部(7)を和訳しなさい。

問８　下線部(A)〜(H)はそれぞれ誰を指しているか，記号で答えなさい。

ア　the Bear Tsarina　　イ　the cub　　ウ　the lady

問９　本文の内容と一致するものを２つ選び記号で答えなさい。

ア　The Bear Tsarina had never been a mother before but was asked to raise a cub.

イ　The cub the Bear Tsarina was asked to raise learned how to live in The Snow Forest from her.

ウ　The Bear Tsarina was friends with humans who worked in the forest such as woodcutters and trappers.

エ　One day a lady came to The Snow Forest to look for the cub.

オ　The Bear Tsarina was filled with sorrow and felt bad for what she had done when the cub left her.

カ　The Bear Tsarina wanted the cub to stay with her, but she knew it was impossible.

２　次の英文を読み，後の問いに答えなさい。

The Slowing Down of Time

Let's begin with a simple fact : time passes faster in the mountains than it does at sea level.

The difference is small, but it can be measured with today's best clocks. With practice, anyone can view the slowing down of time. In fact, it can be measured between levels just a few centimeters apart. (　Ⅰ　)

It is not just the clocks that slow down : lower down, all processes are slower. Let's think of a situation in which two brothers move away from home, with one of them living near the sea and the other going to live in the mountains. They meet again years later : the one who has stayed lower has lived less, aged less. His internal clock has run slower. He has had less time to do things, his plants have grown less and his thoughts have developed less. Lower down, there is simply less time than higher up. Is this surprising ? Perhaps it is. (　Ⅱ　) Time passes more slowly in some places, more rapidly in others.

The surprising thing is that someone understood this slowing down of time a century before we had clocks that could measure it. His name, of course, was Albert Einstein.

(1)[ア before　イ is　ウ it　エ observed　オ something　カ the ability　キ to　ク understand] is at the heart of scientific thinking. In ancient times, (2)*Anaximander understood that the sky continues below our feet long before ships had sailed around the Earth. In more recent times, *Copernicus understood that the Earth turns long before astronauts had seen (3)it do so from the moon. In a similar way, Einstein understood that (4)time does not pass uniformly everywhere *before* clocks exact enough to measure the different speeds at which it passes were developed.

In the course of making such progress, (5)we learn that some things which seemed to be facts to us were really no more than misunderstandings. It seemed obvious that the sky was above us and not below; otherwise, the Earth would fall down. It seemed true that the Earth did not move; otherwise, it would cause everything to crash. (Ⅲ) Children grow up and discover that the world is not as it seemed from within the four walls of their homes. The human species as a whole does the same.

Einstein asked himself a question which has perhaps made many of us wonder when studying *the force of gravity: how can the sun and the Earth 'attract' each other without touching and without using anything between them?

He looked for a possible explanation and found one by imagining that the sun and the Earth do not attract each other directly but that each of the two slowly acts on what is between them. And, since what lies between them is only space and time, he imagined that the sun and the Earth each changed the space and time that surrounded them, just as (あ). This *structural change of time influences in turn the movement of planets and stars, causing them to 'fall' toward each other.

What does it mean, this "structural change of time"? It means precisely the slowing down of time described above: a physical object slows down time around itself. The Earth is a large *mass and slows down time around it. (Ⅳ) This is why the brother who stays at sea level ages more slowly, which is something Einstein imagined long ago and today's technology can prove.

(注) Anaximander アナクシマンドロス。古代ギリシアの哲学者
Copernicus コペルニクス。ポーランド出身の天文学者　the force of gravity 重力
structural 構造上の　mass 質量(を持つ物体)

問1　下線部(1)の[ ]内を並べ替え，文脈に沿った最も適切な表現を完成させるとき，1番目・3番目・7番目に来る語(句)の記号を答えなさい。ただし作問の都合上，選択肢の語(句)の最初の文字はすべて小文字にしてある。

問2　下線部(2)が表す内容を次のように言い換えたとき，空所に入る語を答えなさい。
= Anaximander understood that the Earth (　　)(　　)

問3　下線部(3)が指す内容を10字以内の日本語で解答欄にあてはまるように答えなさい。

問4　下線部(4)を和訳しなさい。

問5　下線部(5)の和訳として最も適切なものを1つ選び記号で答えなさい。
ア　私たちには事実だと見えた事柄が，本当は存在しないことを知るのだ
イ　私たちには事実だと見えた事柄が，実際はわずかばかりの誤解があることを知るのだ
ウ　私たちには事実だと思われた事柄が，実は誤解に過ぎなかったということを知るのだ
エ　私たちには事実だと思われた事柄を完全に理解することは，不可能であることを知るのだ

問6　空所(あ)に入る最も適切なものを1つ選び，記号で答えなさい。
ア　the Earth's climate has changed over time
イ　clocks in different places run at different speeds
ウ　a ball placed into water pushes that water away
エ　astronauts in space can see the oceans more clearly

問7　空所(Ⅰ)～(Ⅳ)に入る最も適切なものをそれぞれ1つ選び，記号で答えなさい。それぞれの記号は一度のみ使えるものとする。
ア　But this is how the world works.
イ　That time passed at the same speed everywhere seemed equally clear to us.
ウ　For example, a clock placed on the floor runs a little slower than one on a table.

エ　It does so more at sea level and less in the mountains, because the sea is closer to it.

3　次の各組の英文の空所に入る同じつづりの１語を書きなさい。

(1) The boy always (　　) his pants when he plays outside.
The small child was crying, so her father wiped away her (　　).

(2) The (　　) of the essay is good, but there are too many grammatical mistakes.
The student was quite (　　) with the average score he got on his test.

(3) There were 30 people (　　) at the meeting.
The tie was a (　　) from my sister.

(4) Can you wait just a (　　)?　I'm almost finished.
At this year's school marathon, he did very well and came in (　　) place.

(5) Why did you kick your sister?　Did she do something (　　) to you?
Being alone doesn't always (　　) you feel lonely.　Some people like to be on their own.

(6) I have to (　　) in this paperwork to the office by tomorrow.
Could you give me a (　　) with my homework?

(7) If you borrow money from the bank, you have to pay (　　) on it.
Do you have any (　　) in old Japanese castles?

4　以下のPart A，Part B，Part Cの問題に答えなさい。

Part A　文法的，または語法的な間違いを含むものを２つ選び，記号で答えなさい。

ア　Last night I was spoken by a stranger on my way home.
イ　My hometown has changed a lot.　It's not what it used to be.
ウ　No matter how cold it is outside, he always goes out without a jacket on.
エ　My brother isn't at home.　He has been to the station to see his friend off.
オ　You had better not go out tonight.　It's still stormy and rainy outside.
カ　"I'm hungry.　May I have one of these two sandwiches?"　"Sure.　Help yourself to either one."

Part B　空所に入る最も適切なものを１つ選び，記号で答えなさい。

(1) I know she helps all the time, but it really is kind (　　) her.　She's just a great person.
ア　for　イ　in　ウ　of　エ　with

(2) This bag is too big.　Could you show me (　　)?
ア　another　イ　one　ウ　one another　エ　other

(3) Let's run.　We'll miss the last train (　　) we do.
ア　because　イ　if　ウ　so　エ　unless

(4) Can you finish the work (　　) tomorrow morning?
ア　by　イ　in　ウ　on　エ　until

Part C　次の各組の英文がほぼ同じ内容になるように，空所に入る最も適切な１語をそれぞれ答えなさい。

(1) I always remember my grandmother when I eat pasta.
Pasta always (　　) me (　　) my grandmother.

(2) This is the largest classroom at this school.
(　　) (　　) classroom at this school is as large as this one.

(3) As the dog is old, it can't learn new tricks.
If the dog were ( ), it ( ) learn new tricks.

(4) She said to me, "Will you go on a picnic tomorrow ?"
She asked me ( ) ( ) ( ) go on a picnic the next day.

(5) My sister started to watch TV two hours ago, and she's still watching it.
My sister ( ) ( ) ( ) TV ( ) two hours.

5 (聴き取り問題) 放送回数はPart Aのみ1回，Part B，Part Cは2回です。

Part A Listen to the following conversations. They will only be played once. Choose the correct answer for each question.

1．What color is the man's shirt ?

A Black. B Blue.

C Orange. D Pink.

2．When will the man see the doctor ?

A Around February 13th.

B By the end of this month.

C Next month.

D On February 21st.

3．When will John start helping his mother ?

A After getting coffee at SuperStar Coffee in the morning.

B Around two o'clock.

C In the afternoon.

D Sometime around 10:00 a.m.

4．At least how many tables will the lady need for her party ?

A Two. B Three.

C Six. D Nine.

Part B Listen to the following announcement from the School Trip Committee. Take notes on what you hear and then complete the chart. Write the numbers (算用数字) for (A) and (C) and the name of the location for (B) in English on your answer sheet. You will hear the announcement twice. You have 10 seconds to prepare.

School Trip Survey **Total responses : 356 out of (A) students**	
Location	**Number of votes**
Okinawa	112
(B)	83
Aomori & Akita	( )
Fukuoka	(C)
( )	37

Part C　Listen to the following lecture and answer the four questions.　You will hear the lecture twice.　Choose the correct answer for each question.

Cane toad

Zebra mussel

1．Based on the lecture, which is NOT an example of an invasive species ?

A　Crabs that arrive in the United States and spread diseases to local crabs.

B　Wild pigs that destroy farmland after being introduced into a new area by people.

C　A large butterfly that flies thousands of miles from Central America to lay its eggs in North America.

D　A rose that is brought to a new country and spreads so quickly that local plants have a hard time growing.

2．What is the reason why cane toads were a failure ?

A　They were not able to reach the beetles in order to catch them.

B　They had a hard time finding food when there were not enough beetles to eat.

C　There just were not enough of them to eat all of the cane beetles in Queensland.

D　Because of their large size, other animals had an easy time hunting them for food.

3．Which of the following is NOT an example of why zebra mussels were a problem in North America ?

A　They ate so much plankton that other sea animals in the area had less food.

B　The damage they caused to beaches meant that local businesses lost money.

C　They easily increased in number and animals that ate them died from their poison.

D　They grew on the bottom of boats and broke water pipes along the edges of the lakes.

4．What is the topic of this lecture ?

A　The positive and negative effects of bringing cane toads to Australia.

B　How a species can cause problems when it is brought to or arrives in a new place.

C　How introducing a new species into an environment can help solve some problems.

D　The use of invasive species to change the environment along the coast and beach areas.

＜聴き取り問題放送原稿＞

Part A　Listen to the following conversations.　They will only be played once.　Choose the correct answer for each question.

1．W：New shirt ?

M：Yeah, I got it yesterday.

W：That's an interesting color on you.

M：Well, I wanted it in blue, but they didn't have my size.　So, I had to choose between this and orange, and there's no way I'm wearing orange.

W : I see. In that case, yeah, I think pink was the right choice.

M : At least it goes well with my black jeans.

2 . W : Wow, I can't believe it's February 20th already.

M : Yeah, time flies, doesn't it ?

W : Don't you go to the doctor's tomorrow ?

M : Actually, I canceled that appointment a week ago.

W : Did you make another one ?

M : Yeah, it's in two weeks. I'm pretty busy right now.

3 . W : Have you made any plans for Saturday yet, John ?

M : Not really, but my mom needs some help cleaning up her backyard.

W : What time will you do that ?

M : Haven't decided, but it should only take two hours or so. Why ?

W : I wanted to try the new drink at SuperStar Coffee but don't want to go alone.

M : Oh, OK. Well, if I go to my mom's in the morning, I should be free by noon. We could go after that.

W : Sounds like a plan !

4 . M : Julio's Mexican Restaurant. How can I help you ?

W : Hello. I'd like to reserve some tables for a dinner party on the 2nd.

M : Sure thing. How large is the party, ma'am ?

W : There'll be 15 of us.

M : OK. Six people can sit at our largest tables, and we can reserve enough of those for your whole party.

W : Thanks. That would be great.

Part B Listen to the following announcement from the School Trip Committee. Take notes on what you hear and then complete the chart. Write the numbers (算用数字) for (A) and (C) and the name of the location for (B) in English on your answer sheet. You will hear the announcement twice. You have 10 seconds to prepare.

Hello, fellow students. Sorry to interrupt your homeroom. This is an announcement from the grade 10 School Trip Committee. We'll be giving you the results from last week's survey on where you would like to go for next year's school trip. But before we start, we just wanted to say thank you because most of you responded. In fact, there were only 42 who didn't.

OK, so let's get to the results. First, with honorable mention, was flying to Fukuoka. Just above that, the third most popular option was outdoor activities in Aomori and Akita. A total of 76 students chose this. Next, with 83 students voting for it, was eating seafood and sightseeing in Hokkaido. And finally, the most popular choice was, drumroll please . . . , traveling to Okinawa to visit historic sites and beaches. One hundred and twelve students chose this option, making it the most popular choice by far. The remaining students voted for the other six choices.

Thank you again for your time, and we will be posting the results in the hallway soon. Also, the committee will now begin working hard to make this the best school trip ever.

Part C Listen to the following lecture and answer the four questions. You will hear the lecture twice. Choose the correct answer for each question.

Have you ever heard of the term invasive species ? Well, as you know, *to invade* usually means to enter a place and take it over. A good example of this is when the German army entered, or invaded, Poland in 1939. Well, the same thing can happen with species as well. You all know what *species* means, right ? Species are groups of the same plants, animals, or insects. So, when we talk about an invasive species, we are talking about when a species arrives in a new environment, increases, and has a negative impact. Sometimes they are brought by accident and sometimes on purpose, but it usually ends in economic or environmental damage.

Now, cane toads are a well-known example of this. In the 1930s in Queensland, Australia, cane beetles were eating all of the sugarcane, which are the plants we use to make sugar. So, in 1935, as a natural way to stop this, over 3,000 cane toads were brought from Hawaii and released into the fields. Unfortunately, these toads weren't able to eat the beetles. This is because the beetles live too high up on the sugarcane plants. They did succeed, however, at finding plenty of other things to eat, including pet food, and also in increasing their numbers very quickly. Moreover, any local animals that ate these toads died as the toads have poison behind their eyes. Today, there are millions of these toads in Australia, and as the world's largest toad, growing up to two kilograms, they have become a huge problem.

Next is the zebra mussel. These mussels were originally from Eastern Europe, but in the 1980s, made their way to lakes in North America in the water tanks of large ships. After arriving in their new environment, these mussels quickly increased and caused several problems. First, they destroyed the food chain by eating a lot of the plankton. This created a food shortage and the local population of mussels and fish decreased greatly. Also, the mussels grew on boats, damaged water pipes, and began destroying beaches along lakes. This damage hurt local businesses, such as restaurants and sightseeing companies, who have had to spend millions of dollars in repairs.

【数　学】（60分）〈満点：100点〉

（注意）　答案は指定された場所にかき，考え方や計算の過程がはっきりとわかるように心がけること（とくに指示がある場合を除く）。

解答する際に利用した図はなるべくていねいにかくこと。

問題文中にとくに断りのない限り，答えの根号の中はできるだけ簡単な数にし，分母に根号がない形で表すこと。

円周率はπを用いること。

1　Oを原点とするxy平面において，関数$y=x^2$のグラフをGとし，グラフG上のx座標が-1である点をAとする。Aを通って傾きが1である直線とグラフGとの交点のうちAでないものをBとし，Bを通って傾きが$-\frac{1}{2}$である直線とグラフGとの交点のうちBでないものをCとする。

またtを，その値がCのx座標の値より大きく-1より小さい定数とし，グラフG上のx座標がtである点をEとする。Eを通って傾きが$-\frac{1}{2}$である直線とグラフGとの交点のうちEでないものをDとし，Eを通って傾きが1である直線とグラフGとの交点のうちEでないものをFとする。

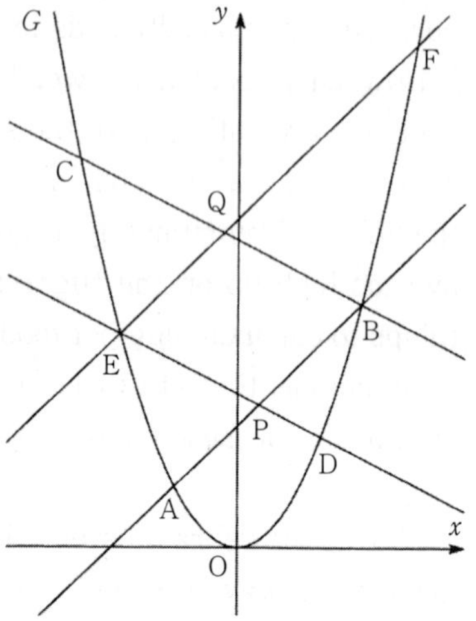

(1)　点Cのx座標を求めよ。また，点Fのx座標をtを用いて表せ。

(2)　直線AD，CFの傾きをそれぞれtを用いて表せ。

(3)　2直線ABとDEの交点をP，2直線BCとEFの交点をQとする。三角形PAD，三角形QFCの面積をそれぞれS_1，S_2とするとき，$S_1:S_2=1:5$となるtの値を求めよ。

2　正の整数x，nに対し，次のような条件を考える。

【条件】　$\frac{x}{n}$を小数で表したとき，ちょうど小数第3位で終わる

ただし，「$\frac{x}{n}$を小数で表したとき，ちょうど小数第3位で終わる」とは，「$\frac{x}{n}\times 1000$が整数となり，かつ$\frac{x}{n}\times 100$が整数とならない」ことである。

(1)　$x=75$のとき，上の【条件】を満たすnの個数を求めよ。

(2)　上の【条件】を満たす正の整数nの個数が20個であるような2桁の正の整数xを求めるために，以下の枠内のように考えた。

> k，lを0以上の整数として，$x=2^k\times 5^l\times A$と表されたとする。ただし，$2^0=5^0=1$とし，Aは2，5を約数に持たない正の整数である。
>
> このとき，Aの正の約数の個数をmとすると，$1000x$の正の約数の個数は（［　ア　］）$\times m$となり，$100x$の正の約数の個数は（［　イ　］）$\times m$となる。したがって，上の【条件】を満たすnの個数は（［　ウ　］）$\times m$と表される。これが20に等しいことと，xが2桁の整数であることからmの値が1つに決まり，k，lの間に関係式［　エ　］が成り立つ。このとき，xの2，5以外の素因数は1つだけであることもわかり，この素因数をpとすると$x=2^k\times 5^l\times p$となる。
>
> 以上を利用すると，xが2桁の正の整数であることから，$k=$［　オ　］または$k=$［　カ　］とわかり，求める数は$x=$［　キ　］となる。

① ア～キ に最も適切に当てはまる数または式を答えよ。ただし，キ については当てはまる正の整数をすべて答えること。

② 枠内の下線部について，mの値が1つに決まる理由を述べ，そのmの値を答えよ。

3 赤球，白球，青球のどの色の球もたくさん入っている袋がある。この袋から1個ずつ球を取り出し左から順に一列に並べる。以下では，連続した3個に赤，白，青の3色の球が並ぶところができる(この3色の並びはどのような順番でもよい)ことを，「異なる3色の並び」ができるということにする。

(1) 4個の球を並べるとき，「異なる3色の並び」ができる並べ方の総数は何通りか。

(2) 4個の球を並べるとき，「異なる3色の並び」ができない並べ方のうち，次の①，②の条件を満たす並べ方はそれぞれ何通りか。

① 左から3個目と4個目が同じ色である。

② 左から3個目と4個目が異なる色である。

(3) 5個の球を並べるとき，左から3個目，4個目，5個目に「異なる3色の並び」ができ，他には「異なる3色の並び」ができない並べ方は何通りか。

(4) 5個の球を並べるとき，「異なる3色の並び」ができる並べ方の総数は何通りか。

(5) 6個の球を並べるとき，「異なる3色の並び」ができる並べ方の総数は何通りか。

4 図1のように，底面の半径が5，高さが10の円すいを考える。円すいの底面の円をSとし，円Sを含む平面をpとする。円すいの頂点Aから平面pに引いた垂線は，円Sの中心Oを通る。線分BCを円Sの直径とし，線分AC上に点Dをとる。平面pにおいて，点Bにおける円Sの接線をlとする。さらに，直線lと点Dとを含む平面をqとすると，平面qによる円すいの切り口は図1の影の部分のようになった。

図1

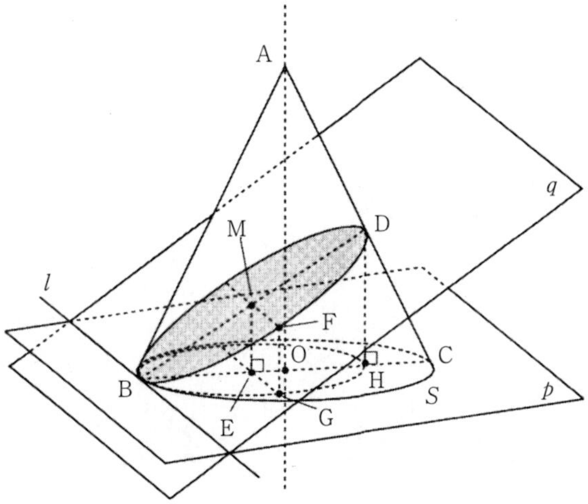

図2

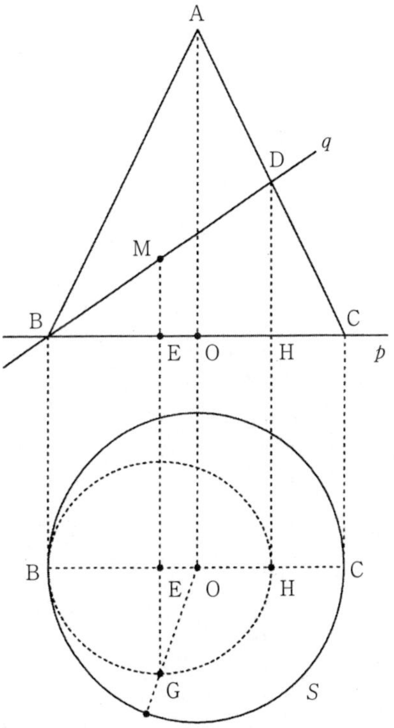

図2はこの円すいの立面図(横から見た図)と平面図(上から見た図)である。点Dから平面pに引いた垂線と平面pとの交点をHとする。また，線分BDの中点をMとし，点Mから平面pに引いた垂線と平面pとの交点をE，点Mを通って直線lに平行な直線と円すいの側面との交点の一方をF，点Fから平面pに引いた垂線と平面pとの交点をGとする。

(1) DH$=x$とするとき，線分OGの長さをxを用いて表せ。

(2) MF$=\frac{1}{2}$BMとなるとき，線分DHの長さを求めよ。

【社　会】（40分）〈満点：50点〉

1　次の文章＜A＞～＜E＞は，それぞれある「世紀」について説明したものです。これを読んで，あとの問いに答えなさい。

＜A＞　紀元後の（ a ）世紀，ユーラシア大陸の東西には，それぞれ大帝国が繁栄していた。西方のローマ帝国（帝政ローマ）と，東方の漢（後漢）である。ローマ帝国は地中海世界の統一に成功し，五賢帝による「パクス＝ロマーナ（ローマの平和）」のもと，その最盛期を謳歌《おうか》していた。また後漢も周辺諸国を従え，東アジア世界の盟主として，その領土を広げていた。そして両大国の間には，イラン高原にパルティア，インド北西部にクシャーナ朝などの国家が並び立ち，それらの国家は①シルクロード（絹の道・オアシスの道）を通じて結ばれ，歴史上初めて，ユーラシア大陸を舞台とした本格的な東西交渉が行われることとなった。

また，この時期には海路（いわゆる「海の道」）による東西交渉も本格化した。（ a ）世紀中頃《ごろ》には大秦国王安敦《だいしんこくおうあんとん》（ローマ皇帝マルクス＝アウレリウス＝アントニヌス）が後漢に使者を遣わし，海路で日南郡（現在のベトナム中部）に至ったとの，中国側の記録もある。

（ a ）世紀の日本について書かれた史料は決して多くないが，②『後漢書』の中には，倭《わ》の国王である帥升《すいしょう》らが，後漢の安帝に生口（奴隷）160人を献上したとの記録がある。この頃《ころ》の倭はまだいくつかのクニに分かれて戦乱を繰り返している状態で，それらがひとつにまとまるには，まだ時間を必要としている段階である。

＜B＞　（ b ）世紀，世界には大きく３つの文化圏が成立していた。東方の唐を中心とする東アジア文化圏，西方のフランク王国とビザンツ帝国を中心とするキリスト教文化圏，そして中東に存在したウマイヤ朝・アッバース朝を中心とするイスラーム文化圏である。

この３つの文化圏はそれぞれが高度な文明を築き，時に軍事的衝突を起こすこともあったが，それらも含め，様々な形で接触・交流が行われていた。そして，ある文化圏の技術や情報がもう一方の文化圏にもたらされるなど，相互に影響を与えていた。一例を挙げれば，中国の製紙法は（ b ）世紀に唐からイスラーム世界へと伝わったものである。後にヨーロッパで宗教改革が起こったことには，イスラーム世界からヨーロッパに伝わった製紙法が活版印刷術と結びつき，（ ③ ）の大量印刷が可能になった，という背景がある。

（ b ）世紀の日本はおもに奈良時代，そして平安時代の初めで，④遣唐使を派遣して，進んだ唐の制度や文化を摂取しようと努めていた。唐を中心とする東アジア文化圏の中で，国の基盤を確立し，その国際的な地位を高めようとしていたのが，世界史的な視点で俯瞰《ふかん》した，当時の日本の姿である。

＜C＞　「（ c ）世紀はモンゴルの世紀」と言われる通り，世界史上最大の国は，同世紀のモンゴル帝国である。ユーラシア大陸の大部分を単一の国家が統治した例は後にも先にもなく，（ c ）世紀のモンゴル帝国こそが，まぎれもなく人類史上最大の帝国である。

そしてユーラシア大陸の大半が単一の帝国の支配下に入ったため，「パクス＝タタリカ（モンゴルの平和）」のもとで東西交流が盛んになり，人物の往来も活発になった。その中で代表的な人物を一人挙げるとすれば，（ ⑤ ）だろう。彼は（ c ）世紀後半，元の都である大都（現在の北京）でフビライ＝ハンに謁見《えっけん》し，17年間元朝に仕えた。そしてその時の見聞記録である『世界の記述』（いわゆる「東方見聞録」）の中の「黄金の国ジパング」についての記述が，当時のヨーロッパの人々のアジアへの興味をかきたて，時代を大航海時代へと向かわせる，大きなインセンティブのひとつとなったのである。

（ c ）世紀の日本は鎌倉時代である。⑥二度のモンゴル襲来について，モンゴル帝国（元）が高《こう》麗《らい》・金・南宋《なんそう》などの周辺諸国を次々と服属させた強大な国家だったことを考えると，この戦いの勝利が日本の歴史における大きな分岐点であったことが，改めて実感される。

＜D＞　レコンキスタ(キリスト教徒による，イスラム教徒からのイベリア半島奪還運動)を成し遂げたスペインは，(　d　)世紀に入るとポルトガルとともに，本格的に海外進出に乗り出した。⑦大航海時代の幕開けである。

スペインはコロンブスの航海後に新大陸への進出を強化し，中南米に存在したアステカ王国・インカ帝国などの先住民の高度な文明を滅ぼし，鉱山を開発して金銀を独占し莫大《ばくだい》な富を得た。ポルトガルもヴァスコ＝ダ＝ガマによるインド航路開発後にアジアへの進出を本格化させ，香辛料の直接取引で莫大な利益を上げた。ポルトガルを併合したスペインは広大なアジアの植民地もその支配下に組み込み，ハプスブルク家のフェリペ２世のもと，(　d　)世紀後半には文字通りの「太陽のしずまぬ国」と呼ばれる全盛期を迎える。また，オランダはスペインの支配に抵抗して独立戦争を戦い抜き，イギリスでは同世紀最後の年に，晩年の女王エリザベス１世のもとで東インド会社が設立された。このように，次世紀以降の主役となるオランダ・イギリス・フランスなどの国々は，海外進出に向けて，着々とその力を蓄えていた。

(　d　)世紀の日本は，戦国時代から⑧織田信長《おだのぶなが》・豊臣秀吉《とよとみひでよし》にかけての時代である。世界史的な観点では，同世紀中頃に中国の商人(倭寇《わこう》)の船に乗ってポルトガル人が日本の(　⑨　)島に来航したのは，先述のヴァスコ＝ダ＝ガマによるインド航路開拓の延長線上の出来事である。また，イエズス会宣教師の(　⑩　)が来日してキリスト教を伝えたのは，カトリック側による対抗(反)宗教改革の一環と見ることができる。このように，ヨーロッパを中心とした世界の一体化は，同世紀の日本の歴史にも大きな影響を及ぼしているのである。

＜E＞　(　e　)世紀の後半を「革命の時代」と呼んだのは，イギリスの歴史家ホブズボームである。同世紀後半に⑪イギリスでは産業革命が始まり，アメリカでは独立革命が起こり，フランスでは市民革命が勃発《ぼっぱつ》する。それまでの絶対王政の時代が終わり，新しい市民社会の時代が到来する，大きな転換点である。

またアジアに目を移すと，中国には清《しん》，インドにはムガル朝，中東にはオスマン帝国という，３つの大国が並び立っていた。清は康熙帝《こうきてい》・雍正帝《ようせいてい》・乾隆帝《けんりゅうてい》の三皇帝の治世に最盛期を迎え，政治が安定して人口が急増した。しかしムガル朝とオスマン帝国は繁栄にかげりが見え始め，衰退が始まっていた。

そしてアジアや南北アメリカを舞台として，ヨーロッパ諸国による激しい植民地争奪戦が繰り広げられ，最終的にイギリスが勝利し，一大植民地帝国を築きあげていく。産業革命が始まり，ヨーロッパ諸国との植民地争奪戦に勝利したこの(　e　)世紀に，後のイギリスの全盛期「パクス＝ブリタニカ」の基盤が形作られたのである。

(　e　)世紀の日本は⑫江戸時代の中期で鎖国のただ中にあり，幕府は外国との交流を厳しく統制していた。しかし長崎における清・オランダとの貿易，対馬を通じての朝鮮との関係，薩摩を通じての琉球《りゅうきゅう》との関係など，隣接諸国やオランダとの交流は，鎖国下でも絶えることなく続いていた。激動する世界情勢について，幕府はオランダ商館長に「オランダ風説書」を提出させるなど，情報収集をおこたらなかった。鎖国下の日本も，激動する世界情勢に決して無関心ではいられなかったのである。

問１　下線部①に関して，シルクロードについて述べた文として**誤っているもの**を，次のア～エから１つ選び，記号で答えなさい。

ア　中国の生糸や絹が西方に伝えられたため，このように呼ばれた。

イ　この道を通って，仏教が中国からインドへ伝えられた。

ウ　物資の運搬に活躍したのは，「砂漠の船」と呼ばれたラクダであった。

エ　西方の宝物がおさめられた正倉院は，「シルクロードの終着点」と言われた。

問2　下線部②に関して，『後漢書』には，現在の福岡平野にあった倭の「ある国」の王が，後漢に使いを送り，皇帝から金印を授けられたと書かれています。この「ある国」の名称を，**漢字2文字**で答えなさい。

問3　文章中の空欄(③)にあてはまる言葉を，**漢字2文字**で答えなさい。

問4　下線部④に関して，遣唐使について述べた文として**誤っているもの**を，次のア～エから1つ選び，記号で答えなさい。

ア　吉備真備《きびのまきび》や玄昉《げんぼう》など，多くの留学生や留学僧が海を渡った。

イ　阿倍仲麻呂《あべのなかまろ》は唐に渡って位の高い役人になり，帰国後唐の文化を日本に伝えた。

ウ　当時の航海は大変な危険を伴うもので，多くの人々が往来の途上で命を落とした。

エ　遣唐使により，奈良時代には仏教と唐の文化の影響を強く受けた文化が栄えた。

問5　文章中の空欄(⑤)にあてはまる人物名を答えなさい。

問6　下線部⑥に関して，モンゴル襲来について述べた文として**誤っているもの**を，次のア～エから1つ選び，記号で答えなさい。

ア　フビライは日本を従えようと国書を送ったが，執権の北条時宗はこれを無視した。

イ　最初の襲来で，元軍は集団戦法と火薬を使った武器で幕府軍を苦しめた。

ウ　二度目の襲来で元軍は，幕府が海岸に築いた石の防壁を突破して，九州に上陸した。

エ　元は三度目の日本への遠征を計画したが，実際には行われなかった。

問7　下線部⑦に関して，大航海時代に関して述べた文として正しいものを，次のア～エから1つ選び，記号で答えなさい。

ア　ヴァスコ＝ダ＝ガマは，ヨーロッパ人として初めて喜望峰に到達した。

イ　コロンブスは，自身が到達した地を，インドではなく未知の大陸であると考えた。

ウ　ジャガイモやトマトなどの農作物が，ヨーロッパからアメリカ大陸にもたらされた。

エ　マゼランの艦隊は，初めて世界一周を成し遂げ，地球球体説を証明した。

問8　下線部⑧に関して，この時代について述べた文として**誤っているもの**を，次のア～エから1つ選び，記号で答えなさい。

ア　信長は，楽市・楽座の政策を行い，自由な商工業の発展を図った。

イ　全国統一を目指した信長は，家臣の明智光秀の謀反《むほん》にあい，本能寺で自害した。

ウ　信長の後継者争いに勝利した秀吉は，朝廷から関白に任命され豊臣姓を与えられた。

エ　秀吉は，二度の朝鮮出兵が失敗に終わった後，三度目の出兵を計画・準備していた。

問9　文章中の空欄(⑨)にあてはまる言葉を，**漢字2文字**で答えなさい。

問10　文章中の空欄(⑩)にあてはまる人物名を答えなさい。

問11　下線部⑪に関して，これらの出来事について述べた文として**誤っているもの**を，次のア～エから1つ選び，記号で答えなさい。

ア　イギリスでは蒸気機関で動く機械が使われ，工場で大量の綿織物が生産された。

イ　アメリカは独立戦争に勝利し，司令官だったワシントンを初代大統領に選んだ。

ウ　絶対王政の象徴であったベルサイユ宮殿を民衆が襲撃し，フランス革命が始まった。

エ　フランス革命により不安定な政治が続くなかで，軍人のナポレオンが権力を握った。

問12　下線部⑫に関して，この時期に起きた次のア～エの出来事を，年代の古い順に並べ替えて記号で答えなさい。

ア　田沼意次《たぬまおきつぐ》が老中に就任した。

イ　松平定信が寛政の改革を始めた。

ウ　天明の飢饉《ききん》が起こった。

エ　徳川吉宗が享保《きょうほう》の改革を始めた。

問13　文章中の空欄（a）～（e）にあてはまる数字を，それぞれ**算用数字**で答えなさい。

2　次の問いに答えなさい。

問1　世界を，島々を含めていくつかの地域に分けるとき，6つの州（大州）に区分する方法があります。次の表1は，ひとつの国のなかに州の境界がある例を示したものです。空欄（A）～（D）にあてはまる地名・国名を，それぞれ答えなさい。

表1

2つの州	国	境界
北アメリカ州ー南アメリカ州	パナマ	パナマ運河（パナマ地峡）
アジア州ー（ A ）州	（ B ）	ボスポラス海峡
アジア州ーアフリカ州	エジプト	（ C ）運河
アジア州ーヨーロッパ州	ロシア	（ D ）山脈

問2　右の表2は，ヨーロッパの4つの国における，おもな言語で「おはよう」を表す言葉を示しています。表中のF～Hは，それぞれイタリア・デンマーク・ロシアのいずれかです。これについて，次の(1)～(3)に答えなさい。

表2

国	「おはよう」を表す言葉
フランス	Bonjour
F	Доброе утро
G	Buon giorno
H	God morgen

(1)　次の枠内の文は，F～Hのいずれかの国について説明したものです。この国にあたるものをF～Hから1つ選び，記号で答えなさい。

> この国では医療や教育が無料であり，育児休業や保育施設なども充実している。しかし国民が高い税金を負担する必要があり，若者が減少している近年は，福祉と税負担のバランスの見直しが課題となっている。

(2)　次の枠内の文は，F～Hのいずれかの国について，同じ地域連合に加盟する国との関係を示したものです。この国にあたるものをF～Hから1つ選び，記号で答えなさい。

> ・隣接国との国境を自由に通過できる。
> ・仕事の資格が共通で，他国でも働くことができる。
> ・他国の大学の授業を受けても，卒業資格や単位を取得できる。
> ・同じ通貨の導入国どうしで，両替をせずに買い物ができる。

(3)　次の図１中のⅠ～Ⅲは，それぞれＦ～Ｈのいずれかの首都における，降水量の月別平年値を表したグラフです。Ⅲにあたる首都がある国をＦ～Ｈから１つ選び，記号で答えなさい。

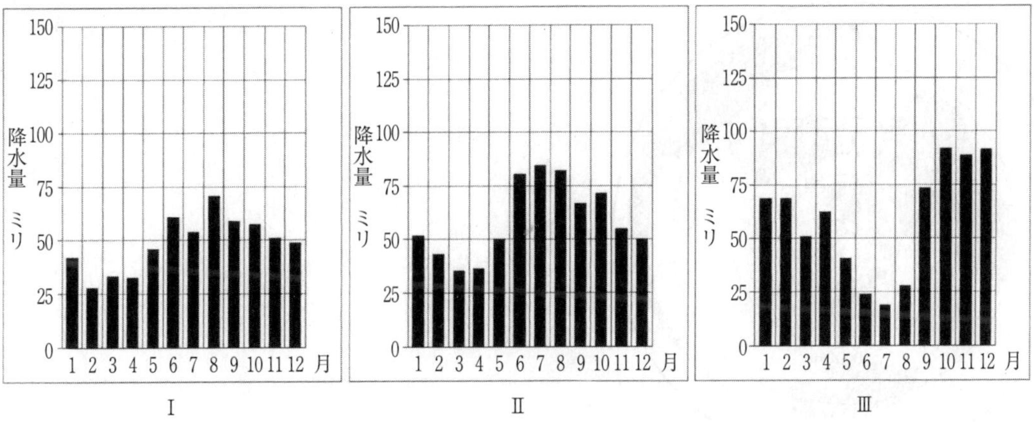

（気象庁ホームページ「世界の気候」より）

図１

問３　環境問題に対する取り組みや，より良い社会の実現に向けた取り組みについて，次の(1)～(3)に答えなさい。

(1)　気候変動枠組条約に関して，京都議定書の後継となる協定が2016年に発効し，参加国は目標の策定と，目標達成に向けた対策を行っています。この協定の名称を答えなさい。

(2)　2015年の国連サミットで採択された，持続可能でより良い社会を実現するための17の国際目標を何と言うか，略称を**アルファベット**で答えなさい。

(3)　近年は，政府や企業が果たす社会的責任だけでなく，投資家によるESG投資が求められています。これはEnvironment（環境），Social（社会），Governance（企業統治）の観点から，持続可能性や将来性を評価して投資先を選定するものです。ESG投資の事例として**適切でないもの**を，次のア～オから１つ選び，記号で答えなさい。

ア　石油や天然ガスよりも可採年数の長い石炭を用いた火力発電事業への投資
イ　育児勤務制度の充実など，ワークライフバランスの実現を目指す企業への投資
ウ　紙やプラスチックの代替素材となる，新素材を開発する事業への投資
エ　農業の６次産業化推進などを通じて，地方創生課題に取り組む企業への投資
オ　外国の関連業者にも賃金水準と労働環境の適正化を促すグローバル企業への投資

問4　地図には多くの図法や表現方法があり，使う目的に応じて色々な地図が作られてきました。次の図２・図３を見て，あとの(1)・(2)に答えなさい。

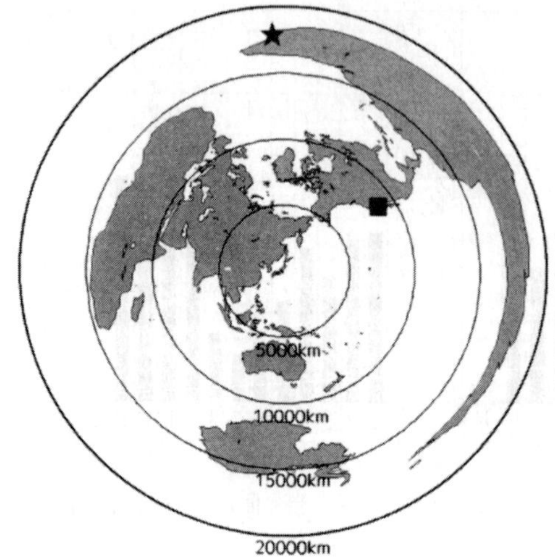

図２

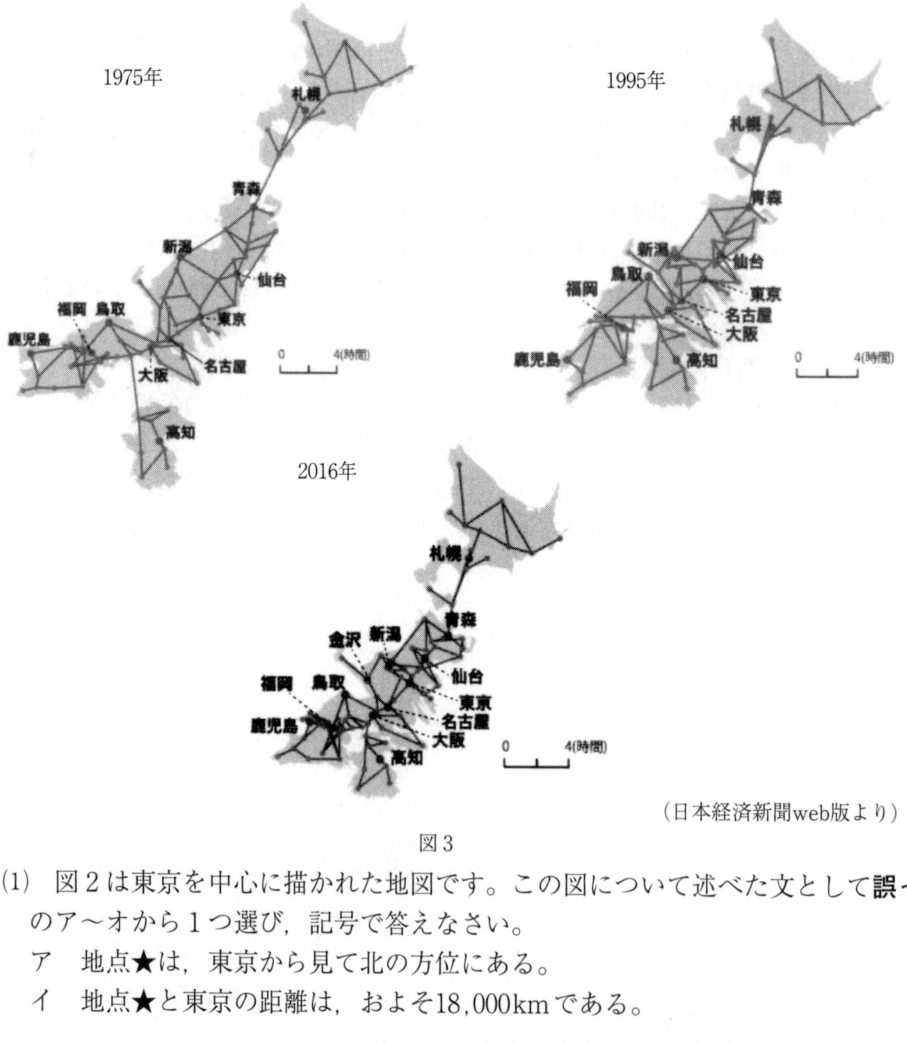

（日本経済新聞web版より）

図３

(1)　図２は東京を中心に描かれた地図です。この図について述べた文として**誤っているもの**を，次のア〜オから１つ選び，記号で答えなさい。

ア　地点★は，東京から見て北の方位にある。

イ　地点★と東京の距離は，およそ18,000kmである。

ウ　地点■から見た東京の方位は，およそ南西である。

エ　地点■と東京を結んだ直線は，両地点間の最短コースを表している。

オ　最も外側の円は，東京の対せき点（地球の反対側にある地点）を表している。

(2)　図３は1975年・1995年・2016年における，ある数値に基づいて作成されたカルトグラム（変形地図）です。どのような数値に基づいて作成された地図で，時代とともになぜ変化したか，説明しなさい。

問５　次の表３は，小学校の学校数・教員数・児童数（2019年５月１日現在）を示したものです。表中では，都道府県別の学校数において上位５つを「上位グループ」，下位５つを「下位グループ」としている。これを見て，あとの(1)・(2)に答えなさい。

表３

	都道府県	学校数	教員数	児童数
上位グループ	東京都	1,331	35,103	614,873
	X	1,027	19,145	239,792
	大阪府	999	28,319	433,013
	愛知県	974	24,435	414,038
	神奈川県	889	25,889	459,003
下位グループ	富山県	188	3,574	49,847
	山梨県	178	3,123	39,951
	佐賀県	164	3,376	45,085
	香川県	162	3,552	50,707
	鳥取県	122	2,444	28,569

（『日本国勢図会 2020/21年版』より）

(1)　表中のXにあたる都道府県名を答えなさい。

(2)　次の枠内の文章は表に関して述べたものです。文章中の下線部(ア)～(エ)のうち，正しいものを１つ選び，記号で答えなさい。

> 都道府県別人口の順位において，上位グループは(ア)すべて上位５位までに入っており，下位グループは(イ)すべて下位５位までに入っている。学校一校あたり児童数，ならびに教員一人あたり児童数は，(ウ)どちらにおいても下位グループは，Xを除いた上位グループに比べて多い。一方，学校一校あたり教員数は(エ)Xを除いた上位グループは，下位グループに比べて多い。

3　近年の世界および日本の動きについて，次の問いに答えなさい。

問１　2015年７月，中東のある国がウラン濃縮などの核開発を制限する代わりに，米英仏独中ロが経済制裁を緩和するという合意が７か国の間でなされました。しかし2018年５月，アメリカはこの合意からの離脱を表明し，制裁を再開しました。これに反発した中東の当該国は核開発を一部再開するなど，先行きは不透明です。この中東のある国にあたるものを，次のア～エから１つ選び，記号で答えなさい。

ア　アフガニスタン　　イ　イラク　　ウ　イラン　　エ　ウクライナ

問２　2019年８月，中距離核戦力（INF）全廃条約が失効しました。国際社会における核不拡散や軍縮のための条約について述べた文として正しいものを，次のア～エから１つ選び，記号で答えなさい。

ア　1968年に国連で採択された核拡散防止条約（NPT）では，核兵器保有国が米英仏独中ソ（ロ）の６か国に限定された。それ以外の加盟国は国際原子力機関（IAEA）による査察受け入れを条件に原子力の平和的利用が認められた。

イ　1987年に米ソ間で調印された中距離核戦力(INF)全廃条約は，米ソ間で核戦力の削減が合意された初めての条約であった。

ウ　1996年に国連で採択された部分的核実験禁止条約(PTBT)は，爆発を伴うすべての核実験を禁止したものであるが，臨界前の核実験は禁止の対象外となっている。また，批准していない核保有国もあり，発効の見通しは立っていない。

エ　2010年に米ロ間で調印され，2011年に発効した戦略攻撃能力削減条約(SORT)では，戦略核弾頭や大陸間弾道ミサイルなどの削減が定められた。

問3　2020年の１月から２月にかけて，トランプ米大統領に対する弾劾《だんがい》裁判が行われました。アメリカの弾劾裁判は（ A ）機関が（ B ）機関に対して行うものです。一方，日本の弾劾裁判は（ C ）権による（ D ）権への抑制手段です。

空欄(A)～(D)に入る言葉の組み合わせとして正しいものを，次のア～カから１つ選び，記号で答えなさい。

ア　A―立法　B―行政　C―立法　D―司法
イ　A―立法　B―司法　C―司法　D―立法
ウ　A―行政　B―立法　C―立法　D―司法
エ　A―行政　B―司法　C―司法　D―立法
オ　A―司法　B―立法　C―立法　D―司法
カ　A―司法　B―行政　C―司法　D―立法

問4　次のア～エの機関とその代表者の名前(2020年７月現在)の組み合わせとして正しいものを，次のア～エから１つ選び，記号で答えなさい。

ア　連邦準備制度理事会(FRB)―グテーレス事務総長
イ　欧州理事会―シャルル・ミシェル常任議長
ウ　世界保健機関(WHO)―パウエル議長
エ　国際連合事務局―テドロス事務局長

問5　新型コロナウイルスの感染拡大を抑えることを目的として，いくつかの国は製薬会社に対してワクチン開発の支援を行っています。他方で，そのワクチンを自国で独占するような動きも指摘され，こうした動きは「ワクチン・（ A ）」と呼ばれました。

また，先進国の多国籍企業に自国資源の開発・生産・輸出などの権利をおさえられてきた資源保有国は，1960年代から70年代にかけて，自国の天然資源によって得られる利益を自国のものとして確保しようとする動きを強めました。こうした動きも「資源（ A ）」と呼ばれました。

空欄(A)に入る言葉として適切なものを，**カタカナ７文字**で答えなさい。

問6　2020年２月末以降，新型コロナウイルスの感染拡大を防ぐため，裁判員裁判の多くが延期されました。これに関して，次の(1)・(2)に答えなさい。

(1)　刑事裁判が延期されることによって被告人に生じる問題と最も関連が深いものを，次のア～エから１つ選び，記号で答えなさい。

ア　生命・身体の自由　　イ　精神の自由　　ウ　生存権　　エ　財産権

(2)　裁判員裁判について述べた文として正しいものを，次のア～エから１つ選び，記号で答えなさい。

ア　裁判員は20歳以上の有権者の中から選ばれる。
イ　原則として裁判員７名，裁判官３名の合議体で行われる。
ウ　裁判員は有罪か無罪かの決定にのみ関わることができる。
エ　評決は裁判員と裁判官により行われ，裁判員のみの賛成で有罪判決を下せる。

問7　2020年3月，令和2年度の当初予算が成立しました。次の表は，そのうち一般会計における歳出・歳入の内訳を示したものです。この表を見て，基礎的財政収支(プライマリー・バランス)の額として正しいものを，あとのア～エから1つ選び，記号で答えなさい。

一般会計歳出(億円)	
社会保障関係費	358,608
地方交付税交付金等	158,093
公共事業関係費	68,571
文教及び科学振興費	55,055
防衛関係費	53,133
その他	99,605
国債費	233,515
総額	1,026,580

一般会計歳入(億円)		
租税及び印紙収入		635,130
	所得税	195,290
	法人税	120,650
	消費税	217,190
	その他	102,000
その他 収入		65,888
公債金		325,562
	建設公債	71,100
	特例公債	254,462
総額		1,026,580

(財務省ホームページ「令和2年度予算のポイント」より)

ア　約7600億円の黒字　　　イ　約5兆8000億円の赤字
ウ　約9兆2000億円の赤字　　エ　約15兆8000億円の赤字

問8　2020年6月，「ふるさと納税」制度の運用に関して最高裁判決が下されました。地方自治に関して，次の(1)～(4)に答えなさい。

(1)　日本国憲法第92条には「地方公共団体の組織及び運営に関する事項は，地方自治の(　　)に基づいて，法律でこれを定める」とあります。空欄(　)にあてはまる言葉を，**漢字2文字**で答えなさい。

(2)　国政と地方自治との関係について述べた文として最も適切なものを，次のア～エから1つ選び，記号で答えなさい。

ア　イギリスのブライスによる「地方自治は民主主義の学校」との言葉は，地方自治は人々が身近な問題への取り組みを通して国政の運営に必要とされる能力を養う場であることを表したものと捉えることができる。

イ　地方自治の基本的な考え方として，地方公共団体は国から独立して政治を行うという住民自治が挙げられる。

ウ　1999年に制定された地方分権一括法では，法定受託事務が廃止されて自治事務と機関委任事務に再編され，国と地方公共団体との関係を上下関係から対等・協力関係へと変えていくことが目指された。

エ　国会で特別法が制定される際には，適用対象となる地方公共団体で住民投票が行われるが，その結果に法的拘束力は認められていない。

(3)　地方公共団体に対する国の関与をめぐって両者間に争いが生じた場合，地方公共団体からの申し立てを受け，公平・中立な立場から相互の調整を図る第三者機関が，総務省に設置されています。この機関名は「国地方(　　)処理委員会」です。空欄(　)にあてはまる言葉を，**漢字2文字**で答えなさい。

(4)　地方公共団体の財源構成のうち，地方が自ら調達する自主財源であり，かつ使途があらかじめ指定されていない一般財源でもある項目として正しいものを，次のア～エから1つ選び，記号で答えなさい。

ア　国庫支出金　　イ　地方交付税交付金　　ウ　地方債　　エ　地方税

問9　2020年７月には東京都知事選が行われました。地方公共団体の首長に関して述べた文として正しいものを，次のア～エから１つ選び，記号で答えなさい。

ア　地方公共団体の首長の被選挙権が得られる年齢は，都道府県知事であっても市区町村長であっても，満30歳である。また，いずれも任期は４年である。

イ　首長は，議会の議決した条例について異議のあるときは，その条例の送付を受けた日から10日以内であれば，議会に対して再議を求めることができる。しかし議会で出席議員の過半数の賛成によって再可決されれば，その条例は成立する。

ウ　議会は総議員の３分の２以上の出席と出席議員の４分の３以上の賛成で首長に対する不信任を決議することができるが，その通知を受けた日から10日以内であれば，首長は議会を解散することができる。

エ　住民が首長の解職請求を行う場合，その地域における有権者の署名を必要数集め，それを議会に提出する。その後，住民投票にかけて３分の１以上の同意があれば，首長は解職される。

問10　2020年７月，内閣府の景気動向指数研究会は，「景気の山」が2018年10月であったと暫定的に認定しました。これに関して，次の(1)・(2)に答えなさい。

(1)　高度経済成長期であった1950年代から60年代における景気拡大期を時代順に並べ替えたとき，**３番目にあたるもの**を，次のア～エから１つ選び，記号で答えなさい。

ア　いざなぎ景気　　イ　岩戸景気　　ウ　オリンピック景気　　エ　神武景気

(2)　この景気は2012年12月から2018年10月までの71か月間続きましたが，戦後最長の景気回復とはなりませんでした。戦後最長とされるのは2002年２月から2008年２月までの73か月間続いた景気です。この期間において内閣総理大臣を務めた人物の一人を，次のア～エから１人選び，記号で答えなさい。

ア　小泉純一郎　　イ　中曽根康弘　　ウ　鳩山《はとやま》由紀夫　　エ　細川護熙《もりひろ》

【理　科】（40分）〈満点：50点〉

1　以下の各問いに答えよ。ただし，1.0kgに働く重力の大きさを9.8Nとする。

Ⅰ　仕事やエネルギーについて考えよう。

問1　次の文章中の空欄に入る適切な数値を答えよ。ただし，滑車やロープの質量は無視できるほど軽く，ロープは鉛直に張られており，滑車の摩擦や空気抵抗は考えないものとする。

図1のように，定滑車のみを用いて2.0kgの物体を10mの高さまでゆっくりと持ち上げるとき，機械がロープを引く力は［　ア　］N必要である。また図2のように，定滑車に加え動滑車2つを用いて2.0kgの物体を10mの高さまでゆっくりと持ち上げるとき，ロープを引く力は［　イ　］N必要となり，その間にロープを引く機械がする仕事は［　ウ　］Jとなる。

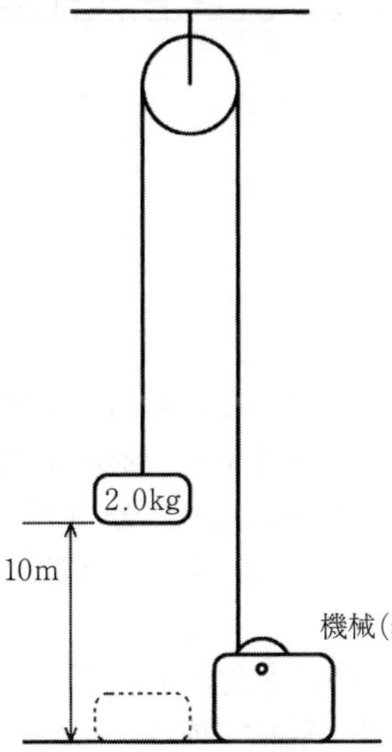

図1

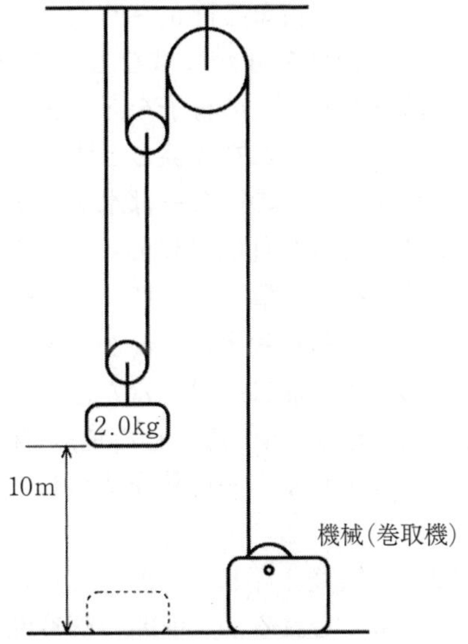

図2

ところで，物体が高い位置にあるとき「位置エネルギーを持つ」と言うが，この高さによる位置エネルギーは「『重力に逆らって物体を持ち上げる仕事』に相当するエネルギーが蓄えられたもの」と表現できる。このように考えると，図2において，はじめの位置より10m高い位置まで持ち上げられた2.0kgの物体は，位置エネルギーが［　エ　］J増えたと考えることができる。

Ⅱ　物体が落下する際の運動の様子を考えよう。ただし机の上面は水平で，簡単のため，摩擦や空気抵抗，テープ・糸・滑車の質量は無視できるほど小さいと考えてよい。

図3のように，質量1.0kgの球を静止させた状態からはなし，1.0m自由落下させ，その様子を記録タイマーで調べる。これを実験1とする。記録タイマーは，1/50秒（0.02秒）ごとに打点するタイプで，記録テープのはじめの打点が重なっている部分は用いない。0.10秒ごと（5打点間隔）にテープを切り，長さを測定し，短い方から順に台紙に貼ったものが図4である。

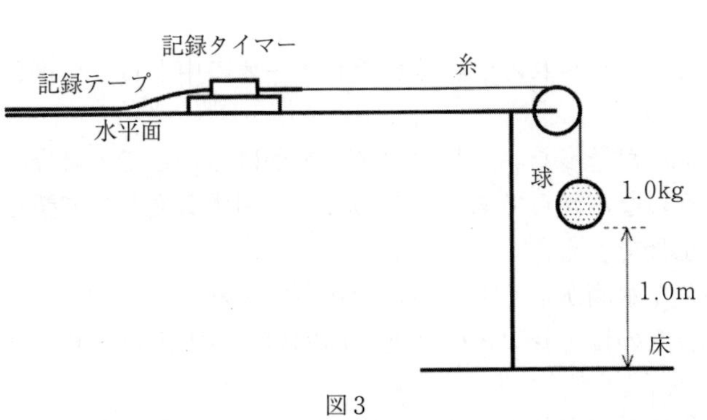

図3

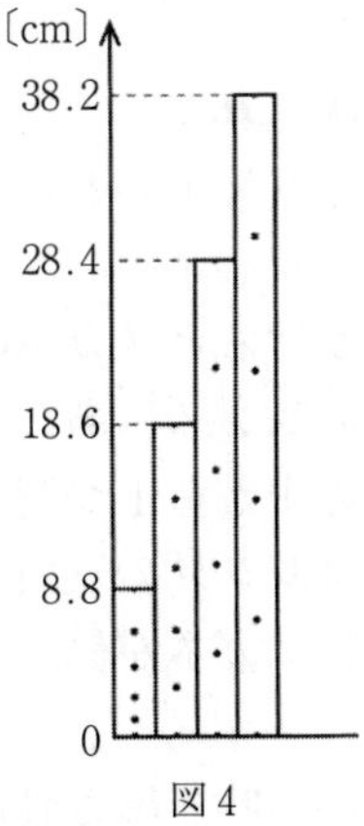

図4

問2　実験1（図3，図4）において，球の落下速度がだんだん速くなっていることが分かる。実験1

のとき，球の速さが増加する割合は１秒間あたり何m/sか。

図５のように，質量1.0kgの球に質量1.0kgの台車を繋《つな》ぎ，糸がたるまないように台車を静止させた。この状態から台車を静かにはなして球を1.0m落下させ，その様子を記録タイマーで調べる。これを実験２とする。なお，台車と滑車の間の糸は水平である。

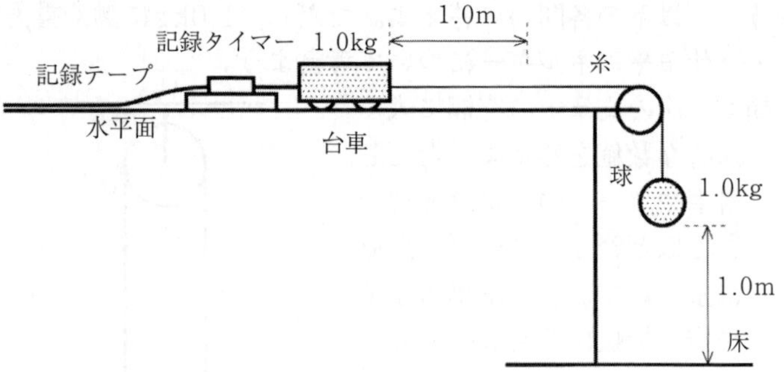

図５

問３　実験２(図５)において，1.0kgの球の持つ位置エネルギーはどのように変化すると考えられるか。横軸に球をはなしてからの時間，縦軸にエネルギーをとったグラフの概形を解答欄に描け。ただし，球をはなした時刻を０s，球が床に到達した時刻をT_0〔s〕とする。また，球が1.0m落下した地点(床面)での球の位置エネルギーの値を０Jとし，時刻０sのときの球の位置エネルギーの値を縦軸に記入すること。なお，時刻０sのときにグラフの点「・」を通るように描くこと。

問４　実験２(図５)において，1.0kgの球の持つ運動エネルギーは時間とともにどのように変化すると考えられるか。前問の解答欄のグラフに，重ねて描け。

2　以下の各問いに答えよ。

Ⅰ　ある日のオンライン授業で，「今自分がいるところの天気を教えて」という先生の問いかけに対し，Ａ～Ｅの５人が以下のように答えた。なお，５人は図１のア～オの別々の場所にいたとする。また，このとき低気圧と前線ａ，ｂが図１のようになっていた。

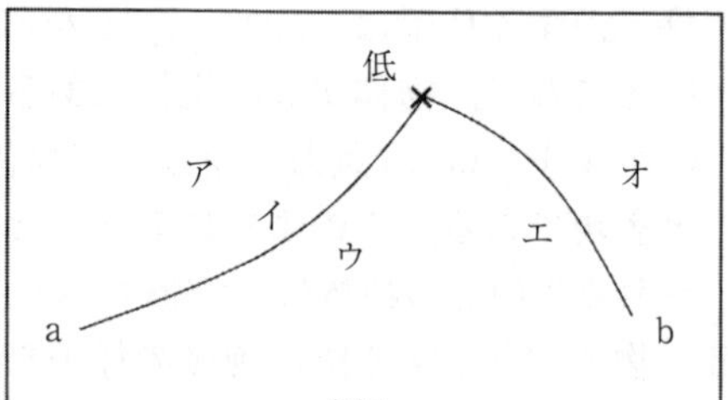

図１

Ａ：雨です。結構激しい。

Ｂ：昨日から降っているけど，すごくはないかな。

Ｃ：昨日から降っていた雨が，ようやく上がりました。

Ｄ：今は晴れてる。少し前に激しい雨が降ったけど。

Ｅ：晴れてます。

問１　２種類の前線ａ，ｂそれぞれについて，以下の例に示すような前線記号を解答欄の図に書き込め。

前線記号の例： 

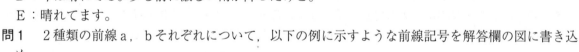

問２　Ａ，Ｂ，Ｃはそれぞれ図１のどこにいると考えられるか。それぞれア～オの中から１つ選び，記号で答えよ。

問３　太郎君がマスクをかけるとメガネのレンズが曇った。これはマスクをかけることで，自分の吐き出した空気がメガネのレンズにあたるようになるからである。このことに関する文として**誤っているもの**を次のア～エの中から１つ選び，記号で答えよ。

ア　メガネが曇ったのはレンズの表面に小さな水滴がたくさんついたからである。

イ　マスクをかける前にメガネが曇らなかったのは，レンズの温度が周囲の空気の露点より高かったからである。

ウ　メガネが曇ったのは，吐き出された空気の露点よりレンズの温度が低かったからである。

エ　メガネが曇ったのは，レンズに接することで，吐き出された空気の露点が下がったからである。

Ⅱ　地震が発生した時に，地表に直線的な段差ができることがある。このような土地の食い違いは断層と呼ばれる。図２はある盆地内の広範囲に堆積しているA，B，C，Dの地層が断層でずれている様子を表した断面図である。図中の左右の数値は地表面から地層境界までの深さを示している。A～Dの地層は，この盆地内で洪水が起こった時に短時間で堆積し，堆積した直後はその表面は平らになっていたとする。また，断層がずれる時は断層に沿って地表面やすべての地層が同じようにずれたとして，以下の問いに答えよ。なお，この場所では地表面の段差は断層以外ではできないものとし，侵食等で段差が無くなることもないものとする。

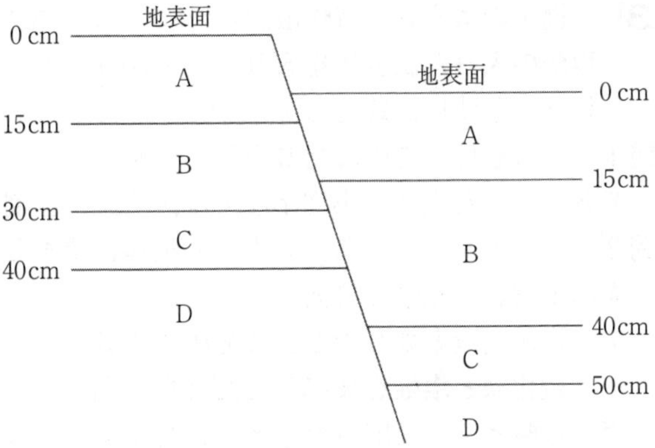

図２

問４　現在(図２)の状態で洪水が起こり十分な厚さの地層が堆積すると，図３のようにP層が堆積すると考えられる。それでは，A層が堆積した直後はどのようになっていたか。解答欄に断層や断層の右側の地層を記入し，断面図を完成させよ。ただし図３を参考にして，地層の名称(A～D)を記入し，地層の厚さや，断層のずれている範囲とずれの量はなるべく正確に書くこと。

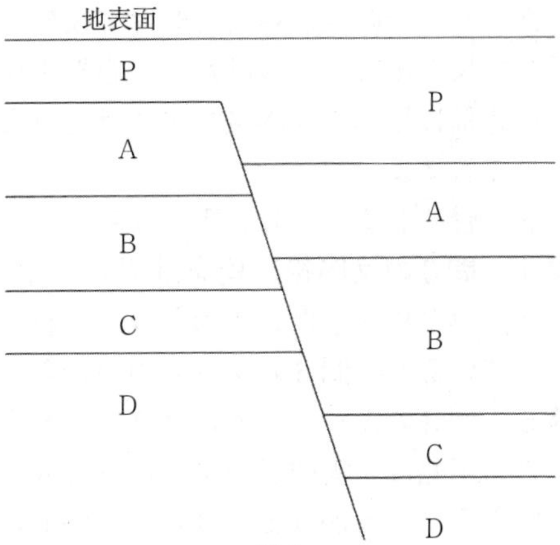

図３

問５　断層は同じ場所で繰り返しずれることがある。図２では地表面がずれていることから，A層堆積後に断層が活動したことがわかるが，地層の様子から，それ以外にもこの断層が活動したことがあったと読み取れる。次のア～エの時期のうち，断層の活動があったことが図２から読み取れるものを**すべて**選び，記号で答えよ。なお，同じ断層が繰り返しずれる場合は同じ方向にずれるものとする。

ア　B層堆積後A層堆積前　　イ　C層堆積後B層堆積前

ウ　D層堆積後C層堆積前　　エ　D層堆積前

問６　以下のａ，ｂの文の正誤の組合せとして適当なものをア～エの中から１つ選び，記号で答えよ。

ａ　図２の状態で厚さ15cmの火山灰が降り積もった場合，図３のP層と同じように地表面が平らになる。

ｂ　図２の断層は，図２の左右の方向に引き伸ばす力が働いてできた逆断層である。

	ア	イ	ウ	エ
a	正	正	誤	誤
b	正	誤	正	誤

3　図1のように，500mLのポリエチレン製容器の中に炭酸カルシウムを入れ，つぎに塩酸の入った試験管を入れ，しっかりとフタをした。

以下の各問いに答えよ。

図1

問1　容器を傾けて中の物質を反応させたときに発生する気体は何か。(1)漢字，(2)化学式で答えよ。大文字，小文字などは，明確に区別して書くこと。

問2　次のア～オのうち，発生する気体に問1と同じ気体が**含まれていないもの**はどれか。**すべて**選び，記号で答えよ。

ア　炭が完全燃焼したときに発生する気体

イ　硫化鉄と塩酸を反応させたときに発生する気体

ウ　塩酸と鉄を反応させたときに発生する気体

エ　重曹を加熱したときに発生する気体

オ　血液とオキシドール(過酸化水素水)が反応したときに発生する気体

図2のように，反応前の容器の重さを電子てんびんで測定すると130.56gであった。その後，容器を傾けて反応させた。

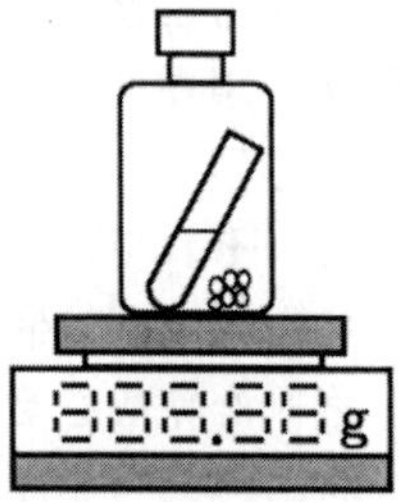

図2

問3　反応後に栓が抜けたり，容器が壊れたり，変形したりしないとしたとき，反応前に比べて反応後の重さはどうなるか。次のa～cの中から1つ選び，記号で答えよ。

a　軽くなる　　b　重くなる　　c　変わらない

問4　問3の反応後，栓をはずして中に空気を送り，容器の中の気体を置き換え，再び栓をした。このとき，下線部の操作前に比べて操作後の重さはどうなっているか。問3のa～cの中から1つ選び，記号で答えよ。

問5　図3のように栓の代わりに風船をはずれないようにしっかりとつけた。この風船は，実験操作中に割れたりしない丈夫なもので，はずれたりしないようにしっかりとつけられている。この容器を用いて，問3と同じように，反応させる前の容器全体の重さを測定した。その後，容器を傾けて反応させると，反応後には風船の容積が約500mLになるまで図4のように膨らんだ。この状態の重さを測定すると，電子てんびんは反応前の重さと異なる数値を示した。変化の仕方のどちらかに○をつけ，そうなった理由を解答欄に簡潔に書け。なお，空気の密度は1.2g/L程度である。

図3

図4

問6　問5で反応させた後，容器に残った液体の色は無色透明であった。この液体にフェノールフタレイン溶液を2，3滴入れるとどうなるか。フェノールフタレイン溶液を入れた後の液体の色を答えよ。

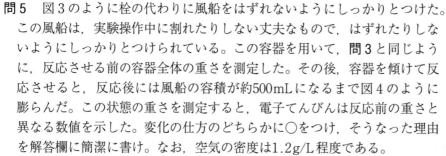

4　以下の各問いに答えよ。

Ⅰ　生物の進化と分類について考えよう。

問1　次の(1)～(3)の特徴をもつ植物を，それぞれア～ウの中から**すべて**選び，記号で答えよ。

(1)　胞子で増える。

(2)　根から水分を吸収する。

(3)　葉には葉脈が見られる。

ア　種子植物　　イ　シダ植物　　ウ　コケ植物

問2　次の(1)～(3)はある動物の特徴を示している。これらは以下のア～オのどのグループに属するか。それぞれ1つずつ選び，記号で答えよ。あわせて，そのグループに属する動物をカ～コの中からそれぞれ1つずつ選べ。

(1)　水中で子をうみ，母乳で育てる。体表に毛・羽毛・うろこはない。

(2)　水中を高速で泳いでエサをとる。卵は陸上にうむ。羽毛が生えている。

(3)　卵を水中にうむ。肺で呼吸する。体表にうろこがある。丈夫なひれがある。

＜グループ＞

ア　ほ乳類　　イ　鳥類　　ウ　は虫類　　エ　両生類　　オ　魚類

＜動物＞

カ　ハイギョ　　キ　ペンギン　　ク　ウミガメ

ケ　クジラ　　コ　サンショウウオ

問3　次のア～オの動物を，地球上に出現した順に並べよ。いちばん古い化石を比較すること。

ア　ほ乳類　　イ　鳥類　　ウ　は虫類　　エ　両生類　　オ　魚類

問4　生物の相同器官の例として適当なものを次のア～エの中から**すべて**選び，記号で答えよ。

ア　アサガオの葉とサボテンのとげ

イ　トビウオの胸びれとハトのつばさ

ウ　コウモリのつばさとトンボのはね

エ　イカのろうと(水を出すところ)とアリクイの口

Ⅱ　次の実験1，実験2の手順について考えよう。ただし，使用する染色液は酢酸オルセインとする。

実験1　発根したばかりのタマネギの根を用いて細胞の様子を顕微鏡を用いて観察する。細胞を染色するときは，｛A　染色液を加えたらすぐに　　B　染色液を加えたあと数分間おいてから｝カバーガラスをかける。

実験2　オオカナダモの葉を用いて原形質流動(細胞内部の構造が細胞内を移動する現象)を顕微鏡を用いて観察する。細胞内部の構造が動く様子を見るために，｛A　染色液は加えずに水だけを加えて　　B　染色液を加えて｝カバーガラスをかける。

問5　実験1，実験2の｛　｝内について，正しい手順の組合せを次のア～エの中から1つ選び，記号で答えよ。

	ア	イ	ウ	エ
実験1	A	A	B	B
実験2	A	B	A	B

問6　実験2について，**問5**で答えた手順で行う理由を簡潔に述べよ。

問7　実験2で，オオカナダモの葉の細胞を観察したときに，細胞内で動いて見える緑色の粒は何か。その名称を答えよ。

問四 [C]の文章中の傍線3～6の部分は、すべて「……ば」の形になっているが、この中で、現代語に訳そうとすると、一つだけ訳し方の異なるものがある。その番号を答えよ。

問五 [B]・[C]の文章の内容と一致するものを次から一つ選んで、番号で答えよ。

① 一寸法師が針の刀で鬼の目や口を突いて回ったことで、鬼が逃げ出してしまった。

② 姫君が逃げ出さないようにするために、一寸法師は、自分の前方に姫君を歩かせた。

③ 鬼は地獄に反乱が起きたのをいいことに、極楽に行くチャンスだと思い、極楽に逃げて行った。

④ 宰相殿は一寸法師の話を聞いて、姫君に対する処遇を決めたが、後になってそのことを悔やんだ。

⑤ 継母や女房は姫君を嫌っていたので、一寸法師に連れていかれる姫君を見て、内心喜んで送り出した。

[B]　かくて、年月送るほどに、一寸法師十六になり、背はもとのままなり。さるほどに、宰相殿に、十三になり給ふ姫君《ひめぎみ》おはします。御かたちすぐれ候へば、一寸法師、姫君を見奉《たてまつ》りしより、思ひとなり、いかにもして案をめぐらし、わが女房《にようばう》(＝妻)にせばやと思ひ、ある時、打撒《うちまき》(＝神前に供える米)取り、茶袋《ちゃぶくろ》に入れ、姫君の臥《ふ》しておはしけるに、はかりことをめぐらし、姫君の御口にぬり、さて、茶袋ばかり持ちて泣きゐたり。宰相殿御覧じて、御尋ねありければ、「姫君の、わらは(＝わたし)がこのほど取り集めて置き候ふ打撒を、取り給ひ御参り(＝召し上がり)候ふ」と申せば、宰相殿おほきに怒《いか》り給ひければ、案のごとく(＝なるほど)、姫君の御口に付きてあり。まことに偽りならず。かかる者を都に置きて何かせん、いかにも失ふ(＝殺す・追放する)べしとて、一寸法師に仰《おほ》せつけらるる。一寸法師申しけるは、「わらはがものを取り給ひて候ふほどに、とにもかくにもはからひ候へとありける」とて、心の中《うち》に嬉《うれ》しく思ふこと限りなし。姫君は、1ただ夢の心地《ここち》して、あきれはててぞおはしける。一寸法師、「とくとく(＝はやくはやく)」とすすめ申せば、闇へ遠く行く風情にて、都を出でて、足に任せて歩《あゆ》み給ふ。御心の中、推《お》しはからひてこそ候へ。2あらいたはしや。一寸法師は、姫君を先に立てて出でにけり。宰相殿は、あはれ、このことをとどめ給へかしとおぼしけれども、継母《ままはは》(＝血のつながりのない母)のことなれば、さしてとどめ給はず。女房(＝貴人の家に仕える女)たちも付き添ひ給はず。

〜二人は船に乗って出てゆくが、風に流されて、人が住んでいそうもない島にたどり着いた〜

[C]　舟より上がり、一寸法師は、ここかしこと3見めぐれば、いづくともなく、鬼二人来《きた》りて、一人は打出《うちで》の小槌《こづち》を持ち、いま一人が申すやうは、「呑《の》みて、あの女房取り候はん」と申す。口より4呑み候へば、目の内より出でにけり。鬼申すやうは、「これはくせものかな。口をふさげば、目より出づる」。一寸法師は、鬼に呑まれては、目より出でて飛び歩《あり》きければ、鬼も怖《お》ぢをののきて、「これはただ者ならず。ただ地獄に乱《らん》(＝反乱)こそ出で来たれ。ただ逃げよ」と言ふままに、打出の小槌、杖《つゑ》、しもつ(＝細い木の枝で作った鞭《むち》)、何に至るまでうち捨てて、極楽浄土の乾《いぬゐ》(＝西北の方向)の、いかにも暗き所へ、やうやう逃げにけり。さて、一寸法師は、これを見て、まづ打出の小槌を濫妨《らんぼう》(＝略奪)し、「われが背を、大きになれ」とぞ、どうど5打ち候へば、ほどなく背大きになり、さて、このほど疲れに6のぞみたることなれば、まづまづ飯を打ち出《いだ》し、いかにもうまさうなる飯、いづくともなく出でにけり。不思議なるしあはせとなりにけり。

＊文章中の「給《たま》ふ」はその前の語を尊敬語にする語。「おはす」も尊敬語で、「いらっしゃる」という意味。

＊文章中の「候《さうら》ふ」は丁寧語で、現代語の「です・ます」にあたる。

＊文章中の「ばや」は「〜したい」と訳す。

＊[B]の終わりから四行目「給へかし」の「かし」は、「給へ」を強める意を表す。

問一　[A]で、一寸法師が家を出たのは、どのような理由によるものか。**四〇字以内**にまとめて説明せよ。

問二　[B]の傍線1「ただ夢の心地して、あきれはててぞおはしける」とあるが、そうなったわけを、次の文の【　】ア〜ウを補って説明を完成させよ。なお、アとイは**三〇字以内**で、ウは**二〇字以内**で答えること。

　姫君を妻にしたいと思って一寸法師が立てた【　ア　】という計画によって、宰相殿は【　イ　】という決断を下したが、その決断を一寸法師から知らされた姫君は【　ウ　】から。

問三　[B]の傍線2「あらいたはしや」は、登場人物の心情を表したものではなく、語り手の感想と考えられるものである。これと同様の表現を[A]から**一〇字以内**で抜き出せ。

個人が中心になる時代には、個人が尊重されると同時に、自由だって個人で獲得しなければならない。それは、集団の戦いよりもある意味で難しく、誰かが与えてくれるものではないはずなのに、なぜか期待して待っている。

「誰か私を自由にして」って、なんでやねん！

自由が必要であれば、自分で獲得するしかなく、自分自身の意識で自由にするしかない。

日本に来た当初の私は、この国で外国人として暮らすのはとても不自由だと感じていた。自分を自由にするにはどうすればいいか、自分で考えた。そして、外国人を支援する組織を立ち上げ、「ワールドフェスティバル」を開催して外国人とつながった。

自ら、不自由を自由に変える努力をした。

自由というのは、もらうものではなく、誰かが与えるものでもなく、自分で手に入れるものである。さらにそれに伴う責任を負う。自由には自治が伴うということである。それが、精華が掲げる「自由自治」である。

問一 [A]の文章において筆者が考える「自由」の意味をまとめて説明している文を二つ、▼より前から探し、**それぞれその初めと終わりの四字**を抜き出して示せ。

問二 傍線1「東洋的「自由」」とあるが、筆者の言う「東洋的自由」とはどのようなものか。文章全体をふまえ、できる限り自分の言葉で**三〇字以内**で説明せよ。

問三 [B]の文章において筆者が否定的に捉えている自由について、**三点、それぞれ二五字以内**で説明せよ。ただし、**文末を「自由。」にすること。**

問四 [A]と[B]では「自由」についての考え方に相違がある。

① [A]の考え方から[B]の「自由」に対する反論を、論点をしぼって簡潔に述べよ。

② [B]の考え方から[A]の「自由」に対する反論を、論点をしぼって簡潔に述べよ。

問五 傍線2〜4を漢字にせよ。楷書で一画ずつ丁寧に書くこと。

二 次の文章は、御伽草子《おとぎぞうし》の中の「一寸法師《いっすんぼうし》」という話の一部（一部かなづかい・表記などを改めたところがある）である。摂津の国（今の大阪）の難波《なにわ》の里に、おじいさんとおばあさんが住んでいた。おばあさんは四十歳になるまで子どもができず、住吉《すみよし》神社に子を授けてくださいとお願いしていた。その願いがかなったのか、四十一歳でかわいらしい男の子を授かるが、その子は背丈《せたけ》が一寸（約三センチメートル）だったので「一寸法師」と名づけられた。よく読んで後の問に答えよ。なお、文中の（＝　）はその直前の語句の説明、または、現代語訳である。

[A] 年月経《としつきふ》るほどに、はや十二三になるまで育てぬれども、背《せい》も人ならず、つくづくと思ひけるは、ただ者にてはあらざれ、ただ化《ば》け物風情《ふぜい》にてこそ候《さうら》へ。われら、いかなる罪の報いにて、かやうの者をば、住吉よりたまはりたるぞや。あさましさよと、見る目も不便《ふびん》なり。夫婦《ふうふ》思ひけるやうは、あの一寸法師めを、いづかたへもやらばやと思ひけると申せば、やがて、一寸法師、このよし承《うけたまは》り、親にもかやうに思はるるも口惜《くちを》しき次第《しだい》かな、いづかたへも行かばやと思ひ、刀なくてはいかがと思ひ、針を一つ、うば（＝老母）に請《こ》ひ給《たま》へば、取り出《い》だしたびにける（＝お与えになった）。すなはち、麦藁《むぎわら》にて柄鞘《つかさや》をこしらへ、都へ上《のぼ》らばやと思ひしが、自然（＝万が一）舟なくてはいかがあるべきとて、またうばに、「御器《ごき》（＝お椀《わん》）と箸《はし》とたべ（＝ください）」と申《まう》しうけ、立ち出《い》でにけり。住吉の浦より、御器を舟としてうち乗りて、都へぞ上りける。

〜都に出た一寸法師は、三条の宰相殿《さいしょうどの》という人の所で養われることになる〜

もしていないのだ。春の野に鳥が啼《な》いたり、若駒《わかごま》が駆けまわるのと、何も変わらぬ。何らの目的をも意識していない。こうすれば、こうなるものとも、考えていない。やむにやまれぬ大和心さえも、ないのである。これを仏教者は、ことに他力宗徒は「修羅《しゅら》の琴のひきてなしに、自ら鳴る」ようだという。誠にその通りである。老子の「無為」である、東洋人のよくいう「無我無心」である。ここに「自由」の真面目が活躍する。

※　任運＝運命に任せること。
※　騰騰＝くよくよせず意気高らかに生きること。
※　浅原才市＝浄土真宗の篤信者（妙好人）で信心を詠んだ詩で知られる。
　　一八五〇～一九三二年。

B

「自由」とは何か。

これは、私が最も大事だと考えている問いの一つである。

学長になって、新しく「自由論」という科目が共通教育としてつくられ、私が担当している。「自由とは」という問いに対して、学生たちが考える時間だ。

この授業を担当した背景には、京都精華大学が語ってきた「自由自治」を理解し、自由を捉え直す機会の一つにしたいという思いがあった。

京都精華大学全体が、徐々に徐々に「自由＝無責任」にシフトしていないか。「ここでは好きなことができるんだ」「好き勝手にしていい」「何でもええやん」と。

それが、精華の自由なのか？そこが誤解されたままで、精華のよさを維持することはできないのではないかと、私は思っていた。

大学ができた一九六〇年代は、「集団的自由」が追求された時代だった。

集団的自由とは何かというと、「学生」の自由であり、「黒人」の自由や「マイノリティ」の自由。いわゆる「マス」の自由である。

誰かが誰かの自由を奪っている、という現状に対して、自分自身は考えなくても、「みんなで自由を求めるぞ」と団結していればよかった。

つまり、集団がパッケージで自由を獲得し、その集団の中に入りさえすれば、自分は考えなくても戦えるし、「何かやっている」という気になれた。

今はグローバル化の波の中で、集団よりも個が中心になっていく時代へと変化している。個人が主体になってきた中で、自由や解放というものが、全て自分自身に依存する社会になっている。強者や支配者がいて、支配者に対して運動を起こせば自由になった時代と、今は違うはず。自由にするのも、不自由にするのも、全て自分。自由の位置づけは、変わってきている。

「自由論」の授業では、自由のために戦ってきた人もいれば、自由を求めて運動してきた人たちもいるという歴史的事実を共有する。その後ワークショップをして、みんなで考える。

「自由」に、私は答えを持っていない。

それにしても、学生たちの考える自由の条件はというと、ちょっと変わっている。

自由を実現するために必要なことを問うと、こんな答えが返ってくる。

「スクールバスの本数を増やしてほしい」
「休憩を増やしてほしい」
「授業を減らしてほしい」

何もかもが、「ほしい」なのである。

どうやら、「他者が、誰かが自分に自由を与えてくれる」と、学生たちは誤解しているようだ。大学という場は、どうすれば自由を手に入れられるかということを、自分の価値観で判断して行動する場であるはずなのに。

二〇二一年度　開成高等学校

【国語】（五〇分）〈満点：一〇〇点〉

★一 二とも、句読点・記号も一字として数え、マス目のある解答欄については、一マスに一字しか書かないこと。

一　次の二つの文章A・Bを読んで後の問に答えよ。Aは禅を世界に広めた鈴木大拙の「「自由」の意味」（一九六二年「読売新聞」掲載）の一部、Bはマリ共和国出身のウスビ・サコ京都精華大学学長の『アフリカ出身サコ学長、日本を語る』（二〇二〇年）中の「「自由」を問い直す」の全文である。（Aの▼は、出題上の記号である。）

A

近ごろ自分は「自由」という言葉の本来の意味について、あちこちで随分しゃべったり書いたりする。機会あるごとに、これからも、いくらでも「自由」の宣伝をやりたいと思う。それは「自然」と同じく「自由」には、東洋伝来の思想系統が、深く根をおろしているからである。

「自然」と同じく「自由」の、自の字の意味を、はっきり知っておかなくてはならぬ。この自には自他対立の意義を含まないで、ただ一面の自である、すなわち絶対性を持つ自であることを心得ておくべきだ。「自由」は、この絶対の自がそれ自らのはたらきで作用するのをいうのである。それゆえ、ここには拘束とか羈絆《きはん》とか束縛などという思想は微塵《みじん》もはいっていない。すなわち「自由」は、積極的に、独自の立場で、本奥の創造性を、そのままに、※任運自在に、遊戯三昧《ゆうぎざんまい》するの義を持っている。

「自由」は、今時西洋の言葉であるフリーダムやリバティのごとき消極的・受身的なものではない。はじめから縛られていないのだから、それから離れるとか、脱するなどいうことはない。漢文的にいうと、任運※騰騰《とうとう》、騰騰任運、また妙好人※浅原才市翁《あさはらさいちおう》の方言まじりの表現を借りると「……どんぐり、へんぐりしているよ、今日もくる日も、やあい、やあい」である。何ともかとも、とらえどころのないところから出て来るはたらきは、遊戯《ゆげ》自在というよりほかない。

▼先年アメリカで出た小説みたいな本に、子供の生活を描いたのがあって、それが一時は、ベスト・セラーになった。その中に、次のような会話がある。子供がしばらく留守し、帰って来たので、家のものが尋ねた。

「お前どこへ行っていたの？」〔Where Did You Go ?〕

「外にいた。」〔Out.〕

「何していたの？」〔What Did You Do ?〕

「何もしていないの。」〔Nothing.〕

これだけの会話だが、自分はこれを読んで「ここに1東洋的「自由」の真理が、いかにも脱洒《だっしゃ》自在に挙揚《きょよう》せられている。実に菩薩《ぼさつ》の2キョウチだ」と感心した。子供の「外にいた」は、英語の「アウト」の訳のつもりだが、「アウト」を日本語で、どう3タンテキにいいかえるべきか。「外にいた」では少し長すぎる。「外」というと、日本語では、ちょっとぶっきら棒にきこえるようだ。子供が、「どこにいたの？」に対して、何の屈託《くったく》もなく「アウト」と答えるとき、内も外も余り変わりのないような、子供の気持ちがほの見える。

それから、次の「何もしていないの」には、無限の妙味がある。子供心理の全面が、何らの飾りもいつわりもなしに、赤裸々底に出ている。大人から見ると、子供は、とんだり、はねたり、種種様々の遊びをやったにきまっている。「何もしない」は、客観的に見ると、大いなる虚誕である。ところが、子供の主観から見ると、百般の活動態はいずれも遊戯でしかないのだ。何らの努力もなければ、何らの目的も意識せられぬ。ただ4キョウの動くにまかせ、そのままに飛躍跳動したにすぎないのである。当面の子供から見れば、何

2021年度／開成高等学校

英語解答

1 問1　1番目…エ　3番目…ウ　6番目…イ

問2　2本足で立ち，キツツキのように笑い，人間の赤ちゃんのように奇妙に歌うこと。(34字)

問3　エ　　問4　the human world

問5　オ　　問6　ウ

問7　彼女は他の何よりもその女性に抱っこしてもらいたくて

問8　(A)…イ　(B)…ア　(C)…ア　(D)…ア　(E)…イ　(F)…ア　(G)…ウ　(H)…ア

問9　イ，カ

2 問1　1番目…カ　3番目…ク　7番目…イ

問2　is〔was〕round

問3　地球が回転している

問4　時間がどこでも一様に流れるわけではない

問5　ウ　　問6　ウ

問7　Ⅰ…ウ　Ⅱ…ア　Ⅲ…イ　Ⅳ…エ

3 (1)　tears　(2)　content

(3)　present　(4)　second

(5)　mean　(6)　hand

(7)　interest

4 Part A　ア，エ

Part B　(1)…ウ　(2)…ア　(3)…エ　(4)…ア

Part C　(1)　reminds, of

(2)　No other

(3)　young(er), could

(4)　if〔whether〕I would

(5)　has been watching, for

5 Part A　1…D　2…C　3…D　4…B

Part B　A　398　B　Hokkaido　C　48

Part C　1…C　2…A　3…C　4…B

1〔長文読解総合―物語〕

≪全訳≫❶昔のこと，雪の森で最も強く優しい生き物である女王熊は，新しく生まれた子熊の世話をするよう頼まれた。❷女王熊の心は愛情に満ち，その子熊を自分の子として育てると約束した。毎日，女王熊は子熊を背負って運び，木々の間から輝く日の光から小川の上で踊るように揺れる月の光まで，雪の森のすばらしさの全てを彼女に教えた。おいしい魚の捕まえ方や一番甘くてみずみずしい果実の見つけ方，そして木の根の間の穴の掘り方や，氷のように冷たい冬の間ずっと秋のにおいを放つ葉っぱのベッドのつくり方を，女王熊は彼女に教えた。❸子熊はそれらの全てが大好きだったが，もっと好きだったのは，木こり，わな猟師，漁師や薬草の採集民といった，(1)森を訪れる人間たちを観察することだった。川が川下に流れていくのと同じように，彼女は人間に引き寄せられていった。❹どれだけ日光が木々の間から輝こうが，どれだけ月光が小川の上で踊ろうが，どれだけ魚がおいしかろうが，どれだけ果実が甘かろうが，子熊は森の地面に響くブーツの音や人間の喉から出てくる鼻歌に引かれ，いつも歩き回っていた。❺季節が過ぎていき，子熊は人間のように見え始め，そしてまた人間のように振る舞い始めた。彼女は2本足で立ち，キツツキのように笑い，人間の赤ちゃんがするような奇妙なやり方で歌を歌った。女王熊の気持ちは沈んだ。なぜなら彼女は子熊を人間の世界に全て持っていかれてしまうのを恐れたからだ。それは彼女が遠い昔に自分の子どもの熊を失ったからだった。❻子熊をどう引き止めればいいのかも，どうさよならを言えばいいのかもわからず，女王熊は大きな1本の脚ともう1本の間で体をぶらつかせながら，離れた所から見つめていた。❼子熊はときには松葉の間を転がったり，鳥に話しかけたりしたので，彼女がとどまってくれるのではないかと女王熊は考えて，胸を躍らせた。しかしそういった機会はどんどん少なくなっていき，そして女王熊はもう手遅れであることに気がついた。冬が近づいてきたにもかかわらず，子熊の体から毛が抜けていくのだ。❽冷たく湿った葉が小さな山々に集まり，強い不安が女王熊にのしかかるようになった。自分が知らない世界に子熊が暮らせるよう準備をさせてやることなど，どうやって自分にできるのだろう。❾その後，初めて雪が深く積もるとともに，雪の森に1人の女性が入ってきて木の実を集めていた。女王熊はその女性の心の中を読み，女性が優しい心の持ち主で，人に与える限りない愛情を持っていることがわかった。子熊の目はその女性を見て輝き，女王熊は別れを告げるときがきたと知った。❿女性が熊の巣穴にふらりと近づいてきたとき，女王熊は子熊の耳にささやいた。「これがあなたのお母さんよ。これからは彼女があなたの面倒をみてくれるわ」　そして彼女は子熊をそっと雪の中に押し出した。⓫女性が子熊の面倒をみて，彼女が人間の世界で生きる手助けをしてくれると女王熊にはわかっていたが，彼女の心は2つの違う方向に引っ張られていた。子熊が後ろ脚で立ち上がり歩き去る間，彼女は痛みに耐えるために転がって目を閉じ，眠っているふりをした。⓬子熊が女性の優しい顔を見上げると，その体毛の最後の一本が落ち，温かいほほ笑みが彼女の頬に浮かんだ。彼女たちの心は1つになった。子熊だった子どもは両手を上げた。彼女は他の何よりもその女性に抱きしめてほしかったからだ。女性が彼女を抱えると，子どもは彼女の腕にぴったりと収まった。⓭子熊のにおいが流れ去っていくとともに，女王熊の頬の毛に涙が流れ込んだ。彼女がまた子熊と会うことがあるのか，彼女にはわからなかった。だが女王熊が深い冬の眠りに沈む間，あの子熊の笑い声が響くのを聞き，彼女はほほ笑んだ。子熊はいなくなったが，心のどこかがいつも通じ合っていることがそのときわかったからだ。

問1＜整序結合＞「もっと好きだったのは」に続く部分なので名詞となる句が予想されるが，the forest や the humans で始まる名詞句ではうまくまとまらない。そこで to不定詞の名詞的用法の to watch で始めて watch の目的語に the humans を置くと，残りも関係詞節で who visited the forest とまとまる。不要語は in。　…, but what she loved more was to watch the humans who visited the forest …

問2＜語句解釈＞下線部⑵の act は「振る舞う」，like は「～のように」を表す前置詞。その具体的な行動は次の文で具体的に記されている。

問3＜文脈把握＞子熊が人間の世界へ行ってしまうのを女王熊が恐れるという第5段落の内容との対照性に注目する。ここでの動詞 jump は「どきりとする」という心の動きを表す用法。子熊が森の生活を楽しむ様子(文の前半)を見て，子熊が人間の世界に行かない，つまり森にいてくれるのではないかと考えたのである。　at the thought (that) ～「～だと思って」

問4＜語句解釈＞ここでの she は女王熊を指す。森の生物である女王熊の知らない世界であり，子熊がこれから行くことになる世界は「人間の世界」。第5段落最後から2文目に the human world とある。　'prepare＋人＋to ～'「〈人〉に～する準備をさせる」

問5＜文脈把握＞女王熊が子熊をその女性に引き渡す決心をしたのは，女王熊が女性の心を読むことで彼女が親切だと知ったから(第9段落最後から2文目)。その内容を表すのは，オ.「女王熊はその女性が子熊の親切な母親になり，子熊が新しい世界で生きる手助けをしてくれると確信していた」。

問６＜英文解釈＞ここでの direction は「方向」の意味。子熊に良い母親を見つけてあげられたと思う(文の前半)一方で，子熊と別れることに心の痛みを感じている(次の文)。よって，ウ．「女王熊は子熊が女性のもとへ行くのを喜んだが，別れを告げることに悲しみを感じてもいた」が適切。

問７＜英文和訳＞ここでの held は「抱きしめる」の意味の hold の過去分詞。more than anything else は「他の何よりも」。as は，両手を上げたのは抱きしめられたかったからと考えられるので，as は‘理由’を表す接続詞ととらえる。

問８＜指示語＞(A)女王熊が雪の森のすばらしいものを子熊に見せている。　(B)自分の子熊を失ったことがあるのは女王熊と考えられる。　(C)子熊に準備をさせる役目は女王熊のもの。　(D)子熊を外へ押し出したのは，一緒に巣穴にいた女王熊。　(E)人間の世界で生きていくのは子熊。　(F)子熊と別れる心の痛みに耐えているのは女王熊。　(G)子熊を抱き上げたのは人間の女性。　(H)子熊と再び会えるか考えているのは，子熊と別れた女王熊。

問９＜内容真偽＞ア．「女王熊は以前母親になったことはなかったが，子熊を育てるよう頼まれた」…×　第５段落最終文参照。　イ．「女王熊が育てるよう頼まれた子熊は，彼女から雪の森でどのように生きていくかを教えられた」…○　第２段落に一致する。　ウ．「女王熊は木こりやわな猟師といった森で働く人間たちと友人だった」…×　そのような記述はない。　エ．「ある日，１人の女性が子熊を探しに雪の森にやってきた」…×　第９段落第１文参照。　オ．「子熊が彼女のもとを離れたとき，女王熊の心は悲しみであふれ，自分がしたことに後ろめたさを感じた」…×　第11段落第１文参照。自分がしたことに後ろめたさは感じておらず，むしろ子熊を優しい人間の母親のもとに送り出したことに安心している。　カ．「女王熊は子熊に一緒にいてほしかったが，それが不可能だと知っていた」…○　第７段落参照。子熊が体毛を失っていることは，冬の厳しい森では生きていけなくなったことを示唆している。

２〔長文読解総合―説明文〕

≪全訳≫時間の流れが遅くなること❶簡単な例から始めよう。時間は，海面の高さでよりも，山の中での方が速く流れる。❷その違いは小さいが，それは今日の最も優れた時計で測ることができる。訓練すれば誰でも時間の流れが遅くなるのが見える。実際，たった数センチ違いの高さの間でそれを測れるのだ。$_{\mathrm{I}}$<u>例えば，床に置かれた時計はテーブルの上の時計よりも進むのが少し遅い。</u>❸遅くなるのは時計だけではない。より低い所では，全ての過程がより遅くなる。２人の兄弟が家を出て，彼らの一方は海の近くに住み，もう一方は山中に住むことになっている状況を考えよう。何年か後に彼らが再び会う。より低い所にいた方が，生きてきた時間はより少なく，取った年はより少ない。彼の体内時計の動きはより遅い。彼が物事を行う時間はより少なく，彼の植物の育ちはより少なく，彼の思考の展開はより少なくなっている。単純に，低い所だと，高い所よりも時間が少なくなるのだ。これは驚くべきことだろうか。もしかするとそうかもしれない。$_{\mathrm{II}}$<u>だが世界はこうやって動いている。</u>時間はよりゆっくりと過ぎる場所もあれば，もっと速く過ぎる場所もあるのだ。❹驚くべきことは，この時の流れが遅くなるということを，私たちがそれを測れる時計を手に入れるより１世紀も前に理解していた人がいることだ。言うまでもなく，彼の名前はアルバート・アインシュタインだ。❺$_{(1)}$<u>何かをそれが観察される前に理解</u>

する能力は，科学的思考の核心だ。古代においてはアナクシマンドロスが，空が私たちの足の下に続いていることを理解していたが，船が地球を１周するはるか以前のことだ。もっと最近ではコペルニクスが，宇宙飛行士たちが月から地球が回転するのを見たはるか以前に地球が回転することを理解していた。同様にアインシュタインは，時間の流れの異なる速度を十分正確に測れる時計が開発される以前に，時間がどこでも一様に流れるわけではないことを理解していたのだ。❻そのような進歩を遂げる過程で，私たちにとって事実だと思われたいくつかのことが実は誤解にすぎなかったということを私たちは知る。空は私たちの下ではなく上にあることは明らかに思えた。そうでなければ地球は落下してしまうだろう。地球が動かないのは真実だと思えた。そうでなければ全てをぶつからせてしまうだろう。Ⅲ私たちには，時間がどこでも同じ速さで過ぎるのは同じように明らかに思えた。子どもたちは大きくなり，世界は家の四方の壁の中から見えていたようなものではないと知る。人類全体でも同じことを行うのだ。❼私たちの多くが重力を勉強するときにおそらく持つ次の疑問を，アインシュタインは自らに問うた。地球と太陽は触れることなしに，そしてその間にある何も使うことなしに，どうやって互いを「引きつけて」いるのだろうか。❽彼は可能な説明を探し，そして太陽と地球は互いを直接引き寄せ合うのではなく，２つのそれぞれがその間にある何かにゆっくりとはたらきかけると考えることで，１つの説明を見つけた。そして，その間にあるものは空間と時間だけなので，地球と太陽はそれぞれにそれらを取り巻く空間と時間を変化させていると考えた。ちょうど水の中に置かれるボールが水を遠ざけるように。この構造的な時間の変化は結果として惑星や恒星の動きに影響し，それをお互いに向かって「落下」させる。❾この「構造的な時間の変化」とは何を意味するのだろうか。これはちょうど，上述した時間の流れが遅くなることを意味する。つまり物質はその周囲の時間の流れを遅くするのだ。地球は巨大な質量を持つ物質であり，その周囲の時間の流れを遅くする。Ⅳ海の方が地球に近いため，海面の高さではより強く，山の中ではより弱く，地球はそれを行う。これが海面の高さにいた兄〔弟〕がより遅く年を取った理由であり，それはアインシュタインがずっと昔に考え，現代の技術で証明できることなのだ。

問１＜整序結合＞直後に is があるので，文の主語になる名詞句を考える。まず名詞 ability に注目し ability to ～「～する能力」の形を考えると，to の後には動詞の原形 understand，その目的語に代名詞 something がくる。この後 before を‘時’の副詞節を導く接続詞として使えば，残りは it is observed とまとまる(it は something を受ける)。 The ability to understand something before it is observed is at the heart of scientific thinking.

問２＜書き換え＞the sky continues below our feet の部分を書き換える。「空が私たちの足の下に続いている」とは，「地球が丸いということ」。下線部直後に続く long before ships had sailed around the Earth「船が地球を１周するはるか以前」という内容からも判断できる。「地球は丸い」のような不変の真理は必ずしも時制の一致を受けないので，be動詞は is でも was でもよい。

問３＜語句解釈＞‘see＋目的語＋動詞の原形’「～が…するのが見える」の形。月から見える地球の動きだから，この it do so は，前にある the Earth turns を受けていると判断できる。この do so「そうする」は，繰り返しを避けるために前に出ている動詞(句)の代わりとなる代動詞。

問４＜英文和訳＞ここでの pass は「(時間が)過ぎる」の意味。uniformly は「一様に，均一に」，not ～ everywhere は「どこでも～というわけではない」という部分否定。

問５＜英文和訳＞seem to ～ は「～のように見える，思える」，no more than ～ は「～にすぎない」，misunderstanding は「誤解」。

問6＜適文選択＞この段落で説明しているのは，太陽と地球は直接引き寄せ合っているのではなく，その間にあるものに作用しているということ。just as ～ は「まさに～のように」という‘例’を導く表現。水の中のボールと水の関係が，地球(太陽)とその間の空間の関係を示す具体例になっている。

問7＜適文選択＞Ⅰ．わずかな高さの違いで時間の流れる速さが違うことを述べた場面。ウはその変化を示す具体例になっている。　Ⅱ．アの But に着目。「意外な事実」→「しかしそれが現実」という流れになるアが適切。　Ⅲ．第6段落では，科学的に事実でないことを我々が明白な事実と思い込んでいる例を挙げている。イの内容は同様の例である。　Ⅳ．直後の This is why ～「これが～の理由だ」の理由を表す内容となるのはエ。文中の does so は前文の slows down time を受ける代動詞。

3〔適語補充─共通語〕

(1)上：「～を破る，裂く」を表す動詞 tear に3単現の s をつける。発音は[téə*r*]。　下：「涙」を表す名詞 tear の複数形。発音は[tíə*r*]。　「その少年は外で遊ぶといつもズボンを破る」／「その小さな子どもが泣いていたので，彼女の父親が涙を拭いてあげた」

(2)上：「内容，中身」を表す名詞。アクセントは cón-tent。　下：be content with ～ で「～に満足している」。アクセントは con-tént。　「そのエッセーの内容は良いが，文法の間違いが多すぎる」／「その生徒はテストで取った平均点に非常に満足していた」

(3)上：「出席している」を表す形容詞。　下：「贈り物」を表す名詞。　「そのミーティングには30人が出席していた」／「そのネクタイは妹からのプレゼントだった」

(4)上：「少しの間」を表す名詞。　下：「2番目の」を表す形容詞。　「ちょっとだけ待ってくれる？ほとんど終わっているんだ」／「今年の校内マラソン大会で彼はとてもよくやり，2位に入った」

(5)上：「意地の悪い」を表す形容詞。　下：「～を意味する」を表す動詞。　「どうして自分の妹を蹴ったの？　彼女が君に意地悪をしたの？」／「1人でいることは，必ずしも寂しいことではない。1人でいることが好きな人もいる」

(6)上：hand in ～〔hand ～ in〕「～を提出する」　下：「手助け」を表す名詞。‘give＋人＋a hand’で「〈人〉を手伝う」。　「この書類を明日までに事務所に出さないといけない」／「僕の宿題を手伝ってくれるかい」

(7)上：「利子」を表す名詞。　下：「興味，関心」を表す名詞。　「銀行からお金を借りたら，その利子を払わなくてはならない」／「あなたは日本の古い城に興味がありますか」

4〔文法総合〕

Part A＜正誤問題＞

ア…×　speak to ～「～に話しかける」の受け身は be spoken to by … になる。　「昨夜家に帰る途中で知らない人に話しかけられた」　イ…○　「私の故郷はずいぶん変わってしまった。昔のそれとは違う」　助動詞の used to ～ は‘過去の習慣・状態’を表す。　ウ…○　「～を着て」なら with ～ on となる。　「外がどんなに寒かろうと，彼はいつも上着を着ないで外出する」　エ…×　「僕の兄〔弟〕は家にいない。彼は友人を見送りに駅に行った」　現在完了の

‘have/has been to＋場所’は「〈場所〉に行ったことがある」(‘経験’用法)と「〈場所に〉行ってきたところだ」(‘完了’用法)の意味。been を gone にすれば正しい。　オ…○　had better not ～「～しない方がいい」　「今夜は外出しない方がいい。外はまだ風や雨が激しいから」　カ…○「おなかが減りました。この２つのサンドイッチの１つをもらってもいいですか？」―「いいですよ。どちらでも取ってください」　‘help ～self to …’「(食べ物など)…を自由に取って食べる」

Part B＜適語(句)選択＞

(1)‘人の性質’を表す形容詞の場合は‘It is ～ of … to ―’「―するとは…は～だ」の形になる。本問では to 以下が省略されていると考えられる。　「彼女がいつも人の役に立つのは知っているけれど，本当に彼女は親切だね。彼女はすばらしい人だよ」

(2)「別の(１つの)もの」を表す代名詞 another が適切。　「このバッグは大きすぎます。別のものを見せてもらえますか？」

(3)「～しないかぎり」を表す unless が適切。なお，最後の do は run を受ける代動詞。　「走ろう。そうしないと最終電車に間に合わないよ」

(4)「～まで(に)」という‘期限’を表す by が適切。「～まで(ずっと)」という‘継続’の意味の until との違いに注意。　「明日の朝までにこの仕事は終わりますか」

Part C＜書き換え―適語補充＞

(1)「私はパスタを食べるといつも祖母を思い出す」という文を，「パスタはいつも私に祖母を思い出させる」と読み換えて，‘remind＋人＋of＋物事’「〈人〉に〈物事〉を思い起こさせる」の形で表す。

(2)最上級を用いた「これはこの学校で最大の教室だ」という文を，‘No other＋単数名詞... as＋原級＋as …’「…ほど―な～はない」の構文で書き換え「この教室ほど大きい教室はこの学校にはない」とする。

(3)「その犬は年を取っているので，新しい芸を覚えられない」という文を，下では現在の事実に反することを述べる仮定法過去の文(were が使われていることに注目)，「もしその犬が若ければ，新しい芸を覚えられるだろう」とする。would の代わりに could としてもよい。

(4)直接話法の「彼女は私に『あなたは明日ピクニックに行きますか』と言った」という文を，「彼女は私が翌日にピクニックに行くかどうかを尋ねた」と読み換え，if〔whether〕～「～かどうか」の形を用いて間接話法で表す。could の代わりに would としてもよい。

(5)「私の妹は２時間前にテレビを見始め，まだ見ている」という文を，「彼女は２時間テレビを見続けている」と読み換えて，‘have/has been＋現在分詞...＋for ～’「(現在まで)～の間，…し続けている」の現在完了進行形に書き換える。

5　〔放送問題〕解説省略

2021年度／開成高等学校

数学解答

1 (1) C…$-\dfrac{5}{2}$　F…$-t+1$

(2) AD…$-t-\dfrac{3}{2}$　CF…$-t-\dfrac{3}{2}$

(3) $\dfrac{-1-3\sqrt{5}}{4}$

2 (1) 18個

(2)

① ア…$kl+4k+4l+16$

イ…$kl+3k+3l+9$

ウ…$k+l+7$　エ…$k+l=3$

オ・カ…2，3

キ…24，56，60，88

② (例)$k\geqq0$，$l\geqq0$ だから，$(k+l+7)\times m=20$ より，$k+l+7=10$，20 が考えられる。$k+l+7=20$ のとき，どの k，l の値に対しても x は2けたの整数にならないが，$k+l+7=10$ のとき，x が2けたの整数となる k，l がある。よって，$k+l+7=10$ のときのみなので，m の値も1つに決まる。

mの値…2

3 (1) 30通り

(2) ① 21通り　② 30通り

(3) 30通り　(4) 120通り

(5) 432通り

4 (1) $5-\dfrac{1}{4}x$　(2) $-12+8\sqrt{6}$

---

1 〔関数―関数 $y=ax^2$ と直線〕

≪基本方針の決定≫(1) 座標を文字でおき，傾きについての式を立てるとよい。　(3) △PAD∽△QFC である。

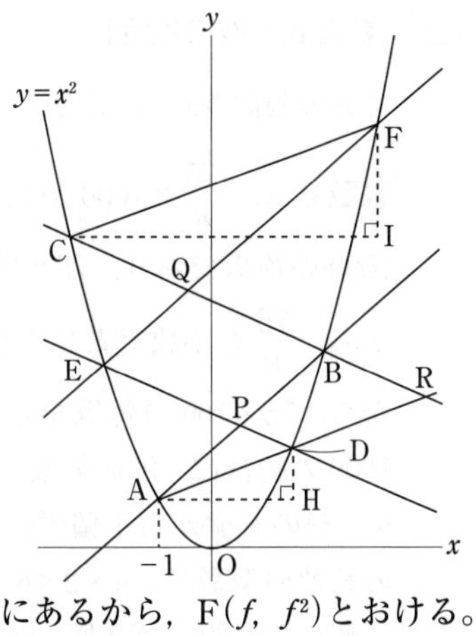

(1)<x座標>右図で，点Aは放物線 $y=x^2$ 上にあり x 座標が -1 だから，$y=(-1)^2=1$ より，A$(-1,\ 1)$である。2点B，Cは放物線 $y=x^2$ 上にあるから，B$(b,\ b^2)$，C$(c,\ c^2)$とおける。直線ABの傾きは1だから，$\dfrac{b^2-1}{b-(-1)}=1$ が成り立ち，$\dfrac{(b+1)(b-1)}{b+1}=1$，$b-1=1$，$b=2$ となる。よって，$b^2=2^2=4$ より，B$(2,\ 4)$である。直線BCの傾きは $-\dfrac{1}{2}$ だから，同様にして，$\dfrac{4-c^2}{2-c}=-\dfrac{1}{2}$ が成り立ち，$\dfrac{(2+c)(2-c)}{2-c}=-\dfrac{1}{2}$，$2+c=-\dfrac{1}{2}$，$c=-\dfrac{5}{2}$ となるから，点Cの x 座標は $-\dfrac{5}{2}$ である。次に，点Eは放物線 $y=x^2$ 上にあり x 座標が t だから，E$(t,\ t^2)$となる。また，点Fは放物線 $y=x^2$ 上にあるから，F$(f,\ f^2)$とおける。直線EFの傾きは1だから，$\dfrac{f^2-t^2}{f-t}=1$ が成り立ち，$\dfrac{(f+t)(f-t)}{f-t}=1$，$f+t=1$，$f=-t+1$ となる。よって，点Fの x 座標は $-t+1$ である。

(2)<傾き>右上図で，点Dは放物線 $y=x^2$ 上にあるから，D$(d,\ d^2)$とおくと，(1)と同様にして，直線EDの傾きが $-\dfrac{1}{2}$ より，$\dfrac{d^2-t^2}{d-t}=-\dfrac{1}{2}$ が成り立ち，$\dfrac{(d+t)(d-t)}{d-t}=-\dfrac{1}{2}$，$d+t=-\dfrac{1}{2}$，$d=-t-\dfrac{1}{2}$ となる。A$(-1,\ 1)$だから，直線ADの傾きは，$\dfrac{d^2-1}{d-(-1)}=\dfrac{(d+1)(d-1)}{d+1}=d-1=\left(-t-\dfrac{1}{2}\right)-1=-t-\dfrac{3}{2}$ となる。次に，(1)より，$c^2=\left(-\dfrac{5}{2}\right)^2=\dfrac{25}{4}$ だから，C$\left(-\dfrac{5}{2},\ \dfrac{25}{4}\right)$である。また，$f=$

$-t+1$ だから，直線CFの傾きは，$\left(f^2-\frac{25}{4}\right)\div\left\{f-\left(-\frac{5}{2}\right)\right\}=\left(f+\frac{5}{2}\right)\left(f-\frac{5}{2}\right)\div\left(f+\frac{5}{2}\right)=f-\frac{5}{2}=(-t+1)-\frac{5}{2}=-t-\frac{3}{2}$ となる。

(3)＜ **t の値—相似**＞前ページの図で，2直線AB，EFの傾きはともに1，2直線CB，EDの傾きはともに $-\frac{1}{2}$ だから，AB∥EF，CB∥EDであり，四角形PBQEは平行四辺形である。これより，∠BPE＝∠BQEとなる。∠APD＝∠BPE，∠FQC＝∠BQEだから，∠APD＝∠FQCとなる。また，(2)より，2直線AD，CFの傾きはともに $-t-\frac{3}{2}$ だから，AD∥CFである。直線ADと直線CBの交点をRとすると，∠PDA＝∠CRA，∠QCF＝∠CRAより，∠PDA＝∠QCFである。よって，△PAD∽△QFCだから，△PAD：△QFC＝S_1：S_2＝1：5より，△PADと△QFCの相似比は1：$\sqrt{5}$ であり，AD：FC＝1：$\sqrt{5}$ となる。点Aを通り x 軸に平行な直線と点Dを通り y 軸に平行な直線の交点をH，点Cを通り x 軸に平行な直線と点Fを通り y 軸に平行な直線の交点をIとすると，AD∥CFより，△ADH∽△CFIとなるから，AH：CI＝AD：CFである。したがって，AH：CI＝1：$\sqrt{5}$ となる。AH＝$\left(-t-\frac{1}{2}\right)-(-1)=-t+\frac{1}{2}$，CI＝$(-t+1)-\left(-\frac{5}{2}\right)=-t+\frac{7}{2}$ だから，$\left(-t+\frac{1}{2}\right):\left(-t+\frac{7}{2}\right)=1:\sqrt{5}$ が成り立ち，これを解くと，$\left(-t+\frac{1}{2}\right)\times\sqrt{5}=\left(-t+\frac{7}{2}\right)\times1$ より，$-\sqrt{5}t+\frac{\sqrt{5}}{2}=-t+\frac{7}{2}$，$\sqrt{5}t-t=\frac{\sqrt{5}}{2}-\frac{7}{2}$，$t(\sqrt{5}-1)=\frac{\sqrt{5}-7}{2}$，$t=\frac{\sqrt{5}-7}{2(\sqrt{5}-1)}$ となる。$\frac{\sqrt{5}-7}{2(\sqrt{5}-1)}=\frac{(\sqrt{5}-7)\times(\sqrt{5}+1)}{2(\sqrt{5}-1)\times(\sqrt{5}+1)}=\frac{-2-6\sqrt{5}}{8}=\frac{-1-3\sqrt{5}}{4}$ だから，$t=\frac{-1-3\sqrt{5}}{4}$ である。

2〔**数と式—数の性質**〕

(1)＜ **n の個数**＞$x=75$ だから，$\frac{75}{n}$ を小数で表したときにちょうど小数第3位で終わる数となる正の整数 n は，$\frac{75}{n}\times1000$ が整数となり，$\frac{75}{n}\times100$ が整数とならない数である。よって，n は75×1000の約数であり，75×100の約数でない数となる。75×100の約数は75×1000の約数でもあるから，$\frac{75}{n}$ を小数で表したときにちょうど小数第3位で終わる数となる整数 n は，75×1000の約数から，75×100の約数を除いた残りの数となる。$75\times1000=3\times5^2\times2^3\times5^3=2^3\times3\times5^5$ より，75×1000の約数は，2^3 の約数1，2，2^2，2^3 の4個，3の約数1，3の2個，5^5 の約数1，5，5^2，5^3，5^4，5^5 の6個から1個ずつ選んでそれらの数の積で表すことができる。このことから，75×1000の約数の個数は，4×2×6＝48(個)ある。同様に考えて，$75\times100=2^2\times3\times5^4$ であり，2^2 の約数は3個，3の約数は2個，5^4 の約数は5個だから，75×100の約数の個数は3×2×5＝30(個)ある。したがって，求める整数 n の個数は48－30＝18(個)だから，【条件】を満たす n の個数は18個である。

(2)＜**数の性質，理由**＞①$x=2^k\times5^l\times A$ より，$1000x=(2^3\times5^3)\times2^k\times5^l\times A=2^{k+3}\times5^{l+3}\times A$ であり，2^{k+3} の約数は1，2，2^2，2^3，……，2^{k+3} の $k+4$ 個，5^{l+3} の約数は1，5，5^2，5^3，……，5^{l+3} の $l+4$ 個，A の約数は m 個だから，(1)と同様に考えて，$1000x$ の約数の個数は $(k+4)\times(l+4)\times m=(kl+4k+4l+16)\times m$(個)となる。同様にして，$100x=(2^2\times5^2)\times2^k\times5^l\times A=2^{k+2}\times5^{l+2}\times A$ であり，2^{k+2} の約数は $k+3$ 個，5^{l+2} の約数は $l+3$ 個だから，$100x$ の約数の個数は $(k+3)\times(l+3)\times m=(kl+3k+3l+9)\times m$(個)となる。$1000x$ は $\frac{x}{n}$ を小数で表したとき小数第3位以内で終わる数，$100x$ は $\frac{x}{n}$ を小数で表したとき小数第2位以内で終わる数を表し，$100x$ の約数は $1000x$ の約数でも

あるから，$\dfrac{x}{n}$を小数で表したときちょうど小数第３位で終わる数となる整数nは，$1000x$の約数から$100x$の約数を除いた残りの数である。その個数は$(kl+4k+4l+16)\times m-(kl+3k+3l+9)\times m$ $=\{(kl+4k+4l+16)-(kl+3k+3l+9)\}\times m=(k+l+7)\times m$(個)と表せる。これが20個になるので，$(k+l+7)\times m=20$が成り立つ。$k+l+7$，$m$は20の約数であり，$k\geqq 0$，$l\geqq 0$より，$k+l+7\geqq 7$だから，$(k+l+7,\ m)=(10,\ 2)$，$(20,\ 1)$が考えられる。$k+l+7=20$のとき，$k+l=13$より，$(k,\ l)$ $=(0,\ 13)$，$(1,\ 12)$，$(2,\ 11)$，……，$(13,\ 0)$であるが，どのk，lに対しても$x=2^k\times 5^l\times A$の値は２けたの整数にならない。よって，$k+l+7=10$だから，mの値は$m=2$の１つに決まる。このとき，$k+l=3$が成り立つので，$(k,\ l)=(0,\ 3)$，$(1,\ 2)$，$(2,\ 1)$，$(3,\ 0)$が考えられる。$(k,\ l)$ $=(0,\ 3)$のとき，$x=2^0\times 5^3\times A=125\times A$は２けたの整数にならないので，適さない。$(k,\ l)=(1,\ 2)$のとき，$x=2^1\times 5^2\times A=50\times A$となるが，$x$は２，５以外の素因数を含むことから，$A$は２，５以外の素因数を含み，$x$は２けたの数にならないので，適さない。$(k,\ l)=(2,\ 1)$のとき，２，５以外に１つだけ含まれる素因数$p$は，最小で$p=3$だから，$x=2^2\times 5^1\times 3=60$となり，適する。$(k,\ l)$ $=(3,\ 0)$のときも，$x=2^3\times 5^0\times 3=24$より，適する。したがって，$x$が２けたの整数になる$k$は，$k=2$または$k=3$である。２，５以外の３より大きい素数$p$は$p=7$，11，13，……が考えられる。$(k,\ l)=(2,\ 1)$のとき，$x=2^2\times 5^1\times 7=140$より，適さない。$(k,\ l)=(3,\ 0)$のとき，$x=2^3\times 5^0\times 7$ $=56$，$x=2^3\times 5^0\times 11=88$，$x=2^3\times 5^0\times 13=104$より，$x=56$，88が適する。以上より，求める$x$は，$x=24$，56，60，88である。　②$(k+l+7)\times m=20$より，$k+l+7=10$，20である。これらを満たす$k$，$l$の組で，$x$が２けたの整数になる$k$，$l$の組は，$k+l+7=10$のときはあるが，$k+l+7$ $=20$のときはないことを述べる。$k+l+7=10$のとき，$10\times m=20$より，$m=2$である。理由は解答参照。

３〔場合の数―色球〕

(1)＜場合の数＞並べる場所を左から順にＡ，Ｂ，Ｃ，Ｄとする。４個の球を並べて，Ａ，Ｂ，Ｃに「異なる３色の並び」ができるとき，Ａは３色の中から１個なので３通り，ＢはＡ以外の２色の中から１個なので２通り，ＣはＡ，Ｂ以外の１色の中から１個なので１通りあり，Ｄはどの色でもよいから３通りある。よって，このときの並べ方は$3\times 2\times 1\times 3=18$(通り)ある。また，Ｂ，Ｃ，Ｄに「異なる３色の並び」ができ，他には「異なる３色の並び」ができない場合は，Ｂ，Ｃ，Ｄの並べ方が$3\times 2\times 1=6$(通り)あり，Ａ，Ｂ，Ｃで「異なる３色の並び」ができないようにするので，ＡはＤと異なる色の２通りある。よって，$6\times 2=12$(通り)ある。したがって，求める場合の数は$18+12=$ 30(通り)ある。

(2)＜場合の数＞①(1)と同様にＡ，Ｂ，Ｃ，Ｄを決める。ＣとＤがともに赤球のとき，「異なる３色の並び」ができない並べ方は，ＡとＢが白球と青球でなければよいから，(Ａ，Ｂ)＝(赤，赤)，(赤，白)，(赤，青)，(白，赤)，(白，白)，(青，赤)，(青，青)の７通りある。ＣとＤがともに白球，ともに青球のときも同様にそれぞれ７通りある。よって，求める場合の数は$7\times 3=21$(通り)となる。

②Ｃが赤球，Ｄが白球のとき，「異なる３色の並び」ができないのは，(Ａ，Ｂ)＝(赤，赤)，(赤，白)，(白，赤)，(白，白)，(青，赤)の５通りある。Ｃ，Ｄが異なる色となるＣ，Ｄの球の並べ方は$3\times$ $2=6$(通り)あるから，求める場合の数は$5\times 6=30$(通り)ある。

≪①の別解≫ＣとＤがともに赤球のとき，「異なる３色の並び」ができるのは，(Ａ，Ｂ)＝(白，青)，(青，白)の２通りある。Ａ，Ｂの球の並べ方は，$3\times 3=9$(通り)あるから，このとき「異なる３色の並び」ができないのは$9-2=7$(通り)ある。ＣとＤがともに白球，ともに青球のときも同様にそれぞれ７通りあるから，求める場合の数は$7\times 3=21$(通り)ある。

≪②の別解≫４個の球を並べるとき，並べ方は全部で $3\times3\times3\times3=81$(通り)ある。このうち，(1)より，「異なる３色の並び」ができる場合は30通りあり，①より，ＣとＤが同じ色で「異なる３色の並び」ができない場合は21通りある。よって，ＣとＤが異なる色で「異なる３色の並び」ができない場合は $81-30-21=30$(通り)ある。

(3)＜**場合の数**＞左から３個目，４個目，５個目に「異なる３色の並び」ができ，他には「異なる３色の並び」ができない並べ方は，(2)②の並べ方それぞれに，３個目，４個目と異なる色の球を５個目に並べることでできる。(2)②の並べ方は30通りあり，それぞれの並べ方に対して５個目の並べ方は１通りだから，求める場合の数は，$30\times1=30$(通り)ある。

(4)＜**場合の数**＞４個並べた球に，左から５個目の球を並べて「異なる３色の並び」ができる場合を考える。(1)の場合においては「異なる３色の並び」ができているので，左から５個目にどの色の球を並べても「異なる３色の並び」はできる。このとき，４個の球の並べ方が30通り，５個目の球の並べ方が３通りより，$30\times3=90$(通り)となる。また，４個の球を並べて「異なる３色の並び」ができていない場合で，左から５個目に球を並べて「異なる３色の並び」ができるのは，(2)②の場合である。(2)②の並べ方は30通りあり，５個目の並べ方は，３個目，４個目と異なる色の１通りだから，$30\times1=30$(通り)となる。よって，５個の球を並べたとき，「異なる３色の並び」ができる場合の数は $90+30=120$(通り)ある。

(5)＜**場合の数**＞まず，(4)の場合においては「異なる３色の並び」ができているので，左から６個目にどの色の球を並べても「異なる３色の並び」はできる。このとき，５個の球の並べ方が120通り，６個目の球の並べ方が３通りより，$120\times3=360$(通り)となる。次に，５個の球を並べて「異なる３色の並び」ができていない場合で，左から６個目に球を並べて「異なる３色の並び」ができる場合を考える。４個目と５個目は異なる色になるので，(2)①の場合，左から５個目には４個目と異なる色の球を並べればよく，６個目は４個目，５個目と異なる色となる。このとき，(2)①の並べ方は21通り，５個目の並べ方は２通り，６個目の並べ方は１通りより，$21\times2\times1=42$(通り)となる。(2)②の場合，左から５個目は，４個目と異なる色で，３個目，４個目，５個目で「異なる３色の並び」ができないようにするので，３個目と同じ色となり，６個目は４個目，５個目と異なる色となる。このとき，(2)②の並べ方が30通り，５個目の並べ方が１通り，６個目の並べ方が１通りより，$30\times1\times1=30$(通り)ある。以上より，６個の球を並べたとき，「異なる３色の並び」ができる場合の数は $360+42+30=432$(通り)ある。

4 〔空間図形―円錐〕

≪**基本方針の決定**≫(2)　MF^2，BM^2 を x を用いて表す。

(1)＜**長さ―相似**＞次ページの図１で，ME⊥〔平面 p〕，DH⊥〔平面 p〕より，次ページの図２の立面図で，△MEB∽△DHB である。点Mは線分 BD の中点だから，$ME:DH=BM:BD=1:2$ であり，$ME=\frac{1}{2}DH=\frac{1}{2}x$ となる。また，図１で，FG⊥〔平面 p〕だから，ME∥FG となる。l∥MF であり，直線 l は平面 p に含まれていることから，MF∥EG である。よって，四角形 MEGF は長方形であり，$FG=ME=\frac{1}{2}x$ となる。２点Ａ，Ｆを通る直線と円錐の底面の周との交点をＩとすると，AO⊥〔平面 p〕より，FG∥AO となるから，次ページの図３で，△FGI∽△AOI である。したがって，$GI:OI=FG:AO=\frac{1}{2}x:10=x:20$ となるので，$GI=\frac{x}{20}OI$ である。$OI=5$ だから，$GI=\frac{x}{20}\times5=\frac{1}{4}x$ となり，$OG=OI-GI=5-\frac{1}{4}x$ となる。

(2)<長さ—相似，三平方の定理>右図1で，$l\perp$BC，l∥EGだから，EG⊥BCである。また，DH∥AOとなるから，右図2の立面図で，△DHC∽△AOCである。HC：OC＝DH：AO＝x：10だから，HC＝$\frac{x}{10}$OC＝$\frac{x}{10}\times 5=\frac{1}{2}x$となり，BH＝BC−HC＝$5\times 2-\frac{1}{2}x=10-\frac{1}{2}x$となる。ME∥DH，BM＝MDだから，BE＝EH＝$\frac{1}{2}$BH＝$\frac{1}{2}\times\left(10-\frac{1}{2}x\right)=5-\frac{1}{4}x$となり，EO＝OB−BE＝5$-\left(5-\frac{1}{4}x\right)=\frac{1}{4}x$となる。よって，図2の平面図の△OEGで三平方の定理より，EG^2＝OG^2−EO^2＝$\left(5-\frac{1}{4}x\right)^2-\left(\frac{1}{4}x\right)^2=25-\frac{5}{2}x$となる。図1で，(1)より四角形MEGFは長方形だから，MF＝EGであり，MF^2＝EG^2＝$25-\frac{5}{2}x$である。一方，図2の立面図の△MEBで三平方の定理より，BM^2＝BE^2＋ME^2＝$\left(5-\frac{1}{4}x\right)^2+\left(\frac{1}{2}x\right)^2=\frac{5}{16}x^2-\frac{5}{2}x+25$となる。MF＝$\frac{1}{2}$BMとなるとき，MF^2＝$\left(\frac{1}{2}\text{BM}\right)^2$より，MF^2＝$\frac{1}{4}$BM^{2}だから，$25-\frac{5}{2}x=\frac{1}{4}\left(\frac{5}{16}x^2-\frac{5}{2}x+25\right)$が成り立つ。これを解くと，$25-\frac{5}{2}x=\frac{5}{64}x^2-\frac{5}{8}x+\frac{25}{4}$，$1600-160x=5x^2-40x+400$，$x^2+24x-240=0$より，$x=\frac{-24\pm\sqrt{24^2-4\times 1\times(-240)}}{2\times 1}=\frac{-24\pm\sqrt{1536}}{2}=\frac{-24\pm 16\sqrt{6}}{2}=-12\pm 8\sqrt{6}$となる。$0\leqq x\leqq 10$だから，$x=-12+8\sqrt{6}$である。

図1

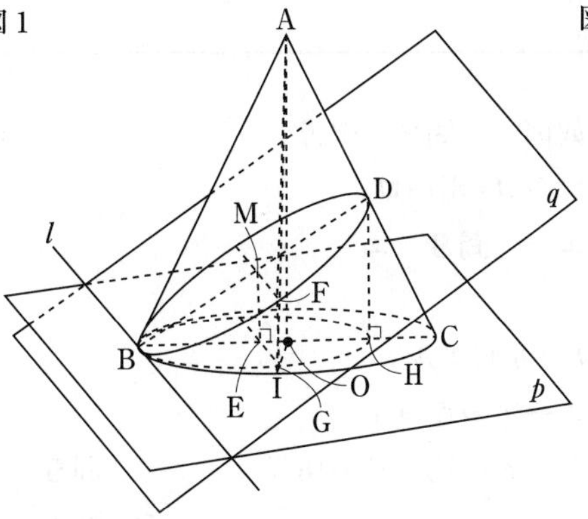

図2

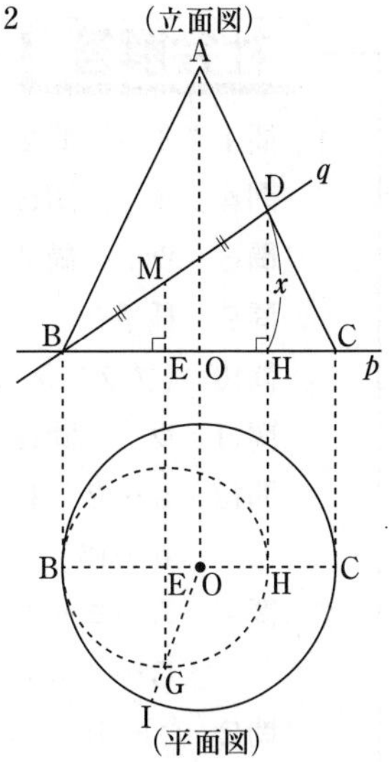

図3

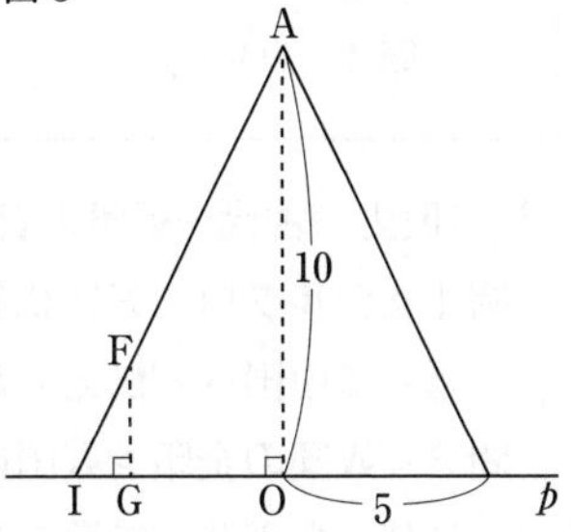

＝読者へのメッセージ＝

4の，円錐の平面qによる切り口はだ円です。円錐の平面による切り口は，放物線や双曲線になることもあります。これらの切り口は，「円錐曲線」といわれます。高校で学習します。

社会解答

1 問1 イ　問2 奴国　問3 聖書
問4 イ　問5 マルコ=ポーロ
問6 ウ　問7 エ　問8 エ
問9 種子
問10 (フランシスコ=)ザビエル
問11 ウ　問12 エ→ア→ウ→イ
問13 a…2　b…8　c…13　d…16
e…18

2 問1 A…ヨーロッパ　B…トルコ
C…スエズ　D…ウラル
問2 (1)…H　(2)…G　(3)…G
問3 (1)…パリ　(2)…SDGs　(3)…ア
問4 (1)…ウ
(2) (例)鉄道で移動する場合の所要時間に基づいて作成された地図であり，新幹線や青函トンネル，瀬戸大橋などの開通による所要時間の短縮によって変化した。
問5 (1)…北海道　(2)…(エ)

3 問1 ウ　問2 イ　問3 ア
問4 イ　問5 ナショナリズム
問6 (1)…ア　(2)…ア　問7 ウ
問8 (1)…本旨　(2)…ア　(3)…係争
(4)…エ
問9 ウ　問10 (1)…ウ　(2)…ア

1 〔歴史―古代～近世の日本と世界〕

問1＜シルクロード＞仏教は紀元前5世紀頃，釈迦によってインドで開かれ，その後シルクロードを通って中国へと伝えられた。

問2＜奴国の金印＞奴国は現在の福岡市付近にあったとされる倭(日本)の小国の1つで，57年に後漢に使いを送り，後漢の光武帝から金印を授かったことが『後漢書』東夷伝に記されている。福岡市の志賀島で出土した，「漢委奴国王」と刻まれた金印は，このときのものと考えられている。

問3＜宗教改革＞1517年，ルターはローマ・カトリック教会を批判して宗教革命を始め，信仰のよりどころは聖書にあると説いた。この運動はドイツからヨーロッパ各地へと展開したが，これには，イスラーム世界から伝わった製紙法と活版印刷術によって，聖書が普及したことが大きく貢献した。

問4＜遣唐使＞阿倍仲麻呂は奈良時代初めに遣唐使船で留学生として唐に渡り，唐の玄宗皇帝に仕えた。帰国を望んだが，船が遭難したために唐に戻り，そこで生涯を終えた。

問5＜マルコ=ポーロ＞マルコ=ポーロはイタリアの商人で，1271年に東方へ旅立ち，元に17年間滞在してフビライ=ハンに仕えた。このときの見聞を筆録させたものが『世界の記述〔東方見聞録〕』で，この中で日本は「黄金の国ジパング」と紹介されている。

問6＜元寇＞元軍は1274年の最初の襲来(文永の役)の際，博多湾から上陸して日本の武士と戦った。元軍を撃退した鎌倉幕府は，博多湾沿岸に石の防壁(石塁)を築いて防衛体制を強化した。1281年の2度目の襲来(弘安の役)ではこの石塁が元軍の上陸を阻み，幕府軍の戦いを有利にした。

問7＜大航海時代＞マゼラン自身はフィリピンで殺害されたが，マゼランの艦隊は1522年に世界一周を成し遂げ，地球球体説を証明した。なお，1488年にヨーロッパ人として初めてアフリカ大陸南端の喜望峰に到達したのはディアスで，ヴァスコ=ダ=ガマは1497～98年にヨーロッパから南下して喜望峰を通り，インドに至る航路を開拓した(ア…×)。1492年，コロンブスは大西洋横断に成功し，アメリカ大陸付近に到達したが，そこを未知の大陸ではなくインドの一部と考えた(イ…×)。ジャガイモやトマトは南アメリカ大陸原産で，アメリカ大陸を支配したヨーロッパ人によってヨーロッパにもたらされた(ウ…×)。

問８＜安土桃山時代＞豊臣秀吉は，1592～93年の文禄の役と1597～98年の慶長の役という２度の朝鮮出兵を行ったが，慶長の役のさなかに秀吉が亡くなったため，日本軍は撤退した。

問９＜種子島＞種子島は鹿児島県の南方に浮かぶ細長い島で，1543年に中国船がこの島に漂着し，乗っていたポルトガル人によって日本に初めて鉄砲が伝えられた。

問10＜キリスト教の伝来＞1549年，イエズス会宣教師のフランシスコ=ザビエルが鹿児島に上陸し，日本にキリスト教が伝えられた。

問11＜市民革命と産業革命＞1789年，政治犯を収容するのに用いられ，絶対王政の象徴となっていたバスティーユ牢獄を民衆が襲撃したことで，フランス革命が始まった。

問12＜年代整序＞年代の古い順に，エ(1716年)，ア(1772年)，ウ(1782年)，イ(1787年)となる。

問13＜世紀と出来事＞a．『後漢書』によると，倭の国王であった帥升らが後漢の安帝に生口(奴隷)を献上したのは107年のことで，これは２世紀初めにあたる。　b．奈良時代は８世紀初めの710年に，平安時代は８世紀末の794年に始まった。　c．モンゴル帝国は13世紀初めの1206年に建国された。13世紀後半の1274年と1281年には，２度にわたって元軍が日本に襲来した。　d．日本に鉄砲が伝わった1543年や，キリスト教が伝えられた1549年は，16世紀の中頃にあたる。
e．アメリカで独立戦争が始まった1775年や，フランスでフランス革命が起こった1789年は，18世紀後半にあたる。

２〔地理―総合〕

問１＜州の境界＞A・B．ボスポラス海峡は黒海と地中海を結ぶ海峡の１つで，両岸にはトルコ最大の都市イスタンブールがあり，アジア州とヨーロッパ州の境界となっている。　C．エジプト北東部を流れるスエズ運河は地中海と紅海を結んでおり，アジア州とアフリカ州の境界となっている。
D．ロシア西部を南北に走るウラル山脈は，アジア州とヨーロッパ州の境界となっている。

問２＜ヨーロッパの国々＞⑴デンマーク，ノルウェー，スウェーデンなどの北ヨーロッパ諸国は，高福祉，高負担を特色としている。デンマーク語は英語と同じゲルマン語派に分類され，つづりなどに類似性が見られる。　⑵ヨーロッパの地域連合とは，ヨーロッパ連合〔EU〕を指す。ロシアはEUに加盟しておらず，デンマークは加盟国だが，共通通貨ユーロを導入していない。イタリア語やフランス語はラテン語から派生した言語で，共通点も多い。　⑶イタリア・デンマーク・ロシアは，いずれも北半球に位置している。Ⅲのグラフでは，夏にあたる６～８月の降水量が少なくなっており，これは温帯の地中海性気候の特色を表している。３か国の首都の中でこの気候帯に属しているのは，イタリアの首都ローマである。

問３＜環境問題＞⑴1997年に結ばれた京都議定書では，先進国にしか温室効果ガスの削減義務が課されないなどの問題点があった。そこで2015年，先進国・発展途上国を問わず全ての参加国を対象とする国際的な枠組みとしてパリ協定が採択され，2016年に発効した。　⑵SDGs(Sustainable Development Goals)は「持続可能な開発目標」の略語で，2015年の国際連合サミットで採択された。SDGsでは，2030年までに国際社会が達成するべき17の目標が示されている。　⑶石炭は可採年数が長いものの，石油や天然ガスに比べて，地球温暖化の原因となる温室効果ガスの１つである二酸化炭素をより多く排出するため，環境への負荷が大きく，持続可能性は低いといえる。

問４＜地図＞⑴図２は，東京を中心とした正距方位図法で描かれた地図である。正距方位図法の地図では，中心からの距離と方位は正しいが，中心地点以外からの距離や方位は正しく表されない。

(2)線の単位が「時間」であること，1975年に比べて1995年は四国と本州が近くなっていること，2016年の地図に金沢が示され，九州が小さく示されていることなどから，鉄道による移動時間に関わる図だと推測できる。また，いずれの年でも東京・名古屋・大阪の距離がほとんど縮まっていないことなどから，地図の中心が東京であると判断できる。1988年には瀬戸大橋が開通したことで四国への所要時間が短縮されたほか，1982年に東北新幹線(大宮駅～盛岡駅)が開通し，これらの地域が時間的に近くなった。その後，2011年の九州新幹線全線開通(博多駅～鹿児島中央駅)，2015年の北陸新幹線(長野駅～金沢駅)の開通などによって，東京から日本各地への所要時間が短縮された。

問５＜資料の読み取り＞(1)Xは，教員数や児童数が他の４都府県に比べて少ないわりに学校数が多いので，面積が広い北海道が当てはまると判断できる。　(2)学校一校あたり教員数を計算すると，下位グループはいずれも22人以下であるのに対して，上位グループは18.6人のX(北海道)以外はいずれも25人以上である。なお，都道府県別人口の順位において，上位５位は東京都，神奈川県，大阪府，愛知県，埼玉県，下位５位は鳥取県，島根県，高知県，徳島県，福井県である(2019年)(ア，イ…×)。学校一校あたり児童数と教員一人あたり児童数は，X(北海道)を除いていずれも下位グループは上位グループに比べて少ない(ウ…×)。

3〔公民—総合〕

問１＜イラン核合意＞中東(西アジア)に位置するイランは2000年代以降，核開発を巡って欧米諸国との対立を深め，特にアメリカとの関係が悪い状態が続いている。なお，アフガニスタンとイラクは中東に位置しているが，ウクライナはヨーロッパに含まれる。

問２＜核兵器と軍縮＞核拡散防止条約で限定されている核保有国は，米英仏中ソ(ロ)の５か国である(ア…×)。部分的核実験禁止条約は大気圏内，宇宙空間および水中における核実験を禁止するもので，1963年に米英ソの間で締結された。1996年に国連で採択されたのは包括的核実験禁止条約〔CTBT〕で，この条約では爆発を伴う全ての核実験が禁止されている(ウ…×)。2010年，戦略核弾頭や大陸間弾道ミサイルの削減を定めた新戦略兵器削減条約〔新START〕が米ロ間で調印された。戦略攻撃能力削減条約〔SORT〕はモスクワ条約とも呼ばれ，2002年に米ロ間で調印された(エ…×)。

問３＜弾劾裁判＞アメリカの弾劾裁判は，立法機関である議会が行政機関である大統領に対して行うのに対し，日本の弾劾裁判は立法権を持つ国会が司法権を持つ裁判官を抑制する手段となっている。

問４＜国際機関＞2020年７月時点のそれぞれの代表者は，連邦準備制度理事会〔FRB〕がパウエル議長，欧州理事会がシャルル・ミシェル常任議長，世界保健機関〔WHO〕がテドロス事務局長，国際連合事務局がグテーレス事務総長となっている。

問５＜ナショナリズム＞ナショナリズムは，国家や民族の統一性や独立性，国家の利益を優先する思想や政治運動のことで，国家主義や民族主義などと訳される。グローバル化〔グローバリゼーション〕が進んだ一方で，自国の利益を優先するべきだと主張するナショナリズムの高まりも見られるようになり，対立も生まれている。

問６＜裁判員制度＞(1)刑事事件の被疑者は，警察官や検察官の取り調べを受け，裁判官が必要と認めれば逮捕，勾留される。検察官によって起訴された刑事被告人も勾留されたままの場合があり，裁判員裁判が延期されれば，勾留期間がその分延長されることになるため，被告人の身体の自由が制限される。　(2)裁判員裁判では，裁判員６名，裁判官３名が１つの裁判を担当する(イ…×)。裁判員は，有罪か無罪かの決定だけではなく，有罪の場合には被告人に科す刑罰の軽重も決定する(ウ…×)。裁判員裁判の評決で有罪か無罪かを決定する場合，少なくとも１人の裁判官を含む過半数の賛成が必要で，裁判員のみの賛成で有罪か無罪かを決定することはできない(エ…×)。

問７＜地方財政＞基礎的財政収支〔プライマリーバランス〕とは，国債費を除いた歳出と，公債金を除いた歳入との収支のことである。国の借金にあたる公債金と，借金の返済にあたる国債費を除くことで，その年度の税金による収入を中心とした歳入で，必要な歳出をどのくらい賄えているかを判断するための指標となる。令和２年度の当初予算におけるプライマリーバランスを計算すると，収入が歳入総額の1026580億円から公債金325562億円を引いた701018億円，支出が歳出総額の1026580億円から国債費の233515億円を引いた793065億円となるので，793065－701018＝92047(億円)，つまり９兆2047億円の赤字となる。

問８＜地方自治＞⑴日本国憲法第92条は地方自治の組織や運営について，「地方自治の本旨に基いて，法律でこれを定める」としている。「本旨」とは本来の趣旨，本来の目的という意味で，日本国憲法の「地方自治の本旨」とは，地方自治が住民の意思に基づくことと，地方自治が国の政治から独立していることを指していると解釈されている。　⑵地方自治には，団体自治と住民自治という２つの基本的な考え方があり，このうち，地方公共団体が国から独立して政治を行うことを団体自治という(イ…×)。1999年に制定された地方分権一括法では，本来国が行うべきだが，地方公共団体に任されていた機関委任事務が廃止され，地方公共団体が自主的に行う自治事務と，地方公共団体が国から引き受けて行う法定受託事務が新設された(ウ…×)。特定の地方公共団体に適用される特別法は，該当する地方公共団体の住民による投票を行い，その過半数の賛成を得なければ制定することができないので，その結果には法的拘束力がある(エ…×)。　⑶地方自治を担当している総務省には，国と地方公共団体の間で争いが生じた際，公平・中立な立場で解決を図る第三者機関として，国地方係争処理委員会が設置されている。　⑷地方公共団体の財源を自主財源と依存財源に分けた場合，地方税は自主財源で，地方債や，国から配分される国庫支出金，地方交付税交付金は依存財源となる。また，一般財源と特定財源に分けた場合，地方税と地方交付税交付金は一般財源，国庫支出金と地方債は特定財源となる。

問９＜首長＞都道府県知事の被選挙権は満30歳以上で得られるが，市区町村長の被選挙権は満25歳以上で得られる(ア…×)。地方議会が議決した条例に対して，首長が議会に再議を求める拒否権を発動した場合，地方議会が条例を成立させるためには，出席議員の３分の２以上の賛成が必要となる(イ…×)。有権者の３分の１以上の署名によって首長の解職請求が成立した場合，住民投票が行われ，過半数の同意があれば首長は解職される(エ…×)。

問10＜戦後の好景気＞⑴年代の古い順に，エ(1955～57年)，イ(1958～61年)，ウ(1963～64年)，ア(1966～70年)となる。　⑵小泉純一郎は，2001年４月から2006年９月まで内閣総理大臣を務めた。なお，その他の内閣総理大臣の在任期間は，中曽根康弘が1982年11月から1987年11月まで，鳩山由紀夫が2009年９月から2010年６月まで，細川護熙が1993年８月から1994年４月までである。

理科解答

1 問1　ア…19.6　イ…4.9　ウ…196
　　エ…196
問2　9.8m/s　　問3，問4　右図1

2 問1　右下図2
問2　A…イ　B…オ　C…エ
問3　エ　　問4　右下図3
問5　イ　　問6　エ

3 問1　(1)　二酸化炭素　(2)　CO_2
問2　イ，ウ，オ　　問3　c
問4　a
問5　変化…減少
　　理由…(例)風船が膨らみ，体積が大きくなると，空気による浮力が大きくなるから。
問6　無色

4 問1　(1)…イ，ウ　(2)…ア，イ
　　(3)…ア，イ
問2　(1)…ア，ケ　(2)…イ，キ
　　(3)…オ，カ
問3　オ→エ→ウ→ア→イ
問4　ア，イ　　問5　ウ
問6　(例)染色すると細胞が死んで原形質流動が見られなくなるから。
問7　葉緑体

図1
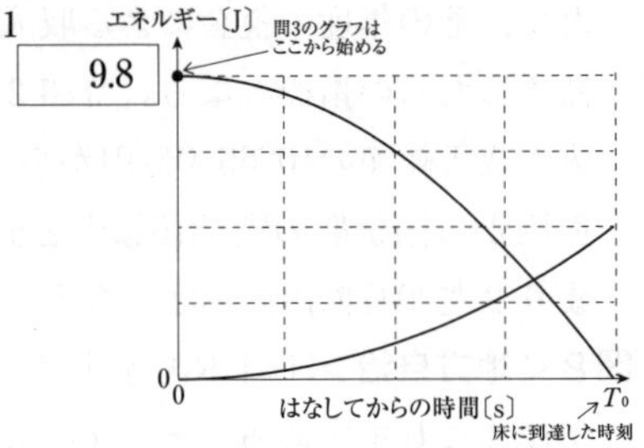

図2
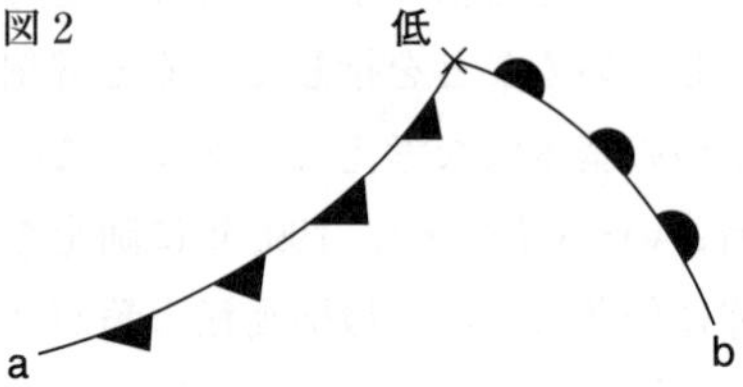

図3　A層が堆積した直後の様子
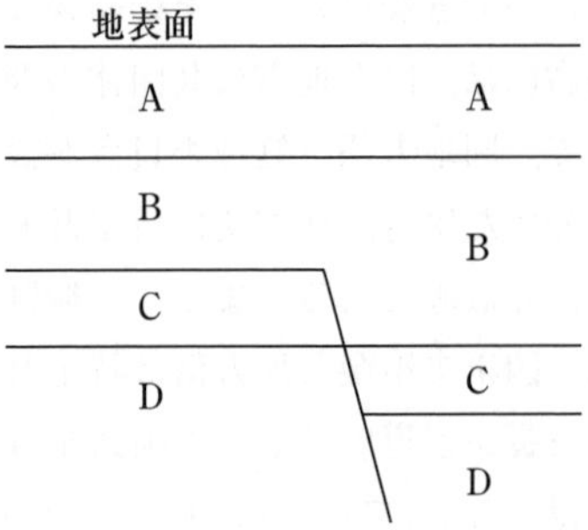

1〔運動とエネルギー〕

問1＜仕事＞まず，図1のように，定滑車のみを用いる場合，ロープを引く力の大きさは物体の重さと変わらない。重さは物体にはたらく重力の大きさで，1.0kgにはたらく重力の大きさが9.8Nより，質量が2.0kgの物体の重さは$9.8\times\frac{2.0}{1.0}=19.6$(N)となる。よって，図1で，機械がロープを引く力は19.6ア N必要である。次に，動滑車を用いると，動滑車にかかるロープが左右で物体の重さを支えるので，ロープを引く力は$\frac{1}{2}$になる。図2のように，2つの動滑車を組み合わせると，機械がロープを引く力は，$\frac{1}{2}\times\frac{1}{2}=\frac{1}{4}$になる。したがって，図2で，機械がロープを引く力は$19.6\times\frac{1}{4}=$ 4.9イ (N)必要となる。このとき，仕事の原理より，仕事の大きさは動滑車を使っても，直接物体を持ち上げても変わらないから，機械がする仕事は，19.6×10＝196ウ (J)である。また，図2で持ち上げられた物体の位置エネルギーは，重力に逆らって物体を持ち上げた仕事の大きさと同じ196エ J増えたことになる。

問２＜加速度＞図４の各テープの長さから求めたそれぞれの区間の平均の速さは，左側のテープから順に，8.8÷0.10＝88(cm/s)より0.88m/s，18.6÷0.10＝186(cm/s)より1.86m/s，28.4÷0.10＝284(cm/s)より2.84m/s，38.2÷0.10＝382(cm/s)より3.82m/sとなり，隣り合う区間での平均の速さの差はいずれも0.98m/sである。つまり，速さは，0.1秒当たり0.98m/s増加しているので，１秒間当たりでは9.8m/sの割合で増加している。

問３＜位置エネルギー＞まず，質量1.0kgの球が０sのときに持っている位置エネルギーは，球を重力に逆らって床面(基準の高さ)から1.0m持ち上げる仕事に等しいので，1.0×9.8×1.0＝9.8(J)である。次に，球が持つ位置エネルギーは，球の床面からの高さに比例する。よって，球が落下するとき，球の持つ位置エネルギーは，床面からの高さに対して，同じ割合で減少する。また，球が落下する運動では，図４のように，時間とともに単位時間ごとに球が落下する距離は増加する。よって，グラフは，球の持つ位置エネルギーの減少量が時間とともに大きくなるような曲線になる。

問４＜力学的エネルギーの保存＞実験２では，質量1.0kgの台車と質量1.0kgの球は同じ速さで動く。このとき，台車と球の持つ運動エネルギーは常に等しく，これらの和は，力学的エネルギーの保存より，球が落下して失った位置エネルギーに等しい。よって，球の持つ運動エネルギーは，球が失った位置エネルギーの$\frac{1}{2}$である。これより，球が持つ運動エネルギーは，０sのとき０Jで，球が床面に到達したT_0sのとき，球がはじめに持っていた位置エネルギーの$\frac{1}{2}$に等しい。また，球の持つ位置エネルギーの減少量は時間とともに増加したことから，グラフは，運動エネルギーの増加量が時間とともに大きくなるような曲線となる。

2〔小問集合〕

問１＜前線＞図１のように，前線を伴う低気圧は一般に温帯低気圧で，低気圧の中心部から南西に寒冷前線，南東に温暖前線が伸びている。それぞれの前線を表す記号は，寒冷前線が，温暖前線が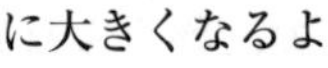で，記号をつける向きは前線の進行方向である。

問２＜前線と天気＞Aがいる場所では激しい雨が降っているから，図１で，積乱雲が発達する寒冷前線が通過した直後のイが適する。Bがいる場所ではおだやかな雨が長時間降っているから，乱層雲が広がる温暖前線の東側のオが適する。Cがいる場所では長時間降っていた雨が上がったので，温暖前線が通過した直後のエが適する。

問３＜大気中の水＞空気の露点は，空気中に含まれる水蒸気の量によって決まり，空気がふれる物体の温度によって変わるものではない。よって，誤っているのはエである。なお，吐き出された空気には，周囲の空気より水蒸気が多く含まれるため，露点が高い。

問４＜地層＞図２で，B層の厚さが，断層面の左側より右側の方が10cm厚くなっている。これは，図３で，断層ができた後に洪水が起こりP層が堆積したように，断層ができた後に洪水が起こりB層が堆積したためと考えられる。また，A層の厚さは断層面の左右で等しいので，B層の上にA層が堆積したことがわかる。解答参照。

問５＜断層＞問４より，図２の断層面の左右で，B層の厚さが異なっていることから，C層が堆積した後，B層が堆積する前に断層が活動したことが読み取れる。なお，A層とC層の厚さは断層面の左右で等しいので，B層の堆積後，A層の堆積前や，D層の堆積後，C層の堆積前に断層は活動していないと考えられる。また，図２からは，D層の下の地層の様子が不明なので，D層の堆積前に断層の活動があったことは読み取れない。

問６＜断層＞ａ…誤り。火山灰は地表にほぼ同じ厚さで降り積もるので，地表面の段差は残り，地表面が平らになることはない。　ｂ…誤り。図２の断層は，大地に左右から引っ張る向きの力がはたらいたときにできる正断層である。なお，逆断層は，左右から押す力がはたらいたときにできる。

3〔化学変化と原子・分子〕

問１＜気体の発生＞炭酸カルシウムに塩酸を加えたときに発生する気体は，二酸化炭素(CO_2)である。なお，このときに起こった反応を化学反応式で表すと，$CaCO_3+2HCl \longrightarrow CaCl_2+H_2O+CO_2$となる。

問２＜気体の発生＞イでは腐卵臭を持つ硫化水素が，ウでは水素が発生する。また，血液中には，過酸化水素を水と酸素に分解する酵素(カタラーゼ)が含まれている。そのため，オでは酸素が発生する。なお，重曹は炭酸水素ナトリウムだから，エでは，炭酸水素ナトリウムが分解して，二酸化炭素が発生する。

問３＜質量保存の法則＞反応の前後で，物質の出入りがない場合，物質の質量の総和は変わらない。これを質量保存の法則という。

問４＜質量保存の法則＞反応後，容器の内部には二酸化炭素が発生している。栓をはずして中に空気を送ると，発生した二酸化炭素の大部分は，容器の外の空気と置き換わる。二酸化炭素は空気より重いので，容器の中の気体を置き換えた後は，容器全体の重さは軽くなる。

問５＜浮力＞空気中の物体には，水中の物質と同じように浮力がはたらき，浮力の大きさは空気中にある物体の体積と同じ体積の空気の重さに等しい。よって，図４で，膨らんだ風船の容積が約500mLより，この容器には，500mLの空気，つまり，質量$1.2\times\frac{500}{1000}=0.6$(g)の空気にはたらく重力と同じ大きさの浮力がはたらく。そのため，電子てんびんの値は，図３のときと比べて減少する。

問６＜酸とアルカリ＞フェノールフタレイン溶液は，アルカリ性では赤色を示すが，酸性や中性では無色のままである。この実験で容器に残った液体は，塩酸が残っていれば酸性を示し，全て反応していても発生した二酸化炭素が少し溶けて弱い酸性を示すので，フェノールフタレイン溶液の色は無色のままである。

4〔小問集合〕

問１＜植物の分類＞⑴種子植物は種子をつくってふえるが，シダ植物とコケ植物は種子をつくらず，胞子をつくってふえる。　⑵根，茎，葉の区別があるのは，種子植物とシダ植物で，これらの植物は，根から水分を吸収している。なお，コケ植物は，体の表面から水を吸収している。また，コケ植物には仮根という根のようなつくりがあるが，仮根は体を岩などに固定する役割をしていて，水を吸収するはたらきはない。　⑶葉脈は，葉の中を通る維管束である。よって，葉脈が見られるのは維管束がある種子植物とシダ植物である。

問２＜動物の分類＞⑴子を産み母乳で育てるのは，ほ乳類である。カ～コのうち，ほ乳類に属するのは，クジラで，水中で生活するため，陸上で生活するほ乳類のような体毛はない。　⑵卵を陸上に産み，羽毛が生えているのは鳥類である。鳥類に属するのはペンギンで，水中を泳いでエサ(魚など)をとる。　⑶卵を水中に産み，体表にうろこがあり，ひれを持つのは魚類である。魚類に属するのはハイギョで，ハイギョはえらも持つが，肺が発達しているため，呼吸のほとんどを肺で行う。

問３＜進化＞地球上に最も早く出現したセキツイ動物は魚類であり，続いて両生類，は虫類の順に現れた。その後，中生代の初期に，ほ乳類が出現し，中生代の中期に鳥類が出現した。

問４＜相同器官＞現在の形状やはたらきは異なっていても，もとは同じ器官だったと考えられるものを相同器官という。ア〜エのうち，サボテンのとげは葉が変化したもので，アサガオなどの植物の葉と相同器官である。また，トビウオなどの魚の胸びれは，ハトなど鳥類のつばさやヒトの腕などの相同器官である。なお，コウモリとトンボなどの昆虫類は進化の過程で共通の祖先を持つものではないので，コウモリのつばさとトンボのはねは相同器官ではない。このように，起源が異なっているが形状とはたらきがよく似ている器官を，相似器官という。また，イカの口はカラストンビと呼ばれる，カラスやトンビのくちばしに似た部分であり，ろうとは呼吸のため取り込んだ海水を吐き出すところで，口ではない。よって，アリクイの口とは相同器官でも相似器官でもない。

問５，問６＜実験操作＞実験１で，酢酸オルセインで核が染色されるのには少し時間がかかる。そのため，染色液を加えた後，数分間おいてからカバーガラスをかけて観察する。また，実験２のように，原形質流動を観察するときは，生きた細胞を観察するので適量の水だけを加えて観察する。なお，酢酸オルセインを加えると，細胞が死んでしまい，原形質流動は見られなくなる。

問７＜葉緑体＞オオカナダモの葉の細胞に含まれる緑色の粒は，葉緑素という色素を含み，日光を利用して光合成を行う葉緑体である。実験２では，葉緑体が動いて見えることで，原形質流動を観察することができる。

国語解答

一　問一　・「自由」～である。
・すなわち～ている。

問二　(例)何らの目的も作為もなく，あるがままの状態であるもの。(26字)

問三　・(例)好き勝手にするだけの，責任や自治を伴わない自由。(24字)
・(例)集団に入るだけで，何も考えずに得られる自由。(22字)
・(例)自分では何もせず，他者が与えてくれるだけの自由。(24字)

問四　①　(例)他者や外界に自分からはたらきかけることなく，ただ自分の心のままに振る舞うことこそ自由なのであり，自由を獲得しようと意識し行動するかぎり，自由にはなれない。
②　(例)自由とは，自分の意識と行動で獲得するしかないものであり，他者や外界に自分からはたらきかけないままでは，自由にはなれない。

問五　2　境地　3　端的　4　興

二　問一　(例)両親に化け物扱いされて追放されそうになっているのを察知して残念に思ったから。(38字)

問二　ア　(例)自分が取り集めた米を姫君が取り上げて食べてしまったことにする(30字)
イ　(例)他人のものを奪うような姫君を追放することを，一寸法師に命じる(30字)
ウ　(例)一寸法師の米を取って食べた覚えがない

問三　見る目も不便なり　　問四　6

問五　④

一〔論説文の読解―哲学的分野―哲学〕出典；Ａ鈴木大拙「『自由』の意味」，Ｂウスビ・サコ『アフリカ出身　サコ学長，日本を語る』「一緒に，大学をつくりたい―サコ，学長になる―」。

≪本文の概要≫Ａ「自由」とは，自他対立の意義を含まず絶対性を持つ「自」が，それ自らのはたらきで作用することをいう。すなわち，「自由」は，積極的に，独自の立場で，本奥の創造性を，そのままに任運自在に遊戯三昧するという意味である。初めから縛られていないので，それから離れるとか脱するなどということはなく，遊戯自在である。先年アメリカで出た本の中に，外から帰って来た子どもが，家の者にどこで何をしていたのか尋ねられると，「外」にいて何もしていないと答える，という会話がある。ここには，東洋的「自由」の真理がある。子どもにとっては，内も外も変わりはなく，努力も目的もなくただ興に任せて遊んでいたのであるから，「何もしていない」のである。このような「無為」「無我無心」が，真の「自由」である。

Ｂ私が学長をしている大学ができた一九六〇年代は，「集団的自由」が追求された時代で，誰かが誰かの自由を奪っているという現状に対して，自分自身は考えなくても，集団に入って団結して自由を求めていればよかった。集団よりも個が中心になっていく時代へと変化し，個人が主体になってきた中で，今は，強者や支配者に対して運動を起こせば自由になるというのではなく，自分を自由にするのも不自由にするのも，全て自分である。個人が中心になる時代には，個人が尊重されると同時に，自由も個人で獲得しなければならない。自由が必要であれば，自分の意識と行動で獲得するしかない。自由とは，もらうものではなく，誰かが与えるものでもなく，自分で手に入れるものであり，さらに，それに伴う責任を負うものである。

問一＜文章内容＞「自由」の「自」は，「自他対立の意義」を含まない「絶対の自」であり，「自由」とは，「この絶対の自がそれ自らのはたらきで作用する」ことをいう。だから，「自由」には，「拘束とか羈絆とか束縛などという思想は微塵もはいっていない」のであり，「自由」には，「積極的に，独自の立場で，本奥の創造性を，そのままに，任運自在に，遊戯三昧する」という意味がある。

問二＜文章内容＞「自由」は，「積極的に，独自の立場で，本奥の創造性を，そのままに，任運自在に，遊戯三昧する」という意味を持っており，自分を縛るものは初めからないので，「離れる」とか「脱する」ということはなく，「遊戯自在」の状態である。「目的」も意識せず，「こうすれば，こうなるもの」とも考えず，「ただ興の動くにまかせ」て，あるがままの状態でいることが，「東洋的」な「自由」である。

問三＜文章内容＞「私」は，大学全体の「自由＝無責任」「好き勝手にしていい」という風潮を，「自由」の「誤解」だと考え，「自由には自治が伴う」と思っている。また，かつて「自由」は，「集団的自由」で，自分で考えなくても，強者や支配者に対して運動を起こす集団に入りさえすれば得られたが，今はそういう時代ではなく，「個人が主体になってきた中で，自由や解放というものが，全て自分自身に依存する社会になっている」のである。さらに，「他者が，誰かが自分に自由を与えてくれる」という学生たちの考えを，「私」は否定的にとらえている。

問四＜文章内容＞[A]で考えられている「自由」とは，何にも縛られない「絶対性を持つ自」のはたらきで作用するもので，何か「努力」をしたり「目的」を意識したりすることなく，心の赴くままに振る舞うことである。一方，[B]で考えられている「自由」とは，自分自身で意識し行動して獲得するものである。[A]のように考えれば，「自由」を獲得しようと意識し努力し行動するかぎり，「自由」ではありえない。また，[B]のように考えれば，自分から他に向かってはたらきかけるのでなければ，「自由」は得られない。

問五＜漢字＞２．「境地」は，その人が今ある心の状態のこと。心境。　**３**．「端的」は，率直で明白であるさまのこと。　**４**．「興」は，おこってくる感情のこと。興味。

[二]〔古文の読解―御伽草子〕出典；『一寸法師』。

≪現代語訳≫[A]年月がたつうちに，もう十二，三歳になるまで育てたが，(一寸法師は)背丈も人並みでなく，(夫婦が)つくづく思ったことには，(一寸法師は)ただ者ではなく，ただもう化け物のようです。私たちは，どんな罪の報いで，このような者を，住吉神社から賜ったのだろうか。困ったことだと，見るからに気の毒である。夫婦が思ったことは，あの一寸法師めを，どこにでもやりたいと思ったと申していると，すぐに，一寸法師は，このことを察知し，親にもこのように思われるのも残念なことだ，どこへでも行きたいと思い，刀がなくてはどうかと思い，針を一本，老母にお求めになると，(老母は)取り出しお与えになった。すぐさま，麦わらで柄や鞘をつくり，都へ上りたいと思ったが，万が一舟がなかったらどうしようと思って，また老母に，「お椀と箸をください」と申し上げて(それらを)もらい，出発した。住吉の浦から，お椀を舟として乗って，都へ上った。

[B]こうして，年月を送るうちに，一寸法師は十六歳になり，背丈はもとのままである。そのうちに，宰相殿に，十三歳におなりになる姫君がいらっしゃる。ご容貌が優れていますので，一寸法師は，姫君を見申し上げたときから，恋心を抱き，何とか思案し，自分の妻にしたいと思い，あるとき，神前に供える米を取り，茶袋に入れ，姫君の眠っていらっしゃるときに，計略を巡らし，姫君のお口に(米の粉を)塗り，そうして，茶袋だけ持って泣いていた。宰相殿がご覧になり，(訳を)お尋ねになったので，(一寸法師が)「姫君が，私がこのたび取り集めておきました米を，お取りになって召し上がりました」と申し上げると，宰相殿は大変お怒りになると，なるほど，姫君のお口に(米の粉が)ついている。本当

にうそではない。このような者を都に置いて何にしよう，何としても追放しようと思って，一寸法師に(処置を)お命じになる。一寸法師が申したことには(姫君に)「私の物をお取りになってしまわれたので，とにかく取り計らえとのことです」と申し上げて，心の中ではこのうえなくうれしく思った。姫君は，ただ夢を見ている気分で，ぼう然となさっている。一寸法師が，「早く早く」とお勧め申し上げると，(姫君は)闇の中を遠くへ行く気分で，都を出て，足に任せてお歩きになる。お心の内を，推し量ってください。何ともいたわしいことです。一寸法師は，姫君を先に立ててお出になる。宰相殿は，ああ，このことをお止めなさってくれとお思いであったが，継母のことなので，さしてお止めにならない。侍女たちもおつき添いにならない。

Ⓒ舟から上がり，一寸法師が，あちこち見回っていると，どこからともなく，鬼が二人来て，一人は打出の小槌を持ち，もう一人が申すには「(こいつを)飲み込んで(から)，あの女を取ろう」と申す。(鬼が一寸法師を)口から飲み込むと，目の中から出てしまった。鬼が申すには，「これはおかしなやつだ。(飲み込んで)口をふさぐと，目から出てくる」。一寸法師は，鬼に飲まれては，目から出て飛び歩いたので，鬼も恐れて，「これはただ者ではない。まさに地獄の反乱でも起こったのだ。ただ逃げろ」と言うやいなや，打出の小槌，杖，鞭，何から何まで捨てて，極楽浄土の西北の，いかにも暗い所へ，やっとのことで逃げてしまった。さて，一寸法師は，これを見て，まず打出の小槌を略奪し，「私の背丈，大きくなれ」と言って，どんと打ちますと，まもなく背丈が大きくなり，そして，こうするうちに空腹で望んだことなので，ひとまず飯を打ち出し，いかにもうまそうな飯が，どこからともなく出てきた。(こうして一寸法師は)不思議な幸せを手に入れたのであった。

問一＜古文の内容理解＞親たちは，十二，三歳になっても背丈が伸びない一寸法師のことを，化け物のようだと思い，一寸法師をどこへでもやってしまいたいと思った，と話し合っていた。一寸法師は，すぐにそのことを察知し，親にまでこのように思われるのも残念なことだ，と思った。

問二＜古文の内容理解＞一寸法師は，姫君が眠っている間に，茶袋に入れていた米の粉を姫君の口に塗り，茶袋だけ持って泣いていた。それを見た宰相が理由をきくと，一寸法師は，自分が取り集めた米を，姫君が取って食べてしまったと答えた。それを聞いた宰相は怒り，そんな者は都から追放してしまおうと考え，一寸法師にその処置を命じた。しかし，姫君には，一寸法師の米を取り上げて食べた覚えがないので，なぜそんなことになるのかわからず，ぼう然としてしまったのである。

問三＜古文の内容理解＞一寸法師の背丈が伸びないので，夫婦は，どんな罪の報いでこんな化け物のような者を，住吉神社から賜ったのかと思い悩んだ。語り手は，その夫婦の様子について，「見る目も不便」であると感想を挟んでいる。

問四＜現代語訳＞「見めぐれば」と「呑み候へば」と「打ち候へば」の「ば」は，～(する)と，と訳す。「のぞみたることなれば」の「ば」は，～ので，と訳す。

問五＜古文の内容理解＞一寸法師は，姫君を「先に立てて」出発したが，何のために「先に立て」たのかは述べられていない(②…×)。宰相殿は，姫君を許せないと思って都から追放すべく，一寸法師に処置を命じたものの，いざ一寸法師が姫君を連れて出ていくとなると，「あはれ，このことをとどめ給へかし」と思った(④…○)。一寸法師は，望んだことなので内心このうえなくうれしいと思って姫君を連れ出したが，姫君の継母は引き止めず，女房たちも姫君につき添うことはしなかった(⑤…×)。舟から上がった一寸法師のもとに鬼が来て，一寸法師を飲み込んだが，一寸法師は，鬼の目から出て，何度鬼が飲み込んでもそのたびに目から出たため，鬼は，これは地獄の反乱が起きたのだと思い，恐れて逃げ出した(①・③…×)。

2020年度 開成高等学校

【英　語】（50分）〈満点：100点〉

注意　1．試験開始後約20分経過してから，聴き取り問題（約15分間）を実施します。

2．本文中の＊のついた語（句）には，本文の後に（注）がついています。

3．短縮形は1語と数えるものとします。［例：I am（2語）　I'm（1語）］

■放送問題の音声は，当社ホームページ（https://www.koenokyoikusha.co.jp）で聴くことができます。（当社による録音です）

1　次の英文を読み，後の問いに答えよ。

Why me? I often ask myself. Why did I have to be the one? Why did I get picked to be different? Why are people *mean to me and always treating me differently? These are the kinds of questions that I used to ask myself. It took more than ten years for me to find answers and to realize that (1)I'm not more different than anyone else.

I was born on June 29, 1978. Along with me came my twin sister, Stephanie. She was born with no problems, but I was born with *cerebral palsy. CP made me shake a little; when my sister began to walk, I couldn't. The doctors knew, in my case, the cerebral palsy was not so serious. But they didn't know if I'd ever walk straight or do things that other kids my age could do.

At first my condition did not bother me, because when you're a *toddler, you do things that are really easy. When it took me a little longer to play outdoor games, because I couldn't run that well, my friends just thought I was slow. My problem was noticed when other children were learning how to write and I couldn't. (2)Kids that I [away / friends / from / me / my / started / stay / thought / to / were] because they said I was different. Classmates began commenting on my speech. They said I talked really strangely. Every time someone was mean to me, I would start to cry and I would always blame myself for being different.

People thought I was stupid because it was hard for me to write my own name. So when I was the only one in the class to use a *typewriter, I began to feel I was different. It got worse when the third graders moved on to fourth grade and I had to stay behind. I was not allowed to move on because the teachers thought I'd be unable to type fast enough to keep up. Kids told me that was a lie and the reason I was not allowed to enter the next grade was because I was stupid. It really hurt to be *teased by my classmates.

After putting up with everyone making fun of me and me crying about it, I started *sticking up for myself when I was ten, in fourth grade. I realized if I wanted them to stop, I would have to be the person who made them stop. I finally found out who my real friends were, and I tried to ignore the ones who were mean. Instead of constantly thinking about the things I couldn't do, I tried to think about the things I could do, and (3)it helped others, and myself, understand who I really was. When there was something I couldn't do, such as play *Pictionary, I sat and I watched or I would go and find something else to do. A few people still made fun of me, but after a while, when they saw they didn't get a reaction, they stopped, because it wasn't fun anymore. What they didn't know was that it did still hurt me. It hurt me a lot more than they could ever imagine.

It took a lot of strength of mind and a lot of love from family and friends to get where I am today.

I learned that no one was to blame for my condition. I know that there are some things that I can do and I can do them very well. On the other hand, there are some things I can't do, like taking my own notes in class or running in a race, but [4－1]. Now as a girl in my mid-teens, I believe I've learned more than many adults will learn in their whole lives. I've come to understand that [4－2] because they're afraid of being nice. They try to prove to themselves and others that [4－3], but, sooner or later, [4－4]. A lot of people will go through life being mean to those with physical difficulties because [4－5]—they feel uncomfortable with someone who's different.

Parents need to teach their children that it's all right to be different and (5)it's all right to be friends with those who are. Some think that the people with physical or mental difficulties should be treated like little kids for the rest of their lives. They think we don't need love or friends, but our needs are the same as every other human being's.

There are times when I wish I hadn't been born with cerebral palsy, but (6)crying [about / any / do / going / good / isn't / it / me / to]. I can only live once, so I want to live the best I can. I am glad I learned who I am and what I am able to do. I am happy with who I am. Nobody else could be the Angela Marie Erickson who is writing this. (7)I could never be, or ever want to be, anyone else.

（注） mean　意地の悪い，不親切な　　cerebral palsy＝CP　脳性小児まひ
toddler　よちよち歩きの幼児　　typewriter　タイプライター，文字を打って印字する機械
tease ～＝make fun of ～　　stick up for oneself　自分自身の立場を守る
Pictionary　自分の描いた絵を相手に当てさせるゲーム

問1　下線部(1)の内容を最もよく表しているものを次のア～エから１つ選び，記号で答えよ。
ア　I am considered to be equal by everyone.
イ　I am not different from other people in any way.
ウ　I am treated by everyone as equally as anyone else.
エ　I am different from others in some ways, as we all are.

問2　下線部(2)の[　]内の語を最も適切な意味になるように並べ替えて記せ。

問3　下線部(3)を，itの表す具体的な内容を明らかにして次のように和訳するときそれぞれの空所に入る日本語を，指定された範囲の字数で答えよ。
[ア]ことで，他の人や私自身が，[イ]を理解するのに役立った。
※ア：30字から40字　　イ：５字から15字

問4　空所[4－1]～[4－5]に入る最も適切なものを次のア～オからそれぞれ選び記号で答えよ。なお，各選択肢の使用は１回限りとする。
ア　they are cool
イ　some people are just mean
ウ　I will have to live with that
エ　they don't know how to act or what to say to them
オ　they're going to wish they hadn't said some of those hurtful things

問5　下線部(5)の後に省略されている適切な１語を，文脈を考えて答えよ。

問6　下線部(6)の[　]内の語を最も適切な意味になるように並べ替えて記せ。

問7　下線部(7)を和訳せよ。

問8　本文の内容と一致するものを次のア～オから１つ選び，記号で答えよ。

ア The writer had to stick to indoor activities while young.
イ The writer got hurt when she fell down playing difficult physical games and sports.
ウ As a middle-aged adult, the writer learned how to get through life with a physical problem.
エ As a toddler, the writer's condition kept her from doing things that other toddlers could do easily.
オ In elementary school, the writer realized that it was up to her to change her classmates' behavior toward her.

2 次の英文を読み，後の問いに答えよ。

Everyone knows that running is a good way to stay (1) shape. The simplicity of running appeals (2) many people. You don't need a lot of expensive equipment; you just need a good pair of running shoes. Well, that idea is changing. Some researchers suggest that perhaps you do not need shoes (3) all.

This is not a surprise to the Tarahumara Indians, who live in northwestern Mexico. The rough ground in their area makes it easier to travel (4) foot than by car. Traditionally, the Tarahumara were hunters. They followed the animals that they were hunting for long distances, sometimes for days, until the animals became tired and died. As a result, for the Tarahumara, running very long distances became part of daily life. They are known for their stamina, running races of 50 miles (80 kilometers) or longer. When Tarahumara athletes ran in the marathon at the 1968 Olympics, they did not understand that the race was (5) after only 26.2 miles, so they kept running. "[6]," they complained.

But here is the amazing part: Tarahumara runners don't wear running shoes. Tarahumara shoes are very simple. The *sole is a piece of rubber held to the foot with *homemade straps. These rubber soles protect their feet against sharp objects, but they don't provide any support or cushioning.

How is it possible that some of the best runners in the world don't wear running shoes? Scientific studies are beginning to look at something the Tarahumara have known for centuries: Human bodies are made for running barefoot. In a recent study, researchers used a video camera to see how athletes run when they are barefoot. The study made it clear that barefoot runners land on the middle of their foot. (7)<u>When they do this</u>, the arch of the foot reduces the impact. Then that force is sent back up through the leg.

As we look at the side view of a barefoot runner, we can understand (8)<u>why this makes sense.</u> The natural, barefoot *stride has two clear advantages (5) running in shoes. First, the raised arch is the foot's natural shock reducer. As the force of impact pushes the foot toward the ground, the arch becomes flat and wider. It reduces the energy of impact. Second, as the foot leaves the ground, that energy travels back up the leg. This helps the leg move upward into the next step. (9)<u>One way to understand [arch / as / imagine / is / the / this / to] a trampoline.</u> The downward movement is switched to upward force, increasing the runner's speed.

(注) sole 靴・靴下などの底　homemade strap 手作りのひも　stride 一歩

問1 空所(1)～(4)に入る最も適切なものを次のア～カからそれぞれ選び，記号で答えよ。なお，各選択肢の使用は1回限りとする。

ア at　イ from　ウ in　エ on　オ to　カ under

問2　本文の2か所にある空所(5)に共通して入る1語を答えよ。

問3　空所[6]に入る最も適切な語句を，次のア～オから1つ選び，記号で答えよ。

ア　Too far

イ　Too hot

ウ　Too much

エ　Too short

オ　Too tired

問4　下線部(7)の具体的な内容を明らかにして次のように和訳するとき，それぞれの空所に入る日本語を，指定された範囲の字数で答えよ。

[　　ア　　]が[　　イ　　]とき　　※ア：5字から10字　イ：5字から10字

問5　下線部(8)の疑問に対する答えが文中では2つ述べられている。1つ目に挙げられているものを，次のような形で表現するとき，それぞれの空所に入る日本語を，指定された範囲の字数で答えよ。

[　　ア　　]が[　　イ　　]から　　※ア：4字から10字　イ：5字から10字

問6　下線部(9)の[　]内の語を最も適切な意味になるように並べ替えて記せ。

3　次の各組の空所に共通して入る最も適切な1語をそれぞれ答えよ。

(1)　Strangely (　　　), it starts raining whenever I try to go out.
I'm tired of his complaints.　I've had (　　　).

(2)　At this restaurant the food was good, but the (　　　) was very slow.
They provide a shuttle bus (　　　) from the station during the festival.

(3)　It was a few days before he was completely (　　　) of pain.
You can take this pamphlet for (　　　).

(4)　This new building is five (　　　) high.
My mother used to tell me some (　　　) from old Japanese fairy tales.

(5)　I have moved several times since I saw you (　　　).
This cold weather will (　　　) for another week.

4　次の各組の空所には，発音は同じだがつづりが異なる語が入る。各組の番号のついている方の空所に入る語をそれぞれ答えよ。

(1)　Mt. Fuji is (　　　) than any other mountain in Japan.
We need to (　1　) another teacher for the new school year.

(2)　If you follow this (　　　), you will get to the beach.
I (　2　) a horse for the first time yesterday.

(3)　The (　　　) of the old tree was coming out of the ground.
You should take another (　3　) because the main street is very crowded.

(4)　Some foreigners are interested in Japanese (　　　) arrangement.
You need to have (　4　), eggs, sugar, and milk to make this cake.

(5)　We need three more (　　　) to finish this job.
Your parents are both from Osaka, and (　5　) are from Tokyo.

5 次の英文のうち，文法的または語法的な間違いを含むものを２つ選び，記号で答えよ。

ア There are two dogs in this room. One is white, and another is black.

イ I have been responsible for taking care of these birds since I married John.

ウ Students who belong to this school are advised to take all the basic classes.

エ The cookies my sister made were so delicious that I couldn't stop eating them.

オ A： What should I do first ?
　B： At first, you need to cut the vegetables.
　A： OK. What's next ?

カ A： Where is your brother ?
　B： I don't know, but he must be in one of the rooms on this floor.
　A： Let's go and find him.

6 次の日本文の意味を表すように，それぞれの空所に入るべき語句を指定された語数で答えよ。

(1) 彼は私の３倍の数の本を持っている。
He has (　　　　) I do. （６語）

(2) 万が一のために，少なくとも自分の住所と電話番号は暗記しておいた方がよい。
You should at least learn your own (　　　　) just in case. （６語）

7 （聴き取り問題）

Part A

(1) You need a rope and a magnet to do magnet fishing. According to John, what other items do you have to have ?

A Gloves, a hat, and rubber boots.

B A hat, a water bottle, and a bucket.

C Gloves, a water bottle, and a brush.

D Rubber boots, a bucket, and a brush.

(2) Look at the pictures. Which pair of items did Paul catch ?

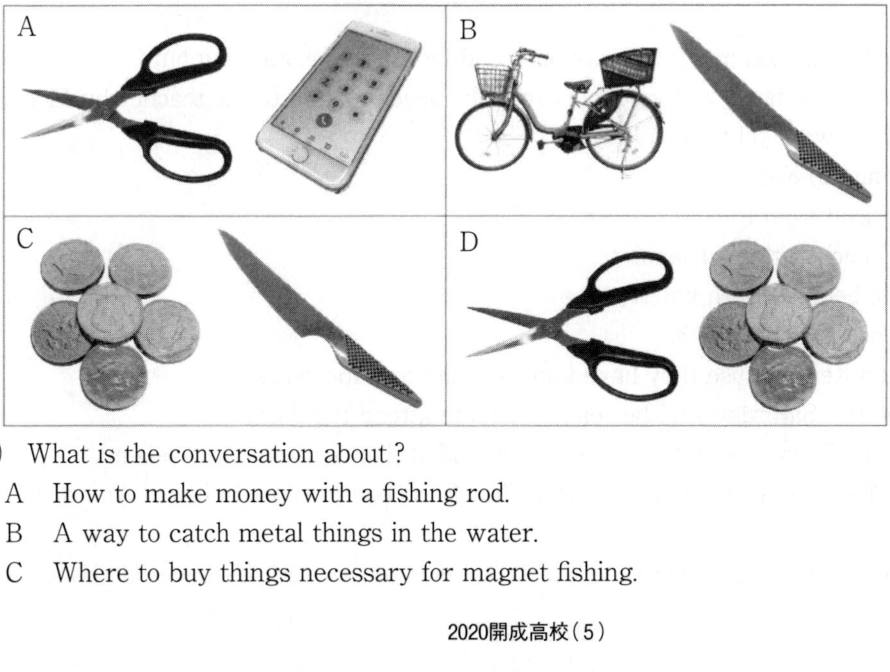

(3) What is the conversation about ?

A How to make money with a fishing rod.

B A way to catch metal things in the water.

C Where to buy things necessary for magnet fishing.

D　A new way of cleaning the bottom of rivers, lakes, and oceans.

Part B

(1) What did the customer finally order ?

A　A donut, chicken soup, and tea with sugar but no milk.

B　A donut, cream of mushroom soup, and tea with milk but no sugar.

C　Two kinds of donuts, chicken soup, and tea with milk and sugar.

D　Two kinds of donuts, cream of mushroom soup, and tea with no milk or sugar.

(2) Which statement is true ?

A　The customer decided to bring home what he ordered.

B　The customer learned the expression “for here or to go” while ordering.

C　The customer paid for his food and the employee gave the change to him.

D　The customer had problems deciding which food and drink to order before paying.

(3) Fill in the blanks [A] and [B] on the receipt.

※Write the price with numbers(算用数字) for [B].

Tim's Donuts
233 Duncan St.
Calgary, Alberta
(250) 555-5557

February 1, 2020 (10:50 AM)

1 old-fashioned	1.15
1[A]	1.15
1 soup	3.00
1 tea	[B]
TOTAL	

Part C

(1) What time will the party start ?

A　At five thirty.

B　At four thirty.

C　At half past six.

D　At a quarter to six.

(2) Is Jill looking forward to the party ?

A　Yes, she is.　She has a history class in the afternoon, but she will be in time for the party.

B　Yes, she is.　She has never met Tom’s friend and she wants to practice French with his friend.

C　No, she isn’t.　She has met Tom only once and feels nervous meeting him.

D　No, she isn’t.　She has a history report that she needs to give to the teacher by Monday.

(3) What does Tom want Jill to do ?

A　Introduce him to Ken.

B　Meet his friend from France.

C　Practice French with his friend.

D　Ask Ken to help her with her report.

(4) Which sentence is NOT true ?

A　Tom invited Ken because they have known each other for years.

B　Ken is free this Saturday, and he really wants to attend the party.

C　Ken and Jill will go to a party which will be held at Tom’s place this weekend.

D　Jill is probably wrong about who was the first European to come to North America.

Part D

(1) According to the monologue, between which places is the Eastern Garbage Patch located ?

A　Japan and Canada.

B　Hawaii and California.

C　The Arctic and Hawaii.

D　Japan and the United States.

(2)　How did the scientists in the monologue prove that plastic is also in the air ?

A　By studying the snow in places near the Pacific Ocean.

B　By checking the places where the rivers enter the oceans.

C　By studying the snow in places away from large cities and oceans.

D　By checking the wind in the Arctic and mountains in Southern France.

(3)　According to the monologue, what is the size of a human hair compared with that of the plastic in the air ?

A　About half the size.

B　About the same size.

C　About double the size.

D　About one-third the size.

(4)　What is mainly discussed in the monologue ?

A　The patch of garbage moving between Japan and Hawaii.

B　Plastic and garbage found in large cities close to the ocean.

C　The most important way to study plastic all over the world.

D　Plastic and garbage in the ocean and tiny pieces of plastic in the air.

＜聴き取り問題放送原稿＞

これから聴き取り問題の放送を始めます。7を見てください。放送される英語はそれぞれ２回ずつ読まれます。

Part A　Listen to the conversation and choose the correct answer for each question.

Kenji :　Hey, John.　What are you doing with that rope ?

John :　Oh.　Hi, Kenji.　I'm fishing for treasure.

Kenji :　Treasure, with a rope ?

John :　Yes, it's called magnet fishing.　It's like regular fishing, but instead of a fishing rod, a fishing line, and a hook, I use a rope and a really strong magnet.

Kenji :　Interesting.　So, if I want to try magnet fishing, what do I need ?

John :　The basics are a strong rope and a powerful magnet.　You must also bring gloves, a hat, and rubber boots.

Kenji :　I have some of those already.　Anything else ?

John :　You don't need them, but sometimes I bring a water bottle, a bucket, and a brush.

Kenji :　OK.　Have you actually caught anything interesting ?

John :　Yes, I caught a bicycle last week and today I caught this pair of scissors.　Oh, and one time I caught a smartphone.

Kenji :　Really !

John :　But my friend, Paul, caught a kitchen knife and some foreign coins !

Kenji :　You can make money by magnet fishing ?　Wow !　I have to try this now.

Part B　Listen to a customer ordering at a donut shop.　Choose the correct answer for questions (1) and (2), and fill in the blanks [A] and [B] on the receipt.

Employee : Hello, and welcome to Tim's Donuts. Can I take your order, please?

Customer : Yes, I would like an old-fashioned donut, a chocolate donut, and soup.

Employee : What kind of soup would you like? Cream of mushroom or chicken noodle?

Customer : I'll have the cream of mushroom.

Employee : OK. Would you like anything to drink with your order?

Customer : Yes. Can I get a straight tea, please?

Employee : Straight tea? Sorry, I don't understand what you mean.

Customer : You know, tea with no milk or sugar.

Employee : Oh, we usually just say, "I take my tea with no milk or sugar."

Customer : Ah, is that how you say it? Thanks. I'll remember that for next time.

Employee : You're welcome. In case you change your mind, the milk and sugar are on the counter to your left. Would you like anything else?

Customer : No, thank you.

Employee : Is that for here or to go?

Customer : To go where?

Employee : Did you want to eat your food here or take it home?

Customer : Oh, is that what you meant? Sorry, for here.

Employee : Your total will be $6.80.

Customer : Here's my card.

Part C Listen to the conversation and choose the correct answer for each question.

Ken : Hi, Jill. Are you also going to Tom's house party tomorrow?

Jill : Oh. Hi, Ken. Yes, I am. So, how do you know Tom?

Ken : He joined my soccer club a couple of weeks ago. Since I didn't have any plans, he invited me to the party.

Jill : Oh, really? I have known him for a long time. By the way, I have basketball practice until 4:30. So I am not sure if I can make it on time. The party starts at 5:30 in the evening, right?

Ken : Ah, no. It's an hour later.

Jill : Oh, good!

Ken : I'm really looking forward to going. And you?

Jill : Not really. I have to hand in my history report by Monday.

Ken : But it's already Friday! So, why are you going then?

Jill : Tom wants me to meet his friend who is visiting here from Paris. So I couldn't say no and Tom is a good friend. Also, I can practice speaking French with his friend.

Ken : I see. What's your report on? Maybe I can help you with it.

Jill : I have to write about the first European to visit North America. I think it was Christopher Columbus. I'm going to write about him.

Ken : Ah, I am not a history expert, but I think it might be a good idea to look at that again. You said, North America, right?

Jill : Yes.

Ken : Scientists recently discovered that the Vikings had lived in Canada for a while more than a thousand years ago.

Jill : Oh, I'm going to have to check that then. Thanks for the help and I'll see you at the party.

Part D Listen to the monologue and choose the correct answer for each question.

Many people know that plastic is not good for the environment. You have probably heard that plastic is in our oceans, lakes, and rivers. You might have also seen pictures of sea turtles trying to eat plastic bags. These plastics and some other garbage are gathered together by the movement of the ocean. In the Pacific Ocean, this huge collection of garbage is called the Great Pacific Garbage Patch. This group or patch of garbage is so long that it stretches from North America to Japan and can be divided into two groups : the Western Patch, which is near Japan, and the Eastern Patch, which is located between Hawaii and California.

However, in recent studies, scientists found that oceans and rivers are not the only ways plastic is being spread. They looked at the snow in places far away from large cities or oceans such as the Arctic and the mountains in Southern France. There, they found plastic in the snow. This proved that small pieces of plastic are being carried in the air. A lot of these pieces were about half the size of a human hair. This is a major problem for people and animals. First, we are breathing in these small pieces of plastic, which may be bad for our health. Next, and more importantly, after the snow melts, the water carries the plastic to rivers and oceans. There, animals and fish eat the plastic and then we eat them. This can make us sick.

【数　学】（60分）〈満点：100点〉

（注意）答案は指定された場所にかき，考え方や計算の過程がはっきりとわかるように心がけること（とくに指示がある場合を除く）。

解答する際に利用した図はなるべくていねいにかくこと。

問題文中にとくに断りのない限り，答えの根号の中はできるだけ簡単な数にし，分母に根号がない形で表すこと。

円周率は π を用いること。

1 次の問いに答えよ。ただし，答えのみ書くこと。

(1) 次の式を因数分解せよ。

$(x-21)^4-13(x-21)^2+36$

(2) 次の連立方程式を解け。

$$\begin{cases}\sqrt{3}\,x+\sqrt{5}\,y=\sqrt{7}\\ \dfrac{1}{\sqrt{3}}x+\dfrac{1}{\sqrt{5}}y=\dfrac{1}{\sqrt{7}}\end{cases}$$

2 Oを原点，Pの座標を $\left(-\dfrac{3}{2},\ 0\right)$ とする。下図のように，$y=\dfrac{\sqrt{3}}{6}x^2$ のグラフ上に3点A，B，Cがある。ただし，$\angle OPA=\angle OPB=30°$，$\angle ABC=60°$ である。このとき，次の問いに答えよ。ただし，(1)から(3)までは答えのみ書くこと。

(1) 3点A，B，Cそれぞれの座標を求めよ。

(2) 3点A，B，Cを通る円の中心の座標を求めよ。

(3) 点Bを接点とする(2)の円の接線の式を求めよ。

(4) $y=\dfrac{\sqrt{3}}{6}x^2$ のグラフ上にも(3)で求めた直線上にもある点は，点Bのみであることを証明せよ。

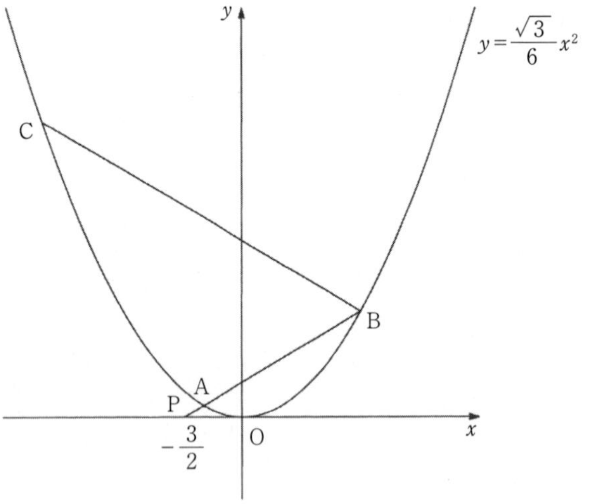

3　A，Bはともに一の位が0ではない2桁《けた》の自然数であり，AとBの一の位の数は等しい。このとき，次の条件をみたすA，Bの組は何組あるか。ただし，$A=11$，$B=21$と$A=21$，$B=11$のような組は異なる組と数えるものとする。

(1)　A，Bの一の位がともに7であり，積ABが7で割り切れる。

(2)　A，Bの一の位がともに6であり，積ABが6で割り切れる。

(3)　積ABがA，Bの一の位の数で割り切れる。

4　AB＝AC＝AD＝6，BC＝BD＝CD＝4である四面体ABCDがある。辺ABの中点をPとし，辺AC，AD上にそれぞれ点Q，RをAQ＞ARとなるようにとる。このとき，次の問いに答えよ。

(1)　△ABCの面積を求めよ。

(2)　辺AC上の点Hを∠PHA＝90°となるようにとるとき，線分AHの長さを求めよ。

(3)　AQ＝4，PQ＝PRのとき，線分ARの長さを求めよ。

(4)　△PQRが二等辺三角形であり，四面体APQRの体積が四面体ABCDの体積の$\frac{1}{324}$となるような線分AQ，ARの長さの組をすべて求めよ。ただし，解答欄はすべて使うとは限らない。

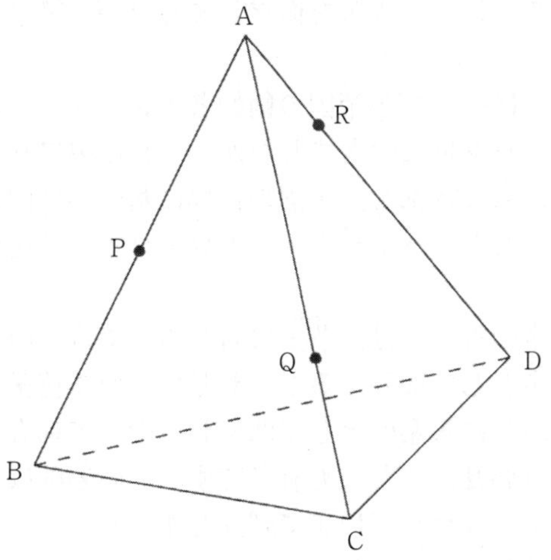

【社　会】（40分）〈満点：50点〉

1　中国の皇帝に関する次の文章〔A〕～〔F〕を読み，以下の設問に答えなさい。

〔A〕 隋《ずい》の煬帝《ようだい》は，隋を建国した文帝の子です。文帝の次男でしたが，陰謀により兄から皇太子の地位を奪ったといわれています。煬帝が604年に即位すると，民衆を動員して大運河を建設しました。この大運河は大きな恩恵をもたらす一方で，建設に動員された民衆を苦しめることにもなりました。また，朝鮮半島北部を支配していた（ X ）に遠征しましたが失敗し，各地の反乱をまねきました。最後は臣下に殺されました。

〔B〕 唐の玄宗《げんそう》は，皇帝に即位するとさまざまな改革を行い，「開元の治」とよばれる唐の盛時をもたらしました。しかし，しだいに政治にあきてしまい，晩年には若い楊貴妃《ようきひ》を溺愛《できあい》しました。地方におかれていた節度使の安禄山《あんろくざん》が反乱をおこすと，玄宗は唐の都である（ Y ）を逃れて，子に皇帝の位を譲りました。このころには①唐の律令《りつりょう》体制の根幹である均田制・租庸調制・府兵制もくずれ，唐は衰退に向かいました。

〔C〕 宋《そう》の徽宗《きそう》は1100年に即位しました。書画をよくし，「桃鳩図《とうきゅうず》」などの作品を残しています。しかし徽宗のとき，宋は大変な危機に直面しました。というのは，中国東北地方で強大化していた金《きん》国が南下し，ついに金軍によって都の開封《かいほう》が占領されたのです。徽宗は捕虜として北方に連行され，いったん宋は滅亡しました。徽宗の子が南方に逃れて宋を再建し，南宋を樹立しましたが，徽宗は北方で幽閉されたまま死去しました。

〔D〕 元の初代皇帝はフビライ＝ハンです。フビライ＝ハンはモンゴル帝国の創始者チンギス＝ハンの孫にあたります。兄モンケ＝ハンが死去すると，強引にハン位につきましたが，それは弟アリクブカとの抗争をまねきました。フビライ＝ハンは現在の北京《ペキン》に遷都し，中国の古典に基づいて国号も元と改めました。その後，南宋を滅ぼすことはできましたが，ベトナム・ジャワ・日本への遠征は失敗に終わりました。

〔E〕 明《みん》の永楽帝《えいらくてい》は，明を建国した洪武帝《こうぶてい》の子です。洪武帝のもとでは，燕王《えんおう》に封じられて現在の北京に派遣されていました。都の南京《ナンキン》で洪武帝の孫が建文帝《けんぶんてい》として即位すると，おじにあたる燕王は挙兵し，おいの建文帝を倒しました。こうして燕王は1402年に永楽帝として即位し，やがて都も北京に移しました。永楽帝は鄭和《ていわ》という人物に南海遠征を行わせたことでも有名です。その船隊は第１回航海で②カリカットに達し，さらにその後の航海でアフリカ東岸にまで到達しました。

〔F〕 清《しん》の光緒帝《こうしょてい》は，清朝第11代の皇帝です。1875年に第10代同治帝《どうちてい》が死去すると，いとこにあたる光緒帝がわずか４歳で即位しました。これは，同治帝の母である西太后《せいたいこう》の強い推薦があったためで，光緒帝が即位しても実権は西太后が握りました。青年になった光緒帝は，③日清戦争敗北後に革新政治にふみきろうとしましたが，1898年の宮廷クーデタによって失敗に終わり，宮殿内に幽閉されてしまいました。1900年の④義和団事件の際は，８か国の連合軍が北京を制圧したため，光緒帝は西太后とともに北京から脱出しました。

問１　文章〔A〕に関して，『隋書』によれば，煬帝のとき倭王《わおう》が使いを派遣して，国書をもたらしました。その国書をみた煬帝は不快に感じて，

「蛮夷《ばんい》の書，無礼なるもの有らば，復《ま》た以《もっ》て聞《ぶん》する勿《なか》れ（二度と取りつぐな）」

と言いました。煬帝はなぜ不快になったのですか。その理由として最も適切なものを，次のア～エから１つ選び，記号で答えなさい。

ア　国書に「和を以て貴しとなす」と書かれていたから。

イ　国書に「渡りて海北を平ぐること九十五国」と書かれていたから。

ウ　国書に「日出づる処《ところ》の天子，書を日没する処の天子に致す」と書かれていたから。

エ　国書に「共に一女子を立てて王となす」と書かれていたから。

問2　文章〔A〕に関して，煬帝が即位した時期の日本の出来事として最も適切なものを，次のア～エから１つ選び，記号で答えなさい。

ア　冠の色などで地位を区別する冠位十二階の制度がつくられた。

イ　中大兄皇子《なかのおおえのおうじ》が中臣鎌足《なかとみのかまたり》とともに，蘇我蝦夷《そがのえみし》・入鹿《いるか》の親子を倒した。

ウ　「富本銭」という日本で最初の銅銭がつくられた。

エ　仏教の力で国家を守るため，国ごとに国分寺や国分尼寺がつくられた。

問3　空欄(X)にあてはまる国名を**漢字**で答えなさい。

問4　文章〔B〕に関して，玄宗に仕えて高い地位を得た日本人がいます。この日本人が故郷を懐かしんでよんだ，

「天の原　ふりさけ見れば　春日なる　三笠《みかさ》の山に　出でし月かも」

の歌は有名です。結局は日本に帰れず，唐で死去した，この人物の名を答えなさい。

問5　空欄(Y)にあてはまる都市名を，当時の名称で**漢字**で答えなさい。

問6　下線部①に関して，唐の律令体制を模範として，日本でも律令体制が整備されました。日本の律令体制について述べた文として**誤っているもの**を，次のア～エから１つ選び，記号で答えなさい。

ア　太政官《だいじょうかん》の下に中務《なかつかさ》省・式部省・治部省・民部省・兵部《ひょうぶ》省・刑部《ぎょうぶ》省・大蔵省・宮内省の８省がおかれた。

イ　班田収授法では，６歳以上のすべての男女に等しく２段《たん》の土地を口分田として支給し，その人が死ぬと国に返させた。

ウ　口分田を支給された農民には収穫の約３％を租として納めさせ，また成年男子には調・庸などの負担を課した。

エ　成年男子の３～４人に１人を兵士として徴発し，国ごとの軍団で勤務させ，訓練をうけさせた。

問7　文章〔C〕に関して，徽宗が即位するよりも前におきた日本の出来事を，次のア～エから１つ選び，記号で答えなさい。

ア　後白河天皇と崇徳《すとく》上皇が対立し，戦いがおきた。

イ　平清盛が平治の乱において源義朝に勝利した。

ウ　源義仲が倶利伽羅峠《くりからとうげ》の戦いに勝利した。

エ　源義家が出羽でおきた清原氏一族の争いを平定した。

問8　文章〔C〕に関して，日本では宋との貿易のために大輪田泊《おおわだのとまり》という港が整備されました。大輪田泊は現在の何県何市にありましたか。**漢字**で答えなさい。

問9　文章〔D〕に関して，フビライ＝ハンは日本国王あてに書簡を届けました。その書簡は日本に対し友好を求める内容で，その最後の部分には，

「願わくば今後は訪問することで友好を結び，互いに親睦《しんぼく》を深めよう。また聖人は天下を一つの家とするものだ。互いによしみを通じなくては，どうして一つの家だといえよう。(　　　　)ようなことは，だれが好むだろうか。王はこのことをよく考えて欲しい。」

というような内容が書かれてありましたが，鎌倉幕府の執権はこれを無視しました。文中の(　)にはどのようなことが書かれていましたか。(　)に入る内容を答えなさい。

問10　文章〔D〕に関して，フビライ＝ハンに仕えたとされるイタリア人は，帰国後，旅行中に体験したことを語りました。それをまとめた旅行記にはアジアの国々の様子が記されており，たとえばある国では支配者の宮殿の床には純金の板がしきつめられていると記されています。この旅行記の名を**５字**で答えなさい。

問11　文章〔E〕に関して，永楽帝が即位したころ，日本では有名な芸術論が著されました。この芸術論には，

「秘する花を知る事。秘すれば花なり。秘せずは花なるべからずとなり。この分け目を知る事，肝要の花なり。」

というようなことが記されています。この書の著者が大成した芸術の名称を**漢字**で答えなさい。

問12　文章〔E〕に関して，永楽帝のときからはじまった日明貿易は，中国の皇帝に貢ぎ物をおくる朝貢貿易のかたちをとりました。このとき，正式な貿易船であることを証明するための書類が用いられました。このような証明書を用いた貿易を何といいますか。**漢字**で答えなさい。

問13　下線部②に関して，カリカットの位置を，右の地図中のア～エから１つ選び，記号で答えなさい。

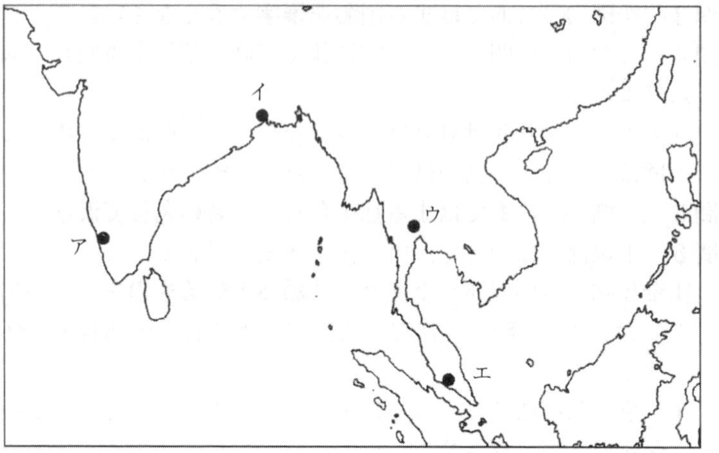

問14　文章〔F〕に関して，光緒帝が即位したころ，朝鮮半島の近くで測量を行っていた日本の軍艦が，朝鮮側から砲撃を受ける事件がおきました。この事件は日本が朝鮮を開国させるために，わざと朝鮮を挑発したものだとされます。この事件の名称を**漢字**で答えなさい。

問15　文章〔F〕に関して，光緒帝の時代に，日本では大日本帝国憲法が発布され，帝国議会が開設されました。大日本帝国憲法や帝国議会について述べた文として正しいものを，次のア～エから１つ選び，記号で答えなさい。

ア　大日本帝国憲法下では，天皇が国の元首として統治するとされた。

イ　大日本帝国憲法下では，内閣は天皇ではなく議会に対して責任を負うとされた。

ウ　帝国議会では，貴族院が衆議院よりも強大な権限をもった。

エ　第１回衆議院議員選挙では，有権者は総人口の25％程度だった。

問16　下線部③に関して，日清戦争は朝鮮をめぐる日清の対立からおきました。日清戦争後の下関条約において，朝鮮についてはどのような取り決めがなされましたか。簡単に説明しなさい。

問17　下線部④に関して，義和団は武術を修練した宗教結社が中心の民衆集団です。彼らは北京に入ると，教会を攻撃し，列国の公使館を包囲しました。その際に彼らが掲げたスローガンを，**漢字４字**で答えなさい。

2　世界の諸地域について，地球上での位置や統計資料などを日本と比較しました。以下の設問に答えなさい。

問１　次のア～キのなかで，(1)・(2)にあてはまるものを１つずつ選び，記号で答えなさい。

ア　アイスランド　　イ　アメリカ合衆国　　ウ　イギリス　　エ　インド

オ　オーストラリア　　カ　ケニア　　キ　ブラジル

(1)　この国の首都と東京との緯度差は最も大きい。

(2)　この国の首都と東京との経度差は最も大きい。

問２　日本と人口規模が近い国々に関して，右の表を見て(1)～(3)に答えなさい。

(1)　(B)・(C)にあてはまる語句を答えなさい。

国	人口(千人) 2018年	面積(千km^2) 2017年	おもな言語
(A)	143965	17098	(A)語
日本	126529	378	日本語
(B)	130759	1964	(C)語，先住民の言語

(『日本国勢図会 2019/20年版』・『データブック オブ・ザ・ワールド 2019年版』より)

(2)　次の雨温図ア～ウは，(A)，日本，(B)の首都のいずれかのものです。(A)・(B)の首都にあてはまるものをそれぞれ選び，記号と首都名を答えなさい。

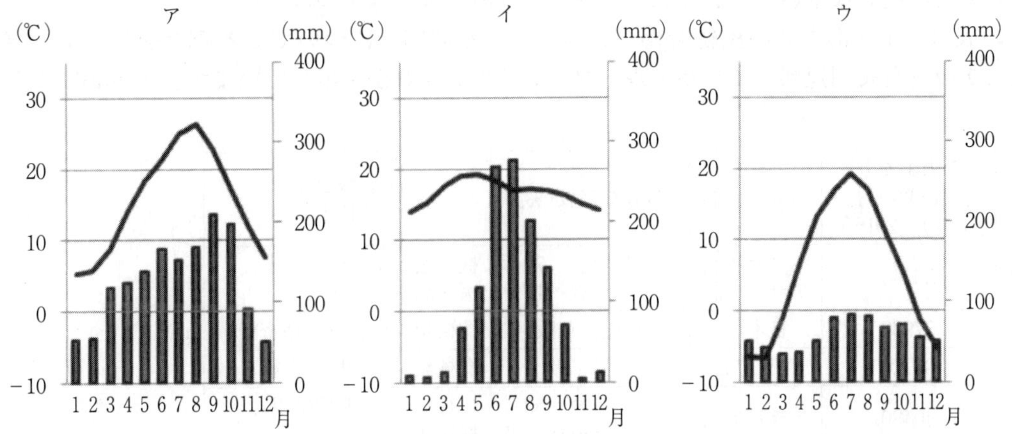

(『理科年表2019』より)

(3)　3か国ともに首都への人口集中が著しいことも共通しています。そのなかで，日本における三大都市圏の中心となる都府県について，右の表を見て(i)・(ii)に答えなさい。

都府県	人口増加率(‰) 2017年～18年	出生率(‰) 2018年	死亡率(‰) 2018年
(D)	-1.8	7.7	10.1
(E)	0.2	8.6	9.2
(F)	5.5	8.3	8.9

※‰(パーミル)は，千分率。(10‰＝1％)
(『データブック オブ・ザ・ワールド 2019年版』より)

(i)　(E)にあてはまる都府県名を答えなさい。

(ii)　3都府県の人口増加率を比較すると，(D)のみ減少しています。この理由を考えるためには，さらに資料が必要です。最も適当な資料を次のア～エから1つ選び，記号で答えなさい。

ア　3都府県の高齢者割合　　イ　3都府県の昼夜間人口比率
ウ　3都府県の転出入者数　　エ　3都府県の乳児死亡率

問3　日本と面積が同規模のドイツに関して，右の表はドイツ，日本を流れる代表的な河川を比較したものです。(1)～(3)に答えなさい。

河川	長さ(km)	流域面積(千km^2)	河況係数(調査地点)
(A)	1233	199	18(バーゼル)
(B)	2850	815	4(ウィーン)
(C)	322	17	1782(栗橋)
(D)	367	12	117(小千谷)

※河況係数＝年間の最大流量／年間の最小流量
(『データブック オブ・ザ・ワールド 2019年版』より)

(1)　(A)・(C)にあてはまる河川の組み合わせを次のア～エから1つ選び，記号で答えなさい。

ア　A－ドナウ川　C－信濃川
イ　A－ライン川　C－信濃川
ウ　A－ドナウ川　C－利根川
エ　A－ライン川　C－利根川

(2)　(B)が注ぎ込む水域と，河口部にみられる地形の名称の組み合わせを，次のア～エから1つ選び，記号で答えなさい。

ア　黒海－三角州
イ　黒海－リアス海岸
ウ　北海－三角州
エ　北海－リアス海岸

(3)　一般に日本の河川は河況係数が大きくなる傾向があり，それによって治水だけではなく，利水にも困難がもたらされます。利水において困難が生じる理由を「季節」・「用水」という２つの語句を用いて説明しなさい。なお，語句を使った箇所には**下線**をつけること。

問４　次の表は，１人あたり国民総所得が日本と同規模の国々についてまとめたものです。(A)〜(C)は，アラブ首長国連邦，イスラエル，フランスのいずれかを示しています。(1)〜(3)に答えなさい。

国	１人あたり 国民総所得 （ドル）　2016年	おもな言語	おもな宗教(％)	主要輸出品 2017年
（Ａ）	36240	ヘブライ語 アラビア語	（Ｄ）教　76 （Ｅ）教　17	機械類，ダイヤモンド，医薬品
日本	37930	日本語	神道，仏教	機械類，自動車，精密機械
（Ｂ）	38720	（Ｂ）語	（Ｆ）教	機械類，航空機，自動車
（Ｃ）	40480	アラビア語	（Ｅ）教　62 ヒンドゥー教　21	（Ｇ），金(非貨幣用)，機械類

（『データブック オブ・ザ・ワールド 2019年版』より）

(1)　(D)〜(F)にあてはまる語句を答えなさい。

(2)　(D)〜(F)の３つの宗教の聖地がある都市の位置を，次の地図中のア〜オから１つ選び，記号および都市名を答えなさい。

(3)　(G)の多くは，日本へは専用船で運ばれています。その主要な航路となっている海峡を次の地図中のX〜Zから１つ選び，記号および海峡名を答えなさい。

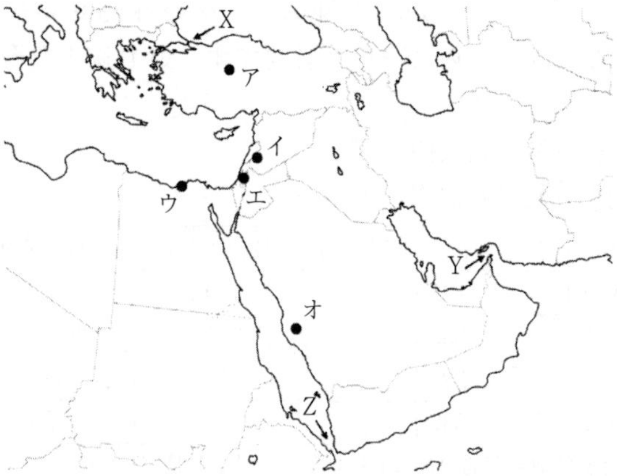

3　次の文章を読み，以下の設問に答えなさい。

①国際連合(国連)の調査によると，2019年現在で77億人の世界人口は，今後30年で20億人増加する見込みで，今世紀末頃には110億人でピークに達する可能性があるといいます。ただ，地域によって増加率には大きな差があり，インドは2027年頃に(　②　)を抜いて世界で最も人口が多い国になるとみられています。一方で，人口が減少している国の数が増えていることも確認されています。先進諸国では，平均寿命の延びと(　③　)によって④高齢化が進んでいます。このような⑤人口構成や人口規模などの変化は，⑥環境・開発分野の国際的な取り組みにも大きく影響するといわれています。

それでは，日本にはどのような課題があるのでしょうか。まず，高齢化の進展にともなう⑦社会保障の給付額増大の問題があります。給付を受ける高齢者の数が増加すれば，いわゆる「現役世代」の⑧税や社会保険料の負担は大きくならざるを得ません。さらに，日本の総人口の減少傾向と東京一極集中の流れにより，⑨一部地域では過疎化が進み，深刻な影響がでています。

人口減少は⑩労働環境にも影響を与えるでしょうし，市場が縮小することによって経済のマイナス成長が恒常化することも考えられます。そのような中，これまでのような経済成長を前提としなくとも豊かさを実現できる社会を構想しようという提言も注目されています。現在私たちは，財政支出の方向性，⑪消費者としての経済活動のあり方，企業が果たすべき社会的役割などを見直す時期にあるようです。

問１　下線部①に関して，国際連合(国連)について述べた文として正しいものを，次のア～エから１つ選び，記号で答えなさい。

ア　国際連合は，アメリカ合衆国のウィルソン大統領が提唱した「平和原則14か条」に基づいて1945年に発足した。原加盟国は51か国で，そこに日本も含まれている。

イ　国連総会は全加盟国で構成され，原則として年１回開かれる。総会では１国につき１票の投票権を持つが，常任理事国には拒否権が与えられている。

ウ　安全保障理事会の決議に基づいて派遣される国連平和維持活動(PKO)は，国連憲章で定められた国連軍と，非武装の停戦監視団や選挙監視団によって構成される。

エ　国際司法裁判所には15名の裁判官がおり，国家間の紛争の解決にあたるが，裁判を始めるには当事国の同意が必要である。

問２　空欄(②)にあてはまる国名を答えなさい。

問３　空欄(③)にあてはまる内容を答えなさい。

問４　下線部④に関して，現在の日本の総人口に占める65歳以上人口の割合(高齢化率)はおよそどれくらいか，次のア～エから１つ選び，記号で答えなさい。

ア　14%　　イ　21%　　ウ　28%　　エ　35%

問５　下線部⑤に関して，次の表はある国の人口の世代別構成(人口ピラミッド)と，その国の合計特殊出生率を示したものです。A～Cにあてはまる国名を，下のア～オからそれぞれ選び，記号で答えなさい。

A	B	C
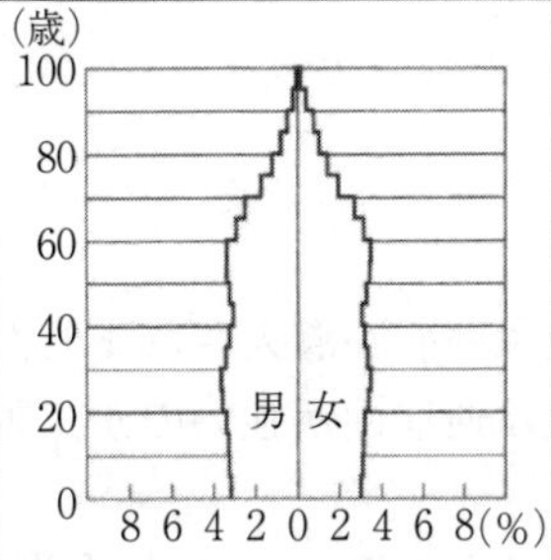	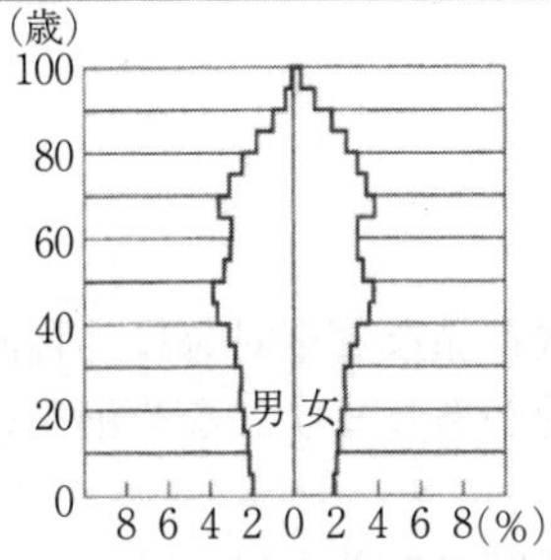	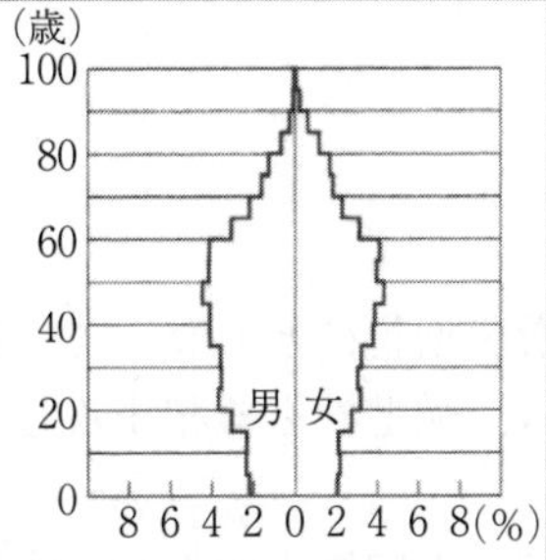
合計特殊出生率 1.73	合計特殊出生率 1.42	合計特殊出生率 0.98

(『世界国勢図会 2019／20年版』などより)

※「人口ピラミッド」は，2016年から2018年のいずれかのものである。

※合計特殊出生率はそれぞれ2018年のものである。

ア　日本　　　イ　韓国　　ウ　インド

エ　メキシコ　　オ　アメリカ合衆国

問6　下線部⑥に関して，地球規模の課題に対する国際的な動きや日本での取り組みについて述べた文として正しいものを，次のア～エから１つ選び，記号で答えなさい。

ア　1992年にブラジルのリオデジャネイロで開かれた国連環境開発会議(地球サミット)では「持続可能な開発」という基本理念が示され，気候変動枠組み条約や生物多様性条約などが採択された。

イ　日本では，公害だけでなく地球規模の環境問題にも対応するため，1993年に環境基本法が制定された。この法律にはいわゆる「３Ｒ」の原則が明記され，循環型社会の形成に向けた国・地方公共団体・企業・国民の責務が示されている。

ウ　2015年に採択された「ミレニアム開発目標(MDGs)」は，それまでの「持続可能な開発目標(SDGs)」への取り組みを継続しつつ，対象を発展途上国にしぼることで短期間での問題解決を目指している。

エ　政府開発援助(ODA)とは，発展途上国の経済開発や福祉の向上を図る目的で，先進国の政府が行う資金援助や技術協力のことで，2000年以降，日本のODA実績(支出純額)は世界１位を継続している。

問7　下線部⑦に関して，日本の社会保障制度について述べた文として**誤っているもの**を，次のア～エから１つ選び，記号で答えなさい。

ア　経済的に生活が困難な人に対しては，生活保護法に基づいて，食費や光熱費などの生活費のほかに，必要に応じて医療費などの援助も行われる。

イ　2000年から実施された介護保険制度は，20歳以上の全国民が加入し，75歳以上で介護が必要になったときに介護サービスが受けられる。

ウ　就学前の子どもが通う保育所の設置や，小学生が放課後に通う学童保育などの整備は，社会福祉分野の政策の一環である。

エ　公衆衛生はすべての国民が対象であり，保健所を中心に，予防接種などの感染症対策や，食品・衣料品の安全性の確保などが行われている。

問8　下線部⑧に関して，⑴・⑵に答えなさい。

⑴　税金の納付先により「国税」に分類され，かつ，徴収方法により「直接税」に分類されるものを，次のア～エから１つ選び，記号で答えなさい。

ア　消費税

イ　相続税

ウ　固定資産税

エ　揮発油税

⑵　2019年10月の消費税増税にともなって，食料品などを対象に「軽減税率」が導入されました。軽減税率の導入には，逆進性を緩和する目的があります。なぜ消費税は逆進性が強いのか，説明しなさい。

問9　下線部⑨に関して，人口減少がもたらす課題のひとつに，インフラストラクチャー(社会資本)の維持があります。2018年12月の水道法改正では水道の基盤強化を図るための制度改正が行われました。そのうち官民連携について，コスト削減のため自治体が施設を保有しつつ民間企業に運営をゆだねる方式を水道事業に導入することの是非が話題になりました。この方式の名称を，次のア～エから１つ選び，記号で答えなさい。

ア　オンブズマン

イ　レファレンダム

ウ　コンツェルン

エ　コンセッション

問10　下線部⑩に関して，労働環境について述べた文として**誤っているもの**を，次のア～エから１つ選び，記号で答えなさい。

ア　男女雇用機会均等法では，妊娠・出産などを理由とする不利益な扱いの禁止や，性別を理由とした差別の禁止についても定められている。

イ　育児・介護休業法では，育児休業は原則として子どもが１歳になるまで，介護休業は対象の家族１人につき93日間までの休業が認められている。

ウ　近年は，労働者に働く時間をゆだねる裁量労働制や，一定の範囲内で始業と終業時刻を自分で設定できるワークシェアリングを導入する企業が増えている。

エ　2018年６月に成立した働き方改革関連法に基づいて，一部専門職は労働時間規制や残業代支払いの対象外とする「高度プロフェッショナル制度」が導入された。

問11　下線部⑪に関して，株式投資をする際，近年重要視されているのが「ESG投資」です。自社の利益だけでなく，「Ｅ」「Ｓ」「Ｇ」の頭文字が示す事柄への配慮が十分になされているかどうかが注目されています。これらのうち「Ｓ」はSocial(社会)を示し，人権への対応や地域貢献活動が十分かが問われます。「Ｇ」はGovernance(ガバナンス)を示し，企業統治がしっかりしているかどうかが問われます。では，最初の「Ｅ」が示すものは何か，**漢字２字**で答えなさい。

問12　以下は本文の内容と関係が深い日本国憲法の抜粋です。空欄(Ａ)～(Ｃ)にあてはまる数字・語句を答えなさい。

> 第(　Ａ　)条　すべて国民は，健康で文化的な最低限度の生活を営む権利を有する。
> 第27条　すべて国民は，(　Ｂ　)の権利を有し，義務を負ふ。
> 第83条　国の財政を処理する権限は，(　Ｃ　)の議決に基いて，これを行使しなければならない。

【**理　科**】（40分）〈満点：50点〉

1　塩酸は塩化水素の水溶液であり，塩化水素は電解質であることが知られている。この水溶液の性質を２種類の実験を通して調べることにした。

［実験１］　右図のような装置を用いて塩酸に電流を流したところ，陽極付近と陰極付近の両方で気体が発生した。あらかじめ塩酸で満たしてゴム栓をした容器を炭素電極の上部に設置し，電極で発生した気体を集めたところ，陰極で発生した気体は集まったが，陽極で発生した気体はあまり集まらなかった。しばらく電流を流した後，陽極に設置した容器内の水溶液をスポイトで別の容器に取り，赤インクをたらしたところ，インクの色が薄くなった。一方，陰極で発生した気体に火のついたマッチを近づけたところ，ポンという音がして気体が燃焼した。

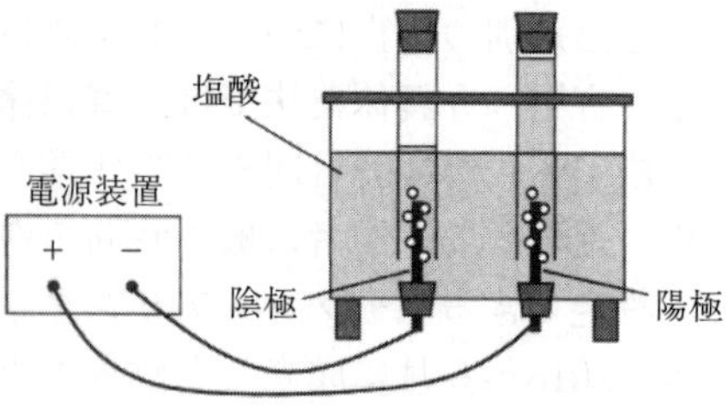

問１　陰極で生じた気体を発生させるために組み合わせて使われる試薬を，次のア～クの中から**二つ選び**，記号で答えよ。

ア　マグネシウム　　イ　オキシドール　　ウ　石灰石
エ　炭酸水素ナトリウム　　オ　塩化アンモニウム　　カ　硫酸
キ　水酸化カルシウム　　ク　二酸化マンガン

問２　［実験１］の結果から確認できることや考えられることとして，適切なものを次のア～エの中から**すべて選び**，記号で答えよ。

ア　塩酸中では塩化水素の分子が電離して陽イオンと陰イオンが存在していたことがわかる。
イ　陰極付近から発生した気体は空気よりも軽く，一方，陽極付近から発生した気体は空気よりも重いため，陰極から発生した気体をより多く集めることができた。
ウ　発生した気体の性質から，塩酸の電気分解によって塩素と水素が発生したことがわかる。
エ　集まった気体の体積から，塩酸中には水素イオンと塩化物イオンが１：１の個数比で存在していたことがわかる。

［実験２］　質量パーセント濃度2.7％の塩酸25mLを100mLのビーカーに入れ，BTB溶液を数滴たらして混ぜた後，水溶液をガラス棒でよくかき混ぜながら，質量パーセント濃度5.0％の水酸化ナトリウム水溶液を少しずつ加えた。水酸化ナトリウム水溶液を15mL加えたところで，体積40mLの緑色の水溶液が得られた。さらに，この緑色の水溶液から水分をすべて蒸発させると，白色の固体が1.1g得られた。この実験において，水溶液の密度はすべて$1\,g/cm^3$であるとする。

問３　［実験２］において，15mLよりも水酸化ナトリウム水溶液をさらに多く加えていくと，水溶液の色は緑色から何色に変化するか。

問４　次の文中の空欄①と②に当てはまる数字や語句を答えよ。空欄①に当てはまる答えは小数第１位まで求めよ。

［実験２］の結果から，水溶液中に溶けている塩化水素と水酸化ナトリウムは，質量比で塩化水素：水酸化ナトリウム＝（　①　）：1.0で反応することがわかる。この比は１：１ではないが，塩化水素と水酸化ナトリウムを構成する原子の質量を考え合わせると，水素イオンと（　②　）イオンが１：１の個数比で反応することもわかる。

問５　文中の下線部で得られた，白色の固体を構成する物質の化学式を答えよ。元素記号を書く際は，大文字と小文字を**例**のように明確に区別して書くこと。

例

問６　［実験２］で得られた白色の固体が，緑色の水溶液に溶けていたときの質量パーセント濃度を求めよ。答えは小数第１位まで求めよ。

問7　［実験2］において，ビーカー内の水溶液中に存在する，すべての種類の陽イオンの総数は，塩酸に加えた水酸化ナトリウム水溶液の体積を横軸に，陽イオンの総数を縦軸にしてグラフを作るとどのような形状になるか。正しいものを次のア～ウの中から一つ選び，記号で答えよ。

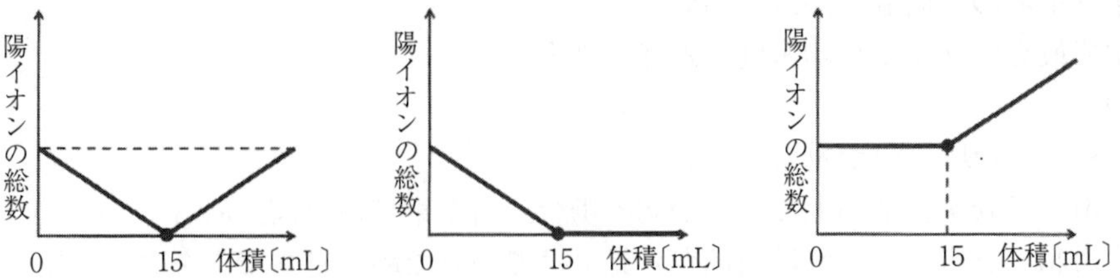

ア　　イ　　ウ

2　下の図1は，ある年の2月10日の明け方5時に日本のある場所で撮影した星空の写真を模式的に示した図である。
この日は，地球から見て金星が太陽から最も離れて見える日を少し過ぎていた。
これについて，以下の問いに答えよ。

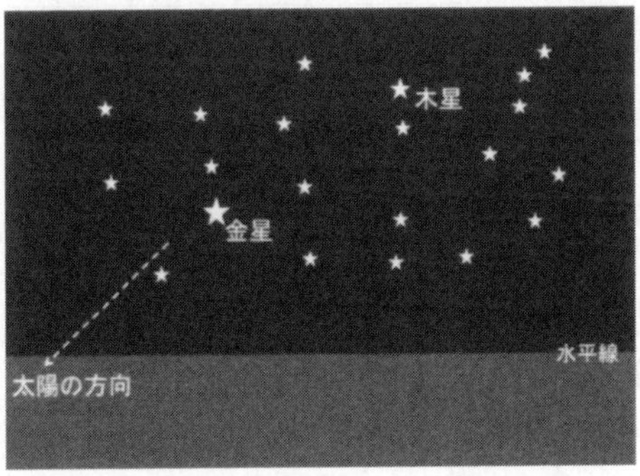

図1

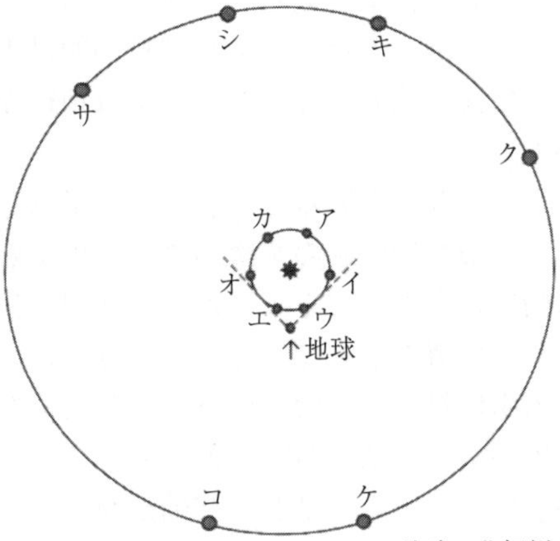

※地球の北極側から見た図である。
図2

問1　図1はどの方角を示したものか。最も近いものを次のア～エの中から一つ選び，記号で答えよ。
ア　北東　　イ　南東　　ウ　南西　　エ　北西

問2　図1のときの木星と金星の位置として，それぞれ最も近いものを図2のア～シの中から一つずつ選び，記号で答えよ。

問3　図1のときの木星と金星の形として，それぞれ最も近いものを次のア～エの中から一つずつ選び，記号で答えよ。ただし，形は肉眼で見たときと同じような向きで，かつ軌道の方向が横方向になるように描かれている。また，このとき木星と金星の形は異なるので，同じ記号を選ばないこと。

ア　あまり欠けていない　　イ　やや欠けている　　ウ　半月型　　エ　三日月型

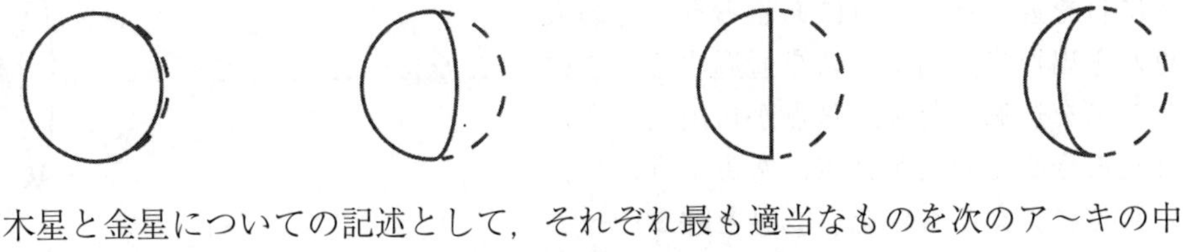

問4　木星と金星についての記述として，それぞれ最も適当なものを次のア～キの中から**二つずつ選び**，記号で答えよ。ただし，同じ記号を重複して選んでもかまわない。

ア　雲で覆われていて地面は見えない。
イ　メタンを主成分とする濃い大気がある。
ウ　自転周期が地球とほぼ同じである。
エ　太陽系の惑星の中で平均の表面温度が最も高い。
オ　太陽系の惑星の中で最も大きくて平均密度が地球より大きい。
カ　多数の衛星をもつ。
キ　小さな望遠鏡で簡単に環(リング)が見られる。

　地球上の方角は東西南北で表す。地図上では上が北の場合，右が東で左は西である。

　天球上の方位も東西南北で表すが，天球は内側から見上げているため，日本で南を向いて見上げると上が北になり，右が西で左は東である。これは，天球上では天体が日周運動をしていく方向を西としているからである。

　毎日同じ時刻に空を見ると，太陽の位置は東西方向にはあまり動かないが，地球が公転しているため，夜空の恒星の位置は１日に約１度ずつ西へ動くように見える。そのため，図１のもとになる写真を撮った日(２月10日)の後，$_1$毎日明け方５時に同じように写真を撮ると恒星がだんだん右上(西の方向)に動いていき，惑星も太陽との位置関係の変化に応じて東西方向に位置を変えていく。

　一方，23時間56分おきに空を見ると，夜空の恒星の位置は動かないが，太陽の位置は約１度ずつ東へ動くように見える。そのため，２月10日の明け方５時の後，$_2$23時間56分おきに同じように写真を撮ると，恒星は同じ位置に写るが，惑星は地球から見たときの方向の変化に応じて東西方向に位置を変えていく。

問５　下線部１のように写真を撮ると，木星と金星は写真の中でどのように位置を変えていくように見えるか。それぞれ最も近いものを次のア～オの中から一つずつ選び，記号で答えよ。

　なお，惑星は内側のものほど１周にかかる時間が短いので，図２で金星は地球や太陽に対して相対的に反時計回りに位置を変えていくように見える。一方，木星は地球より１周にかかる時間が長いので，地球や太陽に対して相対的に時計回りに位置を変えていくように見える。

ア　右上に動いていく　　イ　右下に動いていく　　ウ　左下に動いていく
エ　左上に動いていく　　オ　ほとんど動かない

問６　下線部２のように写真を撮ると，木星と金星が恒星を背景として(恒星に対して)どのように位置を変えていくように見えるか。それぞれ最も近いものを次のア～オの中から一つずつ選び，記号で答えよ。

　なお，惑星が恒星に対して西から東へ動くことを順行，東から西へ動くことを逆行という。金星については，逆行が起こるのは図２のウとエの間の狭い範囲だけなので，図２のア～カの位置ではすべて順行である。木星については，逆行が起こるのは図２の位置の中ではケとコだけである。

ア　右上に動いていく　　イ　右下に動いていく　　ウ　左下に動いていく
エ　左上に動いていく　　オ　ほとんど動かない

3　虫眼鏡を用いた物体の観察について考える。図１のように凸レンズに目を近づけ，A点にあるろうそくの火を見ると，A点から出た光が凸レンズを通過するときに(　①　)し，凸レンズを通過した後，B点から出たように進み，拡大されたろうそくの火がB点にあるように見える。このようにB点に見えるものを(　②　)と呼ぶ。

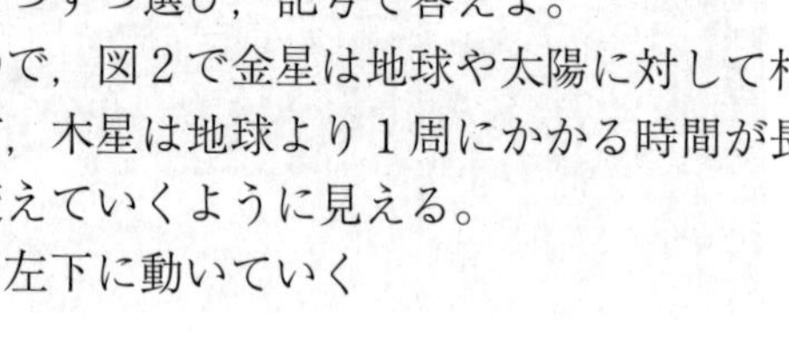

図１

問１　空欄①と②に当てはまる語句を，それぞれ**漢字２字**で答えよ。

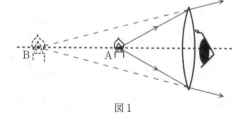

図２の方眼には，物体，凸レンズ，焦点，凸レンズの軸が描かれている。また，物体の先端から出た光のうち，凸レンズの軸と平行な光，凸レンズの中心を通る光，延長線（点線－－－）が焦点を通る光の進む向きが，それぞれ凸レンズの中心線に当たるまで描かれている。

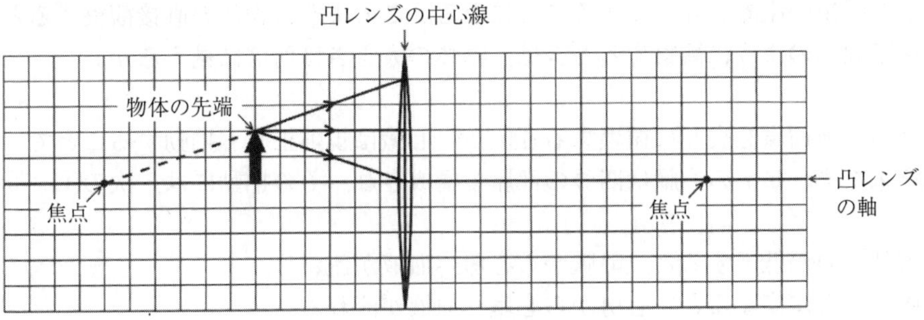

図２

問２　図２に描かれた３本の光線について，凸レンズの中心線を通過した後の進み方を解答用紙の方眼上に実線と矢印で描け。なお，図中のレンズは凸レンズであることを強調するためにある程度厚く描かれているが，薄い凸レンズの場合について考えるので，光の進む向きは凸レンズの中心線上だけで変わるものとして描け。

問３　図２の物体の先端から出た光は，凸レンズを通過した後，ある１点から出たように進む。この点の凸レンズの軸からの距離を答えよ。ただし，凸レンズの焦点距離を4.8cm，凸レンズの中心線と物体の距離を2.4cm，物体の先端から凸レンズの軸までの長さを0.8cmとする。

物体を大きく見るためには物体と目を近づければよいが，人の目が物体をはっきり見るためには物体と目がある程度離れていなければならない。そのことを図３，図４のような人の目の模式図を用いて説明する。人の目が物体の１点を見るときは，図３のように１点から出た光が人の目の水晶体で向きを変えて網膜上で１点に集まり，１点として知覚される。図４のように網膜上で１点に集まらないときは，物体がぼやけてはっきりと見ることができない。水晶体は筋肉によってその厚みが調節されるが，調節にも限界があり，物体をはっきり見るためには物体と水晶体をある距離以上離しておかなければならない。この距離を明視の距離と呼ぶ。

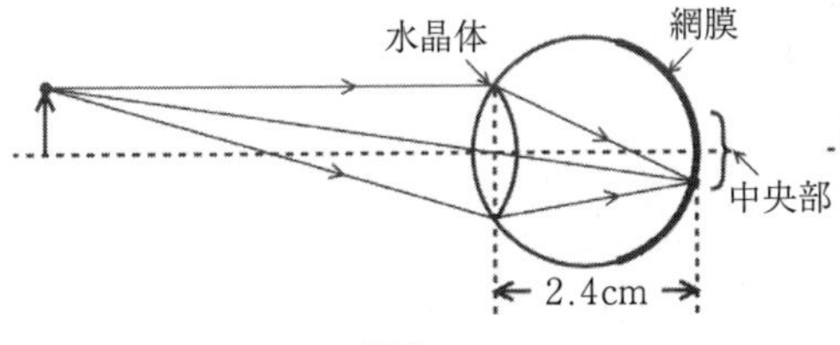

図３

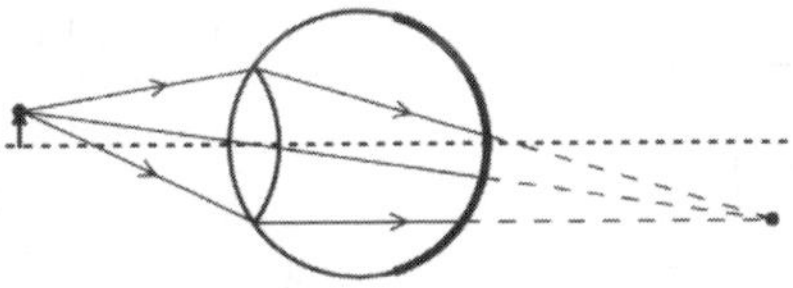

図４

問４　水晶体を凸レンズとして考え，その焦点距離がもっとも小さくなるときの値を答えよ。ただし，図３のように，人の目が見る物体は水晶体の軸の近くにあり，物体の１点から出た光は網膜の中央部の１点に集まるものとする。また，ここでは明視の距離を24.0cm，水晶体の中心線から網膜の中央部までの距離を2.4cmとし，網膜の中央部は水晶体の軸に垂直な平面として扱う。さらに，光の進む向きは水晶体の中心線上だけで変わるものとし，答えは小数第１位まで求めよ。

焦点距離4.8cmの薄い凸レンズを虫眼鏡として用い，物体をもっとも大きく観察するためには，図５のように，明視の距離に物体があるように見えればよい。ここでも明視の距離は24.0cmとし，虫眼鏡と人の目の間の距離は０cmとする。

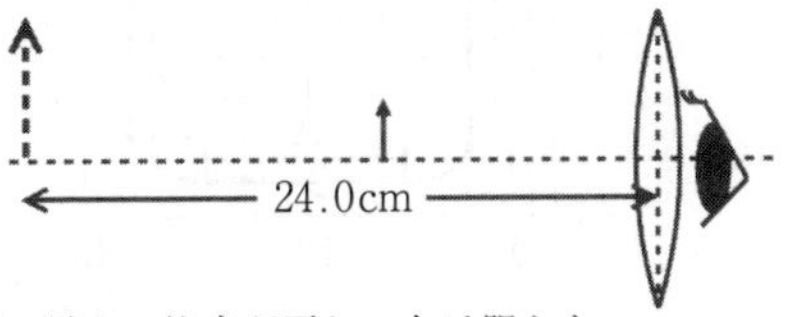

※長さの比率が正しいとは限らない

図５

問５　下線部のように観察するためには，薄い凸レンズの中心線と物体の距離をいくらにすればよいか。

問６　虫眼鏡を使わずに人の目で物体を直接観察するとき，物体を最も大きく観察するためには，物体と人の目の間の距離を明視の距離と等しくすることになる。このように物体を直接観察するときに比べて，同じ物体を下線部のように観察するときは，物体の大きさは何倍に見えるか。

４　ヒトの血液は肺循環と体循環を交互に循環する(図１)。心臓は規則正しく拍動することで，血液を循環させる役割を果たす。ヒトの心臓は四つの部屋で構成され，その拍動には，次の①～③の段階がある。

①　心房が広がり内部圧力が低下すると，静脈から心房へ血液が流れる。

②　心房が収縮し内部圧力が高まると，心房から心室へ血液が流れる。

③　心室が収縮し内部圧力が高まると，心室から動脈へ血液が流れる。

図２のように弁は各部屋の出口にあり，血液の逆流を防ぐ役割を果たす。心臓の各部屋では，圧力の変化が血液の移動をうながす力となり，血液が移動するときに部屋の体積が変化する。図３は拍動１回分の，左心室と右心室での体積と心室圧(心室内部の血圧)の関係を示したグラフである。１回の拍動で心室から出される血液の体積を１回拍出量という。それは，図３のグラフの体積変化として読み取ることができる。

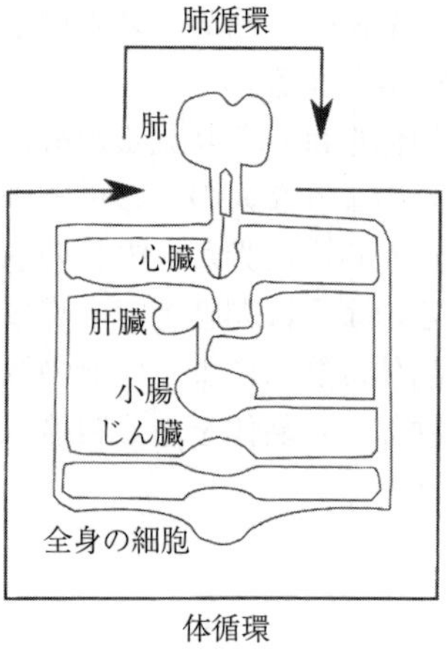

図１　肺循環と体循環

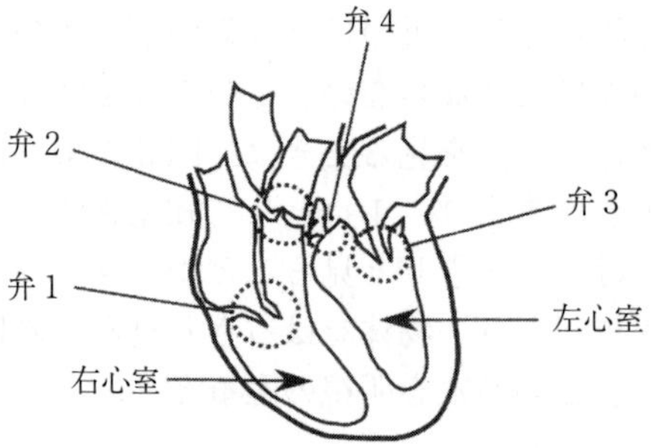

図２　ヒトの心臓

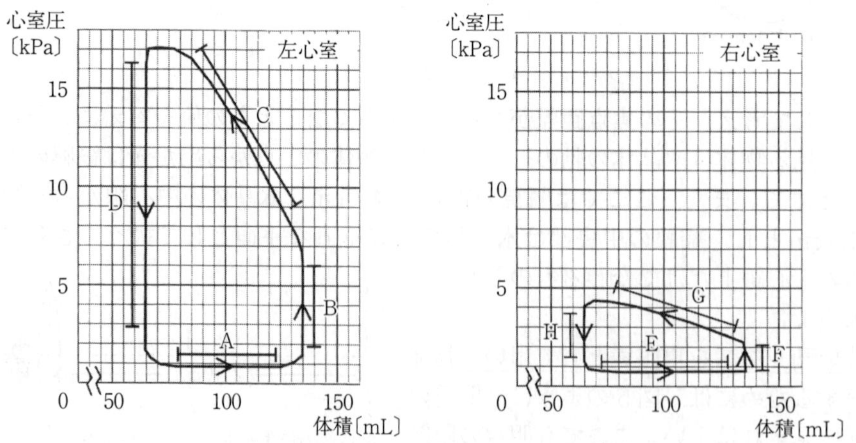

図３　拍動１回分の体積と心室圧の関係

問1　図3から**直接読み取ることができないこと**を次のア～エの中から一つ選び，記号で答えよ。

ア　左心室について1回の拍動期間中に，圧力が上昇しながらも体積変化がない期間がある。

イ　左心室について1回の拍動期間中に，右心室より高い心室圧を示す期間がある。

ウ　1回拍出量は左心室と右心室で等しい。

エ　拍動期間において，左心室と右心室は同時に収縮する。

問2　図3のA～Hのうち，図2中の弁2，弁3が開いている段階をそれぞれ一つずつ選び，記号で答えよ。

問3　図3から考えて，心臓が1分間に60回拍動するとき，体循環に送り出される血液量は毎分何mLになるか答えよ。

問4　一般に1回拍出量は左右の心室で等しいとされる。仮に1回拍出量が左右の心室で異なるとして，この場合に生じる不都合としてどのようなことが考えられるか。**不都合を述べた説明**として，適切なものを次のア～エの中から一つ選び，記号で答えよ。

ア　体循環において，異なる臓器の間で，供給される血液量に差が生じるという結果をまねき，血液循環を維持することができなくなる。

イ　体循環において，動脈と毛細血管の間で血流速度が異なるという結果をまねき，血液循環を維持することができなくなる。

ウ　体循環に入る血液量と体循環から出る血液量が異なるという結果をまねき，血液循環を維持することができなくなる。

エ　体循環に入る酸素量と体循環から出る酸素量が異なるという結果をまねき，細胞への酸素の供給を維持することができなくなる。

問5　$_1$血液中の液体成分は，血管からしみ出した後，$_2$細胞を浸す液体になる。これに関連する次の(1)，(2)の問いに答えよ。

(1)　下線部1，2の名称をそれぞれ答えよ。

(2)　下線部2の特徴やはたらきを述べた文として，適切なものを次のア～エの中から**二つ選び**，記号で答えよ。

ア　この液体には，赤血球のヘモグロビンが含まれ，この液が酸素を細胞まで運搬する。

イ　この液体には，グルコースなどの小腸で吸収された養分が含まれ，この液が養分を細胞まで運搬する。

ウ　この液体には，細胞の活動で生じたアンモニアなどの不必要な物質が含まれ，この液が血管に戻される前にアンモニアは腎臓で尿素に変えられ体外へ排出される。

エ　この液体には，エネルギーを得るために細胞が行う呼吸で生じた二酸化炭素が含まれ，この液が二酸化炭素を細胞から運び去る。

たから。

オ　せっかく月が見られたのに、かえってもの悲しくなってしまったから。

問三　――③「我がためにはよき荷担の人ならむかし」とあるが、芭蕉が清少納言を「よき荷担の人」と感じているのはなぜか。説明せよ。

問四　「月はやし梢は雨を持ちながら」の「はやし」は雲の流れの速さを言っている。この句に描かれている情景を、本文の内容を踏まえて説明せよ。

このことだった。原稿用紙をひろげ、万年筆をとり、脳内のイメージを追いかけているときだけは自分は父親なのである。ときに厳しい、ときに大甘《おおあま》な、政次郎のような父親なのである。物語のなかの風のそよぎも、干した無花果《いちじく》も、トルコからの旅人も、銀色の彗星《ほうきぼし》も、タングステンの電球も、すきとおった地平線も、すべてが自分の子供なのだ。

（門井慶喜『銀河鉄道の父』より）

＊1 『風野又三郎』 宮沢賢治の童話『風の又三郎』の初期の原稿。これを元に賢治は改作を重ねたと考えられている。
＊2 「ひっきょう」 結局のところ。
＊3 「トシ」 賢治の妹。

問一 ――①「結果として書いたものが、なぜ、／（童話だったか）」とあるが、この疑問に対する答は何か。本文に書かれている内容を整理して説明せよ。

問二 ――②「そのことが、いまは素直にみとめられた」とあるが、それはなぜか。説明せよ。

三

次の文章は、松尾芭蕉の紀行文『鹿島詣』の一節である。これを読み、後の問に答えよ。なお、文章中の「（＝　）」はその直前の部分の現代語訳である。

日すでに暮れかかるほどに、利根川のほとり、布佐《ふさ》といふ所につく。この川にて鮭《さけ》の網代《あじろ》といふものをたくみて（＝しかけて）、＊1武江の市《いち》にひさぐものあり。宵《よひ》のほど、その漁家《ぎよか》に入りてやすらふ。よるのやどなまぐさし。月くまなくはれけるままに、夜舟さしくだして鹿島にいたる。

昼より雨しきりに降りて、①月見るべくもあらず。ふもとに＊2根本寺《こんぽんじ》のさきの和尚《をしやう》、今は世をのがれて、この所におはしけるといふを聞きて、尋ね入りてふしぬ。すこぶる＊3「人をして深省を発せしむ」と吟じけむ、しばらく清浄《しやうじやう》の心を得《う》るに似たり。あかつきの空、いささかはれけるを、和尚起こし驚かし侍《はべ》れば、人々起き出《い》でぬ。月のひかり、雨の音、ただあはれなるけしきのみ胸に満ちて、いふべき言の葉もなし。②はるばると月見に来たるかひなきこそ本意なきわざなれ。＊4かの何がしの女すら、ほととぎすの歌、えよまで（＝詠むことができないで）かへりわづらひしも（＝帰るに帰れなかったのも）、③我がためにはよき荷担の人ならむかし（＝よい味方であろう）。

月はやし梢《こずゑ》は雨を持ちながら

＊1 「武江」 武蔵国江戸。
＊2 「根本寺」 鹿島神宮の西にある寺。
＊3 「『人をして深省を発せしむ』」 杜甫の漢詩の一節、「人に深い反省の思いを抱かせる」という意味。
＊4 「かの何がしの女」 『枕草子』の作者・清少納言のこと。

問一 ――①「月見るべくもあらず」の意味として最も適切なものを、次の中から選び、記号で答えよ。
ア 月を見ている場合ではない。
イ 月を見る気持ちにもなれない。
ウ 今夜は月を見られそうもない。
エ 今夜は月見をする人もいない。
オ 今夜の月は見てもしかたがない。

問二 ――②「はるばると月見に来たるかひなきこそ本意なきわざなれ」とあるが、芭蕉が不本意だと思ったのはなぜか。次の中から最も適切なものを選び、記号で答えよ。
ア 明け方に起こされたのに、雨により結局月が見られなかったから。
イ かろうじて月は見られたが、雨の中できれいに見られなかったから。
ウ 静かに月を見ていたい気持ちを、和尚にかき乱されてしまったから。
エ 月があまりに美しすぎて、すぐに句を詠むことができなかっ欲求が鬱積《うっせき》していたのだろうとか、その程度では何の説明にもならない。もっとふかい理由がある。そう思いつつ、しかしそのふかい理由が何なのかは、賢治には、自分のことにもかかわらず想像のいとぐちすらも見つけることができなかった。

＊2ひっきょうは、

（書けたから、書いた）

しかし①結果として書いたものが、なぜ、

（童話だったか）

つまり、なぜ大人むけの小説や論文、漢詩などではなかったか。あるいは長年こころみてきた、世間にもっとも通りのいい和歌ではなかったか。その疑問なら、答がはっきりしたようだった。

ひとつには、長い縁ということがある。小学校のころ担任の八木先生がエクトール・マロ『家なき子』を六か月かけて朗読してくれたこと。＊3トシに、

――書いたら。

と勧められたこと。それにくわえて、性格的に、むかしから自分は大人がだめだった。

大人どうしの厳しい関係に耐えられなかった。ふつうの会話ができないのだ。質屋の帳場に何度すわっても客との談判ができず、世間ばなしはなおできず、ろくな仕事にならなかったのは、ほかでもない、客が大人だったからなのである。

何しろ大人は怒る。どなりちらす。嘘《うそ》をつく。ごまかす。あらゆる詭弁《きべん》を平気で弄する。子供はそれをしないわけではないにしろ、大人とくらべれば他愛ない。話し相手として安心である。だから童話なら安心して書けるのである。自分がこの土壇場《どたんば》でこの文学形式をえらんだのは、一面では、大人の世界からの、

（逃避だった）

そのことは、厳粛な事実なのだ。

が、しかし。

より根本的なのは、それとはべつの理由だった。

「お父さん」

賢治はなおも原稿用紙の塔を見おろしつつ、おのずから、つぶやきが口に出た。

「……おらは、お父さんになりたかったのす」

②そのことが、いまは素直にみとめられた。

ふりかえれば、政次郎《まさじろう》ほど大きな存在はなかった。自分の命の恩人であり、保護者であり、教師であり、金主であり、上司であり、抑圧者であり、好敵手であり、貢献者であり、それらすべてであることにおいて政次郎は手を抜くことをしなかった。

ほとんど絶対者である。いまこうして四百キロをへだてて暮らしていても、その存在感の鉛錘《えんすい》はずっしりと両肩をおさえつけて小ゆるぎもしない。尊敬とか、感謝とか、好きとか嫌いとか、忠とか孝とか、愛とか、怒りとか、そんな語ではとても言いあらわすことのできない巨大で複雑な感情の対象、それが宮沢政次郎という人なのだ。

しかも自分は、もう二十六歳。

おなじ年ごろの政次郎はすでに賢治とトシの二児の父だった。質屋兼古着屋を順調にいとなんだばかりか、例の、大沢温泉での夏期講習会もはじめている。文句のつけようのない大人ぶりである。自分は父のようになりたいが、今後もなれる見込みは、

（ない）

みじんもない。それが賢治の結論だった。自分は質屋の才がなく、世わたりの才がなく、強い性格がなく、健康な体がなく、おそらく長い寿命がない。ことに寿命については親戚じゅうの知るところだから嫁の来手《きて》がない。あってもきちんと暮らせない。

すなわち、子供を生むことができない。

自分は父になれないというのは情況的な比喩であると同時に、物理的に確定した事実だった。それでも父になりたいなら、自分には、もはやひとつしか方法がない。その方法こそが、

（子供《わらす》のかわりに、童話を生む）

心のあり方は、同時に尊大な性格を有したものでもある。彼ら／彼女らの示す生活習慣は、ある根本的な点において、他者を見下し、貶《おとし》めることを通じてみずからの自己肯定感を確保する、という仕組みの上に成り立つものだからである。

そして、わたしが何よりも不安を感じるのは、彼らのその尊大にして狡猾な自尊心が、ある種のeコウミョウに偽装された臆病さともいうべきものを、その裏側に見え隠れさせている点である。あるいは、その臆病さを、「中間でなくなることへの恐れ」と言い換えてもよい。彼ら／彼女らの自尊心を支えている、「ああ、ぼくふつうでよかった」という安堵《あんど》の感覚は、その裏側で、「でも、ふつうじゃなくなったらどうしよう？　みんなと同じバスに乗れなくなったらどうしよう？」という臆病な猜疑心《さいぎしん》を常に見え隠れさせてはいないだろうか。

（三谷尚澄『哲学してもいいですか？』より）

＊1「ソーシャル・メディア」　インターネット上で個人同士が相互に情報を発信・受信するサービスの総称。

＊2「ローコストキャリア」　格安航空会社（LCC）のこと。

＊3「クオリティ」　品質。

問一　＝＝a～eのカタカナを漢字に直せ。一画ずつ丁寧に書くこと。

問二　――①「『現状の居心地のよさ』に立てこもることで『中間の優位』を正当化する」とあるが、どういうことか。説明せよ。

問三　――②「幸か不幸か、いまの日本で暮らすことは非常に快適だ」とあるが、筆者はどのような点を「不幸」だと考えているのか。説明せよ。

問四　――③「それを肯定的に評価するための理由を見出すことができない」とあるが、筆者がそのように感じるのは、「中間優越主義」がどのようなものだからか。説明せよ。

二　次の文章は、宮沢賢治をモデルにした小説の一部である。これを読み、後の問に答えよ。

気がつくと、日が暮れている。

机の上には、三百枚の塔が打ち立てられている。賢治はそれを見おろし、側面をざらりと撫《な》でおろしつつ、いまの自分そのものが、

（絵空事）

そんなふうにしか思われなかった。

自分のしわざとは信じられなかった。けれども、そこにあるのは、たしかに見なれた自分の字である。ほとんどが走り書きだったし、ぐしゃぐしゃと上から消した箇所《かしょ》も多いが、質的にもこれまでで最高だった。何十本かの短篇《たんぺん》のひとつ、たとえば＊1『風野又三郎』の冒頭、

どっどどどうど　どどうど　どどう、
ああまいざくろも吹きとばせ
すっぱいざくろもふきとばせ
どっどどどうど　どどうど　どどう

の囃《はや》し文句など、風の神様の子供が人間に対しておこなう無邪気ないたずらを詩にしたものとして日本一としか思われなかった。賢治は満足しなかった。紙の上に定着し得たイメージより、し得ぬまま霧消したイメージのほうが圧倒的に大きかったのだ。いまの自分は休火山である。ひといき入れて万年筆をとり、ふたたび走り書きをはじめれば、ふたたび噴火がはじまるにちがいなかった。

「なしてが」

口に、出してみた。

（なして、書けたか）

人間あんまり空腹になると頭がかえって冴《さ》えるものだとか、ふだん鉄筆でがりがりと他人の文章をうつしてばかりだったたぶん創作の

思えば、デフレ時代の申し子たちが、安上がりにして快適な中間者の王国にしがみつき、「「ここではないどこかへ」という気持ちとは無縁のままで人生を終えてしまうのであってかまわない」。そう考えることにも十分な理由を見出すことができるのかもしれない。

　とはいえ、やはり、とここでまた話は折り返される。デフレ時代の若者たちが「快適な中間者の国」の住人であることに見出す自己肯定感に対しては、どうしてもどこか引っかかりを感じずにはいられないのである。

　隔靴掻痒《かっかそうよう》、どうしても錯綜《さくそう》を含んだものの言い方とならざるをえないのだけれど、わたしが感じている引っかかりはおよそ以下のように説明しておくことができる。

　まず、この問題についてわたしがとくに興味深く思うのは、「悟り世代」という言葉に含まれる「悟り」という言い回しの用いられ方である。あるいは、「悟り」という言葉が、自嘲やdジギャクといったマイナスのニュアンスを抜きに、自分たちは「合理的」で「賢く」、「どう振る舞えばよいかを知っている」、といった肯定的な意味で用いられている点である。

　何度も述べてきた通り、「悟り世代」と呼ばれる集団に属する若者たちの示す「安定志向」や「波風を立てない合理性」に対して、わたし自身は、批判と同情との入り混じった、ある種の混乱を含んだ印象を抱いている。そして、一面においては、「足ることを知り、泥臭いごたごたに巻き込まれることなく人生を乗り切る知恵」を有した「悟り世代」の若者たちが、自分たちの賢明な生き様に自尊心と誇りを見出すことには十分な根拠が認められる、ともわたし自身は考えている。

　しかし、これも繰り返しになるが、彼ら／彼女らの肯定的な自己評価を可能にしているその「賢さ」が、「中間者であることへの安住」のいわば不可避の裏面として、「自分が少数者や例外者ではないこと」を特権化する意識へと結びつくとき、わたしはどうしても彼ら／彼女らの自尊心を支える正当化の論理にいくばくかの危うさを見出さずにはいられなくなるのである。

　「──いや、「意識の高い」人たちって偉いなあって、もちろん思いますよ。「上を見る」人ってたしかに魅力的だと思うし、努力する人ってやっぱり偉いじゃないですか。ただ、正直、ぼくにはそんな能力もエネルギーもないし、ほどほどで十分だと思ってるんで、（そんなみっともないことは）やらないですけど（と一言つけたすことで自分のプライドは守る）」。

　こういった形で立てられる、いわば尊大な中間優越主義とも呼ぶべき正当化の論理に対して、わたしはどうしても③それを肯定的に評価するための理由を見出すことができないのである。

　こんな言い方ができるだろうか。

　不要な争いを避けることを知る彼らの「知恵」は、自分たちの仲間となるには足りない「例外者たち」を見下すことでみずからの相対的な地位を上昇させる。言い換えるなら、自分たちが多数者の側に属していること、厄介なもめごとはまず起こらないであろうこと、そして、みずからの安全が揺るぎないものであることを確認したうえで、輪の中に入る資格をもたない部外者たちに対し──おそらくは、彼ら／彼女らが排除の対象となっていることを知らせることなく──「沈黙の中の排除」という攻撃の刃を向ける。

　このように、賢明な彼らの戦略は、排除の対象が土俵に上がり、戦いを挑む可能性をあらかじめ封じ込め、みずからが敗北する危険性を最初から消去しておくことを通じて、快適な中間者の王国へと自閉する。そして、反論やいさかいの可能性をあらかじめ封じ込めたそのうえで、あらためて、見苦しく、痛々しいものどもを笑い飛ばす。この意味において、「決して負けることのない」戦略の上に確保される彼ら／彼女らの自尊心のあり方は、きわめて狡猾《こうかつ》な性格を有したものである。

　また、このように狡猾な性格を有した彼ら／彼女らに特有の自尊

二〇二〇年度　開成高等学校

【国　語】〈五〇分〉〈満点：一〇〇点〉

一　次の文章は、「悟り世代」と呼ばれる現代の若者を念頭に書かれたものである。これを読み、後の問に答えよ。

ほどほどで十分だ。そして、不要なaカットウや苦しみ抜きに、その「ほどほど」を約束してくれる輪の中の世界こそが最高だ。わたしは、いまの波風のない平和な暮らしに十分満足している。だから、愚か者たちよ、余計な真似《まね》をしてわたしたちの平安を乱さないでくれ。じたばたと見苦しく、うっとうしい奴《やつ》らはいらない。奴らは、足ることを知り、不要な摩擦や混乱を回避することを知る賢明なわたしたちの仲間となる資格のない連中だ――。

こんなふうに、①「現状の居心地のよさ」に立てこもることで「中間の優位」を正当化する。あるいは、例外者の切り捨てといわば背中あわせの仕方で自分たちなりの肯定の論理を構築する。そういった悟り世代に特徴的な態度それ自体を批判することは、意外に難しいことであるかもしれない。実際のところ、「いま・ここの居心地のよさ」を放棄して、「出る杭《くい》」と「お荷物」だらけの社会に暮らしたいと願う人間はいないだろう。だとするならば、悟り世代の依拠する素朴な現状肯定と居直りの論理を自分たちもまた共有するその限りにおいて、彼ら／彼女らの示す中間への自閉的自足に向けた批判はそのまま自分に跳ね返ってくる。そう考えざるをえないだろうからである。

また、この問題については、ここでもう一点付け加えておく必要があるようにも思われる。いまの日本社会のあり様が、そういった中間層への居直りを可能にし、支え、ときには積極的にbスイショウしさえする方向に作用している、というのがそれである。

②幸か不幸か、いまの日本で暮らすことは非常に快適だ。ファースト・フード店に入れば五百円玉一つで空腹を満たすことができ、夜中の二時だろうが三時だろうが、コンビニにふらりと立ち寄ればおでんとビールでささやかな一人宴会を始めることができる。退屈しそうなときには、漫画からレンタルＤＶＤから各種ゲームから、さほど出費を気にすることなく充実したエンターテイメントの世界を楽しむことが可能だ。また、ときに孤独を感じそうな瞬間が訪れたとしても、指先ひとつでスマートフォンのスリープを解除しさえすればよい。その先には、＊1ソーシャル・メディアを通じた、気の合う仲間たちだけから成り立つ居心地のよい社交の空間が広がっている。

その他、ファストファッションからデパ地下のスイーツから流行《はや》りのラーメン屋まで、いまの日本を彩る消費文化の快適さと清潔さ、そしてコストパフォーマンスの高さは、どれをとっても驚くべき――というか間違いなく世界最高の――水準にある。

なるほど、cコウガイ型アウトレットモールにせよ格安居酒屋にせよ＊2ローコストキャリアにせよ、「デフレ時代の消費者アイテム」を代表する商品リストを見渡すとき、そこに大型高級車やブランド品や豪華レストランでの食事がもつ華やかさや贅沢《ぜいたく》さといった要素を見出《みいだ》すことは難しいのかもしれない。しかし、それでも、これら現代日本のお買い得アイテムたちが、一昔前に見られた「安かろう／まずかろう／お金の無駄遣いだろう」のへっぽこ商品とは次元の違う品質をもち、中間者たちの日常における「生活の質」を格段に引き上げてくれるレベルにあるのは間違いのないところだと思う。

何万円というお金をかけなくても十分においしい焼き肉を食べることができる。何十万円、何週間とかけて世界の秘境まで旅をしなくても、ウユニ塩湖もギアナ高地もアンコール・ワットも、ネット上で＊3クオリティの高い写真と現地レポートを見れば充分に楽しめる。生まれたときからそんな夢のような環境で育ってきたことを

英語解答

1 問1 エ

問2 thought were my friends started to stay away from me

問3 ア 自分にできないことばかり考えるのではなく，自分ができることを考えようと努めた（38字）

イ 自分が本当はどういう人間なのか

問4 4-1…ウ 4-2…イ 4-3…ア 4-4…オ 4-5…エ

問5 different

問6 about it isn't going to do me any good

問7 私は決して他の誰にもなれないし，またなりたいとも思わない。

問8 オ

2 問1 1…ウ 2…オ 3…ア 4…エ

問2 over 問3 エ

問4 ア 裸足のランナーたち

イ 足の中心で着地する

問5 ア 土踏まず

イ 衝撃を自然に和らげる

問6 this is to imagine the arch as

3 (1) enough (2) service (3) free (4) stories (5) last

4 (1) hire (2) rode (3) route (4) flour (5) ours

5 ア，オ

6 (1) three times as many books as

(2) address and phone number by heart

7 Part A (1)…A (2)…C (3)…B

Part B (1)…D (2)…B

(3) A…chocolate B…1.5

Part C (1)…C (2)…D (3)…B (4)…A

Part D (1)…B (2)…C (3)…C (4)…D

1〔長文読解総合―エッセー〕

≪全訳≫❶どうして私が？　私はしばしば自問する。どうして私がそれでなくてはならなかったのか？　どうして私が人と違う存在として選ばれてしまったのか？　どうしてみんな私に対して意地悪で，いつも嫌な目に遭わせるのか？　このような問いを，私はいつも自分に投げかけていた。私が答えを見つけ，私が他の誰かよりも変わっているわけではないのだと気づくまで，10年以上かかった。❷私は1978年の6月29日に生まれた。私の双子の姉〔妹〕，ステファニーも一緒に生まれてきた。彼女は何の問題もなく生まれたが，私には生まれつき脳性小児まひ(CP)があった。CPのため私の体には少し震えがあり，姉〔妹〕が歩き始めても私は歩けなかった。私の場合，CPはそれほどひどくはないと医師にはわかっていた。だが，私がまっすぐ歩くようになるのか，私と同じ年の子どもたちができることを私がするようになるのかは，わからなかった。❸最初は，私の病状が私を困らせることはなかった。なぜなら，よちよち歩きの幼児のときはとても簡単なことしかしないからだ。私がうまく走れないために，外で遊ぶのに人より少し時間がかかっても，友達は私がのろまだと思うだけだった。私の問題が見つかってしまったのは，他の子どもたちが字の書き方を学んでいるのに，私には字が書けなかったときだった。私が人と違っているからと言って，(2)私が自分の友達だと思っていた子どもたちが，私に寄りつかなくなった。クラスメートは私の話し方に口を出すようになった。私がとても奇妙なしゃべり方をすると言うのだ。誰かが私に嫌な思いをさせるたび，私は泣き出し，人と違う自分を責めるのだった。❹自分の名前を書くことが私には難しかったので，みんなは私のことを馬鹿だと思っていた。だから，私がクラスでただ１人タイプライターを使っていたとき，私は自分が他とは違うのだと感じるようになった。その感覚がひどくなったのは，３年生から４年生に上がるとき，私が留年しなくてはならなかったときだった。私が上がることを許されなかったのは，私が授業についていけるほど速く文字を打てないだろうと先生たちが考えたからだった。子どもたちはそれはうそで，私が上の学年に上がらせてもらえなかったのは私が馬鹿だからだと私に言った。自分のクラスメートにいじめられることは本当につらかった。❺皆が自分を馬鹿にし，それで自分が泣くということに耐えた末，10歳，つまり４年生になると私は自分を守るようになった。彼らにやめてほしければ，私自身が彼らにやめさせなくてはならないと気づいた。とうとう，私には誰が本当の友達なのかわかった。そして私に意地悪な奴《やつ》らは無視しようとした。自分にできないことばかり考えるのではなく，自分ができることを考えるようにした。そしてそれが，他の人や私自身が，私が本当はどういう人間なのか理解するうえで役に立った。ピクショナリーで遊ぶことのように私にできないことがあったとき，私は座って眺めたり，あるいは他にするべきことを見つけに行ったりした。それでも私を馬鹿にする人たちがいたが，しばらくして何の反応も得られないことを知ると，やめるようになった。なぜならもうおもしろくないからだ。彼らにわかっていなかったのは，それでもそれは私を傷つけていたということだ。それは彼らの想像をはるかに超えて，私を傷つけていたのだ。❻私が今のようになるまで，大変な精神の強さと家族や友人からのたくさんの愛情が必要だった。私の状態は誰のせいでもないことを学んだ。私にできることがいくつかあり，私はそれらをとても上手にできることを知っている。一方で，授業でノートをとったりレースで走ったりするように，できないこともあるが，4-1私はそれを受け入れて生きていかなくてはならない。今10代半ばの少女として，私は多くの大人たちが生涯で学ぶであろうことよりも，たくさんのことを学んできたと思っている。他人に優しくすることが不安で，4-2つらく当たる人たちがいることを理解するようになった。彼らは自分自身や他人に対して，4-3自分が感情に動かされない人間であると示したいのだ。だが遅かれ早かれ，4-4あのような人を傷つけることは言わなければよかったと思うようになるだろう。多くの人たちが身体的な障がいのある人たちに冷たい生き方をするのは，4-5彼らに対してどのように振る舞い，何と言っていいかわからないからなのだ。自分と異なった人に対して心が落ち着かないのだ。❼親は子どもたちに，人と違って大丈夫なのだ，自分と違った人と仲良くなって大丈夫なのだということを教えるべきだ。一部の人は，身体や精神に障がいを持つ人たちは残りの人生を小さな子どものように扱われるべきだと考える。彼らは私たちが愛情や仲間を必要としていると考えないが，私たちが必要とするものは，他の人間全てが必要とするものと同じなのだ。❽私が脳性小児まひを持って生まれなければ，と思うことはあるが，(6)そのことで泣いても，自分にとっていいことは何もない。私はたった１度しか生きられないのだから，最善を尽くして生きたい。私は自分がどのような人間かを知り，自分に何ができるのかを知ってうれしい。私は自分に満足している。他の誰も，これを書いているアンジェラ・マリー・エリクソンになれないのだ。私は決して他の誰にもなれないし，またなりたいとも思わない。

問１＜英文解釈＞比べているのはI'm differentとanyone else is different，つまり「筆者が人と違う度合い」と「他の誰かが人と違う度合い」である。筆者は人と違うが，その度合いは他の誰かより大きいわけではないと述べており，その前提には誰もが人と違うという考えがある。よってエ.「皆がそうであるように，私は他の人たちといくつかの点で異なっている」が適切。

問２＜整序結合＞Kids「子どもたち」の直後にあるthatは関係代名詞だと考えられるので，kidsを修飾する関係詞節をつくる。まず，与えられた主語Ｉの後に動詞thoughtを置く。「思っていた」

内容は「(子どもたちが)私の友達だった(ということ)」だと考えられるがKidsは前に出ているので，thoughtの後にはwere my friendsと続ける。この‘関係代名詞＋I think〔believeなど〕＋動詞…’の形は連鎖関係詞節と呼ばれる形。I thought ★ were my friendsの★の部分にあたるkidsが先行詞として前に出た形と考えるとわかりやすい。残りはstay away from ～「～から距離を置く」がまとまり，この目的語にmeを置く。これをstarted to ～の後に置けばよい。

問3＜英文和訳＞ア．itは同じ文の前半部分を指す。 Instead of ～ing「～する代わりに」constantly「しきりに，絶えず」　イ．ここでのwho I wasは筆者の単なる属性ではなく，その人そのものの人間性を指す。

問4＜適文選択＞4-1．直前に‘逆接’の接続詞butがあるので，できないことがあろうともそれを受け入れるというウが適切。　4-2．直後のbecause節にあるniceは「優しい」の意味。よって人に優しくなれない結果と考えられるイが入る。　4-3．文中のproveは「～を証明する」の意味。人に優しくなれない理由を正当化する内容となるアが適切。ここでのcoolは「冷静な，動じない」の意味。　4-4．sooner or later「遅かれ早かれ，いずれ」から，いくら意地悪をする自分を正当化しようが，将来自分が言ったことを後悔するだろう，という流れだと考えられる。
4-5．身体障がい者に対して人々がつらく当たる理由を述べた部分。続く内容は空所部分の補足説明と考えられるので，同様の意味のエが適切。

問5＜適語補充＞that以下が「～して大丈夫だ」の形の繰り返しであることに注目。最初のit's all right to ～は自分自身がdifferentである場合，2つ目のit's all right to ～は他人がdifferentである場合を述べたと考えられる。

問6＜整序結合＞まず，何について泣くのかを示すabout itを置き，ここまでをひとまとまりの主語と考える(itはbutの前の生まれつき脳性小児まひがあることを指す)。これを受ける述語を‘未来’を表すbe going to ～の形で始めれば，残りは‘do＋人＋good’「〈人〉によい，役立つ」とnot ～ any「全く～ない」の形を組み合わせてdo me any goodとまとめる。

問7＜英文和訳＞ここでのcouldは仮定法に由来し，現在の‘能力・可能性’を表す用法と考えられる。またここでのeverは否定文の中で用いられて否定語句を強調する用法。

問8＜内容真偽＞ア．「筆者は子どもの頃，ずっと屋内で活動しなくてはならなかった」…×　第3段落第2文参照。外でも遊んでいる。このstick to ～は「～をし続ける」という意味。　イ．「筆者は体を使った難しいゲームやスポーツをしている最中に転んでけがをした」…×　そのような記述はない。　ウ．「中年の大人として，筆者は身体的な問題を抱えた人生をどのように生きていくか学んだ」…×　第6段落第5文参照。筆者は10代の少女である。　エ．「筆者は幼児だったとき，病状のせいで他の幼児が簡単にできたことができなかった」…×　第3段落第1文参照。　‘keep＋人＋from ～ing’「〈人〉に～させないようにする」　オ．「小学校で筆者は，クラスメートの彼女に対する振る舞いを変えるのは彼女次第であることを学んだ」…○　第5段落参照。

2〔長文読解総合―説明文〕

≪全訳≫❶ランニングが体調を維持する良い方法であることは誰もが知っている。ランニングの手軽さは多くの人々にとって魅力的だ。高い道具をたくさん用意する必要はなく，良いランニングシューズが必要なだけだ。ただ，その考え方は変わりつつある。もしかすると靴も全く必要ないかもしれないと言う研究者もいるのだ。❷これはメキシコ北西部に住むタラフマラ族のインディアンにとっては驚くことではない。彼らの地域の地面は荒れているので，車よりも徒歩での移動の方が容易だ。伝統的にタラフマラ族は狩人だ。彼らは狩ろうとしている動物を遠くまで，ときには数日の間，動物が疲れて死ぬまで追いかける。その結果，タラフマラ族にとって非常に長い距離を走ることが日常生活の一部になった。彼らはその持久力で知られていて，50マイル(80キロメートル)以上のレースを走る。タラフマラ族の選手が1968年のオリンピックのマラソンで走ったとき，レースがたった26.2マイルで終わってしまうことを知らなかったので，走り続けた。「短すぎる」と彼らは文句を言った。❸だが，驚くべきはここからだ。タラフマラ族のランナーたちはランニングシューズを履かないのだ。タラフマラ族の靴はとても質素なものだ。靴底は足にあてがわれた１枚のゴムで，手づくりのひもがついている。そのゴム底はとがった物から彼らの足を守るものの，足を支えたりクッションの役を果たしたりすることは全くない。❹世界最高のランナーたちの中にランニングシューズを履かない人がいるということが，どうしてありうるのだろうか。科学的研究は，タラフマラ族が何世紀も前から知っているあることに注目し始めた。それはつまり，人間の体は裸足《はだし》で走るようつくられているということだ。最近のある研究では研究者たちがビデオカメラを使って，裸足のときに選手たちがどのように走るかを調べた。その研究が明らかにしたのは，裸足のランナーたちが足の中心で着地することだ。そうすると足の土踏まずが衝撃を減らす。次にその力が脚部を通じて上に伝わるのだ。❺裸足のランナーを横から見ると，なぜそれが理にかなっているのか理解できる。自然な裸足の足取りは，靴で走るのに対して明白に有利な点が２つある。まず，一段高くなった土踏まずの部分が足にかかる衝撃を自然と減らす。衝撃の力が足を地面に向かって押し出し，土踏まずの弓形が平らになって広がる。それが衝撃のエネルギーを減らすのだ。２つ目は，足が地面を離れるとき，エネルギーが脚部を伝わる。これが，次の一歩を踏み出すために脚部を上に動かすのに役立つ。(9)これを理解する１つの方法は，土踏まずの弓形をトランポリンだと想像することだ。下方への運動が上向きの力に変換され，ランナーの速度を上げるのだ。

問１＜適語選択＞１．in shape「体調が良くて」　２．ここでの appeal to ～は「～の心に訴える」。　３．not ～ at all「全く～でない」　４．on foot「徒歩で」

問２＜適語補充―共通語＞be over「終わっている」　advantage over ～「～よりも有利な点」

問３＜適語句選択＞50マイル以上のレースを走っていたタラフマラ族にとって，26.2マイルしかないマラソンは距離が短すぎたと考えられる。

問４＜指示語＞この do this の内容は前文の that 以下にある。barefoot は「裸足」，ここでの land は動詞で「着地する」の意味。

問５＜文脈把握＞下線部の疑問は裸足で走ることが理にかなっている理由を問うもの。その答えとして２つの利点が挙げられており，ここでは First で始まる第５段落第３文の内容をまとめればよい。the raised arch は足の弓形に盛り上がった部分，つまり「土踏まず」を指す。　reduce「～を減らす」

問６＜整序結合＞まず understand の目的語に，前２文で述べられた現象を指す語として this を置いてみる。この this までのひとまとまりを文の主語と考え，動詞の is を続けると，残りは to ～「～すること」の形でまとまる(to不定詞の名詞的用法)。'～' の部分には 'imagine＋*A*＋as＋*B*'「*A* が *B* であると想像する」の形が入る。

3〔適語補充―共通語〕

(1)上：文を修飾する副詞句につく enough。　「奇妙なことに，いつも私が外出しようとするたびに雨が降る」　下：「十分な量」を表す名詞の enough。　「彼の不平不満にはうんざりだ。もう十分だよ」

(2)上：レストランなどの「応対」を表すservice。　「このレストランは，料理はおいしいが，料理が出てくるのはとても遅い」　下：電車やバスの「便」を表すservice。　「祭りの間，駅からバスの往復便が出ている」

(3)上：free of ～「～がない」　「彼が完全に痛みから解放されるまで数日かかった」　下：for free「無料で」　「このパンフレットは無料で持ち帰れる」

(4)上：建物の「階数」を表すstoryの複数形stories。　「この新しいビルは5階建てだ」　下：「物語」を表すstoryの複数形stories。　「母は日本の童話からいくつかの物語を私に語ってくれた」

(5)上：「最後に」を表す副詞のlast。　「僕は君に最後に会ってから何回か引っ越している」　下：「持続する」を表す動詞のlast。　「この寒い天気はもう1週間続くだろう」

4〔適語補充—同音異義語〕

(1)上：highの比較級higher。　下：「(人)を雇う」を表すhire。発音は[haiə*r*]。　「富士山は日本の他のどの山よりも高い」／「新年度にもう1人先生を雇う必要がある」

(2)上：「道」を表すroad。　下：ride「(乗り物)に乗る」の過去形rode(ride－rode－ridden)。発音は[roud]。　「この道を行くと海岸に出ます」／「私は昨日初めて馬に乗った」

(3)上：「根」を表すroot。　下：「道」を表すroute。発音は[ruːt]。　「その古い木の根が地面から飛び出していた」／「大通りは混んでいるので，別の道を通った方がよい」

(4)上：「花」を表すflower。　下：「小麦粉」を表すflour。発音は[flauə*r*]。　「日本の生け花に興味を持つ外国人がいる」／「このケーキをつくるには小麦粉，卵，砂糖，そして牛乳が必要だ」

(5)上：「時間」を表すhourの複数形のhours。　下：「私たちのもの」を表すours。発音は[auə*r*z]。「この仕事を終えるのにもう3時間必要だ」／「あなたの両親はどちらも大阪出身で，私たちのは東京出身だ」

5〔正誤問題〕

ア…×　2つのものの一方を代名詞oneで受けると，もう一方はthe otherとなる。「この部屋には2匹の犬がいる。1匹は白で，もう1匹は黒だ」　イ…○　「ジョンと結婚して以来，その鳥たちの世話をするのは私の責任だ」　ウ…○　「この学校に所属する生徒は，基礎講座を全て受講するよう勧められている」　エ…○　「姉〔妹〕がつくったクッキーはとてもおいしかったので，食べるのをやめられなかった」　オ…×　at first「初めは」は，「最初は～だったが，その後…になった」というように，初めのうちとその後で状況などが変わる場合に使う。ここではAtをとるか，あるいはAがfirstと言っているので，At firstそのものが不要。　A：最初は何をすればいいの？／B：野菜を切る必要があるよ。／A：わかった。次は？　カ…○　A：君のお兄さん〔弟さん〕はどこ？／B：知りません。でもこの階の部屋のどこかにいるはずです。／A：彼を探しに行きましょう。

6〔和文英訳〕

(1)「3倍の数の～」はthree times as many ～ asで表せる。

(2)「～を暗記する」はlearn ～ by heartで表せる。

7〔放送問題〕解説省略

2020年度／開成高等学校

数学解答

1 (1)　$(x-19)(x-23)(x-18)(x-24)$

(2)　$x=-\dfrac{\sqrt{21}}{7}$，$y=\dfrac{2\sqrt{35}}{7}$

2 (1)　$A\left(-1,\ \dfrac{\sqrt{3}}{6}\right)$，$B\left(3,\ \dfrac{3\sqrt{3}}{2}\right)$，$C\left(-5,\ \dfrac{25\sqrt{3}}{6}\right)$

(2)　$\left(-1,\ \dfrac{17\sqrt{3}}{6}\right)$

(3)　$y=\sqrt{3}x-\dfrac{3\sqrt{3}}{2}$

(4)　(例)関数$y=\dfrac{\sqrt{3}}{6}x^2$のグラフ上にある点は，$\left(a,\ \dfrac{\sqrt{3}}{6}a^2\right)$とおける。点$\left(a,\ \dfrac{\sqrt{3}}{6}a^2\right)$が直線$y=\sqrt{3}x-\dfrac{3\sqrt{3}}{2}$上にもあればよいので，$\dfrac{\sqrt{3}}{6}a^2=\sqrt{3}a-\dfrac{3\sqrt{3}}{2}$，$a^2-6a+9=0$，$(a-3)^2=0$より，$a=3$　これは点Bのx座標と同じだから，関数$y=\dfrac{\sqrt{3}}{6}x^2$のグラフ上にも直線$y=\sqrt{3}x-\dfrac{3\sqrt{3}}{2}$上にもある点は点Bのみである。

3 (1)　17組　(2)　45組　(3)　508組

4 (1)　$8\sqrt{2}$　(2)　$\dfrac{7}{3}$　(3)　$\dfrac{2}{3}$

(4)　$AQ=\dfrac{7+\sqrt{47}}{3}$，$AR=\dfrac{7-\sqrt{47}}{3}$

$AQ=2$，$AR=\dfrac{1}{9}$

$AQ=3$，$AR=\dfrac{2}{27}$

1〔独立小問集合題〕

(1)<因数分解>$x-21=A$とおくと，与式$=A^4-13A^2+36=(A^2)^2-13A^2+36=(A^2-4)(A^2-9)=(A+2)(A-2)(A+3)(A-3)$となる。$A$をもとに戻して，与式$=(x-21+2)(x-21-2)(x-21+3)(x-21-3)=(x-19)(x-23)(x-18)(x-24)$である。

(2)<連立方程式>$\sqrt{3}x+\sqrt{5}y=\sqrt{7}$……①，$\dfrac{1}{\sqrt{3}}x+\dfrac{1}{\sqrt{5}}y=\dfrac{1}{\sqrt{7}}$……②とする。②×$\sqrt{105}$より$\sqrt{35}x+\sqrt{21}y=\sqrt{15}$……②′　①×$\sqrt{35}$－②′×$\sqrt{3}$より，$5\sqrt{7}y-3\sqrt{7}y=7\sqrt{5}-3\sqrt{5}$，$2\sqrt{7}y=4\sqrt{5}$　$\therefore y=\dfrac{2\sqrt{35}}{7}$　これを①に代入して，$\sqrt{3}x+\sqrt{5}\times\dfrac{2\sqrt{35}}{7}=\sqrt{7}$，$\sqrt{3}x+\dfrac{10\sqrt{7}}{7}=\sqrt{7}$，$\sqrt{3}x=-\dfrac{3\sqrt{7}}{7}$　$\therefore x=-\dfrac{\sqrt{21}}{7}$

2〔関数―関数$y=ax^2$と直線〕

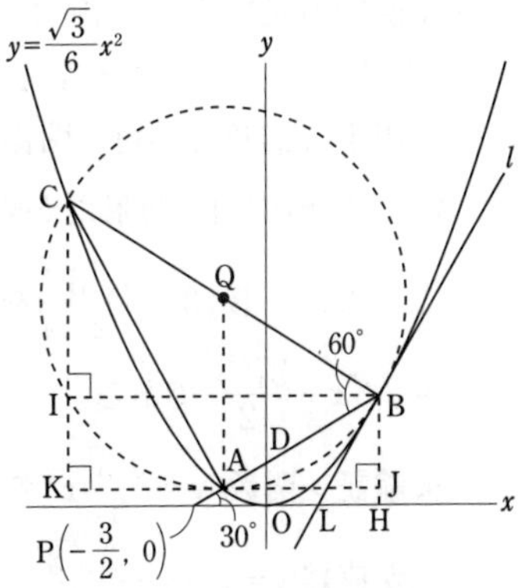

(1)<座標>右図で，点Bからx軸に垂線BHを引き，直線ABとy軸の交点をDとする。∠OPA＝∠OPB＝30°より，3点P，A，Bは一直線上にある。∠OPB＝30°より，△BPHは3辺の比が$1:2:\sqrt{3}$の直角三角形となるから，$BH:PH=1:\sqrt{3}$より，直線ABの傾きは$\dfrac{BH}{PH}=\dfrac{1}{\sqrt{3}}=\dfrac{\sqrt{3}}{3}$となる。また，△DPOも3辺の比が$1:2:\sqrt{3}$の直角三角形となるから，$DO=\dfrac{1}{\sqrt{3}}PO$となる。$P\left(-\dfrac{3}{2},\ 0\right)$より$PO=\dfrac{3}{2}$だから，$DO=\dfrac{1}{\sqrt{3}}\times\dfrac{3}{2}=\dfrac{\sqrt{3}}{2}$であり，$D\left(0,\ \dfrac{\sqrt{3}}{2}\right)$となる。よって，直線ABの式は$y=\dfrac{\sqrt{3}}{3}x+\dfrac{\sqrt{3}}{2}$となる。2点A，Bは放物線$y=\dfrac{\sqrt{3}}{6}x^2$と直線$y=\dfrac{\sqrt{3}}{3}x+\dfrac{\sqrt{3}}{2}$の交点だから，$\dfrac{\sqrt{3}}{6}x^2=\dfrac{\sqrt{3}}{3}x+\dfrac{\sqrt{3}}{2}$より，$x^2-2x-3=0$，$(x+1)(x-3)=0$　$\therefore x=-1,\ 3$　点Aのx座標は-1，点Bのx座標は3だから，

$y=\frac{\sqrt{3}}{6}\times(-1)^2=\frac{\sqrt{3}}{6}$，$y=\frac{\sqrt{3}}{6}\times 3^2=\frac{3\sqrt{3}}{2}$より，$\mathrm{A}\left(-1,\ \frac{\sqrt{3}}{6}\right)$，$\mathrm{B}\left(3,\ \frac{3\sqrt{3}}{2}\right)$となる。次に，点Bを通り$x$軸に平行な直線と点Cを通り$y$軸に平行な直線の交点をIとすると，$\angle\mathrm{IBP}=\angle\mathrm{OPB}=30^\circ$より，$\angle\mathrm{CBI}=\angle\mathrm{ABC}-\angle\mathrm{IBP}=60^\circ-30^\circ=30^\circ$だから，△CBIは3辺の比が$1:2:\sqrt{3}$の直角三角形であり，直線BCの傾きは$-\frac{\mathrm{CI}}{\mathrm{BI}}=-\frac{1}{\sqrt{3}}=-\frac{\sqrt{3}}{3}$となる。直線BCの式を$y=-\frac{\sqrt{3}}{3}x+b$とおくと，点Bを通ることから，$\frac{3\sqrt{3}}{2}=-\frac{\sqrt{3}}{3}\times3+b$，$b=\frac{5\sqrt{3}}{2}$となり，直線BCの式は$y=-\frac{\sqrt{3}}{3}x+\frac{5\sqrt{3}}{2}$である。点Cは放物線$y=\frac{\sqrt{3}}{6}x^2$と直線$y=-\frac{\sqrt{3}}{3}x+\frac{5\sqrt{3}}{2}$の交点だから，$\frac{\sqrt{3}}{6}x^2=-\frac{\sqrt{3}}{3}x+\frac{5\sqrt{3}}{2}$より，$x^2+2x-15=0$，$(x+5)(x-3)=0$　$\therefore x=-5,\ 3$　点Cのx座標は-5であり，$y=\frac{\sqrt{3}}{6}\times(-5)^2=\frac{25\sqrt{3}}{6}$より，$\mathrm{C}\left(-5,\ \frac{25\sqrt{3}}{6}\right)$である。

(2)＜座標＞前ページの図で，点Aを通りx軸に平行な直線とBHとの交点をJ，点Cを通りy軸に平行な直線との交点をKとする。$\angle\mathrm{BAJ}=\angle\mathrm{OPB}=30^\circ$である。また，$\angle\mathrm{CKA}=90^\circ$であり，$\mathrm{A}\left(-1,\ \frac{\sqrt{3}}{6}\right)$，$\mathrm{C}\left(-5,\ \frac{25\sqrt{3}}{6}\right)$より，$\mathrm{AK}=-1-(-5)=4$，$\mathrm{CK}=\frac{25\sqrt{3}}{6}-\frac{\sqrt{3}}{6}=4\sqrt{3}$だから，$\mathrm{AK}:\mathrm{CK}=4:4\sqrt{3}=1:\sqrt{3}$となる。よって，△ACKは3辺の比が$1:2:\sqrt{3}$の直角三角形だから，$\angle\mathrm{CAK}=60^\circ$である。したがって，$\angle\mathrm{CAB}=180^\circ-30^\circ-60^\circ=90^\circ$だから，3点A，B，Cを通る円は線分BCを直径とする円であり，円の中心は線分BCの中点である。$\mathrm{B}\left(3,\ \frac{3\sqrt{3}}{2}\right)$，$\mathrm{C}\left(-5,\ \frac{25\sqrt{3}}{6}\right)$だから，線分BCの中点の$x$座標は$\frac{3+(-5)}{2}=-1$，$y$座標は$\left(\frac{3\sqrt{3}}{2}+\frac{25\sqrt{3}}{6}\right)\div2=\frac{17\sqrt{3}}{6}$となり，円の中心の座標は$\left(-1,\ \frac{17\sqrt{3}}{6}\right)$である。

≪別解≫前ページの図で，点Aを通りy軸に平行な直線とBCの交点をQとする。$\angle\mathrm{QAB}=\angle\mathrm{QAJ}-\angle\mathrm{BAJ}=90^\circ-30^\circ=60^\circ$だから，$\angle\mathrm{QAB}=\angle\mathrm{ABQ}=60^\circ$となり，△ABQは正三角形である。よって，AQ＝BQである。また，$\frac{3+(-5)}{2}=-1$より，線分BCの中点のx座標は-1である。点Aのx座標が-1より，点Qのx座標も-1だから，点Qは線分BCの中点となり，BQ＝CQである。したがって，AQ＝BQ＝CQとなり，点Qは3点A，B，Cを通る円の中心となる。点Qは直線$y=-\frac{\sqrt{3}}{3}x+\frac{5\sqrt{3}}{2}$上にあるから，$y=-\frac{\sqrt{3}}{3}\times(-1)+\frac{5\sqrt{3}}{2}=\frac{17\sqrt{3}}{6}$となり，$\mathrm{Q}\left(-1,\ \frac{17\sqrt{3}}{6}\right)$である。

(3)＜直線の式＞前ページの図で，(2)より，線分BCが円の直径だから，点Bで接する円の接線を直線lとすると，$\mathrm{BC}\perp l$となる。直線lとx軸の交点をLとすると，$\angle\mathrm{PBL}=90^\circ-60^\circ=30^\circ$となり，△PBLで内角と外角の関係より，$\angle\mathrm{BLH}=30^\circ+30^\circ=60^\circ$となる。よって，△BLHは3辺の比が$1:2:\sqrt{3}$の直角三角形だから，直線$l$の傾きは$\frac{\mathrm{BH}}{\mathrm{LH}}=\frac{\sqrt{3}}{1}=\sqrt{3}$となり，その式は$y=\sqrt{3}x+c$とおける。これが$\mathrm{B}\left(3,\ \frac{3\sqrt{3}}{2}\right)$を通るので，$\frac{3\sqrt{3}}{2}=\sqrt{3}\times3+c$，$c=-\frac{3\sqrt{3}}{2}$となり，求める直線の式は$y=\sqrt{3}x-\frac{3\sqrt{3}}{2}$である。

(4)＜論証＞関数$y=\frac{\sqrt{3}}{6}x^2$のグラフ上にある点は，x座標をaとすると，$\left(a,\ \frac{\sqrt{3}}{6}a^2\right)$とおける。この点が直線$y=\sqrt{3}x-\frac{3\sqrt{3}}{2}$上にもあればよい。解答参照。

3〔場合の数・確率〕

≪基本方針の決定≫(1)　少なくともA，Bのどちらか一方は7の倍数である。　(3)　A，Bの一の位の数で場合分けをして考える。

(1)＜場合の数＞積ABが7でわり切れることより，積ABは7の倍数だから，少なくともA，Bのどちらか一方は7の倍数である。一の位が7の2けたの自然数で7の倍数は77のみだから，少なくともA，Bのどちらか一方は77である。$A=77$とすると，$B=17$，27，37，47，57，67，77，87，97の9通りより，A，Bの組は9組である。$B=77$としても同様に9組となるが，それぞれに$(A,\ B)=(77,\ 77)$の1組が含まれているので，求めるA，Bの組は，$9+9-1=17$(組)である。

(2)＜場合の数＞積ABが6でわり切れることより，積ABは6の倍数である。A，Bの一の位がともに6より，A，Bはともに2の倍数だから，積ABは2の倍数である。$6=2\times3$だから，積ABは3の倍数でもある。よって，少なくともA，Bのどちらか一方は3の倍数である。一の位が6の2けたの自然数で3の倍数は36，66，96だから，少なくともA，Bのどちらか一方は36，66，96のいずれかとなる。$A=36$とするとBは9通りあり，$A=66$，96としてもBは9通りずつあるから，Aが3の倍数のとき，A，Bの組は$9\times3=27$(組)ある。同様に，Bが3の倍数のときも27組ある。このうち，$(A,\ B)=(36,\ 36)$，(36，66)，(36，96)，(66，36)，(66，66)，(66，96)，(96，36)，(96，66)，(96，96)の9組はそれぞれの場合に含まれているから，求めるA，Bの組は，$27+27-9=45$(組)である。

(3)＜場合の数＞A，Bの一の位が1の場合，積ABは自然数であるから，全て1でわり切れる。一の位が1の2けたの自然数は9個あるから，A，Bの組は$9\times9=81$(組)となる。A，Bの一の位が2の場合，A，Bは2の倍数だから，積ABも2の倍数であり，全て2でわり切れる。この場合も同様にA，Bの組は81組ある。A，Bの一の位が3の場合，積ABが3でわり切れるのは，少なくともA，Bのどちらか一方が3の倍数のときである。これは(2)の一の位が6の場合と同様で，45組ある。A，Bの一の位が4の場合，A，Bは2の倍数だから，$2\times2=4$より，積ABは4の倍数となり，全て4でわり切れる。A，Bの組は一の位が1の場合と同様に81組ある。A，Bの一の位が5の場合，A，Bは5の倍数だから，積ABも5の倍数であり，全て5でわり切れる。この場合もA，Bの組は81組ある。A，Bの一の位が6の場合は，(2)より，A，Bの組は45組ある。A，Bの一の位が7の場合は，(1)より，A，Bの組は17組ある。A，Bの一の位が8の場合，A，Bは2の倍数である。$8=2\times4$だから，積ABが8でわり切れるのは，少なくともA，Bのどちらか一方が4の倍数のときである。一の位が8の2けたの自然数で4の倍数は，28，48，68，88だから，$A=28$，48，68，88とすると，Bがそれぞれ9通りより，A，Bの組は$4\times9=36$(組)となる。$B=28$，48，68，88としてもA，Bの組は36組となるが，このうち，A，Bがともに28，48，68，88のいずれかのときの$4\times4=16$(組)はそれぞれに含まれているので，A，Bの組は$36+36-16=56$(組)となる。A，Bの一の位が9の場合，積ABが9でわり切れるのは，$9=1\times9$，3×3より，少なくともA，Bのどちらか一方が9の倍数のときか，A，Bがともに3の倍数のときである。一の位が9の2けたの自然数で9の倍数は99のみだから，少なくともどちらか一方が9の倍数のときは，一の位が7のときと同様にA，Bの組は17組ある。また，一の位が9の2けたの自然数で3の倍数は39，69，99であるが，99を含む組はすでに考えているから，A，Bの組は，99を含む組を除いて$(A,\ B)=(39,\ 39)$，(39，69)，(69，39)，(69，69)の4組である。よって，一の位が9の場合のA，Bの組は$17+4=21$(組)となる。以上より，求めるA，Bの組は$81+81+45+81+81+45+17+56+21=508$(組)となる。

4〔空間図形—四面体〕

(1)＜面積—三平方の定理＞次ページの図1で，点Aから辺BCに垂線AIを引く。△ABCはAB＝AC＝6の二等辺三角形だから，点Iは辺BCの中点となり，$\mathrm{BI}=\frac{1}{2}\mathrm{BC}=\frac{1}{2}\times4=2$である。△ABIで三平方の定理より，$AI=\sqrt{AB^2-BI^2}=\sqrt{6^2-2^2}=\sqrt{32}=4\sqrt{2}$ となるから，$\triangle ABC=\frac{1}{2}\times BC\times AI=\frac{1}{2}\times 4\times 4\sqrt{2}=8\sqrt{2}$ である。

(2)＜長さ―三平方の定理＞右図1で，点Pと点Cを結ぶ。(1)より，$\triangle ABC=8\sqrt{2}$ であり，$AP=PB$ だから，$\triangle APC=\triangle PBC=\frac{1}{2}\triangle ABC=\frac{1}{2}\times 8\sqrt{2}=4\sqrt{2}$ となる。よって，$\triangle APC$ の面積について，$\frac{1}{2}\times AC\times PH=4\sqrt{2}$ より，$\frac{1}{2}\times 6\times PH=4\sqrt{2}$ が成り立ち，$PH=\frac{4\sqrt{2}}{3}$ となる。$AP=\frac{1}{2}AB=\frac{1}{2}\times 6=3$ だから，$\triangle APH$ で三平方の定理より，$AH=\sqrt{AP^2-PH^2}=\sqrt{3^2-\left(\frac{4\sqrt{2}}{3}\right)^2}=\sqrt{\frac{49}{9}}=\frac{7}{3}$ である。

図1

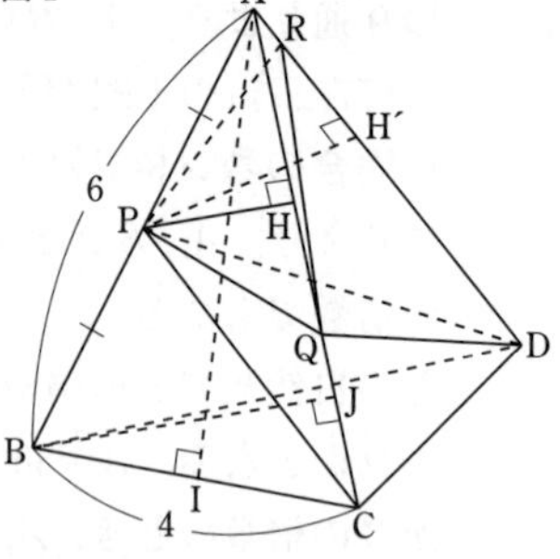

≪別解≫図1で，点Bから辺ACに垂線BJを引く。$\angle BCJ=\angle ACI$，$\angle BJC=\angle AIC=90^\circ$ より，$\triangle BCJ\backsim\triangle ACI$ だから，$CJ:CI=BC:AC$ であり，$CJ:2=4:6$ が成り立つ。これより，$CJ\times 6=2\times 4$，$CJ=\frac{4}{3}$ となり，$AJ=AC-CJ=6-\frac{4}{3}=\frac{14}{3}$ である。また，$PH/\!/BJ$ となるから，$AP=PB$ より，$AH=HJ$ である。よって，$AH=\frac{1}{2}AJ=\frac{1}{2}\times\frac{14}{3}=\frac{7}{3}$ である。

(3)＜長さ＞右上図1で，点Pから辺ADに垂線AH′を引く。このとき，$\triangle APH\equiv\triangle APH'$ となり，$PH=PH'$ となる。また，$\angle PHQ=\angle PH'R=90^\circ$ だから，$PQ=PR$ のとき，$\triangle PQH\equiv\triangle PRH'$ となり，$QH=RH'$ である。よって，$QH=AQ-AH=4-\frac{7}{3}=\frac{5}{3}$ より，$RH'=\frac{5}{3}$ となる。$AQ>AR$ より，$AR<AH'$ であり，$AH'=AH=\frac{7}{3}$ だから，$AR=AH'-RH'=\frac{7}{3}-\frac{5}{3}=\frac{2}{3}$ である。

(4)＜長さの組＞右上図1で，四面体ABCDの体積を V とし，$AQ=x$，$AR=y$ とおく。点Pは辺ABの中点だから，〔四面体APCD〕$=\frac{1}{2}$〔四面体ABCD〕$=\frac{1}{2}V$ である。$AQ:AC=x:6$ より，〔四面体APQD〕:〔四面体APCD〕$=x:6$ だから，〔四面体APQD〕$=\frac{x}{6}$〔四面体APCD〕$=\frac{x}{6}\times\frac{1}{2}V=\frac{x}{12}V$ となる。同様にして，$AR:AD=y:6$ より，〔四面体APQR〕:〔四面体APQD〕$=y:6$ だから，〔四面体APQR〕$=\frac{y}{6}$〔四面体APQD〕$=\frac{y}{6}\times\frac{x}{12}V=\frac{xy}{72}V$ となる。四面体APQRの体積が四面体ABCDの体積の $\frac{1}{324}$ であることより，〔四面体APQR〕$=\frac{1}{324}$〔四面体ABCD〕$=\frac{1}{324}V$ だから，$\frac{xy}{72}V=\frac{1}{324}V$ が成り立ち，$xy=\frac{2}{9}$ となる。次に，△PQRが二等辺三角形になるときを考える。△PQRが $PQ=PR$ の二等辺三角形になるとき，(3)より，$QH=RH'$ となり，$AQ>AR$ より，$AQ>AH$，$AR<AH'$ である。$AH=AH'=\frac{7}{3}$ だから，$QH=AQ-AH=x-\frac{7}{3}$，$RH'=AH'-AR=\frac{7}{3}-y$ であり，$x-\frac{7}{3}=\frac{7}{3}-y$ が成り立つ。これより，$y=\frac{14}{3}-x$ となる。$y=\frac{14}{3}-x$ を $xy=\frac{2}{9}$ に代入して，$x\left(\frac{14}{3}-x\right)=\frac{2}{9}$，$9x^2-42x+2=0$ より，$x=\frac{-(-42)\pm\sqrt{(-42)^2-4\times 9\times 2}}{2\times 9}=\frac{42\pm\sqrt{1692}}{18}=\frac{42\pm 6\sqrt{47}}{18}=\frac{7\pm\sqrt{47}}{3}$ となる。$x>\frac{7}{3}$ だから，$x=\frac{7+\sqrt{47}}{3}$ であり，$y=\frac{14}{3}-\frac{7+\sqrt{47}}{3}$ より，$y=\frac{7-\sqrt{47}}{3}$ となる。△PQRが $PQ=RQ$ の二等辺三角形のとき，右図2のように面ABCと面ACDを取り出し，辺ADの中点を P_1 とすると，$\triangle APQ\equiv\triangle AP_1Q$ より，$PQ=P_1Q$ となるから，$P_1Q=RQ$ である。よって，点Qから線分 RP_1 に垂線 QH_1 を引くと，

図2

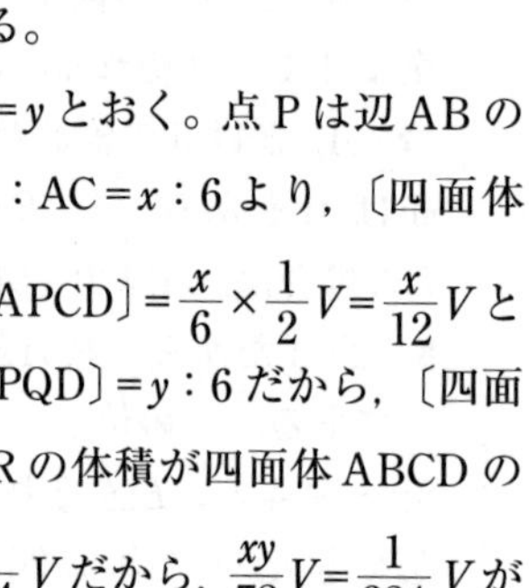

点 H_1 は線分 RP_1 の中点となる。また，$\triangle APH \backsim \triangle AQH_1$ となるから，$AH : AH_1 = AP : AQ$ である。$RP_1 = AP_1 - AR = 3 - y$ より，$RH_1 = \frac{1}{2}RP_1 = \frac{1}{2} \times (3-y) = \frac{3-y}{2}$ だから，$AH_1 = AR + RH_1 = y + \frac{3-y}{2} = \frac{y+3}{2}$ である。よって，$\frac{7}{3} : \frac{y+3}{2} = 3 : x$ が成り立ち，$\frac{7}{3} \times x = \frac{y+3}{2} \times 3$, $y = \frac{14}{9}x - 3$ となる。これを $xy = \frac{2}{9}$ に代入すると，$x\left(\frac{14}{9}x - 3\right) = \frac{2}{9}$，$14x^2 - 27x - 2 = 0$ より，$x = \frac{-(-27) \pm \sqrt{(-27)^2 - 4 \times 14 \times (-2)}}{2 \times 14} = \frac{27 \pm \sqrt{841}}{28} = \frac{27 \pm 29}{28}$ となる。よって，$x = \frac{27+29}{28} = 2$，$x = \frac{27-29}{28} = -\frac{1}{14}$ となり，$0 < x < 6$ だから，$x = 2$ である。このとき，$2y = \frac{2}{9}$，$y = \frac{1}{9}$ となる。△PQR が QR＝PR の二等辺三角形になるとき，右図3のように面ACDと面ADBを取り出すと，△AQR≡△APR となるから，AQ＝AP＝3 である。$x = 3$ だから，$3y = \frac{2}{9}$，$y = \frac{2}{27}$ となる。以上より，求める AQ，AR の長さの組は，$AQ = \frac{7+\sqrt{47}}{3}$，$AR = \frac{7-\sqrt{47}}{3}$ と，AQ＝2，$AR = \frac{1}{9}$ と，AQ＝3，$AR = \frac{2}{27}$ である。

図3

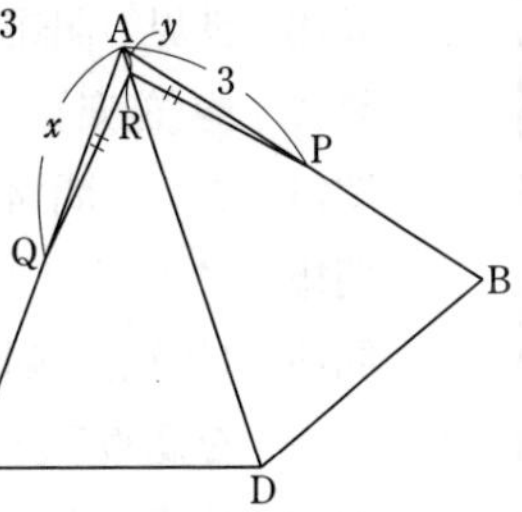

社会解答

1 問1 ウ　問2 ア　問3 高句麗
問4 阿倍仲麻呂　問5 長安
問6 イ　問7 エ
問8 兵庫県神戸市
問9 (例)武力を使う
問10 世界の記述〔東方見聞録〕
問11 能〔能楽〕　問12 勘合貿易
問13 ア　問14 江華島事件
問15 ア
問16 (例)清は朝鮮が独立国であることを認める。
問17 扶清滅洋

2 問1 (1)…オ　(2)…キ
問2 (1) B…メキシコ　C…スペイン
(2) A 記号…ウ
首都…モスクワ
B 記号…イ
首都…メキシコシティ
(3) (i)…愛知県　(ii)…ウ
問3 (1)…エ　(2)…ア
(3) (例)季節による流量の変化が大きく，さまざまな用途の用水を，年間を通して安定して得ることが難しいから。
問4 (1) D…ユダヤ
E…イスラム〔イスラーム〕
F…キリスト
(2) 記号…エ
都市…エルサレム〔イェルサレム〕
(3) 記号…Y
海峡…ホルムズ

3 問1 エ
問2 中国〔中華人民共和国〕
問3 (例)出生率の低下〔少子化，出生数の低下〕
問4 ウ
問5 A…オ　B…ア　C…イ
問6 ア　問7 イ
問8 (1)…イ
(2) (例)所得にかかわらず，ものやサービスに一律に課税されるため。
問9 エ　問10 ウ　問11 環境
問12 A…25　B…勤労　C…国会

1〔歴史―飛鳥時代～明治時代の政治と国際関係〕

問1＜『隋書』＞『隋書』倭国伝によると，607年，朝廷は遣隋使として小野妹子を隋に派遣し，妹子は持参した国書を隋の第2代皇帝煬帝にもたらした。その国書では，中国の皇帝を指す「天子」という語が倭王(日本の天皇)を指すのにも用いられていたため，煬帝は不快感を示したという。なお，「和を以て貴しとなす」は十七条の憲法の第一条(ア…×)，「渡りて海北を平ぐること九十五国」は『宋書』倭国伝に見られる倭王武についての記述(イ…×)，「共に一女子を立てて王となす」は『魏志』倭人伝に見られる邪馬台国の女王卑弥呼についての記述である(エ…×)。

問2＜7世紀初めの日本＞603年，推古天皇と摂政の聖徳太子〔厩戸皇子〕，蘇我馬子を中心とする朝廷は冠位十二階の制度を定めた。これは，官位の世襲制を改め，個人の才能や功績に応じて役人を登用するもので，役人には「徳・仁・礼・信・義・智」を大小に分けた12の位と，それぞれの位に応じた色の冠が与えられた。なお，中大兄皇子が中臣鎌足とともに蘇我蝦夷・入鹿を倒した乙巳の変は645年のことで，これ以降，大化の改新と呼ばれる政治改革が行われた(イ…×)。日本で最初の銅銭とされる「富本銭」は，天武天皇が683年に鋳造を命じたものといわれている(ウ…×)。聖武天皇が国分寺や国分尼寺を建てることを命じたのは，741年のことである(エ…×)。

問３＜隋と朝鮮半島＞６世紀後半の朝鮮半島は，北部の高句麗，南東部の新羅，南西部の百済の三国に分かれていた。隋の第２代皇帝煬帝は604年の即位後，勢力拡大を図って３回にわたり高句麗へ遠征軍を派遣したが，失敗した。

問４＜遣唐使＞阿倍仲麻呂は717年に留学生として遣唐使船で唐に渡り，玄宗皇帝に重用された。しかし，日本に帰国する船が難破したため唐に戻り，帰国の望みを果たせずに亡くなった。

問５＜長安＞唐の都は内陸の都市長安(現在の西安)で，絹の道〔シルクロード〕の東の起点ともいわれ東西交流の要所となり，国際都市として繁栄した。

問６＜律令体制＞班田収授法では６歳以上の男女に口分田が支給されたが，その面積は男子が２段，女子はその３分の２と定められていた。

問７＜11世紀以前の出来事＞1083年，陸奥の豪族であった清原氏一族の内紛に源義家が介入し，後三年の役が始まったが，1087年には義家が藤原清衡とともにこれを平定した。なお，アは保元の乱で1156年，イは1159年，ウは1183年の出来事である。

問８＜大輪田泊＞平清盛は，父の忠盛の頃から始まっていた日宋貿易の利益に注目し，現在の兵庫県神戸市にあった大輪田泊を修築したり，瀬戸内海航路を整備したりして貿易体制を強化した。

問９＜元寇＞モンゴル帝国第５代皇帝フビライ=ハンは1268年に朝貢を求める内容の国書を日本国王宛てに届けた。その最後の部分には，「兵を用いるようなこと」を示唆する一説がある。その後もフビライはたびたび使者を送ってきたが，鎌倉幕府第８代執権北条時宗がこれを無視したことから，1274年の文永の役と1281年の弘安の役の２度にわたり，元の大軍が北九州に襲来するという事態(元寇)に発展した。

問10＜マルコ=ポーロ＞イタリア人のマルコ=ポーロは1275年に元の大都(現在の北京)を訪れ，フビライ=ハンの信任を得ると，17年にわたって彼に仕え，政務にも関与した。イタリア帰国後に捕らえられ，獄中で口述した旅の記録は『世界の記述』〔『東方見聞録』〕としてまとめられ，この中で日本のことが「黄金の国ジパング」として紹介された。

問11＜室町時代の文化＞明で永楽帝が即位した1402年は室町時代に当たり，第３代将軍足利義満が実権を握っていた。この頃，義満の保護を受けた観阿弥・世阿弥父子は，田楽や猿楽などの伝統芸能から能〔能楽〕を芸術として大成した。示された文章は，世阿弥の著した芸術論『風姿花伝』の一節である。

問12＜勘合貿易＞室町幕府第３代将軍を務めた足利義満は，明が倭寇の取り締まりを求めてきたことをきっかけとして明との国交を開き，1404年から貿易を開始した。この貿易では，正式な貿易船と倭寇を区別するために勘合(符)と呼ばれる合い札が証明書として用いられ，中国の港で照合作業が行われた。こうした貿易は，勘合貿易と呼ばれる。

問13＜カリカット＞カリカット(現在のコジコーデ)はインド南西部に位置する港町で，1498年にバスコ=ダ=ガマがここに到達し，ヨーロッパからインドへ至る航路を開拓した。なお，イはコルカタ〔カルカッタ〕，ウはバンコク，エはクアラルンプールの位置である。

問14＜江華島事件＞朝鮮を開国させようと考えた明治政府は1875年，首都漢城(現在のソウル)近くの江華島に軍艦を派遣して測量を行うなどの挑発的行動をとった。これに対して朝鮮が砲撃を加えたことから両軍が交戦し，日本は近くの島を占領した。これが江華島事件で，日本はこの事件をきっかけとして朝鮮に圧力をかけ，朝鮮側に不利な不平等条約である日朝修好条規を結んだ。

問15＜大日本帝国憲法＞大日本帝国憲法では，内閣総理大臣を含む国務大臣は天皇を輔弼《ほひつ》(補佐)する機関であり，議会に対する責任は明らかにされていなかった(イ…×)。帝国議会には衆議院の優越はなく，両院はほぼ同等の権限を持っていた(ウ…×)。第１回衆議院議員選挙の有権者は直接国税15円以上を納める満25歳以上の男子に限られ，これは総人口の1.1％にすぎなかった(エ…×)。

問16＜日清戦争＞日清戦争で戦勝国となった日本は，1895年に清との間で下関条約を結んだ。清はそれまで朝鮮を属国と見なしてきたが，この条約によって，朝鮮が独立国であることを承認した。

問17＜義和団事件＞日清戦争で清が敗れると，欧米諸国や日本は清への進出を強めていった。これに対して清国内では外国人排斥の機運が高まり，1899年には宗教結社の義和団が，清を助けて外国勢力を排除しようという「扶清滅洋」をスローガンに掲げて武装蜂起した。清政府もこれに同調したことから各地で暴動が広がり，1900年には北京で列国の公使館が包囲された。同時に清が列国に宣戦布告したため，列国は軍隊を派遣して1901年にこれを鎮圧し，北京議定書を結んで北京に兵を置くことなどを清に認めさせた。この一連の事件を，義和団事件〔北清事変〕と呼ぶ。

2〔地理―世界の諸地域〕

問１＜緯度と経度＞⑴東京の緯度はおよそ北緯36度なので，北緯90度の北極点との緯度差はおよそ54度となる。同じ緯度差を南方向にとると，およそ南緯18度となる。よって，これより南に位置し，南極により近い国の首都が，東京との緯度差が最も大きいことになる。以上のことから，オーストラリアの首都キャンベラ(およそ南緯35度)が，東京との緯度差が最も大きいと判断できる。　⑵経度差は，地球の中心を通って真裏にあたる経度差180度の地点で最大になる。日本の真裏はおおむねブラジルの南東沖にあたり，東京(およそ東経140度)との経度差が最も大きいのは，ブラジルの首都ブラジリア(およそ西経48度)になる。

問２＜宗教と気候＞⑴2018年現在，日本の人口は世界第11位で，上位10か国は多い順に，中国，インド，アメリカ合衆国，インドネシア，ブラジル，パキスタン，ナイジェリア，バングラデシュ，ロシア連邦，メキシコとなっている。日本と順位が近い国のうち，日本より面積が大きく，先住民の言語以外に主な言語があるのはメキシコである。メキシコは，かつての宗主国であったスペイン語を公用語としている。　⑵日本と人口規模が近く，面積が日本の約45倍となっているＡは，世界最大の面積を持つロシア連邦である。ロシア連邦の首都モスクワは，冬の寒さが厳しい冷帯〔亜寒帯〕に属する。また，Ｂ国はメキシコで，首都のメキシコシティは赤道に近い低緯度に位置しているが標高が高く，１年を通して適度な気温となる高山気候に属する。　⑶(ⅰ)三大都市圏とは東京都市圏，名古屋都市圏，大阪都市圏を指し，中心となる都府県は，それぞれ東京都，愛知県，大阪府である。2017～18年の人口増加率は，東京都，埼玉県，千葉県，神奈川県，愛知県，沖縄県を除く全ての道府県でマイナスとなり，東京都は全国平均の－3.0を大きく上回る5.5‰であった。

(ⅱ)人口の増減は，出生数から死亡数を引いた自然増減と，転入者数から転出者数を引いた社会増減の２つの合計で決まる。したがって，人口増減の要因を考察するには，出生率と死亡率に加えて，転出入者数の資料が必要となる。

問３＜日本の河川とヨーロッパの河川＞⑴ドイツを流れる河川のうち，スイス北部でドイツと国境を接する都市バーゼルを通るのは，アルプス山脈を水源とし，スイスやフランス，ドイツ，オランダを流れて大西洋に注ぐライン川である。また，埼玉県北東部の栗橋を通るのは，越後山脈を水源として群馬県や埼玉県，茨城県，千葉県を流れ，太平洋に注ぐ利根川である。利根川は日本最大の流域面積を持ち，長さは信濃川に次いで第２位である。なお，ドナウ川はドイツ南部を水源として東に流れ，オーストリアの首都ウィーンや東ヨーロッパ各国を通る。また，信濃川は日本最長の河川で，長野県や，小千谷のある新潟県を通って日本海に注ぐ。　(2)ドナウ川はオーストリアの首都ウィーンやハンガリーの首都ブダペスト，セルビアの首都ベオグラードなどを通り，ブルガリアとルーマニアの国境を形成してルーマニアで黒海に注ぐ。河口には三角州が広がっている。なお，北海はイギリスの東に広がる海で，ライン川などが注いでいる。出入りの複雑な海岸地形であるリアス海岸は，ヨーロッパではスペイン北西部などで見られるが，ルーマニア平原の広がるドナウ川河口付近では見られない。　(3)河況係数とは，ある地点での１年間における最大流量と最少流量の比で，河川の流量の変動の大きさを表す。日本の河川は，世界の大河川に比べて河口までの距離が短く高低差が大きいため，急流であることが多い。また，雪解け水や台風，梅雨の時期の増水など，季節による流量の差も大きい。利水とは河川の水を農業用水，工業用水，生活用水などとして利用することをいうが，河況係数が大きいと年間を通して安定した水量を確保することが難しくなるため，利水に困難が生じる。

問４＜世界の国々＞(1)ヘブライ語は古代イスラエルで話されていた言語で19世紀後半に復活し，イスラエルの公用語とされている。イスラエルはパレスチナをアラブ人国家とユダヤ人国家に分割して成立した国家で，国民の多くはユダヤ教徒だが，イスラム教徒も一定数いる。イスラム教徒は，アラブ首長国連邦など中東〔西アジア〕の国や，アフリカ北部の国に多い。フランスは伝統的に，キリスト教のカトリック信者が多い。　(2)イスラエルは地中海南東岸に位置する細長い国で，エルサレムはそのほぼ中央に位置する。エルサレムには，キリスト教の聖地である聖墳墓教会，イスラム教の聖地である岩のドーム，ユダヤ教の聖地である嘆きの壁があり，その帰属を巡って対立が続いている。なお，アはトルコの首都アンカラ，イはシリアの首都ダマスカス，ウはエジプトの第２の都市アレクサンドリア，オはイスラム教の聖地メッカの位置である。　(3)日本はアラブ首長国連邦やカタール，クウェート，イランなど，ペルシア湾に面する国から多くの原油を輸入している。ここからタンカーと呼ばれる専用船に載せられた原油は，一般にＹのホルムズ海峡を通過してインド洋，南シナ海を経由した後，日本に到着する。

3〔公民―総合〕

問１＜国際連合＞アメリカ合衆国大統領ウィルソンが「平和原則14か条」を発表したのは1918年のことで，これに基づいて第一次世界大戦後の1920年に国際連盟が組織された(ア…×)。国際連合〔国連〕の安全保障理事会における常任理事国はアメリカ合衆国，イギリス，フランス，ロシア連邦，中国〔中華人民共和国〕の５か国で，安全保障理事会においては拒否権が認められているが，総会では拒否権は認められていない(イ…×)。国連平和維持活動に参加するのは，国連平和維持軍〔PKF〕と呼ばれる組織である。国際連合憲章は，平和に対する脅威や平和の破壊，侵略行為が存在し，平和を回復，維持する必要があるときには軍を組織できると規定しているが，これに基づいて国連軍が組織されたことはない(ウ…×)。

問２＜人口の多い国＞2019年現在，世界の人口は第１位が約14億3000万人の中国〔中華人民共和国〕，約13億7000万人のインドが第２位だが，2027年頃にはインドが中国を抜いて世界第１位になると予測されている。

問３＜高齢化＞高齢化の主な要因としては，医療技術の進歩などによって平均寿命が長くなることと，出生率の低下によって年少人口の割合が低下することが挙げられる。

問４＜日本の高齢化率＞日本では急速に少子高齢化が進行しており，2015年には人口の４人に１人以上を65歳以上の高齢者が占めていた。2019年の高齢化率は28.4％で，世界最高であった。

問５＜人口ピラミッド＞日本の人口は，1947年頃の第１次ベビーブームのときと，1971年頃の第２次ベビーブームのときに人口が増加した。これらの世代が2010年代後半には60歳代と40歳代になっており，日本の人口ピラミッドはここが膨らんだ形になっている。また，合計特殊出生率，年少者人口の割合がともに日本より高いＡはアメリカ合衆国，合計特殊出生率が日本より低く，少子化が急速に進行しているＣは韓国を表している。なお，インドやメキシコは年少人口の割合が高いため，人口ピラミッドは下部が広がった形になる。

問６＜地球環境問題＞「３R」の原則は，2000年に制定された循環型社会形成推進基本法で明記された(イ…×)。「ミレニアム開発目標〔MDGs〕」は2000年の国連サミットで採択されたもので，世界情勢の変化に対応するため，MDGs の一部を引き継ぎながら2015年に新たに策定されたのが「持続可能な開発目標〔SDGs〕」である(ウ…×)。日本の ODA 支出額は，1990年代から2000年にかけては世界第１位だったが，その後順位を下げ，2018年にはアメリカ合衆国，ドイツ，イギリスに次ぐ世界第４位であった(エ…×)。

問７＜社会保障制度＞2000年から実施された介護保険制度は，満40歳以上の国民が加入し，原則として65歳以上かつ介護が必要となったときに介護サービスが受けられるという制度である。

問８＜税制＞⑴相続税は，所得税や法人税とともに国税の直接税に分類される。なお，消費税は国税の間接税(地方消費税は地方税)，固定資産税は地方税の直接税，揮発油税は国税の間接税(地方揮発油税は地方税)である。　⑵消費税は所得にかかわらずものやサービスに一律に課されるため，所得の少ない人ほど負担が重くなる。これが逆進性で，2019年10月に実施された消費税増税の際には逆進性を緩和するため，食料品など一部の品目において税率を８％のまま据え置く軽減税率が導入された。

問９＜コンセッション＞社会資本の所有権を政府や地方公共団体が保有したまま，運営を民間企業に委ねる方式をコンセッションという。日本では，2011年に社会資本におけるコンセッション方式を可能にする法整備が行われた。なお，オンブズマンとは，国民や住民の行政に関する苦情を調査・処理し，必要であれば行政に改善を勧告する制度，レファンダムとは，住民投票や国民投票によって有権者が直接重要事項を決定する制度のことである。コンツェルンは独占の一形態で，第二次世界大戦前の日本の財閥がこれに当たる。

問10＜労働環境＞ワークシェアリングは，労働時間を複数の労働者が分け合うことで雇用を確保する方法のことで，始業時間と終業時間を自分で設定できる労働形態はフレックスタイムと呼ばれる。

問11＜ESG 投資＞近年の環境意識への高まりから，投資家の中でも Social(社会)，Governance(企業統治／ガバナンス)とともに Environment，つまり環境に対する企業の配慮が重要視されている。

問12＜日本国憲法＞A．日本国憲法は，社会権の中心である生存権を，第25条で「健康で文化的な最低限度の生活を営む権利」と表現して保障している。　B．日本国憲法は，子女に普通教育を受けさせる義務(第26条)，納税の義務(第30条)，勤労の義務(第27条)の３つを国民の義務としている。このうち，勤労は義務であると同時に権利であると規定している。　C．日本国憲法第83条の規定により，国の財政を処理する権限は，国会の議決に基づかなければならない。そのため，内閣が作成する予算の成立には国会の議決が必要で，決算は国会に提出しなければならない。

理科解答

1 問1　ア，カ　　問2　ア，ウ
問3　青色
問4　①…0.9　②…水酸化物
問5　NaCl　　問6　2.8%
問7　ウ

2 問1　イ　　問2　木星…ク　金星…イ
問3　木星…ア　金星…イ
問4　木星…ア，カ　金星…ア，エ
問5　木星…ア　金星…ウ
問6　木星…ウ　金星…ウ

3 問1　①…屈折　②…虚像
問2　右図　　問3　1.6cm
問4　2.2cm　　問5　4.0cm
問6　6.0倍

4 問1　エ　　問2　弁2…G　弁3…A
問3　毎分4200mL　　問4　ウ
問5　(1)　下線部1…血しょう
下線部2…組織液
(2)　イ，エ

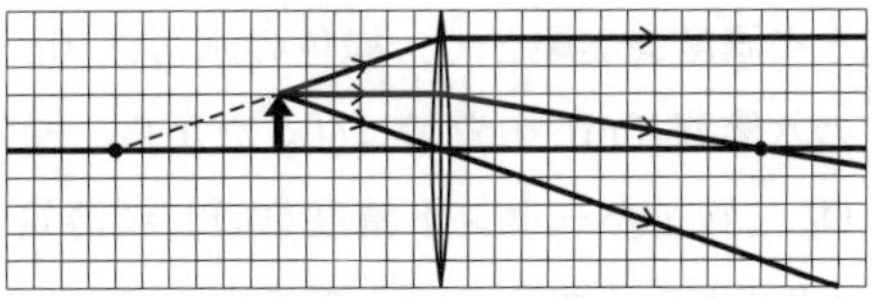

1〔化学変化とイオン〕

問1＜電気分解＞塩酸は塩化水素(HCl)の水溶液であり，その水溶液中には塩化水素が電離した水素イオン(H^+)と塩化物イオン(Cl^-)が存在している。塩酸中に炭素電極を入れて電流を流すと，陰極にはH^+が引かれて移動し，電極から電子を受け取って水素原子(H)となり，2個の水素原子が結合して水素分子(H_2)をつくって気体として発生する。水素は，塩酸や硫酸などの酸性の水溶液に，マグネシウムや亜鉛，鉄などの金属を入れることで発生する。

問2＜電気分解＞塩酸中に炭素電極を入れて電流を流すと電流が流れたことから，塩化水素が電離して，水溶液中に陽イオンと陰イオンが存在していることが確認できる。また，陽極で発生した気体はあまり集まらず，赤インクの色が薄くなったことから，この気体は水に溶けやすく，漂白作用を持つ塩素と考えられる。一方，陰極で発生した気体は塩素に比べて多く集まり，火のついたマッチを近づけるとポンという音がして燃焼したことから，この気体は水に溶けにくく，可燃性を持つ水素と考えられる。なお，陽極から発生した塩素が水素に比べて集まりにくかったのは，塩素が水素よりも水に溶けやすい気体だからで，気体の重さとは関係ない。また，塩素は水に溶けやすく，発生した体積と集まった体積が異なるため，集まった気体の体積から水溶液中に存在する水素イオンと塩化物イオンの個数比はわからない。

問3＜酸とアルカリ＞BTB溶液は，酸性で黄色，中性で緑色，アルカリ性で青色を示す。水酸化ナトリウム水溶液を15mL加えたところで，水溶液(BTB溶液)が緑色を示したことから，水溶液はちょうど中和して中性になっている。この水溶液に，さらに水酸化ナトリウム水溶液を加えていくと，水溶液はアルカリ性になるので，BTB溶液は青色を示す。

問4＜中和＞水溶液の密度は全て1g/cm^3とするので，塩酸25mL(25cm^3)の質量は$25 \times 1 = 25$(g)である。よって，質量パーセント濃度2.7%の塩酸25mL中に溶けている塩化水素の質量は，$25 \times 2.7 \div 100 = 0.675$(g)である。同様に，この塩酸とちょうど中和した，質量パーセント濃度5.0%の水酸化ナトリウム水溶液15mL中に溶けている水酸化ナトリウムの質量は，$15 \times 5.0 \div 100 = 0.75$(g)である。

したがって，これらの質量比は，水酸化ナトリウムの質量比を1.0とすると，0.675÷0.75＝0.9となるから，0.9：1.0となる。また，この中和では，塩酸中の水素イオンと水酸化ナトリウム水溶液中の水酸化物イオンが１：１の個数比で結びつき，水分子を生じている。
〔編集部注：塩化水素（HCl）を構成する水素原子１個と塩素原子１個の質量の和と，水酸化ナトリウム（NaOH）を構成するナトリウム原子１個と酸素原子１個と水素原子１個の質量の和の比はほぼ0.9：1.0である。〕

問５＜中和と塩《えん》＞塩酸と水酸化ナトリウム水溶液の中和では，塩酸中の陰イオンである塩化物イオン（Cl^-）と水酸化ナトリウム水溶液中の陽イオンであるナトリウムイオン（Na^+）が結びついて，塩化ナトリウム（食塩・NaCl）という塩ができる。

問６＜濃度＞実験２で，緑色の水溶液40mL 中に含まれる塩化ナトリウムの質量は1.1g である。緑色の水溶液40mL の質量は40g だから，緑色の水溶液（塩化ナトリウム水溶液）の質量パーセント濃度は，〔質量パーセント濃度（%）〕＝〔溶質の質量（g）〕÷〔水溶液の質量（g）〕×100より，1.1÷40×100＝2.75となるから，2.8%である。

問７＜中和とイオン＞塩酸と水酸化ナトリウム水溶液の中和では，塩酸中のH^+は減っていくが，同数のNa^+が加わるので，ちょうど中和するまで，水溶液中の陽イオンの総数は一定のまま変化しない。ちょうど中和した後は，水酸化ナトリウム水溶液を加えるごとにNa^+が増加するので，陽イオンの総数は増加する。

2〔地球と宇宙〕

問１＜太陽の動き＞図１は明け方の５時の星空だから，矢印で示された方向の地平線下にある太陽は，これから昇ってくる。太陽が昇る方角は東だから，図１は南東の方角を示したものである。

問２＜惑星の動き＞まず，金星が明け方に見えるのは，金星が地球から見て太陽の右側にあるときである。また，図２で，金星が太陽から最も離れて見えるときの金星の位置は，地球から金星の公転軌道に引いた接線の接点の位置である。よって，金星は公転軌道上を反時計回りに回っていて，２月10日には，地球から見て金星が太陽から最も離れて見える日を少し過ぎていたので，この日の金星の位置はイであると考えられる。次に，図１で，木星は金星の右側に見えているので，木星の位置は，図２で，地球から見て金星の右側にあるクと考えられる。

問３＜惑星の見え方＞金星は，太陽から最も離れて見えるときに半月型に見える。明け方に見えるときの金星（明けの明星）は，太陽の光が当たる左側半分が光っている半月状に見える。２月10日に，金星は図２のイの位置にあるので，地球からは光っている部分が半月よりも少し満ちたイのような形に見える。また，木星は外惑星なので，アのようにあまり欠けていない形に見える。

問４＜惑星＞木星は，水素とヘリウムを主な成分とする気体でできた惑星で，アンモニアの雲におおわれている。地球のような固い地面はない。太陽系最大の惑星であり質量も最大であるが，密度は地球よりも小さい。60個以上の衛星を持っている。リングもあるが，土星と違って小さな望遠鏡では見えにくい。自転周期は地球よりも短い。よって，木星に当てはまるのはアとカである。また，金星は岩石でできた惑星で，二酸化炭素を主成分とする大気におおわれ，厚い硫酸の雲で包まれている。二酸化炭素の温室効果により，金星より太陽に近い水星よりも表面の平均気温が高く，太陽系の惑星の中では表面の平均温度が最も高い。金星には水星と同様に衛星がなく，リングも持たない。自転周期は約243日と非常に長い。よって，金星に当てはまるのはアとエである。

問5＜惑星の動きと見え方＞木星の公転の速さは地球よりも遅く，金星の公転の速さは地球よりも速いので，地球から太陽を見る方向を基準にすると，図2で木星は太陽から離れるように見え，金星は太陽に近づくように見える。よって，図1の写真の中では，木星は太陽から右上の方向に離れるように，金星は太陽の左下の方向に近づくように見える。

問6＜惑星の動き＞恒星は地球から非常に遠い位置にあるため，地球が公転軌道上を移動しても，常に天球上でほぼ一定の方向にあるように見える。そのため，太陽は約1°ずつ西から東に向かって恒星の間を移動して見える。2月10日以後はしばらくの間，金星と木星はどちらも恒星に対して逆行する範囲にはないので，どちらの惑星も恒星の間を西から東に移動(順行)して見える。よって，図1の写真の中では，木星も金星も左下に動くように見える。

3 〔身近な物理現象〕

問1＜屈折＞光が凸レンズを通過するとき，光は直進せず，折れ曲がって進む。この現象を屈折①という。また，図1のろうそくの像のように，凸レンズを通して拡大されて見える像は，実際に光が集まってできる像ではなく，虚像②という。虚像はスクリーンに映すことができない。

問2＜光とレンズ＞図2の3本の光線のうち，延長線が焦点を通る光線は，凸レンズを通過後，凸レンズの軸に平行に進み，凸レンズの軸と平行な光線は，凸レンズを通過後，反対側の焦点を通るように進み，凸レンズの中心を通る光線は，そのまま直進する。

問3＜レンズの像＞右図1で，延長線が焦点を通る光線と凸レンズの中心を通る光線が，それぞれ凸レンズを通過後に進む光線を左側に延長すると，凸レンズを通過した光線は，この2本の光線の交点から出たように進む。この交点をPとすると，図1より，点Pの凸レンズの軸からの距離は4マスであり，物体の先端から凸レンズの軸までの距離は2マスである。よって，物体の先端から凸レンズの軸までの距離が0.8cmより，1マスは$0.8 \div 2 = 0.4$(cm)なので，点Pの凸レンズの軸からの距離は$0.4 \times 4 = 1.6$(cm)となる。

図1

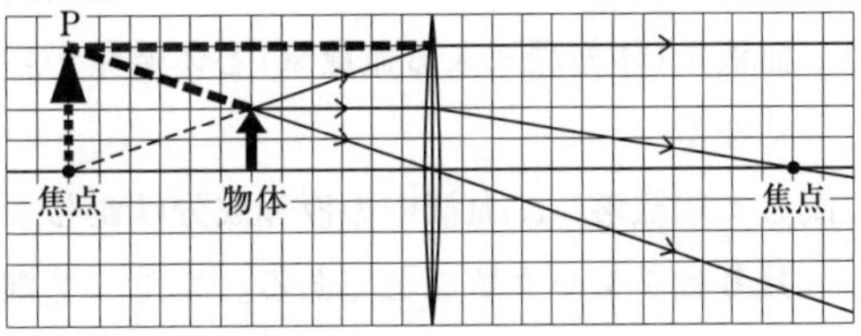

問4＜焦点距離＞右図2は，目で見ている物体の像が網膜の中央部にできている様子を表したものである。図2で，△ABOと△DEOは相似であり，相似比は，BO：EO＝24：2.4＝10：1なので，AB：DE＝10：1である。さらに，△COFと△DEFも相似で，CO＝ABより，その相似比は，CO：DE＝AB：DE＝10：1なので，OF：EF＝10：1となる。よって，このときの水晶体の焦点距離は，$2.4 \times \frac{10}{10+1} = 2.18\cdots$より，約2.2cmである。

図2

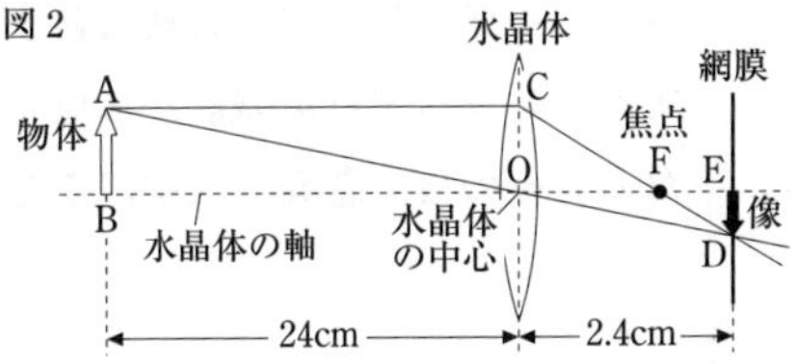

問5＜虚像＞凸レンズを虫眼鏡として用いるとき，右図3のように，物体は焦点の内側に置かれ，拡大された虚像を見ることになる。図3で，△ABFと△COFは相似で，その相似比は，BF：OF＝(24＋4.8)：4.8＝6：1であるからAB：CO＝6：1となる。さらに，△ABOと△DEOも相似で，DE＝COだから，BO：EO＝AB：

図3

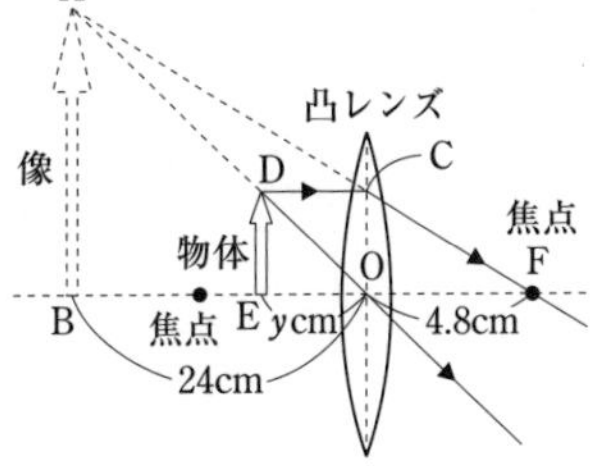

DE＝AB：CO＝6：1である。ここで，求める物体と凸レンズの中心線との距離を$y$cmとすると，24：y＝6：1が成り立ち，これを解くと，y×6＝24×1より，y＝4.0(cm)となる。

問6＜拡大率＞問5より，凸レンズを虫眼鏡として用いるとき，凸レンズ(目)から4.0cmの位置に置いた物体の大きさ(長さ)は，前ページの図3でDE：AB＝1：6だから，6倍に見える。

4〔動物の生活と生物の変遷〕

問1＜心臓の動き＞図3には，時間についての情報は含まれていないので，左心室と右心室が同時に収縮することを読み取ることはできない。

問2＜心臓の動き＞弁2が開いているのは，右心室が収縮して体積が減少し，右心室から動脈へ血液が流れるときである。よって，この段階を示しているのは，図3の右心室のグラフで体積が減少しているGである。一方，弁3が開いているのは，左心室が広がって体積が増加し，左心房から左心室へ血液が流れるときで，この段階を示しているのは，図3の左心室のグラフで体積が増加しているAである。

問3＜血液循環＞体循環に血液が送り出されるのは，左心室から動脈へ血液が流れるときである。図3より，左心室からは1回の拍動で，135－65＝70(mL)の血液が送り出されるので，60回の拍動で送り出される血液量は，70×60＝4200(mL)となる。

問4＜血液循環＞右心室からは肺循環へ血液が送り出され，左心室からは体循環へ血液が送り出されている。このとき，右心室の1回の拍出量が左心室の1回の拍出量と異なると，肺から心臓へ戻る血液量(体循環に入る血液量)と体循環から出る血液量が異なることになり，血液循環が維持できなくなる。

問5＜組織液＞(1)血液中の液体成分は血しょうである。血しょうは透明な液体で，その約90％は水，残りはタンパク質などである。また，毛細血管の壁から血しょうがしみ出し，組織の細胞を浸したものを組織液という。　(2)イ…適している。血しょうは小腸で吸収された養分を溶かして全身に運び，この養分を組織液が仲立ちをして細胞まで運搬している。　エ…適している。組織液は，全身の細胞が呼吸を行うことで生じた二酸化炭素を溶かして細胞から運び去り，血しょうに渡す。ア…適していない。赤血球によって運搬された酸素は，組織液に溶けて細胞まで運搬される。赤血球のヘモグロビンが組織液に含まれることはない。　ウ…適していない。細胞の活動で生じた有害なアンモニアは組織液から血しょうへ渡されて肝臓へ運ばれ，肝臓で比較的無害な尿素に変えられる。その後，腎臓で尿中にこし出され，体外へ排出される。

国語解答

一　問一　a　葛藤　b　推奨　c　郊外　d　自虐　e　巧妙

問二　(例)今の波風のない平和な暮らしに満足し，「ほどほど」の世界こそが最高だと現状を肯定して，不要な摩擦や混乱を回避することを知っている自分たちこそ賢明だと考えること。

問三　(例)簡単に自分の欲求を満たして快適さを手に入れることができるために，他者と対立してまで何かに挑戦したり現状を打破したりする必要性を感じない点。

問四　(例)中間優越主義は，「例外者たち」を見下して自らの相対的な地位を高める，排他的かつ狡猾で尊大な自尊心によるもので，その自尊心の裏に「中間でなくなることへの恐れ」があるから。

二　問一　(例)小学校の頃からの縁，妹の勧め，大人の世界からの逃避願望もあったが，より根本的には，父政次郎のようになりたければ童話を書くしかないと思ったから。

問二　(例)童話を書いているとき，自分は父親になり，書くことの全てが自分の子どもであると思えて納得できるのは，自分があらゆる点で父政次郎に劣ることを認めつつも政次郎のようになりたいと願っているためである，と気づいたから。

三　問一　ウ　　問二　エ

問三　(例)芭蕉は月を見てもすぐに句をよめなかったが，清少納言もほととぎすの声を聞いたその場では歌をよめなかったので，いざというときによめないのは自分だけではないと思えたから。

問四　(例)雨が上がったばかりで雲の動きが速く，月も速く動いているように見える。地上の木々のこずえは雨をたっぷり含んでいて，そこから雨のしずくが落ちている。

一〔論説文の読解―哲学的分野―人生〕出典；三谷尚澄『哲学してもいいですか？　文系学部不要論へのささやかな反論』「『悟り』と『臆病な自尊心』の文化」。

≪本文の概要≫「悟り世代」に特徴的なのは，「ほどほど」を約束してくれる現状を肯定して居直る態度である。「いま・ここの居心地のよさ」を放棄したいと願う人間がいない以上，彼らの現状を肯定して居直る態度自体を批判することは意外に難しいことかもしれない。また，彼らの中間層への居直りは，欲求を簡単に満たせる今の日本社会のありように支えられたものであるため，彼らが安上がりで快適な中間者の王国にしがみついて，「ここではないどこかへ」という気持ちとは無縁のままで人生を終えるのでかまわないと思うのも，もっともなことかもしれない。しかし，自分たちの生き方を合理的で賢明だと考える彼らの自尊心を支える，尊大な中間優越主義という自らを正当化する彼らの論理を，「わたし」は肯定できない。不要な争いを避ける彼らの知恵は，自分たちの仲間となるには足りない「例外者たち」を見下すことで自らの相対的な地位を上昇させるのであり，彼らの自尊心のあり方はきわめて狡猾《こうかつ》，かつ尊大だからである。何より「わたし」が不安を感じるのは，その尊大で狡猾な自尊心の裏に，「中間でなくなることへの恐れ」ともいえる臆病さがあることである。

問一＜漢字＞a．「葛藤」は，心の中に異なる方向に向かう力があって選択に迷う状態のこと。　b．「推奨」は，よいとしてすすめること。　c．「郊外」は，市街地と隣り合わせた地域のこと。　d．「自虐」は，自分で自分をおとしめ，責めさいなむこと。　e．「巧妙」は，たくみであること。

問二＜文章内容＞「悟り世代」は，今の「不要な葛藤や苦しみ」がなく「波風のない平和な暮らし」に満足し，そこに安住している。そして，その「『ほどほど』を約束してくれる輪の中の世界こそが最高だ」として現状を肯定し，あえて現状より上の状態を求めることもなく，自分たちのことを「足ることを知り，不要な摩擦や混乱を回避することを知る賢明な」存在だとして，自分たち以外の者を見下している。

問三＜文章内容＞今の日本社会では，自分の欲求は，簡単に満たせて快適に暮らすことができるし，「お買い得アイテム」の質が高いので，「生活の質」を引き上げることも簡単である。ただ，そうであるからこそ，今の日本の若者たちは，「安上がりにして快適な中間者の王国」にしがみつき，「『ここではないどこかへ』という気持ち」を持たない。今の社会では，そのようなことを考える必要がそもそもないのである。しかし，「ここではないどこかへ」という気持ちを持つことがなければ，現状よりも上に行くこともありえない。

問四＜文章内容＞「不要な争いを避ける」ことを知り，中間の優位を正当化する「悟り世代」の論理は，「自分たちが多数者の側に属して」いて「厄介なもめごと」はまず起こらず，「みずからの安全が揺るぎないものであることを確認」したうえで，「見苦しく，痛々しいものども」を嘲笑する。「『決して負けることのない』戦略」を前提とする彼らの「自尊心」は，「狡猾」なものであり，この「自尊心」のあり方は，「他者を見下し，貶めることを通じてみずからの自己肯定感を確保する，という仕組みの上に成り立つ」という点で「尊大」である。そして，何より「わたし」が「不安を感じる」のは，彼らのその「自尊心」が，「中間でなくなることへの恐れ」とも言い換えられる「臆病さ」を「その裏側に見え隠れさせている」ことである。

二〔小説の読解〕出典；門井慶喜『銀河鉄道の父』「あめゆじゅ」。

問一＜文章内容＞賢治が童話という形式を選んだのは，一つには小学校の頃に担任の先生が「『家なき子』を六か月かけて朗読してくれたこと」以来の童話との「長い縁」があるからであった。また，トシから「書いたら」と勧められたことも理由としてあった。加えて，「性格的に，むかしから自分は大人がだめ」で，「大人どうしの厳しい関係」に耐えられず，「ふつうの会話」ができなかったが，子どもなら「話し相手として安心」なので「童話なら安心して書ける」というように，「大人の世界」からの「逃避」という一面もあった。しかし，「より根本的」な理由は，賢治が，自分は父政次郎のようにはなりたいがなれないと自覚し，それでも「父」になりたいなら，その方法は「子供のかわりに，童話を生む」ことだと思った，ということである。童話を書いているときだけは自分は「父親」であり，書いているあらゆるものが「自分の子供」だ，と思えたので，賢治は童話という形式を選んだのである。

問二＜文章内容＞賢治は，自分には政次郎のような才覚も力もなく，政次郎のようになりたくても「なれる見込み」はないと思っている。しかし，童話を書いているとき，自分は「政次郎のような父親」になることができ，書いている全てのことが「自分の子供」だと思えて，慰められ，満足もできる。ということは，賢治は，政次郎のようにはなれないと自覚しながらも，なお心の中には政次郎のようになりたいという願望があって，だからこそその願望をかなえることのできる童話という形式を選んだということだろう。賢治は，今そのことをはっきりと自覚しているのである。

三 〔古文の読解―紀行〕出典；松尾芭蕉『鹿島詣』。

≪現代語訳≫日がもう暮れかかる頃，利根川のほとりの，布佐という所に着く。この川で鮭の網代というものを仕掛けて，武蔵国江戸の市で売る者がいる。宵の間，その漁師の家で休む。夜の宿は生ぐさい。月が陰もなく晴れわたったので，夜，舟を出し川を下って鹿島に到着した。

昼から雨がしきりに降って，今夜は月を見られそうもない。麓に根本寺の前の和尚が，今は俗世を逃れて，この場所にいらっしゃるということを聞いて，尋ねていって泊まった。少しばかり「人をして深省を発せしむ」と吟じたという(その言葉のように)，しばらくの間清浄な心を得たような気持ちになる。明け方の空が，少し晴れて，和尚が起こしてくださったので，人々も起き出した。月の光や，雨の音が，ただしみじみとしたさまで胸がいっぱいになって，句をよむことができない。はるばるここまで月を見に来たかいがないのは残念なことだ。あの何とかという女性すら，ほととぎすの歌を，よむことができないで帰るに帰れなかったのも，私のためにはよい味方であろう。

(雲の動きが速くて)月も速く動いて見え，木々のこずえからは雨のしずくが落ちている

問一＜現代語訳＞「べくもあらず」は，できそうもない，という意味。

問二＜古文の内容理解＞芭蕉は，明け方に晴れたときに和尚が起こしてくれたので，月を見ることはできた。しかし，しみじみとした景色で胸がいっぱいになって句をよむことはできなかった。

問三＜古文の内容理解＞芭蕉は，はるばる月を見に来たのに，いざ月を見たらその趣深さに感動して句をよむことができなかった。しかし，清少納言も，ほととぎすの声を聞きに行っていながらその場では歌をよめなかったという。そこで，芭蕉は，いざというときに句がよめないのは自分だけではないと思えたのである。

問四＜俳句の内容理解＞芭蕉が月を見たのは，雨上がりの明け方である。雨がしきりに降って上がった後，空の雲の動きは速い。それに合わせて月も速く動いているように見える。そんな空の下で，地上の木々のこずえはたっぷり雨を含んでいて，そこから雨のしずくがしたたり落ちている。

═読者へのメッセージ═

松尾芭蕉の『鹿島詣』は，貞享４年(1687年)の夏に芭蕉が名月を見るために門人の曾良と宗波を伴って鹿島方面へと旅に出たときの紀行文です。短い作品ですが，芭蕉はこれ以降，本格的な紀行文を書くことになりました。

2019年度 開成高等学校

【英　語】（50分）〈満点：100点〉

注意　1．試験開始後約20分経過してから，聴き取り問題(約14分間)を実施します。

2．本文中の＊のついた語(句)には，本文の後に(注)がついています。

3．短縮形は1語と数えるものとします。［例：I am（2語） I'm（1語)］

1　次の英文を読み，後の問いに答えなさい。

My Father's Life

My dad's name was Raymond Carver. His family called him Raymond. I was named Raymond Carver Jr. When he died on June 17, 1967, my mother telephoned my wife with the news. I was away from my family at the time, trying to enter the University of Iowa. When my wife answered the phone, my mother was upset and shouted, "Raymond's dead!" For a moment, my wife thought my mother was telling her that (1) was dead. Then my mother made it clear which Raymond she was talking about and my wife said, "Thank God. I thought you meant my Raymond."

My dad went to Washington State in 1934, looking (2A) work. The first house I clearly remember living (2B) had an outdoor toilet. On Halloween night, or just any night, just for fun, neighbor kids would carry our toilet away and leave it next to the road. (3)My dad would have to get (A) to help (B) bring (C) home. Or these kids would take the toilet and put it in somebody else's backyard. Once they actually set it (2C) fire. But ours wasn't the only house that had an outdoor toilet. When I was old enough to know what I was doing, I would throw rocks at the other toilets when I saw someone go inside. After a while, though, everyone switched to indoor toilets until, suddenly, our toilet was the last outdoor one in the neighborhood. I remember that I felt embarrassed when my third-grade teacher, Mr. Wise, drove me home from school one day. I asked him to stop at the house just before ours, (4)claiming I lived there.

In 1949, after a long time without any car, we finally got a 1938 Ford. But the engine broke down in the first week we had it, and my dad had to have the motor rebuilt. "We drove the oldest car in town," my mother said. "All the money he spent on car (5) was almost as much as the cost of buying a new one."

One time she found someone else's tube of lipstick on the car floor. "See this?" she said to me. "Some woman left this in the car." Another time I saw her take a bowl of warm water into the bedroom where my dad was sleeping. She took his hand from under the covers and held it in the water. I stood at the door to see what was going on. "This will make him talk in his sleep," she said to me. There were things she needed to know, things she was sure he was (6) her.

Several years after that, my dad got sick and lost his job. He was allowed to leave the hospital, but now came the years when he just stayed in the same old house doing nothing. He spent most of the time trying to understand what he'd done wrong in his life and what had caused him to be like that. During those years, I was trying to make money to live and raise my own family. But, for various reasons, we had to move a lot. I was unable to contact my dad so often. But I did have a chance one Christmas to tell him I wanted to be a writer. He said to me, "What are you going to write about?" Then, to help me out, he said, "Write about things you know about. Write about some of those fishing trips we took." I said I would, but I knew I wouldn't. "Send me what you write," he said. I said I'd do that, but then (7)I didn't. I wasn't writing anything about fishing, and I didn't think he'd especially care about, or even necessarily understand, what I was writing in those days. Besides, he wasn't a reader. To be more specific, (8)he wasn't the kind of reader I imagined I was writing for.

Then he died. I didn't have the chance to tell him goodbye, or that I was proud of him. After the ceremony at the church, one of my dad's cousins reached out and took my hand. "(9)We all (　　) him," he said, and I knew he wasn't saying it just to be polite. I began to cry for the first time since receiving the news. I hadn't been able to before. I hadn't had the time. Now, suddenly, I couldn't stop. I held my wife and (10) like a child while she said and did what she could do to support me there in the middle of that summer afternoon. I heard our name used a lot that afternoon, my dad's name and mine. But I knew they were talking about my dad. *Raymond*, these people kept saying in their beautiful voices out of my childhood. *Raymond*.

問1　空所(1)に入る最も適切なものを1つ選び，記号で答えなさい。
ア　he　　イ　I　　ウ　my dad
エ　Raymond　　オ　she

問2　空所(2A)～(2C)に入る最も適切なものをそれぞれ1つずつ選び，記号で答えなさい。それぞれの記号は一度のみ使えるものとする。
ア　by　　イ　for　　ウ　in　　エ　into
オ　like　　カ　on　　キ　with

問3　下線部(3)の空所(A)～(C)に順に入る組み合わせとして最も適切なものを1つ選び，記号で答えなさい。
(　A　)・(　B　)・(　C　)＝
ア　him・me・it
イ　it・him・me
ウ　it・me・somebody
エ　somebody・him・it
オ　somebody・me・him

問4　下線部(4)について，筆者がこのようにした理由として最も適切なものを1つ選び，記号で答えなさい。
ア　The author did not want the teacher to see the toilet.
イ　The author found a house with an outdoor toilet.
ウ　The author wanted to complain to the teacher about his old toilet.
エ　The author was afraid of being scolded for throwing rocks.
オ　The author was thankful to the teacher for taking him home.

問5　空所(5)に入る最も適切なものを1つ選び，記号で答えなさい。
ア　accessories　　イ　accidents　　ウ　productions
エ　repairs　　オ　washing

問6　空所(6)に入る最も適切なものを1つ選び，記号で答えなさい。
ア　guessing about　　イ　keeping from　　ウ　learning about
エ　sleeping with　　オ　teaching to

問7　下線部(7)の後に省略されている内容を5語または6語の英語で答えなさい。

問8　下線部(8)はどのような意味か，最も適切なものを1つ選び，記号で答えなさい。

ア　彼は作家に批判的な読者であるように思われた。
イ　彼は不親切に思われたので，私の読者としては想像できなかった。
ウ　彼は優しさを欠くため，私の作品に登場させたくなかった。
エ　彼は私が読者として想定する類いの人ではなかった。
オ　彼は私の作品に登場させられるような人物ではなかった。

問9　下線部(9)は次の文とほぼ同じ内容になる。空所に入る最も適切な1語を答えなさい。

All of us feel sad because we cannot see him anymore

問10　空所(10)に入る最も適切な動詞1語を同じ段落内から見つけ，答えなさい。ただし，動詞の形は必要に応じて変えてもよい。

問11　本文の終わりの2つの段落(Several years after that以降)の内容と一致するものを2つ選び，記号で答えなさい。

ア　The author's father became ill and remained in the hospital for the rest of his life.
イ　The author's father became aware of the reason he got sick and lost his job.
ウ　The author and his father had to change their addresses many times.
エ　The author talked to his father every day even though they lived apart.
オ　The author told his father on a day in December that he was thinking of becoming a writer.
カ　The author's father advised the author to write about the fishing trips they took, but the author did not think he would do so.
キ　The author told his father that he was proud of him before his father died.
ク　The cousin of the author's father talked to the author so as not to be rude.

2　次の英文を読み，後の問いに答えなさい。

The human eye is one of the most powerful machines on the planet. It's like a 500 *megapixel ((1)500,000,000 pixel) camera that can work in strong or weak light and even under water. It tells our brains so much about the world. Our eyes are for reading, finding partners, and understanding the world around us. But is there still more to see out there? With the help of cameras, we can understand things around us better.

The human eye is great, and (2)[are / be / enough / have / lucky / of / them / to / two / we]. But there are things that we still can't see (3)even if we look hard. [Ⅰ], you can watch a horse running. But your eyes can't keep up with its fast-moving feet enough to see whether all four feet are ever off the ground at the same time. For these types of questions, we need cameras.

[Ⅱ], the photographer Eadweard Muybridge used one to solve (4)the running horse mystery. Using careful photography, Muybridge proved that a horse is flying at certain points as it runs.

[Ⅲ], photography has found its way into all areas of scientific research at universities and companies. It improves our understanding of a world which we in fact need help to see a little better. Slow-motion film or high-speed photography shows us the beating of a *hummingbird's wings and the path of a gunshot through its target. But it's not always a matter of the world moving by too quickly for our eyes to (5). Sometimes cameras can help us see very slow movements. Researchers use photographs to show the life cycle of plants and how flowers turn to follow the sun in what is called (6)phototropism, or growing towards the light. In this way, photography has expanded how we see things.

[Ⅳ], cameras are also used by students in various ways. They are now present in just about every phone and computer. Young students can use them to observe the world around themselves, to record it, and to share their findings online.

Photography has changed how we view things around us. Whether it's the movement of horses' feet or the growth of seeds, cameras allow us to see a beautiful world through new eyes.

（注） megapixel 100万画素（の） hummingbird ハチドリ

問1 下線部(1)に関して，次の空所にあてはまる1語を答えなさい。

500,000,000 = half a [　　　]

問2 下線部(2)の［ ］内の語を並べ替え，最も適切な表現を完成させなさい。ただし，［ ］内には，不要な語が1つ含まれている。

問3 下線部(3)を和訳しなさい。

問4 空所 [Ⅰ]～[Ⅳ] に入る最も適切なものをそれぞれ1つずつ選び，記号で答えなさい。それぞれの記号は一度のみ使えるものとする。

ア A few years later

イ About 150 years ago

ウ For example

エ In classrooms today

オ Since then

問5 下線部(4)の内容を次のように説明するとき，それぞれの空所に入る日本語を，指定された範囲内の字数で答えなさい。

[ア]の[イ]が，同時に[ウ]瞬間があるのかどうかという謎

※ア：4字から7字　イ：3字から5字　ウ：6字から10字

問6 空所（5）に入る最も適切なものを1つ選び，記号で答えなさい。

ア process　イ produce　ウ propose　エ protect　オ provide

問7 下線部(6)のphototropismは，正確にはpositive phototropismと呼ばれる性質である。次の表現は，その反対の性質であるnegative phototropismを簡潔に説明したものである。空所に入る最も適切なものを1つ選び，記号で答えなさい。

negative phototropism = growing (　　　) the light

ア along with　イ around　ウ away from　エ out of　オ up by

問8 本文の内容と一致するものを1つ選び，記号で答えなさい。

ア Eadweard Muybridge used a camera to prove something that our eyes cannot catch.

イ Scientists cannot study about horses without cameras now.

ウ Some researchers beat hummingbirds until they showed them their wings.

エ Unlike universities, companies do not use cameras for their research.

オ Students these days enjoy taking photos of their friends, changing them, and sharing them online.

問9 カメラと目の関係について，筆者の考えに最も近いものを1つ選び，記号で答えなさい。

ア Cameras are for small objects and the human eye is for underwater objects.

イ Cameras are so great that they have left nothing for the human eye to explore.

ウ　The human eye is more useful than cameras because cameras are useful only in some areas of scientific research.

エ　The human eye is not so useful because it needs a lot of help from cameras.

オ　The human eye can give us much more information about the world around us with cameras.

3　以下のPart AとPart Bの問題に答えなさい。

Part A　次の日本文の意味を表すように，空所に入る最も適切な1語を答えなさい。なお，短縮形は1語として扱う。

(1)　ラグビーボールの投げ方を教えてあげよう。
　　I will show you (　　　) (　　　) throw a rugby ball.

(2)　最後に君が連絡をよこしたのは3か月前だよ。
　　I (　　　) (　　　) from you for three months.

(3)　彼の言葉に私はひどく傷ついた。
　　I was deeply hurt by (　　　) he (　　　).

(4)　その帽子をかぶっていると君は別人のようだね。
　　The hat (　　　) (　　　) (　　　) quite different.

Part B　次の日本文の意味を表すように，空所に入る最も適切なものを1つ選び，記号で答えなさい。

(1)　私に言わせれば，話すことほど簡単なことはない。
　　In my opinion, (　　　) is easier than talking.
　ア　anything　　イ　everything　　ウ　nothing　　エ　silence

(2)　君たちはどうやってお互いを理解するようになったのですか。
　　How did you (　　　) to understand each other ?
　ア　become　　イ　come　　ウ　find　　エ　turn

(3)　私が話しかけた店の人は，私の新しいパソコンの何が問題かまったく分からなかった。
　　The sales clerk (　　　　　) had no idea about what was wrong with my new computer.
　ア　I spoke　　　　　イ　I spoke to
　ウ　to that I spoke　　エ　whom I spoke

4　以下のPart AとPart Bの問題に答えなさい。

Part A　次の各組の英文の空所には，発音は同じだがつづりが異なる語が入る。(ア)～(カ)に入る最も適切な1語を答えなさい。

(1)　The wind (ア) the candles out.
　　I like your (イ) shirt.

(2)　I decided not to (ウ) money on such an old hotel.
　　Ricky put his arm around his mother's (エ).

(3)　The sun (オ) above the horizon.
　　Mr. Iwata lined the students up into two (カ).

Part B　次の(1)～(3)の語の下線部の発音と同じ音を持つものを1つ選び，記号で答えなさい。

(1)　canceled　ア　baked　イ　informed　ウ　led　エ　wanted
(2)　hood　ア　blood　イ　cool　ウ　food　エ　wool
(3)　promise　ア　advise　イ　exercise　ウ　increase　エ　lose

5 （聴き取り問題） 放送回数はPart Aのみ１回，Part B以降は２回です。

part A

1．Fill in [A], [B], [C], and [D] with the correct answers.

※ Fill in numbers（算用数字）for [A], [B], and [D].

※ Fill in "Yes" or "No" for [C].

Place	Number of days and nights	Breakfast (Yes / No)	Cost per person
Sapporo	[A] days and [B] nights	[C]	$468
Hakodate			$[D]

2．Choose the correct answer for where they decided to go and why.

A They decided to go to Sapporo because it is faster to fly.

B They decided to go to Sapporo because the price is lower.

C They decided to go to Hakodate because it takes longer to go by train.

D They decided to go to Hakodate because the woman does not like taking the plane.

Part B

1．Which describes the woman's feelings about buying a dog?

A Confused.

B Delighted.

C Sad.

D Worried.

2．Which one is NOT a reason why the man wanted the pug instead of the toy poodle?

A He liked the pug's nose.

B He wanted a quieter dog than the toy poodle.

C The pug was the right color.

D The toy poodle cost too much.

3．What did the woman say she disliked?

A Dogs over three kilograms.

B Dogs whose color is red-brown.

C Dogs whose hair often falls out.

D Dogs with a funny nose.

4．Which puppy was most likely to be chosen at the end of the conversation?

A A brown pug that loves to be around people.

B A friendly and inexpensive pug that is two kilograms.

C A red-brown toy poodle that is well-behaved.

D A toy poodle that is on sale and barks very loudly.

Part C

1．What is the main purpose of the questions at the beginning of the monologue?

A To get us to imagine bananas and watermelons in our minds.

B To make us think of the popularity of watermelons in the summer.

C To remind us of how tasty bananas are for young children.

D To show us the speaker's knowledge of fruits and vegetables.

2. Below is a picture of the watermelon that was described in the painting.
Choose the correct pair of colors for (a, b) and (c, d).

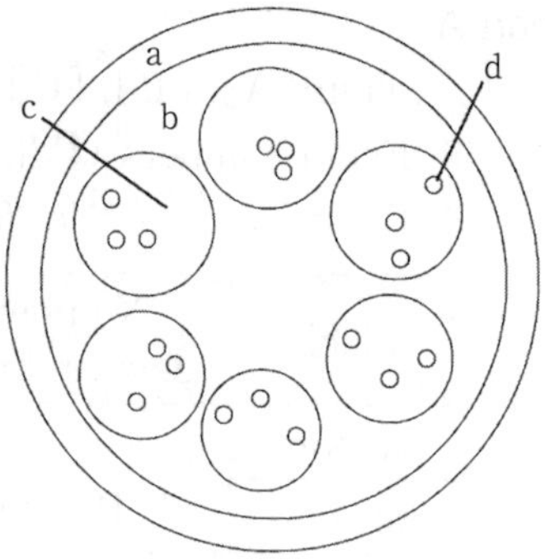

(a, b) = A (black, red)

B (black, white)

C (green, red)

D (green, white)

(c, d) = A (red, black)

B (red, white)

C (white, black)

D (white, white)

3. What did the monologue mention only about bananas ?

A The inside was partly red.

B The skin was green.

C They can still be found in the wild.

D They had seeds.

4. What is the topic of this monologue ?

A How different fruits and vegetables used to look.

B The long history of humans growing fruits and vegetables.

C The roles that seeds of fruits and vegetables had in the past.

D What humans have done to change fruits and vegetables.

Part D

1. What does the speaker say about a borrowed book ?

A If it is damaged, it should be treated carefully.

B It is as enjoyable as a book we own.

C People visiting your house like to read it.

D We often fail to give it back to its owner.

2. Which was NOT described in the monologue about how you should treat books that you own ?

A

B

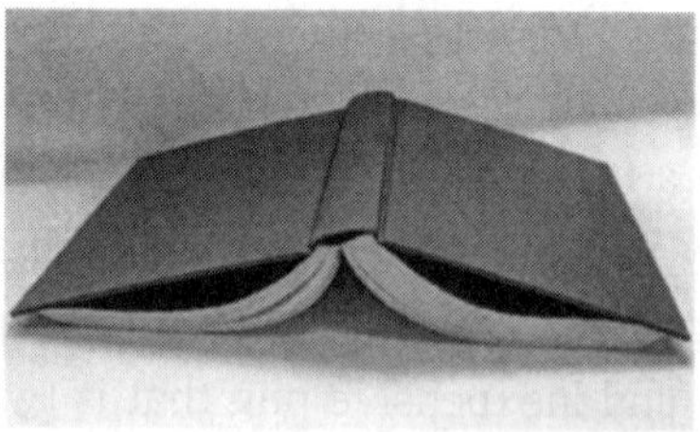

C

D

3. According to the speaker, which bookshelf should you use for your books ?

A　A bookshelf placed away from doors.
B　A bookshelf that can be locked with a key.
C　A bookshelf with glass windows.
D　A bookshelf you can easily take books from.

4．What does the speaker's reply mean ?
A　He has read all his books at least once.
B　He has read most of his books twice.
C　He has not read any of his books more than twice.
D　He has twice as many books as they have.

＜聴き取り問題放送原稿＞

Part A

Listen to the friends talking about where they will go for spring break. Fill in the chart for question 1, and choose the correct answer for question 2.

Woman : So, where should we go for spring break this year ?

Man : I found two tours to Hokkaido. They are both 3 days and 2 nights and they both include breakfast. The first one is to Sapporo, and it costs $468 per person.

Woman : Wow ! That is cheap. Is that by train or by plane ?

Man : By plane from Narita Airport.

Woman : Hmm. What about the second one ?

Man : It costs $100 more and is by train from Tokyo Station to Hakodate.

Woman : I know the first one is cheaper and it takes less time to get there, but I don't like flying. So . . .

Man : OK. Let's go with the second tour, then.

Part B

Listen to the couple talking about what dog to buy as a pet and choose the best answer.

Woman : I'm so excited. We're finally getting a puppy. What do you think about this toy poodle ?

Man : A toy poodle ! Why ? That one is too expensive and it's too noisy. Look at this pug. It's much cheaper and it's not so noisy ! Just look at its funny nose.

Woman : A pug ! No, you know that I hate cleaning up dog hair. Their hair is always falling out. That's why I don't like them. Poodles don't have that problem.

Man : OK, let's go with your idea. What about the size and color ?

Woman : I am thinking about one that will be 2.5 kg to 3 kg and I want to get a brown or red-brown colored one. What do you think ?

Man : I think any color is fine, but the most important thing is personality. It has to be a friendly dog.

Woman : Hey, look. This one is the perfect dog then ! Its parents were only around 2.7 kg. It is on sale, and it's the right color.

Man : Yeah, he is cute. And it looks like it knows how to behave well. Let's get it !

Part C

Listen to the monologue and choose the best answer for each question.

Do you love a nice cold piece of watermelon in the summer ? Or do you sometimes bring a banana for a snack to school ? We all know what they look like, right ? However, the original or wild ones sometimes looked different from the fruits and vegetables in your house. For example, a watermelon today has a thin green skin on the outside. It is soft and red on the inside, and it usually has black seeds that you throw away. However, a 17th-century painting of a watermelon by an Italian painter shows a slightly different watermelon. It has the same green skin, but the inside is mostly white with six red circles that have black seeds.

The same is true for the first bananas. Humans started growing and changing bananas thousands of years ago. The wild ones can still be found today. They are smaller than most supermarket bananas and they have many large hard-black seeds that you cannot eat. The outside is not yellow but a light-green color. Also, unlike regular bananas, the skin is tough and hard to take off. So the next time you are choosing a piece of fruit or you see some vegetables on your plate, remember that they did not always look the same as they do today.

Part D

Listen to the monologue and choose the best answer for each question.

The habit of reading is one of the greatest traditions we have. When we read, we enjoy the books that belong to us much more than the books we borrow. A borrowed book is like a guest in the house. You must be careful not to damage it. And then, although we often forget, you have to return it.

But your own books belong to you. They are like a close friend to you. Books are for use, not for show. You should not own a book that you are afraid to put marks in, to fold the corners of the pages of, or to place on the table, wide open and face down. A good reason for marking your favorite parts in books is that you can remember the important sayings and find them again quickly.

Everyone should begin collecting books when they are young. Also, they should have their own bookshelves. The shelves should not have doors, glass windows, or locks. People should be free to touch or see the books inside. Knowing that they are there in full view is both exciting and refreshing. Most of my life at home is spent in a room that has six thousand books. And I have the same answer to the question that visitors always ask. "Have you read all of these books ?"

"Of course. Some of them twice." This reply is both true and surprising.

【数　学】（60分）〈満点：100点〉

（注意）　答案は指定された場所にかき，考え方や計算の過程がはっきりとわかるように心がけること（特に指示がある場合を除く）。

解答する際に利用した図はなるべくていねいにかくこと。

問題文中に特に断りのない限り，答えの根号の中はできるだけ簡単な数にし，分母に根号がない形で表すこと。

円周率はπを用いること。

1　aは正の定数とする。関数$y=ax^2$のグラフ上に，x座標がそれぞれ0，-4，16，-12である点O，A，B，Cをとる。∠ACB＝90°のとき，以下の問いに答えよ。結果のみ書け。

ただし，「傾きがそれぞれk，lである2直線が垂直に交わるのは，

$kl=-1$

のときであり，そのときに限る」という事実は，証明なしに用いてよいものとする。

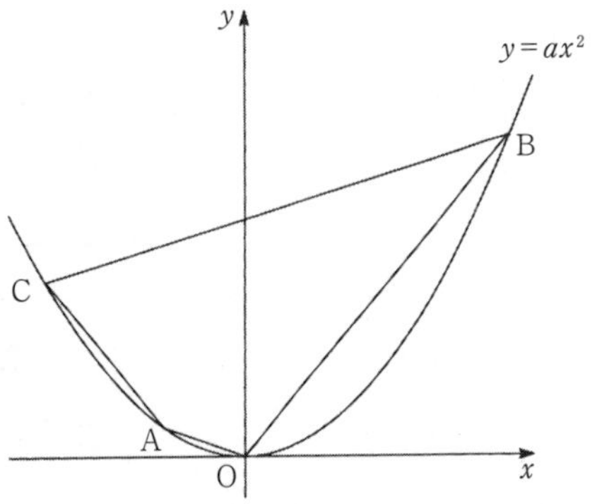

(1)　aの値を求めよ。

(2)　2直線OC，ABの交点をPとする。三角形の面積比△OPA：△BPCを求めよ。

2　右図の四角形ABCDは，

AD∥BC,

∠ABC＝60°，∠BCD＝30°,

AB＝6，BC＝18

を満たしているとする。

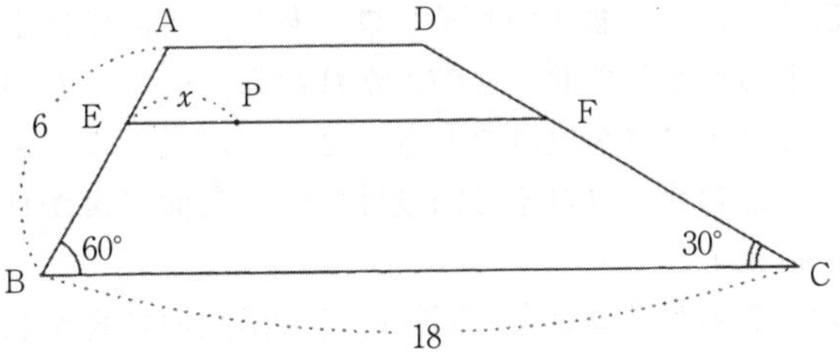

辺AB上に点Eを，辺CD上に点Fを，

AE：EB＝DF：FC＝1：2

となるようにとる。$0<x<10$を満たすxに対して，線分EF上に，EP＝xを満たす点Pをとる。

四角形ABCDを，点Pを中心として180°だけ回転移動（点対称移動）させた図形を，四角形A′B′C′D′とする。四角形ABCDと四角形A′B′C′D′の重なる部分からなる図形をZとし，図形Zの面積をSとする。

(1)　図形Zが四角形となるようなxの値の範囲と，そのときのSをxの式で表せ。

(2)　$S=14\sqrt{3}$となるxの値を求めよ。

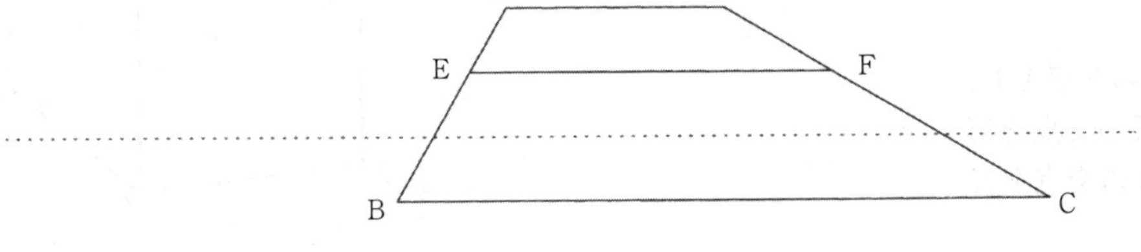

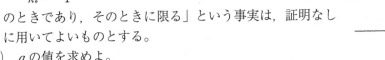

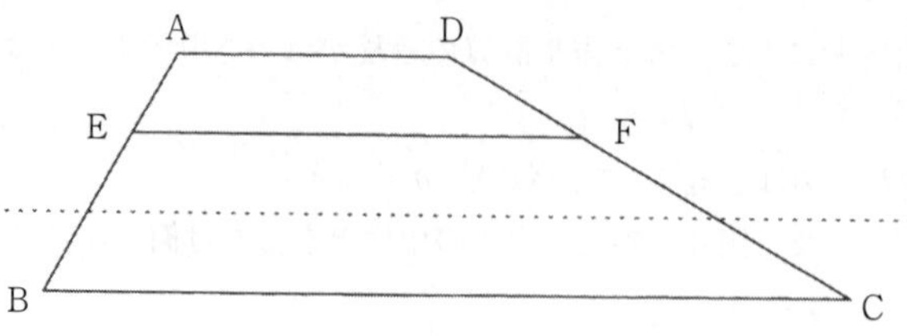

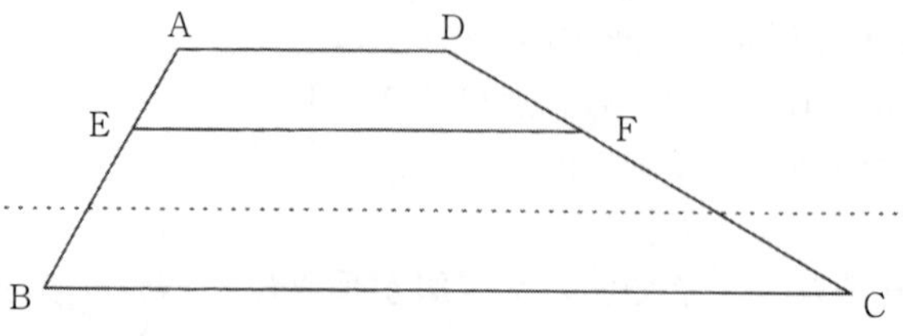

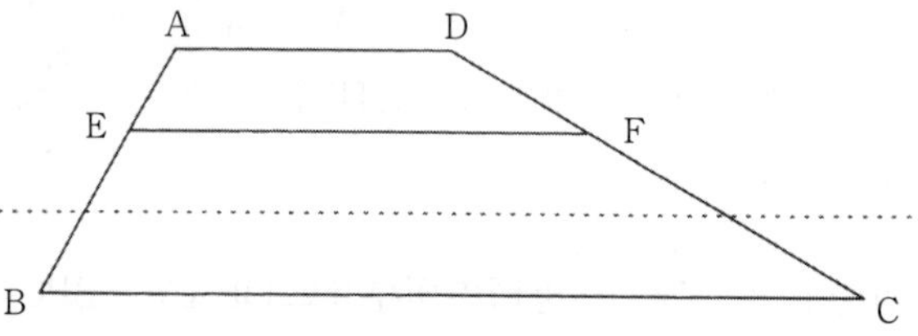

3 正二十面体のサイコロがあり，各面には１から20までの数がいずれか一つずつ書かれていて，１の書かれた面，２の書かれた面，……，20の書かれた面はすべて１面ずつあるとする。また，このサイコロを投げたとき，どの面が出ることも同様に確からしいものとする。

(1) このサイコロを２回投げて，出た面に書かれた数の和が６の倍数となる確率を求め，結果のみを答えよ。

(2) このサイコロを３回投げて，出た面に書かれた数を５で割った余りを順に a，b，c とする。ただし，５で割り切れるとき，余りは０とする。

(i) ３数の積 abc が０となる確率を求めよ。

(ii) $\dfrac{abc}{6}$ が整数となる確率を求めよ。

4 １辺の長さが６である右図のような立方体ABCD-EFGHがある。

辺AE上に，AI：IE＝1：1となる点Ｉ，

辺EF上に，EJ：JF＝2：1となる点Ｊ，

辺EH上に，EK：KH＝2：1となる点Ｋ

をとる。さらに，

２直線AJ，IFの交点をＬ，

２直線AK，IHの交点をM，

２直線FK，HJの交点をＮ

とする。

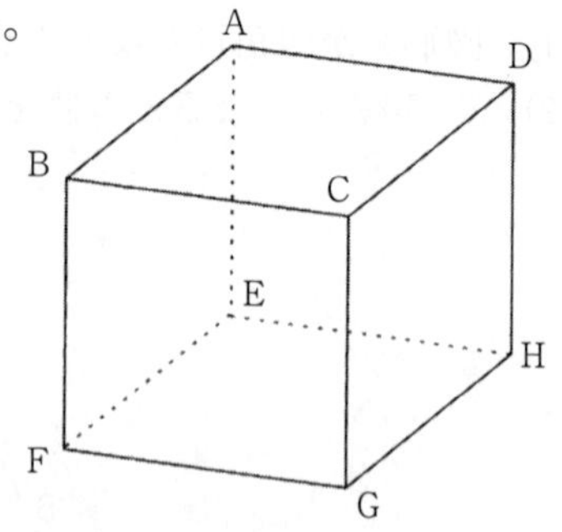

(1) △JNKの面積を求めよ。

(2) 三角錐《かくすい》AILMの体積を求めよ。

(3) ７つの点E，Ｉ，Ｊ，Ｋ，Ｌ，M，Ｎを頂点とする「凹《へこ》み」のない多面体の体積を求めよ。

【社　会】（40分）〈満点：50点〉

1　次のA～Fの文章は，日本の水産業のあゆみについて述べたものである。これらを読み，あとの問いに答えなさい。

A　日本列島の人々は，①縄文時代のころから魚や貝をとって食べていました。その様子は，②各地に残された貝塚からうかがうことができます。③「魏志」倭人伝には，日本列島の人々が海にもぐって魚や貝をとっているという記述があります。弥生時代には，素もぐりによる漁も行われていたことがわかります。

問1　下線部①に関して，縄文時代の漁労について述べた文として**誤っているもの**を，次のア～エから1つ選び，記号で答えなさい。

ア　沖合に出て漁をするときに舟を利用した。

イ　骨や角でつくった釣り針で魚を釣った。

ウ　魚をつく銛《もり》には鉄器が用いられた。

エ　とった貝を土器で煮《に》ることもあった。

問2　下線部②に関して，縄文時代の貝塚からの出土遺物として**誤っているもの**を，次のア～エから1つ選び，記号で答えなさい。

ア　いのししの骨　　イ　割れた土器のかけら

ウ　こわれた土偶　　エ　使われなくなった石包丁

問3　下線部③に関して，「魏志」倭人伝の内容について述べた文として正しいものを，次のア～エから1つ選び，記号で答えなさい。

ア　邪馬台国の女王卑弥呼は，30ほどの小さな国々を従えていた。

イ　卑弥呼は，魏に使いを送り，皇帝から「日本国王」という称号を授けられた。

ウ　邪馬台国は，伽耶地域の国々と結んで高句麗や百済と戦った。

エ　邪馬台国には身分の違いがあり，卑弥呼は儒教にもとづいて統治を行っていた。

B　④『万葉集』には，海や浜での漁業活動をよんだ和歌がおさめられています。⑤律令制度のもとでは，租税として海産物が納められることもありました。やがて全国に広まっていった荘園でも，漁業活動が行われました。⑥鎌倉時代の荘園を描いた絵図には，小舟に乗った漁民の姿が描かれているものもあります。

問4　下線部④に関して，『万葉集』について述べた文として正しいものを，次のア～エから1つ選び，記号で答えなさい。

ア　『万葉集』では，平仮名を用いて和歌を表記している。

イ　『万葉集』には，防人や農民の歌もおさめられている。

ウ　『万葉集』は，紀貫之らによってまとめられた。

エ　『万葉集』の代表的歌人として，西行があげられる。

問5　下線部⑤に関して，奈良時代の租税の納入に使われたある荷札には，次のような文字が記されている。これについて，(1)・(2)に答えなさい。

伊豆国田方郡棄妾郷瀬埼里戸主茜部真弓調荒堅魚十一斤十両　六連一丸

(1)　上記の荷札を用いて納入された租税を何というか。**漢字**で答えなさい。

(2)　この荷札と租税を説明した文として**誤っているもの**を，次のア～エから1つ選び，記号で答えなさい。

ア　この荷札は，都に運ばれる品物につけられた。

イ　この荷札に記載された人物は，戸籍に登録されていた。

ウ　この租税は，成人男子が負担した。

エ　この租税は，所有する口分田の広さにもとづいて課税された。

問6　下線部⑥に関して，右の絵図(部分)は荘園領主と地頭が土地を折半したときに作成されたものである。これについて，(1)・(2)に答えなさい。

(1)　絵図に示された紛争の解決手段を何というか。**漢字**で答えなさい。

(2)　この絵図を説明した文として正しいものを，次のア～エから1つ選び，記号で答えなさい。

ア　絵図の右側が荘園領主の支配とされ，境界に線が引かれている。

イ　描かれた小舟に乗る漁民は，地頭のもとで倭寇として活動した。

ウ　周辺の山林は，荘園領主と地頭による土地の折半の対象外とされた。

エ　作成された絵図にもとづき，鎌倉幕府は荘園領主と地頭から年貢を徴収した。

(伯耆国河村郡東郷庄之図「東京大学史料編纂所所蔵模写」より。一部を改変した)

C　江戸時代には，⑦江戸や大阪が都市として発展し，消費が増大したため，周辺地域での漁業活動がさかんになりました。また，網を利用した漁が広まり，九十九里浜でとれた(　1　)や蝦夷地でとれた(　2　)は，⑧加工されて肥料として用いられました。さらに，⑨長崎貿易で輸出される海産物の生産も活発になりました。

問7　下線部⑦に関して，江戸時代の江戸と大阪について述べた文として**誤っているもの**を，次のア～エから1つ選び，記号で答えなさい。

ア　江戸に設けられた諸藩の江戸屋敷には，全国から多くの武士が集まった。

イ　諸藩は大阪に蔵屋敷を置いて，年貢米や特産物の販売を行った。

ウ　江戸と大阪では，問屋や仲買が株仲間という同業者組織を作るようになった。

エ　江戸と大阪の間では，北前船が定期的に往復して物資を輸送するようになった。

問8　空欄(1)にあてはまる魚を**ひらがな**で答えなさい。

問9　空欄(2)にあてはまる魚を**ひらがな**で答えなさい。

問10　下線部⑧に関して，江戸時代の海産物を加工した肥料の用いられ方について述べた文として正しいものを，次のア～エから1つ選び，記号で答えなさい。

ア　おもに東北地方の稲作で用いられた。

イ　おもに近畿地方の稲作で用いられた。

ウ　おもに東北地方の綿作で用いられた。

エ　おもに近畿地方の綿作で用いられた。

問11　下線部⑨に関して，江戸時代の長崎貿易では，次のような海産物が輸出された。これについて，(1)・(2)に答えなさい。

干しあわび　　いりこ(干したなまこ)　　ふかのひれ

(1)　上記のような輸出用の海産物を総称して何というか。**漢字**で答えなさい。

(2)　上記の海産物の生産と流通を説明した文として**誤っているもの**を，あとのア～エから1つ選び，記号で答えなさい。

ア　おもに蝦夷地で生産された。
イ　おもに倭館で取り引きされた。
ウ　おもに清へ輸出された。
エ　銅などとともに輸出された。

D　明治時代になると，⑩諸産業は欧米の技術を取り入れて大きく発展しました。水産業も例外ではありません。⑪ポーツマス条約で沿海州とカムチャツカの漁業権を日本が獲得すると，北洋漁業とよばれる遠洋漁業が拡大しました。昭和時代のはじめに発表された⑫『蟹工船』には，北洋漁業の過酷な労働が労働者の視点で描かれています。

問12　下線部⑩に関して，明治時代の諸産業の発展について述べた文として正しいものを，次のア～エから１つ選び，記号で答えなさい。
ア　富岡製糸場では，ドイツ人技師の技術指導を得て綿糸を生産した。
イ　大阪紡績会社では，輸入した蒸気機関を用いて生糸を生産した。
ウ　欧米の製鉄業の技術を取り入れ，官営の八幡製鉄所が建設された。
エ　欧米式の工作機械を用いて，長崎造船所では航空母艦が建造された。

問13　下線部⑪に関して，ポーツマス条約について述べた文として正しいものを，次のア～エから１つ選び，記号で答えなさい。
ア　この条約はイギリスの仲介で結ばれた。
イ　この条約で日本は長春以南の鉄道利権を獲得した。
ウ　この条約で日本は山東省の権益を獲得した。
エ　この条約でロシアは清における日本の優越権を認めた。

問14　下線部⑫に関して，『蟹工船』の作者として正しいものを，次のア～エから１つ選び，記号で答えなさい。
ア　芥川龍之介　　イ　小林多喜二　　ウ　志賀直哉　　エ　谷崎潤一郎

E　⑬戦時体制が強まると労働力や物資の不足から，日本の水産業は大きな打撃をうけました。戦後，⑭サンフランシスコ平和条約によって日本が独立を回復すると，遠洋漁業がさかんになりました。アメリカ合衆国の水爆実験で被曝した第五福竜丸も，太平洋に遠洋漁業に出て（　3　）をとる漁船でした。

問15　下線部⑬に関して，戦時体制のもとでの労働力や物資について述べた文として**誤っているもの**を，次のア～エから１つ選び，記号で答えなさい。
ア　新たに結成された大政翼賛会が，労働力や物資を動員できるようになった。
イ　軍需品の生産が優先されたため，農村では労働力や肥料が不足した。
ウ　生活必需品の供給が減り，マッチや衣料品で切符制が導入された。
エ　労働力が不足したため，中学生や未婚の女性も勤労動員の対象となった。

問16　下線部⑭に関して，サンフランシスコ平和条約について述べた文として**誤っているもの**を，次のア～エから１つ選び，記号で答えなさい。
ア　この条約は首席全権である吉田茂首相が調印した。
イ　この条約に対してソ連は調印を拒否した。
ウ　この条約で中華人民共和国への賠償が決められた。
エ　この条約で日本は千島列島の権利を放棄した。

問17　空欄（3）にあてはまる魚を**ひらがな**で答えなさい。

F　現在の水産業は，⑮排他的経済水域の設定や資源保護などの視点から漁獲量の制限が厳しくなっており，遠洋漁業に従事する人は減っています。また，国内の漁獲量は減って，⑯水産物の輸入が増えています。こうしたなかで，とる漁業から育てる漁業への転換が進められ，⑰養殖業の成長が期待されています。

問18　下線部⑮に関して，次の表は諸国の領海・排他的経済水域と領土の面積を示したものである。これについて，(1)・(2)に答えなさい。

国名	領海・排他的経済水域の面積	領土の面積
アメリカ合衆国	762万km^2	983万km^2
メキシコ	285万km^2	196万km^2
X	541万km^2	191万km^2
日本	447万km^2	38万km^2

（『海洋白書 2015』，『世界国勢図会 2018/19年版』より）

(1)　表のXに該当する国として正しいものを，次のア～エから１つ選び，記号で答えなさい。

ア　インドネシア　　イ　オーストラリア

ウ　ブラジル　　エ　ニュージーランド

(2)　排他的経済水域は，領海の外側で沿岸から200海里以内までとされている。200海里とは約何kmか。一の位を四捨五入して答えなさい。

問19　下線部⑯に関して，次の表X・Yは日本の輸入水産物の輸入相手国(2017年)を示したものである。X・Yに該当する輸入水産物の組み合わせとして正しいものを，あとのア～エから１つ選び，記号で答えなさい。

X

国名	金額(百万円)	割合
チリ	128,274	57.4%
ノルウェー	48,482	21.7%
ロシア	25,000	11.2%
アメリカ合衆国	11,610	5.2%
その他	10,163	4.5%

Y

国名	金額(百万円)	割合
ベトナム	48,335	21.9%
インド	38,338	17.4%
インドネシア	31,709	14.4%
アルゼンチン	20,357	9.2%
タイ	14,329	6.5%
カナダ	11,959	5.4%
ロシア	10,159	4.6%
その他	45,296	20.5%

（『平成29年度 水産白書』より）

ア　X―タラ類　Y―エビ

イ　X―サケ・マス類　Y―エビ

ウ　X―タラ類　Y―イカ

エ　X―サケ・マス類　Y―イカ

問20　下線部⑰に関して，次の表は四国４県の海面漁業と海面養殖業の漁獲量(2013年)を示したものである。X～Zに該当する県の組み合わせとして正しいものを，あとのア～カから１つ選び，記号で答えなさい。

県名	海面漁業漁獲量	海面養殖業漁獲量
X	80,000 t	19,000 t
Y	77,000 t	66,000 t
Z	19,000 t	30,000 t
徳島	13,000 t	14,000 t

（『第65回 日本統計年鑑 平成28年』より）

ア　X―愛媛　Y―高知　Z―香川　　イ　X―愛媛　Y―香川　Z―高知

ウ　X―高知　Y―愛媛　Z―香川　　エ　X―高知　Y―香川　Z―愛媛

オ　X―香川　Y―愛媛　Z―高知　　カ　X―香川　Y―高知　Z―愛媛

2 以下の会話文を読み，あとの問いに答えなさい。

先　生：昨年夏のサッカーワールドカップロシア大会，日本のグループリーグ突破もあって盛り上がったね。①フランスは20年ぶりの優勝だった。

カイタ：準優勝のクロアチアも強かったな。そういえば今回はセルビアも出場していたけれど，昔，クロアチアとセルビアは一つの国だったんですよね？　今回，合同チームなら優勝できた気もします。

先　生：確かに。今は7つの国に分かれたけれど，1990年大会時点では【 A 】という一つの国だったんだよ。でも悲惨な戦争まで起こったから，合同チームは無理だろうなあ。開催国の②ロシアだって，ソ連にはもう戻れないしね。

カイタ：4位のイングランドも，③イギリスでまとまって出場すれば優勝を狙えた気がします。ここの場合は内戦もなく一つの国にまとまっていますし。

先　生：それもそうだね。もっとも，イギリス北部の【 B 】では，2014年の住民投票で45%がその独立に賛成したことも無視できないけれど。

カイタ：そうですか，分かれる話ばかりですね。統合する話はないんですか？

先　生：国家の定義にもよるし，国家とサッカーチームを分けて考える必要もあるけれど，④平成に入ってからの国連加盟国同士の統合は，1990年の【 C 】統一とイエメン統一くらいだね。この二つは冷戦終結の影響が大きかった。

カイタ：冷戦といえば朝鮮半島統一も期待できるのかな。昨年は11年ぶりの⑤南北首脳会談があったし，その前の平昌《ピョンチャン》五輪では合同チームも結成されました。

先　生：注目だね。あと，国家の統合ではないけれど，国境を越えた動き自体は世界各地で起こっている。EUや⑥ASEANなどがいい例だね。

カイタ：そうですね。特にEUは，それ自体が統合された一つの国のようにも見えます。

先　生：確かに政治統合も進行中だし，各加盟国は《 X 》の一部をEUに譲ったとも表現される。ただし，今のEUはあくまでも《 X 》国家の集まりで，各加盟国が《 X 》を持つのが前提だから，国家と呼ぶのはまだ早いよ。

カイタ：そうか。⑦東京都などの自治体と，日本という国家との関係とは違うんですね。

先　生：そうだね。でも，いわゆるグローバル化は様々な分野で進んでいる。日本の⑧TPP11参加も話題になっているね。

カイタ：国家統合はなくても，⑨労働者の移動や⑩市場の統合は進んでいます，と。

先　生：そう。ただ，⑪国境を越える動きには反動がつきものだから，不透明な部分もある。これからもニュースを見て，知識を更新しよう。

カイタ：はい！　がんばります。

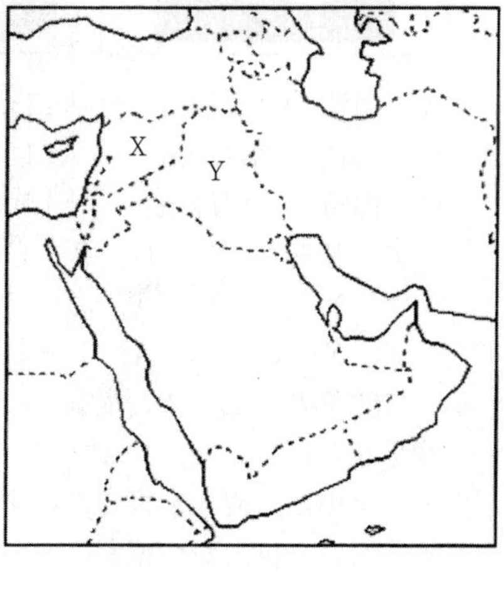

問1　空欄【A】～【C】にあてはまる，国名や地域名を答えなさい。

問2　3か所ある空欄《X》に共通してあてはまる，**漢字2字**の言葉を答えなさい。

問3　下線部①～③のフランス・ロシア・イギリスの三国に関して，(1)～(8)に答えなさい。

(1)　この三国は，第一次世界大戦開戦時に三国協商を形成していて，三国が作った戦後構想は現在の国境にも影響している。例えば，右の中東の地図中のXとYの間の国境も第一次世界大戦の戦後処理時に引かれたもので，この国境付近は2014年からIS(イスラム国)の勢力拡大の場にもなった。X・Y両国の国名の正しい組み合わせを次のア～カから1つ選び，記号で答えなさい。

ア　X—イラク　Y—イラン　　イ　X—イラク　Y—シリア

ウ　X—イラン　Y—イラク　　エ　X—イラン　Y—シリア

オ　X—シリア　Y—イラク　　カ　X—シリア　Y—イラン

(2)　この三国は，いずれも国際連合安全保障理事会の常任理事国である。安全保障理事会について述べた文として正しいものを，次のア～エから1つ選び，記号で答えなさい。

ア　国連加盟国すべての代表が出席し，すべての国が対等な一票を行使する。

イ　常設の国連軍を組織し，これまでも国際法違反の国への攻撃を行ってきた。

ウ　国連の中枢となる機関で，国連の事務総長は常任理事国の国民から選ばれる。

エ　合計15か国によって構成され，常任理事国は実質事項の決議での拒否権を持つ。

(3)　この三国は，いずれも核保有国である。核兵器について述べた文として正しいものを，次のア～エから1つ選び，記号で答えなさい。

ア　2017年に国際連合で採択された核兵器禁止条約は，核抑止の概念を否定して核兵器を一律に禁止する内容だった。

イ　唯一の戦争被爆国である日本の政府は，2017年に国際連合で核兵器禁止条約が採択される際に主導的な役割を果たした。

ウ　アメリカ合衆国のトランプ大統領は，2017年のプラハ演説で核兵器廃絶を訴え，ノーベル平和賞を受賞した。

エ　核兵器廃絶のためのキャンペーンを展開してきたアムネスティ・インターナショナルは，2017年にノーベル平和賞を受賞した。

(4)　この三国の国旗は，いずれも赤・青・白の三色で構成され，同様の組み合わせはアメリカ合衆国やオランダなど多くの国で見られる。一方で，日本のように赤と白の二色で構成される国旗も多く，以下のX～Zの三つの旗も赤と白の二色からなる国旗である(ただし白黒で表示)。

A～Cは，X～Zの国旗の国のいずれかの面積と人口(2018年)を示している。正しい組み合わせをあとのア～カから1つ選び，記号で答えなさい。

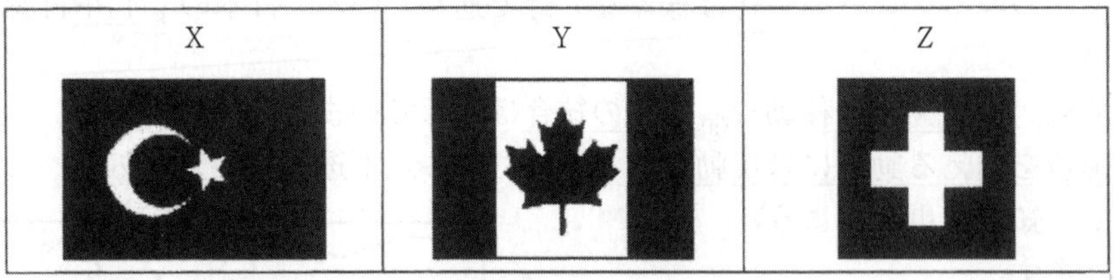

A　面積　999万km^2　　人口　3695万人

B　面積　78万km^2　　人口　8192万人

C　面積　4万km^2　　人口　854万人

(『世界国勢図会 2018/19年版』より)

ア　X—A，Y—B，Z—C　　イ　X—A，Y—C，Z—B

ウ　X—B，Y—A，Z—C　　エ　X—B，Y—C，Z—A

オ　X—C，Y—A，Z—B　　カ　X—C，Y—B，Z—A

(5)　1789年のフランス人権宣言の内容として**誤っているもの**を，次のア～エから1つ選び，記号で答えなさい。

ア　自由は，他人を害しないすべてをなし得ることに存する。

イ　人は，自由かつ権利において平等なものとして出生し，かつ生存する。

ウ　あらゆる政治的団結の目的は，人の消滅することのない自然権を保全することである。これらの権利は，自由・所有権・安全および圧政への抵抗である。

エ　経済生活の秩序は，すべての者に人間たるに値する生活を保障する目的を持つ正義の原則に適合しなければならない。

(6)　ロシアの国土について述べた次のア～エの文のうち，下線部の内容が正しいものを１つ選び，記号で答えなさい。

ア　最東端の地点はベーリング海峡の西岸にあたり，ここから東方向に海上を300km移動すると，途中，東経170度線を越えることになる。

イ　最西端の地点はバルト海に面した飛び地で，ここから南方向に300km移動すると，オランダ国内の海抜０m未満の地域に到達する。

ウ　最南端の地点はカフカス山脈上に位置し，ここから東方向に300km移動すると，アゼルバイジャンの国土をまたぎカスピ海に到達する。

エ　最北端の地点は北極海にある島で，ここから南方向に300km移動すると，寒極として知られるオイミャコンに到達する。

(7)　イギリスについて述べた文として正しいものを，次のア～エから１つ選び，記号で答えなさい。

ア　国内のほとんどの地域は亜寒帯(冷帯)に属し，首都ロンドンの７月の平均気温は20℃を超えず，１月の平均気温はマイナス10℃を下回る。

イ　宗教において，国民の多数派は正教会のキリスト教徒だが，近年はムスリムが増加傾向にある。

ウ　公用語である英語は，オランダ語やノルウェー語とともに，ゲルマン系言語に分類される。

エ　現時点では通貨としてユーロを用いているが，2016年の国民投票でユーロからの離脱が決まったため，通貨変更の準備が進められている。

(8)　以下の表は食料の生産量(2013年)を示したもので，X・Y・Zは，フランス・ロシア・イギリスのいずれかである。X・Y・Zの組み合わせとして正しいものをあとのア～カから１つ選び，記号で答えなさい。

	小麦	野菜	果実	魚介類
X	52,091	16,120	3,368	4,487
Y	38,614	5,324	8,186	695
Z	11,921	2,581	393	837

(単位は千ｔ。『世界国勢図会 2018/19年版』より)

ア　X－イギリス　Y－フランス　Z－ロシア

イ　X－イギリス　Y－ロシア　Z－フランス

ウ　X－フランス　Y－イギリス　Z－ロシア

エ　X－フランス　Y－ロシア　Z－イギリス

オ　X－ロシア　Y－イギリス　Z－フランス

カ　X－ロシア　Y－フランス　Z－イギリス

問４　下線部④に関して，(1)～(4)に答えなさい。

(1)　昭和時代の日本にはなかったが，平成元年(1989年)４月に導入され，平成29年度(2017年度)の日本の歳入の約18％を占めている財源を，**漢字**で答えなさい。

(2)　憲法改正のための国民投票法は，平成19年に制定された。国民投票が行われた際に憲法改正が成立する条件として正しいものを，次のア～エから１つ選び，記号で答えなさい。

ア　有権者数の過半数の賛成

イ　有効投票数の過半数の賛成
ウ　有権者数の３分の２以上の賛成
エ　有効投票数の３分の２以上の賛成
(3)　日本国内で沖縄県に米軍基地が集中している問題については，平成に入ってからも解決が難航した。沖縄県宜野湾市の住宅密集地の中にあり，平成30年の沖縄県知事選でも移設先が争点になった米軍基地の名称を，**漢字**で答えなさい。
(4)　日本史上，「成」の字が入っている元号は平成のみだが，「平」の字が入っている元号は複数ある。そして，「平」の字を使う漢字二字の元号のうち，大半は２文字目が「平」であり(「天平」「承平」など)，１文字目が「平」の元号は平成以外に一つしかない。1159年から1160年にかけて用いられたこの元号を**漢字**で答えなさい。

問５　下線部⑤に関して，このときの「南」側の大統領の名を，**漢字**で答えなさい。

問６　下線部⑥に関して，以下の表は，ASEAN諸国の宗教別人口の割合を示したもので，X・Y・Zは仏教・キリスト教・イスラム教のいずれかである。X・Y・Zの組み合わせとして正しいものをあとのア～カから１つ選び，記号で答えなさい。

	X	Y	Z
インドネシア(2010年)	87.2%	9.9%	0.7%
フィリピン(2000年)	5.0%	92.7%	—
カンボジア(2008年)	1.9%	0.4%	96.9%

(—は記載なし。『データブック オブ・ザ・ワールド 2018年版』より)

ア　X—仏教　Y—キリスト教　Z—イスラム教
イ　X—仏教　Y—イスラム教　Z—キリスト教
ウ　X—キリスト教　Y—仏教　Z—イスラム教
エ　X—キリスト教　Y—イスラム教　Z—仏教
オ　X—イスラム教　Y—仏教　Z—キリスト教
カ　X—イスラム教　Y—キリスト教　Z—仏教

問７　下線部⑦に関して，以下の表は，東京都の東西南北端それぞれの経度と緯度を示したものである。東京都最西端の島の名を答えなさい。

	東　端	西　端	南　端	北　端
東　経	153° 59′	136° 04′	136° 04′	139° 01′
北　緯	24° 17′	20° 26′	20° 26′	35° 54′

問８　下線部⑧に関して，以下の表は，TPP11参加国のうち３か国の輸出額上位５品目とその輸出総額に占める割合(2016年)を示したもので，X・Y・Zは，シンガポール・チリ・ニュージーランドのいずれかである。X・Y・Zの組み合わせとして正しいものをあとのア～カから１つ選び，記号で答えなさい。

	X		Y		Z	
１位	機械類	48.6	銅	24.6	酪農品	23.2
２位	石油製品	11.3	銅鉱	21.2	肉類	12.7
３位	精密機械	4.5	野菜・果実	11.0	木材	7.2
４位	有機化合物	4.4	魚介類	7.8	野菜・果実	7.2
５位	プラスチック	3.7	パルプ・古紙	4.0	機械類	5.4

(『世界国勢図会 2018/19年版』より)

ア　X―シンガポール　Y―チリ　Z―ニュージーランド
イ　X―シンガポール　Y―ニュージーランド　Z―チリ
ウ　X―チリ　Y―シンガポール　Z―ニュージーランド
エ　X―チリ　Y―ニュージーランド　Z―シンガポール
オ　X―ニュージーランド　Y―シンガポール　Z―チリ
カ　X―ニュージーランド　Y―チリ　Z―シンガポール

問9　下線部⑨に関して，ブラジル人労働者の多い群馬県邑楽《おうら》郡大泉町では，多文化共生コミュニティセンターを開設している。そしてこの施設のウェブサイトでは以下のように，日本語に加えて，ブラジルの公用語が併記されている。ブラジルの公用語を答えなさい。

（http://www.oizumi-tabunka.jp/ より）

問10　下線部⑩に関して，今，A国とB国の二つの国があり，ある商品の価格と需要数量の関係が，それぞれ右のグラフの線分で表されると仮定する。

　このようなA国とB国が市場を統合すると，価格が400のとき，この商品の需要数量はいくつになるか，答えなさい。なお，需要数量は単純に合算されるとする。また，割り切れないときは，小数第一位を四捨五入して整数で答えること。

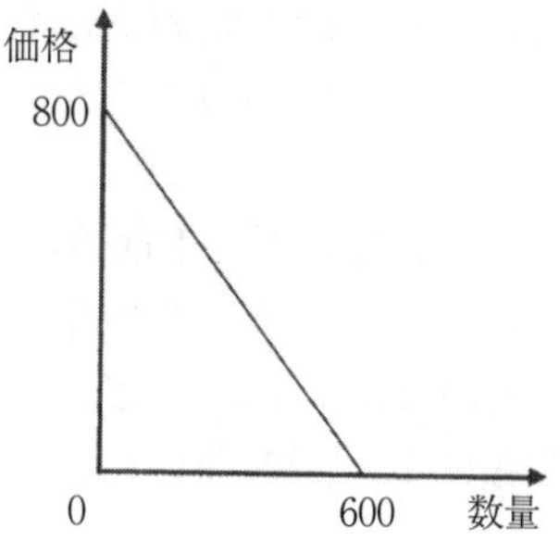

A国

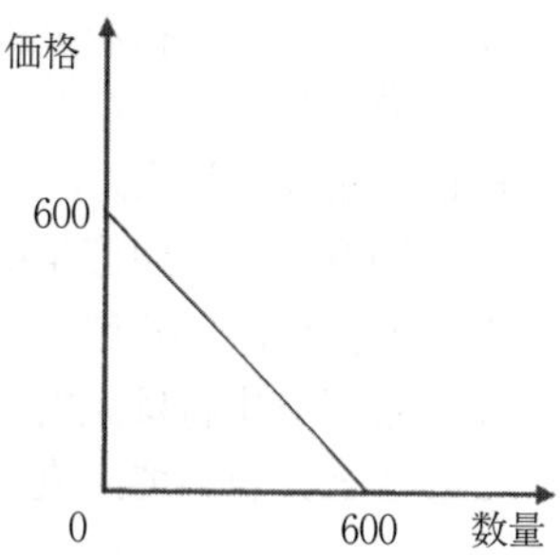

B国

問11　下線部⑪に関して，アメリカ合衆国では1924年，移民法が改正され，日本からの移民が実質禁止された。右の絵は，当時の風刺画家が移民法改正への皮肉を込めて描いたもので，当時のアメリカ合衆国でインディアンと呼ばれていた人たち(左側の２人)と，日本人(右側の２人)が何かを話している。

　元の絵に「ふきだし」はないが，この絵を描いた画家の意図を考え，「ふきだし」にあてはまる文を答えなさい。

（飯倉　章《あきら》『黄禍《こうか》論と日本人』中公新書
2013年より一部転載）

【理　科】（40分）〈満点：50点〉

1　人類の誕生を700万年前，地球の年齢を46億年，宇宙の年齢を138億年として，以下の問いに答えよ。

問１　46億年の時間の長さを４m（教室の黒板の長辺程度）とすると，人類の誕生から現在までの時間の長さは，何cmになるか。小数第１位まで求めよ。

問２　海洋プレートをつくる岩石は，海底のあるところで形成され，海溝で沈み込んで消滅する。したがって，海洋プレートをつくる岩石のうち，最も古いと考えられるのは海溝付近の岩石である。太平洋プレートで考えると，最も古い岩石は日本海溝付近の岩石であり，形成されてから約１億5000万年たっていると推定されている。この岩石が形成されたのはどのような時代か。最も適切なものを，次のア～エの中から１つ選び，記号で答えよ。

ア　アンモナイトや恐竜が生息していた中生代
イ　アンモナイトや恐竜が生息していた新生代
ウ　ナウマンゾウやビカリアが生息していた中生代
エ　ナウマンゾウやビカリアが生息していた新生代

問３　セキツイ動物が上陸した時期を，両生類のあるものから陸上の乾燥に耐えられるは虫類やほ乳類に進化した時期だと考えると，それはいつごろか。最も適切なものを，次のア～エの中から１つ選び，記号で答えよ。

ア　16億年前～14億年前　　イ　12億年前～10億年前
ウ　８億年前～６億年前　　エ　４億年前～２億年前

問４　岩石や化石は過去の様子を教えてくれる。また，宇宙にある天体も過去の様子を教えてくれる。このことについて，表１を参考に(1)，(2)の問いに答えよ。

表１

天体	地球からの距離
太陽	１億5000万km
海王星	45億km
シリウス	8.6光年
アンドロメダ銀河	230万光年

(1)　遠い天体をみることが過去の様子をみることになるのは，宇宙空間を進む光の速さが秒速30万kmであり，光が天体から地球に届くのに時間がかかるためである。地球からみる太陽は何分前の姿といえるか。小数第１位まで求めよ。

(2)　宇宙や身の回りの現象について，最も適切なものを，次のア～エの中から１つ選び，記号で答えよ。

ア　今晩，私が夜空にみるアンドロメダ銀河とシリウスの姿は，ともに同じ時間だけさかのぼった過去の姿である。
イ　人類が誕生した当時に地球から出た光は，現在にいたってもアンドロメダ銀河までは届いていない。
ウ　仮に海王星から地球をみたとして，海王星からみる地球の姿は４時間10分後の地球の姿である。
エ　厳密には，私が今この瞬間にみている文字や机は少し過去の様子であり，さらに，窓の外にみえている遠くの景色は，より過去の様子である。

2　ばねばかりを作成して，いくつかの実験をした。ばねや糸の質量は非常に小さく，滑車の摩擦も無視できるものとして，以下の問いに答えよ。ただし，100 gの物体にはたらく重力の大きさを1 Nとする。

問1　ばねは力がはたらくことでその長さを変える。ばねにはたらく力の大きさを，ばねののびで割ったものをばね定数と呼ぶ。おもりをつけていないときのばねの長さ(自然長または自然の長さ)が3.00cmのばねを用意した。このばねの一端に質量90.0 gのおもりをつけ，他端を天井につけて図1のようにしたところ，ばねの長さは10.20cmとなった。このばねのばね定数は何N/cmか求めよ。小数第3位まで答えよ。

図1

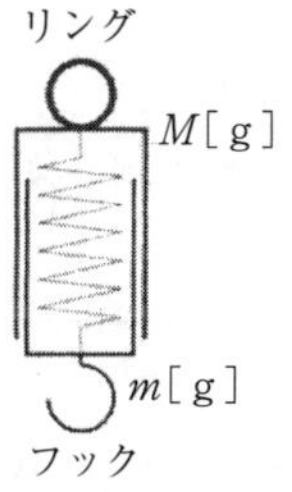

図2

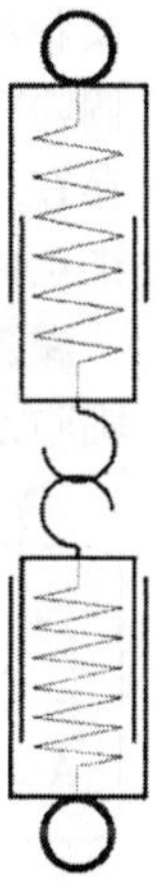
図3

図1のばねを用いて，図2のようなはかりを作成した。ばねの上端につながっているケースとリングを合わせた質量をM[g]，ばねの下端につながっているケースとフックを合わせた質量をm[g]とする。上のケースには，正しくはかれるように目盛りがついており，図2のようにつるした状態で0 gを示していた。なお，以下の**問2**～**問4**では，0 gを示す点の調整はおこなわないものとする。

問2　このはかりを2つ用意して図3のようにつるしたところ，上のはかりは64 g，下のはかりは16 gを示した。このとき，Mとmはそれぞれ何gか求めよ。整数で答えよ。

次に，図2のはかりを3つ用意して図4のように棒を水平に引いた。

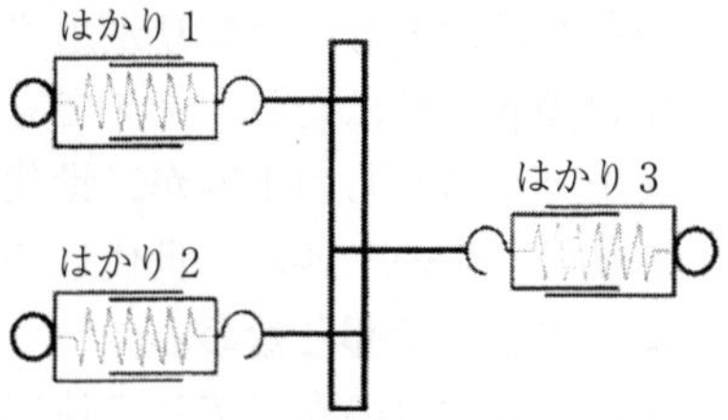

図4

問3　棒が傾くことなく静止したとき，はかり1は30 g，はかり2は50 gを示した。はかり3は何gを示すか求めよ。整数で答えよ。

問3の3つのはかりを用いて，図5のようにはかり1は台の上に水平に置き，はかり2・3ははかり1と糸でつないで，滑車を通してつるした。しかし，はかり3は間違えて上下逆にしてしまった。はかり2・3に質量が15 gの分銅をそれぞれつるして静止させた。

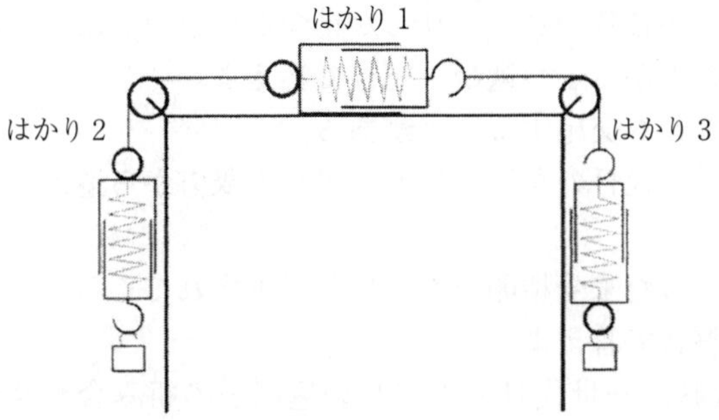

図5

問4　図5のはかり1・2・3は，それぞれ何gを示すか求めよ。整数で答えよ。

3　次のⅠ，Ⅱの各問いに答えよ。

Ⅰ　太郎君は動物の有性生殖に興味をもち，減数分裂に関して詳しく調べてみることにした。
減数分裂は精子や卵を作る過程で起こる特殊な細胞分裂で，オスの(①)，メスの(②)でおこなわれる。さらに，減数分裂は図１のように変化することがわかった。図１では１つの細胞から４個の精子が出来上がる過程が模式的に示されている。図中の２本の染色体上に対立遺伝子ＡとＢが存在している。つまり，図１は，遺伝子の組み合わせＡＢの細胞が，減数分裂をおこなったときの染色体の受け継がれ方を示している。

減数分裂が起こる前に染色体が２倍に複製され，次に２回の細胞分裂が連続して起こり，４つの細胞ができる。その結果，１つの細胞当たりの染色体の本数が体細胞の半分になる。

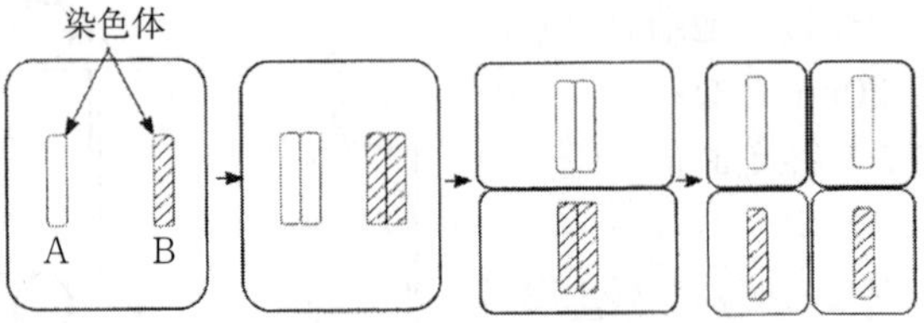

図１　減数分裂の過程

問１　問題文の(①)，(②)にあてはまる器官の名称を答えよ。

問２　遺伝子の組み合わせＡＢの細胞が**体細胞分裂**をおこなったときの染色体の受け継がれ方がわかるように，図１にならって解答欄に染色体をかき込みなさい。

Ⅱ　太郎君がシロアリの生殖に関して詳しく調べてみたところ，以下のようなことがわかった。

シロアリは，メスの羽アリとオスの羽アリが交尾して，それぞれ女王アリ，王アリとなって巣を作り始める。女王アリの産んだ卵から，働きアリ，兵アリ，副女王アリ，副王アリといった，いろいろな役割をもったアリが生まれてくる。１つの巣の中では，１匹の女王アリのみが卵を産み，ほかの働きアリはたとえメスでも卵を産まない。しかし，女王アリが死ぬと，女王アリの娘である副女王アリのうちの１匹が二世代目の女王アリになる。一般に王アリはすでに死んでいるので，副王アリのうちの１匹が二世代目の王アリになる場合が多い。そしてこの２匹が交尾をし，二世代目の女王アリが産卵し始める。

問３　一世代目の女王アリの遺伝子の組み合わせがＡＢ，一世代目の王アリの遺伝子の組み合わせがＣＤのとき，この２匹の受精卵によって生まれてくる二世代目の働きアリの遺伝子の組み合わせとして，可能性のあるものを**すべて**答えよ。

問４　一世代目の女王アリの遺伝子の組み合わせがＡＢ，一世代目の王アリの遺伝子の組み合わせがＣＤのとき，いくつかのシロアリの巣で二世代目の女王アリの遺伝子の組み合わせを調べたところ，二世代目の働きアリと同じ組み合わせはなく，ＡＡかＢＢの女王アリしか見つからなかった。この事実から**誤っている**とわかるものを，次のア～ウの中から１つ選び，記号で答えよ。

ア　一世代目の女王アリは，一世代目の王アリ以外とも交尾することがある。

イ　働きアリと同様に，二世代目の女王アリも，一世代目の女王アリと王アリの双方から遺伝子を受け継いでいる。

ウ　副女王アリは，王アリの精子が卵に受精しなかった未受精卵をもとにして生まれてくる。

問５　以下の文中の(③)，(④)にあてはまる数値を整数で答えよ。

一世代目の女王アリの遺伝子の組み合わせがＡＢ，一世代目の王アリの遺伝子の組み合わせがＣＤである場合，この２匹の受精卵によって生まれてくる二世代目の働きアリが，遺伝子Ａをもっている確率は(　③　)％である。

二世代目の女王アリの遺伝子の組み合わせがＡＡ，二世代目の王アリの遺伝子の組み合わせがＡＣであった場合，この２匹の受精卵によって生まれてくる三世代目の働きアリが遺伝子Ａをもつ確率は(　④　)％である。

このように三世代目の働きアリは，二世代目の女王アリと同じ遺伝子をもっている確率が高い。

したがって，三世代目の働きアリにとって，自分で卵を産むよりも，二世代目の女王アリに協力して，女王アリがたくさん卵を産むことが，自分と同じ遺伝子を残すことにつながる。その結果，このような仕組みが誕生したという考えもある。

4 物質のもつ化学エネルギーを電気エネルギーに変換する装置を電池とよぶ。電池のしくみを理解しようと思い，調べてみると金属板とうすい塩酸があれば電池をつくることができるらしいということがわかった。そこで次のような疑問をもち，実験をおこなった。

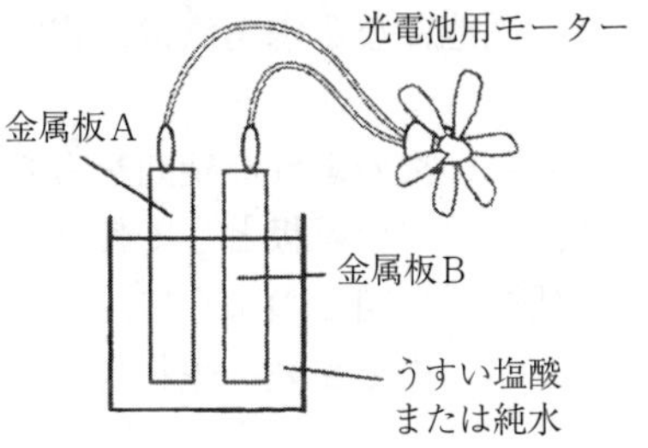

図１

［疑問１］ うすい塩酸と金属板をどのように組み合わせると，電池ができるのだろうか。

［実験１］ ビーカーにうすい塩酸または純水を入れ，図１のような装置で，金属板として亜鉛と銅を使い，組み合わせをかえて実験をおこなった。モーターの回転と金属板上の様子を観察し，［結果１］にまとめた。

［結果１］

実験	①	②	③	④	⑤
金属板A	亜鉛	銅	亜鉛	銅	亜鉛
金属板B	亜鉛	銅	銅	亜鉛	銅
ビーカーの中身	塩酸	塩酸	塩酸	塩酸	純水
モーターの回転	しない	しない	する	する	しない
金属板上の様子	A，Bとも気体が発生	A，Bとも変化なし	A，Bとも気体が発生	A，Bとも気体が発生	A，Bとも変化なし

問１ ［結果１］の①～④からわかることは何か。最も適切なものを，次のア～エの中から１つ選び，記号で答えよ。

ア 金属板として亜鉛を使っても電池はつくれない。
イ 金属板として銅を使っても電池はつくれない。
ウ 金属板上に気体が発生すれば，電池になる。
エ 電池には２種類の違った金属板が必要である。

問２ ⑤の実験をおこなうのはなぜか。最も適切なものを，次のア～エの中から１つ選び，記号で答えよ。

ア 回路がつながっているかを確認するため。
イ ビーカーの中身が純水でも電池になるのか確認するため。
ウ 亜鉛の陽イオンが溶け出てくるのを確認するため。
エ モーターの動きを確認するため。

つづけて次のような疑問をもち，実験をおこなった。

［疑問２］ 図１の装置で，ビーカーの中身を塩酸ではなく，ほかの水溶液にかえても電池になるのだろうか。

［実験２］ 水溶液を４種類用意し，金属板Aに亜鉛板，金属板Bに銅板を使って図１と同様の装置で実験をした。

［結果２］

水溶液	食塩水	砂糖水	エタノールの水溶液	硫酸
モーターの回転	する	しない	しない	する

問3　[結果2]から，[疑問2]に対する答えはどうなるか。最も適切なものを，次のア～エの中から1つ選び，記号で答えよ。

ア　どんな水溶液にかえても電池になる。

イ　電池になる水溶液は，有機物を溶かしたものがよい。

ウ　電池になる水溶液は，結晶を溶かしたものがよい。

エ　電池になる水溶液は，電解質を溶かしたものがよい。

さらに次のような疑問をもち，実験をおこなった。

[疑問3]　金属板として使う金属の種類によって生じる電圧は違うのだろうか。

[実験3]　図2のように，ペトリ皿にろ紙をしき，食塩水をしみこませた。その上に4種類の金属片を互いに触れ合わないようにしてのせ，マルチメーターで金属間の電圧をはかった。

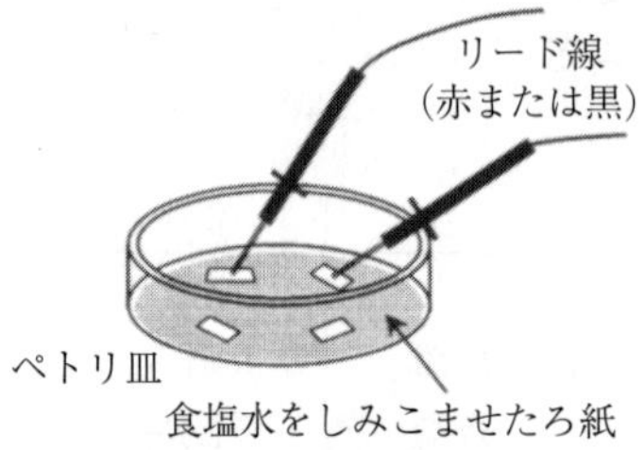

図2

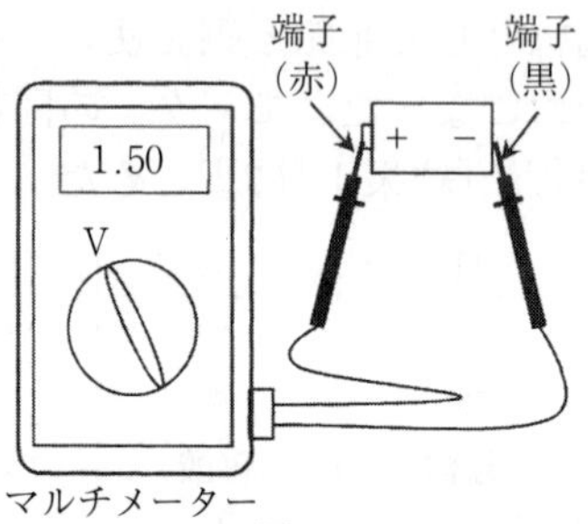

図3

測定のときは，リード線の赤色と黒色の端子を金属片にしっかりと押し当てて電圧を記録した。なお，図3はマルチメーターを電池につなぐときのつなぎ方を表したものである。

[結果3]　マルチメーターの数値は，以下の表のようになった。なお−(マイナス)の値は，マルチメーターに電流が逆向きに流れたことを示している。

		赤側の金属			
		銅	亜鉛	マグネシウム	鉄
黒側の金属	銅		−0.8V	−1.5V	−[x]V
	亜鉛	+0.8V		−0.7V	+[y]V
	マグネシウム	+1.5V	+0.7V		+1.2V
	鉄	+[x]V	−[y]V	−1.2V	

調べてみると，4種類の金属の中では，マグネシウムが最も−極になりやすく，銅が最も+極になりやすいことがわかった。また，電圧との関係は図4のようになることもわかった。

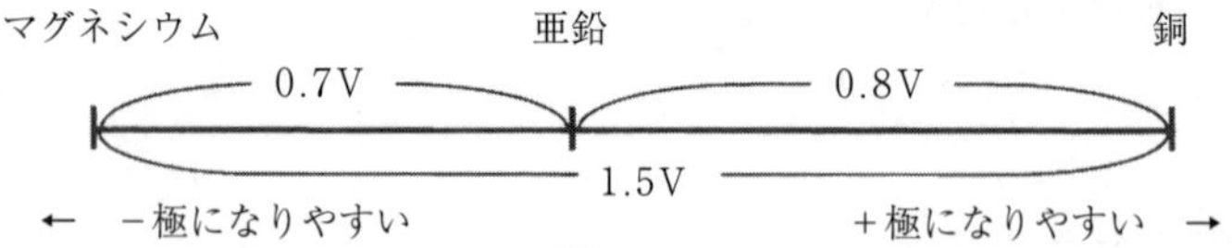

図4

問4　4種類の金属を−極になりやすい順番に，マグネシウムから並べるとどうなるか。下の(①)と(②)にあてはまる金属を元素記号で答えよ。元素記号を書く際は，大文字と小文字を例のように明確に区別して書くこと。

例 

マグネシウム ＞ (①) ＞ (②) ＞ 銅

問5　[結果3]の空欄[x]，[y]にあてはまる数値をそれぞれ答えよ。

問二　＝A「評定す」、＝B「あはひ」の文中での意味として最も適当なものを後のそれぞれの選択肢の中から選び、記号で答えよ。

A「評定す」

ア　恐れる　イ　決める　ウ　話し合う
エ　見極める　オ　ためらう

B「あはひ」

ア　状況　イ　人材　ウ　気分
エ　武器　オ　間隔

問三　――2「艫舳に櫓をたてちがへ、脇楫をいれて」とあるが、梶原がこのようにしようとする目的の説明として最も適当なものを次の選択肢の中から選び、記号で答えよ。

ア　あらゆる方向に舟を思い通りに動かせるようにすることで、敵兵を討ち漏らすことなく徹底的に倒すため。

イ　舟をそのままの向きで素早く後ろに戻せるようにすることで、退却をする時にも攻撃を仕掛けて少しでも敵を倒すため。

ウ　とにかく舟を素早く移動できるようにすることで、敵の態勢が整う前に奇襲を仕掛けて時間をかけずに敵を倒すため。

エ　どのようにも舟を操り攻守の切り替えを早くすることで、敵を混乱状況に陥《おとしい》れて戦うことなく敗走させるため。

オ　どの方向にも舟を簡単に動かせるようにすることで、その都度適切に攻めたり退いたりして被害なく敵を倒すため。

問四　――3「片趣」とあるが、どういうことか。具体的な内容に触れながら説明せよ。

歳かの私はまったく驚いている。

あれは裁判ではなく、裁判をまねた儀式であったのか？ つまり、日本に戻るためのお祓《はら》い？ そして、船中の退屈をまぎれさせる意味もすこしはある、あまり上手ではない夢幻劇《むげんげき》？ 日本に帰れば、あてにしていた状況がまたどう変わるかわからないから、糾問者の側も、裁判のあとまで、あまり真剣に役柄にはまってはいけない、ということもあるのだろうか？

そういえば、2あの船尾の甲板の集会において、糾問したり弁明したりしていた人間たちは、地に足がついていなかった。いや、甲板に足がついていなかった。

（清岡卓行「船の中の裁判」）

問一 ――1「なんという卑劣！」とあるが、どのようなことを卑劣だと感じているのか。説明せよ。

問二 ――2「あの船尾の甲板の集会において、糾問したり弁明したりしていた人間たちは、地に足がついていなかった」とあるが、「地に足がついていなかった」とはどういうことか。夜の場面の「人間たち」の様子と比較しながら説明せよ。

三 次の文章は、西に逃げていく平家を追う源氏方の様子を描いた場面である。これを読み、後の問いに答えよ。なお、文中の〔＝ 〕はその直前の部分の現代語訳である。

十六日、＊1渡辺《わたなべ》、神崎《かんざき》両所にて、この日ごろ〔＝数日〕そろへける舟ども、＊2ともづなすでにとかんとす。をりふし北風木を折ってはげしう吹きければ、大浪《おほなみ》に舟どもさんざんにうち損ぜられて、1いだすに及ばず。修理のために其日《そのひ》はとどまる。渡辺には＊3大名《だいみやう》小名《せうみやう》寄りあひて、「そもそも舟軍《ふないくさ》の様《やう》はいまだ調練せず。いかがあるべき〔＝どうしたらよいだろうか〕」とA評定す。＊4梶原《かぢはら》申しけるは、「今度の合戦には、舟に＊5逆櫓《さかろ》をたて候《さうら》はばや〔＝逆櫓を付けたいところです〕」。＊6判官《はうぐわん》、「逆櫓とはなんぞ」。梶原、「馬は駆けんと思へば、弓手《ゆんで》へも馬手《めて》へも〔＝左へも右へも〕まはしやすし。舟はきっと〔＝すばやく〕おしもどすが大事に候ふ。2＊7艫舳《ともへ》に櫓をたてちがへ、脇楫《わいかぢ》をいれて〔＝脇にも楫を付けて〕、どなたへもやすう押すやうにし候はばや〔＝押すようにしたいものです〕」と申しければ、判官のたまひけるは、「いくさといふ物は、一《ひと》引《ひ》きも引かじと思ふだにも〔＝思う時でさえも〕、Bあはひあしければ引くは常の習《ならひ》なり。もとより逃げまうけしてはなんのよかるべきぞ。まづ門出のあしさよ。逆櫓をたてんとも、＊8かへさま櫓をたてんとも、殿《との》ばらの舟には百挺《ちやう》千挺《ぢやう》もたて給《たま》へ。義経はもとの櫓で候はん」とのたまへば、梶原申しけるは、「よき大将軍と申すは駆く〔＝攻める〕べき処《ところ》をば駆け、引くべき処をば引いて、身をまったうしてかたきをほろぼすをもって、よき大将軍とはする候ふ。3片趣《かたおもむき》なるをば、猪《ゐ》のしし武者とて、よきにはせず」と申せば、判官、「猪のしし、鹿《か》のしし〔＝鹿〕は知らず、いくさはただ平攻《ひらぜめ》に攻めて、勝ったるぞ心地はよき」とのたまへば、侍ども、梶原におそれてたかくは笑はねども、目ひき鼻ひき、ぎぎめきあへり〔＝ひしめき騒ぎあった〕。

（『平家物語』による）

（注釈）
＊1 「渡辺、神崎」…ともに摂津《せっつ》の国の地名。
＊2 「ともづな」…舟の後ろ側である艫《とも》の部分に結んだ綱。
＊3 「大名小名」…兵を有する御家人たち。
＊4 「梶原」…源氏方の御家人の梶原景時《かぢはらかげとき》。
＊5 「逆櫓」…「櫓」は舟を操作する道具。普通、舟の後方部分にあるが、「逆櫓」は、これを前方部分にも付けるということ。
＊6 「判官」… 源 義経《みなもとのよしつね》。
＊7 「艫舳」…艫は舟の後方、舳は舟の前方のこと。
＊8 「かへさま」…上下や前後、表裏などが逆のこと。

問一 ――1「いだすに及ばず」とはどのような意味か。わかりやすく答えよ。

それでも日本人かと言われる番だろう。日本に戻ったら、なんと言われるのだろう？　おまえはそれでも人間かとか、それでも動物かとか言われるのであれば、ずいぶん助かるのだが。

壇上では、今、眼のつりあがった鋭い顔つきの、痩せて背の高い中年の男が自己釈明をしている。そうだ、あの人には日本人の財産を調査してどこか恐《こわ》いところに知らせたとかいう噂があった。金持ちの日本人のかなり多数が彼を憎んでいた。今なんて喋《しゃべ》っているんだろう？　同胞の窮民救済のためにやむをえなかったとか、その筋から強制されたとか言っているのだろうか？　私の耳にその言葉はやはり聞こえていない。海の微風が消してしまうようである。

おや、日によく焼けて逞《たくま》しい青年が、不意に壇上に駆け昇った。縁の太い眼鏡をかけ、実直そうな感じである。私の傍《かたわ》らにいる老人が、あの人は元兵士ですよ、と独り言のように呟《つぶや》く。それは、どこかで捕虜であった状態からのがれてきて、その後なにか別の職業に臨時についていた脱走兵、という意味だろうか？　元兵士なら、民間の個人という形で引き揚げることは、ふつうありえない。この引き揚げ船に乗っているひとびとは、技術者や医師や教育者などと、その家族である。

その青年は、眼のつりあがった弁明者に向かって、なにか二言三言叫ぶと、いきなり右の拳で、相手の顎を横ざまに撲《なぐ》りつけた。よろめいた相手が立ち直ると、同じようにまた撲りつけた。今度は相手が倒れた。

仲裁がはいり、撲られた男が立ちあがると、口のはしから血がいくらか流れている。やはり、陰惨だ。甲板の百数十人はかなり興奮している。

あの逞しい青年が、甲板の連中に向かって叫んでいる。その言葉だけは、なぜか私の耳に聞こえた。この男の財産を没収して、海の中に投げ込みたい、賛成の人は手をあげてくれ、と言っているのである。

私が後方から眺めていると、甲板の連中の手はまるでばね仕掛《じかけ》のようにつぎつぎとあがって行く。すこし時間はかかったが、とうとう、私を除いたすべてが手をあげた。すると、どうだろう、私の手もまた、あまり気のない恰好《かっこう》においてではあるが、しだいにあがって行くではないか。全員一致！

それは、どうやら、私にとって不可抗力なのである。1なんという卑劣！　私は自分が裁判にかけられるかもしれないことが怖《おそ》ろしいのだ。自分の血が流れるかもしれないことが、そして、自分のなけなしの財産だけではなく、自分の体まで海に投げ込まれるかもしれないことが、どうしようもなく、こわいのだ。

ここで、いきなり夜である。

私の眼は、まるで望遠レンズをつけたカメラのように、大きな船室の遠くの隅で、二人の男があぐらをかき、仲よさそうに話している情景を捉える。まったく奇妙なことに、それは、昼間のあの私的な裁判において、撲られた中年の男と、撲った青年である。二人の間には酒の入っているらしい瓶さえある。引き揚げ者同士であるのに、今は贅沢品《ぜいたくひん》であるそのアルコールらしいものを、どこで手に入れたのだろうか？　どちらかの一方が、荷物の奥に大切に入れていたのだろうか？　それをかわるがわる、瓶の口から直接にすこしずつ飲んでいる。

私の耳に二人の会話は聞こえない。私はまた、読唇術《どくしんじゅつ》〔＝声の聞こえない状態で唇の動きから言葉を理解する方法〕というものを知らない。しかし、二人の言葉がなぜかはっきりわかる。

「いやどうも、ついのぼせてしまって、わけがわからなくなったものですから」

「若いときは元気があまっているから、しようがないですよ。私だって若いときはね、いろいろありましたよ。おたがいに日本人なんだからね。内地に帰ったら、一度私のところへ遊びにいらっしゃいよ」

「ええ、ぜひ。酒を一本ぶらさげていきますよ」

これでは一体、昼間のできごとは何であったのだろう、と二十何もっとも、平静なのは、船の進行状態に反応する体の調子の方であって、心の調子の方はそうはいかない。人によっては、激烈に燃えていたり、暗鬱に沈んでいたり、あるいは、深い好奇心を抱いていたり、いろいろだろう。いちばんのんびりしている人でも、いつもよりはたぶん、腰が落ち着かないものを感じているにちがいない。というのは、船尾の甲板《かんぱん》の上で、船客たちによる私的な裁判が、今や行われているのである。この船は引き揚げ船〔＝終戦後、日本に戻ってくるための船〕で、外地《がいち》〔＝古くから日本が領有していた地を内地《ないち》、それ以外の地を外地と呼んだ。終戦後、外地は日本の領有ではなくなった。〕から日本へ向かっている途中であり、まだ敗戦後三年目ぐらいなのだ。外地において、かつては敵国であり現在は戦勝国であるところの進歩的な外国に、積極的に協力した日本人を、昔ながらの国家主義的で保守的な日本人が中心になって、痛烈に批判しようというのである。端的に言うと、おまえはそれでも日本人かという詰問《きつもん》を、刃《やいば》のようにつきつけるのである。

こんなふうに私的な裁判を行おうとする背景には、これから引き揚げ船がたどりつこうとしている祖国の日本が、自分たちが離れてきたばかりの外地よりは、はるかに保守的であり、昔ながらの国家主義もいくぶん残っているだろう、という予想、あるいは期待がある。裁判をみちびいているのは、一部少数の人間であるが、それに積極的に反対する人間は一人もいないし、それを面白がっている人間がほとんどなのである。状況が変化するだろうという見通しにおいて、この船の引き揚げ者という敏感な大衆は、少なくとも表面上、いわばマゾヒスティックに従順である。

この奇妙な裁判のことは、外地にいるときすでに、引き揚げ者たちのあいだでささやかれていた。今までの引き揚げ船においては、そうした裁判がたいてい行われており、自分たちの場合にもそんなふうになるだろう、ということであった。今までの、行きっぱなしの引き揚げ船の内情がどうしてわかるのか、日本との通信は不可能であったし、引き揚げ船の船長や船員も外地にやってきたとき上陸できなかったから、それは考えてみるとふしぎであったが、その噂《うわさ》には不気味な真実らしさがあった。その噂はもしかしたら、外地にいる引き揚げ者たちのあいだだけで醱酵《はっこう》した、一種の幻想のようなものであったかもしれないのだが——。

もちろん、そうした噂を面白がる人と、嫌がる人がいた。海上の船中という、異様に閉ざされた環境の私的な裁判において、とどめがたく興奮した集団が、裁判された人間を海の中に投げ込むという偶発事も、起こりうるのではないか。そんな惨劇の空想が、おたがいの無言のうちに漂っていた。

私は裁判が行われていると聞いて、その会場になっている船尾の甲板に、今やってきているところである。後方の隅から眺めてみると、甲板に百数十人の人が坐《すわ》っており、船の中央寄りの一段高いところ、というのは、上の階に昇って行く左右両側からの梯子《はしご》の踊り場のことであるが、そこにつぎつぎと人が立って話をしている。批判する人と弁明する人がかわるがわる立っているようである。批判する側は、三人ほどの同じ顔ぶれで、弁明する側は、いつも新しい顔だ。

噂に聞いたほど荒荒しいという感じはしないが、やはり重苦しい緊張がある。私の耳に話の内容は、じつは聞こえていない。私の眼《め》の前で、海の微風《そよかぜ》がそれを消してしまうのだろうか。しかし、自己弁明する人の一所懸命な顔の表情を見ていると、じつに辛《つら》い気持ちになる。その表情はほとんど、ひきつっている。

ところで、打明《うちあ》けて言うと、私はひそかに恐怖しているのだ。もしかしたら、あの壇上に自分も引きずりだされ、おまえはそれでも日本人か、と怒鳴られるのではないか、そんな不安をじりじり感じているのである。なぜなら、私はいつも集団からやられる人間であるからだ。戦争中は、日本にいても、あるいは日本が支配する外地にいても、おまえはそれでも日本人かと言われた。戦争に負けると、かつて日本が支配していた外地で、おまえはそれでも民主主義がわかっているのかと言われた。今度は船の中で、ふたたび、おまえは息子の答えを期待していたわけじゃない。でも、話していればインスピレーションが浮かぶかもしれないと思い、彼にその話をした。そうしたら、息子が、「本当にわからないの？」と聞いてくるではないか。「あなたには、わかるの？」と尋ねたら、彼は「たぶんね」とうなずいた。「なじる人は傷ついているんだよ。なじられた理由なんか、この際、関係ない。たとえ、それが筋が通っていなくたって」と彼は続けた。

曰《いわ》く、なじられたら、「ああ、大切な人が傷ついている」と心から思えばいい。そう思ったときに、口から自然に出てくることばが、魔法のことばじゃないの？　オールマイティの便利なことばなんてあるわけがない。ことばは、そんなものじゃない。

私は胸を突かれた。

その昔、幼い息子を理不尽なことでなじることが時折あった。私が仕事と育児と家事の連立で疲れ果てて、彼に当たったのだ。そんなとき、彼は、必ず、私を抱きしめてくれた。背中をさすってくれたこともある。理不尽な理由で、悪くもない自分を激しくなじる母親を、である。彼は、私が傷ついていると知っていたのだ……！　私自身も知らなかったのに。

そんな人工知能を、誰が作れるのだろう？

ただ、ご飯を食べさせて、抱きあげて、ことばをかけた。私がしたのは、それだけだ。なのに、大人たちが彼にかけたことばが、彼の中で再構成されて熟成され、私の世界観を超えた答えとして返ってきた。入力情報をはるかに超えた化学反応である。

人工知能が、人類を超える日？　ばか言っちゃいけない。2痛みがない人工知能には、生み出せないことばがある。そのことばにこそ、人間の尊厳がある。

今、彼は25歳になった。

レーザーの研究をする大学院生で、モトクロスレースもこなすハードなバイク乗り。料理がとびきりうまく、革細工が趣味で、キャンプの達人。アルゼンチンタンゴを踊り、友達の面倒見がよく、私の事業にいくつものアイデアをくれる彼は、私がこの世で一番好きな男友達だ。どんな人工知能にだって、とって代われない。

一方で、彼は、偏差値は特段高くない。人に羨まれる学歴を持っているわけじゃないし、女たちが振り返る容姿を持っているわけでもない。就職戦線も負け通し。ただ、おかげで、eアイショウのいい会社に出《で》逢《あ》ってくれた。一社だけの、相思相愛。迷うこともなく、彼は彼の道を行く。

彼が「はみ出す存在」だからこそ、人工知能に負ける日に怯えることはない。今までも、そして、これからも。

よくよく考えてみれば、そもそも人工知能以前に、誰にも勝っていないし、負けてもいないのだ。他者の評価で生きたことがないので、どんな戦いにも巻き込まれなかった。

3王道の先頭にいない若者。その強さが際《きわ》立《だ》つ時代なのかもしれない。

（黒川伊保子『アンドロイドレディのキスは甘いのか』による）

問一　══a～eを漢字に直せ。一画ずつ丁寧に書くこと。

問二　──1「人工知能がヒトの知性を超える日が来るのだろうか」とあるが、このような問いが生じるのはなぜか。説明せよ。

問三　──2「痛みがない人工知能には、生み出せないことば」とはどのようなことばか。説明せよ。

問四　──3「王道の先頭にいない若者」とはどういう人間か。説明せよ。

二　次の文章を読み、後の問いに答えよ。なお、文章中の〔＝　〕は出題者による注である。出題にあたり一部表記を改めた。

高曇りの夏の空の下。午後三時頃だろうか。船は今、大洋のまんなかを進んでいる。波はわずかで、船もすこししか揺れない。船酔いのために吐いたりする船客は一人もおらず、皆平静である。

二〇一九年度 開成高等学校

【国語】（五〇分）〈満点：一〇〇点〉

一　次の文章を読み、後の問いに答えよ。なお、文章中の〔＝　〕は出題者による注である。

コンピュータが、人類を超える日。

このことに、人々が怯《おび》えるようになったのはいつからだろう。

「2001年宇宙の旅」のHAL〔＝1968年の映画「2001年宇宙の旅」に登場する人工知能を備えたコンピュータ。宇宙船上で船員を殺害する。〕のせい？

私は、34年前から、人工知能のエンジニアとして生きてきた。その私の周辺には、いつもこの問いがあったような気がする。

——1人工知能がヒトの知性を超える日が来るのだろうか。

ただ、私はいつも、質問に質問で返した。

「では、あなたの言う、ヒトの知性ってなに？」

新しいデータをすばやく覚え、それを正確に再現できる、「覚えられる、忘れない」、その能力で言ったら、1980年代のコンピュータだって、既にヒトの能力をはるかに超えていた。

膨大なネット情報のフリーキーワード検索ができるようになってからは、気になるデータが瞬時に引っ張り出せるようになった。何かの対応に困ったとき、どんぴしゃの、あるいは類似の事例を検索して、なんらかの対応策を練る。この使い方ができるようになってからのコンピュータは、「覚えられる、忘れない、問題解決の元ネタを提供できる」に変わった。やがて、これに「デザインや音楽が、aジザイに編集できる」が加わった。はっきり言って、今のコンピュータは、できないスタッフよりはるかに使える。

じゃ、人々が怯える「コンピュータが人類を超える瞬間」ってどこなの？

私は、いつでも、そっちのほうが聞きたかった。

息子が12歳のときだった。

彼に「あなたに会えて、本当によかった。私の息子は、あなたでしか、ありえなかった」としみじみ伝えたことがあった。

彼は、嬉《うれ》しそうに微笑《ほほえ》んだ後、「でもなぜ？」と質問してきた。

「運動ができるわけでもない、成績がいいわけでもない、おかたづけもできない。なのに、なぜ？」

「そんなことに、嬉しそうになぜ？　と聞いてくるからよ」と、私は笑った。「誰もがbナットクする正解を、誰よりも正確に、誰よりも速く出してくる、聞き分けのいい優等生が欲しかったら、私は人工知能で作るからいい。そんなのは、人工知能が得意なことだもの。いつも、予想をはるかに超えてはみ出すきみに、わくわくする」

それは、人工知能エンジニアの母親としての、素直な感想だった。

ヒトの尊厳は「優等生である」場所にはない。なぜなら、そんなことは、やがて人工知能にとって代わられるからだ。

20世紀には、あるいは、そうだったかもしれない。偏差値の高さが人の価値だった時代がたしかにあった。けれど、人工知能の世紀に、他人の言うことをよく聞く、正確さが半端《はんぱ》ない優等生脳を育てる価値は、はたしてあるのだろうか。

息子が14歳のとき。

あるcザッシの取材で、「妻のdキゲンを直す、魔法の一言を教えてほしい」と編集者に尋ねられた。私は答えられず、宿題にしてもらって家に持ち帰った。

英語解答

1
問1　イ
問2　2A…イ　2B…ウ　2C…カ
問3　エ　問4　ア　問5　エ
問6　イ
問7　send him what I wrote〔had written〕
問8　エ　問9　miss
問10　cried　問11　オ，カ

2
問1　billion
問2　we are lucky enough to have two of them
問3　私たちがたとえ懸命に見たとしても
問4　Ⅰ…ウ　Ⅱ…イ　Ⅲ…オ　Ⅳ…エ
問5　ア　走っている馬
イ　全ての脚
ウ　地面から離れる
問6　ア　問7　ウ　問8　ア
問9　オ

3
Part A　(1)　how to
(2)　haven't heard
(3)　what, said
(4)　makes you look
Part B　(1)…ウ　(2)…イ　(3)…イ

4
Part A　(1)　ア…blew　イ…blue
(2)　ウ…waste　エ…waist
(3)　オ…rose　カ…rows
Part B　(1)…イ　(2)…エ　(3)…ウ

5
Part A　1　A…3　B…2　C…Yes　D…568
2…D
Part B　1…B　2…C　3…C　4…C
Part C　1…A
2　(a, b)…D　(c, d)…A
3…C　4…A
Part D　1…D　2…A　3…D　4…A

1〔長文読解総合―エッセー〕

≪全訳≫父の人生❶私の父の名はレイモンド・カーヴァーといった。彼の家族は彼をレイモンドと呼んでいた。私はレイモンド・カーヴァー・ジュニアと名づけられた。彼が1967年の6月17日に死んだとき，私の母が私の妻に電話でそれを知らせてきた。私はそのとき家族から離れて，アイオワ大学に入ろうとしていた。妻がその電話に出たとき，母は動転していて，「レイモンドが死んだの！」と叫んだ。一瞬，妻は私が死んだと母が言っていると思った。その後，母がどちらのレイモンドの話なのかをはっきりさせると，妻は言った。「神様ありがとう。お義母さんは私のレイモンドのことを言っているのかと思ったわ」❷父は仕事を探して，1934年にワシントン州に行った。私が暮らしていたことをはっきり覚えている最初の家は，屋外にトイレがあった。ハロウィーンの夜，あるいはどんな夜であれ，ふざけて近所の子どもたちがトイレを運び出してしまい，道の隣に置きっぱなしにした。父はそれを家に持って帰るのを誰かに手伝ってもらわねばならなかった。あるいはその子どもたちがトイレを持っていって誰かの家の裏庭に置くのだ。あるとき，彼らはトイレに本当に火をつけたこともあった。だが屋外にトイレがあったのは私たちの家だけではなかった。分別のつく年になっても，私は他の屋外トイレに人が入るのを見かけると石を投げ込んでいたものだ。しばらくすると，皆が屋内トイレに変えてしまい，とたんに私たちのが近所で最後の屋外トイレになってしまった。3年生だったときに私の担任だったワイズ先生がある日私を学校から家まで車で送ってくれたとき，とても恥ずかしかったことを覚えている。私は彼に，自分の家の手前の家で車を止めてくれるよう頼み，私はそこに住んでいるのだと言った。❸ずっと車なしで過ごした後の1949年に，私たちはようやく1938年製のフォードを買った。しかし私たちがそれを手に入れた最初の週に，エンジンが故障し，父はそのモーターを修理してもらわなくてはならなかった。「私たちは町で一番古い車に乗っているのよ」と母は言った。「彼が車の修理に使ったお金を全部合わせたら，新車を買うお金とほとんど同じだわ」❹あるとき，母が他の誰かの口紅の容器を車の床で見つけたことがあった。「これを見て？」と彼女は私に言った。「どこかの女がこれを車に置いていったのよ」　またあるときは，彼女がお湯の入ったボウルを父が寝ている寝室に持ち込んだこともあった。彼女は彼の手を寝具の下からつかみ出すと，それをお湯につけた。私はドアの所に立って，何が起こっているのかを見ていた。「こうすれば寝言を言い出すわ」と彼女は私に言った。彼女が知る必要のあること，彼が彼女に隠していると彼女が確信していたことがあったのだ。❺それから数年たって，父は病気になって仕事を失った。彼は退院を許されたが，それからすることもなくずっと同じ古い家にいるような年月がやってきた。彼はその時間の大半を，人生で何を間違えたのか，何が彼をそのようにさせたのかを知ろうとすることに費やした。その年月の間，私は生活を成り立たせて自分の家族を養うためにお金を稼ごうとしていた。だがさまざまな理由で，私たちは何度も引っ越しをしなくてはならなかった。私は父に頻繁に連絡することができなかった。しかし，あるクリスマスに，自分は作家になりたいのだと彼に伝える機会があった。彼は私に言った。「お前は何を書くつもりだい？」　そして私にこう助言をした。「お前の知っていることを書きなさい。私たちのした魚釣りの旅をいくつか書くといい」　私はそうするつもりだとは言ったものの，そうしないことはわかっていた。「お前の書いたものを私に送ってくれ」と彼は言った。私はそうすると言ったが，その後そうはしなかった。私は釣りのことは何も書かなかったし，私が当時書いていたものに彼が特に関心を持つことはない，あるいはそれどころか彼は必ずしも理解できないとさえ思っていた。おまけに，彼は読者ではなかった。より具体的に言えば，私が本を書く対象として思い描いている種類の読者ではなかった。❻それから彼は死んだ。私は彼に別れを告げる機会も，彼を誇りに思っていることを伝える機会もなかった。教会での葬儀の後，父のいとこの1人が近づいてきて私の手を取った。「私たちはみんな，彼がいなくなって寂しいよ」と彼は言った。私には彼が単に社交辞令でそう言っているだけではないことがわかった。私は父の死の知らせを聞いてから初めて，涙を流した。その前はそうはできなかった。私には時間がなかったのだ。そのときには突然，涙が止まらなくなった。私は妻を抱きしめて子どものように泣いた。一方で妻はその夏の午後のさなか，あの場所で私を支えるためにできることを言ってくれて，それをしてくれた。あの午後，私たちの名が何度も使われたのを私は聞いた。父の名であり，私の名でもある。だが，彼らが父のことを話しているのはわかっていた。「レイモンド」とその人たちは私が子どもの頃に耳にした美しい声で言い続けた。「レイモンド」

問1＜適語(句)選択＞2文後で筆者の妻が言っている「私のレイモンド」は父ではなく筆者の方を指す。よって妻は筆者が死んだと勘違いしたとわかる。空所1を含む文は間接話法だから，語り手である筆者を指すのはI「私」となる。なお筆者のRaymond Carver Jr.(1938～1988)はアメリカの著名な小説家。

問2＜適語選択＞2A. look for ～「～を探す」　2B. houseを修飾する関係詞節の一部。houseが目的語と考えられるので，live in ～「～に住む」とする。　2C. set ～ on fire「～に火をつける」

問3＜適語選択＞前文にトイレが道端まで持っていかれたとあるから，下線部(3)は父がそれを家まで持って帰るのを誰かに手伝ってもらったという内容になると話がつながる。　'get＋人＋to ～'「〈人〉に～してもらう」　'help＋人＋(to) ～'「〈人〉が～するのを手伝う」

問4＜文脈把握＞筆者が自宅の手前の家が自宅だとうそをついたのは，自分の家をembarrassed

「恥ずかしい」と感じたから(前文)。それは近所で自分の家だけトイレが屋外にあったからなので(２文前)，ア.「筆者は先生にトイレを見られたくなかった」が適切。　claim (that) ～「～と言い張る」

問５＜適語選択＞２文前に車が故障して修理してもらったとあることに注目する。古い車を買ったが(前文)，修理ばかりで結局新車を買うのと同じくらいの額を使うことになってしまったということ。

問６＜適語句選択＞２文前に眠っている父にしゃべらせるとあるから，母は父から何かを聞き出したかったとわかる。この段落の前半の内容からそれは車から見つかった口紅の持ち主だと考えられる。つまり，父が母に隠し事をしていたのである。'keep *A* from *B*' で「*B*から*A*を隠す」。keepの目的語の'*A*'に当たるthingsが先行詞となって前に出ている形(thingsの後に目的格の関係代名詞が省略されている)。

問７＜英文解釈＞下線部(7)は，父に筆者が書いたものを送るよう言われたが，そうしなかったということ。よって前文の父の言葉を書き換えればよい。父の言葉のme，you，writeはそれぞれ筆者からみてhim，I，wroteに直す。

問８＜英文解釈＞父が筆者の本の読者ではないことをより具体的に述べている文。文中のreaderを修飾する関係詞節は，'imagine(＋that)＋主語＋動詞...'「～と想像する」の形。この'主語＋動詞...'の部分がI was writing for ～「～を対象に本を書いている」であり，forの目的語がreaderである(readerを受ける目的格の関係代名詞は省略)。　specific「具体的な」

問９＜適語補充＞与えられた文は「私たちは皆，彼ともう会えなくて悲しい」という意味。これと同様の意味を表すには「～がいないのを寂しく思う」という意味を持つ動詞missを使えばよい。

問10＜適語補充＞４文前に「泣き始めた」とあり，前文に「(泣くのを)止められなかった」とあるのに注目する。直後にlike a child「子どものように」とあるのもヒントとなる。

問11＜内容真偽＞ア.「筆者の父は病気になり，残りの人生を病院で過ごした」…×　第５段落第２文参照。　be allowed to ～「～することを許される」　イ.「筆者の父は自分が病気になって職を失った理由をわかっていた」…×　第５段落第３文参照。　ウ.「筆者と彼の父は，何度も住所を変えなくてはならなかった」…×　第５段落第４，５文参照。数多く引っ越したのは筆者と彼自身が結婚してもうけた家族。　エ.「離れて暮らしていたにもかかわらず，筆者は彼の父と毎日話していた」…×　第５段落第６文参照。　オ.「筆者は12月のある日彼の父に，作家になることを考えていると話した」…○　第５段落第７文に一致する。　カ.「筆者の父は筆者に彼らのした魚釣りの旅のことを書くように勧めたが，筆者は自分がそうはしないだろうと思った」…○　第５段落第９～11文に一致する。　キ.「筆者は父が死ぬ前に，父を誇りに思っていると伝えた」…×　第６段落第２文参照。　ク.「筆者の父のいとこが筆者に話しかけたのは，失礼のないようにするためだった」…×　第６段落第４文参照。　so as (not) to ～「～する(しない)ために」

２〔長文読解総合―説明文〕

≪全訳≫❶人間の目は地球上で最も高性能な機械の１つだ。それは光が強くても弱くても，あるいは水の中でさえ作動できる500メガピクセル(５億ピクセル)のカメラのようだ。それは私たちの脳に世界についてとても多くのことを伝える。私たちの目は読むため，パートナーを見つけるため，そして周囲の世界を理解するためにある。だが，そこにはそれ以上に見るべきものはあるだろうか。カメラの力を借りれば，私たちは周りの物事をもっと理解することができる。❷人間の目は優れていて，(2)私たちが目を２つも持っているのは幸運なことだ。しかし，私たちがたとえ懸命に見たとしても見えないものがある。例えば，馬が走るのは見える。しかし目は，馬の４本の脚が同時に地面から離れているのかがわかるほど，その速く動く脚についていけるわけではない。そのような種類の問題にはカメラが必要だ。❸約150年前，写真家エドワード・マイブリッジはカメラを使って，この走る馬の謎を解明した。細心の注意を払った写真技術を用い，マイブリッジは馬が走っているとき特定の時点で宙に浮いていることを証明したのだ。❹それ以来，写真は大学や企業での科学研究の全ての分野で活用されている。私たちがもう少しよく見えるための助けが実際に必要な世界に対する，私たちの理解を向上させる。スローモーション映像や高速度撮影は，ハチドリの羽のはばたきや，目標物を貫く銃撃の軌道を私たちに見せてくれる。しかし，それは必ずしも，動きが速すぎて私たちの目が処理できない世界のことだというわけではない。カメラは私たちがとても遅い運動を見るのに役立つこともある。研究者たちは写真を使って，植物のライフサイクルを示したり，いわゆる屈光性，すなわち光に向かって成長することで，花がどのように太陽を追っているのかを示したりしている。このように，写真は私たちのものの見方を広げてくれる。❺今日の教室では，カメラはまたさまざまな方法で学生たちに使われている。カメラは今ほとんど全ての電話やコンピュータの中に存在する。若い学生たちはそれらを，彼らの身の回りの世界を観察し，記録し，彼らの発見をインターネットで共有することに使える。❻写真は私たちの周囲の物事に対する見方を変えている。それが馬の脚の動きであれ種の成長であれ，カメラは私たちが新しい目を通して美しい世界を見ることを可能にする。

問１＜単語の関連知識＞５億は，billion「10億」の半分。

問２＜整序結合＞文の前半に「人間の目は優れていて」とあるので，まず「私たちは幸運だ」We are lucky とまとめる。残りの語から‘形容詞〔副詞〕＋enough to ～’「～できるほど〔～するほど〕十分…」の形が考えられるので，to の後に動詞 have を置いて，その目的語として two of them（この them は eyes を指す）を続けると「２つの目を持つ」とまとまる。不要語は be。

問３＜英文和訳＞even if ～は「たとえ～でも」。この hard は「熱心に，懸命に」という意味の副詞。

問４＜適語句選択＞Ⅰ．直後の馬の脚の動きの話は，前文の「我々に見えないものがある」という内容の具体例になっている。　Ⅱ．写真家マイブリッジの過去の業績を説明した段落の冒頭なので過去の時を示すイが適切。ア．「数年後」は何の数年後なのか基準になる出来事が文中にないので不適切。　Ⅲ．続きが現在完了形なので，‘have/has＋過去分詞…＋since ～’「～以来（現在まで）…している」の形となるオが適切。この then「そのとき」はマイブリッジが写真の有用性を証明したとき（前段落）。　Ⅳ．続きにカメラが学生たちに使われているとあるので，教室での話だと判断できる。

問５＜要旨把握＞下線部(4)の the running horse mystery「その走る馬の謎」の内容は前段落第３，４文にあるので，それを指定の字数内でまとめればよい。

問６＜適語選択＞‘too ～ for … to ―’「…が―するには～すぎる，…には～すぎて―できない」の構文。「私たちの目が処理するには速く動きすぎている世界のこと」となると文意が通る。この process は「(情報など)を処理する」という意味。

問７＜語句解釈＞下線部直後の or は「すなわち」という‘言い換え’を表すので，phototropism「屈光性」≒ growing towards the light「光に向かって成長すること」。よってその反対は growing away from the light「光から遠ざかって成長すること」。

問８＜内容真偽＞ア．「エドワード・マイブリッジはカメラを使って，私たちの目ではとらえきれなかったものを証明した」…○　第３段落参照。　イ．「科学者たちは今やカメラなしでは馬の研究はできない」…×　そのような記述はない。　ウ．「一部の研究者は，ハチドリがその翼を見せるまでたたいた」…×　第4段落第3文参照。ここでの beating は「羽ばたき」の意味。　エ.「大学と違って，企業はその研究にカメラを使わない」…×　第4段落第1文参照。　オ.「今日の学生たちは友達の写真を撮り，それを交換し，インターネット上で共有して楽しんでいる」…×　第5段落最終文参照。友達の写真という記述はない。

問9＜主題＞人間の目はすばらしいものだと前置きしたうえで(第1段落)，カメラは，人間の目ではとらえられないものを見られるようにし(第2，3段落)，私たちのものの見方を広げ(第4段落)，新たな目を通して美しい世界を見せてくれる(第6段落)というのが筆者の考え。この内容に合うのはオ.「カメラを用いることで，人間の目は私たちの周囲の世界に関するずっと多くの情報を私たちに与えることができる」。ア.「カメラは小さい物体用で，人間の目は水面下の物体用である」，イ.「カメラはあまりに優れていて，人間の目で探索するものがなくなってしまった」，ウ.「カメラは科学研究の一部の分野でしか役立たないので，人間の目はカメラより役立つ」，エ.「人間の目はカメラの助けがかなり必要なので，あまり役に立たない」は全て本文の内容からはずれている。

3〔作文・文法総合〕

Part A＜和文英訳―適語補充＞⑴「～の投げ方」は‘疑問詞＋to不定詞’の how to ～「～する方法」で表せる。　⑵「この3か月間君から連絡をもらっていない」と読み換え，現在完了の‘have/has not＋過去分詞...＋for＋期間’「～の間…していない」の形で表す。　hear from ～「～から連絡をもらう」　⑶「彼の言葉」を「彼の言ったこと」と読み換え，関係代名詞 what を用いて表す。　⑷「その帽子が君を別人のように見せている」と読み換え，‘make＋目的語＋動詞の原形’「～を…させる」と‘look＋形容詞’「～に見える」の形を用いて表す。なお，この quite は「非常に」という意味を表す副詞。

Part B＜適語(句)選択＞⑴‘No＋名詞＋動詞＋比較級＋than ～’「～ほど…な―はない」の構文。ここでは‘No＋名詞’の部分が代名詞の nothing になる。　⑵‘come＋to不定詞’「～するようになる」　⑶ clerk「店員」を修飾する関係詞節をつくる問題。「～に話しかける」は speak to ～(前置詞 to が必要なことに注意)。関係代名詞の that は，前に前置詞を置くことができないのでウは不適切。

4〔語い・音声総合〕

Part A＜適語補充―同音異義語＞⑴上：動詞 blow の過去形 blew(blow－blew－blown)。blow ～ out〔blow out ～〕は「～を吹き消す」。　「風がろうそくを吹き消した」　下：blue「青い」　「君の青いシャツが気に入った」　⑵上：‘waste *A* on *B*’「*A* を *B* で無駄にする」　「私はそんな古いホテルにお金を浪費しないことにした」　下：waist「腰」　「リッキーは母親の腰を抱きしめた」　⑶上：動詞 rise「昇る」の過去形 rose(rise－rose－risen)。　「太陽が地平線の上に昇った」　下：row「列」の複数形 rows。　「イワタ先生は生徒たちを2列に並ばせた」

Part B＜単語の発音＞

⑴	canceled[d]	ア. baked[t]	イ. informed[d]	ウ. led[ed]	エ. wanted[id]
⑵	hood[u]	ア. blood[ʌ]	イ. cool[u:]	ウ. food[u:]	エ. wool[u]
⑶	promise[s]	ア. advise[z]	イ. exercise[z]	ウ. increase[s]	エ. lose[z]

5〔放送問題〕解説省略

数学解答

1 (1) $\frac{1}{8}$　(2) 1：49

2 (1) $0<x\leqq 3$ のとき $S=4\sqrt{3}x$

$7\leqq x<10$ のとき

$S=-4\sqrt{3}x+40\sqrt{3}$

(2) $5\pm\sqrt{2}$

3 (1) $\frac{33}{200}$　(2) (i) $\frac{61}{125}$　(ii) $\frac{91}{125}$

4 (1) $\frac{8}{5}$　(2) $\frac{9}{2}$　(3) $\frac{129}{10}$

1 〔関数―関数 $y=ax^2$ と直線〕

≪基本方針の決定≫(1)　直線AC，直線BCの傾きを a を用いて表す。

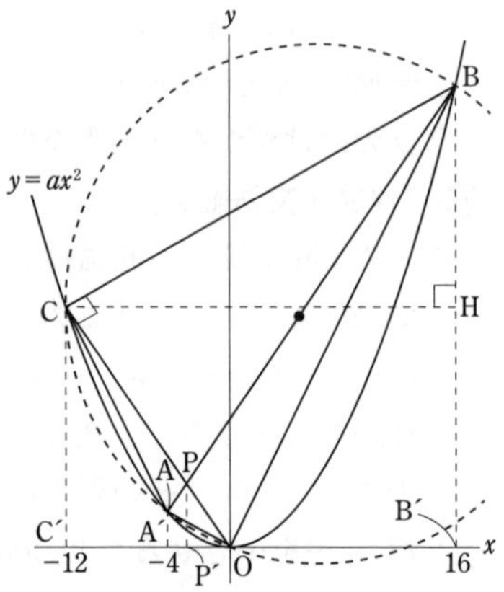

(1)＜比例定数＞右図で，3点A，B，Cは関数 $y=ax^2$ のグラフ上にあり，x 座標がそれぞれ -4，16，-12 だから，$y=a\times(-4)^2=16a$，$y=a\times16^2=256a$，$y=a\times(-12)^2=144a$ より，A$(-4,\ 16a)$，B$(16,\ 256a)$，C$(-12,\ 144a)$ と表せる。これより，直線ACの傾きは $\frac{16a-144a}{-4-(-12)}=-16a$，直線BCの傾きは $\frac{256a-144a}{16-(-12)}=4a$ となる。∠ACB＝90°より，直線ACの傾きと直線BCの傾きの積は -1 であるから，$-16a\times4a=-1$ が成り立つ。よって，$a^2=\frac{1}{64}$ より，$a=\pm\frac{1}{8}$ となり，$a>0$ だから，$a=\frac{1}{8}$ である。

(2)＜面積比＞右図で，(1)より，$a=\frac{1}{8}$ だから，$16a=16\times\frac{1}{8}=2$，$256a=256\times\frac{1}{8}=32$，$144a=144\times\frac{1}{8}=18$ となり，A$(-4,\ 2)$，B$(16,\ 32)$，C$(-12,\ 18)$ である。直線OCは傾きが $\frac{0-18}{0-(-12)}=-\frac{3}{2}$ だから，直線OCの式は $y=-\frac{3}{2}x$ である。直線ABは傾きが $\frac{32-2}{16-(-4)}=\frac{3}{2}$ だから，その式は $y=\frac{3}{2}x+b$ とおけ，$2=\frac{3}{2}\times(-4)+b$，$b=8$ となるから，直線ABの式は $y=\frac{3}{2}x+8$ である。点Pは2直線OC，ABの交点だから，$-\frac{3}{2}x=\frac{3}{2}x+8$ より，$x=-\frac{8}{3}$ となり，点Pの x 座標は $-\frac{8}{3}$ である。4点A，B，C，Pから x 軸にそれぞれ垂線AA′，BB′，CC′，PP′を引くと，PP′∥CC′だから，△OPA：△PCA＝OP：PC＝OP′：P′C′＝$\left\{0-\left(-\frac{8}{3}\right)\right\}:\left\{-\frac{8}{3}-(-12)\right\}$＝2：7となり，△OPA＝$\frac{2}{7}$△PCAである。また，AA′∥PP′∥BB′だから，△PCA：△BPC＝AP：PB＝A′P′：P′B′＝$\left\{-\frac{8}{3}-(-4)\right\}:\left\{16-\left(-\frac{8}{3}\right)\right\}$＝1：14となり，△BPC＝14△PCAである。よって，△OPA：△BPC＝$\frac{2}{7}$△PCA：14△PCA＝1：49となる。

≪別解≫右上図で，直線OAの傾きは $\frac{0-2}{0-(-4)}=-\frac{1}{2}$，直線OBの傾きは $\frac{32}{16}=2$ である。これより，この2直線の傾きの積は $-\frac{1}{2}\times2=-1$ となるから，∠AOB＝90°である。また，∠ACB＝90°だから，4点O，A，B，Cは線分ABを直径とする円の周上にある。よって，$\overset{\frown}{AC}$ に対する円周角より，∠AOP＝∠CBPであり，対頂角より，∠OPA＝∠BPCだから，△OPA∽△BPCである。相似な図形の面積比は相似比の2乗だから，△OPA：△BPC＝$OA^2:BC^2$ となる。A′O＝4，AA′＝2だから，△OAA′で三平方の定理より，$OA^2=A'O^2+AA'^2=4^2+2^2=20$ である。また，点Cから線分BB′に垂線CHを引くと，$CH=16-(-12)=28$，$BH=32-18=14$だから，△BCHで三平方の定理より，$BC^2=CH^2+BH^2=28^2+14^2=980$となる。したがって，$OA^2:BC^2=20:980=1:49$だから，△OPA：△BPC＝1：49である。

2〔平面図形―台形〕

≪基本方針の決定≫(2)　図形Zが四角形のときと，四角形でないときに分けて調べる。

(1)＜$\boldsymbol{x}$の範囲，面積＞右図1で，2点A，Dから辺BCにそれぞれ垂線AH，DIを引き，線分EFとの交点をそれぞれJ，Kとする。∠ABH＝60°より，△ABHは3辺の比が$1:2:\sqrt{3}$の直角三角形だから，$BH=\frac{1}{2}AB=\frac{1}{2}\times6=3$，$AH=\sqrt{3}BH=\sqrt{3}\times3=3\sqrt{3}$となり，AD∥BCより，四角形AHIDは長方形となるから，$DI=AH=3\sqrt{3}$である。∠ICD＝30°より，△DICも3辺の比が$1:2:\sqrt{3}$の直角三角形だから，$IC=\sqrt{3}DI=\sqrt{3}\times3\sqrt{3}=9$となり，$AD=HI=BC-BH-IC=18-3-9=6$となる。また，AD∥BC，AE：EB＝DF：FC＝1：2より，AD∥EF∥BCである。これより，△AEJ∽△ABHとなるから，$EJ:BH=AE:AB=1:(1+2)=1:3$となり，$EJ=\frac{1}{3}BH=\frac{1}{3}\times3=1$である。同様にして，△DKF∽△DICより，$KF=\frac{1}{3}IC=\frac{1}{3}\times9=3$となる。$JK=AD=6$だから，$EF=EJ+JK+KF=1+6+3=10$である。よって，$0<x<10$より，点Pは線分EF上の点E，点Fを除いた部分にある。図形Zが四角形となるとき，右図2のように辺A′B′が辺ADと交わるか，右下図3のように辺C′D′が辺ADと交わる。このとき，AD∥D′A′，AB∥B′A′，CD∥D′C′となるから，図2，図3において，図形Zは平行四辺形である。図2で，辺ABと辺A′D′の交点をQ，辺ADと辺A′B′の交点をR，線分AHと直線A′D′の交点をTとする。△AEP∽△AQA′より，$EP:QA'=AP:AA'=1:2$だから，$QA'=2EP=2x$である。$AJ:AH=AE:AB=1:3$より，$AJ=\frac{1}{3}AH=\frac{1}{3}\times3\sqrt{3}=\sqrt{3}$となり，$JT=AJ=\sqrt{3}$，$AT=\sqrt{3}+\sqrt{3}=2\sqrt{3}$となる。よって，〔図形Z〕＝▱AQA′R＝$QA'\times AT=2x\times2\sqrt{3}=4\sqrt{3}x$となるから，$S=4\sqrt{3}x$である。点D′が点Qと重なるとき，$QA'=D'A'=AD=6$より，$x=EP=\frac{1}{2}QA'=\frac{1}{2}\times6=3$だから，辺A′B′が辺ADと交わるとき，$0<x\leqq3$である。次に，図3で，辺CDと辺A′D′の交点をU，辺ADと辺C′D′の交点をVとする。$PF=EF-EP=10-x$だから，同様に考えて，$D'U=2PF=2(10-x)$より，〔図形Z〕＝▱VD′UD＝$2(10-x)\times2\sqrt{3}=-4\sqrt{3}x+40\sqrt{3}$となり，$S=-4\sqrt{3}x+40\sqrt{3}$である。点A′が点Uと重なるとき，$D'U=D'A'=6$，$PF=\frac{1}{2}D'U=\frac{1}{2}\times6=3$だから，$x=EP=EF-PF=10-3=7$となり，辺C′D′が辺ADと交わるとき，$7\leqq x<10$である。

図1

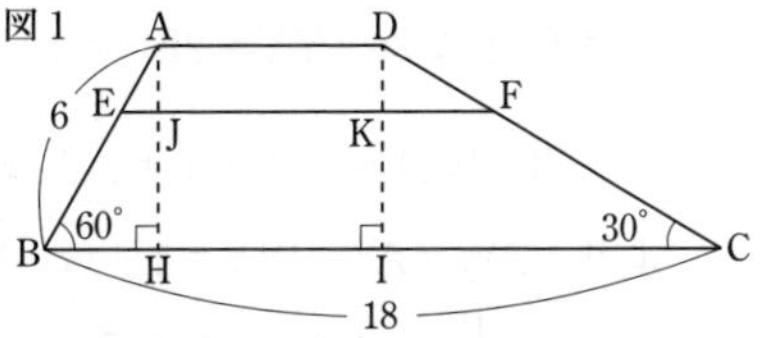

図2

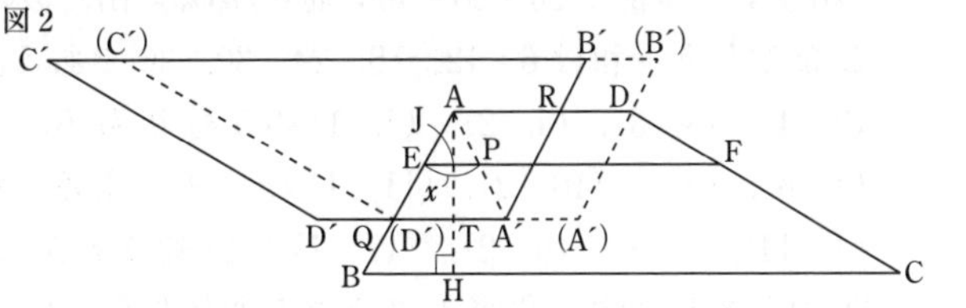

図3

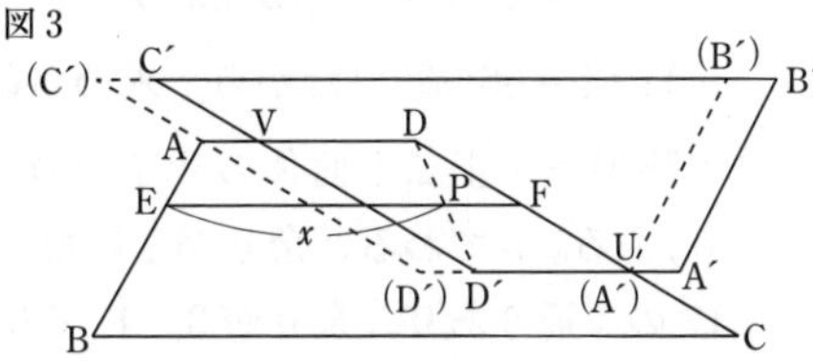

(2)＜$\boldsymbol{x}$の値＞(1)より，$x=3$のとき，$S=4\sqrt{3}\times3=12\sqrt{3}$であり，$x=7$のとき，$S=-4\sqrt{3}\times7+40\sqrt{3}=12\sqrt{3}$だから，$0<x\leqq3$，$7\leqq x<10$のときは常に$S\leqq12\sqrt{3}$となり，$S=14\sqrt{3}$になることはない。そこで，$3<x<7$のときを考える。このとき，右図4のように，

図4

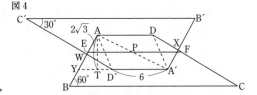

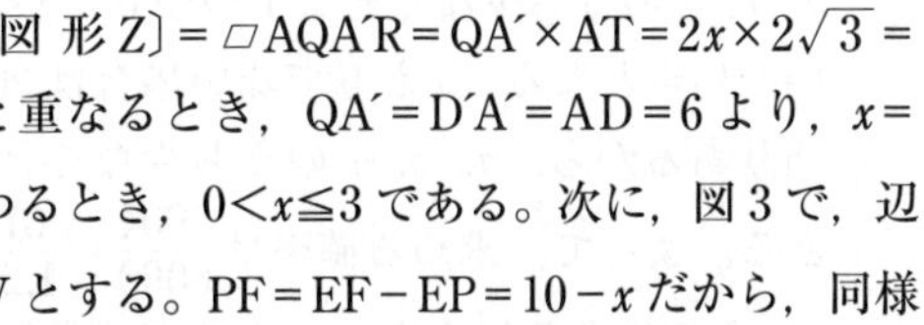

辺C′D′は辺ABと，辺A′B′は辺CDと交わり，その交点をそれぞれW，Xとすると，図形Zは六角形AWD′A′XDとなる。四角形AD′A′Dは平行四辺形で，面積は$D'A'\times AT=6\times2\sqrt{3}=12\sqrt{3}$だから，$S=14\sqrt{3}$になるとき，図形の対称性より，△AWD′=△A′XD=(〔六角形AWD′A′XD〕−▱AD′A′D)÷2=$(14\sqrt{3}-12\sqrt{3})\div2=\sqrt{3}$となる。直線A′D′と辺ABの交点をYとすると，∠WYD′=∠ABC=60°，∠WD′Y=∠B′C′D′=30°より，△WYD′は3辺の比が$1:2:\sqrt{3}$の直角三角形となる。$YA'=2EP=2x$より，$YD'=YA'-D'A'=2x-6$だから，$WY=\frac{1}{2}YD'=\frac{1}{2}\times(2x-6)=x-3$，$WD'=\sqrt{3}WY=\sqrt{3}(x-3)$となる。また，$YE=AE=\frac{1}{1+2}AB=\frac{1}{3}\times6=2$，$AY=2\times2=4$より，$AW=AY-WY=4-(x-3)=7-x$となる。よって，∠AWD′=90°より，△AWD′の面積について，$\frac{1}{2}\times\sqrt{3}(x-3)\times(7-x)=\sqrt{3}$が成り立つ。これを解くと，$x^2-10x+23=0$より，$x=\frac{-(-10)\pm\sqrt{(-10)^2-4\times1\times23}}{2\times1}=\frac{10\pm\sqrt{8}}{2}=\frac{10\pm2\sqrt{2}}{2}=5\pm\sqrt{2}$となる。これらはともに$3<x<7$を満たすので，適する。

3〔確率―正二十面体のサイコロ〕

≪基本方針の決定≫(2)(i)　a，b，cのうち，少なくとも1つが0であればよい。　(ii)　abcは，0か，正の6の倍数である。

(1)＜確率＞正二十面体のサイコロの数の出方は20通りだから，このサイコロを2回投げるときの数の出方は，全部で20×20=400(通り)ある。出た数の和は最大で20+20=40だから，和が6の倍数となるとき，和は6，12，18，24，30，36である。和が6のとき，(1回目，2回目)=(1，5)，(2，4)，(3，3)，(4，2)，(5，1)の5通りある。和が12のとき，(1，11)，(2，10)，(3，9)，(4，8)，……，(10，2)，(11，1)の11通りある。和が18のとき，(1，17)，(2，16)，(3，15)，(4，14)，……，(16，2)，(17，1)の17通りある。以下同様にして，和が24のとき17通り，和が30のとき11通り，和が36のとき5通りある。よって，和が6の倍数になる場合は5+11+17+17+11+5=66(通り)だから，求める確率は$\frac{66}{400}=\frac{33}{200}$である。

(2)＜確率＞(i)正二十面体のサイコロを3回投げるときの数の出方は，全部で20×20×20=8000(通り)ある。5でわると余りが1になる数は1，6，11，16の4通り，余りが2になる数は2，7，12，17の4通りあり，余りが3，4，0になる数もそれぞれ4通りある。3数の積abcが0になる場合は，a，b，cのうち少なくとも1つが0だから，全ての場合から，a，b，cがいずれも0でない場合を除いた場合となる。aが0でない場合は20−4=16(通り)であり，b，cが0でない場合もそれぞれ16通りあるから，a，b，cのうち少なくとも1つが0となる場合は，8000−16×16×16=3904(通り)ある。よって，求める確率は$\frac{3904}{8000}=\frac{61}{125}$である。　(ii)8000通りのうち$\frac{abc}{6}$が整数となる場合は，$abc$が0になる場合か，正の6の倍数になる場合である。(i)より，$abc=0$になる場合は3904通りある。abcの値は最大で4×4×4=64だから，abcが正の6の倍数になるとき，$abc=6$，12，18，24，30，36，42，48，54，60である。$abc=6$のとき，a，b，cは1と2と3であり，a，b，cの組は(a, b, c)=(1，2，3)，(1，3，2)，(2，1，3)，(2，3，1)，(3，1，2)，(3，2，1)の6通りある。$abc=12$のとき，a，b，cは1と3と4，2と2と3であり，a，b，cの組は，(1，3，4)，(1，4，3)，(3，1，4)，(3，4，1)，(4，1，3)，(4，3，1)の6通りと，(2，2，3)，(2，3，2)，(3，2，2)の3通りより，6+3=9(通り)ある。$abc=18$のとき，a，b，cは2と3と3であり，a，b，cの組は(2，3，3)，(3，2，3)，(3，3，2)の3通りある。以下同様にすると，a，b，cの組は，$abc=24$のとき6通り，$abc=36$のとき3通り，$abc=48$のとき3通りあり，$abc=30$，42，54，60のときはない。よって，

abcが正の6の倍数になるa，b，cの組は，$6+9+3+6+3+3=30$(通り)ある。それぞれにおいて，サイコロの出る数の組は$4\times4\times4=64$(通り)だから，abcが正の6の倍数となる場合は$30\times64=1920$(通り)となる。したがって，$\frac{abc}{6}$が整数となる場合は$3904+1920=5824$(通り)だから，求める確率は$\frac{5824}{8000}=\frac{91}{125}$である。

≪別解≫(i)正二十面体のサイコロを投げたとき，5でわると余りが1，2，3，4，0になる数の出方はいずれも4通りだから，この5つの場合が起こることは同様に確からしい。そこで，正二十面体のサイコロを投げるときの数の出方を，5でわると余りが1，2，3，4，0になる数の5通りとする。このサイコロを3回投げるときの数の出方は，全部で，$5\times5\times5=125$(通り)ある。このうち，$abc=0$となる場合は，全ての場合から，a，b，cがいずれも0でない場合を除いた場合だから，$125-4\times4\times4=61$(通り)ある。よって，求める確率は$\frac{61}{125}$となる。 (ii)125通りの出方のうち，$abc=0$となる場合は61通り，abcが正の6の倍数となる場合は，上の解説のa，b，cの組と同じだから，30通りである。よって，$\frac{abc}{6}$が整数となる場合は$61+30=91$(通り)となり，求める確率は$\frac{91}{125}$である。

4 〔空間図形—立方体〕

(1)＜面積—相似＞右図1の面EFGHで，EJ：EF＝EK：EH＝2：(2＋1)＝2：3，$\angle$JEK＝$\angle$FEHより，△EJK∽△EFHとなるから，JK：FH＝EJ：EF＝2：3である。また，JK∥FHとなるから，△JNK∽△HNFとなる。これより，KN：FN＝JK：HF＝2：3だから，△JNK：△JNF＝KN：FN＝2：3となり，△JNK＝$\frac{2}{2+3}$△JFK＝$\frac{2}{5}$△JFKとなる。EJ＝EK＝$\frac{2}{3}$EF＝$\frac{2}{3}\times6=4$，JF＝EF－EJ＝$6-4=2$より，△JFK＝$\frac{1}{2}$×JF×EK＝$\frac{1}{2}\times2\times4=4$だから，△JNK＝$\frac{2}{5}\times4=\frac{8}{5}$である。

図1

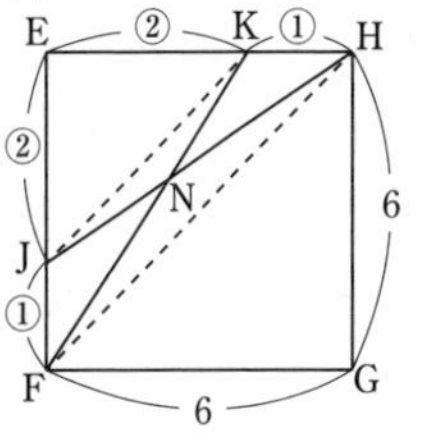

(2)＜体積＞右図2で，点Iを通り線分AJに平行な直線と辺EFの交点をOとすると，EI＝IAより，EO＝OJ＝$\frac{1}{2}$EJ＝$\frac{1}{2}\times4=2$となる。よって，OJ＝JFとなるから，IL＝LFとなり，点Lは線分IFの中点である。同様に，点Mは線分IHの中点となる。2点L，Mから辺AEに垂線を引くと，図形の対称性から，その交点は一致する。その交点をPとすると，LP：FE＝IL：IF＝1：2より，LP＝$\frac{1}{2}$FE＝$\frac{1}{2}\times6=3$となり，同様に，MP＝3となる。また，MP⊥〔面ABFE〕となる。AI＝IE＝$\frac{1}{2}$AE＝$\frac{1}{2}\times6=3$より，△ALI＝$\frac{1}{2}$×AI×LP＝$\frac{1}{2}\times3\times3=\frac{9}{2}$だから，三角錐AILMの体積は，$\frac{1}{3}$×△ALI×MP＝$\frac{1}{3}\times\frac{9}{2}\times3=\frac{9}{2}$である。

図2

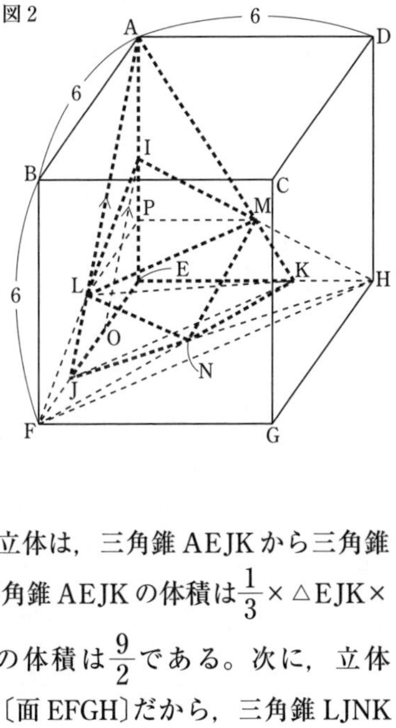

(3)＜体積＞右上図2で，7点E，I，J，K，L，M，Nを頂点とする立体は，三角錐AEJKから三角錐AILMを除いた立体と，立体LMJNKを合わせた立体である。三角錐AEJKの体積は$\frac{1}{3}$×△EJK×AE＝$\frac{1}{3}\times\left(\frac{1}{2}\times4\times4\right)\times6=16$であり，(2)より，三角錐AILMの体積は$\frac{9}{2}$である。次に，立体LMJNKを三角錐LJNKと三角錐LMNKに分ける。〔面PLM〕∥〔面EFGH〕だから，三角錐LJNK

は，△JNKを底面とすると高さは線分PEとなる。(1)より，$\triangle JNK=\frac{8}{5}$であり，LP∥FE，IL＝LFより，$IP=PE=\frac{1}{2}IE=\frac{1}{2}\times3=\frac{3}{2}$だから，三角錐LJNKの体積は，$\frac{1}{3}\times\triangle JNK\times PE=\frac{1}{3}\times\frac{8}{5}\times\frac{3}{2}=\frac{4}{5}$となる。また，三角錐LJNK，三角錐LMNKの底面をそれぞれ△LJK，△LMKと見ると，この2つの三角錐は高さが等しくなる。LM∥JKだから，〔三角錐LJNK〕：〔三角錐LMNK〕＝△LJK：△LMK＝JK：LMとなる。(1)より，JK：FH＝2：3だから，$JK=\frac{2}{3}FH$であり，△IFHで中点連結定理より，$LM=\frac{1}{2}FH$である。よって，$JK:LM=\frac{2}{3}FH:\frac{1}{2}FH=4:3$となるから，〔三角錐LJNK〕：〔三角錐LMNK〕＝4：3となり，三角錐LMNKの体積は，$\frac{3}{4}$〔三角錐LJNK〕$=\frac{3}{4}\times\frac{4}{5}=\frac{3}{5}$である。以上より，求める立体の体積は，〔三角錐AEJK〕－〔三角錐AILM〕＋(〔三角錐LJNK〕＋〔三角錐LMNK〕)$=16-\frac{9}{2}+\left(\frac{4}{5}+\frac{3}{5}\right)=\frac{129}{10}$となる。

社会解答

1 問１　ウ　　問２　エ　　問３　ア
問４　イ　　問５　⑴…調　⑵…エ
問６　⑴…下地中分　⑵…ア
問７　エ　　問８　いわし
問９　にしん　　問10　エ
問11　⑴…俵物　⑵…イ　　問12　ウ
問13　イ　　問14　イ　　問15　ア
問16　ウ　　問17　まぐろ
問18　⑴…ア　⑵…370　　問19　イ
問20　ウ

2 問１　A…ユーゴスラビア
B…スコットランド　C…ドイツ
問２　主権
問３　⑴…オ　⑵…エ　⑶…ア
⑷…ウ　⑸…エ　⑹…ウ
⑺…ウ　⑻…カ
問４　⑴…消費税　⑵…イ
⑶…普天間基地〔普天間飛行場〕
⑷…平治
問５　文在寅　　問６　カ
問７　沖ノ鳥島　　問８　ア
問９　ポルトガル　　問10　500
問11　(例)移民禁止を決めた人たちも，あなたたちから見れば移民ですよね。

1〔歴史・地理─総合〕

問１＜縄文時代の漁労＞青銅器や鉄器などの金属器が日本列島に伝わったのは弥生時代のことで，縄文時代には主に獣の角や骨でつくられた骨角器が魚をつく銛《もり》などに使われていた。

問２＜縄文時代の遺物＞石包丁は，稲作が本格的に始まった弥生時代に稲の穂を刈り取る道具として使用されたもので，縄文時代には使用されていない。

問３＜邪馬台国＞『魏志』倭人伝には，３世紀の倭(日本)について，邪馬台国という国があり，30ほどの小さな国々を従えていたことや，女王の卑弥呼が239年に魏に使いを送って皇帝から「親魏倭王」の称号や金印，銅鏡などを授けられたことなどが記されている(ア…○，イ…×)。なお，４世紀末に大和政権が百済や伽耶地域の国々と結んで朝鮮半島の高句麗や新羅と戦ったことが，高句麗の好太王〔広開土王〕碑の碑文に記されている(ウ…×)。儒教が渡来人によって伝えられたのは４世紀以降のことで，卑弥呼は「鬼道」(呪術)によって統治を行っていたと伝えられている(エ…×)。

問４＜万葉集＞『万葉集』は奈良時代に編さんされた日本最古の和歌集で，天皇や皇族から防人や農民まで，幅広い身分の人々の歌が収められている。なお，平仮名が使われるようになったのは平安時代以降のことである(ア…×)。平安時代初期，紀貫之らによって『古今和歌集』が編さんされた(ウ…×)。西行は，鎌倉時代に編さんされた『新古今和歌集』の代表的歌人である(エ…×)。

問５＜律令制度における税＞⑴荷札は，伊豆国(現在の静岡県南東部)のある地域から，「荒堅魚」(カツオの加工品)が税として納入されたことを示すものである。このように，律令に基づく奈良時代の租税のうち，地方の特産物を納める税を調という。　⑵口分田の広さに応じて課税されたのは稲を納める租税である租で，調は口分田の広さに関わりなく成人男子に課された。

問６＜下地中分＞⑴鎌倉時代，幕府の権力が強くなるとともに地頭も領地への支配力を強め，荘園領主と土地支配を巡って紛争を起こすようになった。その解決方法の１つとして，荘園領主と地頭が土地を折半する下地中分という方法がとられた。　⑵絵図中央に引かれた縦の線は，右側の「領家分」を荘園領主の支配地，左側の「地頭分」を地頭の支配地と定めた境界線である。なお，倭寇と呼ばれる集団が，朝鮮半島や中国の沿岸で海賊行為を行うようになるのは，主に室町時代のことである(イ…×)。絵図上部に描かれた山にも境界線が引かれているように，下地中分では農地だけでなく山林なども折半の対象とされた(ウ…×)。荘園領主の多くは京都や奈良の貴族や寺社などで，「領家分」とされた荘園領主への年貢が鎌倉幕府に徴収されることはない(エ…×)。

問７＜江戸時代の江戸と大阪＞北前船は，蝦夷地(北海道)や東北地方の物資を輸送した船で，日本海側の港から関門海峡，瀬戸内海を通って大阪に至る西廻り航路に就航した。江戸と大阪の間では，樽廻船や菱垣廻船と呼ばれる定期船が物資を輸送した。

問８＜干鰯＞江戸時代，九十九里浜では干鰯が盛んにつくられた。これは地引き網漁によってとれたいわしを天日で乾燥させたもので，肥料として普及した。

問９＜蝦夷地のにしん＞江戸時代の蝦夷地では，とれたにしんを釜で煮た後，油をしぼり，残ったかすを乾燥させた「にしんかす〔しめかす〕」が盛んにつくられ，肥料として用いられた。

問10＜江戸時代の肥料＞いわしやにしんなどの海産物を加工した肥料は，お金を払って買ったので金肥と呼ばれる。金肥は主に，稲作よりも収入が多く得られる商品作物の栽培に使用され，河内(現在の大阪府)や伊勢(現在の三重県)など西日本で盛んだった綿作にも多く用いられた。

問11＜江戸時代の長崎貿易＞(1)江戸時代の長崎貿易では，干しあわび，干したなまこ，ふかのひれなどの海産物が輸出された。これらは俵に詰めて輸出されたので，俵物と呼ばれた。　(2)倭館とは，朝鮮が日本の外交使節の接待や，日本との貿易のために朝鮮に設けた施設を指す。なお，主に蝦夷地で生産された俵物は，銅などとともに長崎から清へ輸出された。

問12＜明治時代の産業＞明治時代後半，日清戦争の講和条約である下関条約で得た賠償金と政府資金を使って建設された官営の八幡製鉄所は，ドイツの技術を取り入れて1901年に操業を開始した。なお，富岡製糸場ではフランス人技師が製糸工を指導し，生糸が生産された(ア…×)。1883年に操業を開始した大阪紡績会社の工場では，機械化によって大量の綿糸が生産された(イ…×)。航空母艦〔空母〕は，大正時代に起こった第一次世界大戦(1914～19年)で飛行機が新兵器として登場して以後，建造されるようになった(エ…×)。

問13＜ポーツマス条約＞日露戦争の講和条約であるポーツマス条約(1905年)はアメリカ大統領セオドア=ルーズベルトの仲介で結ばれ，日本は韓国における優越権や長春以南の鉄道利権，北緯50度以南の樺太〔サハリン〕などを獲得した(イ…○，ア，エ…×)。なお，日本は第一次世界大戦中に中国に示した二十一か条の要求で，ドイツの持っていた山東省の権益を獲得した(ウ…×)。

問14＜『蟹工船』＞1929年に発行された『蟹工船』は，北洋漁業に従事する労働者が団結して闘争する様子を描いた小林多喜二の作品で，プロレタリア文学を代表する作品として知られる。

問15＜戦時体制下の日本＞1940年，ほとんどの政党や政治団体が解散して大政翼賛会が結成され，国民の総動員体制が固められたが，1938年に出された国家総動員法により，政府はすでに議会の承認なしに労働力や物資を動員できるようになっていた。

問16＜サンフランシスコ平和条約＞1951年，サンフランシスコで第二次世界大戦の講和会議が開かれ，日本の吉田茂首相が連合国48か国とサンフランシスコ平和条約に調印した。内戦によって分裂した中華人民共和国と中華民国はこの会議に招かれず，ソ連は参加したが調印を拒否した。

問17＜第五福竜丸事件＞1954年，アメリカ合衆国が太平洋のビキニ環礁で水爆実験を行った。これによって，このとき付近で操業していた日本のまぐろ漁船第五福竜丸が被爆した。

問18＜排他的経済水域＞(1)領土が日本よりかなり大きいことや，領土の面積のわりに領海・排他的経済水域の面積が大きいことから，日本同様多くの島々で構成されているインドネシアだと判断できる。なお，オーストラリアの領海・排他的経済水域の面積は701万km^2，領土の面積は769万km^2，ブラジルの領海・排他的経済水域の面積は317万km^2，領土の面積は852万km^2，ニュージーランドの領海・排他的経済水域の面積は483万km^2，領土の面積は27万km^{2}である。　(2)１海里は，もともと緯度1分(1度の60分の1)の距離と定められていた。地球の赤道一周は約40000kmなので，1海里は，40000km÷360÷60＝1.8518…kmとなる。よって，200海里は，1.852km×200＝370.4より，約370kmと求められる。なお，現在は国際的に1海里が1852mと定められている。

問19＜日本の水産物輸入相手国＞チリやノルウェーではサケ・マス類が，東南アジア諸国やインドではエビが盛んに養殖されており，日本はこれらの国々からその多くを輸入している。なお，タラ類は主にアメリカ合衆国から，イカは主に中国から輸入している(2017年)。

問20＜四国の漁業＞四国4県のうち，海面漁業漁獲量は太平洋に面した高知県が最も多く，海面養殖業漁獲量は瀬戸内海に面した香川県と愛媛県が多い。特に，愛媛県西部に広がる宇和海では真珠やまだいの養殖が盛んで，いずれも生産量全国第1位となっている(2016年)。

2〔三分野総合〕

問1＜ヨーロッパの国と地域＞Ａ．スロベニア，クロアチア，ボスニア・ヘルツェゴビナ，セルビア，モンテネグロ，コソボ，北マケドニアという東ヨーロッパの7か国はかつてユーゴスラビアという1つの国を形成していたが，1991年以降，2006年までにそれぞれ独立国家となった。　Ｂ．イギリスは正式国名を「グレートブリテン及び北アイルランド連合王国」といい，グレートブリテン島南東部のイングランド，南西部のウェールズ，北部のスコットランドと，アイルランド島北部の北アイルランドの4つの国からなる連合王国である。スコットランドでは2014年に独立の賛否を問う住民投票が行われた。　Ｃ．ドイツは第二次世界大戦終結後，首都ベルリンと国土がそれぞれ東西に分割されたが，1989年にベルリンの壁が崩壊すると，翌1990年には国家も統一された。

問2＜主権＞国家が成立するためには，国民，領域と主権の3要素が必要だとされている。この場合の主権とは，国民と領域を支配する権力を意味する。また，主権を持つ国家を主権国家と呼ぶ。

問3＜フランス，ロシア，イギリス＞⑴シリアは東部で地中海に面し，西部でイラクと接している。イラクが東部で接しているのがイランである。　⑵国際連合の安全保障理事会は，アメリカ合衆国，ロシア，中国，イギリス，フランスの常任理事国5か国と，任期2年の非常任理事国10か国で構成されている。常任理事国は拒否権を持っている。なお，国連加盟国全ての代表が出席して1国1票の議決権を行使するのは総会である(ア…×)。創設以来現在(2019年3月)まで，常設の国連軍は組織されていない(イ…×)。国際連合の事務総長は，安全保障理事会の勧告に基づいて総会で任命される。国連事務総長は，安全保障理事会の常任理事国などの大国以外から選出されるのが慣例となっている(ウ…×)。　⑶2017年，核兵器の保有や使用，核兵器による威嚇などを禁止する核兵器禁止条約が122か国の賛成で採択された。なお，日本は唯一の戦争被爆国だが，同盟国であるアメリカ合衆国と歩調を合わせ，条約交渉にも参加しなかった(イ…×)。2009年に核兵器廃絶を訴えたプラハ演説などが評価され，ノーベル平和賞を受賞したのは，オバマ大統領である(ウ…×)。アムネスティ・インターナショナルは人権擁護などの活動を行うNGO〔非政府組織〕で，核兵器禁止条約への貢献によって2017年のノーベル平和賞を受賞したのは，核兵器廃絶国際キャンペーン〔ICAN〕である(エ…×)。　⑷イスラム教のシンボルである三日月と星を描いたXはトルコの国旗，中央にカエデの葉を描いたYはカナダの国旗，赤地に白い十字を描いたZはスイスの国旗である。3か国中最も面積の広いAがカナダを，最も面積が小さいCがスイスを示している。　⑸「人間たるに値する生活を保障する」として社会権を保障しているエは，1919年にドイツで制定されたワイマール憲法の内容を示している。　⑹ロシアの最南端の地点は，ロシア，ジョージア，アゼルバイジャンの国境にまたがるカフカス山脈上に位置する北緯約41度の地点で，東方向にはアゼルバイジャンの国土やカスピ海が広がっている。なお，ロシアの国土は180度の経線をまたいでおり，ロシア最東端の地点から東方向に移動すると西経170度線を越える(ア…×)。バルト海に面したロシア最西端の飛び地は北でリトアニア，南でポーランドに接しており，オランダは西方向に当たる(イ…×)。世界で最も寒い場所といわれるオイミャコンはシベリア東部に位置しており，北極海までの距離は1000km 近くある(エ…×)。　⑺ヨーロッパ北西部で使用されている英語，ノルウェー語，オランダ語，スウェーデン語，ドイツ語などは，ゲルマン系言語に分類される。なお，イギリスの国土の大部分は温帯の西岸海洋性気候に属する(ア…×)。イギリス人の大多数は，イギリス国教会のキリスト教徒である(イ…×)。1999年に EU〔ヨーロッパ連合〕加盟国内ではユーロが導入され始めたが，イギリスは自国の通貨であるポンドを用いている(エ…×)。　⑻３か国の中で最も小麦と魚介類の生産量が多いのはロシア，最も果実の生産量が多く，小麦の生産量も多いのは，EU 最大の農業国で，世界有数のぶどうの産地として知られるフランスだと判断できる。

問４＜平成の出来事＞⑴消費税は1989年(平成元年)４月に税率３％で導入され，1997年に５％，2014年に８％へと税率が引き上げられた。現在，所得税に並ぶ国の重要財源となっている。　⑵2007年(平成19年)，憲法改正の具体的な手続きについて定めた国民投票法が成立した。ここでは，国会が発議した憲法改正案について，国民投票で有効投票数の過半数の賛成があれば承認されるとしている。　⑶米軍の普天間基地〔普天間飛行場〕は沖縄県宜野湾市の住宅密集地にあるため「世界一危険な基地」といわれており，同県名護市辺野古への移設が進められている。　⑷平安時代末の1159年に起こった平清盛と源義朝の戦いは，当時の元号をとって平治の乱と呼ばれる。

問５＜南北首脳会談＞2018年４月，北朝鮮〔朝鮮民主主義人民共和国〕の金正恩(キム=ジョンウン)朝鮮労働党委員長と，韓国〔大韓民国〕の文在寅(ムン=ジェイン)大統領による南北首脳会談が，朝鮮戦争の軍事境界線のある板門店で開かれた。「南」側とは，韓国を指す。

問６＜東南アジアの宗教＞人口が２億6000万人を超えて世界第４位(2017年)のインドネシアでは，国民の９割近くがイスラム教徒で，世界で最もイスラム教徒が多い国となっている。フィリピンはスペインの植民地だった時期にキリスト教の影響を強く受けたため，現在でも国民の大多数がキリスト教徒である。カンボジアは，タイやラオスとともに，仏教徒の多い国である。

問７＜沖ノ鳥島＞表から，東京都の最西端と最南端は同じ島であることがわかる。日本の最南端の島は東京都に属する沖ノ鳥島なので，東京都の最西端も沖ノ鳥島ということになる。

問８＜ＴＰＰ参加国の輸出品＞３か国のうち，最も工業化が進み，機械類が輸出品の中心となっているのは，韓国，台湾，ホンコンとともにアジア NIES〔新興工業経済地域〕に数えられるシンガポールである。チリは世界有数の銅鉱の産出国で，輸出品も銅や銅鉱が多い。ニュージーランドでは牧羊や酪農が盛んで，畜産物が輸出品の上位を占める。

問９＜ブラジルの言語＞メキシコ以南の中南アメリカは，16世紀以降スペインとポルトガルの植民地となった。多くの地域がスペインの支配を受けた影響で現在もスペイン語を公用語としているが，ブラジルはポルトガルの支配を受けたため，現在もポルトガル語を公用語としている。

問10＜需要と供給＞グラフから，価格が400のとき，Ａ国の需要数量は300，Ｂ国の需要数量は200と求められる。「需要数量は単純に合算されるとする」とあるので，Ａ国とＢ国の市場が統合すると，価格が400のときの需要数量は，300＋200＝500となる。

問11＜黄禍論＞日清戦争の頃から，欧米ではアジア系の黄色人種が白人を脅かす存在になるという黄禍論が主張されるようになり，1920年代にはアメリカで日本人排斥運動が活発となった。1924年には日本人も含めた移民制限法が成立し，日本人移民はアメリカに入国できなくなった。この風刺画は，アメリカ合衆国の先住民である「インディアン」ではなく，もともとは移民であった白人が他国からの移民を禁止することの矛盾を風刺したものだと考えられる。

理科解答

1 問1　0.6cm　問2　ア　問3　エ
問4　(1)　8.3分前　(2)…エ

2 問1　0.125N/cm
問2　***M***…40g　***m***…24g
問3　104g
問4　はかり1…55g　はかり2…15g
はかり3…31g

3 問1　①…精巣　②…卵巣
問2　右図
問3　AC，AD，BC，BD　問4　イ
問5　③…50　④…100

4 問1　エ　問2　イ　問3　エ
問4　①　Zn　②　Fe
問5　***x***…0.3　***y***…0.5

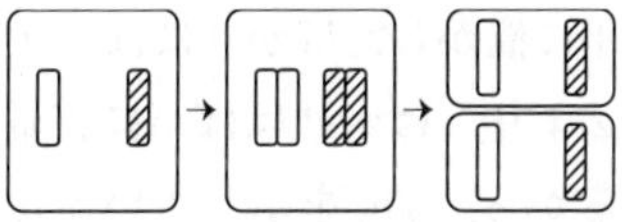

1〔小問集合〕

問1＜人類の誕生＞46億年の時間の長さを4m，つまり，400cmとすると，人類の誕生から現在までの時間700万年の長さは，$400\times\frac{7000000}{4600000000}=0.60\cdots$より，0.6cmである。

問2＜地質時代＞1億5000万年前の地質年代は中生代(約2億5000万年～6600万年前)である。中生代には，アンモナイトや恐竜が生息していた。なお，ナウマンゾウやビカリアが生息していたのは新生代(約6600万年前～現在)である。

問3＜動物の進化＞最初に陸上に進出したセキツイ動物は，魚類の一部から進化した両生類のなかまで，約4億年前のことである。両生類からさらに進化して，約3億年前には虫類が，約2億3000万年前にほ乳類が現れている。

問4＜天体＞(1)表1より，地球から太陽までの距離は1億5000万km，宇宙空間を光が進む速さは30万km/秒より，太陽から出た光が地球までに届く時間は，150000000÷300000＝500(秒)となる。よって，地球から見る太陽は，500÷60＝8.33…より，約8.3分前の姿である。　(2)エ…正しい。非常に短い時間であるが，文字や机から出た光が目に届くまでには時間がかかっている。そのため，見ている文字や机は少し過去の様子であり，文字や机よりも遠くにある窓の外の景色は，より過去の様子ということになる。　ア…誤り。表1より，地球からアンドロメダ銀河までと，地球からシリウスまでの距離は大きく異なっているので，光が地球に届くまでの時間も大きく異なる。イ…誤り。アンドロメダ銀河に光が届くまでに230万年かかるが，人類が誕生したのは700万年前なので，人類が誕生した当時に地球から出た光はすでに届いている。　ウ…誤り。地球から海王星までの距離は45億kmなので，地球と海王星の間を光が進むのにかかる時間は，4500000000÷300000＝15000(秒)より，$15000\div60\div60=4\frac{1}{6}$(時間)，つまり，4時間10分になる。よって，海王星から見る地球の姿は4時間10分前の地球の姿である。

2〔身近な物理現象〕

問1＜ばね定数＞図1でばねにはたらいている力の大きさは，$1\times\frac{90.0}{100}=0.90$(N)である。このとき，ばねは10.20－3.00＝7.20(cm)伸びているので，ばね定数は，0.90÷7.20＝0.125(N/cm)である。

問2＜ばねの伸びと力＞図2のはかりには，ばねの下端につながっているケースとフックを合わせた重さが加わっている。この状態で，はかりは0gを示しているので，このはかりはばねに質量*m*g

の物体をつるしたときに目盛りが0gとなるように調整されていることがわかる。次に，図3の上のはかりが示した64gは，下のはかりの質量だから，$M+m=64$……①が成り立つ。また，図3で，フックを上にしてつるした下のはかりのばねには，リングと外側のケースの重さの和が加わっている。そのため，下のはかりが示した16gは，リングと外側のケースの質量から調整された分を引いたものだから，$M-m=16$……②が成り立つ。①，②を連立方程式として解くと，①+②より，$M+M=64+16$，$2M=80$，$M=40$(g)，これを①に代入して，$40+m=64$より，$m=24$(g)となる。

問3＜力のつり合い＞図4のように，棒が傾くことなく静止しているとき，棒にはたらく力はつり合っているので，棒を左向きに引く力の大きさの合計と，右向きに引く力の大きさは等しい。また，水平に置かれたはかりには，ケースとリング，ケースとフックの重さは加わっていない。よって，問2より，はかりはばねに質量24gの物体をつるしたときの目盛りが0gになるように調整されているから，30gを示しているはかり1には質量30+24=54(g)，50gを示しているはかり2には質量50+24=74(g)の物体にはたらく重力と同じ大きさの力が加わっている。したがって，はかり3には，質量54+74=128(g)の物体にはたらく力が加わっているから，はかり3は128−24=104(g)を示している。

問4＜ばねの伸びと力＞はかりの質量は64gなので，はかりの下に15gのおもりをつるしたとき，はかり1は左右から質量64+15=79(g)の物体にはたらく重力と同じ大きさの力で引かれている。よって，はかり1が示す値は，79−24=55(g)である。また，はかり2が示す値は，図2でフックに15gのおもりをつるした場合と同じなので15gである。さらに，はかり3が示す値は，図3の下のはかりに15gのおもりをつるした場合と同じなので，16+15=31(g)となる。

3〔生命の連続性〕

問1＜有性生殖＞精子はオスの生殖器官である精巣でつくられる。また，卵はメスの生殖器官である卵巣でつくられる。

問2＜体細胞分裂＞動物の細胞が体細胞分裂を行うときは，まず，それぞれの染色体が2倍に複製され，細胞の赤道面に並んだ後，対になった染色体が2つに分かれて細胞の両端に移動し，新しい2個の核ができる。次に，細胞がくびれるようにして細胞質が二等分され，新しい2個の細胞ができる。なお，分裂後の2個の細胞が持つ染色体の組み合わせは，もとの細胞のものと同じになる。解答参照。

問3＜遺伝子＞一世代目の女王アリ(AB)がつくる卵の遺伝子は，AまたはBであり，一世代目の王アリ(CD)がつくる精子の遺伝子は，CまたはDとなる。Aの遺伝子を持つ卵にCまたはDの遺伝子を持つ精子が受精すると，それぞれAC，ADの遺伝子の組み合わせを持つ受精卵となり，Bの遺伝子を持つ卵にCまたはDの遺伝子を持つ精子が受精すると，それぞれBC，BDの遺伝子の組み合わせを持つ受精卵となる。

問4＜遺伝子＞問3より，一世代目の女王アリと王アリの双方から遺伝子を受け継いだ二世代目の働きアリの遺伝子の組み合わせは，AC，AD，BC，BDの4種類である。これに対して，二世代目の女王アリの遺伝子の組み合わせがAAまたはBBしかないということは，AとBの遺伝子は一世代目の女王アリのみに含まれる遺伝子だから，王アリの遺伝子は受け継いでいないことになる。よって，誤っているのはイである。なお，遺伝子の組み合わせがACやADの二世代目の働きアリや副王アリには，Aの遺伝子を持つ精子ができる。この精子が一世代目の女王アリ(AB)の卵と受精すると，AAの遺伝子の組み合わせを持つ二世代目の女王アリが生まれる可能性がある。同様に，一世代目の女王アリ(AB)と遺伝子の組み合わせがBC，BDの働きアリや副王アリが交尾すると，BBの遺伝子の組み合わせを持つ二世代目の女王アリが生まれる可能性がある。また，一世代目の女王アリの遺伝子はAとBなので，受精をせずにこれをもとにして副女王アリが生まれてくる場合，遺伝子の組み合わせはそれぞれAA，BBとなる可能性がある。実際，二世代目の女王アリは，未受精卵をもとにして生まれてくる。

問5＜遺伝子＞問3より，一世代目の女王アリ(AB)と一世代目の王アリ(CD)の受精卵によって生まれてくる二世代目の働きアリの遺伝子の組み合わせはAC，AD，BC，BDで，これらの遺伝子の組み合わせを持つ個体数の比は，1：1：1：1である。よって，全ての個体数と遺伝子Aを持つ個体数の比は，(1+1+1+1)：(1+1)=4：2=2：1となるので，二世代目の働きアリの遺伝子にAが含まれる確率は，$\frac{1}{2}\times 100=50$(%)である。また，遺伝子の組み合わせがAAの二世代目の女王アリは，遺伝子Aを持つ卵しかつくらない。したがって，三世代目の働きアリは，二世代目の女王アリから必ず遺伝子Aを受け継ぐため，遺伝子Aを持つ確率は100%である。

4〔化学変化とイオン〕

問1＜電池＞結果1で，電池になっているのは，モーターが回転した③と④である。よって，①〜④より，同じ種類の金属を使った①と②は電池にならないが，2種類の違った金属を使った③，④は電池になっているので，結果1からわかるのはエである。なお，ア，イは実験1の③，④の結果に反し，ウは実験1の①に反する。また，①で発生する気体は，亜鉛が塩酸に溶けて出てくる水素である。③と④では，亜鉛が塩酸に溶けて水素が発生し，塩酸が電離して生じた水素イオンが銅の表面で電子を受け取り水素となって発生する。

問2＜対照実験＞実験1の③と⑤は，ビーカーの中身以外の条件は同じである。⑤は電池にならなかったことから，2種類の違った金属板を使っても純水では電池にならないことが確認できる。

問3＜電池＞結果2より，電池になったのは，モーターが回転した食塩水と硫酸で，電池にならなかったのは，モーターが回転しなかった砂糖水とエタノールの水溶液である。食塩水と硫酸には，水溶液中にイオンが生じているが，砂糖水とエタノールの水溶液にはイオンは生じていない。よって，電池になる水溶液は，食塩や硫酸のように，水に溶けてイオンを生じる電解質を溶かしたものがよいことがわかる。

問4＜電池＞図2，3より，リード線の赤色の端子に押し当てた金属が＋極，リード線の黒色の端子に押し当てた金属が－極となるとき，マルチメーターの値が＋(プラス)になる。これより，結果3で，黒側の金属がマグネシウムのとき，マルチメーターの値は全て＋になっていることから，マグネシウムは常に－極になる。よって，マグネシウムは4種類の金属の中で最も－極になりやすいことがわかる。さらに，赤側の金属を銅としたときは，銅が常に＋極となるので，銅は最も＋極になりやすいとわかる。また，黒側の金属をマグネシウム，赤側の金属を鉄としたとき，マルチメーターの数値が＋1.2Vとなっていることから，図4に鉄を加えると右図のようになる。したがって，マグネシウムの次に－極になりやすいのは亜鉛(Zn)，その次に－極になりやすいのは鉄(Fe)である。なお，電池では，電解質溶液に溶けやすい(イオンになりやすい)方の金属板が－極になる。

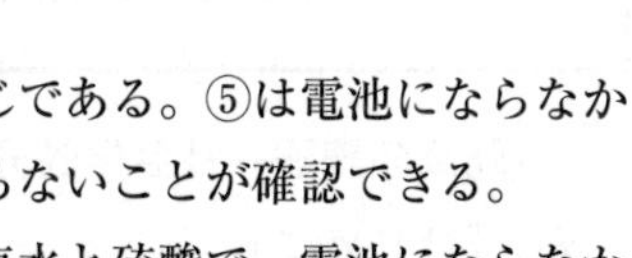

問5＜電圧＞右上図より，$x=1.5-1.2=0.3$(V)，$y=1.2-0.7=0.5$(V)となる。

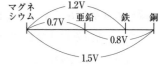

国語解答

一 問一　a　自在　b　納得　c　雑誌　d　機嫌　e　相性

問二　(例)コンピュータが発達し，今や人間より使えるものになりつつあるのを見て，人間の営みの多くがいずれ人工知能に取って代わられるのではないかというおびえがあるから。

問三　(例)外から入ってきた情報が，自分の痛みの経験を通して再構成され熟成されて発せられるため，入力情報からは予想できない言葉。

問四　(例)偏差値や学歴や容姿が特に優れているわけでもないが，既成の価値基準にとらわれず，自分の考えに従って自由に自分自身の道を行く若者。

二 問一　(例)自分が裁判にかけられることが怖いからといって，周りに流されることを不可抗力として他人の財産を没収して海に投げ込むことに賛成してしまうこと。

問二　(例)夜には落ち着いて他人と心を通わせているのに対し，昼間は引き揚げ船の中という特殊な環境で集団の雰囲気にのまれて興奮し，冷静さを失っていた，ということ。

三 問一　舟を出すことができない

問二　A…ウ　B…ア　　問三　オ

問四　(例)ただ攻めるのがよいという考えに固執し，退却するなどの他の考えを受け入れないこと。

一〔随筆の読解―社会学的分野―現代文明〕出典；黒川伊保子『アンドロイドレディのキスは甘いのか』「はじめに」。

≪本文の概要≫人々は，コンピュータが人類を超える日におびえている。実際，今やコンピュータは，できないスタッフよりはるかに使えるところにまで発達した。しかし，ヒトの尊厳は「優等生である」場所にはない。息子は，かつて私の問いに対して私の世界観を超えた返答をしたが，それは，息子の中で大人たちがかけた言葉が再構成され熟成され，入力情報をはるかに超えた化学反応が起きていたということである。痛みがない人工知能には生み出せない言葉があり，その言葉にこそ，人間の尊厳がある。今の息子は，さまざまなことができ，友達の面倒みがよく，私の事業にもいくつものアイデアをくれる。どんな人工知能も，彼に取って代わることはできない。優等生ではないおかげで，彼は迷うことなく彼の道を行く。彼は，予想を超えてはみ出す存在だからこそ，人工知能に負ける日におびえることはない。そもそも他者の評価で生きていないので，彼はどんな戦いにも巻き込まれなかった。今は，そんな自分の道を行く強さが際立つ時代なのかもしれない。

問一＜漢字＞a．思いのままであること。　b．「納」のもう一つの音読みは「収納」などの「ノウ」。訓読みは「おさ(める)・おさ(まる)」。　c．「誌」は，しるす，という意味の字。　d．気持ち，気分のこと。　e．うまくいくかどうかの，人と人，人と物との関係のこと。

問二＜文章内容＞コンピュータは，1980年代には「新しいデータをすばやく覚え，それを正確に再現でき」ており，「覚えられる，忘れない」という能力では，「既にヒトの能力をはるかに超えて」いた。その後，「気になるデータが瞬時に引っ張り出せる」ようになると，コンピュータは，「覚えられる，忘れない，問題解決の元ネタを提供できる」ものに変わり，さらには「デザインや音楽が，自在に編集できる」能力が加わった。そして，「今のコンピュータ」は，「できないスタッフよりはるかに使える」というところにまできた。その現実を目の当たりにして，人々は，やがて自分たちのしてきたことの多くがコンピュータに取って代わられるのではないかとおびえているのである。

問三＜文章内容＞「私」の息子は，「なじる人は傷ついている」と言い，自分がなじられたときに，「ああ，大切な人が傷ついている」と心から思って口から自然に出てくる言葉が，相手の機嫌を直す「魔法のことば」だと言った。息子のその「ことば」は，「大人たちが彼にかけたことばが，彼の中で再構成されて熟成され」て出てきたものであり，「私の世界観を超えた」ものになっていた。「入力情報をはるかに超えた化学反応」が，彼の中で起きていたのであり，このような言葉は，「痛みがない人工知能には，生み出せない」のである。

問四＜文章内容＞「私」の息子は，幼い頃から「いつも，予想をはるかに超えてはみ出す」存在であった。25歳になった今，彼は，「偏差値は特段高くない」し，「人に羨まれる学歴を持っているわけじゃない」し，「女たちが振り返る容姿を持っているわけでもない」し，「就職戦線も負け通し」という，「優等生」とは異なる人間である。しかし，彼は，好きなことを存分にやり，友達の面倒みもよく，私の事業にいくつものアイデアをくれるなど，「『はみ出す存在』だからこそ，人工知能に負ける日に怯えることはない」という「強さ」を持った人間であり，既成の価値観や枠にとらわれることなく，自分の道を行く自由な若者である。

二〔小説の読解〕出典；清岡卓行『船の中の裁判』。

問一＜文章内容＞青年が，男の財産を没収して海の中に投げ込むことに賛成の人は手を挙げてくれと言うと，甲板にいた連中は皆，次々に手を挙げ，ついには「私」を除いた全員が手を挙げた。「私」は，ここで手を挙げなければ今度は「自分が裁判にかけられるかもしれない」と思い，それを恐れるあまりに，そうするしかないかのように，皆につられるように手を挙げた。そのことを，「私」は，「不可抗力」だったとも言っている。

問二＜文章内容＞場面は「海上の船中という，異様に閉ざされた環境」であり，しかもその船とは「引き揚げ船」である。そういう中で，特定の一人を糾問する「裁判」が始まれば，人々は「とどめがたく興奮した集団」となる。昼間は集団の興奮にのまれて，人々は，冷静さを失っていたが，夜になってその興奮が冷めれば，引き揚げ者どうしで相手を気遣い，親しく交われたのである。

三〔古文の読解―物語〕出典；『平家物語』巻第十一ノ一。

≪現代語訳≫十六日，渡辺と，神崎の二か所で，この数日そろえた舟(の)，艫綱を今や解こうとしている。折しも北風が木を倒して激しく吹いたので，大波で舟はひどく壊されて出すことができない。修理のためにその日はとどまる。

渡辺には大名・小名が寄り合って，「そもそも(我らの)舟軍はまだ訓練できていない。どうしたらよいだろうか」と話し合う。梶原は，「今回の合戦では，舟に逆櫓をつけたいところです」と申した。判官は，「逆櫓とは何か」(とお尋ねになる)。梶原は，「馬は駆けようと思えば左へも右へも回しやすい。舟はすばやく押し戻すことが大事でございます。舟の後方にも前方にも櫓を互い違いに立て，脇にも楫をつけて，どの方向へも(舟を)簡単に押すようにしたいものです」と申したので，判官は，「戦というのは一歩も退くまいと思うときでさえも，状況がよくなければ退却するのは普通のことである。初めから逃げ支度をしておくのがよいわけがない。門出だというのによからぬことだ。逆櫓を立てようと，逆さまの櫓を立てようと，貴殿たちの舟には百丁でも千丁でも立てなさるがよい。義経はもとの櫓一丁で行こう」とおっしゃったので，梶原が，「よい大将軍と申すのは，攻めるべきところは攻め，退却すべきところは退却して，身を安全に保って敵を滅ぼすのをもって，よい大将軍というのです。思い込みが強くて他を顧みないのは，猪武者といって，よいとはいえません」と申すと，判官は，「猪や鹿はどうか知らないが，戦はひたすら攻めに攻めて，勝ったときが快感なのである」とおっしゃったので，侍たちは，梶原に恐縮して大きくは笑わないが，目鼻で合図しながらひしめき騒ぎ合った。

問一＜古文の内容理解＞「及ばず」は，至らない，することができない，という意味。舟を出そうとしていたのに，大波で舟が壊れ，出すことができなくなったのである。

問二＜古語＞Ａ．話し合って決める，という意味。　　Ｂ．形勢のこと。

問三＜古文の内容理解＞馬なら左へも右へも自在に走らせることができるが，舟の場合はすばやく押し戻すことが大事で，逆櫓をつけることでどの方向へも簡単に舟を動かせるようにしたいと，梶原は言う。梶原がそのように言うのは，「よき大将軍」の戦のやり方とは，攻めるべきところでは攻め，退却すべきところでは退却して，身の安全を保ちながら行うものだと考えているからである。

問四＜古文の内容理解＞攻めるべきところでは攻め，退却すべきところでは退却して，身の安全を保ちながら戦うというやり方を，梶原は主張した。しかし，義経は，その考えを受け入れず，「いくさはただ平攻に攻めて，勝ったるぞ心地はよき」という自分の考えに固執して，皆は「逆櫓」でも「かへさま櫓」でもたくさん立てればよい，自分は「もとの櫓」で行くと主張した。「片趣」は，一つのことばかりに心を向けて，他のことを考えてみようとしないこと。

＝読者へのメッセージ＝

詩人・作家である清岡卓行(1922～2006年)は，ロシアと日本の租借地だった大連で生まれ，敗戦後日本へ引き揚げた人で，1970年に，大連を追想した『アカシアの大連』で芥川賞を受賞しました。

●要点チェック●　図形編—合同

◎図形の合同

合同……一方の図形を移動させて（ずらしたり《平行移動》，回したり《回転移動》，裏返したり《対称移動》して），他方の図形に重ね合わせることのできるとき，この２つの図形は合同である。

・合同な図形の性質

１．対応する線分の長さは等しい。

２．対応する角の大きさは等しい。

・三角形の合同条件

２つの三角形は次のどれかが成り立つとき合同である。

１．３組の辺がそれぞれ等しい。

２．２組の辺とそのはさむ角がそれぞれ等しい。

３．１組の辺とその両端の角がそれぞれ等しい。

1.

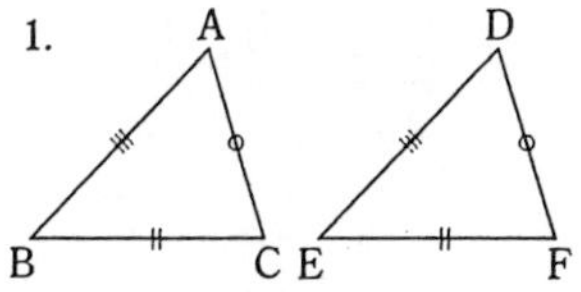

AB＝DE
BC＝EF
AC＝DF

2.

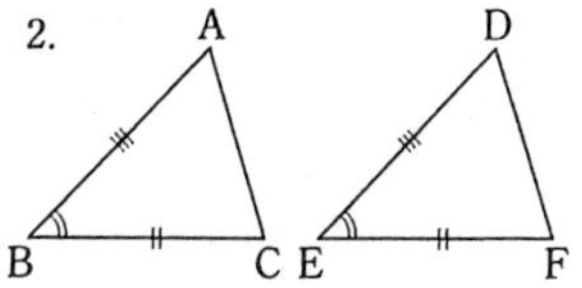

AB＝DE
BC＝EF
∠ABC＝∠DEF

3.

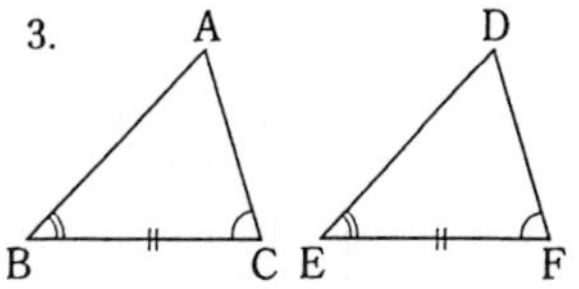

BC＝EF
∠ABC＝∠DEF
∠ACB＝∠DFE

・直角三角形の合同条件

２つの直角三角形は次のどちらかが成り立つとき合同である。

１．斜辺と１鋭角がそれぞれ等しい。

２．斜辺と他の１辺がそれぞれ等しい。

1.

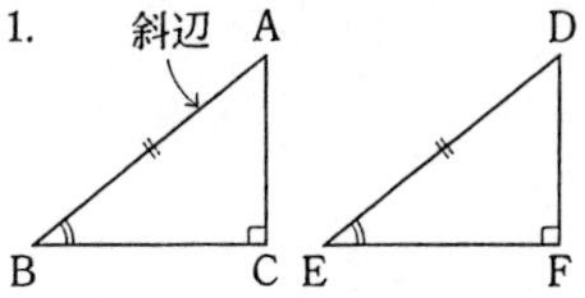

∠ACB＝∠DFE＝90°
AB＝DE
∠ABC＝∠DEF

2.

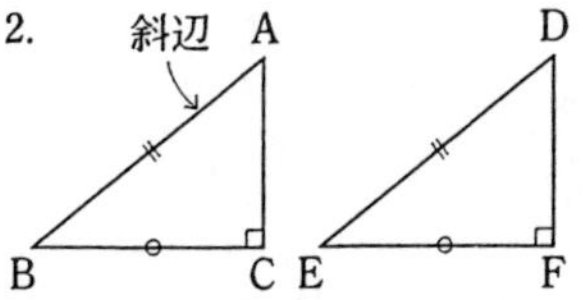

∠ACB＝∠DFE＝90°
AB＝DE
BC＝EF

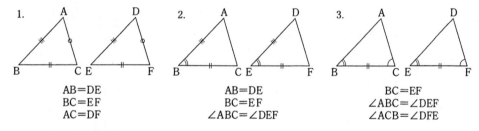

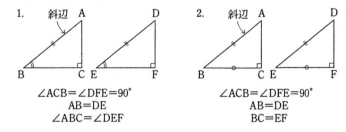

Memo

2025年度用

高校スーパー過去問

■編集人 声の教育社・編集部

■発行所 株式会社 声の教育社

〒162-0814 東京都新宿区新小川町8-15

☎03-5261-5061㈹ FAX03-5261-5062

https://www.koenokyoikusha.co.jp

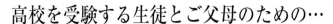

公立高校過去問シリーズ

- 東京都立高校
- 神奈川県公立高校
- 千葉県公立高校
- 埼玉県公立高校
- 茨城県公立高校
- 栃木県公立高校
- 群馬県公立高校

掲載全問に
わかりやすい解説つき
各教科の
出題傾向と対策

定価1100円(税込)

都立独自高校 公立高校過去問シリーズ

251 都立日比谷高校
252 都立西高校
253 都立八王子東高校
254 都立国立高校
255 都立戸山高校
256 都立国分寺高校
257 都立立川高校
258 都立新宿高校
259 都立青山高校

定価2090円(税込)

高校ベスト10シリーズ

出題形式別、入試によく出る順!!

ベスト10Neo **国語** 読解問題

ベスト10Neo **数学** 図形問題

英語 文法問題ベスト10

定価990〜1100円(税込)

高校受験面接ブック

別冊がウリ!! 首都圏の各高校の面接内容

本体 質問回答例ベスト150
面接ワークシート
自己PR書の書き方とワークシート

別冊 首都圏の私国立高校などの面接方法、時間、質問具体例
推薦・一般入試の面接内容
主要校の面接会場のようす
(各校図示)

小冊子 試験場に持って行ける
チェックBOOK
など面接対策がつまった1冊

定価1320円(税込)

図解でわかる!! 作文・小論文

本体 (88P) **合格作文の書き方**
①7日間で仕上げる基礎編
②4日間で仕上げる応用編

別冊 (52P) 首都圏の各高校の作文課題、制限時間、文字数の具体例調査
①首都圏の作文課題2000例を代表的な15パターンに分類(書き易くするため)
②着眼点、キーワード、ポイントを各パターンごとにコメント
③推薦と一般入試の作文出題校と課題例を一挙公開!!
④首都圏公立高校4年間課題調査

定価1100円(税込)

公立の漢字

公立高校の試験によく出る漢字

1 漢字は全都道府県で出題!!
2 公立の漢字の配点は高い!!
3 10年間の頻度をデータ化!!
4 最頻出漢字を5段階評価!!

声の教育社 〒162-0814 東京都新宿区新小川町8-15
TEL.03(5261)5061 FAX.03(5261)5062

カコを追いかけ
ミライをつかめ
「今の説明、もう一回」を何度でも
web過去問
ストリーミング配信による入試問題の解説動画
声の教育社
詳しくはこちらから

開成高等学校

別冊 解答用紙

丁寧に抜きとって、別冊としてご使用ください。

★教科別合格者平均点＆合格者最低点

年度	英語	数学	社会	理科	国語	合格者最低点
2024	67.9	78.1	35.0	32.4	68.1	263
2023	71.1	71.1	32.2	36.6	63.5	254
2022	59.7	56.2	34.4	36.4	61.1	222
2021	68.8	52.8	35.9	35.1	64.6	233
2020	64.9	68.1	35.9	34.4	59.8	242
2019	78.1	59.0	35.6	41.2	69.6	263

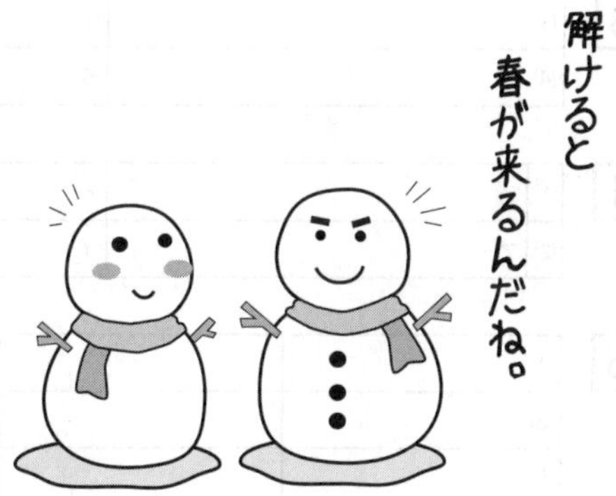

注意

○ 解答用紙は、収録の都合により縮小したものや、小社独自に作成したものもあります。
○ 学校配点は学校発表のもの、推定配点は小社で作成したものです。
○ 無断転載を禁じます。
○ 解答用紙を拡大コピーする場合、表示した拡大率に対応する用紙サイズは以下のとおりです。
101%〜102%＝B5　103%〜118%＝A4　119%〜144%＝B4　145%〜167%＝A3
（タイトルと配点表は含みません）

２０２４年度　開成高等学校

英語解答用紙

番号		氏名		評点	／100

1

問１
(1)		

問２
(2)

問３
(3) I wonder ＿＿＿＿＿＿＿＿.

問４ (4)　問５ (5)

問６ (6)　問７ (7)　問８ (8)

2

問１
(1)

問２
(2)

問３
(3)	(4)	(5)

問４

問５
(6)		

問６
(7)

3

(1)	(2)	(3)
(4)	(5)	

4

①	ア	イ	ウ
②	ア	イ	

5

(1)		(2)	
(3)		(4)	
(5)			

6

Part A
(1)　(2)　(3)

Part B
(1)　(2)　(3)

Part C
(1)　(2)　(3) a　b　(4)

（注）この解答用紙は実物を縮小してあります。A３用紙に154％拡大コピーすると、ほぼ実物大で使用できます。（タイトルと配点表は含みません）

推定配点		計
	1, 2　各３点×16〔2問４は完答〕　3～6　各２点×26	100点

2024年度　開成高等学校

数学解答用紙　No. 1

番号		氏名		評点	／100

(注意)　式や図や計算などは，他の場所や裏面などにかかないで，すべて解答用紙のその問題の場所にかきなさい。

1

[A]

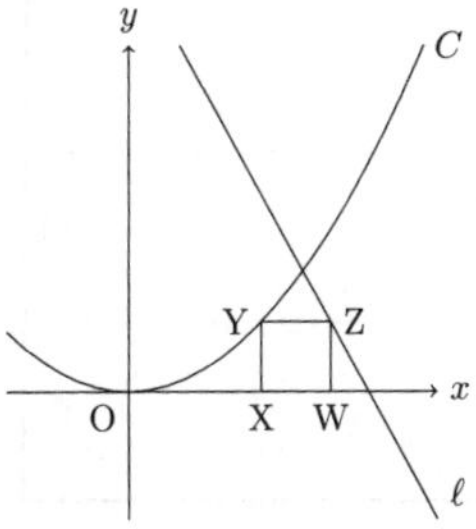

(1)	Z(　　　　,　　　　)
(2)	(ア)　　　　(イ)　　　　(ウ)
(3)	Z(　　　　,　　　　)

[B]

(1)	(ア)		(イ)	
	(ウ)		(エ)	

(2)

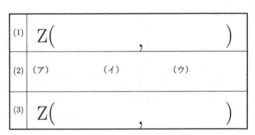

２０２４年度　　開成高等学校

数学解答用紙　No. 2

2

(1)	(i)	個
	(ii)	
(2)	(i)	個
	(ii)	個
	(iii)	個

(3)	(i)	個
	(ii)	
	(iii)	個
(4)		個

3

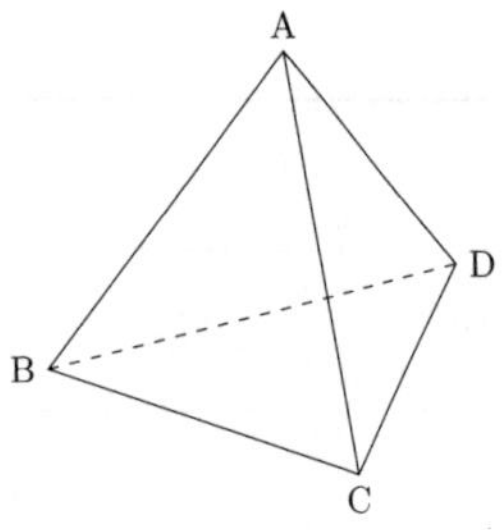

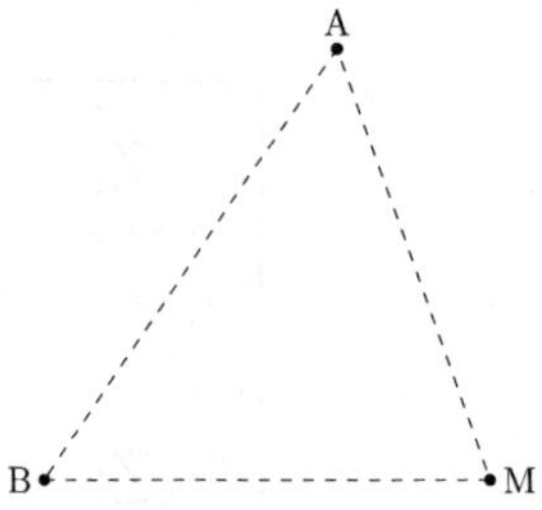

(1)	
(2)	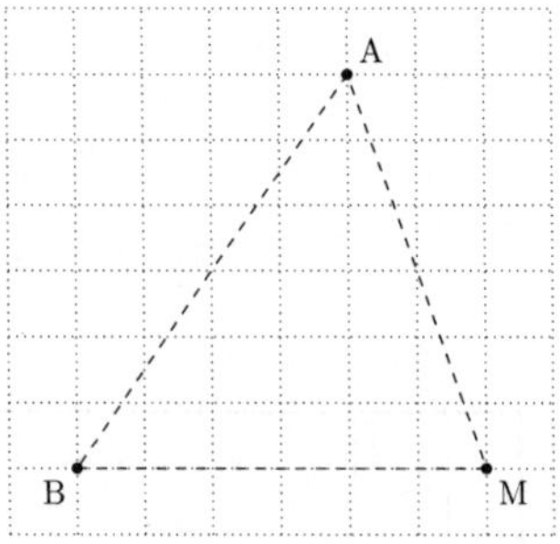
(3)	
(4)	

(注) この解答用紙は実物を縮小してあります。Ｂ４用紙に143%拡大コピーすると、ほぼ実物大で使用できます。(タイトルと配点表は含みません)

推定配点	1 ［Ａ］ 各４点×３ ［Ｂ］ (1) 各３点×４ (2) ７点 2 各５点×９ 3 各６点×４	計 100点

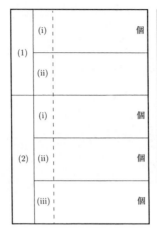

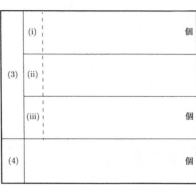

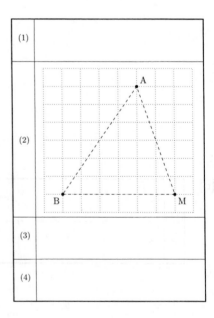

２０２４年度　開成高等学校

社会解答用紙

番号		氏名	

評点	／50

1

問1

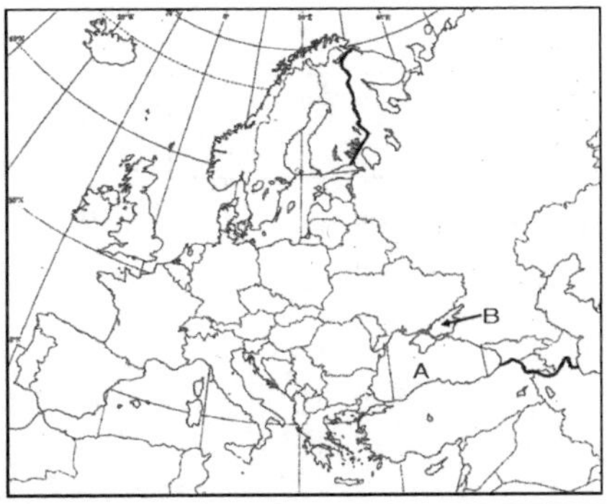

問2　A　　海　B　　海

問3　(1)　C　D　E　F

(2)

問4

問5

問6

2

問1　(1)　(2)　(3)

(4)　(5)　(6)

(7)　問2　問3　問4

問5　問6　問7　問8

問9　問10　問11

3

問1　問2　問3　(1)　(2)

問4　(1)　(2)　問5

問6

から。

問7　問8　(1)　(2)

問9　(1)　(2)　問10　問11　(1)　(2)

（注）この解答用紙は実物を縮小してあります。Ａ３用紙に147％拡大コピーすると、ほぼ実物大で使用できます。（タイトルと配点表は含みません）

推定配点		計
	1　問１～問４　各１点×９　問５，問６　各３点×２ 2　各１点×17 3　問１～問５　各１点×７　問６　３点　問７～問11　各１点×８	50点

2024年度　　開成高等学校

理科解答用紙

番号		氏名		評点	／50

1

問 1	問 2	問 3
	色	

問 4	問 5	問 6	問 7
		g	%

2

問 1	問 2			
	(1)	(2)	(3)	(4)
回目				

問 3		
(1)	生殖	理由
(2)	生殖	理由

問 4	問 5	
	(1)	(2)

3

問 1	問 2	問 3	問 4	問 5	問 6
					億 km

4

問 1	問 2	問 3
A	：　：　：	：　：　：

問 4	問 5	問 6	問 7
倍	：　：　：	A	A

(注) この解答用紙は実物を縮小してあります。Ｂ４用紙に139%拡大コピーすると、ほぼ実物大で使用できます。(タイトルと配点表は含みません)

推定配点		計
	1 問1～問3　各1点×3　問4　2点　問5　1点 問6，問7　各2点×2 2 問1　2点　問2　各1点×4　問3，問4　各2点×3 問5　各1点×2 3，4　各2点×13	50点

二〇二四年度　開成高等学校

国語解答用紙

番号　　氏名　　評点 /100

一

問一

問二

問三

二

問一　a　　b　す　　c　まった　　d　い

問二

問三

問四

三

問一

問二　君　汲　川　流　我　拾　薪

問三

問四　起　→　承　→　転　→　結

問五

（注）この解答用紙は実物を縮小してあります。A３用紙に161%拡大コピーすると、ほぼ実物大で使用できます。（タイトルと配点表は含みません）

推定配点	計
□一 問一、問二 各10点×2　問三 15点 □二 問一 各２点×４　問二～問四 各10点×３ □三 問一～問四 各３点×４　問五 15点	100点

２０２３年度　　開成高等学校

英語解答用紙

番号		氏名		評点	／100

1

問1 (A) (B) (C)

問2

問3 (2) (4)

問4

問5 (5) 2番目 4番目 (7) 2番目 4番目

問6 (6) (8)

問7

2

問1 (1a) (1b) (1c) (1d) (1e)

問2　問3　問4

問5

問6　問7　問8　問9

3

4

(1) (2) (3) (4)

5

(1) (2) (3) (4)

6

Part A

1. 2. 3. 4.

Part B

1. 2. 3. 4.

Part C

1. 2. 3. 4.

（注）この解答用紙は実物を縮小してあります。A3用紙に147%拡大コピーすると、ほぼ実物大で使用できます。（タイトルと配点表は含みません）

推定配点		計
	1～6　各２点×50〔1問５は各２点×２，5は各２点×４〕	100点

２０２３年度　　開成高等学校

数学解答用紙　No. 1

番号		氏名		評点	／100

(注意)　式や図や計算などは，他の場所や裏面などにかかないで，すべて解答用紙のその問題の場所にかきなさい。

1

(1)	通り
(2)	通り
(3)	通り

2

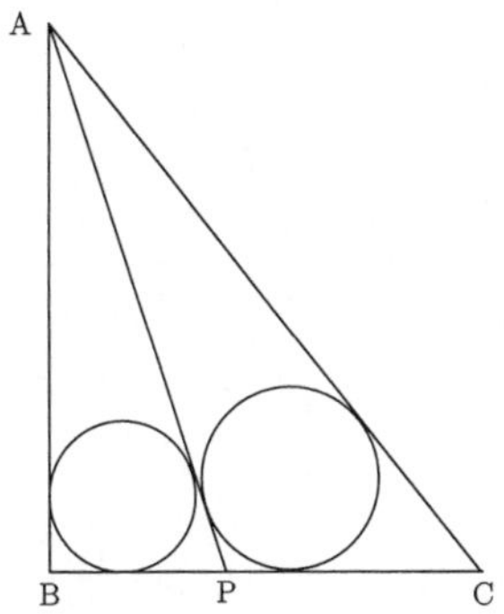

(1)			
(2)	(i)	AC =	
		PC =	
	(ii)	：	

数学解答用紙　No. 2

3

(1)	ⓐ		ⓑ		ⓒ		ⓓ		ⓔ	
	ⓕ		ⓖ		ⓗ		ⓘ		ⓙ	
	ⓚ				①		②		③	
(2)										

4

(1)	BI =
(2)	∠BID =
(3)	

（注）この解答用紙は実物を縮小してあります。A3用紙に152％拡大コピーすると、ほぼ実物大で使用できます。（タイトルと配点表は含みません）

推定配点		計
	1　各４点×３　2　⑴　７点　⑵　各５点×３ 3　⑴　各３点×14　⑵　６点　4　各６点×３	100点

２０２３年度　開成高等学校

社会解答用紙

番号		氏名	

評点	／50

1

問1　1　　2　　3　　4

問2　　問3　　問4　　問5

問6　　問7　　問8　　問9　　問10　　県

問11

問12　　問13　　問14

2

問1　(1)　A　　県　B　　県　(2)

問2　(1)

(2)　　(3)

問3　(1)　　(2)　　(3)　　(4)

問4　　問5　　問6　　問7

問8　(1)　i　　ii　　(2)

3

問1　　問2　　問3　　問4　　問5

問6　　問7　(1)　　(2)　　問8

問9　　と

問10　(1)　A　　(2)

B

C

問11

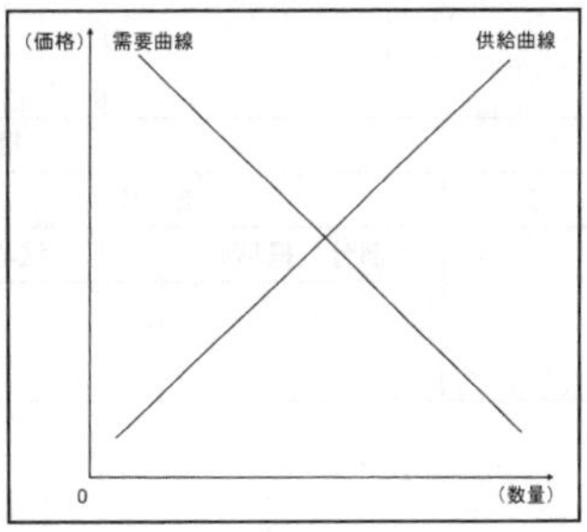

（注）この解答用紙は実物を縮小してあります。A３用紙に145％拡大コピーすると、ほぼ実物大で使用できます。（タイトルと配点表は含みません）

推定配点		計
	1～3　各１点×50〔3問９は各１点×２〕	50点

２０２３年度　開成高等学校

理科解答用紙

番号		氏名		評点	／50

1

問１	問２			問３
	あ	い	う	

問４

問５	問６
二酸化炭素：水 ＝ ＿＿＿＿ ： ＿＿＿＿	g

2

問１	問２	問３		問４	問５
		あ	い		

問６	問７	問８	問９
		倍	

3

問１	問２	問３	問４
hPa	N	hPa	

問５	問６	問７
N	cm	kg/m^3

4

問１			問２	問３	
（あ）	（い）	（う）		（１）	（２）
				mm/s	

問４					問５
（１）	（２）①		（２）②		
	部分（構造）	臓器	部分（構造）	臓器	

（注）この解答用紙は実物を縮小してあります。Ａ３用紙に152%拡大コピーすると、ほぼ実物大で使用できます。（タイトルと配点表は含みません）

推定配点		計
	1 問１～問３　各１点×５〔問１は完答〕　問４～問６　各２点×３ 2 問１～問７　各１点×８　問８，問９　各２点×２ 3 問１～問３　各２点×３　問４　１点　問５～問７　各２点×３ 4 問１，問２　各１点×４　問３　⑴　２点　⑵　１点 問４　各１点×５　問５　２点	50点

二〇二三年度　開成高等学校

国語解答用紙

番号　氏名　評点　/100

一

問一　a　b　c　d　e

問二

問三

問四

二

問一

問二

三

問一

問二

問三

（注）この解答用紙は実物を縮小してあります。Ａ３用紙に149%拡大コピーすると、ほぼ実物大で使用できます。（タイトルと配点表は含みません）

推定配点	
一　問一　各２点×５　問二〜問四　各10点×３ 二　各15点×２ 三　各10点×３	
100点	計

２０２２年度　　開成高等学校

英語解答用紙

番号		氏名	

評点	／100

1

問1　問2

問3

問4　問5

問6　問7

問8　問9

2

問1　問2-(2a)　問2-(2b)　問2-(2c)

問3

問4

問5　問6　問7

3

ア	イ	ウ	エ	オ
カ	キ	ク	ケ	コ

4

(1)	when you can.
(2)	?
(3)	.
(4)	over?
(5)	.

5

Part A

(1)　(2)　(3)

Part B

(1)-(Ⅰ)　(1)-(Ⅱ)　(1)-(Ⅲ)　(1)-(Ⅳ)　(2)　(3)

Part C

(1)　(2)　(3)　(4)

（注）この解答用紙は実物を縮小してあります。Ａ３用紙に149%拡大コピーすると、ほぼ実物大で使用できます。（タイトルと配点表は含みません）

推定配点		計
	1 問１，問２　各２点×２　問３　３点　問４～問６　各２点×３　問７　３点　問８，問９　各２点×２ 2 問１，問２　各２点×４　問３，問４　各３点×２　問５～問７　各２点×４ 3 各２点×10　4 各３点×５ 5 PartA　各１点×３　PartB，PartC　各２点×10	100点

２０２２年度　開成高等学校

数学解答用紙　No. 1

番号		氏名		評点	／100

(注意)　式や図や計算などは，他の場所や裏面などにかかないで，すべて解答用紙のその問題の場所にかきなさい。

1

(1)	(i)	
	(ii)	
(2)	(i)	
	(ii)	

2

(1)	
(2)	
(3)	
(4)	

(注) この解答用紙は実物を縮小してあります。Ｂ４用紙に143%拡大コピーすると、ほぼ実物大で使用できます。(タイトルと配点表は含みません)

2022年度　　開成高等学校

数学解答用紙　No. 2

3

(1)		
(2)	(i)	
	(ii)	
	(iii)	
(3)	(i)	
	(ii)	
(4)		

4

(1)

(2)

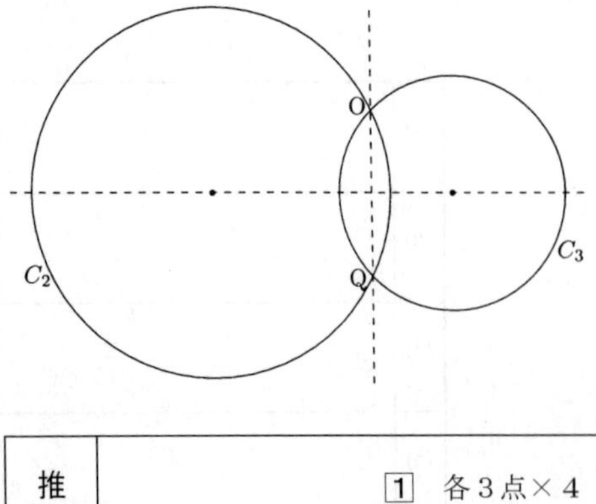

(3)

推定配点		計
	1　各3点×4 2　各7点×4 3　(1)　7点　(2), (3)　各5点×5　(4)　7点 4　各7点×3	100点

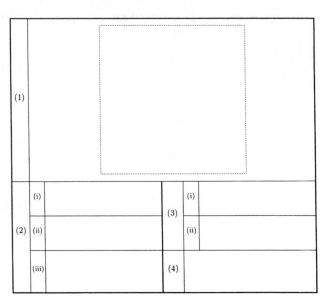

２０２２年度　開成高等学校

社会解答用紙

番号		氏名	

評点 ／50

1

問1　問2　問3　条約

問4　(1)　緯　度　経　度　(2)　(3)

問5　(1)　(2)　エネルギー　(3)

問6　(1)　川　(2)　(3)

(4)

2

問1　(1)　遺跡　(2)　(3)

問2

問3　問4　問5　問6　問7

問8　(1)　(2)　問9

問10　(1)　(2)　問11

3

問1　a　b　c　d　問2　問3

問4　問5　問6　(1)　(2)

問7　(1)　(2)

問8　(1)

(2)

（注）この解答用紙は実物を縮小してあります。Ｂ４用紙に139％拡大コピーすると、ほぼ実物大で使用できます。（タイトルと配点表は含みません）

推定配点		計
	1　問１～問５　各１点×10　問６　⑴～⑶　各１点×３　⑷　３点 2　問１　各１点×３　問２　２点　問３～問11　各１点×11 3　問１　各１点×４　問２　２点　問３～問７　各１点×７ 問８　⑴　２点　⑵　３点	50点

２０２２年度　開成高等学校

理科解答用紙

番号		氏名		評点	／50

1

問 1	問 2	問 3	問 4	問 5	問 6
				V	

2

問 1	問 2 (1)	問 2 (2)	問 3	問 4
				トン

問 5											
番号	理由										

3

問 1 ①	問 1 ②	問 1 ③	問 2 A	問 2 D
約　　：				

問 3 (1)	問 3 (2)	問 3 (3)
丸形：しわ形＝約　　：	丸形：しわ形＝約　　：	丸形：しわ形＝約　　：

問 4								
さやの色を知るためには								

問 5 (1)	問 5 (2)	問 5 (3)

4

問 1	問 2	問 3	問 4									

問 5 X	問 5 Y	問 5 Z	問 6 A	問 6 B

（注）この解答用紙は実物を縮小してあります。B４用紙に143％拡大コピーすると、ほぼ実物大で使用できます。（タイトルと配点表は含みません）

推定配点		計
	1　問１～問３　各１点×３　問４～問６　各２点×３ 2　問１　１点　問２　⑴　２点　⑵　１点　問３，問４　各２点×２ 問５　番号　１点　理由　２点　3　問１　各２点×３　問２　各１点×２ 問３，問４　各２点×４　問５　各１点×３ 4　問１，問２　各１点×２　問３，問４　各２点×２　問５，問６　各１点×５	50点

二〇二二年度　開成高等学校

国語解答用紙

番号　　氏名　　評点　／100

一

問一

問二

問三

二

問一　A　B　C　D　E

問二　80

問三　80

三

問一

問二

問三

（注）この解答用紙は実物を縮小してあります。Ａ３用紙に152％拡大コピーすると、ほぼ実物大で使用できます。（タイトルと配点表は含みません）

推定配点		計
	一　各10点×３ 二　問一　各２点×５　問二、問三　各15点×２ 三　各10点×３	100点

２０２１年度　開成高等学校

英語解答用紙

番号		氏名	

評点	／100

1

問1　1番目　3番目　6番目

問2

問3　問4

問5　問6

問7

問8　(A)　(B)　(C)　(D)　(E)　(F)　(G)　(H)

問9

2

問1　1番目　3番目　7番目　問2

問3　　こと

問4

問5　問6　問7　(Ⅰ)　(Ⅱ)　(Ⅲ)　(Ⅳ)

3

(1)　(2)　(3)

(4)　(5)　(6)

(7)

4

Part A　Part B　(1)　(2)　(3)　(4)

Part C　(1)

(2)

(3)

(4)

(5)

5

Part A　1　2　3　4

Part B　A　B　C

Part C　1　2　3　4

（注）この解答用紙は実物を縮小してあります。A3用紙に147%拡大コピーすると、ほぼ実物大で使用できます。（タイトルと配点表は含みません）

推定配点		計
	1　問1～問7　各2点×7　問8　各1点×8　問9　各2点×2 2～4　各2点×28〔4Part Aは各2点×2〕 5　Part A　各1点×4　Part B，Part C　各2点×7	100点

2021年度　開成高等学校

数学解答用紙　No. 1

番号		氏名		評点	／100

(注意)　式や図や計算などは，他の場所や裏面などにかかないで，すべて解答用紙のその問題の場所にかきなさい。

1

(1)	C の x 座標	
	F の x 座標	
(2)	AD の傾き	
	CF の傾き	
(3)	$t=$	

2

(1)	個				
(2) ①	ア		イ		
	ウ		エ		
	オ		カ		
	キ				
(2) ②	理由				
	$m=$				

(注) この解答用紙は実物を縮小してあります。Ａ３用紙に147％拡大コピーすると、ほぼ実物大で使用できます。(タイトルと配点表は含みません)

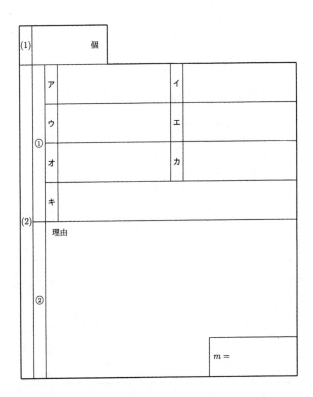

数学解答用紙　No. 2

3

(1)		通り
(2)	①	通り
	②	通り
(3)		通り
(4)		通り
(5)		通り

4

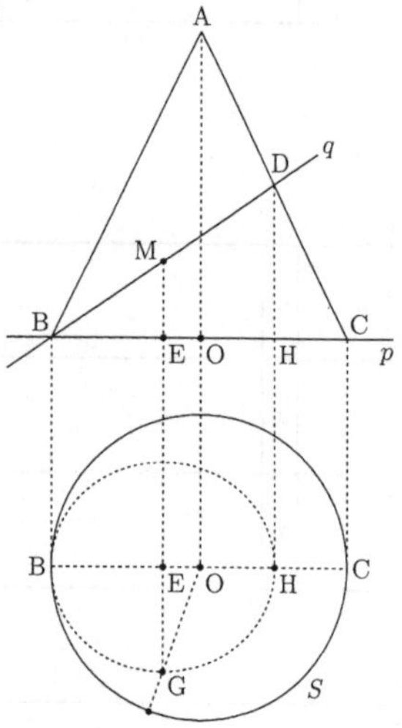

(1)	OG =
(2)	DH =

推定配点		計
	1 (1), (2) 各3点×4　(3) 7点 2 (1) 7点　(2) ① 各2点×7　② 理由 7点　mの値 3点 3 (1) 7点　(2) 各4点×2　(3)～(5) 各7点×3 4 各7点×2	100点

2021年度　開成高等学校

社会解答用紙

番号		氏名	

評点	／50

1

問1　問2　問3　問4

問5　問6　問7　問8

問9　島　問10　問11

問12　→　→　→

問13　a　b　c　d　e

2

問1　A　B　C

D　問2　(1)　(2)　(3)

問3　(1)　協定　(2)　(3)　問4　(1)

(2)

問5　(1)　(2)

3

問1　問2　問3　問4

問5　問6　(1)　(2)　問7

問8　(1)　(2)　(3)　(4)

問9　問10　(1)　(2)

(注) この解答用紙は実物を縮小してあります。Ｂ４用紙に143％拡大コピーすると、ほぼ実物大で使用できます。(タイトルと配点表は含みません)

推定配点		計
	1　各１点×17 2　問１～問３　各１点×10　問４，問５　各２点×４ 3　各１点×15	50点

２０２１年度　開成高等学校

理科解答用紙

番号		氏名		評点	／50

1

問1	ア	N
	イ	N
	ウ	J
	エ	J
問2	1秒間あたり	m/s

問３・問４

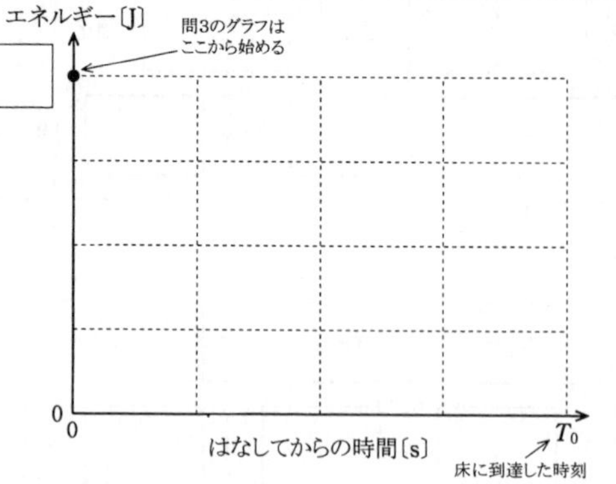

2

問１

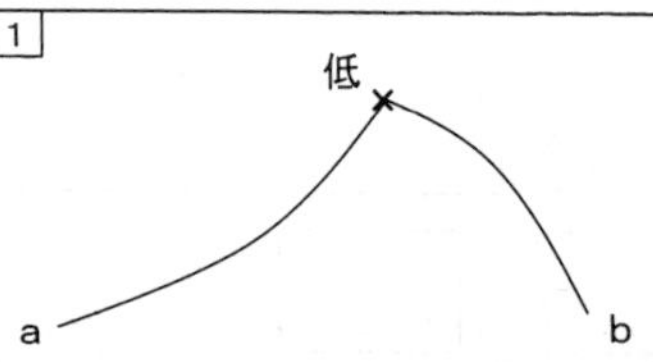

問2			問3
A	B	C	

問5	問6

問４　A層が堆積した直後の様子

地表面

A

B

C

D

3

問１		問２	問３	問４
(1)	(2)			

問５				問６
変化	増加 減少	理由		

4

問１			問２		
(1)	(2)	(3)	(1)	(2)	(3)

問３	問４
→　→　→　→	

問５	問６	問７

（注）この解答用紙は実物を縮小してあります。A３用紙に152％拡大コピーすると、ほぼ実物大で使用できます。（タイトルと配点表は含みません）

推定配点		計
	1　各２点×７ 2　問１　１点　問２～問４　各２点×５　問５，問６　各１点×２ 3　問１～問４　各１点×５　問５　変化　１点　理由　２点　問６　１点 4　各１点×14〔問２は各１点×６〕	50点

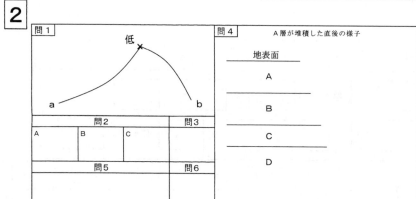

二〇二二年度　開成高等学校

国語解答用紙

番号		氏名		評点	/100

一

問一　～　。　～　。

問二

問三

問四　①　②

問五　2　3　4

二

問一　30

問二　ア　イ　ウ

問三

問四　問五

（注）この解答用紙は実物を縮小してあります。Ａ３用紙に149％拡大コピーすると、ほぼ実物大で使用できます。（タイトルと配点表は含みません）

推定配点		計
	一 問一 各５点×２　問二 ８点　問三 各６点×３　問四 各８点×２　問五 各２点×３ 二 問一 ８点　問二、問三 各６点×４　問四 ４点　問五 ６点	100点

２０２０年度　開成高等学校

英語解答用紙

番号		氏名		評点	／100

1

問１

問２ (Kids that I)

問３ ア

イ

問４ 4－1　4－2　4－3　4－4　4－5

問５　問６ (crying)

問７　問８

2

問１ (1)　(2)　(3)　(4)

問２　問３

問４ ア　イ

問５ ア　イ

問６ (One way to understand)　(a trampoline.)

3

(1)　(2)　(3)　(4)　(5)

4

(1)　(2)　(3)　(4)　(5)

5

6

(1) He has (　) I do.

(2) ～your own (　) just in case.

7

Part A (1)　(2)　(3)

Part B (1)　(2)　(3) A　B

Part C (1)　(2)　(3)　(4)

Part D (1)　(2)　(3)　(4)

（注）この解答用紙は実物を縮小してあります。Ａ３用紙に152%拡大コピーすると、ほぼ実物大で使用できます。（タイトルと配点表は含みません）

推定配点		計
	1　各２点×13 2　問１～問３　各２点×６　問４，問５　各１点×４　問６　２点 3～6　各２点×14 7　PartＡ　各２点×３　PartＢ　(1)，(2)　各２点×２　(3)　各１点×２ PartＣ，PartＤ　各２点×８	100点

2020年度　　開成高等学校

数学解答用紙　No. 1

番号		氏名	

評点	／100

(注意)　式や図や計算などは，他の場所や裏面などにかかないで，すべて解答用紙のその問題の場所にかきなさい。

1

(1)		(2)	$x =$　　　　，　$y =$

2

(1)	A(　，　)，B(　，　)，C(　，　)
(2)	(　，　)
(3)	
(4)	

3

(1)	組
(2)	組
(3)	組

(注)　この解答用紙は実物を縮小してあります。B４用紙に143%拡大コピーすると，ほぼ実物大で使用できます。（タイトルと配点表は含みません）

数学解答用紙　No. 2

4

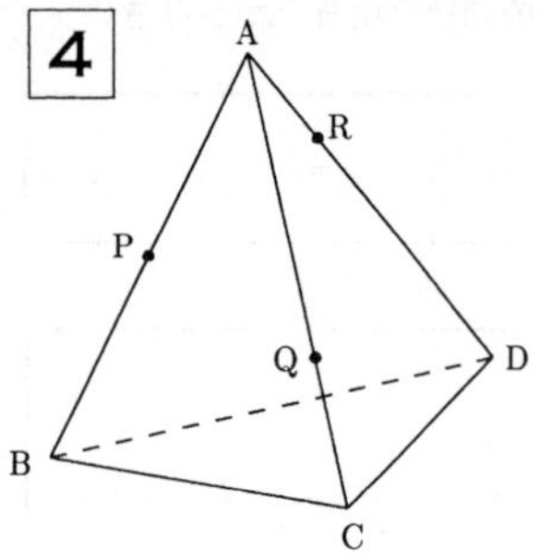

(1)	
(2)	AH =
(3)	AR =
(4)	AQ = 　　　　　, AR =
	AQ = 　　　　　, AR =
	AQ = 　　　　　, AR =
	AQ = 　　　　　, AR =

推定配点		計
	1　各７点×２　　2　(1)　各２点×３　(2), (3)　各７点×２　(4)　12点 3　各７点×３　　4　(1)～(3)　各７点×３　(4)　12点	100点

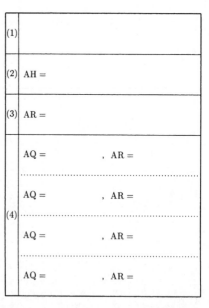

社会解答用紙

番号		氏名		評点	／50

1

問1　問2　問3

問4　問5　問6

問7　問8　県　市　問9　ようなこと

問10　問11　問12

問13　問14　問15

問16　問17

2

問1 （1）（2）　問2 （1） B　C

（2） A 記号　首都　B 記号　首都

（3）（ i ）（ ii ）　問3 （1）（2）

（3）

問4 （1） D　教　E　教　F　教

（2）記号　都市　（3）記号　海峡

3

問1　問2　問3　問4

問5 A　B　C　問6　問7　問8 （1）

（2）

問9　問10　問11

問12 A　B　C

（注） この解答用紙は実物を縮小してあります。Ａ３用紙に147％拡大コピーすると、ほぼ実物大で使用できます。（タイトルと配点表は含みません）

推定配点		計
推定配点	1～3　各１点×50〔2問２(2)は各１点×２，2問４(2)，(3)はそれぞれ完答〕	50点

２０２０年度　開成高等学校

理科解答用紙

番号		氏名	

評点	／50

1

問 1		問 2	問 3
			色

問 4		問 5	問 6	問 7
①	②			
			%	

2

問 1	問 2		問 3	
	木星	金星	木星	金星

問 4		問 5		問 6	
木星	金星	木星	金星	木星	金星

3

問 1	
①	②
問 3	問 4
cm	cm
問 5	問 6
cm	倍

問 2

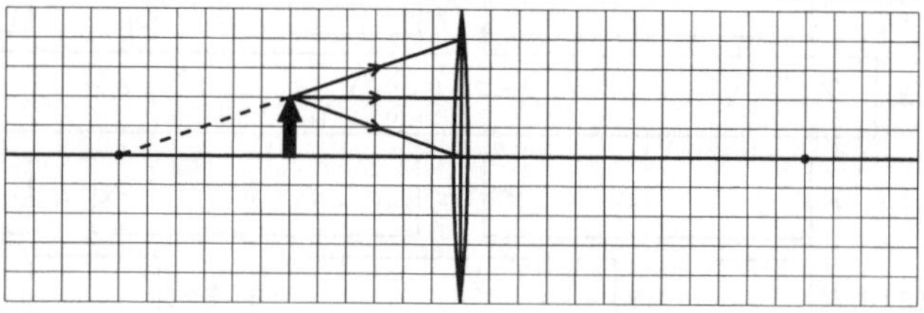

4

問 1	問 2		問 3	問 4
	弁2	弁3	毎分　　mL	

問 5		
(1)		(2)
下線部1	下線部2	

（注）この解答用紙は実物を縮小してあります。Ａ３用紙に145%拡大コピーすると、ほぼ実物大で使用できます。（タイトルと配点表は含みません）

推定配点		計
	1　問１　各１点×２　問２，問３　各２点×２ 問４　各１点×２　問５～問７　各２点×３ 2　各１点×13　　3　各２点×７　　4　各１点×９	50点

二〇二〇年度　開成高等学校

国語解答用紙

番号		氏名		評点	/100

一

問一　a　b　c　d　e

問二

問三

問四

二

問一

問二

三

問一　問二

問三

問四

（注）この解答用紙は実物を縮小してあります。A３用紙に156%拡大コピーすると、ほぼ実物大で使用できます。（タイトルと配点表は含みません）

推定配点		
	一　問一　各２点×５　問二～問四　各10点×３ 二　各15点×２ 三　問一、問二　各５点×２　問三、問四　各10点×２	計 100点

２０１９年度　　開成高等学校

英語解答用紙

番号		氏名		評点	／100

1

問1		問2	2A		2B		2C
問3		問4		問5		問6	
問7	(I didn't)					問8	
問9		問10		問11			

2

問1	
問2	
問3	
問4	Ⅰ　　Ⅱ　　Ⅲ　　Ⅳ
問5	ア　　　イ
	ウ
問6	問7　　問8　　問9

3

Part A	(1)　　(2)
	(3)
	(4)
Part B	(1)　　(2)　　(3)

4

Part A	(1) ア　　イ　　(2) ウ　　エ
	(3) オ　　カ
Part B	(1)　　(2)　　(3)

5

Part A	1 [A]　[B]　[C]　[D]　2
Part B	1　2　3　4
Part C	1　2 (a,b)　(c,d)　3　4
Part D	1　2　3　4

（注）この解答用紙は実物を縮小してあります。A3用紙に152%拡大コピーすると、ほぼ実物大で使用できます。（タイトルと配点表は含みません）

推定配点		計
	1 問1，問2　各1点×4　問3～問11　各2点×10 2 各2点×14　3，4　各1点×16 5 PartA　1　各1点×4　2　2点　PartB～PartD　各2点×13	100点

２０１９年度　　開成高等学校

数学解答用紙　No. 1

番号		氏名		評点	／100

（注意）　式や図や計算などは，他の場所や裏面などにかかないで，すべて解答用紙のその問題の場所にかきなさい。

1

(1)	$a=$	(2)	△OPA : △BPC = 　　　　:

2 (1)

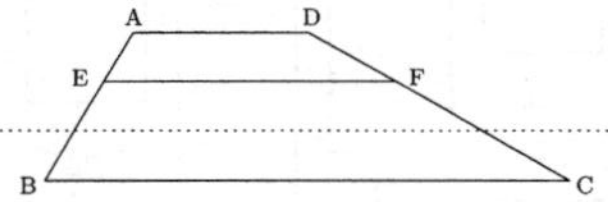

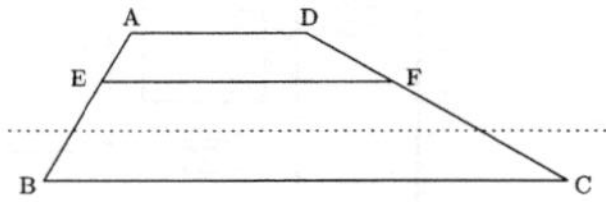

(2)

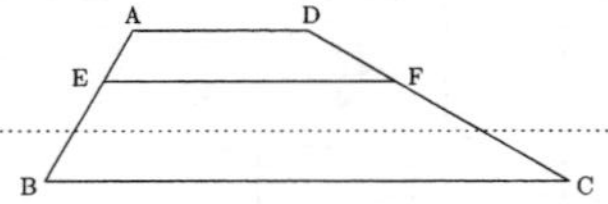

(1)	のとき $S=$ のとき $S=$
(2)	$x=$

２０１９年度　　開成高等学校

数学解答用紙　No. 2

3 (2)

(1)		
(2)	(i)	
	(ii)	

4

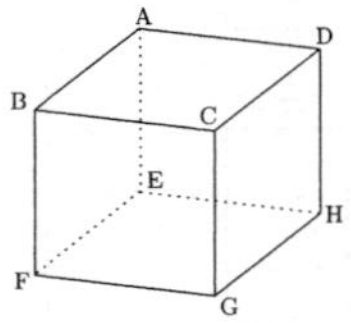

(1)	
(2)	
(3)	

推定配点	1～4　各10点×10	計
		100点

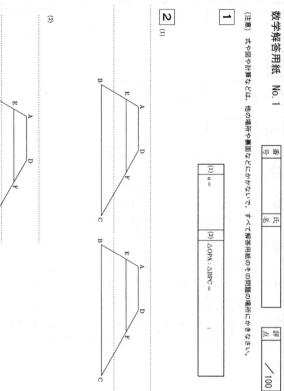

2019年度　開成高等学校

社会解答用紙

番号		氏名		評点	／50

1

問1　問2　問3

問4　問5 (1)　(2)

問6 (1)　(2)　問7

問8　問9　問10

問11 (1)　(2)　問12　問13

問14　問15　問16　問17

問18 (1)　(2) 約　km　問19　問20

2

問1 A　B　C

問2

問3 (1)　(2)　(3)　(4)

(5)　(6)　(7)　(8)

問4 (1)　(2)　(3)　(4)

問5　問6　問7　問8

問9　語　問10

問11

（注）この解答用紙は実物を縮小してあります。Ｂ４用紙に132%拡大コピーすると、ほぼ実物大で使用できます。（タイトルと配点表は含みません）

推定配点		計
	1　問１～問18　各１点×22　問19，問20　各２点×２ 2　問１～問10　各１点×22　問11　２点	50点

2019年度　開成高等学校

理科解答用紙

番号		氏名		評点	／50

1

問 1	問 2	問 3	問 4	
cm			(1)　分前	(2)

2

問 1	問 2		問 3
N/cm	*M*　g	*m*　g	g

問 4		
はかり 1　g	はかり 2　g	はかり 3　g

3

問 1	
①	②

問 2

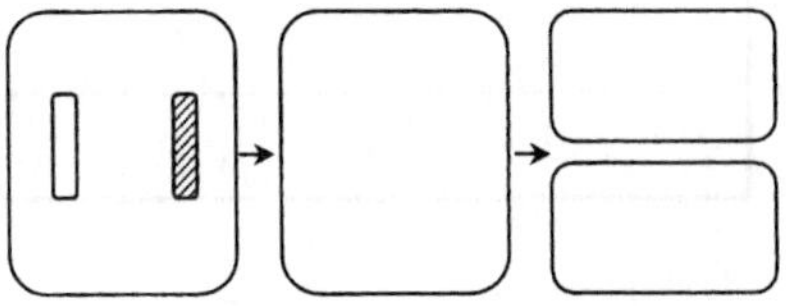

問 3	問 4	問 5	
		③	④

4

問 1	問 2	問 3	問 4	
			①	②

問 5	
x	*y*

(注) この解答用紙は実物を縮小してあります。B４用紙に137％拡大コピーすると、ほぼ実物大で使用できます。（タイトルと配点表は含みません）

推定配点		計
	1 問１～問３　各２点×３　問４　各３点×２　2 各２点×７ 3 問１　各１点×２　問２～問５　各２点×５ 4 問１～問３　各２点×３　問４　各１点×２　問５　各２点×２	50点

二〇一九年度　開成高等学校

国語解答用紙

番号　　氏名　　評点　/100

一

問一　a　b　c　d　e

問二

問三

問四

二

問一

問二

三

問一

問二　A　B

問三

問四

(注)　この解答用紙は実物を縮小してあります。A３用紙に145%拡大コピーすると、ほぼ実物大で使用できます。(タイトルと配点表は含みません)

推定配点		
一　問一　各２点×５　問二～問四　各10点×３ 二　各15点×２ 三　問一、問二　各４点×３　問三、問四　各９点×２	計	100点

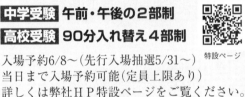

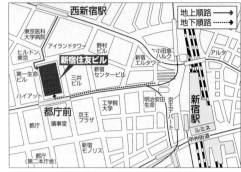

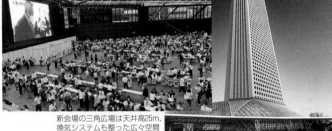

スーパー過去問をお買い上げいただいた方に

声教からのお知らせ

どうしても使ってほしい3冊!!

声の教育社では，高校入試のスタンダード（定番）として，高校受験案内／学校別スーパー過去問／都立・公立高校スーパー過去問をご用意しています。知っておきたい学校情報や，解いておきたい珠玉の頻出問題が満載です!!

充実のラインアップ!!
受験案内＋公立過去問＋私立過去問

東京都高校受験案内：定価2310円（税込）
東京都立高校スーパー過去問：定価1100円（税込）
3～10年間スーパー過去問：定価2200～2530円（税込）

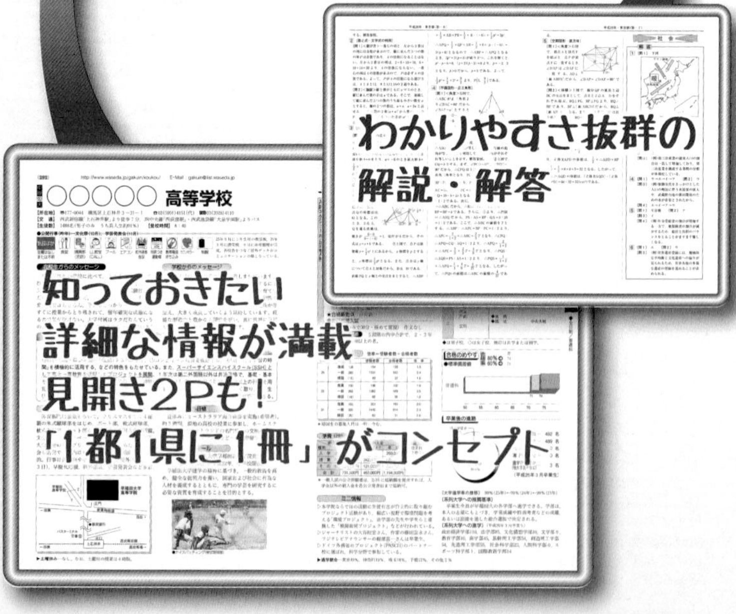

各県高校受験案内：定価2310円（税込）（茨城県は定価1650円（税込）
各県公立高校スーパー過去問：定価1100円（税込）
3～10年間スーパー過去問：定価2200～2530円（税込）

声の教育社
〒162-0814 東京都新宿区新小川町8-15
TEL 03（5261）5061 FAX 03（5261）5062
https://www.koenokyoikusha.co.jp